オリンピック全史

DAVID GOLDBLATT
デイビッド・ゴールドブラット
志村昌子・二木夢子［訳］

原書房

THE GAMES
A GLOBAL HISTORY
OF THE OLYMPICS

歴史のはじまり　1896年アテネ大会
上：貴族の武芸――ザッピオンでフェンシング。
左：男らしさをアピール。デンマーク代表の紳士たち。左からシュミット（陸上競技）、ニールセン（フェンシング）、イェンセン（ウェイトリフティング、射撃）。

人間動物園またはフリークショー
1904年セントルイス大会
「人類学の日」の競技会に参加するアイヌ。

王室のためのサーカス
1908年ロンドン大会
マラソンのイタリア代表ドランド・ピエトリはスタジアムに入ってから3度転倒した。ルール違反になるが、助け起こそうとする係員たち。

下からの挑戦——労働者オリンピック
1931年ウィーン大会　1937年アントワープ大会
左：労働者階級の英雄たち
下：「世界のプロレタリアートよ、スポーツを通して結束しよう！」

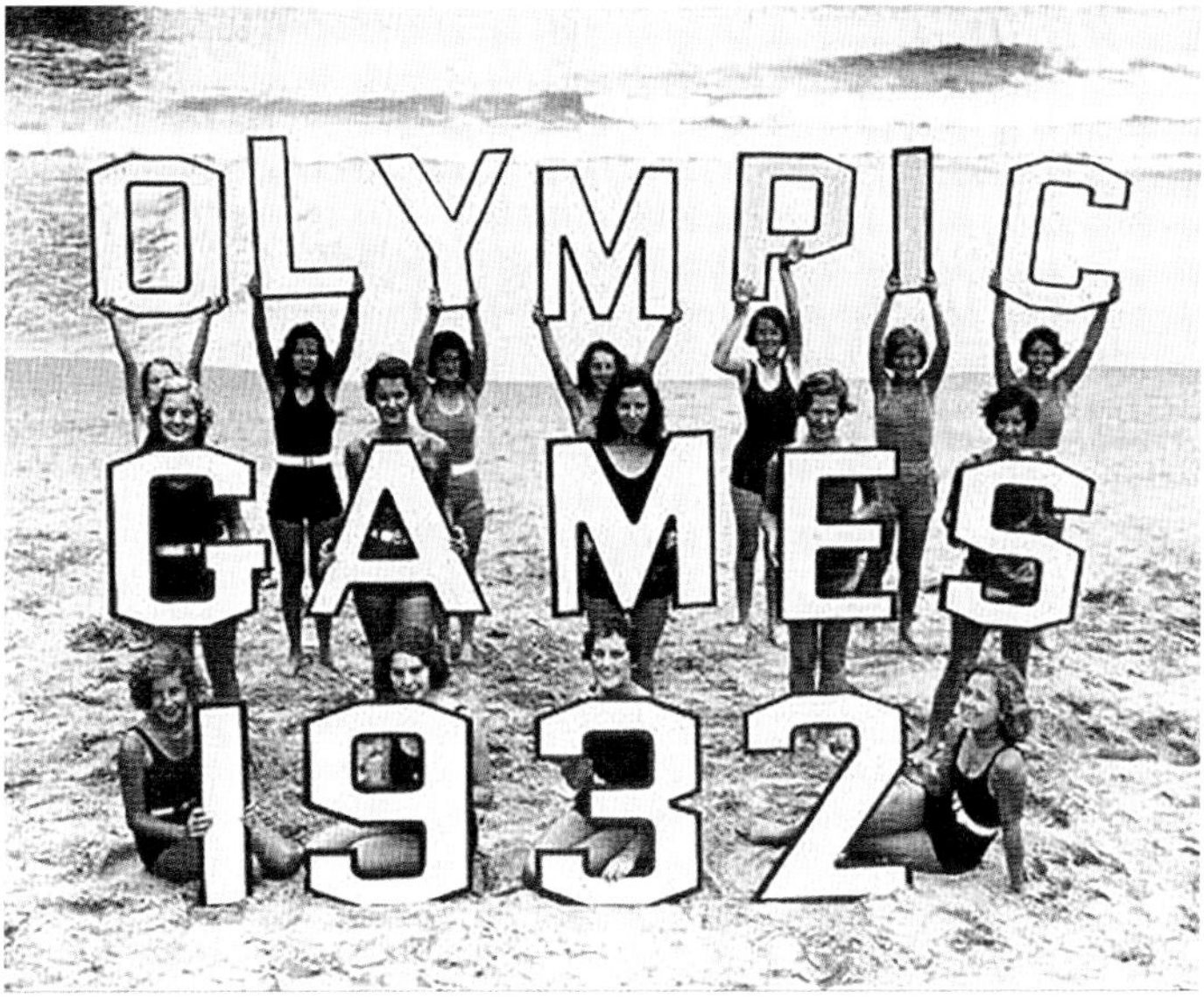

イッツ・ショータイム！　1932年ロサンゼルス大会
上：太陽、海、砂、そしてスポーツ。ＬＡスタイルのオリンピック。
下：古代の遺跡がハリウッドに登場。20世紀に生まれたコンクリートのコロシアム。

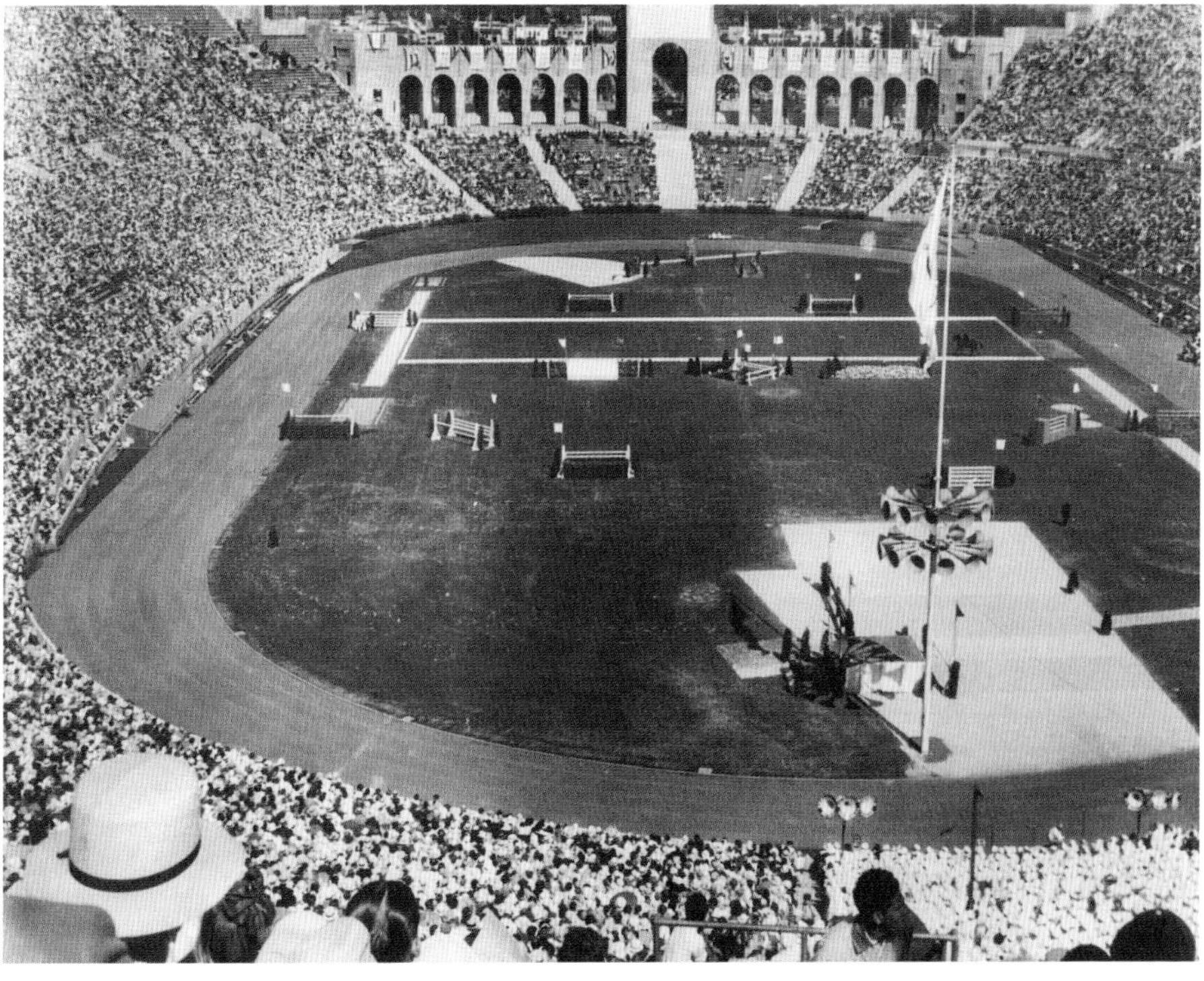

オリンピック・ファミリー　1936年冬季ガルミッシュ＝パルテンキルヒェン大会
開会式でのルドルフ・ヘス、アンリ・ド・バイエ＝ラトゥール、アドルフ・ヒトラー。

ただの「ヒトラーの大会」ではない　1936年ベルリン大会
インドのホッケー・チーム。決勝戦でナチス・ドイツチームを8対1で下した。

徐々に増す力　1928年アムステルダム大会　1948年ロンドン大会
上：1960年以前で唯一の女子800メートルで優勝したリナ・ラトケ。
下：200メートルで優勝した“ファニー”・ブランカーズ・コーエン

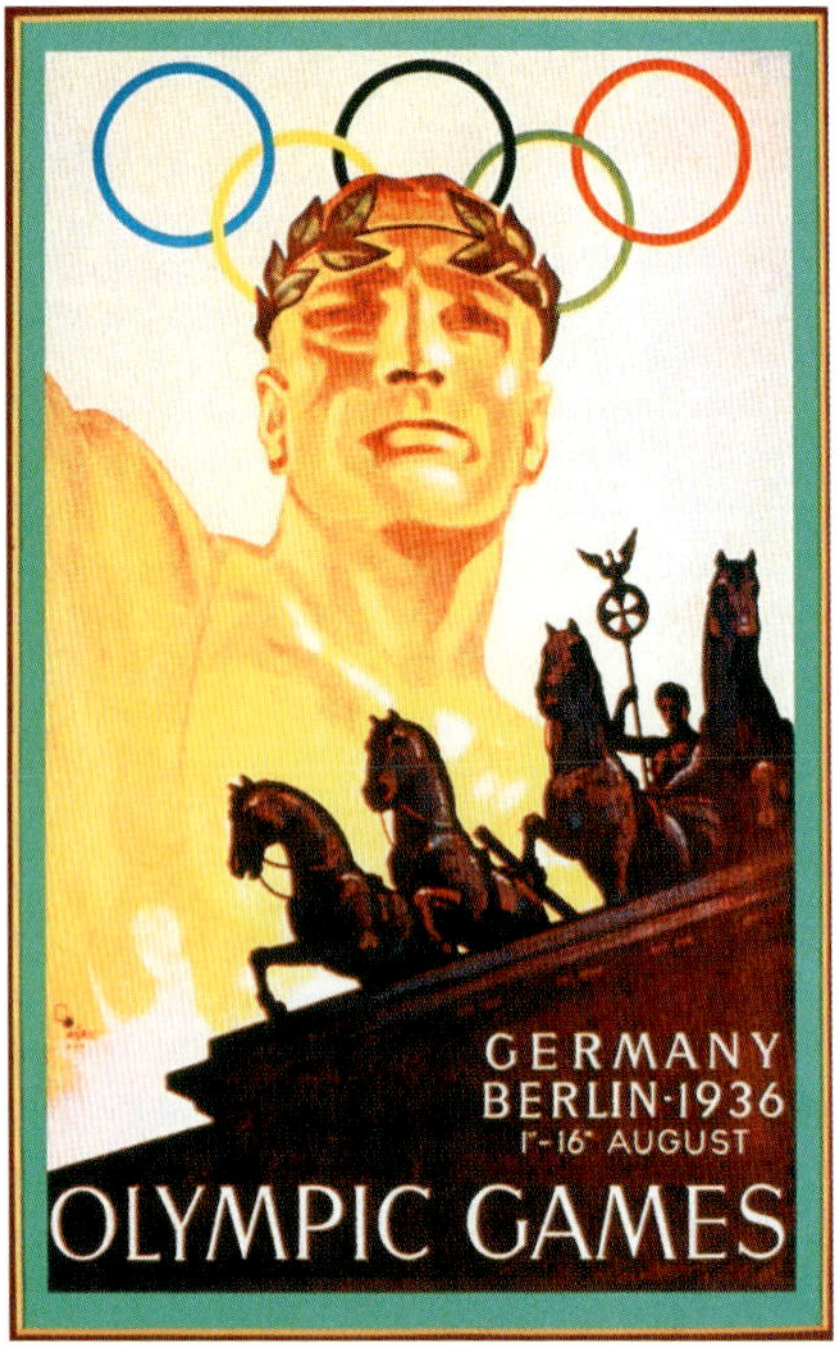

古代ギリシャ風の青年から抽象まで。1912年から1964年までのオリンピック・ポスター。

帝国の逆襲　1960年ローマ大会
マラソンで優勝したエチオピアのアベベ・ビキラが、コンスタンティヌスの凱旋門を駆け抜ける。

SF 世界のオリンピック
1964年東京大会
丹下健三が設計した国立代々木競技場

USA
USA

イメージは残る　1968年メキシコ大会
前ページ：ブラックパワー・サリュートをおこなうトミー・スミス（中央）とジョン・カーロス。
オーストラリアの選手ピーター・ノーマンもこの行為を支持した。
上：ボブ・ビーモンは8メートル90センチの跳躍で世界記録を大幅に更新。

スペクタクル vs アンチ・スペクタクル　1972年ミュンヘン大会　1984年ロサンゼルス大会
上：イスラエル代表チームが人質に取られている宿舎の屋根に降り立つ武装警官。ドイツのテレビ局が生中継した。
下：閉会式を盛り上げるライオネル・リッチー。

完璧　1976年モントリオール大会

ルーマニアのティーンエイジャー、ナディア・コマネチ。史上初の10点満点が出た平均台の演技。

ブランドと国家のために　1992年バルセロナ大会
上：金メダルを授与されるドリーム・チーム。左よりラリー・バード、スコッティ・ピッペン、マイケル・ジョーダン、クライド・ドレクスラー、カール・マローン。
下：モンジュイック・アクアティクス・コンプレックスからの眺め。

おかえりなさい　2004年アテネ大会
上：大会から10年を経たエリニコ・オリンピック・カヌー・アンド・カヤック・センター。
下：オリンピック水泳センターはその後使われないまま、今も残っている。

アンチ・オリンピック　2010年バンクーバー大会　2016年リオデジャネイロ大会
上：バンクーバーの中心地にできたテント村付近で抗議活動をする人々。
下：オリンピック・パークへの道路建設のために取り壊されるスラム地区の民家。

オリンピック全史 ◉ 目次

第3章　ライバル登場　１９２０年代のオリンピックと挑戦者たち　81

第4章　イッツ・ショータイム！　オリンピックというスペクタクル　129

［……］は訳者による注記である。

序章

おお、スポーツよ。神々の喜び、生命の本質よ！
近代という苦悶に満ちた灰色の地に、お前は突然現れた。
人類がまだ微笑みを浮かべていた古代から、燦然たる光をもたらす使者のように。
山々の頂を染める曙光のように。鬱蒼たる森に差す木漏れ日のように。

――1912年オリンピック芸術競技の金メダリスト、
ジョルジュ・オーロとM・エシュバッハ

クーベルタン男爵にとってスポーツとは、芸術と対照をなすものではなく、社会の文化活動に欠かすことのできない要素にほかならなかった。したがって、オリンピックでもスポーツをテーマにした美術と文学と音楽の作品で競うべきだと考えたのだが、当時の多くのアスリートやアーティストにはその発想は理解されなかった。男爵は1912年のストックホルム大会にそうした競技を加えたいと望み、開催地の説得に力をつくしたが、スウェーデン側は自国の芸術団体に諮った結果がかんばしくなかったことから、その提案を丁重に退けた。それでも男爵は動じることなく、1912年の大会で自主的に芸術競技の開催を宣言すると、参加希望者は自らの住所宛てに知らせるように呼びかけた。審査員はおそらく彼ひとり。

詩歌の部門の受賞作は、オーロとエシュバッハによる「Ode to Sport（スポーツ賛歌）」という華美な抒情詩だった。古代から近代までのスポーツ史に信仰ともいえるほど熱狂的な思いを寄せる男爵の胸に、さぞ強く訴えたに違いない。また、この詩はいくつかの重要な点で受賞作にふさわしいと言えた。古代の競技会とは異なり、近代のスポーツは楽しむものだった。ヨーロッパ北部とアメリカで18世紀半ばから20世紀初めにかけて生まれ、今日まで我々がプレーするスポーツの多くは、昔からあった競技を試行錯誤しながら整備したものか、バスケットボールやハンドボールのように新しく考案されたものだ。いずれも、近代以前のほとんどの競技とは違い、信仰や地域ごとの行事や儀式、さまざまな目的から切り離され、スポーツ本来の意味と楽しさを追求したものだった。これらは近代以前の、きわめて地方的だった「競技」とはもはや異なり、明確に言語化されてひとつの国から世界へと広まり、やがて生まれた合理的な官僚社会に守られる存在となった。そして産業資本主義と軍国主義の台頭によって世界から温かい人間性が失われた瞬間から、近代スポーツにも別の動き、つまり組織的プレーが育ちはじめたのである。

実は、なんとも冗長なこの詩の作者の「オーロとエシュバッハ」という名は、クーベルタンの妻の出生地に近いふたつの村（正確にはオードベルとエシュバッハ・オ・ヴァル）にちなんでいることは明らかだ。つまり、クーベルタンのペンネームであることはほぼ間違いない。自ら設けた競技種目に自作の詩で参加したうえに優勝させるとはまさに自画自賛だが、百年後の評価は手厳しい。フランス語とドイツ語の両方で応募されたこの詩は、ところどころに韻律が用いられているが、英訳すると大げさな言葉の羅列にすぎず、学校で聞かされる説教のように退屈だ。いかにも敬虔な語調は、この作品の内容に合わせて選ばれたのだろう。詩の大部分は、エリート軍人養成機関が始めた紳士的なアマチュア・スポーツをとことん美化する内容なのだ。19世紀西欧のスポーツは、もともとは列強がそれぞれの帝国を管理、統治するために必要な教育のひとつだった。近代という山々の頂に明滅していたのはそのような秩序、およびそれらを体現したアスリートたち、そしてそのたぐいのスポーツのみであった。

　そのためクーベルタンの理念は、彼の詩からも、モチーフとした紳士階級のスポーツからも、今ではあまり汲みとることができない。アマチュアリズムや一部のエリートのための規範は、オリンピックによって放棄されてしまった。競技の第一義は精神であり、近代における信仰の表現形式であるというクーベルタンの信念は、オリンピックから紳士のクラブに根ざす新ヘレニズムとも呼ぶべき競技熱が消え、世界に蔓延する官僚体制によってあらゆる宗教色が廃されて金もうけ主義の祭典に変わるにつれて、ひっそりと忘れられていったのである。しかし私には、「スポーツ賛歌」のふたつの節には今なお語りかけてくるものがあるように思える。第一に、月並みな言いまわしではあるが、スポーツには社会格差をならし、公正を欠く世の中で素質と才能を透明化する力があると讃えている。

　おお、スポーツこそ正義！
　人間が社会にむなしく求めてやまぬ曇りなき公正さが、おのずとわき起こる。

続いて、性的な興奮や薬物による幻覚症状やトランス状態を思わせる言葉を用いつつ、スポーツが感情と理性にもたらす喜びを謳う。

　おお、スポーツこそ喜び！
　お前が命ずれば肉体は躍り、瞳も輝く。
　血がほとばしらんばかりに体内をめぐる。
　思いははるかに広がり、地平線を鮮やかに染める。

ただし、オリンピックという国際舞台が階級や民族や性別、身体障害やセクシュアリティなどの差別をなくすことについて論じあう場になるのは、必ずしもクーベルタンの意図するところではなかった。また、彼が最も情熱を傾けていたときでさえ、オリンピック・ムーブメントと競技が異常な熱狂や非難や嘲笑に満ちた場になるとは想像もできなかったはずだ。だが結局、そういう道をたどるほかなかったのだろう。本書の目的は、クーベルタン男爵が描いたスポーツの祭典の構想がいかに世界規格となり、同時にあまねく官僚的になったかを述べることにある。しかしその過程においては、公正を求めて戦ってきたアスリートたち、我々の肉体を躍らせ、瞳を輝かせ、思考を刺激してくれるアスリートたちの物語にも触れながら話を進めることにしよう。

第1章

壮大にして有益な仕事
オリンピックの復興
1896年アテネ

あなたの劇場と大理石の彫像はいずこに?

あなたのオリンピックはいずこに?

——パナギオティス・ストゥソス(1833年)

電信電話に鉄道、精力的な科学研究や会議や博覧会が、どんな条約や国際協定よりも平和に寄与したことは明らかです。運動競技にはさらなる貢献が期待できます。

ボートと陸上競技とフェンシングの選手を輸出しましょう。そこには未来の自由貿易の姿があります。ヨーロッパの古い壁を越えてそれが導き入れられた日に、平和の種に新しく力強い支えが加わるでしょう。


それはあなたがたの僕《しもべ》である私に夢見る勇気を与えてくれます。いまや、現代社会の状況に適した基礎の上に、この壮大にして有益な仕事、すなわちオリンピックの復興という事業を続けて完成させることを望むには十分です。

——クーベルタン男爵(1892年)

1

伝説としてのオリンピック

クーベルタン男爵が1892年におこなったスピーチは、近代オリンピックの創設を公の場で求めた最も意義深いものだったと言えるだろう。しかし、世界最初の主張だったわけではない。その半世紀以上も前、ギリシアの出版人で愛国主義の論客でもあるパナギオティス・ストゥソスが自作の詩「死との対話」のなかで、独立を果たしたものの荒廃したギリシアという国にプラトンの幽霊が語りかけるようすを描いている。ようやくオスマン帝国の支配から脱したというのに、今のギリシアはなんだ？　壮大な光景や芸術や運動競技はどこへいった？[1] ストゥソスは、ギリシアこそ古代のオリンピックを復活させるべきだという思いに駆られ、内務大臣に手紙を書いてその旨を提案する。現代の国家主義の地をめぐりながら四年ごとに開催してはいかがか、と。候補地は、新しく首都となったアテネ、ペロポネソス半島の中央に位置するトリポリ、戦争中はギリシア反乱軍の要塞となったメソロンギ、オスマントルコとの戦いに備えて重要な艦隊を配備したイドラ島。[2] オリンピアは、わずかな壁と柱以外はまだ泥土に埋もれていた。

ギリシアの愛国者が古代の競技大会の復興を目ざしはじめたのはまさにこのときだったが、実はこの時点で300年以上にわたり、長く埋もれていた文献の発見と復元に基づいてヨーロッパのあらゆる民族が古代オリンピックの考証を進めていた。さまざまなイメージや修辞を援用しながら、ギリシアの競技会に匹敵する独自のオリンピック大会を開いた国もある。そうした試みには、イギリスの反宗教改革時の娯楽の合法化やフランス革命時の大衆による祝祭と同じように、古めかしいとはいえさまざまな理由があった。

ストゥソスの詩から60年後にクーベルタンがスピーチをするまでのあいだにも、オリンピック大会やレクリエーションやイベントがたびたび開かれた。これは、近代スポーツが生まれてそれがグローバル化したことや、オリンピアの発掘がおこなわれたことによって生じた流れであった。初めて競技会の復活を呼びかけたのはストゥソスであり、国際協力の必要性を初めて唱えたのはクーベルタンだが、どちらのアイデアも、ヨーロッパの近代精神と古代の宗教的な祝祭（コロンブスがアメリカ大陸に達する千年も前のことで、彼らも我々もほとんどその内容を知らない）に昔から不思議な接点があったことに端を発している。

古代のオリンピックは西暦392年にローマ帝国の皇帝テオドシウス一世の命で廃止され、聖地オリンピアは焼きつくされて200年以上にわたって廃墟となっていた。さらには、5~6世紀に起こった地震や洪水によって地中に埋没する。残った建物にしても、巨大な円柱の石材や金具が略奪された。だが、テオドシウスが本当に廃止したかったのは異教徒の習慣、特に元々信仰されていたローマの多神教にかかわるもの――寺院や神殿、聖地、伝統的な神々を祀る行事――だった。実際には、皇帝軍は帝国に起こる内乱とゴート族との国境争いで忙しく、この禁止令はほとんどいきわたらなかった。競技会も、突然消えたというよりは、その屋台骨である宗教的行事やそれを担う集団が虐げられるなかで衰退したといえよう。ビザンティン帝国の歴史家ルキアノスは「オリンピア競技会はアルカディウスの息子、テオドシウス二世の世まで長きにわたりおこなわれた」と記しており、西暦436年頃、[3]テオドシウス二世の治世下でついにオリンピックが途絶えたことを示唆している。

そしてその頃には、競技の真髄も失われていた。11世紀のビザンティン帝国の年代記編者、ゲオルギオス・ケドレノスによれば、オリンピアの寺院に祀られていた黄金と象牙で作られた巨大なゼウス像はラウサスの宮殿に移され、西暦475年前後にコンスタンティノープルを襲った大火災で消滅したが、その時代にはオリンピアのゼウス信奉者も死に絶えていたようだ。ルキアノスは、「オリンピアのゼウス像が燃えつきたのち、エーリスで開かれる祭典とオリンピック競技会は廃止された」[4]と記している。とどめを刺したのは6世紀半ばに続いた地震や河川の氾濫だ。[*5]地中に埋もれてしまった遺跡はペロポネソス半島歴代の支配者(ビザンティン、フランク、オスマントルコ、ヴェネチア)には見向きもされなかった。

＊最近の分析によると、オリンピアに堆積した土はかなり厚く、かつて聖地を流れていたクラドス川の氾濫のみによるものではないと思われる。事実、堆積物には海の微生物の遺骸が大量に含まれていて、オリンピアが津波(海底での地震が引き起こした大波による洪水)に襲われたことを示している。

オリンピア競技会は千年以上にわたってその名称だけが伝わってきた程度だったが、ルネサンス期の人文主義者に再発見されたことをきっかけに、古代の事業として書物に記されるようになった。16世紀にそうした書籍が世に広まるにつれてギリシア語やラテン語等の言語で書かれた文献が翻訳されるようになると、競技大会の重要な資料となる研究書が、少しずつ一般読者の手に入るようになった。たとえばイギリスでは、16世紀最後の25年間で「プルタルコス英雄伝」やヘロドトスの「歴史」、ホメーロスの「イーリアス」が翻訳された。「イーリアス」を読み、トロイ戦争におけるパトロクロスの弔い競技会の物語にひかれた読者は、運動競技が神聖な儀式として成立していたことを知っただろう。プルタルコスの著作からはアレキサンダー大王がオリンピックに参加したことを、ヘロドトスからはオリンピアでは賞金でなく栄誉が――譲ることもできる多様な形で――授けられたことを教えられたはずだ。* さらに後の読者は、2世紀に活躍した旅行家で地理学者のパウサニアスが書いた「ギリシア案内記」によって、オリンピアと競技会を追体験できるという恩恵を受けた。[6] その頃のヨーロッパでは、なぜギリシア人が競技会を開いたり試合をあがめたりしたのかをきちんと立証するまでには至っていなかったと思われるが、「ギリシア案内記」を読んだ彼らは、その重要性を十分理解していたと察せられる記述がある。「見るべきもの、聞くに値するものがギリシアには数多くあるが、エレウシスの儀式とオリンピア競技会ほど天の恩寵を授かるものはない」

* ヘロドトスの著作では、このことにペルシア人が驚いている。「マルドニウスよ、お前が我々と戦わせた相手はいったいどういう人種なのだ？　金のためではなく栄誉のために戦うとは！」

オリンピックは文学作品にも織り込まれた。たとえばシェイクスピアの１５９０年代初めの作品「ヘンリー６世　第３部」でジョージ王子がヨーク一党を結集させようとする場面がそうだ。「成功の暁には、勝者がオリンピアの競技で受けるような報酬を約束する」

10年後の作品「トロイラスとクレシダ」では、ギリシアの初老の王子ネストールが、トロイとの戦いで敵のヘクトールについて次のように言う。「そしてわたしは見た。あなたがギリシア軍にとり囲まれても、オリンピアのレスラーのようにひと息いれるのを」

１６３３年、マイケル・ドレイトンは、ロバート・ドーヴァーを「イギリスのオリンピックの偉大なる創始者にしてチャンピオン」と称えた。[7] ドーヴァーの支援者は多く、当時の著名な詩人であるドレイトンも「ロバート・ドーヴァーズ・コッツウォルド・ゲームズ」を称揚する33編の詩を集めた「アナーリア・ドゥブレンシア」に作品を寄せたひとりにすぎなかった。

１６１２年にはイギリス西部のチッピング・カムデンにあるドーヴァー・ヒル近くに造られた野外競技場で「コ

ッツウォルド・ゲームズ」が開かれた。華やかなセレモニーではごちそうが供され、ダンスやさまざまな競技がおこなわれると同時に、賭けや種目ごとの賞金なども設けられた。丘の上にはこの日のためにはりぼての城が建てられ、多くの人が野ウサギ狩りや競馬、レスリング、すね蹴り競技、棒術、ハンマー投げなどを見物した。ノーフォーク州出身のドーヴァーは、１５８２年、プロテスタントが勢力を伸ばしはじめたエリザベス女王（一世）の治世下でカトリックの貴族の家に生まれた。ケンブリッジで学んだのち、ロンドンの法学院のひとつ、グレイズ・インで弁護士の資格を得ると、コッツウォルドの小さな地所で暮らしはじめた。魅力的な人柄で人望もあり、お祭り騒ぎが大好きだった彼は、地元の支援と国の認可を受けた行事として、自分の名を冠した「コッツウォルド・ゲームズ」を開催したのである。地方の競技会や行事はすでにスチュアート朝に広まり、各地の富裕層がひそかに後援していたが、ドーヴァーは自ら競技会を取りしきり、ジェームズ一世から譲り受けた衣服をまとってとりわけ盛大におこなった。これには国王の名の下に民衆の娯楽を擁護するという意図があった。17世紀のイギリスではプロテスタントがピューリタンの思想を受けて非常に禁欲的になったことを考えると、これは政治的に大きな意味のある行為だった。１６３０年頃になると、ピューリタンの領主や貴族は領地内でおこなわれるさまざまな行事に制限をかけるようになり、地元の祭なども廃止していた。こうした流れに歯止めをかけたのは、１６４２年に起こった内戦と１６４５年の王党派の敗北である。１６５２年、ドーヴァーはクロムウェルによる禁欲的な護国卿政治の下で没し、競技会も消滅する。ドーヴァーが創設した競技会は１６６０年の王政復古後に復活し、人気こそ衰えなかったがオリンピックという呼称は失われ、「ただの田舎の酒盛り」[8]になってしまった。

コッツウォルド・ゲームズとオリンピックとのつながりは消えたかもしれないが、オリンピアのイメージはヨーロッパの文学や大衆文化のなかにとどまった。17世紀末、ジョン・ミルトンは「失楽園」のなかで、飛翔するサタンの群れを次のように描いている。「あるものは原野を、あるものは空高く、翼をはためかせ、競いあって飛ぶさまはオリンピアかピューティア祭に参加しているかのようだ」

ヴォルテールはもっと楽しげに、18世紀初めにイギリスを訪れた折にテムズ河畔で競技会がおこなわれているのを見かけたことを「オリンピア競技会に連れていかれたようだった」と記している。[9]ドイツの啓蒙主義の思想家フリードリヒ・シラーは著書「美的なるもの」において、古代の競技会を「美の要素を競う」見本としている。オリンピックが取り上げられてた例はピンからキリまである。１７８６年発行のロンドンの新聞には、オリンピックのパロディとして、馬の首当てから顔を突き出す女性が並ぶようすを描いた挿絵が掲載された。頭上には「笑顔ブス・コンテスト」という語が掲げられ、賞品として金糸で編んだ帽子も描かれている。１７９４年のタイムズ紙には、ニューマーケットで催されたナニー・ホッジスとレディ・ラッズ（乳母チームと恋人チーム）の戦車レースの記事が載っている。当時としては破格の５００ギニーという賞金を懸けておこなわれた「オリンピア競技会を復元したような催しが、競馬場に集まった紳士階級の興味を引きつけ、競馬が急速に衰退する」とある。＊[10]

＊ニューマーケットの対戦は古代オリンピックの再現とはほど遠いものだった。古代の競技会の際には賭け事がおこなわれたかどうかは不明だが、女性や金などの褒美は皆無で、競馬を催すのも同胞の健康増進のためというよりゼウスを讃えるためだった。競技会に関する18世紀の著作で優れたもの——イギリスの詩人ギルバート・ウェストの「Dissertation on the Olympick Games（オリンピア競技についての考察）」（１７４９年）やジャン＝ジャック・バルテルミのピカレスク小説「アナカルシス旅行記」（１７７８年）など——は古文書をそれまでより体系的学術的に調べた成果であり、かなりのことを明らかにしたはずである。だが、このような細かいことでおもしろいショーの邪魔をするのは、野暮というものだろう。

それから半世紀のあいだ、オリンピックに関する知識を一般大衆に与えたのは、図書館ではなくサーカスだったようだ。１８５０年代にはオリンピックの馬術が華麗な見世物となり、ニューヨークではフランコーニ曲馬団、ロンドンではパブロ・ファンケのロイヤル・サーカス、エジンバラではマダム・マカルト曲芸曲馬団の演目になっていた。イギリス初の黒人サーカス団長パブロ・ファンケと「天下一曲馬団」は「オリンピア競技会の最新の呼びもの」を披露し、マダム・マカルトのポスターは「古代ギリシアのオリンピア競技会の真髄を再現する、体操教師団の見事な離れ業」を謳った。最も野心的なオリンピック復興ビジネスに挑みながらも徒労に終わったのは、有名なチャールズ・ランダム大佐だ。出自も軍歴も怪しいこの男は、ロンドン西部、チェルシーにあるクレモーン・ハウスの広大な地所を買い取ると、１８３１年に「ザ・スタジアム」（正式名称は「雄々しき防衛訓練、騎手、騎士道、水練並びに楽しい競技のための全英競技場」）を創設した。さらに1832年と1838年には、ヴィクトリア女王の即位を祝って独自のオリンピア競技会を開こうとしている。だが残念ながらこれらの努力は実らず、それからの数十年間、この競技場はさまざまなショーを呼びものにする、ヴィクトリア朝特有のやや猥雑なプレジャー・ガーデンとして使われた。

ヨーロッパでは、古代の競技会についてさらに総合的な知識を得るためにも、それらのイメージを具体化するためにも、書物以上のものが求められるようになった。要するに、実際にオリンピアを訪れてみなければ何も始まらない、ということだ。

2　古代の競技

15世紀以降、学者や古物商、墓荒らしや探検家がヨーロッパのさまざまな遺跡を探り続けてきた。17世紀末には数か所で発掘調査も始まった。イタリアでポンペイやヘルクラネウムの遺跡が発見されたのは18世紀半ばのことだ。ナポレオンがエジプト遠征の際に大規模な学術調査をおこない、有名なロゼッタ・ストーンが発見されたのもこの頃である。やがて蒐集家や研究者の興味は古代ギリシアに注がれ、オリンピアの発掘に大きな期待が込められるようになった。フランスのベネディクト会の修道士にして飽くなき蒐集家、ベルナール・ド・モンフォコンは、オリンピアを管轄するコルフ島の司教にあてて「埋もれている宝物のなんと厖大なことか。これまで誰にも発掘されなかったのが不思議なほどです」と1723年に書き送っている。ヨハン・ヨアヒム・ヴィンケルマンは18世紀の傑出した古典学者で、グレコ・ローマン美術および建築に造詣が深く、同性愛や運動競技の文化を表現した古代の彫刻作品にとりわけ心を引かれていた。ヴィンケルマンはヴァチカンにいる後援者たちを何度も訪れてはオリンピアを調査したいと訴えたが、なかなか実現にはいたらなかった。いずれにしても、発掘を始める前に、西ペロポネソス地方のオリンピアまで行って下調べをする必要がある。その役割を担ったのは、イギリスの蒐集家リチャード・チャンドラーだ。彼は、ディレッタンティ協会（貴族階級のコレクターとグレコ・ローマン美術の愛好家からなるロンドンのクラブ）の資金援助を受けてギリシアをめぐりながら遺物を集め、さまざまな記録を写し、図面に起こした。1766年、アテネでパルテノン神殿の破片を数個購入してからオリンピアに向かったチャンドラーは、ひどい虫刺されと日焼けに苦しめられた。目的地に着くと「いささか期待していたゆえ、眼前の地がほぼ不毛であるとわかってますます前途に失望しながら調査を開始した」という。そこには「建物の石片や壁の残骸が散らばっているだけだった」[1]のだ。

期待はずれだったとはいえ、この調査は西ヨーロッパのギリシア研究者がオリンピアへの道すじを知るよすがになり、1787年には、コンスタンティノープル駐在フランス大使から委託されたルイ・フォーヴェルが初めてその地の地形図を作った。*1828年になると、オスマン帝国からの独立をめぐって戦うギリシアを支援するために、フランスの大部隊がペロポネソスに派遣された。その軍には、ナポレオンのエジプト遠征のときと同じく、規模こそ大きくはなかったが考古学や地理学や植物学の研究者を集めた「モレエ学術調査団」が同行した。そして1829年、6週間にわたる作業によってゼウス神殿の遺跡の一部が発掘され、外壁を飾る多くのメトープも見つかった。ヘラクレスの12の功業を描いた大理石板のレリーフだ。これらはすぐに持ち去られてルーブル美術館に収蔵された。神殿が非常に広大であったことは明らかになったものの、まだ5メートルの厚い泥に覆われていたため、さらに本格的な発掘が必要だった。[2]

＊　軍用地図製作のベテランだったウィリアム・リーク大佐は、イギリス政府の命で、フランスに対する牽制策の一環として、アルバニアおよびペロポネソス半島の沿岸地帯を調査した。1805年にはオリンピア全域の精査を指揮したが、その成果が著書「Travels in the Morea（モレア旅行記）」として出版されたのは1830年である。

実際の発掘作業に取りかかるまでに25年、神殿を完全に発掘するのに6年を要した。作業をおこなったのはドイツの古典学者、エルンスト・クルツィウス。ドイツとギリシアは20年間にわたって複雑な外交関係にあり、1874年にようやく発掘の契約が成立した。ドイツ側が費用を負担して発掘をおこない、出土品はギリシア政府が保管するという契約だ。6年間の作業によって、ゼウス神殿のみならず、パウサニアスたちが著作で触れていた建物がほとんど地上に現れた。ヘラ神殿、エコーの柱廊、マケドニアの王家のために造られた神殿、フィリペイオンなどがそうだ。全域が発掘されるまでにはさらに100年かかった。1970年代に重機が導入され、スタジアムと競馬場がすっかり掘り出された段階でやっと発掘作業は完了となった。出土品は100年におよぶ研究の成果に照らし合わせて分析され、古代オリンピックは古代ギリシアにおける肉体と運動競技の文化を深く理解する鍵となった。古代の競技会についてはまだ解明されていない点も多いが、我々の世代でわかったのは以下のようなことだ。[3]

ギリシアでは、(かなり疑わしいとはいえ)紀元前776年からオリンピア紀を基準として年代を数える慣習が始まったが、それより200年以上前、オリンピアの聖地は神への祈りと儀式をおこなう場所だった。その500年前に栄えたミケーネ文明の時代から続く、生贄を捧げる儀式がおこなわれた形跡もある。最初は紀元前8世紀に都市国家エーリスの庇護のもと、おそらく死者を弔う目的で始まった地方の競技会だったが、紀元前7世紀には全ギリシア人が集まるほどの規模になった。これは優勝者の出身地からわかる。初期の優勝者はペロポネソス西部から、その後はアテナイとスパルタ、紀元前6世紀以降はギリシア北部のテッサリアおよびシチリアや南イタリアの植民地から輩出しているのだ。このオリンピア祭に加えてピューティア祭とネメア祭、イストミア祭もそれぞれ4年ごと、または2年ごとに開催されるようになり、競技会はギリシアの宗教と文化と政治の中心となったのである。

もともと多神教に基づいていたために祭典ではさまざまな神が讃えられたが、紀元前5世紀初頭から、オリンピア競技会は神々の王であるゼウスに捧げられるようになり、4年ごとの競技会として数ある祭典の頂点に位置づけられた。紀元前490年頃に建てられたゼウス神殿はアルティスと呼ばれる聖域であり、ひときわ壮大な建物だったが、紀元前430年頃に彫刻家フェイディアスが制作した巨大なゼウス像が設置されると、すっかり威光を失った。ヘロドトスが世界の七不思議のひとつに挙げたその像は大理石と金と象牙で作られ、人の大きさのニケ(勝利の女神)の像を持って玉座に座るゼウスの堂々たる姿をかたどったものだった。同じ頃、紀元前6世紀に初めてオリンピアに築かれた競技場は南に移されて広くなり、トラックに砂利を敷いた広大な競馬場も加えられた。周囲は土手で囲まれ、4万5000人を収容できる観客席が設けられた。

ここで競技会の参加者について説明しよう。参加者のほとんどは全ギリシア人の約5パーセントを占める自由民で、はるばる遠方からやってきたうえに8月のアテナイの熱暑に耐えなくてはならなかった（特権階級の競技者には別荘や宿泊所があてがわれた）。インフラ整備の得意なローマ人は宿泊施設を建てたり皇帝ネロの別邸を利用したり、クラデオスの大浴場を造ったりした。清潔な水が循環するすばらしい給水設備もあった（これは2世紀のギリシアの大富豪イロド・アティコスがつくった「ニンファエウム」と呼ばれる設備で、大理石を使った立派な貯水場に導管で水を引く仕組みになっていた）。だが多くの参加者は、聖地周辺の草原に急ごしらえでつくったテント村で難儀を強いられた。エピクテトスはいかにもストア派の哲学者らしく、忍耐を奨励した。「猛暑でへたばっていないというのか？　狭い部屋に押し込まれてもいないのか？　まさか体も洗えると？　周りの騒々しさに悩まされてもいないというのか？　まことにけっこう。だが、そうした苦痛を耐え抜いてこそ大観衆の喝采を浴びることができるのではないだろうか」

競技会に驚くほど人が集まったのは、古代ギリシア世界とローマで広まった「身体文化」に理由がある。裕福で労働にいそしむ必要のない特権階級の自由民は、千年以上にわたりギュムナシオン（体育場）——裸になる場所——を社交と憩いの場として、市民生活の中心に据えていた。ギュムナシオンでの運動やトレーニングに与えられた役割はさまざまだった。いざというときは全市民が戦えるように、軍事訓練として運動を奨励する都市国家もあった。肉体および精神の健康が市民道徳を向上させると考える地域もあった。そして多くのギリシア人は、運動で鍛えた男性の美しい体を礼賛し、外見が立派であることを善としていた。

開催を告げる伝令が数か月前からギリシア全土をめぐると、競技者と観衆はオリンピアに集結した。競技会は前5世紀のペロポネソス戦争における熾烈な戦いのさなかも続けられた。

5日間にわたるオリンピアのプログラムは前5世紀に定着したが、前2世紀にローマがギリシアを征服すると新しく改められた。ゼウスはジュピターと呼ばれるようになり、競技会の日程も6日間に増え、およそ600年後に廃止されるまで継承された。開会の日、審判員（ヘラノディカイ）と選手、指導者、選手の親族は残らずゼウス神殿に集められ、不正を働かず正々堂々と戦うと宣誓する。[4]だが、競技場へ続く通路に並ぶブロンズのゼウス像――ザーネスの存在は、不正行為や買収が少なくなかったことを物語っている。ザーネスは違反をした者の罰金で造られ、後に続く競技者への戒めとなっていたからだ。ラッパ手と伝令（それぞれサルピンクスとケーリュクスと呼ばれた）も競い合い、勝ったほうが競技者の名を告げてその成果を讃える役を務めた。

2日目は周辺にある多くの祭壇や神殿に生贄を捧げてから、競馬場で戦車競走（2頭から4頭立ての戦車を使う）や騎手が馬を駆る競馬がおこなわれた。非常に危険なレースにもかかわらず、賞品は御者や騎手でなく裕福な馬主に贈られることが多かった。3日目は5種競技の日で、徒競走と槍投げと円盤投げ、重りを使う幅跳びがおこなわれたが、正確な記録は残っていない。この時点で勝者が決まらなければ（どのような決め方なのかは不明）、レスリングで決定する。4日目は100頭の雄牛を殺したといわれるペロプスを讃える祭と少年競技が催され、祝宴も開かれた。

5日目は再び競技場で徒競走と格闘技がおこなわれ、約20名の選手が陸上3種目に出場した。スタディオンは直線の短距離走、ディアウロスはスタディオンのコースを往復、ドリコスは長距離走で、競技場を24周する。距離にして約5000メートル。レスリングには2種類あり、カトゥン・ペールは砂地の闘技場で転がりながらの組み討ち、オルティア・ペールは立った姿勢で闘う。ボクシングは現代人が見てもそれとわかるが、現在のようなグローブは使われなかった。古代ローマでは、残虐にも金属を仕込んで攻撃力を高めた手甲も導入された。やがてパンクラティオン（「持てる力すべて」の意）という、かみつきと目つぶし以外は何でもありの格闘技が生まれる。最終日は祝祭。選手のパレードから始まり、行列に小枝や花が振りまかれる。次いで、ゼウス神殿の建つアルティスの森のオリーブで作った冠が勝者に贈られ、審判員と優勝者にのみ聖なる祝宴が供される。

古代のオリンピックがこのようなものだったことは、クーベルタンの時代にはほとんど明らかになっていた。スポーツや肉体に神聖な意義を持たせたこと、宗教的な祭事としての運動競技、そして個人の努力や参加することへの賛美などは、彼がイギリスのスポーツ教育に見出した理想そのものだった。もちろんふたつのあいだには大きな隔たりがあったうえに、合致させようとしたクーベルタンの試みは、控えめにいっても学問的な裏づけを欠き、男性上位主義的で現実離れしていた。しかし、説得力はあった。

ただし、古代の競技会におけるアマチュアリズムと政治に関するクーベルタンの解釈は成り立たない。近代の競技会ではアマチュアの厳格な定義づけによって半世紀以上もプロ選手の参加が認められなかったが、その定義は古代の〝イメージ〟から作り出されたものだった。もっとも、1960年代にIOCの会長を務めたエイベリー・ブランデージなら「アマチュア規定は古代の崇高な道徳律を範としている」といって譲らないだろう。[5]

実は、オリンピアの競技会は賞金こそ出なかったものの、プロ選手の参加や営利行為を伴って運営されることも多かった。オリンピアのかなた、東地中海世界の競技会ではおしなべて金品の賞が出た。それらに参加した競技者がオリンピアから閉め出されたこともない。紀元前6世紀に活躍したアテナイ人ソロンのように急進的な政治家は、勝者が故国に帰ることを条件にほうびを与えた。500年後、マルクス・アントニウスは、オリンピアの月桂冠は軍役免除や土地や年金や免税などに変化したと記している。またパウサニアスは、オリンピアの長距離走の勝者、クレタ島出身のソタデスが、次の大会には報奨金と引き換えにエフェソス人として出場したと書いている。

クーベルタンが世界の友好と平和のために古代の例から近代オリンピックを思いついたのは、政治的な圧力や利害関係とは無縁なスポーツ文化を生き返らせるためでもあった。だが古代人にそんな考えはなかったようだ。ヘロドトスは、アテナイのキュロンがクーデターを起こしたのは、紀元前640年にディアウロスで優勝した余勢を駆ったのだと推測した。一方、アテナイの貴族キモンは僭主《せんしゅ》ペイシストラトスのために亡命を余儀なくされる。彼は「亡命中にたまたま4頭立ての戦車競走で優勝し、次のオリンピア競技会でも同じ馬で勝ったが、ペイシストラトスに勝利を譲ったので和睦協定のもとに故国へ帰ることができた[6]」。ほかにも、オリンピアの勝者と記録されているギリシアの僭主にはコリントのキプセリやシキオンの僭主（オルタゴリデス）がいる。

おそらく、クーベルタンもオリンピックの実現に取りかかってみて、オリンピアにも政治活動があったことを知ったはずだ。プルタルコスはテミストクレス（紀元前5世紀にアテナイで名をはせた将軍）が競技会を訪れた折の熱狂を記している。「観衆は競技者そっちのけで日がな一日将軍に注目し、絶賛し、まわりに彼を見たことのない観衆がいれば彼を讃美しながら彼が何者かを教えたので、喜んだ将軍はヘラス［古代ギリシア語でいうギリシア」のために働いた苦労が十分に報われたと友人たちに告げた」[7]。オリンピアでは政治的な駆け引きが常にあった。そして近代にも存在することを——しかも何倍もの規模で存在することを——クーベルタンは身をもって知ることになる。

3 オリンピック再興運動

古《いにしえ》のヨーロッパの古典学者や研究者は古代の競技会の記録を保存し、後に解読した。考古学者と蒐集家はオリンピアの発掘調査をおこなった。そして文献や報道やサーカスがオリンピックに対する関心を世にとどめていた。だが実際に競技会を開く者は、あるいは、ヨーロッパに芽吹いた新しいスポーツや肉体的鍛錬や「体育」という考え方を古代の競技文化と結びつけようとする者は現れなかった。事実、17世紀半ばにロバート・ドーヴァーズ・コッツウォルド・ゲームズが廃止されて以降、「オリンピック」の語を使用したスポーツの祭典は催されなかった。オリンピックの理念とスポーツや鍛錬を結びつけた初期の試みとしては、18世紀末から19世紀初めにかけてドイツ、フランス、スウェーデンで開催されたいくつかの祭典があるものの、反響が大きく、クーベルタンをも刺激してオリンピック復興に走らせるほど成功を収めた活動は、19世紀半ばにイギリスとギリシアでようやく始まった。それぞれの国では大きな社会的勢力が、すなわちイギリスでは競技会の倫理および近代スポーツの道徳律が、ギリシアではナショナリズムが古代オリンピックの理念と結びつけられたのである。

　競技会の復活もあった。フランスでは革命推進派のひとり、シャルル・ジルベール・ロムの提唱によって、政治がらみのまったく新しい命が競技会に吹き込まれた。立法議会のメンバーでロベスピエールの支持者だったロムは、宗教色と王党派を排除した合理的な共和制の暦を制定し、新たな単位であるメートル法と共に時間と空間に十進法を用いた。共和暦ではひと月が30日のため、太陽暦に合わせようとすると年に5日があまり、4年ごとにさらに1日の閏日が生まれた。ロムはこの日が民衆の祝祭と競技会を開くのにうってつけだと考え「これをオランピア、開催年をオリンピック・イヤーと呼ぼう」と提案する。[1] この発想はさまざまな共和政治のなかでも大きな支持を得たもののひとつだ。ピエール・ドヌーは「フランスでもやろう。今こそ健康によい発明を復活させるときだ。あらゆる運動競技、音楽、ダンス、ランニング、レスリングをおこなおう」と論じた。１７９３年、当時公安委員会の首班だったジョルジュ・ダントンは国民公会に「オリンピックの会場をシャン・ド・マルスにしてもらいたい」と持ちかけた。彼はまもなく失脚、処刑されるが、シャン・ド・マルス会場案は残った。こうして１７９６年、パリで人民のスポーツ競技の祭典「共和国オリンピック」が開かれ、何十万という人々を魅了した。ル・モニトル紙は「彼らはまるで、オリンピア競技のために広場に集い、ギリシアの民に輝かしい国家の道義を体現してみせた若きスパルタ人のようであった」と報道した。選手らは「躍動感に満ち、さまざまな運動競技を見事におこなった」という。共和制国家を象徴する赤白青の衣装をまとった人々が競技会の開催を宣言し、軍楽隊の演奏と共にレースが始まった。パリの肉屋がレスリングで、陸曹長が長距離走で優勝した。勝者は月桂冠を頭に戴き、フランス製の賞品（ピストル、サブレ、花瓶、時計など）を授与され、群衆の前を行進した。祭典はさらに2回催され、１７９８年には革命と同じく隣国にも波及した。だが１７９９年にナポレオン3世が権力を握るや、約１００年後にクーベルタンが並々ならぬ熱意を持って復興活動を開始するまで、競技会はおあずけとなるのだった。

　その時代に最も強大な勢力を誇ったヴィクトリア朝イギリスで、上流階級の人格や知性の育成に欠かせないものとして多くの近代スポーツと競技倫理の概念が生まれ、普及したことが、競技会復活のきっかけになったことは間違いないだろう。だが、オリンピックというアイデアを採用したのは、パブリックスクールやオックスフォード、ケンブリッジ大学にあふれる貴族のスポーツ愛好家や学者たちではなかった。ウィリアム・ペニー・ブルックスという、シュロップシャー州の小さな市場町マッチ・ウェンロック出身の医師兼治安判事である。[2] 1850年、ブルックスは、「マッチ・ウェンロック・農村読書会」の分科会として「ウェンロック・オリンピアン・クラス」を立ち上げ、開会のスピーチでその目的を述べた――「これは町の人々の徳育、知育、体育の向上を図るものであり……戸外での娯楽を楽しむ機会を設け、運動競技や産業技術の優秀者を毎年公の場で表彰する」。その年末、第1回「マッチ・ウェンロック・オリンピアン・ゲームズ」が開かれた（そして、二度の大戦中も続けられた）。内容は多彩で、地元の祭と学校の運動会を兼ねたような競技会だった。プロとアマ、男性と女性、地元民と外来者を問わず参加でき、子供から老人まで楽しめる競技もつくられた。クリケットやサッカー、アーチェリー、ハードル走、徒競走などの競技があり、プロ選手が参加する種目ではかなり多額の賞金が出た。目隠しをしての手押し車競走や袋跳び競走、ポニー・レース、目隠し鬼といったゲームもあったが、最も人気が高かったのが中世の試合を模した馬上槍競技だ。大会の評判が高まると、ブルックスは盛大な入場行進と式、詩歌コンテスト、射撃、自転車レース、さまざまな種目から選ばれた5種競技も加えた。古代オリンピックを参考にした5種競技以外は、どの種目にも気軽に参加できた。ただしこの行事は、名称こそ立派だがヴィクトリア朝ではよく見られた社会事業のひとつであり、地元民の郷土愛と後援、健全な娯楽と気晴らし、地方の農民と都会の労働者階級の生活を向上させるというブルックスの意欲が結びついたものだった。1860年、ブルックスは近隣の五つの町の長に書簡を送り、合同で「シュロップシャー・オリンピアン・ゲームズ」を開催しようと呼びかける。4年後の大会は1万5000人という最大の観客数を記録したが、1864年のシュルーズベリー大会は豪雨にみまわれ、人々のスポーツ熱もしぼんでしまったために中止となった。

一方、1862年創立の「リバプール体育クラブ」で高まった市民の熱はなかなか冷めなかった。このクラブはアマチュア・スポーツとフェアプレーをモットーとする紳士的精神の育成、さらに下層階級と中流の運動不要派にも体育の大切さを教えることを、はっきりと目的に掲げていた。[3] 中心となったのは、チャールズ・メリーとジョン・ハリー。メリーは運動競技の倫理の拠点ともいうべきパブリックスクール、ラグビー校に学び、慈善事業に尽力した人物だ。市内に水飲み場や新しい公園や緑地を設け、屋外の運動施設も造った。風変わりな服装が人目を引くジョン・ハリーは自称「競技監督官」。運動が人格形成と体力増進に有益であることを並々ならぬ熱意で示した。ふたりともユウェナリスの有名な言葉「健全な肉体に健全な精神が宿る」に共感し、1862年6月、リバプール・デイリー・ポスト紙に載せた「グランド・オリンピック・フェスティバル」の広告の冒頭にもそれを掲げた。「マッチ・ウェンロック・オリンピアン・ゲームズ」と違って賞金もプロ選手の参加も排されたが、銀と銅のメダルによる「アマチュア精神を貫く紳士」の表彰があり、スタンドの席は有料だった。富裕層の観客は障害物競走、体操、フェンシング(サーベルとブロードソード)、レスリング、ボクシング、徒競走、跳躍、クリケットボール投げなどを見物した。「委員会はいかなる努力も惜しまず、この祭典を不滅の名称にふさわしいものにしていきます」。「リバプール・グランド・オリンピック・フェスティバル」は統制こそとれていなかったが、大変な評判となった。日程に恵まれず競技場に観衆がなだれ込むという不手際もあったが、3年続けて開かれ、1863年の第2回大会は1万2000人の観客を集めた。リバプール・ポスト紙によると、「古代から現代まで正しく伝えられてきた名称があるとしたら、それはオリンピックという言葉である。この名を使うということは、現代に生まれたこのすばらしいスポーツの祭典が単なる競技会ではないことを示している」。動物園を会場としたため前評判が芳しくなかった1864年大会でさえ、参加を許されないにもかかわらず多くのプロ選手がやってくるほどだった(結局、彼らは地元の興行師が資金を出したにわか仕立ての競技会に参加することができた)。

1865年、イギリスに発した元祖オリンピック選手のエネルギーがひとつにまとまった。ロンドンで会合が開かれ、「ナショナル・オリンピアン・アソシエーション(NOA)」が設立されたのだ。中心となったのは、ジョン・ハリーとリバプールの代表者たち、ウィリアム・ペニー・ブルックス、そしてロンドンにある「ドイツ体育協会」のエルンスト・ラヴェンシュタインである。NOAの目的は、「全国に広まりつつある、多数の運動競技や体育のクラブに焦点を絞り」、「希望者全員が参加できる」全国的な競技会を開くこと。女性とプロ選手の参加は認められなかったが、階級に関しては中立の立場をとった。1866年、NOAが初めて主催した競技会がロンドンで開かれたのも自然な流れだった。なにしろ大都市ロンドンは大量の集客が見込め、加えてイギリスの主要なスポーツ組織――MCC（メリルボーン・クリケット・クラブ）や新たに設立されたFA（フットボール・アソシエーション）など――のほとんどが置かれ、先導役となる貴族のスポーツマンの多くが本拠地にしていた場所なのだ。もちろん、どちらの協会もNOAの結成や大会参加への呼びかけによい顔はしなかった。田舎者とドイツの体育家の信念が結びついたところで、スポーツを組織的かつ象徴的に管理できるなどとはとても思えなかったのである。すぐにもうひとつ、「アマチュア運動クラブ（AAC）」が結成された。ただし、「1866年2月に発行されたクラブの趣意書はクリスマスのうちに急ごしらえされた形跡があり、ナショナル・オリンピアン・アソシエーションの活動を妨げるのが狙いとしか考えられない」と指摘する記録がある。[4] この新たなスポーツのエリート層はNOAへの反発を表明するために、ロンドン西部にあるボーフォート・ハウスの優雅な庭園で高額な入場料を取る全国選手権をおこない、オープン競技会やNOAの大会に参加した者には参加資格を与えないという行動に出た。対する「ナショナル・オリンピアン・ゲームズ」はもっと庶民的だ。1866年のクリスタル・パレスにおける大会「第一回万国博覧会でロンドンに建設されたクリスタル・パレス（水晶宮）は1854年にロンドン郊外に移築され、その周辺の庭園も含めた大衆的な娯楽ゾーンとなっていた」には1万人の観客が、1867年のバーミンガム大会でもほぼ同数の観客が水泳やレースや体操競技を見ようと詰めかけた。

結局、このときがイギリスのオリンピック再興運動の頂点だった。ロンドンのスポーツ・エリート層や大学との交わりを断たれ、ときにはあからさまな妨害も受けた結果、地方出身の熱血啓蒙家と慈善事業家の連合は資金が尽きた。スポーツの祭典を発展させる夢はくじかれたのである。1868年、主要都市の大きなスポーツクラブにことごとく主催者役を断られると、競技会はウェンロックの時代のような規模に戻り、シュロップシャー州ウェリントンで開催された。シュロップシャー州での大会は1874年と1877年にも開かれたが、もはや全国的な大会とは見なされなかった。一方、AACは全国的な運動イベントに対する影響力をますます強め、名称を「アマチュア運動協会（AAA）」と改めて一大スポーツ国家を管理していく。NOAとしての最後の競技会は、1883年にマッチ・ウェンロックの北にある小さな村ハードリーで開かれたが、きわめて小規模だった。

だがマッチ・ウェンロックの競技会自体は途絶えることなく続けられた。ブルックスはイギリス政府に国民全体の体育を支援するように求める活動を続け、オリンピック復興の可能性についてギリシア政府その他の機関と交渉することも求めたが、長いあいだ相手にされなかった。イギリスでは北東部の小都市モーペスで、かなり規模を小さくしたモーペス・オリンピックが1870年から第1次世界大戦が始まる頃までおこなわれた。マッチ・ウェンロックの競技会よりやや都会的で酒宴は騒騒しく、古式にのっとった威厳もなければ、古代ギリシアの権威のかけらすら見られないものだった。

　古代ギリシアの威光は、近代ギリシアにとってはさらに大きな存在だった。すでに触れたように、競技会復興を望む最初の声は、ギリシアがオスマン帝国から独立を勝ち取った1835年にパナギオティス・ストゥソスが書いた詩のなかに認められる。ストゥソスの思いに愛国心を突き動かされたのは、大富豪の海運王エヴァンゲロス・ザッパス。[5] 1856年、ザッパスは国王オソン1世への手紙でオリンピックの復興を提案し、アテネ中心地にあるパナシナイコ・スタジアム（紀元前300年頃建設されたが長く荒廃していた）の修復資金や勝者に与える賞金などをザッパ家所有の莫大な遺産からすべて提供すると申し出た。ザッパスのスポーツに寄せる関心を理解できなかった外務大臣のアレクサンダー・ランガヴィスは、その資金でむしろ恒久的な建物を造ってほしいと返信した。その建物で4年ごとに博覧会を催し、国内の農工業や教育の発展をうながすとともに、会期中の1日を競技会や気晴らしにあてればよいと考えたのだ。契約は1858年に成立。1859年には国内大会として最初の「ザッパス・オリンピア競技会」が開かれた。ただし競技会は、ランガヴィスが産業博覧会と芸術や戯曲のコンテストを中心に企画した1か月におよぶ催しのほんの一部にすぎなかった。

　競技会は3回の日曜日を使い、アテネ市内の石畳の広場で開かれた。徒競走、騎馬や戦車のレース、円盤投げ、槍投げが古代の資料を元にしておこなわれ、油を塗りたくったポールをのぼる棒のぼり競技も加えられた。大会には国王と王妃が列席し、「オリンピック・チャンピオン」と記されたメダルと多額の賞金が用意された。観衆は多かったらしく、競技者もギリシア語圏のあらゆる方面から集まったが、運営がまずかった。観客の多くは競技のほんの一部しか見られず、地元の報道では、人々が観客席より前に出てきても、「それを抑えるはずの警官はまったく役に立たず、馬が暴れ出して観客を蹴とばす始末[6]」だった。「ルドヴィコ広場で起こった前代未聞の馬鹿げた喜劇。こんな催しをとてもオリンピア競技会とは呼べない[7]」とこきおろす記事まであった。

1865年、ザッパスは莫大な財産のほとんどをオリンピック復興事業に寄付してから亡くなった。すでに3年前にオソン1世が亡命し、ヨーロッパ列強の意向とギリシア議会の決定によって選ばれた十代のデンマーク王子が、ゲオルギオス1世として王位に就いていた。スポーツ好きで古代ギリシアについて造詣を深めたかったゲオルギオス1世が支持したので、1870年に第2回競技会がさらに大きな農工業フェスティバルの一環として開催された。また、ザッパスの遺産のほんの一部を使って、パナシナイコ・スタジアムが修復された。観客席は往時のような総大理石造りにはできなかったものの、小さなロイヤルボックスが設けられ、ギリシア語圏の各地からやってくる選手たちにかなりの額の旅費と賞金が用意された。さらには、古代からの象徴的な儀式である選手宣誓と布告者の開会宣言も取り入れられた。競技会はオリンピック賛歌の合唱と共に始まり、勝者は月桂冠を授与された。競技会は多くのギリシア人に讃えられ、3万の観衆を魅了した一方、貴族階級の古典学者で組織委員会のメンバーであるフィリップ・イオアノウをはじめとして、労働者階級の選手（棒のぼりで優勝した石工のトロンガスなど）を嫌い、「教養ある若者」を欠いていると嘆く人々もいた。1875年の第3回競技会では、上流階級出身の体育指導者で組織委員を務めるイオアニス・フォキアノスが、参加資格を「上流社会の人間」と定めた。参加予定の競技者はフォキアノスのジムに2か月通い、それぞれの大学で練習を積まねばならなくなった。この決定により、第3回には「先のオリンピア競技会に参加した労働者階級ではなく、教養ある若者」があふれた。マスコミは競技会が「これまでより崇高なもの」になると喜びの声を上げたが、結果は惨憺たるものだった。スタジアムの整備はずさんで、観客はとげだらけの草を抜いたり石を動かしたりして席を確保しなければならなかった。すでに組織委員会のひどさにいらだっていた群衆は、フォキアノスの冗長で不明瞭なスピーチにますます不満を募らせたという。

ザッパス・オリンピック委員会はそれから10年にわたって活動を控え、長らく実現されなかったネオクラシック様式の神殿つき博覧会場「ザッピオン」の建設にザッパスの遺産をほぼすべて注ぎ込み、1888年に完成させた。委員会は第4回ザッパス・オリンピア競技会を再開しようとしたが、実のところ再開にはあまり乗り気ではなかったようだ。だがオリンピック復興の気運は下がることなく、新たに設立された「パンヘレニック・ジムナスティック・ソサエティ（全ギリシア体育協会）」——アテネにおける上流階級のスポーツの中心——が、1891年と1893年に小規模ながら全ギリシア競技会を開いた。これを喜んだゲオルギオス1世とコンスタンティノス王太子が支援に乗り出し、1890年、王太子は、1892年から4年ごとにギリシア・オリンピックを再開すべしという国王令に署名までしてしまう。だが、ギリシアの君主と同盟国だけで復興するには力が及ばず、何らかの支援が必要だった。

4 ピエール・ド・クーベルタン

クーベルタンの肉体はローザンヌに、心はオリンピアに眠っているが、生まれたのはフランスで、第二帝政から第三共和政に移行する混乱の時代が彼の人生を方向づけたといえる。チャールズ・ピエール・フレディ・ド・クーベルタン男爵は1863年、由緒あるフランス貴族家の第4子としてパリに生まれた。初の聖体拝領は1870年、普仏戦争開戦直後のセダンの戦いでフランス軍が敗走し、プロイセン軍に皇帝［ナポレオン3世］その人が捕らえられた年である。1871年にパリが陥落すると、フランスは統一ドイツ帝国軍に強いられた講和条約によってアルザス＝ロレーヌ地方を奪われ、国家としての自信も喪失した。皇帝が亡命して旧体制の信用も地に落ち、フランス第三共和政が樹立された。そんななか、クーベルタンの両親は息子を司祭職に就かせようと決心し、1874年、イエズス会の聖イグナス学校に進ませる。19世紀という時代に迎合する気のないこの学校のカリキュラムには、修道院の厳格な作法と祈り、ギリシア語とラテン語の特訓、修辞学の特別授業などが詰め込まれていた。「ラテン語からは法律を学んだ。修辞学からは洗練された会話、法律部門で成功する話術を身につけた」[1]とのちにクーベルタンは語っている。学校は生徒たちの競争心をあおった。ライバル意識を刺激するため、生徒の作品を印刷して比べさせ、優秀者には褒美を与えた。精神と肉体の美しい調和を図るべく、フェンシング、乗馬、ボクシング、ボートを奨励した。クーベルタンはそれらすべてに進んで取り組んだという。

だが、学生たちの人格形成に特に大きな影響をおよぼしたのは、イエズス会のきわめて厳格な教育ではなく、第三共和政で一気に広がった経済や社会や技術の大変革だった。ベル・エポックさなかのパリはコスモポリタンが群れあふれ、ヨーロッパのみならず全世界の芸術、哲学、文学、音楽、デザインのネットワークの中心となっていた。万国博覧会や国際見本市もここで生まれた。従順な青年に見えたクーベルタンだが、卒業まぎわに両親や貴族階級の多くが抱く信条をきっぱりと捨て、司祭職やラリエ（共和制を支持する貴族）を目指す進路から方向転換した。エコール・リーブル（新しい社会科学と行政学のエリート学校にして国際主義、平和主義、進歩主義などのあらゆる思想の拠点）に入学すると、片っ端から授業を受けた。そこは因習打破と進取の気風に満ち、彼の知的好奇心を満たしてくれる場所だった。だが、彼は学究の徒になるより貴族の自負を持って世の中に存在を示す人間になりたかったのである。

1880年代初めのクーベルタンの精神状態は、半自叙伝的な小説「Roman d'un Rallie（王党派物語）」に描かれている。安っぽいラブストーリー仕立ての冒険譚からは、彼の個人的な思い出と社会に関する倫理観が読み取れる。[2]主人公である貴族の青年エティエンヌは、自分の居場所と生きる目的を模索していた。「エティエンヌは行動を起こそうとしながらも何もできない状況に悩んでいた。どんなことでもいいから実行したい。勉学に明け暮れるなかで無意識に探していたのは、行動を起こすきっかけだった」[3]

1880年代のクーベルタンは、世の中で自分が果たす役割だけでなく、もっと崇高な使命と目的を探し続けた。そして勉強よりも旅——学究肌の貴族にとっては特権であり、当然の行為でもあった——でそれを見つけた。イギリスとアメリカを訪ねたとき、スポーツと教育の改革なくして国家の繁栄はないと確信したのである。

クーベルタンは、過去にイギリスを訪れたフランス人作家や旅行家たちと同じ思いを抱いた。つまり、イギリスを崇拝しつつも嫌ったのである。その視点は、貴族階級の描き方に反映された——君主を戴く伝統の砦《とりで》と見るか、旧弊な封建社会と批判するか。クーベルタン自身は君主制支持派でもなければ保守派でもなく、自分が属する階級は「過去の遺物に囚われている」と冷静に認識していた。だが別の考え方もある。当時最もよく読まれ、クーベルタンも親しんだ旅行記といえば、イポリット・テーヌ著「Notes on England（イギリス紀行）」[4]である。テーヌによると、イギリス貴族は「最も賢明にして自立の精神に富み、国家に貢献しうる市民」だという。

では、それはなぜだろう。1883年、クーベルタンはオックスフォード大学とケンブリッジ大学、イートン校、ハロー校、ラグビー校を訪れた。1887年までには、クライスト・ホスピタル、チャーターハウス、マールボロ、ウェリントン、ウェストミンスター、ウィンチェスター校も見て回っている。彼がこれらのパブリックスクールに注目したきっかけは、トーマス・ヒューズが書いた「トム・ブラウンの学校生活」［邦訳あり。前川俊一訳・岩波書店他］だった。クーベルタンはその本を訪英中に携えていたおかげで「イギリスのパブリックスクールめぐりの旅が一層鮮やかなものとなり、本の内容を深く理解できた」という。[5]実際に、訪英後の1888年に書いた「L'Education Angleterre（イギリスの教育）」から伝わってくるのは、イギリスの教育に関する批判や検証というよりは「トム・ブラウンの学校生活」に書かれていることを目の当たりにしたクーベルタンの感嘆である。19世紀のベストセラーといえる「トム・ブラウンの学校生活」は、1840年代にラグビー校の学生だったトーマス・ヒューズの独善的ながら哀愁に満ちた回想録であり、パブリックスクールで経験する運動競技こそが何世代も受け継がれる道徳を育むことを明示している。精読すれば、説教じみていて、尊大で、鼻につくほど感傷的な内容であるうえに、物語の背後にあるもの——少年の同性愛や暴力やいじめがまかり通る陰湿な上下関係——の重苦しさに気がつきそうなものなのだが、クーベルタンは精読するタイプではなかった。彼は「イギリスの指導者たちの究極の目標は、自立の精神を養うことだ」と考えた。ではその目標はどのように達成されるのか？答えは単純だ——「誰に尋ねても答えは同じだった。学校に道徳心が保たれていると祝福することだ。そして、それはまさにスポーツをすることで実現されるのだ、と皆が口をそろえた」。クーベルタンはこの信念こそ、ラグビー校の校長トーマス・アーノルドが1820年代に始めた改革の成果だと強く信じた。そしてあの有名な「天啓」を受ける瞬間が訪れる。「薄暮《はくぼ》のなか、ラグビー校のゴシック様式の教会堂にひとりでいた私は、偉大なるトーマス・アーノルドの名が刻まれた墓碑を見つめながら、大英帝国の礎《いしずえ》を目の前にしているのだという夢をたしかに見た」[6]

アーノルドの影響力とラグビー校での神秘的な瞬間が「作り話」[7]なのか、あるいはまったくの「願望充足」、つまり幻覚だったのかはクーベルタンの伝記作者たちの間で議論の的にもなっているが、はっきりしていない。[8]実は、アーノルドはスポーツにはほとんど興味がなかった。競技を観戦するのがせいぜいで、参加も奨励もしなかったようだ。彼の教育改革は、紳士たる人間の条件としての競技を推奨することではなく、生徒に信仰心を教え込むことに始まった。この目的は、道徳と情操教育に従来よりもやや力を入れることである程度達成された。その一方で、集団生活の規律と秩序を守ることも重視した。少年期特有の邪悪な性質に悩まされていたアーノルドは、容赦ない体罰という手段を用いた。これは19世紀のイギリスでは一般的な方法であり、上級生が下級生をこき使うしきたりも続いていた。

クーベルタンはこの事実から目を逸らしたようだ。実際にラグビー校やその他のパブリックスクールにおけるスポーツの伝統を創ったのは、アーノルドに続く何代かの校長たちであり、生徒を監督するにも人格を形成するにも運動競技が最適であると判断したのは、彼の教えを受けた世代だった。とりわけチーム競技は肉体の鍛錬と紳士になるための徳育に役立った。勝つために努力はするが勝ち負けにはこだわらない姿勢を学ばせることにより、生徒の個性をつぶすことなく権力や法に対する敬意を育てられる。チーム競技は、古代ギリシアの美徳である心身の健康を目指す運動文化なのだ。それに何よりも、輝かしい名誉を得たり、勇気を出すこと、決断することを学ぶ貴重な機会となる。

チャールズ・キングズリーのような19世紀後半に現れた「筋肉的キリスト教」［19世紀のイギリスで始まったキリスト教の運動。信仰と共に運動を通じて心身を鍛えることを求めた］の推奨者と、その時代の教師たちが作ったパブリックスクールの競技倫理を煮詰めてオリンピズムの概念の核としたのは、クーベルタンである。1880年代末、クーベルタンはその概念を用い、上流階級だけでなく一般大衆のためにもフランスの教育を根本的に改革しようと論陣を張った。そのためには、イギリスにならってチーム競技と球技を奨励することが、「ドイツ式体操」に基づく厳格に統制された体育よりも好ましいと確信していた。当時のフランスでは、もっぱらプロイセンの流儀をまねた軍事教練のような体育で愛国心と体力と国力を高めようとしていた。クーベルタンは、「フランスに必要なのは兵士よりも市民である。我々の教育に必要なのは、軍国主義ではなく自由である」[9]と主張した。

　クーベルタンは思い切って行動に出た。1888年、「教育における身体訓練普及委員会」を結成し、首相も務めた古老の共和主義者、ジュール・シモンをそのトップに据えた。これは、教育政策のキャンペーンをおこなってアマチュア・スポーツの振興を図り、各種運動競技やサッカーやラグビーの試合を催す官僚組織である。1890年、同委員会は小規模の競合相手とともにUSFSA（Union des Societies Francaises de Sports Athletiques）（フランス体育スポーツ協会連合）を結成する。一方、社会主義者でSF作家のパスカル・グルーセなど、USFSAをあまりにイギリスびいきと感じた極端なナショナリストたちは「全国体育教育連盟」を設立し、イギリスの競技とマナーを採用することに抗議した。グルーセは、フランス国内で古代オリンピックを復活させようともしていた人物だ。実はその3年前にグルーセは、独自のオリンピック復興運動を始めようとしていたのだが、クーベルタンはその運動に取り合わなかったばかりか、見下してさえいる。「グルーセの連盟は実にわずらわしい。こちらに対抗して、オリンピア競技会を連想させる企画を持ち出してきた。エッフェル塔の下で国の首長が若い選手に月桂冠を授けるセレモニーも考えているという。しかも軍事防衛について語るその口で、政治活動とは無関係だとかなんとか……もうたくさんだ」[10]――だが、それこそまさにクーベルタンがのちに創り上げたものだった。彼にとってオリンピア競技会の復興はすべての出発点となり、自らの人生における数えきれないほどの個人的経験や政治・社会の機構、スポーツと知性の要素をつなぎ合わせるものだったのである。

　クーベルタンがいつどのようにして古代競技会の復興を考えついたのか、1908年に出版された眉唾ものの回想録のなかでは明言していない。少なくとも、グルーセのオリンピック復興運動に懐疑的な態度をとったことについては何も書いていない。むしろ、さも生まれたときからギリシアに夢中だったかのように見せかけている。「それがいつどのようにしてオリンピア競技会を復興するというアイデアにつながったのかはわからないが……その言葉には親しんでいた。古代史のうちでオリンピアほどあこがれを抱かせてくれたものはない。青年期の私の心には、夢の都の柱廊と列柱が絶えずそびえていた。私はその廃墟からの復活を考え出すよりずっと前に、心のなかで都をよみがえらせ、そのシルエットを浮かびあがらせようとしていた」[11]。彼がイエズス会の教育のおかげで競技会について書かれた古い文献になじみがあったのはたしかだ（ドイツの発掘調査で得られた情報も知っていたはずだ）。しかし、クーベルタンの記録や著書やメモからは、競技会への深い興味も、古代オリンピックと教育改革の運動を有意義に結びつけることへの意欲も、国際人としての使命感もほとんど伝わってこない。彼が180度方針を変えた理由、少なくともきっかけと言って差し支えないものは、ブルックス医師およびマッチ・ウェンロック・オリンピックとの出会いであろう。

1889年初め、クーベルタンはイギリスの新聞で体育をテーマに情報交換できる相手を募集した。その呼びかけに誠実に応じたひとりがペニー・ブルックス医師だ。ブルックスはオリンピックについての考えを述べた手紙を、新聞記事や資料を添えて送ってきた。クーベルタンにはブルックスが同志と思えたのか、その年の「身体運動に関する国際会議」（1889年のパリ万博でクーベルタンが発起人になった会議）でブルックスのアイデアと業績を称え、1866年にロンドンで開かれた国際オリンピア競技会におけるブルックスのスピーチを引用した。「20年前にクリスタル・パレスの競技会で先見の明のある人物がおこなったスピーチに、どうして同意しないでいられましょう」[12]。興味深いことに、クーベルタンはその競技会とオリンピックとの共通点にはひとことも触れていない。後にブルックスとの交信のなかで、体育を国の教育課程に組み込むことの利点や効果を力説すると共に、きたる1890年10月のウェンロック・オリンピアン・ゲームズに出席すると伝えているが、このときにはまだ、古代オリンピックの復興については進展がなかった。クーベルタン到着前夜、ブルックスは、競技会を開く目的はただひとつ、「故国に運動競技を広めたがっているピエール・ド・クーベルタン男爵を啓発することだ」と考えた。競技会は通常どおり5月に終わっていたが、今回はパフォーマンス的意味合いが強く、ブルックスは思いきり派手に演出した。競技参加者に凝った衣装を着させ、「ようこそピエール・ド・クーベルタン男爵。フランスに栄えあれ」と書かれた凱旋門のようなアーチをくぐらせた。さらに、男爵にオークを植樹させると、苗木にシャンパンを振りかけた。競技場は古代ギリシア語の古典からの引用が書かれた旗で飾られた。競技会自体は短いものだったが、さまざまな種目に加えて馬上槍試合のティルティング、古式にのっとった表彰式と続き、晩餐会で締めくくられた。ブルックスがクーベルタンにウェンロック・オリンピア協会の名誉会員の称号を贈ると、クーベルタンも彼にUSFSAの名誉会員の称号を与えた。ブルックスはオリンピック復興の記録や記事を保存したスクラップブックや自らの蔵書を見せ、ふたりで長く語りあったという。話は「ナショナル・オリンピアン・アソシエーション」の歩みや海運王ザッパスの業績、自身とギリシアとのやりとりにもおよんだ。

これで何かがひらめいたのだろう。フランスへの帰途、クーベルタンは「マッチ・ウェンロック・オリンピアン・ゲームズ――運動競技史の1ページ」と題する記事を書く。「それをおおう詩情と、おのずと漂う古代の香りを何と描けばよいだろうか。ドクター・ブルックスは時代を超えて強い影響をおよぼすギリシア文明の不思議な力を、誰よりも鋭く感じ取っていた」[13]。そしてクーベルタンは、「現代のギリシアが再生できなかったオリンピア競技会が見直されるときが来るとしたら、それを成し遂げるのはギリシア人ではなくドクター・ブルックスだ」とまで言い切ったのである。

5 アピール

クーベルタンがオリンピック再興の決意を固めたのは、マッチ・ウェンロックを訪れてから数か月のうちのことと思われる。その過程で先人たちのアイデアや先行事例をほとんど無断で借用したが、ただのものまねには終わらせなかった。マッチ・ウェンロックの記事を発表してから1892年にソルボンヌで初めてオリンピック復興の提案をするまでの18か月のあいだに、クーベルタンは独自の近代競技会を構想した。先人たちとは異なり、それを実現するために政界や社交界を通じて国際的な連携を取ることにも成功した。クーベルタンの一番の長所は、発想のスケールが大きいことだろう。1790年代のフランスの革命家たちが共にオリンピックに参加しようと呼びかけたのは、新しく誕生した共和政体だった。1860年代にはNOAが海外の競技者にも参加資格を与えようとしたが、実現しなかった。マッチ・ウェンロックの競技会はしょせんは片田舎のお祭だったし、ザッパス・オリンピックはギリシア人の観衆とギリシアの繁栄のためにだけ開かれたものだ。どれも初期のスポーツ文化や周囲の組織に頼ることまではできたが、スポーツの名門団体や文化的資本、政治権力などが集まる上流社会の人脈までは利用できなかったのである。

ところがクーベルタンは、オリンピック復興運動と国際主義をひとつにすることに成功した。競技会を田舎の祝祭ではなく、都市開催の世界的な大イベントにすべく構想を進めたのである。有力なコネがたくさんあった彼は、産業革命で裕福になった上流階級のスポーツ愛好家たちがオリンピック復興に関心を持つように巧みにアピールした。

外交官になる道も開けていながらそれを選ばなかったクーベルタンだが、自身の地位や人脈を利用して国際的な仕事をする手腕は見事だった。ナポレオン3世の失脚後にヨーロッパ協調路線が確立すると、諸国の君主たちはたびたび会議を開いて顔を合わせるようになった。[1] だが当時は国際外交が十分には制度化されていなかった。どの王に招集権があるのか、議題は何かさえ完全には決まっていないのが常であり、19世紀中は無名の君主やヨーロッパの小貴族までが議論に参加することがあった。知的財産権の国際保護からスエズ運河建設に至るまで、議題は山ほどあった。クーベルタンはこうしたたぐいのつてを頼ったばかりでなく、旅行や同志との情報交換を通じて、ヨーロッパと北米にある主要なスポーツ協会や大学、上流階級の競技クラブとも接触したのである。

後述するように、こうしたつながりの最も有効な使い道は、スポーツにおけるアマチュアリズムの問題について国際会議で議論や提案をおこない、国際的基準を確立することにあった。だが1892年以降のクーベルタンの言葉や議論からわかるように、彼にとってアマチュアリズムとは、動機ではなく目的を達するための手段にすぎなかった。より重要なのは世界に平和と協調をもたらそうとする活動、すなわち彼がエコール・リーブルで学んだ理念であり、パリの上流社会に見られる考え方だった。クーベルタンが開催を主導した1894年の競技会復興を諮る会議における名誉委員に、各国の王族と共に、パリに集った初期の国際平和運動の活動家が残らず名を連ねていたのは、注目に値するだろう。[2] 国境を越えた彼らの協会や連盟は、ベル・エポック期の文化の集結地点である世界博覧会とも接点があった。世界博覧会は1851年のロンドン万博に始まり、クーベルタンが会議でブルックスを称えた1889年のパリ万博でスケール、反響共に最大となる。スウェーデン体操［スウェーデンの生理学者リングによって考案された体操。日本でも学校体操に広く取り入れられた］のレクチャーと小規模の展示を手伝い、近代性の象徴たるこの世界的なイベントの片隅に、国際スポーツを持ち込んだのである。

1891年、帝国主義者ジョン・アストリー・クーパーが世に躍り出た。「グレート・ブリテン――帝国とアジアの季刊誌」において国際的な競技会の開催を提案したのである。「4年ごとに汎イギリス・汎アングリカンの競技会と祭典を催して大英帝国の友好と理解の発展を図り」、母国と自治領と植民地を団結させよう、と。クーベルタンの方針も同じだったが、彼はもっと広い視野で考えていた。[3]

夢の実現まであと一歩。クーベルタンは、スポーツにまつわる具体的な話し合いや、スポーツを学校教育に取り入れることについての議論もおろそかにしなかった。たとえば、紳士の育成や国民の健康がもたらす国益、国際間のスポーツに伴う道徳基準や政策などだ。だがそうした活動は、汎イギリス競技会のような「非宗教的な」国際スポーツの祭典の開催を支持することにしかならなかったはずだ。古代の競技会を現代に復活させるのは、禁断の聖地に入り込むようなものだ。「神々は競技の友である」というピンダロスの言葉を好んで引用したクーベルタンは、古代オリンピックに厳然と存在した宗教性に強くひかれていて、現代のスポーツを目にした古代人は「神聖で清浄なものが何ひとつないことに驚くだろう」[4]と語っている。だが現実に「古代の運動競技と同じく現代のそれも宗教や崇拝の対象であり、高邁な英雄への足がかり」[5]なのだ。栄光と英雄を求めながら低俗な世で怠惰に暮らしていたひとりのカトリックの貴族が、天命を知り、神々と祭壇を見つけたのである。

6 開催決定

マッチ・ウェンロックを訪問してから2年足らずの1892年11月、クーベルタンはソルボンヌで開かれたUSFSA設立5周年記念の議会に3人の講演者を立てた。劇評家にしてフランスの首都有数のスポーツクラブ「ラシン・クラブ・ド・パリ」の創設メンバー、ジョルジュ・ブルドンが古代スポーツについて講演し、外交官で作家のジュール・ジュッセランが騎士道と中世のスポーツについて講演をおこなった。そしてクーベルタン自身は当世のスポーツ事情について、「国際競争」というテーマで壇上で話した。

> 電信電話に鉄道、精力的な科学研究や会議や博覧会が、どんな条約や国際協定よりも平和に寄与したことは明らかです。運動競技には、平和へのさらなる貢献が期待できます。……ボートと陸上競技とフェンシングの選手を輸出しましょう。そこには未来の自由貿易の姿があります。ヨーロッパの古い壁を越えてそれが導き入れられた日に、平和の種に新しく力強い支えが加わるでしょう。……それはあなたがたの僕《しもべ》である私に夢を見る勇気を与えてくれます。いまや、現代社会の状況に適した基礎のうえに、この壮大にして有益な事業、すなわちオリンピックの復興という仕事を続けて完成させることを望むには十分です。

聴衆の反応は鈍かった。クーベルタンは「満場の喝采だったが、誰も完全には理解していなかった」[1]と語っている。聴衆のなかには、趣向を凝らしたショーの話だと受け止めて、選手は裸になるのかとジョークを飛ばす人もいた。

クーベルタンがめげずに復興事業を推進する手だてを探していた1893年、ラシン・クラブの会計係を務めるアドルフ・ド・パリソーが次のように提案した。スポーツにおけるアマチュアリズムの信条と問題に関する国際会議を開いてはどうか、と。パリソーがいうところの問題とは、産業革命後に力を持った上流階級のスポーツマンたちが、労働者階級の新勢力にクラブや競技会、ひいてはジェントルマンの聖域たるスポーツ界を侵されないためにはどうすべきかということである。

クーベルタンはチャンスとばかりにパリソーの提案に

賛同し、自身のオリンピック復興活動も議題に加えようと持ちかけた。そして１８９４年1月の手紙で、アマチュア国際会議の開催をスポーツ界に要請する。提案した議題の７つまでは、アマチュアリズムの定義や休業補償、入場料や失格の判定基準に関する項目などだったが、８番目にさりげなく「オリンピック再興の可能性……実現しうる環境について」が加えられていた。添え状には「現代の社会生活に合わせた形のオリンピックを創設することによって、4年ごとに世界各国の代表が一堂に会する機会ができ、平和を尊び礼節を重んじるこの競技会が理想の国際主義をもたらすと考えるものである」と記されている。

最初はほとんど興味を持ってもらえなかった。１８９３年末にアメリカとイギリスを訪れても人々からの支持や歓心を得るには至らなかったが、１８９４年春、クーベルタンはまた、重要人物を集めて会議を開いた。国会議員にして元駐ベルリン大使のクールセル男爵が請われて名目上の議長を務め、ラシン・クラブが参加者をもてなす晩餐会とスポーツイベントを取りしきった。会議のレターヘッドに並ぶそうそうたる名前は、クーベルタンの華麗な人脈を物語っていた。ベルギー国王、プリンス・オブ・ウェールズ、ギリシアおよびスウェーデンの王太子。そしてロシア帝国ウラジミール大公。クーベルタンも心得ていて、自らの後ろ盾にイギリスの帝国主義者ジョン・アストリー・クーパーを名誉委員として招いた。

１８９４年5月にあわただしく送られた最後の通知によって、会議は「国際アマチュア会議」というより「国際運動競技会会議」として認識され、オリンピックの問題が次第に真剣に取り上げられるようになっていった。すでに10の議題のうち３つをオリンピック関連が占めていた。クーベルタンもパリの会議に先立つこと数か月、ギリシアに根まわしして、心強い味方をふたり確保していた。ひとりは、考古学者でアテネのアメリカン・スクール校長も務めるチャールズ・ウォルドスタインを介して名誉会員に迎えた、ギリシアのコンスタンティノス王太子である。くわしいいきさつは不明だが、王太子を始めとしてギリシア王室がザッパスのオリンピア競技会に熱中し、１８９２年にオリンピックを再開しようとして実現されなかったことを考えれば、このふたりも競技会を自国で開催したかったのだろう。もうひとりは、ギリシア代表のデメトリウス・ビケラスだ。クーベルタンより年長のビケラスは、ギリシア独立戦争を舞台にした愛国心あふれる冒険譚「ルーキス・ララス」を祖国およびヨーロッパ中で大ヒットさせた作家であり、オリンピックはアテネで開催すべきだと会議で主張してくれそうだった。クーベルタンは彼に、オリンピック復興に携わる委員会の会長職を依頼している。

　クーベルタンが企画した会議の名前は、３度変わった末に「オリンピック大会復活のためのパリ国際会議」となった。スポーツ団体の代表は78名。フランスを主としてヨーロッパ各国（オーストリア、ベルギー、イギリス、ボヘミア、ギリシア、イタリア、ロシア、スペイン、スウェーデン）の代表のほか、（執念深いフランスの愛国者たちに認められず）非公式ながらドイツから1名、ニュージーランドからも1名、アメリカから数名が参加していた。会議はソルボンヌの大講堂で始められ、２０００人の参加者は「アポロ賛歌」の演奏を聴いた。その頃発見されて翻訳された古詩にガブリエル・フォーレが曲をつけたものである。クーベルタンには「聴衆はオリンピックの復活をたたえるためにはるかな時を超えてよみがえった神々しい調べに耳を澄ませ、ヘレニズムがホールを満たした」ように思えた。[2] 会期中、大半の出席者を待っていたのは、数々の社交と華やかなイベントだった。自転車レースやテニスの試合、パリのお偉方も出席した豪華な晩餐会。競技会とセレブなパーティーとダイナミックな花火を組み合わせた宴も、ラシン・クラブ・ド・パリのグラウンドで開かれた。

　ソルボンヌでは、ふたつの委員会が始動していた。オリンピック委員会の初会議では、第1回大会の開催地としてアテネよりもロンドンが強く推されたが、戦略に長けるクーベルタンはその場を説得して問題を週末まで保留しようとした。そうして時間稼ぎをしているうちにロンドン案が自然消滅し、自分はギリシア国王からの祝電を受け取り、支援者を総動員して挑めると考えたのである。いよいよ本会議で決を採ろうというとき、ビケラスがアテネ開催を強く提唱した。「ギリシアの都市をオリンピックにふさわしい開催地にすべく、施設を復旧していました」。彼自身驚いたことに、その主張は好意をもって受け入れられた。

　このようにして第1回大会は１８９６年にアテネで、第2回はパリで開かれることが決まった。またもうひとつの委員会において、参加者は（フェンシングの指導者を除いて）アマチュアに限られるという厳しい規定が確立した。競技種目のリストには、陸上競技、水上（中）競技、体操、自転車、レスリング、馬術、ボクシング、ポロ、射撃などがずらりと並んだ。さらにクーベルタンは、最も興味深い登山の成果に特別賞を与えるべきだとも主張した。
　ビケラスを表向きの会長に、クーベルタンを事務総長にした常設の委員会が承認され、メンバーはクーベルタンが自ら選んだ。ハンガリーのファレンク・ケメニー、チェコのイェリ・グート＝ヤルコフスキー、アルゼンチンのホセ・ズビオなど、中産階級だが教養高い人々に加えて、スウェーデンのヴィクトル・バルク少佐やロシアのブートウスキー将軍のような、スポーツマンでありかつ肉体トレーニングを軍隊に採り入れたい上級軍人たち。イギリスとアメリカの代表は、クーベルタンの昔からの友人たちだった。プリンストン大学で歴史を教えるウィリアム・スローン教授は学生選手の後援者だ。のちにインドの総督となるアンプトヒル男爵はヘンリー・レガッタやオックスブリッジ［イギリスのオックスフォード・ケンブリッジ両大学の併称］のボートレースで指導者を務めていた人物だ。そしてイギリスの「アマチュア運動協会（ＡＡＡ）」の名誉主事チャールズ・ハーバートと、ニュージーランドのナショナル・クリケット・チームのキャプテン、レオナルド・カフ。
　クーベルタンはのちに、「国際オリンピック委員会」はヘンリー・レガッタの運営方針に基づいた「三重の同心円で構成されている」と述べている。「まず、精力的に活動するメンバーの小さな核、次の円は教育することが可能な協力的メンバーの苗床、一番外側の第三の円は、押し出しのよさで国の体面を保つと同時に委員会の権威も高められる、さまざまに有効な人々」。最初のＩＯＣの第三の円は、イタリアとベルギーの貴族および若干の有名人で描かれていた。[3]
　パリ国際会議はまずまず盛況のうちに終わったが、ギリシア政府はもらったみやげをありがたく思わなかった。ビケラスはアテネへの帰途、トリクピス首相に会ったが、首相は「オリンピック大会など望んでいなかったようだった」と記している。ドラグーミスとザッパス基金は大会にかかわらないと決めていて、ビケラスを困惑させた。クーベルタンが11月にギリシアに着くと、ドラグーミスの手紙が待っていた。国の経済状態に照らせばオリンピック大会の開催はとても引き受けられない、ギリシアではスポーツが発展していない、第1回の時と場所は1900年のパリこそふさわしいと思う、と書かれていた。トリクピス首相もクーベルタンが泊まっているホテルを訪ね、同じことを言い立てた。クーベルタンは、費用はほとんどかからない、25万ドラクマもあれば開催できると反論した。そしてすぐに行動を起こし、コンスタンティノス王太子の全面的な援助を得ながら、アテネの上流社会に取り入って資金集めに奔走した。さらに大会の支援者の依頼を受けてパルナッソス文学協会でスピーチをおこない、ギリシアの愛国心に訴えた。「あなたがたのご先祖はトルコに対して蜂起する際に勝機についてじっくり考えなかったのではないでしょうか？　もし考えていたら、あなたがたは今ここに自由の民として存在していないでしょう」。クーベルタンはギリシアで近代スポーツが普及していない事実をふまえ、聴衆の反応をうかがいながら懇願した。「フランスが初めてイギリスとサッカーの試合をしたとき、私たちフランス人は必ず負けると思っていました。しかし7度目の試合ではフランスが勝ったのです。不名誉とは敗北から生まれるのではありません。あきらめることから生まれるのです」[4]

政府の反対にもかかわらず、クーベルタンはザッピオンで大会の計画について話し合うための会議を開くことができた。ドラグーミスは会議の開会を宣言するや席を立ち、話に加わろうとしなかった。参加したギリシア紳士たちのなかにはクーベルタンの味方もいたものの、多くはトリクピス首相を支持していた。そんななか、クーベルタンはコンスタンティノス王太子が名誉総裁に就くことを承諾したと告げ、大会の費用は案ずるほどかからないと強調すると、４名の副総裁を選び、１８９６年度アテネ大会の委員会の設立を宣言した。そしてパリへ帰る前にオリンピアに立ち寄った。「到着したのは夜が更けてからだった。夢にまで見た聖地を見渡すのは、夜明けまでお預けだった。そして翌日、私は午前中いっぱい廃墟を歩き回った」[5]。生涯にわたるギリシア愛好家は、あこがれの地に半日とどまっただけで祖国に帰った。彼がオリンピアを訪れたのは一生にたった2回であり、これが初めての訪問だった。次に訪れたのは１９２０年代だが、そのときの訪問はあっさりしたものだった。もう古代競技会から得るべきものはなかったのだろう。すぐに発っているし、記憶もはっきりしていない。クーベルタンがオリンピアについてこれ以上どんなに考古科学や綿密な文献の研究を重ねたとしても、近代オリンピックに関する彼独自のインスピレーションや未来への確固たる展望を変えることは、もうできなかったのである。

7

1896年アテネ大会

クーベルタンがオリンピックの夢から覚めたのはいつだろう。彼はフランスに戻ってから間もなく、手紙でアテネの混乱状態を知ったと思われる。後を託した委員会――大会に懐疑的なだけでなく反対さえするメンバーもいた――は会議を招集し、提示された予算案を検証した。その結果、およそ実現は不可能だと嘆き、委員たちは一斉に辞めてしまった。国会では野党が大会開催に意気込みを見せ、国家の威信にかかわる問題としてトリクピス首相に支持を求めたが、うまくいかなかった。ある議員が言った。「目下、全世界がギリシアでオリンピック大会が開かれるものと思っている。文明社会の好奇の目がすべて、オリンピック大会の始祖の末裔である我々に注がれているのに、政府はおよび腰だ。オリンピック委員会はすっかり力をなくし、組織委員会は崩壊しかけている」[1]

事態の改善に乗り出したのは王室、とりわけコンスタンティノス王太子だった。彼は新たな組織委員会を設立すると、王家のつてで資金提供者をつのり、見返りも約束して準備を始めた。まずアレキサンドリアに住むゲオルギオス・アベロフという裕福な実業家からの莫大な寄付を取りつけた。アベロフはすでにいくつもの公共事業やアテネの国有記念物の建設に資金を提供していた。およそ100万ドラクマが老朽化したパナシナイコ・スタジアムの改修にあてられた（アベロフへの礼として、スタジアムの外に彼の彫像が設置された）。1895年にトリクピス政権が崩壊してオリンピックを支持する政府が誕生することになり、委員会に巨額の資金を貸しつけて新しい自転車競技場と射撃場を建設した。チケット販売と記念切手の発行による収入も役に立った。

開会が数か月先に迫ると、今もおなじみの切り口で報道機関が書き立てるようになった。スタジアムを始めとして諸設備の建設が間にあわないという噂はいつまでも消えず、タイムズ紙も非難を浴びせた。外国の報道機関が次々にスキャンダラスな記事を書きたて、ニューヨークタイムズ紙は「かつてオデュッセウスが銀色の輝きを放った海は空き缶やごみを浮かべ、アカデメイア学園の森だけが貧民街のなかで絵のように美しい」[2]とこきおろした。だが、支持者や後援者はせっせと気分を盛りあげ、クーベルタンも大会直前に出版した「アテネ便り」で以下のように明るく述べている。「人々は至るところで大理石をみがき、しっくいやペンキを塗り替えている。道路を舗装したり掃除をしたり飾りつけたり……毎夕5時には市民が集まり、完成間近のスタジアムをうっとりと眺めている」。街の高揚感が伝わってくる描写である。パナギオティス・ストゥソスが半世紀以上前に提唱したように、大会はギリシアの独立記念日に始まる予定だった。市内にはさまざまな国の言語がうるさいほど飛び交った。人々は開会式のチケットを争うようにして求め、当日はおよそ5万人から7万人が詰めかけた。作家のアニノスがそのときのことを回想している。「とりどりの衣装にとりどりの髪型をした女性たちの手元の扇が、何千人という観客からなる黒々とした塊のなかで揺れていた。役員連が身につけたきらびやかな制服と羽飾り。無数にはためく色鮮やかな旗。チケットを持たない観客の群れがスタジアムを取り巻く丘のてっぺんを占拠して歓喜の声をあげる。大変興味深く、心に残る光景だった[3]」

王家の随行員が到着し、いよいよ式典が始まった。王太子が国王を迎える。国王が開会を宣言し、楽団がオリンピック賛歌を演奏する。「荘厳な演奏が終わると、場内は期待に静まり返った。オリンピア競技会が時を経て再開されようとしている。突然ラッパの音が高らかに響きわたり、古代のトンネルのなかから……最初の競技の選手団が現れた[4]」

2週間以上にわたって、241名のアスリートが9種類のスポーツ、43種目の競技に出場した。それは産業革命後の都市のエリート層と彼らのスポーツ文化の縮図だった。いうまでもなく選手は全員男性だ。身なりのさっぱりしたアメリカの大学生チームを除いては、もっぱら上層ブルジョアと貴族の子弟であり、トレードマークのようにワックスで口ひげを固めていた（当時、野心的な中産階級の若者たちはもっぱらこのスタイルだった）。加えて全員がヨーロッパ在住、または出自がヨーロッパで北米に住む白人だった（チリのオリンピック委員会は、当時フランスの学生でのちに駐ヴァチカン大使を務め、外交家として世界をめぐることになるチリ人のルイス・シュベールカソー・エラスリスが100メートル、800メートルおよび1500メートル走に出場したと主張し続けているが、IOCはもとよりどこにも認められていない）。ギリシア・チームは民族の複雑な歴史に配慮して、ギリシア国民であることにはこだわらず、エジプト、オスマン帝国、（当時は大英帝国領だった）キプロスなどあらゆる旧移住地から選手を集めて作られた。ブルガリアは射撃の選手シャルル・シャンポーが自国の代表であると主張したが、彼がスイスで教師をしていたことから認められなかった。

ギリシア・チームにはいわゆる中流家庭出身の選手も数人いたが、ほとんどは選りすぐりの集団だった。射撃のメダリストのうち、パンテリス・カラセフダスとイオアニス・フランガウディスは当時ギリシア軍の下級士官だったが、のちに出世して高級軍人になる。マラソン選手のハリラオス・バシリコスは法科の学生から公務員のトップに、フェンシング選手のイオアニス・ゲオルギアディスは大学教授にして毒物学の権威となった。ペリクリス・ピエラコス＝マヴロミカリスにいたっては内務大臣にまで昇りつめた。アメリカの選手たちも名家の一員ぞろいであり、ほとんどがハーバード大学かプリンストン大学、または上流階級向けのボストン・アスレティック・クラブに籍を置いていた。ハンガリー、オーストリア、ドイツのチームはせいぜい上流中産階級だが、専門職のユダヤ人の存在が大きかった。ハンガリーには競泳で優勝した建築家アルフレード・ハヨーシュがいて、オーストリアには競泳選手で弁護士のオットー・ヘルシュマンと医師のパウル・ノイマンがいた。ドイツの選手、特に体操選手たちは、ドイツ式近代スポーツの砦「ダッチ・ツルネンブント（ドイツ体操連盟）」に逆らって参加していた。この超国家主義の組織は大会を反ドイツ思想の危険極まる国際大会とみなし、除名という脅し文句を使ってメンバーに参加を禁じていたのである。

イギリスのチームはわずか10名。クーベルタンの冒険のためにできたスポーツ事業を軽んじていたのだろう。オックスフォード大学で考古学を学び終えたばかりの円盤投げ選手、G・S・ロバートソンは「主催者は大陸のアスリートにばかり気をつかっている」と揶揄した。イギリスはスポーツ文化の核をなすエリート層――パブリックスクールのほかオックスフォードやケンブリッジ大学出身者、軍人、ロンドンのクラブ会員――がいないなか、植民地在住または出身の選手が大英帝国の威信を背負った。オックスフォード大学のスプリンター、チャールズ・グメリンはベンガルで宣教師の家に生まれた。アイルランドのビジネスマンを親に持つ大学の同期生、ジョン・ボーランドはテニスで優勝し、のちにアイルランド独立主義者としてイギリス議会下院議員となる。インド生まれのローンセストン・エリオットは、ウェイトリフティングとレスリングに出場した。家は王室ゆかりの職に就いていたスコットランドの貴族である。チームのなかで最下層の選手は自転車レースに出たエドワード・バッテルとフレデリック・キーピングだ。それぞれアイルランドとイングランド出身だが、アテネのイギリス大使館で働いていたためにアマチュアではないとみなされて、委員会に参加資格を奪われそうになった。

　実際に資格をもらえなかったのが、イタリアのカルロ・アイロルディだ。イタリアとフランスですでに有名だったこの長距離ランナーは、1895年に、ミラノ～バルセロナ間を12区間に分けて走る格式高い長距離走で優勝した。蓄えのなかったアイロルディは、イタリアのスポーツ紙「ラ・ビシクレタ」から資金を得てアテネまでほぼ徒歩で行く計画を立てた。まずドゥブロヴニク［現在はクロアチア］まで歩き、舟でパトラ［ペロポネソス半島北西部］に渡ったのち、鉄道の線路に沿って黙々と歩き続け、アテネにたどり着いた。だがマラソンの選手登録をする段になって、スポンサーつきで旅をしたことと前年のレースで賞金を受け取っていたことからプロとみなされ、参加を認められなかった。このためイタリア代表として記録されたのは、ライフル種目に出場したサモス島在住のエンジニア、ジュゼッペ・リヴァベッラただひとりになってしまった。

　こうした上流階級のアマチュアの世界は商業スポーツのようなプレッシャーのかかる専門的な世界ではなかったので、複数の種目どころか複数の競技に出場する選手もめずらしくなかった。オーストリアのフェンシング選手、アドルフ・シュマルは自転車の12時間レースで優勝した。ドイツのカール・シューマンは体操とレスリングで優勝。デンマークのヴィゴ・イェンセンはウェイトリフティング、射撃、体操と砲丸投げに挑戦した。スポーツの経験はないがたまたま町にいたという理由だけで、上流階級の権利として参加できた人もいた。テニスの選手ジョン・ボーランドは、オックスフォード大学の同期生に招かれてアテネを訪れたところ、試合に参加できた。射撃競技では、まったく未経験のギリシアの大学生たちの参加も認められた。しかも遊び心からだろうが、クーベルタンの親友でアメリカ人の学者、チャールズ・ウォルドスタインと、ギリシアの建築家でパナシナイコ・スタジアム再建工事の監督を務めたアナスタシオス・メタクサスも競技に加わっている。

　広く人気があるにもかかわらずプロが増えて商業化が進んだ近代的スポーツは、この大会では認められなかった。フットボール（サッカー）、クリケット、ボクシング、競馬、アメリカ式野球――これらはすべて競技種目から除外された。自転車レースはフランスや低地諸国（ベネルクス三国）で大人気で、長距離のロードレースや新しい競技場でおこなわれたトラックレースにも選手を送っていたが、オリンピックの試合はプロの試合より格下のものとみなされていた。主力選手はアテネ大会ではなく、年末におこなわれた初のプロ・ロードレース「パリ〜ルーベ」にこぞって出場したのである。

アテネ大会ならではの種目は、最も紳士らしいふるまいが求められるフェンシングと射撃である。射撃競技は郊外の優雅な地域カリテアに新設した射撃場でおこなわれた。ケファロニア島の主教の祝福を受けたのち、オルガ王妃が花で飾ったライフル銃を空に向けて発砲して始まった。フェンシングの試合会場はザッピオンだった（ザッパスの遺した建物でスポーツイベントが実施されたのはこれが初めてだった）。ギリシアの王室と国外から招かれた王室のメンバーが熱心に観戦したという。この競技に限ってはプロ選手の参加が認められた。プロ選手による指導がなければヨーロッパの貴族と軍人はこの武術を体得できなかったことを慮った結果である。

1896年大会の参加者はほぼ全員、国境を越えて集結した特権階級のアスリートだったと言ってよいが、当時はまだ、競技や行事をおこなうにあたってのきちんとした国際基準がほとんどなく、ルールや基準や判定の方法について、各国のスポーツ文化のあいだに大きな違いが見られた。陸上競技を例にとれば、トラックは慣例とは著しく異なる1周330ヤード（約300メートル）であり、曲線部の半径が恐ろしく小さかった。また走者は反時計回りに走るのが一般的だったが、1896年の大会では時計回りに走っている。技術面でも大きなばらつきがあった。たとえばハードル走だが、アメリカの選手はジャンプとランをスムーズにつなげるが、未熟なギリシア人選手はジャンプ後に一度止まってしまう。また、アメリカの短距離走者はクラウチング・スタートを採用していたが、ほかの国々は非効率な直立姿勢でスタートした。水泳は特にひどかった。アテネには屋内プールがなかったので、ピレウス港の湾内にふたつ浮かべたブイのあいだを泳ぐことになったが、突堤からかなり離れており、当然観客も集まらなかった。水は猛烈に冷たく、泳ぐのはまさしく英雄的行為だったが、タイムは散々だった。優勝したハンガリーのアルフレード・ハヨーシュは凍え死にそうになり、「勝ちたいというよりは、ただただ死にたくないと思った」と述べている。レスリングでは、国ごとに異なる戦い方の溝を埋めるために急ごしらえのルールが適用されたが、暗くなっても勝負がつかず、中断して翌日に持ち越される試合もあった。ウェイトリフティングの片腕のリフトでは、イギリスのローンセストン・エリオットとデンマークのヴィゴ・イェンセンが同点になったことが物議をかもし、主審を務めていたゲオルギオス1世が「スタイル」を判定基準にすることを決めた。体操競技にいたっては、「スタイル」の判定は審判次第だった。体操競技は明らかにドイツ式のスポーツだったが、イギリス人のG・S・ロバートソンは体操を競技とすることに納得できず、表彰の対象になるようなものではないと断じた。「オリンピックの月桂冠は非常に尊く、跳馬を跳び越えたりロープを上ったりする格好がいいからといってむやみにばらまくものではない」[6]

アテネ大会から新しく取り入れられた種目が、マラソンだ。考案したのはフランスの文献学者でクーベルタンの補佐役ミシェル・ブレアル。ヘロドトスが書いた紀元前490年頃の「マラトンの戦い」の話からヒントを得た。ブレアルは戦場からアテネまでと同じ距離のレースを提案し、海岸沿いに約40キロメートル走ってパナシナイコ・スタジアムをゴールとするコースを作った［第1回アテネ大会でのマラソンの距離は今日とは異なる］。

このレースは大会のメイン行事として近代に神話のヒーローをよみがえらせ、スタジアムぐるみの壮大なショーとなった。これによって1896年のオリンピックは、田舎の名士が週末に開く競技会や歴史にからめた娯楽のレベルをはるかに超えたのである。その日、少なくとも8万の観衆がスタジアムでランナーを待ち、自転車や馬に乗った伝令の経過報告にぴりぴりしながら長い時間を過ごしていた。まず、先頭を走っていたフランスのレムゾーが暑さで倒れ、荷馬車でアテネに送られた。次にオーストラリアのフラックが先頭に立ったが、何人かが続けて倒れた後で最初にスタジアムに入ってきたのは、ギリシアの選手スピリドン・ルイスだった。観衆は熱狂した。国王と王太子はトラックに飛び出すとルイスと並んで走り、彼がゴールインするや、王の側近や委員会のメンバーが抱きしめてキスを浴びせた。クーベルタンは目を見張るばかりだった。「いやはや！　あの興奮と熱狂は言葉につくせない。生涯忘れられない光景のひとつだ。深く心に刻みつけられた」[7]。ルイスは一躍、国の英雄となり、どう見ても地味な経歴が〝国の礎たる武骨な農夫〟のイメージに作り直された。結婚してほしい、土地を与える、名誉を授与する——さまざまな申し出がルイスに殺到した。ギリシアの風刺的な作家、ゲオルギオス・サウリスはめったに人をほめないことで知られていたが、このときばかりは一愛国者として彼を称えた。「今日はルイスの耳にピンダロスの賛歌が届いたかもしれない。レースよ、民衆よ、国王陛下万歳」[8]

悪天候のために1日遅れた閉会式は、学生のパーティーに古代の伝統に抱く畏敬の念が混ざったような様相を呈した――「古代の伝統」といっても新しく創られたものではあったが。G・S・ロバートソンは、絶頂期にあったイギリスの支配階級の一員であるという自負からあつかましくも式に割り込むと、大会を称える詩を格調高く朗読した。自ら古代ギリシア語で書いた詩である。その後、選手たちがひとりずつ呼ばれて国王から表彰された。優勝者に贈られたのは銀のメダルと、オリンピアの聖なる森に生える月桂樹の枝の束。2位の選手には銅のメダルと月桂冠。スピリドン・ルイスには、ブレアルが寄贈したマラソンの優勝カップと、古代ギリシアの絵で彩られた壺が与えられた。そして全員に賞状。ドレスコードはブラック・タイにトップ・ハットだったが、ルイスだけはギリシアの民族衣装フスタネーラを着て、祖国への愛を無言で表していた。彼が登場すると「スタジアム中がどよめいた」。そして勝者たちが場内を一周して観客の喝采を受けたのち、国王が「第1回オリンピック大会の閉会」を宣言した。

特にギリシアの活躍が印象に残った大会だった。アメリカの評論家、ルーファス・B・リチャードソンは「小さな貧しい王国ではあるが、民族の魂は古代ヘラスのように誇り高い」と述べ、ギリシアの国粋主義的歴史家スピリドン・ランブロスは会期中の国情を、ギリシア王国建国の際の政治的混乱や世界に遅れをとっていた状況と比べ、「1896年のギリシアは1862年当時を遠く引き離した」と述べた。事実、オリンピックの成功で大きな自信を得た国王は、外国の選手や賓客を招いて大晩餐会を開いた折に「我が国を世界の国々の友好の場と定め、いつまでもオリンピックの会場であり続けたい」と望むまでになった。クーベルタンは痛快なくらい辛辣な回想録にこう書いている。「私はあほうのように話が飲み込めない振りをした。国王のスピーチは無視することにした」[9]。王だけではない、王室も大衆も彼を競技会の立役者と思っていないことが不愉快だった。「ギリシアの新聞に何と書かれようとかまわない。恩知らずという競技があれば、ギリシア人が難なく優勝するだろう……諸君は全員――ロバートソン氏でさえ――満場のスタジアムで国王の手から月桂樹の枝を授かった。しかし私の名前だけは――もし忘れられていなければ、だが――小さくそっと呼ばれるのだろう[10]」

世界の観衆はこの競技会に大きな感銘を受けた。まるでアテネに古代の栄光がよみがえったようだった。G・S・ロバートソンは、ギリシアが成功したのは「人々の情熱や連携や個性、そして数々のすばらしい出来事がうまく働いたから」だと考えた。ルーファス・B・リチャードソンは、「ひたむきに走り抜き、戦い抜くとき、古代がよみがえった」ように思えたという。走り高跳びで優勝したエラリー・クラークは、その後ほかの競技会にも出場したが、「あのときの古代競技会の再現とは比べものにならない。アテネの土の感触。はるか昔を肌で感じる神秘的な魅力。古代の英雄の後継者たち。それにすばらしいスポーツマンシップ」と記している。チャールズ・ウォルドスタインは、この競技会が「大成功だった」と断言した。長い時間をかけて計画し支援してきた結果には違いないが、最初は成功を危ぶまれていただけに感動もひとしおだった。危ぶんでいたひとり、G・S・ロバートソンはこう述べている。「主催者側にも予想のおよばない、まさかの大成功であった」[11]

だが、あらゆる計画がそうであるように、最初は奇跡的にうまくいっても、真の成否は二度目の挑戦でわかるものだ。

第2章

最高の楽しみ

ベル・エポック末期のオリンピック

1900年パリ　1904年セントルイス　1906年アテネ
1908年ロンドン　1912年ストックホルム　1916年ベルリン

それは、万国博覧会の呼びもののひとつだ。博覧会はつかのまの世界文明の集結地点となり、世界中の物産が集まる……さながら一枚の絵のようだ。

——ゲオルク・ジンメル

我々は、オリンピックが博覧会に依存したり取り込まれたりしないように気をつけなくてはならない。そんなことになっては本来の意義が消えうせ、教育的な価値が無となってしまう。……1912年にようやく、スウェーデンで袖を分かつことができた。……オリンピズムが屈辱的な隷従を強いられるようなことは、二度とあってはならない。

——クーベルタン男爵

1　ベル・エポック

第1次大戦後のヨーロッパの廃墟のなかで、フランス人は戦前の30～40年間を「ベル・エポック（良き時代）」と呼んで懐かしんだ。アメリカ人は「ギルデッド・エイジ（金ぴか時代）」として記憶し、イギリス人はヴィクトリア朝ならびに帝国主義の絶頂期と位置づけた。ヨーロッパとアメリカは、40年にもおよぶ怒濤のごとき産業発展と、根底からの社会の変化を経験した。この時代には、電気の普及に始まり、動力付き飛行機や自動車などの画期的な技術革新が次々に成し遂げられた。帝国主義が広がる気運に満ちてはいたが、世界はかつてないほど連携し、大国はまだ平穏に共存していた。そして、かつてない規模の社会の変化を称え、その成果の精髄を示す絶好の機会が世界博覧会だった。ドイツの社会学者ゲオルク・ジンメルが世界博覧会を「つかのまの世界文明集結地」と表現しているが、いかにも博覧会は、その時代の各国文化の交流を最も濃縮された形で示していた。[1] 1851年にロンドンで開かれた第1回万国博覧会では、会場のクリスタル・パレスにイギリスの人口の4分の1近くにあたる600万人もが押し寄せた。1893年5月から始まったシカゴ・コロンブス万国博覧会では、5か月間に延べ2800万人のアメリカ人が入場券を求めた。これは同国人口の4分の1にのぼる数字だ。1867、1889、1900年のパリ万博には、それぞれ1500万、2300万、5000万人（これはフランスの人口を超えている）が殺到した。[2] もちろん入場者の大半は開催国の国民だったが、国外からもかなりの数の人が訪れた。また外国政府や企業による数十のパビリオンが建てられ、各報道機関の扱いも回を重ねるごとに大きくなった。だが、19世紀末の局所的グローバリゼーションの時代に、単独のテーマやパビリオンに世界を凝縮しようとするのは無理があった。「世界文明」は、その萌芽こそあったもののまだまだ大きな不均等が存在しており、帝国主義国同士の勢力争い、各国の軍拡競争、そしてナショナリズムの台頭によって分断されようとしていた。

残念ながらクーベルタンにはこの錯綜した現実が理解できなかった。初期のオリンピックと世界博覧会との結びつきを「屈辱的な隷従」と評したのがその証拠だろう。たしかにこの関係によって男爵はオリンピック開催地決定の主導権を失うことになり、また博覧会は、男爵が傾倒する古代ギリシアのスポーツ精神や、インターナショナリズムと肉体誇示主義との奇妙な結合とは相容れなかった。ただし、万国博覧会への憤懣やるかたない気持ちは差し引いても、ベル・エポックにおけるオリンピックはただのお祭り騒ぎであり、大衆の感覚やマスコミの報道に大きく左右されたという男爵の分析は正しい。実は当時の上流階級はスポーツにさほど興味はなく、むしろ目を見張る技術革新や豊かな商品、東方世界の夢に満ちたテーマパークこそが関心の的だったのである。しかし残念ながら、資金や機材調達の面から考えても、競技会の実施を博覧会の運営にゆだねるしかなく、万国博覧会がオリンピックに象徴されるスポーツ全般の地位確立をもたらしたのも事実だ。そして近代オリンピックは壮大な世界主義とそれを支える商業経済の仕組みを万博から引き継いだのである。この「遺産《レガシー》」があるからこそ、開催都市の雰囲気やその地域固有の課題への取り組みに与える影響を――回を重ねるにつれて――強くすることが今でもできるのである。

当時の人々は万国博覧会で何を見たかったのだろうか。万博の正式名称は「世界の国々の産業製品の大展示会」であり、訪問者の目当てが主に新時代の産業経済社会をつくるための機械や製品であったことはいうまでもない。すなわち生産設備、動力発生装置、新しい電気通信網および機械化された輸送手段である。これらなくして、19世紀半ばから第1次世界大戦に至る国際的な貿易や投資や文化交流の未曾有の発展はなかった。1876年、人々は電話機を見ようとフィラデルフィア万国博覧会に押し寄せた。これに続く各博覧会では、タイプライターや電球やエスカレーター、録音装置、映写機、X線撮影機などが続々と披露され、または改良版が紹介された。大量消費社会はこの時代に始まり、現在世界中で使われている商品やブランド、たとえば綿菓子、ホットドッグ、ジッパー、ハインツのケチャップやドクター・ペッパーなどが登場した。

だが臆面もない商業主義に支配されていたにもかかわらず、万博は新しい製品の紹介や広告宣伝だけにとどまらず、人々の心をもかき立てた。産業奨励のレベルを超え、農業生産、都市計画、軍事技術、医療と衛生、音楽と美術に至る現代社会の思想や発明の先端を指し示したのである。万博会場の配置やカタログの構成を見れば、日進月歩で複雑さを増していくこの世界を人々がどのように分類し、探索しようとしたかが一目瞭然だ。いうなれば美術館的センスと古物商のそれの融合であり、また百科事典と図書目録との結合でもあった。また万博は世間の注目を集め、実際に大勢の人間が訪れることから、あらゆる国際文化会議の場としても貴重だった。１８９３年のシカゴ万博では、万国宗教会議、世界女性議員会議、国際数学者会議が開催された。１９０４年のセントルイス万博での国際芸術科学会議には、欧米各国から数千人もの研究者が集まったといわれる。彼らは、人類の思想・知識分野における進歩を検討するという、誰もやろうとしなかった仕事に挑んだ。人類は偉大な世界理性を持った統一体系となり得ているか、という無謀ともいえる壮大な問題提起をおこなったのである。

万国博覧会という興行の仕組みはかなり応用が利くものだったので、開催国ごとの特色が出た。19世紀半ばのイギリスは世界の工業製品の50パーセントを生産しており、ロンドン万博は同国経済がいかに近代的で世界のトップにあるかを示すものだったが、同時に、大英帝国が日に日に世界への支配力を強めていくことを認めさせる意図もあった。スペインからドイツに至るヨーロッパ諸国も負けてはいなかった。オーストリア＝ハンガリー帝国の場合、工業国としては見劣りしていたため、１８７３年に開催されたウィーン万博は教育と文化の祝典になった。ベルギー王国は、自動車と獲得したばかりのコンゴ自由国をテーマに華々しい展示をおこなった。最も壮大なテーマを扱ったのはアメリカとフランスだ。１００周年フィラデルフィア万博は、アメリカ独立からの１００年間の歳月のレンズを通して覗いた近代世界像を見せた。１８９３年のシカゴ万博では、近代の始まりが４０１年前のコロンブスのアメリカ発見であることが強調された。そしてフランス第三共和政は、１９００年パリ万博を来たるべき新世紀の幕開けと位置づけた。

近代オリンピックと同じように、万国博覧会もまた開催都市の名前によって記憶されている。国民的・世界的な催しである一方、それぞれの都市の個性も出た。会場のインフラはほとんど会期中に使われただけだったが、建造物は各都市の景観の一部となった。１８８９年パリ万博のエッフェル塔も解体される予定だったが、いまやベル・エポックの万博を後世に伝える象徴だ。だが当時の人々が夢中になったのは、１８５１年のロンドン万博でジョセフ・パクストン卿が建てた、上品な温室と工業施設とをごた混ぜにしたような錬鉄製の巨大なクリスタル・パレスや、１８７３年ウィーン万博の円形大ドーム、あるいは１８９３年シカゴ万博のホワイト・シティのほうだった。当然のことながら、１８８９年パリ万博に巡業したバッファロー・ビルの「ワイルド・ウェスト・ショー」のように、万国博覧会に集う大群衆を当て込んだ営利目的の飛び込み企画も登場した。

　それでは、好奇心の詰まったこの巨大な移動式キャビネットのどこにスポーツの要素があったのだろうか。実は、最初はほんの片隅を占めただけだった。たとえば、ロンドン万博ではクリスタル・パレスの北翼ギャラリー、「さまざまな小物類」のコーナーにあった。ヴィクトリア朝のスポーツ愛好家たちはここでテニスラケット、スコットランド製ゴルフボール、釣竿、ビリヤード台そしてクロッケー［木の球を木槌で打ってゲートを通過させ、ゴールを競う球技］用具一式などを選んだ（このクロッケー用具は記録に残る最初のもので、ルールブックつきだった）。クリケット用品の展示場には体験コーナーや試打用のバットもあり、「ただいま一流の投手がおりません」という断り書きと共に革製の投球機が用意されていた。ギルバート社は「入念に仕立てており、ご満足疑いなし」という革製ラグビーボールを出品し、アーチェリー愛好家は「めずらしい木材を何種も用いた英国式大弓。ご婦人にも扱えます」という弓も調達できた。[3]　１８６７年第２回パリ万博では中央広場の一部がスポーツと体操のために使われ、「ザクセン式」体育館や新式自転車の展示もあった。

　スポーツが添えもの扱いだったにもかかわらず、展示会そのものがしばしば古代オリンピックにたとえられたことは注目に値する。古代ギリシア世界における都市国家間の運動競技という枠組みが、そっくり近代民族国家間の経済力競争に置き換えられたのである。スペクテーター紙はロンドン万博を「産業界のオリンピック競技、通商世界のトーナメント」と表現した。アメリカ人も、１８７６年のフィラデルフィア万博で同じたとえを用いている。「古代ギリシアの各部族とオリンピック競技との関係は、近代の文明社会にあっては、近代の部族たる民族国家群と世界博覧会との関係に相当する」

　このように、スポーツは比喩表現のひとつとして重宝はされたものの、世紀末近くまではしょせん博覧会のおまけ程度に思われていた。このことは都市文化の先端を行く欧米においてさえスポーツの社会的役割が限定的だった現実を反映していると言えよう。そんななかで注目に値するのは１８８９年パリ万博だ。この万博では、スポーツの人気と地位の上昇が見てとれる。パリ万博ではクーベルタンとＵＳＦＳＡの協力により「身体運動に関する会議」が発足し、学校対抗試合、陸上競技、ボートや水泳のトーナメント、リング医師考案のスウェーデン体操、そしてスコットランド伝統のハイランド・ゲームズが催された。１８９３年のシカゴ万博では、民族学者のステュアート・キューリン監修のもとで「世界のゲーム展」がおこなわれた。さまざまな文明が生み出したカード、ボード、ダイス・ゲームを展示するという実にユニークな企画だったが、それと隣接して、創業期にあったスポーツ用品メーカーのための広大なスペースも設けられた。また畜産館の1万5000人収容のアリーナでは家畜ショーの合間にさまざまな催しを見ることができた。ドイツ系アメリカ人による「ツルネン（ドイツ式体操）」やチェコ系アメリカ人による「ソコル（スラブ体操協会）」のマスゲーム、ネイティブ・アメリカン2チームによるラクロス、ゲーリックフットボールとサッカー等々。アメリカン・フットボールも5試合が挙行されたが、そのうち1試合は照明を用いたナイターの嚆矢《こうし》となった。なお、シカゴ万博も開催3か月を過ぎると資金繰りに頭を悩ませはじめ、主催者は客を呼びやすい怪しげな見世物を出すようになった。物議をかもしたのは、ミッドウェイ公共公園に開設された各国の売店や娯楽施設で働くズールー人、南米人、ネイティブ・アメリカン、西アフリカのダホメ人とトルコ人をかき集めて水泳やボートの競技をさせたことだった。シカゴ・トリビューン紙によると「驚いたことに出場者はみな裸体であり、賞金の五ドル金貨に釣られたことは明白だった」[4]という。

このようにして20世紀になる頃には、スポーツは健全かつ教育的でありながら商業的プロジェクトやめずらしい見世物の要素も併せ持ったものとして、万国博覧会の恒例企画となっていった。パリ万博、セントルイス万博、英仏博覧会と同時開催された1900年、1904年、1908年のオリンピック大会は、いずれも教育的側面、商業的側面、見世物的側面の3つを兼ね備えていた。

パリ万博は1892年の時点から計画されていたので、クーベルタンは1900年のパリで万博とオリンピックが重なることはもともと承知していた。万博主催者側はオリンピックの同時開催を歓迎するものと思っていた男爵は、委員会を立ち上げて強気の計画書をまとめると、万博総責任者のアルフレッド・ピカールに提出した。しかし規律を重んじるピカールに一蹴される。ピカールがオリンピックそのものを高く評価していなかったことに加え、万博におけるスポーツ関係の催しとしてはすでに「身体訓練とスポーツの国際競技会」と銘打つプログラムが考案されていて、フランス射撃協会会長のダニエル・メリヨンが責任者に任命されていたからである。IOCは第2回オリンピックの主導権を万博に譲ったとよくいわれるが、実は万博のプログラムの一部をオリンピックと名乗ることを許されたにすぎない。クーベルタンが隅のほうで騒ぎ立ててみたところで、ほとんど無力だったのである。

１９０４年オリンピックについてはわずかに事態が好転した。クーベルタンのアメリカ訪問と、同国のアマチュア層や学生のスポーツ文化の際立った力強さとが、新しい競技開催の場を求める流れを作った。クーベルタンがシカゴの協力者に働きかけて開催地に立候補させた結果、１９００年の夏にはシカゴ大学学長ウィリアム・ハーパーと弁護士の重鎮ヘンリー・Ｊ・ファーバーによって準備委員会が組織され、シカゴの富裕層向けスポーツクラブとその出資者たちから並々ならぬ支持を得る。セントルイスより立候補宣言は遅れたものの、１９０１年、シカゴでのオリンピック開催が決定した。このとき、シカゴ大学の学生数千人がマーシャル・フィールド百貨店の広場で巨大なかがり火を焚いて祝ったという。１９０１年早々には開催資金の出資証券の発行が始まり、最新の格納式屋根を備えた湖岸のスタジアムの設計図も公開された。準備委員会にスポーツ設備用品業界の大物アルバート・スポルディングが加わると、オリンピックに合わせた運動用具大博覧会の構想も浮上した。ところが１９０２年５月、当初１９０３年に予定されていたセントルイス万国博覧会が１９０４年に延期されることが明らかになった。まるでシカゴ・オリンピックにぶつけてきたようだ。すでに何百万ドルもの資金を注ぎ込んでいたセントルイス万博の主催者は、オリンピックも引き受けるべく積極的に動いた。全米体育協会に接近し、活路を開こうとふたりの大物のシカゴ訪問にこぎつけた。シカゴ・オリンピックに出資していたアルフレッド・バーナムは次のように書いている。「セントルイスの人たちは全米体育協会に熱烈なラブコールを送り、手段を選ばずシカゴにオリンピックをあきらめさせようとした」[5]。セントルイスという競合相手の出現と、最新式スタジアムの建設計画頓挫という事態を受けて、ファーバー弁護士は、シカゴ・トリビューン紙上で「我々はあきらめた」と宣言せざるをえなくなった。ファーバーがクーベルタンに電信で風向きが変わったことを伝えると、男爵はこれを受け入れ、もうかかわりたくない意向を示した。

クーベルタンは本当に１９０６年のアテネ大会を望んでいなかったのだろうか。回想録には「まったく魅力がない」としか記されていない。だが、これは儀式的なスポーツイベントの質よりも政治的な要因に対して下した評価である。ゲオルギオス１世が１８９６年度大会半ばに、オリンピックはずっとギリシアで開催するとアピールしてから、王室とその支持者たちは忙しくなった。ギリシアを開催国に定める文書と、1898年以降、4年ごとに開催する法案が議会で起草され承認された。だが、1897年にオスマントルコの支配下にあったクレタ島のギリシア人が蜂起して短期の希土戦争に発展すると、翌年に競技会を開くどころではなくなった。一方、IOC内のギリシア支持派の委員たちはあきらめなかった。クーベルタンはギリシアの要求を退け続け、「オリンピック」の名称を使わず「全ギリシア競技会」とでもするならかまわないと告げた。ところが1901年、IOCのドイツ人メンバーたちがギリシアの提案を支持する側にまわった。IOCが決めた4年ごとの競技会のあいだにギリシアのそれを差し込んで交互に開催し、初回は1906年、という案だ。採決の結果、ギリシア側が勝った。開催地は各国公平にというクーベルタンの気持ちとは逆に、多くのIOC委員は張り切ってギリシア支援に回り、1906年の大会にも大勢の委員が出席した。クーベルタンは意地でもパリを離れず、芸術とスポーツに関する会議を開いていた。もっとも、彼の溜飲は末期オスマン帝国の政情によって下げられることになる。ギリシアは1910年・14年のオリンピックに備えて委員会を設立したが、1907～08年にマケドニアで起こった民族問題の紛糾と1912～13年のバルカン戦争によってどちらも計画が挫折したのち、正式なオリンピック大会から外されてしまったのだ。

クーベルタンは以前から、ローマを1908年大会の開催地に推し、いくぶん大げさに理由を述べていた。「功利主義のアメリカまで出かけたのち、巧みな腕前で思いをこめて織った豪華なトーガ（官服）をオリンポスが着られるのは、ローマだけだろう。私は最初からそこで着せたかった」[6]。イタリアの組織委員会が設立されたが、予算は決まらず、資金も集まらず、北部との和平交渉もうまくいかない。イタリアがIOCに辞退を申し出ようとした矢先、ベスビオ山が噴火した。渡りに船である。こうしてイタリアが災害復旧を口実に開催地というバトンを捨てると、それをロンドンとイギリス貴族のスポーツ機構が拾うこととなる。

1908年度ロンドン・オリンピック大会はクーベルタン好みの上流階級のアスリートの組織によって運営された。たとえば、イギリス・オリンピック協会会長のデスバラ卿は政治家にしてスポーツにもくわしく、大物を狙う狩猟家で山登りもすればフェンシング、クリケット、ボートも得意という人物だった。ただしこのときになっても、大会の実現は博覧会にかかっていた。ハンガリー出身のユダヤ人で演劇の興行師、イムレ・キラルフィに頼り、英仏博覧会からスタジアムおよび競技会の環境のすべてを提供してもらったのである。

１９１２年大会では、ようやくクーベルタンの念願がかなった。再びＩＯＣの主導権を握ると、多くの反対派を除外して、理念の共通する新たな人材を確保したのである。そのひとりである嘉納治五郎《かのうじごろう》は柔道の創始者にして日本の教育改革に貢献した人物で、委員会初のアジア人メンバーとなった。もうひとり、ベルギーのアンリ・ド・バイエ＝ラトゥール伯爵は、のちにクーベルタンの後継者として会長になる。クーベルタン率いるＩＯＣは１９１２年の大会の開催地にストックホルムを選んだ。彼は運営をスウェーデンの王室と軍部およびきわめて紳士的なスポーツ組織に委ね、こう述べた。「オリンピック大会は純粋に競技をおこなう場であり続けるべきだ。より厳かに、より礼節を重んじ、伝統に従った芸術性を備え、より友好的に進められなくてはならない」[7]。１８９６年にＩＯＣの運営で大会が始まって以来初めての博覧会に頼らないオリンピックとなったストックホルム大会は、クーベルタンの理想にかなう厳粛で整然としたものとなった。しかしベル・エポック末期に世界博覧会の商業的ポピュリズムとの衝突をかかえながらＩＯＣが主導したこの大会は、アマチュア・スポーツの枠をヨーロッパの特権階級に限った虚飾の世界でもあった。労働者階級のプロ選手がこっそり参加したものの、すげなく追い払われることもあった。ただし、この大会では１８９６年のアテネ大会では男性にしか参加を認められなかった水泳、アーチェリー、テニスやゴルフに女性選手が進出した（とはいえ、ほとんどの競技や種目は相変わらず男性に独占されていたが）。ストックホルム大会は国内的にも国際的にも少なからぬ成功を収め、文化とスポーツを通じて世界を結ぼうというオリンピック・ムーブメントの役割がはっきりした大会となった。この強い信念の結びつきは、平和主義を標榜し、それから2年足らずで開戦する第1次世界大戦のトラウマをもやがて乗り越えるものとなった。だがそれは、戦争に駆り出されて死んでいった多くの選手たちには当てはまらない。

2 1900年パリ大会・1904年セントルイス大会

1892年に計画されて以来、歴代のフランス政府に引き継がれ、豊富な予算とアルフレッド・ピカールの指揮によって1900年に開かれたパリ万国博覧会は、ベル・エポックに開かれたいくつもの世界博覧会のなかでは最大の規模を誇った。この大がかりな計画にはふたつのテーマがあった。ひとつは「19世紀思想の総括」、もうひとつは、新世紀を展望する未来志向の展示会である。スポーツはイベントの一部となるはずだったが、どのようにおこなうかは決まっていなかった。多岐にわたる企画のどこにスポーツを位置付けるか悩んだあげくに、おかしなことになってしまうこともあった。公式カタログではスケートとフェンシングはカトラリー業エリアの一画に記され、ボートは水難救助の項目の下に、陸上競技のクラブは共済組合のエリアに分類されている。

スポーツの重要性が理解されていないことは明らかだった。クーベルタンと委員会が1900年度オリンピック大会のプログラムを提示した折、アテネ大会のときとは違って、ピカールはさも馬鹿にしたように「低俗で国家の象徴には適さない」とし、第三共和政にふさわしいほど立派でも一般的でも民主的でもないと断じた。[1] しかもクーベルタンが掲げる新ギリシア主義と奇妙なオリンピック精神とやらを「時代錯誤もはなはだしい」と決めつけて相手にしなかった。

1900年のオリンピック大会は5月半ばから10月末までおこなわれたが、かくして開会式も閉会式もなし、メダルも月桂冠もなし、大会の賛歌の合唱もなければ、プログラムや広告にオリンピックの図像も解説も載っていなかった。公式の名称は「身体訓練とスポーツの国際競技会」だったが、報道機関は「フェスティバル・ゲームズ」「オリンピアン・フェスティバル」「国際競技会」などと思い思いの名称で呼んでいた。当時の報道機関はいったいどの競技がオリンピック種目なのかがわからず苦労したが、実はこの問題は今日も解決しておらず、現在もなお、どれがオリンピック種目でどれが無関係な催しだったのかを確定できないままで、IOCの認定に頼るしかない状況となっている。当時はほとんど誰も——観衆も競技者も報道陣も——オリンピックが開催されているとは思っていなかったのである。

このときの競技種目はすべて1896年の大会でもおこなわれたものばかりだが、ウェイトリフティング、レスリングは除外された。また、アテネ大会にはなかったチーム競技が加えられた。フットボール（サッカー）、ラグビー、クリケット、ペロタ、ジュ・ド・ポーム、クロッケー。さらには、大がかりなモータースポーツ、気球やモーターボート競走、釣りや鳩レースなどの庶民的な娯楽、上流階級が好むゴルフやポロ、そして体操選手8000人と射手5000人による一般参加型イベントまであった。同時におこなわれていた本来の国際競技が地味に思えたほどだった。軍事演習や救命技術の競技、学校対抗試合、衛生学と生理学に関する格式高い学術会議も催された。選手は主にアマチュアだったがプロの参加も認められ、ローン・テニスやペロタ、射撃、自転車ではプロ限定の試合がおこなわれた。

　眉をひそめていたのはオーストラリアのスプリンター、スタンリー・ロウリーだ。「こういうイベントを世界選手権として認めるのは、本来の競技に対する侮辱にほかならない。真剣に取り組むべきスポーツが珍妙な見世物になっているではないか」[2]。クリケットは、イギリス人（遠征中の「デボン・ワンダラーズ」）とパリの移住者が集まったチームのシングル・マッチに変更された。サッカーはイギリスのアマチュア・クラブ「アップトン・パーク」とUSFSAが集めたフランスのイレブンとベルギーの大学生チームの三チームだけで争われた。ラグビーの試合に参加したイギリスのチーム「モズリー・ワンダラーズ」は会場に着いたその日に試合をして帰ったが、それがオリンピックだったことも知らなかったという。競泳は濁ったセーヌ川でおこなわれた。選手は杭を乗り越えたり、ボートの下をくぐったり、はては船上にはい上がったりするはめになり、実に滑稽な障害物競走になってしまった。公式情報は、クロッケーについて次のように書いている。「職業はエンジニアだがクロッケーの立法者、M・アンドレ・デプレは、試合がうまく運ぶようにと、その持てる知識と情熱を傾けた。そこでグールゴー男爵は、入場無料とはいかなかったものの、ブローニュの森のサークルのきれいな一画にあつらえたサンドコートを提供した」。だがそうした努力のほとんどが無駄に終わった。「観客が集まらなかった。ニースからパリまで旅してきたイギリスのクロッケー愛好者がいたが……入場料を払ってくれたのは、たぶんあの紳士だけだ」[3]

　だが、他の人々はクーベルタンほど落胆していたわけではなかった。大衆向けスポーツ紙「ロト・ヴェロ」は、「4年ごとのオリンピック大会がギリシアで生まれて以来、今年ほどスポーツが高く評価され、人々が集まった機会はない……スポーツは間違いなく新たな信仰となった」[4]

とまで報じている。

4年後、このショーは西でますます大きくなる。1904年のセントルイス万国博覧会はとてつもなく大規模な催しだった。外観はボザール様式の建物が並んだのは1893年のシカゴ万博と同じだったが、大きさはシカゴの倍でその数は1500棟。50マイル（約80キロメートル）の遊歩道に合衆国45州中43州と世界62か国のパビリオンが並ぶ光景は圧巻だった。宣伝用資料には、2000万ドル近い投資者にはまとまった償還金があるということと共に、そろそろ「人類の進歩……最新のすばらしい業績、技術と科学の勝利、社会問題を必ず解決する方法の展示会」を主催すべきときがきた、と謳われている。[5]

スポーツの行事は5月から11月までの6か月におよんでおこなわれた。企画したのは博覧会の体育部長で全米体育協会の会長も務めるジェームズ・サリバン。基調とする考え方はいかにもアメリカ式だった――スポーツは単なる紳士の趣味ではなく、セオドア・ローズヴェルト大統領の言葉どおり「精力的な生活」の一部であるというものだ。開拓時代が終わった今、次の世代が国を創っていくためのたくましさと強い肉体とをいかに身につけるべきか。その手段として、スポーツや野外活動やスカウト活動、体を使うレクリエーションなどが、エリート層のためだけでなく国家のために必要とされた。科学と医学の新しい知識を応用し、合理的で最先端のトレーニングと管理の体制を整えることで、アメリカは健康的なスポーツマンの国を創ることができるのである。

しかし、これらサリバンの企画はクーベルタンの構想とはかけ離れたものであり、クーベルタンにとっては屈辱的ですらあった。ゴルフ、アーチェリー、クロッケー、競泳、ラクロス、フェンシングの試合がおこなわれる一方で、ミズーリ州学生競技会、カレッジ対抗バスケットボール、野球、YMCA国内選手権、トゥルネン（ドイツ式体操）、ソコル（チェコ式体操）、アイルランド系スポーツなどの競技にも、何日もあてていたからだ。

そしてオリンピックの競技はというと、ほとんどが8月末から9月初めに開催されることはIOCも把握していたが、どんな状況でおこなわれるのかは主催者側にしかわからなかった。競技のほとんどは、小さくて簡素なフランシス・フィールド・スタジアムと屋内競技場でひっそりとおこなわれた。それらはワシントン大学の一部だったが、大評判だった飛行船の展示の陰で、万博会場の隅に追いやられていた。水が必要な競技は農業館の脇に造られた人工池を使うしかなかった。

競技は5月の学校対抗試合から始まり、開会式はないに等しかった。博覧会組織委員会の会長デイヴィッド・フランシスと国務長官ジョン・ミルトン・ヘイがフィールドから特別観覧席に到着すると、国歌が演奏されていよいよ競技が開始された。８月に正規のオリンピックが始まったときも、すべてが簡素だった。フランシスとジェームズ・サリバンが２列に並んだ選手たちをひとわたり眺めると楽隊が演奏を始め、それを合図に選手が散ってウォームアップが始まった。

セントルイスに集まったアスリートは６８７名。そのうち５２６名がアメリカ人、56名がカナダ人だった。北米以外の１００余名は大英帝国、キューバ、ドイツ、オーストリア、ギリシア、ハンガリー、スイスの選手で、フランス、イタリア、北欧は不参加、もちろんアジアやアフリカの参加もなかった。当然ながらアメリカが圧倒的に強く、金メダル94個のうち70個を獲得した。陸上競技では22種目中21種目で優勝、２位および3位入賞も22種目中42を数える圧倒ぶりだった。[6] 綱引き、自転車レース、テニス、ロケ（一時アメリカ都市部で流行した、コンクリート上でおこなうクロッケー）はアメリカの独擅場となり、サッカーとラクロスはアメリカの地方クラブとカナダのチームによる北米選手同士の試合となった。

そんななか、アメリカとドイツはなにかと意見が対立した。水球ではアメリカがボールはやわらかめのほうが扱いやすいとし、またボールがゴールラインを越えたときでなくネットに収まったときを得点に数えようと提案すると、ドイツは「ソフト水球」だとけなして試合を放棄してしまった。飛び込みでは、ドイツがヤシござ製の専用飛び板を持ち込み、入水時よりも空中の演技の質だけを採点すべきだと主張したが、アメリカは同意しなかった。こうした意見の不一致から、銅メダルを獲ったものと思ったドイツのアルフレート・ブラウンシュヴァイガーは激怒し、３位決定戦を拒否する。またセントルイス万博のドイツ人委員でのちにＩＯＣ委員も務めたテオドール・リヴァルドは勝者に贈られるブロンズ像を寄贈していたが、判定に怒って授与することを拒絶したという。もめごと続出に困ったアメリカの報道機関は、この競技会を国際大会としてではなく、東海岸対西海岸の対決として報道するようになるほどだった。

どのスポーツも話題にならず、アメリカ国内はもとより各国で報道されることもほとんどなかった。この大会でＩＯＣの公式プログラムより注目されたのは、博覧会の人類学部門が演出した「模範的なインディアン学校」だ。先住民族の生活から因習を除いた例を示し、社会への同化と支配の手段としての教育の威力を証明する企画である。[7]「インディアン学校」の学生たちによるボクシング、野球、陸上の各競技が、さらにはネイティブ・アメリカンだけを集めたカレッジによるアメリカンフットボールの試合が催された（カーライル校とハスキル校が、1904年大会で最大となる1万2000人強の大観衆を前に競い合っている）。そしてこの大会で最も反響があったのは、「人類学の日」に催された競技だったという。[8]

21世紀の今となっては異様なことに思えるが、当時は、人類学部門の展示、部族の村の複製、植民地にかかわる展示などが当然のことのようになされる時代だった。世界博覧会に登場する先住民族や植民地は、列強の力が世界を席巻する19世紀の終わりに向かって急増した。たとえば1880年代には、フランスがチュニジア、インドシナ半島、マダガスカルを保護国に加えながら太平洋にも勢力を拡大した。アフリカはほぼ全土がヨーロッパの大国に分割された。1900年までには、広大な地域がフランス領になっているという事実が国家の貫禄を示すとされ、パリ万博では仏領インドやカリブ海地域、太平洋、北アフリカの10の村が展示の目玉になった。しかも、ほかの大国にも植民地を展示する区画が用意されていた。

セントルイス万博の催事会場では、ネイティブ・アメリカンの広い村や、日本のアイヌ、南米のパタゴニア族に加えて、フィリピン村の広大な展示が新興国アメリカの力を象徴した。合衆国陸軍省の援助を受けた1200人のフィリピン人が、広い「居留地」に集められてパフォーマンスをおこなったのである。

スポーツと人類学、科学と見世物が一緒くたにされた「人類学の日」を、地元紙は「部族競技」と呼んだ。この展示を考案したのはジェームズ・サリバンと、博覧会の人類学部長ウィリアム・J・マクギーである。「未開人の専制君主」とも呼ばれたマクギーは、特異な科学的偏見を持っていた。生物学上のヒトはすべて原始的な黒人から進化し、文明を持った白人まで人種の優劣が決まっているという考え方である。マクギーはきわめて平凡なヨーロッパ至上主義者であったが、博覧会では、サリバンと体育部門の科学的合理主義者たちを焚きつけるために、あえて自説とは反する運動能力原始主義を標榜した。自然で原始的な人々のほうが運動能力が優れているに違いないというマクギーの仮説に、マスコミも飛びついた。催事会場や「パイク」と呼ばれた娯楽街で働く人々を見わたしたマクギーは、「ほぼすべての人種および民族がセントルイスに集まった」と考えた。[9]彼にとっては、人類学のさまざまな仮説を検証するまたとない機会だった。

「実験」は、「先住民族」と「文明人」がスポーツ競技を2日にわたっておこない、先住民族と白人選手やオリンピック選手を比較するのが目的だった。実に愚かな催しだ。先住民族たちは何をすればよいのかわからない。ルールどころか何も知らなかった。ところがマクギーは、ほんの数日前まで、まったく泳げない人々に競泳と水球をさせようとまで考えていたという。初日に即席の「民族別チーム」が作られた。フィリピン人、パタゴニア族、ネイティブ・アメリカン、シリア人、アフリカ人のチームが、リレー、高跳び、綱引き、砲丸投げ、槍投げ、ベースボール投げを競わされた。しかし2日目が終わる頃、参加者たちがやっていたのはもっぱら自分たちの考えたゲーム――棒のぼり、泥レスリング、アーチェリーなど――だった。公式記録では、「先住民族や未開人はアスリートとして劣っており、過大評価されていることが証明された」[10]と結論づけられた。あるアフリカ人は100メートルを「12歳の子供にも抜かれるような」タイムで走った。マクギーはさもありなんとばかりに「未開人にアスリートの素質があるというのは間違いだった」と言い切った。

3　1908年ロンドン大会

オリンピックに対するクーベルタンの影響力は、1906年のアテネ大会ではどん底だった。他のIOC委員は大会の主導権を譲るように迫っていたが、クーベルタンは無視を決め込んだ。「オリンピック・レビュー」誌には大会のプログラムが載ったが、日程が記されていなかった。後日、同誌であらためてアテネ大会の告知をおこない、14ページも割いてギリシアの芸術と歴史の意義を掘り下げて読者の興味を引こうとしながらも、競技会そのものには一箇所でしか触れていない。しかも、クーベルタンが勧めるアテネの名所にはオリンピック・スタジアムが入っていなかった。[1]IOC委員の多くが大会に出席してもクーベルタンはパリに残り、コメディ・フランセーズで「芸術と文学とスポーツについての会議」を主催していた。クーベルタンの不在をいいことにアテネではIOC会長の座をギリシアの王太子に差し替えようという試みがなされたが、失敗に終わった。1906年の大会は、のちにクーベルタンの腰巾着からIOC会長に上り詰めるアメリカ人、エイベリー・ブランデージによって、正式なオリンピックから除外されることになる。

だが皮肉にも、この大会こそ、クーベルタンの理想に最も近いオリンピックであった。適切な階層の人々によって適切に組織され、簡潔ながらさまざまな種目の競技が効率よく計画された。中心はあくまで壮大な古代のスタジアムであり、思想の対立や、世界博覧会のように低俗な金もうけ主義のお祭り騒ぎは排除された。選手も上流階級の者ばかりで、1896年のアテネや1904年のセントルイス大会より粒ぞろいだった。なによりも開会式がすばらしく、クーベルタンが先の2大会には感じ取れなかった荘厳な雰囲気に満ちていた。ギリシアとイギリスの王族が列席したのも、900名の選手が参加国ごとに国名を書いたプラカードと国旗を先頭にして入場行進をおこなったのも、1906年大会が初めてである。

たとえギリシアでの国際的行事によってクーベルタン流のオリンピックへの脅威がいったんは一掃されたとしても、パリやセントルイス大会と同じく博覧会と同時開催になった1908年のロンドン大会が、先の2大会のような「添えもの」としての位置づけから抜け出せるかどうかはまだわからなかった。だがロンドン大会は、見事に抜け出すことに成功した。成功の理由は4つある。まず第一に、ロンドン大会と同時におこなわれた英仏博覧会が、パリやセントルイスの万博ほど思想や主義を前面に押し出した博覧会ではなかったことが挙げられるだろう。先の2大会には、「人類の進歩と科学の凱旋行進」という色合いがあり、まるで博覧会に箔をつけるかのように、数多くの学術会議が同時開催された。一方、英仏博覧会にはインテリの大集団が参加するようなこともなければ、人類をひとつにするような高邁な志もない。ただただ実現したことを喜ぶような、気楽な祝祭だった。おかげで英仏博覧会では、文化的な面でも実際の会場のスペースの面でも、オリンピックの〝居場所〟をずっと広く確保できたのである。第二に、1908年のロンドン大会が、1900年大会、1904年大会とは対照的に、当時の時代背景や博覧会が発する文化的、政治的メッセージを色濃く反映していたことがある。ロンドン大会は大英帝国の憂いを露呈し、イギリスとアメリカのチームの衝突により、帝国と新興勢力の対立を浮き彫りにした。第三の理由は、もともと国家間の友好を深めるためのものであるオリンピックに、国家主義的な部分が強く出てきたということ。これは、開会式の入場行進が国別でおこなわれたことや、その後の競技の進め方からもよくわかる。その一方で、「国家とは何か」「誰がそれをつくりあげているのか」というふたつの質問への答えは出ないままだった。そして最後の理由は、1896年の大会時と同じく、マラソン競技が非常にスリリングな展開となり、人々の脳裏に強く焼きついたことにもあるだろう。

1908年のロンドン大会実現において最も重要な役割を果たした人物は、クーベルタンでも委員会の会長デスバラ卿でもなく、イムレ・キラルフィである。本名はイムレ・コニグスバウムといい、1845年にハンガリーのブダペストに生まれ、弟と共に有名なマジャール人の民族舞踊劇の道に進んだ。ベルギーのブリュッセルで祭などの催しの演出に携わったのち、アメリカに渡り、大勢のコーラス・ガールを従えた華やかなボードビル・ショーで人気を博した。1887年、サーカスの興行師フィニアス・バーナムとパートナーシップを結ぶと、豪華なショーを斬新な舞台劇に仕立て、「80日間世界一周」や「バビロンの崩壊とネロ――ローマ大火」を上演した。その後ロンドンに移り、アールズ・コートの博覧会場の運営を任される。そこは大きなホールだったが、キラルフィの望みのほうがはるかに大きかった。チャンスは1904年に訪れた。フランスとイギリスが植民地の勢力圏をめぐって英仏協商なる複雑な協定を結んだのである。外交および軍事協力に新しい展望が開けると、フランス商工会議所ほかの機関が英仏合同の博覧会開催に意欲を見せ、キラルフィをまとめ役に選んだのだ。

キラルフィは王室と政府の支援を取りつけると、ロンドン西部、シェパーズ・ブッシュ近くの広大な工業用の草地を借り、ロスチャイルド家から巨額の融資を受けて、会場と新しい鉄道網を造りはじめた。そこへ、会場のめどすら立っていなかったデスバラ会長とイギリス・オリンピック委員会から共同開催を持ちかけられ、キラルフィは条件を提示する。博覧会側がスタジアムの建設費を出す代わりに入場料とプログラム代の4分の3はいただきたい、と。さらに、貴族という地位はあっても金のない委員会に請われ、オリンピックの開催費用も前貸しした。委員会が取り引きに応じたのはいうまでもない。

ほぼ6か月にわたった英仏博覧会を訪れた人は840万にのぼり、会場はホワイト・シティと呼ばれた。これは1893年のシカゴ万博の通称にちなんだ名称だが、シカゴよりも趣向が凝らされ、人々を楽しませた。複雑な造りと華美な装飾、遊戯施設と産業展示館のバランス、ドーム屋根の建物や小塔、尖塔、鐘楼などは、明らかにシカゴ会場がヒントになっていた。たとえば、ひとつの建物にアラビア、ゴシック、そしてはるか遠く東洋の建築様式までもが融合されていた。ドリス式円柱とアラビアの尖塔が並んでいるかと思えば、タイ風のバルコニーから浅い池が見おろせる。アーケードと幾何学模様の道をそぞろ歩けば、オックスフォードとケンブリッジ大学、オスマン行政官が整備したパリ市街、タージマハルとガレ・デュ・ノールが順に現れる。だが、ホワイト・シティで特に注目を集めたのは娯楽施設だった。1000個の電球の光に包まれた夜のプロムナード、コート・オブ・オナーの堀に浮かぶスワン・ボート。長蛇の列ができるフリップ・フラップ。これは博覧会の会場に設置された巨大なシーソーのような格子状の鋼鉄製アームで、地上高く上がり、眼下に帝都ロンドンを一望するスリル満点の乗りものだ。博覧会の表向きのテーマであるイギリスとフランス両帝国の展示はホワイト・シティの北端に追いやられ、客はそこに集められた植民地——仏領チュニジア、アルジェリア、インド、セイロン［現在のスリランカ］、オーストラリア、カナダ——の宮殿を楽しんだ。最大の展示はアイルランドの村を再現した「バリーマクリントン」で、そこではアイルランドの快活そうな娘がバターを作り、羊毛を紡ぐ風景が見られた。

　最大の建造物はスタジアムだった。当初はほかの展示館と同じくぜいたくな造りになるはずだったが、実際には足場はむき出しでフェンスは薄っぺら、観客席も大変簡素だった。だがなにしろ大きいので粗末な部分など目に入らない。どうやら博覧会側はギリシア起源の競技会ということを知らなかったらしく、「広さは古代ローマの戦車競技場に並び、長さはコロシアムをしのぐ」と宣伝した。トラックの最長部分1000フィート（約305メートル）。1896年のアテネ大会で使われたパナシナイコ・スタジアムがすっぽり入る大きさだった。諸設備と仕上げで特筆すべきは、「帝国スポーツクラブ」だ。ウェストミンスター公爵からロシア大使まで、参加した1900人の貴族や外交官のほとんどの人にとってシェパーズ・ブッシュは未知の土地だったという事情から、スタジアムの南端に、会期中の組織委員会本部およびロンドン社交界の休息所としてこのクラブが建てられた。また、ドーム屋根の白い宮殿は内部がエドワード7世時代の紳士クラブになっていて、木製パネル構造のダイニングと喫煙ルームも完備していた。会員は新しく買った自動車を駐車場に預けると、専用の入り口からスタジアムに入って特等席についた。

　イギリス国内でこの競技会の意義と目的に触れた論評には、3つの大きな「波」があった。第一の波は——ほとんど目立たないものだったが——楽観的な、国家の垣根を超える「オリンピズム」である。大会前夜、デスバラ卿はデイリーニュース紙にこう語った。「（ロンドン・オリンピックの）根底にあるのは、若者、特に世界各国を代表する若い選手が好敵手に出会い、互いの理解を深め認めあうようになってほしいという思いだ。そしておそらく、この大会を通して、国家間の結びつき、すなわち戦争を回避できるような友好関係が生まれ、会議の席につく外交官たちにひけをとらない役割を演じることだろう[2]」

次の波はイブニング・スタンダード紙によるものだった。同紙は地政学の観点から、このオリンピックは平和を築く礎ではなく、イギリスが世界の盟主として君臨し、スポーツはもとよりあらゆる分野で世界共通のルールを定め、ほかの国々にも浸透させる力があることを象徴するものだと考えた。メダルの数に関係なく、今大会の規模と参加者の主導権争いが示されているとも述べている。

これまでイギリスは男らしいスポーツの先導者を務めてきた。イギリス人が最初におこなった、あるいはルールや慣習を整えた競技は、多くの国に受け入れられてきた。だからこそ、イギリスがこうと言えば――戦艦や機関銃の威力を借りずとも――そうなるという確信があるのだ。このようにスポーツの世界で優位を保っていながら、1908年ロンドン大会の規模や人々の関心がそれ以前の大会と大差ないばかりか、国際交流への熱意をさらに高めるものにならないとしたら、それはこの国にとって永遠の恥辱となるだろう。[3]

「バイスタンダー」紙は、皮肉交じりに3つめの波を起こした。大英帝国の支配はもはや盤石ではなく、スポーツや体育で国をまとめようとする考え自体が衰退の原因であると同時に結果でもある、と案じた。ボーア戦争時、労働者階級から募った兵のほとんどは健康状態が悪くて役に立たないことにイギリス軍は愕然となったが、それはほんの数年前のことなのだ。勝者を称えている場合ではない、勝者であらねばならないのだ！

おお、偉大にして自由なる大英帝国よ。
聞くがよい！　あの瞬間の言霊を。
ローマが滅び、どこよりも高く足を蹴りあげない限り、我らも滅びるだろう。
短距離走で敗れ、ハードルを跳び損ねようものなら、
我らの名誉も偉大さも地に落ち、腐るばかりだ。[4]

だが振り返ると、このときヨーロッパの帝国はたそがれを迎えていた。10年後の第1次世界大戦末期に、ドイツ、ロシア、オーストリア＝ハンガリー、オスマン帝国が崩壊する。さらに四半世紀と第2次世界大戦を経て、イギリス、フランス、オランダ、ベルギーももはや帝国とは呼べない国となった。未来は民族と民族国家に委ねられていったのだ。１９０６年のアテネ大会をモデルにした１９０８年大会の開会式では、エドワード7世、ヨーロッパの君主たち、皇太子を前に参加国の盛大なパレードがおこなわれた。ある新聞はこのように評している。「国民の口にのぼるのは選手の名前ではなく、それぞれの国の名だった。かつてスパルタとアテネの名がオリンピアの野にこだましたであろうように[5]」

アメリカはとりわけ、オリンピックの総合優勝国はいかにして決まるのか、3位以上になるには何点必要かということにこだわった。アメリカの選手団長ジェームズ・サリバンが策をめぐらせた。サンフランシスコ・クロニクル紙が、イギリスは自分たちが勝つために卑怯な採点方法を考案していると報じたのである。だがそんな話は事実無根であり、誰にも支持されなかった。こうした陰謀論はすべてがマスコミの作り話で、何人かの有力選手が積極的に支持しただけに終わった。

だがテオドール・クック［イギリスの美術評論家・作家。アントワープ大会の芸術競技文学部門銀メダル受賞］が１９０８年の公式報告書で述べたように、イギリス側は「きわめてやっかいな事態」に困惑した。それは、どの国が何点とろうが構わないではないか、そもそも国とは何か、という議論が噴出したことである。開催地側は、ＩＯＣが１９０６年に定めた規準、つまり国とは「ＩＯＣに個別の代表を送っている領土《テリトリー》であること。代表がいない場合は単一の自主管理権を有する領土《テリトリー》であること」に基づいて仕事を進めていた。[6]これは、明確に独立している国家には申し分ない規準だが、独立を果たしていない地域や、独立が認められていない国や民族には根回しの余地を残すものだった――ＩＯＣに友人がいる場合はなおさらだ。

１９０６年と１９０８年、ボヘミアのチームが堂々と入場行進をしたのがその典型だ。実体はオーストリア＝ハンガリー帝国の一部であり、王室も絶え、住民の多くがチェコ語を使う半自治的な地方だったが、ＩＯＣの委員を務めるイェリ・グート＝ヤルコフスキーの力添えで、ひとつの国として参加することができたのだ。そして帝国側もオーストリアとハンガリーに分かれ、１８６７年の妥協によってひとりの君主が治めていた国にふたつの王冠が存在するという不安定な状況を反映する参加だった。

1908年の大英帝国の代表にも込み入った事情があった。大英帝国は、南アフリカ、カナダ、オーストラレーシアおよびグレート・ブリテンのチームに分かれており、それぞれの国旗があった。さらに、当時の南アフリカは4つの植民地に分かれていたので、急遽スプリングボックス（ガゼル）をあしらった赤い旗を作ってその場をしのいでいたのである。植民地の連合体だったカナダは、国内から見ればひとつの民族国家でも、対外的には政策と軍事をロンドンに支配される自治領にすぎなかった。オーストラレーシアとはオーストラリアとニュージーランドの総称だが、オーストラリアは1901年に植民地が連邦化し、ニュージーランドは1907年に自治領となったばかりだった。またグレート・ブリテンはひとつの国家と考えられていたかもしれないが、「グレート・ブリテンおよびアイルランド連合王国」として参加しており、苦々しい思いを抱きながらイギリス国旗の後ろを行進した選手も少なくなかった。1904年大会の十種競技で優勝したトム・カイリーはイギリスの選手として登録されたが、アイルランドの民族主義者であった彼はそれを拒み、個人資格またはアイルランド代表を自認していた。1906年アテネ大会の三段跳びで金メダルを、走り幅跳びで銀メダルを獲得したピーター・オコナーにしても、彼の後援をしたゲーリック体育協会は主催者側にオリンピック委員会と認めてもらえず、オコナーほかふたりのアイルランド選手はイギリスの選手として登録されてしまう。オコナーはスタジアムの国旗掲揚ポールにのぼると、チームメイトのコン・レイヒーにガードされながらアイルランドの旗を掲げて抗議の意を示した。

国旗は1908年の大会でも物議を醸した。開会式のスタジアムは各国の国旗で彩られたが、主催者側のミスでアメリカとスウェーデンの旗が掲揚されなかった（なお悪いことに、参加していない中国と日本の国旗がなぜか掲げられていた）。政治的な問題にまで発展したのは、フィンランドの一件だ。フィンランドは、1809年に半自治領フィンランド大公国としてスウェーデンからロシア帝国に割譲され、ようやく1917年に独立を宣言した国である。もともとフィンランド人の不満は募っていた。列車のトラブルでぎりぎりの時間にロンドンに到着したフィンランド選手団は――開会式には何とか間にあった――、持参した国旗を掲げて行進したいと主催者に談判した。しかし、参加選手わずか6名、開会式も欠席したロシアに、その希望はにべもなくはねつけられる。ロシアは、旗は掲げず国名のプラカードだけを持ってアルファベット順に行進するならよい、と告げた。同様の国際問題は1912年のストックホルム大会でも起こった。このときもフィンランドは国名のプラカードだけを掲げて入場行進をしている。しかし独立をめぐるフィンランドの苦闘に同情を寄せていたスウェーデンの観客は、彼らを大喝采で迎えた。楽隊もエール代わりに「フィンランド騎兵隊行進曲」を演奏した。三十年戦争でスウェーデンに加勢したフィンランドを讃えるこの古い行進曲は、1872年にフィンランドの作家サカリアス・トペリウスが民族主義を称揚するような歌詞をつけて世に広めたものだった。

世界中どこでも、国家とは男性が中心となる社会であり、市民権や参政権や軍隊の統率権を持つのは男性に限られていた。オリンピックに参加する国々も似たようなものだった。1896年のアテネ大会の参加者は男性のみ。1900年は、記録上では22名の女性選手がテニスとゴルフとクロッケーの試合に出場している。セントルイスではアーチェリーに6名、1906年のアテネでもテニスに6名出場。ロンドン大会では37名に増えたが、総勢2008名のごく一部にすぎず、参加種目もフィギュアスケートとアーチェリーだけだった。もっとも、デンマークの体操選手が試合ではない公開演技をして、「抜群のプロポーション」と注目されたりもしている。

47人の女性選手が参加した1912年のストックホルム大会でも、彼女たちは男性の熱い視線を浴びた。パレードについては地元紙がこのように伝えている。「女子が現れるや嵐のような喝采が起こった。オーストリアの体操選手にも、バスローブのような緑色のコートをはおったオーストラリアの水泳選手にも。デンマークの体操選手にも」。ただし、男女の区別なく参加したのは白人の国だけだった。

だが1908年大会には非白人がふたりだけ出場している。アフリカ系アメリカ人のジョン・テイラーはリレーのメンバーとして優勝し、オノンダガ族というネイティブ・アメリカンのトム・ロングボートはカナダ代表としてマラソンに参加した。それ以前の例はごくわずかだ。1900年大会に参加したコンスタンティン・アンリケは、ハイチ出身でパリ大学の医学生。ラグビーチームに加わり優勝を果たした。1904年大会でもふたりの南アフリカ人が初マラソンに挑んだほか、アフリカ系アメリカ人のジョージ・ポージがハードル競技で銅メダルをふたつ獲得している。

　１９０８年大会の入場行進は壮麗そのものだった。参加選手の数もこれまでで最多だったが、観客数はひどく期待外れの状況だった。開会式の直前になっても観客が増える見込みはなく、優に８万人は収容できる巨大なホワイト・シティ・スタジアムをわずか３万の客が右往左往していた。初夏には射撃、リアル・テニス、ローン・テニス、ジュ・ド・ポーム、ラケッツ、ポロなどのさまざまな競技がロンドンでおこなわれた。

　チケット代を下げて観客層を広げればよかったのかもしれないが、安い席がそもそも少なかった。２シリングの席が多少あったものの、屋根がなくて雨に濡れるうえにフィールドから遠く、選手の動きがほとんど見えないほどだった。「タトラー」誌は辛辣に評している。「この種の催しの主な支援者であるはずの一般大衆は文句たらたらだった。無理もない。１～２シリングも払ってフリップ・フラップのてっぺんほど高い位置にある席にすわらされ、どこかで世界一の競技会をおこなっているらしいとしかわからないのでは不満もつのる」[7]。客足はますます遠のき、デイリー・メール紙は国家存続の危機といい切るほどだった。というのも、外国の記者が「イギリス人は退廃的になり、スポーツの才能や素質も衰えかけているというニュースを祖国に持ち帰ろうとしていた」からだ[8]。再び宣伝に力を入れ、気候がよくなったりチケット代を一気に下げたりした効果で、大会２週目には客足が伸びて国辱をさらさずにすんだが、やはりスタジアムが満員になることはなかった。

　参加者のあいだで最も話題にのぼったのは、イギリスとアメリカの争いだ。１９０８年の大会で起こった小競りあいは、ますます複雑化した両国の関係に起因していた。17～18世紀に成立した、言語や民族や帝国支配による緊密なつながり（独立運動などものともしない協調関係）は、イギリスを目の敵にするアメリカの新興勢力によって変わりつつあった。ドイツ人とドイツ系アメリカ人は南アフリカ戦争を強く批判した。アイルランドの自治と独立を求める長く苦しい戦いは国外に散った同胞にも伝わり、とりわけ、一流アスリートで熱血漢のアイルランド系アメリカ人の共感を呼んだ。アメリカ国内のジャーナリズムは、主流派とアイルランド独立支持派のどちらも、競技会の報道を最大限に利用して論議を巻き起こそうとした。

　オリンピックが始まる前でさえ、「ワールド」誌は「アメリカの選手団はここロンドンでの待遇に納得できないでいる」[9]と伝えている。うるさ型のジェームズ・サリバンは宿泊施設が暗くて不気味だと文句をいい、全員をブライトンへ移した。開会式の数日前、アメリカ・チームは棒高跳びのルールや1500メートル走予選の組み合わせ抽選の結果をめぐってイギリスとぶつかった。アメリカは棒高跳びの選手がジャンプをする際にポールを突き立てる小さな穴を掘ることと、砂地に着陸することを認めていたが、イギリスはどちらも認めなかった。1500メートル走の予選では、いったいどんな抽選をしたのか、アメリカのメダル最有力候補の4人が同じ組に入れられ、ひとりしか勝ち残れないようになっていた。ジェームズ・サリバンはアメリカの報道機関に寄せたコメントで、イギリスへの疑いと敵意をあらわにした。「我々はよほどくじ運が悪かったのだろうか？　あるいは、そもそもアメリカに不利な結果となるような方法の抽選だったのだろうか？」[10]

報道も険悪な関係をあおるようにスカレートしていき、開会式ではエドワード国王への敬意を表して国旗を少し下げるという動作を、アメリカだけが拒んだと報じられ、旗手を務めたラルフ・ローズは、「この旗は地上の王に捧げるものではない」といったと伝えられている。真偽はさておき、スポーツ立国アメリカがかつての君主国に抱いた競争心をよく表した、今も忘れられないエピソードである。

綱引きと400メートル走で明らかに不正を働いたのが、イギリスである。陸上およびレスリングの選手を集めたアメリカの速成綱引きチームは、リバプールの警察官チームと対戦させられた。アメリカ・チームは彼らの考える規則を守ってランニングシューズをはいたが、警察官チームはかかとが金属縁の軍靴をはいて圧勝した。アメリカはこれに直ちに抗議。一方のイギリス・チームは規則違反を否定し、技術とチームワークによる勝利だと主張したうえで、素足で第2回戦をしようと申し出た。激怒したアメリカ・チームはその場を去り、アメリカの役員もその日の夜にデスバラ卿が主催した晩餐会を辞退して抗議の意を表した。イギリス・チームがはいた靴については、伝わるうちに話がどんどん大きくなっていった。ニューヨーク・イブニング・ポスト紙によると「イギリス・チームがはいた底の厚い靴はイギリス海軍のものより重く、キャプテンの靴底にはスパイクまで打ちつけられていた」。ニューヨーク・イブニング・ワールド紙に至っては「大きさはノース・リバーのフェリーボート並み」[11]だったと記している。

400メートル走の決勝は、アメリカの優勝候補ジョン・カーペンターと、イギリスの陸軍中尉ウィンダム・ハルスウェルの対戦になった。最後の100メートルで、リードするカーペンターを外側のハルスウェルが追い抜きにかかった。だが審判のひとりであるロスコー・バジャーが、「先頭を走るカーペンターがコースからはみ出し、右肩をハルスウェルの前に突き出して進路を妨害した」と告げた。カーペンターはその場で失格となったが、アメリカが猛烈に抗議した結果、再レースが提案された。カーペンターはこれを拒絶、ほかの選手も彼にならい、結局ハルスウェルひとりで決勝を走ることになった。アメリカのコーチを務めたマイク・マーフィは、「遠慮なくいわせてもらえば、盗人猛々しいとはこのことだ」と述べている。アイルランド独立支持派の報道が外交の決裂を訴えると、ジャーナリズムの大勢もこれに遅れまいとした。

だがこの種のさまざまな事件があったにもかかわらず、運動競技ではアメリカがトップであることが証明された。1908年のオリンピック大会のメダルの総数ではイギリスが一番だが、対立の主舞台となった陸上競技では、イギリスの金メダル5個に対してアメリカは13個も獲得した。帰国した選手団はニューヨークで紙吹雪の舞うパレードをおこなうとともに、「奮闘の暮らし」の元祖であり、めざましい勢いで発展するアメリカの最高司令官、セオドア・ローズヴェルト大統領にも面会することになった。当時ロンドンで発行されていた「バニティ・フェア」誌が次のように書き立てる。「我々はアメリカ人にたたきのめされた」。アメリカのやり方は効果的であったのみならず、未来を見すえたモデルであると認めざるをえない。同誌はさらに続ける。「もちろん、何事も鷹揚にとらえ、まあまあの成績でよいとするイギリスのやり方にも利点はある」が、気合いだけでは結果は出ない。イギリスのスポーツは社会と同じく近代化を必要としていた。「自分ひとりでは小さな欠点には気づかないものだ。また、たとえ意識はしていても、コーチも気づいていなければ改善などできない。我が国が次回のオリンピック大会で勝ちたいのなら、コーチが全面的に指導しなければならない」[12]

新聞ネタになった競技はいくつもあったが、真に人気のある、あるいは観客にとって魅力的な競技だったのはマラソンであった。この競技について、ニューヨークタイムズ紙は大げさな調子で「[ロンドンでは]誰も見たことがなく、誰も再び見られるとは思わなかったスペクタクル」と報じた。[13] レースはウィンザー城をスタート地点とし、鉄道の駅が選手の更衣室として提供された。ロンドン北西部の地下鉄が走る地区からアクスブリッジ、イケナム、ルイスリップなどの開発が進む村を抜け、南へ下ってハローとウィルズデンを通過するコースだ。20マイル（約32キロ）地点ではホットまたはコールドのビーフスープ、レーズン入りライスプディング、オー・デ・コロン、ブランデー、ストリキニーネなどが用意された（ただしこの地点に着く頃、55名のランナーはすでに29名に減っていた）。先頭集団は、南アフリカのチャールズ・ヘフェロン、イタリアはカプリ出身の菓子職人ドランド・ピエトリ、アイルランド系アメリカ人のジョニー・ヘイズの3名。あと2マイル（3キロ強）を切ったところで、先頭のヘフェロンに沿道の観客からシャンパンのグラスが差し出された。ヘフェロンはそれを飲みほして雄叫びを上げるも、わずか半マイル（800メートル）先のオールド・オーク・レーンで、アルコールによるけいれんを起こして倒れる。代わってトップに立ったのはピエトリだが、彼にしてもすでに目がうつろだった。ニューヨーク・イブニング・ポスト紙がそのときスタジアム周辺で起こっていたことをこう描写している。「群衆がゲートめがけて殺到した。警察官が大声でチケットの完売を告げ、彼らを押し戻そうとしても、群衆の勢いは止まらなかった」。観客のなかにはアーサー・コナン・ドイルもいた。「我々8万の観衆は先頭走者が現れるのをはらはらしながら待っていた。場内はまさに騒然としていた。大観衆の期待の大きさの表れだろう」[14]

　ピエトリがスタジアムに入ってくると、楽隊が「見よ、勇者は帰る」を奏ではじめた。だがこの勇者は疲れ切っていた。コースすらわからない状態で、ゴールラインと逆方向に向かおうとして呼び戻された。「彼は夢遊病者のようにふらふらと、歩くでもなく走るでもなく、ただ必死に前に進もうとした。腕はふるえ、両脚はもつれていた」。短い口ひげをたくわえ、頭にハンカチーフを巻き、まるでチャップリンのような足取りで進むピエトリを見かねた役員たちが、半ば囲むように駆け寄る異様な状況になった。彼を支えてやりたいが、規則違反になるので手は出せない。ニューヨーク・イブニング・ポスト紙は観衆の悲鳴を伝えている。「彼を助けるな！　勝利のチャンスを奪うな！　助けたらルール違反だ！」。ピエトリは3度倒れ、ついに最終コーナーで助け起こされた。

　そのとき、アメリカのジョニー・ヘイズが落ち着いたペースでスタジアムに入ってきた。ピエトリはゴール目前で倒れたままだ。デイリー・メール紙は「見かねたふたりの係員がドランド・ピエトリを助け起こし、残り10メートル弱を支えて何とか進ませた」。そのような行為はなかったと主張するイギリスの係員もいたが、アメリカの猛烈な抗議を受け、帝国スポーツクラブはピエトリを失格とし、ヘイズを優勝者とした。

デスバラ卿の報告によると、数時間後に開かれた晩餐会で「アレクサンドラ王后陛下はイタリアのチームをねぎらい、ドランド・ピエトリに陛下自らカップを贈ることにした」[15]という。閉会式で王妃は、ピエトリとヘイズのふたりにカップを贈った。イタリアの新聞はこの出来事について、力尽きたピエトリは観衆に「イタリア万歳！」と讃えられながらトラックを一周したが、ヘイズは台所用テーブルに載せられてチームメイトに運ばれていったと書き立てた。「リラストラツィオン・イタリアーナ」紙は「ヘイズに送られた喝采は、イタリアの王者に向けられたそれとは違う、冷ややかでとってつけたようなものになった。スタンドのあちこちでブーイングが起こった」[16]と報じた。続く数週間、一流歌手の音楽会への招待や寄付金、高価なプレゼントがピエトリに殺到したのだった。

4　1912年ストックホルム大会

それまでのどの大会とも異なり、1912年のストックホルム大会は総じて平穏だった。資金不足や土壇場の変更に悩まされることもなかった。クーベルタンはIOCでの権限を強め、IOCはオリンピック運営にこれまでよりも大きな役割を担うようになった。スウェーデンが最初に提出したオリンピックの計画についても、あまりにも簡単で質素だったので大幅に見直すよう強く求め、クーベルタンが得意とする軍人向けの近代五種競技の開催も勧めた。

スウェーデンの組織委員会は強力な保守派層によって構成されていた。メンバーは王室と貴族に軍閥、産業資本家らである。彼らにはウインタースポーツの北欧競技会を10年以上運営してきた経験があった。スウェーデンのさまざまなスポーツ文化が集まった連合との結びつきもあり、政府の支援も受けることができた。政府は組織委員会に対して公営宝くじの収益からひそかに資金を提供していたが、そのことがリクスダーグ（スウェーデンの国会）で調査や議論の的になったりすることはなかった。

とはいえ、すべてIOCの思いどおりになったわけではなかった。スウェーデンはボクシングを断固として認めなかった。またクーベルタンがスポーツと並行して芸術競技をおこないたいと繰り返し主張しても断った（代わりに組織委員会がスウェーデンの芸術界と相談して貧弱な競技会を開き、失笑をかった）。しかし総じては、荘厳な雰囲気に満ちた紳士的なスポーツの祭典――まさにクーベルタンが求めてやまないオリンピックが実現したといえよう。よけいな思想や、世界博覧会の低俗な商業主義を排除しながら、現代という時代特有の広い世界観や理性的な組織や優れた技能が垣間見える催しとなった。

28の国や地域から2400人強のアスリートが集まり、初めてエジプト、セルビア、オスマントルコ（アルメニア代表団を伴う）、日本、チリが参加した。ストックホルム大会は、すべての大陸の選手を集めた初のオリンピックとなったと同時に、個人資格の参加が認められた最後の大会ともなった（1500メートル走で金メダルを獲ったイギリスの軍人アーノルド・ジャクソンは、故国のオリンピック委員会の招待を受けずに参加した唯一のイギリス人メンバーだった）。この大会でも、日程の無駄を省くために、7月中頃の8日間のオリンピック・ウィークにほとんどの競技が終了するような過密なスケジュールが立てられた。

競技種目も刈り込まれた。モータースポーツと気球はもはやおこなわれず、ジュ・ド・ポーム、ラケッツ、ペロタは明らかに少数派の遊びなので排除された。すでに1908年大会で国際的なスポーツではないとみなされていたクリケットも、復活とはならなかった。めずらしい種目を多少加える余地はまだあった――ストックホルム大会はアイスランド式レスリングの公開競技を呼びものにしていた――が、主要な競技はもう増やせなかった。1900年パリ大会での生きた鳩を撃つ競技や、ロンドン大会のサイクル・ポロの復活も見送られた（サイクル・ポロは7人構成のチームがサッカーのフィールドで自転車を乗り回しながらポロの試合をするという、ダイナミックなスポーツだった）。この大会では、ストップウォッチを補完するものとして、スタート合図のピストルで作動する電子計時装置が導入され、写真判定も初めて取り入れられた。また、1908年大会で審判の中立性が問題になったことを教訓に、スウェーデンは審判員の技能向上に励み、国際的なルールや基準を確立させた。外国のジャーナリストや観客を呼ぼうとする努力にかつてないほど熱が入り、競技会の公式記録映画の製作も決まった。

観客の要望にはよりきめ細かい対応がなされた。結果を表示する掲示板が作られ、次の競技の開始を告げるラッパ手とメガホンを持つ伝令（スウェーデン語と英語を話す）も採用された。水の競技では選手のスイム・キャップの色を国ごとに異なるようにし、ひとりずつ番号をつけた。だが式典の演出はごく簡素にした。開会式は、参加国による整然とした入場行進とオリンピック賛歌の合唱、スウェーデン式の祈りと開会宣言、最後に国王の短いスピーチで終了、というものだった。ところが、あるアメリカ人記者には「今までで最も忘れがたい国際イベント」に思えたという[1]。

ニューヨークタイムズ紙の記者は華美を排したシンプルさに感動したようだが、スウェーデンの一般大衆にとってはかなり豪華な行事であったストックホルム大会は、「かんかん照りのオリンピック」という呼称で記憶に留められている。1896年のアテネ大会は季節外れの雨と寒さで閉会式を延ばすほどだったし、6か月以上にわたったパリ大会ではあらゆる気候を体験できたが、よい天気はほとんどなかった。1908年のロンドン大会にしても、天候の気まぐれな変化とイギリス特有の湿っぽさ――霧雨とにわか雨と霧――に悩まされた。しかし1912年のストックホルムは、ついに晴天に恵まれる大会となった。「焼けつく7月の強烈な日差しで無蓋のオリンピック・スタジアムのスタンドはサウナのような暑さだった。肌が透けそうなブラウスを着たご婦人方はたえず扇子を動かし続け、紳士連もこの際マナーにはこだわらず、上着やときにはベストも脱ぎ、襟元を緩めた[2]」。

暑さで緊張がほぐれたのか、頑として競技会を認めなかったストックホルムの人々の態度も和らいだ。そのスペクタクルのとりこになるばかりか、労働組合の新聞「アフトンブラーデット」紙いわく、ストックホルム中がひたすら祖国の勝利を願う不健全なナショナリズムに染まりつつあった。「かつてこの街で、砲丸投げやレスリングに興味を持つ人がいったい何人いたのだろうか。普通の人々にとってはノミのサーカスもどきの低俗極まるものだった……しかしそのとき世のお偉方が必死で祈っていたのは、レスリングの選手が優勝して我が国の得点が伸びることだった[3]」

パリ大会は各種目の競技場が分散していたうえ、万国博覧会の添えものにすぎなかったので競技の跡などは残らなかった。セントルイスでは広大な博覧会会場にすべてが押し込まれていたので、移動こそ便利だったが終了後に施設は取り壊されてしまった。ロンドン大会は壮大なメイン・スタジアムが造られ、それまでのオリンピックより高い権威が与えられたことも功を奏して、建築でも見どころのある内容になったが、それは英仏博覧会が開かれたすばらしいホワイト・シティのなかに限ったことであり、市街地にはマラソンのコースやエリート層のスポーツクラブを借りたリアル・テニスやポロなどの小さな競技場しかなかった。アテネは1896年も1906年も競技会場は驚くほど小さかったが、そこでさえ開会式と閉会式、マラソンは大観衆を引きつけた。

すばらしい天候も相まって、オリンピックの熱狂が競技場だけでなくストックホルムの街にもあふれ、開催地とオリンピックのあいだに従来は得られなかった結びつきが生まれた。街の真ん中にできたレンガ造りのメイン・スタジアムはロマンチックな城のような風情があり、円形の塔や小塔もついていた。ボートをのぞくほぼすべての競技がここでおこなわれ、観客数も上々だった。ほとんどのチケットが高額で貧しい人々には手が出なかったが、立見席だけは彼らでも入ることができた。スタジアムのそばにある陸軍所有の草地にはオリンピアという名のプレジャー・ガーデンが造られ、オリンピックより多くの入場者を記録した。

ストックホルム大会は何よりも観衆が興奮してよくしゃべる大会でもあった。テニス（スウェーデンでは最も上品なスポーツ）のトーナメントの記事は、「割れんばかりの拍手が何度も会場に響きわたり、観客は『ブラボー』と叫び続けた」と、試合の劇的な展開に心を奪われた観衆のようすを伝えている。「人々はコート上の試合にすっかり引き込まれ、ナイスプレーには足を踏み鳴らしたりステッキや傘で床を叩いたり、選手のミスにはため息をついたりした」[4]。写真を見ると、観客にはかなりの数の女性がいたことがわかる。テニスやフェンシングや馬術などの特権階級の競技、すなわちストックホルムの上流社会の人間がこのときとばかりにめかし込む場には、特に女性が多かった。

これに眉をひそめる人もいた。コラムニストのエルゼ・クリーンは「午後2時の競技会場で真珠のアクセサリーや絹のドレスを見かけるとは！」とあきれている。マリア・リーク＝ミュラーは雑誌「イドゥン」でさらに驚きを表している。「スウェーデンの淑女が何千人も競技会にうつつを抜かすなどと誰が想像しただろう。それも文字でしか知らなかった異国の催しに」[5]

観衆は歌も歌った。ストックホルム大会は最も音楽にあふれたオリンピックとなった。アテネとロンドンの式典では軍楽隊と大合唱団を動員し、国歌とオリンピックの賛歌を奏でたが、ストックホルム大会は式典だけでなく、ほぼすべての競技会場に少なくともひとつは楽団が配置された。競技の合間の退屈しのぎはもちろん、効果音のような役割の演奏もした。入場行進でフィンランド・チームが登場したときには「フィンランド騎兵隊行進曲」をぶっつけ本番で演奏した。400メートル平泳ぎでドイツのウォルター・ベイスがスウェーデンとイギリスを抑えて優勝すると、楽団が3つの国それぞれの国歌を続けて演奏したという。

競技と並行して各国の国歌の演奏会が催され、4000人の歌手がストックホルムに集まった。8000人収容の仮設ホールが建てられたが、クライマックスはオリンピック・スタジアムで6000人が歌うイベントだ。参加者たちはかつてない人数と声量で、なじみ深い「Du gamla, Du fria（古き自由な北の国）」を歌った。正式ではないが国歌とみなされている歌だ。国王がサッカーのスウェーデン対イギリス戦を見にきたとき、イギリスの観衆が祝いのときによく歌われる「For He's a Jolly Good Fellow（彼はいいやつだ）」をいきなり歌いはじめると、国王が手を振ってそれに応えるという一幕もあった。とんでもない場面で人々が音楽を求めた例もある。

それは、観衆がマラソンの速報を待っていたときのことだ。「巨大なスタジアムが眠ってしまったようだった。すると、北側スタンドからリズミカルな大声が聞こえてきた。……退屈したのか、誰かが音楽を演奏しろと叫んでいたのだ……マラソンの情報が入るや明るいワルツの演奏が始まり、北側スタンドは静かになった」[6]

サッカーを応援する人々の騒々しさは、デンマークの記者がスウェーデン対オランダの試合の記事で報じたとおりである。「オリンピック・スタジアムのゴール裏観客席が沸きかえった。観衆は帽子や旗やステッキを振りながら歓声を上げ、その声は大地を揺るがすような恐ろしい叫びへと膨れていった」[7]。スウェーデンの国民は自分たちの愛国心の強さに面くらいながらも激情をたぎらせた。「いまや熱狂と憤怒のるつぼと化し、幾千ものこぶしが高く突き上げられた。それは敵へのとどめの一発であり、祖国の代表に対する敬意の表明でもあった」。スウェーデンの選手が出場していない場合は、祖国にこだわらず応援した。イギリス対デンマークの試合がその例だ。「デンマークが得点するや、観衆はわっと歓声を上げ拍手喝采、立ち上がって足を踏み鳴らした。スタンド中が帽子やデンマークの小旗を振る姿を想像してほしい。シャイなストックホルムの人々がデンマークの手旗を振るところを」[8]。ストックホルム大会は、スウェーデン人が国家を象徴する旗を振って応援についた最初の公式イベントだった。

興奮のあまりトラブルになる場合もあった。水球のスウェーデン対イギリス戦では、不当な判定に怒ったひとりのスウェーデン人にあおられて、数百人が客席を飛び出した。デンマークとイギリスのサッカーの決勝戦でも、特別席からピッチにクッションが投げ込まれるという「恥ずべき行為」があった。一方、自分たちのことを棚に上げたスウェーデンのマスコミは、「ラーラーラー」と歌うアメリカの伝統的な声援に驚きながらも、単調なリズムの繰り返しをあげつらった。「200メートル走での応援は耳をつんざくほどだった」[9]。クレイグという選手への応援は驚嘆に値した。どうやらアメリカ人たちは、ロンドン大会のときよりも解放的な気分だったようだ。「アメリカの観客は声援も旗の振り方もがさつで、大学生のエールすらやかましいと非難された。客席は応援の旗やバッジが鈴なりになっていた。騒がしさはまるで大学のサッカーの試合並みだった」[10]

最も興奮した観客はクーベルタン自身だった。彼は「オリンピック・レビュー」誌にうれしそうにこう書いている。「スポーツの聖霊に啓発された我が同朋は、私がこのうえなく重んじている競技を受け入れた」。そして、ストックホルムで近代五種競技をおこなう運びとなった[11]。古代オリンピア五種競技を現代的にアレンジしておこなうという案は、しばらく前からエリート層の話題になっていた。なによりも、多種目の競技には逸材が集まり、オールラウンド・プレーヤーの試金石ともなる。スウェーデンのヴィクトル・バルクのように軍籍にあった人物にしてみれば、軍事訓練の一環（フェンシングや馬術）に耐久レースを加えたこのスポーツは、優秀な将校かどうかを見きわめるのに最適な競技だった。また、クーベルタンのような貴族のゼネラリストは、次第にプロ化・専門化する傾向をよしとせず、スポーツでも学問でもさまざまな技能や分野に通じている万能プレイヤーのほうがいいと考えていた。この考え方は当時の風潮そのものであり、フランスの「ル・マタン」紙も、恋を夢見る乙女にとっても大きな魅力であると報じている。「誰と結婚したいですかと現代の若い女性に聞けば、こう答えるだろう。なんでもできる人がいいわ。今はそういう人がすてきなのよ！」。議論を重ねて委員会が働きかけた結果、近代五種競技が採用された。その実現性と設備の問題が議題となったとき、公式の記録によれば、クーベルタンは伝説的ともいえる美辞麗句を並べている。「近代五種競技を構成するまったく性質の異なる5種のスポーツは、ある連絡将校の情熱的で命がけの冒険から考案されたものです。彼は馬を駆って敵地に入り込み、ピストルと剣で身を守りながら川を泳いで渡り、最後は走ってメッセージを届けたのです」。最初のうち、クーベルタンは、近代五種競技はすべての人に開かれている競技であるから、主催者側が馬を用意し、誰でも参加可能とする、などとありえない空想をしていた。ところが15歳のイギリスの少女、ヘレン・プリースが本当に競技に参加しようとしてスウェーデン・オリンピック委員会に拒まれた事件などもあり、最終的に選手として参加したのは3名を除いてすべて将校という結果になった。若き少佐ジョージ・パットンがアメリカの代表として5位に入賞、3名のメダリストは全員スウェーデンの陸軍士官だった。

ル・マタン紙に登場したパリ娘はきっと、近代五種の金メダリスト、ギョスタ・リリーフックを追いかけただろうと思いたくなるところだが、ここに最強の万能選手が現れた。ジム・ソープである。作り話かもしれないが、スウェーデン国王は陸上五種および十種競技の金メダリスト、ジム・ソープに声をかけたという。国王が「あなたは世界一のアスリートだ」と讃えると、ソープは「ありがとうございます、陛下」とだけ短く答えたという。

これは大会の3年後に発行された雑誌のインタビュー記事の一部だが、ソープの返事からははにかみながらも自信に満ちているようすが伝わってきて、この国王との会話は真実だったのではないかと思えてくる。ネイティブ・アメリカンとヨーロッパ人の血を引くジム・ソープは、オクラホマ州のインディアン特別保護区で生まれた。両親を亡くした彼は、(ずる休みと狩りと畑仕事をしながら) ペンシルベニア州にある連邦政府直轄のカーライル・インディアン工業高校の寄宿生として青春時代を過ごす。ここで陸上競技各種、サッカー、野球、ラクロスなどのさまざまなスポーツに優れた運動能力を発揮し、1912年には大学対抗の社交ダンス選手権で優勝した。十種競技の練習はその年の春に始めたばかりであり、特に槍投げは初心者だったため、オリンピックの選考会では助走が認められていることを知らずに直立の姿勢から投げたが、それでも2位に入った。ストックホルム大会における活躍は——当時の記録を現代の尺度で評価はしづらいものの——いまなおオリンピック史上最高とされている。ソープは五種競技と十種競技で優勝したのみならず、単独競技だったとしたらあと5個の金メダルは獲れる成績を残し、十種競技で打ち立てた記録には以後60年間破られなかったものまである。競技2日目、シューズをなくしたため左右ばらばらの靴と厚手の靴下で間に合わせて試合に挑んだにもかかわらず、である。

だが1年後、ストックホルム大会に先だつ1909年と1910年にソープがノースカロライナ州ロッキーマウントで報酬をもらって野球をしていたことを、ある新聞がスクープした。報酬といっても働きに見合わない少額だったうえ、オリンピックのルールブックにも載っている30日の期限を過ぎてから指摘されたにもかかわらず、IOCは過去にさかのぼって彼のメダルを剝奪し、さらに記録まで抹消した。1982年になってようやくソープの家族にメダルが改めて贈られたが、彼に対する仕打ちを抹消することはできない。

これが、ストックホルム大会である。人間の運動能力を讃えておきながら、当代随一のスーパースターを排除する祭典。平和と友好を謳いつつ、戦闘意欲をあおる祭典。ベル・エポックの時代に頂点を極めた国際主義は、やがて強烈なナショナリズムとますます緊密に結びついていった。太陽はストックホルムでスポーツ国家を明るく照らしていたにもかかわらず、最も温和に見える愛国心の真ん中には影が落ちていたのである。それはスウェーデンの国民が、大会の最中でさえ、迫りくるヨーロッパの大きな炎に巻き込まれるのをどこかで案じていたからだろう。すぐにそのような事態にはならなかったものの、優れた洞察力を持つあるドイツの委員は、1913年にこう書き残している――その影は予兆であった、と。「オリンピックは戦争である。本物の戦争だ。多くの参加者がためらいもなく祖国の勝利のために人生の何年かを差し出す。……現代のオリンピックは世界戦争の象徴である。軍事的な面を隠しているが、スポーツの統計値を読み取れる者にとっては、世界各国の等級が如実にわかる場なのだ[12]」。そして1914年8月、その洞察力が試されるのである。

第3章

ライバル登場
1920年代のオリンピックと挑戦者たち

1920年アントワープ　1924年パリ　1928年アムステルダム
1924年シャモニー　1928年サンモリッツ

今、あなたがたは誰のために集まるのか？

あなたがたを弔う競技会でアンキーセースやパトロクロスを讃えるのか？

そういって女神は黙した。

その夜、あまたの兵士の行進する足音が、山間をほとばしる流れのごときざわめきとなり、彼方から聞こえたからだ。


兵士の群れはしだいに近づき、やがて競技場を過ぎていったかに思えた。

だが、ひとりだけ残っていた。


薄れゆく月光のなか、私たちのそばにたたずんでいた。

かぶとをかぶり、だが丸腰でやってきた。

「我らは死者だ！」。彼が叫ぶ。「おまえたちが讃える死者だ」

「我らは行進してきた。いくさで流した血が奔流となった、あの戦士の丘から、市街の廃墟から、枯れ果てた牧草地から。降り注ぐ弾丸にえぐられ、血の雨でさび色に染まった塹壕から……」

――テオドール・クック卿
1920年　アントワープ・オリンピック大会の芸術競技応募作品　ピンダロス風頌歌《しょうか》

1

死のにおい

1920年にオリンピック大会が再開されたとき、あたりには死のにおいが立ち込めていた。テオドール・クック卿はオックスブリッジの古典学者だが、フェンシングのオリンピック選手であり、イギリスのスポーツ誌「フィールド」の編集者も務めていた。クックはピンダロス風の頌歌を作って教え子たちを悼《いた》んだ。女神アトランタが問いかける。「今あなたがたは誰のために集まるのか？　葬列競技において、アンキーセースやパトロクロスを讃えるのか？」イープルの塹壕で戦死した者が答える。「我らは死者だ。……行進してきた。市街の廃墟から、枯れ果てた牧草地から、降り注ぐ弾丸にえぐられた塹壕から」[1]。大急ぎで修復されたオリンピック・スタジアムの入場口に設置された凱旋門にはベルギー人兵士の彫像が飾られていたが、その兵士が投げようとしているのは古典的な円盤ではなく手榴弾だった。飛び込みの金メダリスト、アメリカのアイリーン・リギンは、軍隊が引きあげて間もないベルギーの戦跡を一日歩き、胸を衝くような遺物を見つけた。「草地にドイツ兵のヘルメットがたくさん転がっていたので、私たちはいくつか持ち帰った。長靴も拾ったが、中に人間の足が入ったままなのを見たとたんに放り出した」[2]。おめでたいほど楽天家のクーベルタンでさえ、開会式を振り返って次のように述べている。「足取りが重く、疲れた顔の人がいつもより目についた。だが、忍耐力はいまだに失われていなかった」[3]

セレモニーはノートルダム大聖堂でおこなわれ、ベルギーの聖職者のトップ、メルシエ枢機卿が選手とIOCおよび各国の軍部代表を前に、スポーツについて語った。「1914年より前、スポーツは戦争の備えとして利用されました。……今日では平和の備えとなり……まだ地平のかなたに消えうせていない恐ろしい事態への備えとなったのです」。ドイツ人には含みを持たせて告げた。「ニーチェの生の概念によればアスリートはただ粗暴で傲慢なたぐいの人間と考えられますが、そうではありません。……私たちはありがたいことに未開人ではなく、未開の人々を文明に導く存在であることを誇りに思っています」[4]

当時、ヨーロッパ諸国およびスポーツを愛するエリート層、そしてオリンピズムが、どんな相手をもたちまち文明に導くであろうなどという考えは、およそ馬鹿げていると思われた。というのも、1914年8月、スポーツ界はいともやすやすと、しかも熱狂的に戦争へ駆り立てられたからである。たとえばヨークシャー州のクリケット・チームのキャプテン、Ａ・Ｗ・ホワイトはランカシャー州代表との試合を投げ出して軍隊に入った。ドイツ、フランス、中央ヨーロッパの体操選手たちも愛国心に突き動かされて同じ行動に走った。イギリスのラグビーはチームを解散して入隊、国営のサッカー・スタジアムは最も重要な新兵の訓練場に転用された。ツール・ド・フランスの生みの親、アンリ・デグランジュはスポーツ紙「ロト」のこんな記事に勇み立った。「プロイセン・チームはろくでなしの集まりだ。不快なでくのぼうども……今度は勝たねばならない。……これはスポーツで学んだありとあらゆる計略を使わねばならない大試合だ」。クーベルタンでさえ、召集を受けてフランス軍に再入隊した。戦時中は「一兵卒が委員会を統率するのはおこがましい」といって、ＩＯＣの職を辞している。

クーベルタンはすでに61歳で前線には行かなかったが、何百万という士官や兵士のなかには当然ながら若いオリンピック選手が含まれていた。スポーツを国際平和に役立てようとしたばかりに、戦争の犠牲の先駆けになってしまったのだ。犠牲者は増える一方だった。ツール・ド・フランスの選手が20名以上、オリンピック選手は１００名以上が命を奪われた。イギリスだけでも、第一級のクリケット選手34名、ラグビーの国際大会出場者27名、何百名というプロのサッカー選手、40名以上のオリンピック出場者が戦闘の犠牲になった。約89万のイギリス人、１３０万のフランス人、１７０万のドイツ人、いや世界中で１５００万人の血が流れたことを思えば大海の一滴にすぎないとしても、大きな犠牲を払ったことには違いない。

こうして終戦を迎えた１９１９年の初めにＩＯＣの委員が集まったとき、組織を支える国際主義者が何をいっても陳腐に聞こえた。中心となるべき支援者層（ヨーロッパと北米の特権階級の若いスポーツ愛好家）の多くが亡くなっていた。イギリス軍は兵士の13パーセントと士官の20パーセントを失い、１９１０年から１９１４年にかけてオックスブリッジを卒業した若い軍人の28パーセントが命を落としていた。皆オリンピズムの屋台骨となるべき青年たちである。ＩＯＣとクーベルタンは戦慄を覚えながらも、競技会を復興させて１９２０年にベルギーのアントワープで開催することを宣言した。だが、ＩＯＣがこれまで働きかけてきた世界は変わり果て、国際的なスポーツ・フェスティバルにおいて独占状態だった力が失われたことは明らかだった。続く10年間、オリンピック・ムーブメントはイデオロギーと組織の攻撃にさらされるのである。

だが戦争によってオリンピック・ムーブメントの勢いが衰えた一方で、戦争が政治と文化におよぼした影響から革新的な勢力が生まれた。何をおいてもまずロシア革命によって、また、不安要素はまだあるものの普通選挙が導入されたことによって、工業化社会の政治的文化的展望が一変した。世界中で脈々と続いてきた政治と文化の階級制が崩れはじめ、労働階級が資本家に、女性が男性に反旗をひるがえすようになったのである。大衆文化と新しく開発された通信技術は高尚な芸術を脅かすようになり、スポーツにも影響が現れた。ヨーロッパでは労働者階級のあいだでスポーツ熱が急速に高まり、さまざまな分野に進出した。彼らは野心的でもあった。1920年代には労働者階級による「労働者オリンピック」も、IOCの行事をしのぐ規模で開かれた。女性と聴覚障害者は医学的見地と偏見によってスポーツ界の本流から長く閉め出されていたが、自分たちの手で国際連盟と競技会を設立・運営しはじめ、女性のスポーツに至っては頑固で保守的なIOCからいくつかの特権をも引き出した。だが、これまで排除されてきたマイノリティの力だけでスポーツ界の流れを変えることまではできなかった。1920年代はカトリックおよびプロテスタントの宗教的なスポーツの機構が着実に発展した時代でもある。また、戦前の極端な愛国主義のスポーツも、ファシズムという新たな衣装をまとってイタリア、続いてドイツで復活した。

当時成長著しかったプロスポーツは、オリンピックと共通する点もあったが（儀式的な側面、また、金儲け主義だと批判される点も同じだった）、オリンピックとは別の道を歩んだ。ふたつの大戦のあいだに、アメリカの野球やイギリスのサッカーが、大衆向けで商業ベースのスポーツイベントの道を切り開いたのである。スター選手やエージェントはエキシビション、広告宣伝、伝記の出版など人の目を引くことなら何でも試み、自分たちの力で収入を得た。IOCはプロの進出に耐え続けながらも、必要とあらば主力選手でも競技会から外した。その結果、IOCの、ヨーロッパの文化を至上とする価値観、白人こそ天性のアスリートであるとする人種差別に基づく帝国主義が、周辺諸国や植民地出身の若いアスリートの挑戦を受けるようになった。1912年ストックホルム大会の日本に続いて、1920年代になるとフィリピンが初めてオリンピックに参加し、日本は初のメダルも獲得する。ナショナリズムの台頭と自治の芽生えによって躍進を遂げたインドは国としてのアイデンティティを認められ、ホッケーのチームを送りこんできた。ラテンアメリカのサッカーチームは大会のスターだった。とりわけウルグアイは、堅苦しい規則とイギリス式の抑圧されたセクシュアリティとは正反対の、男らしいスポーツを披露した。

イデオロギーと政治の両面であちこちから揺さぶりをかけられたのは確かだが、しかし総じて言えば世界的なスポーツの祭典としてオリンピックに並ぶものはなかった。ただし、今のままのオリンピック・ムーブメントでは、大衆のすさまじいエネルギーや、マスコミが追いかけるプロの花形選手にはかなわないこともわかっていた。IOCは、競技会に——神秘的とまではいわないまでも——厳粛さを与えるような新しい儀式やシンボル、しきたり、セレモニー、象徴的な建築を用意することにした。また、オリンピズムの概念を時代に応じて柔軟に変えることも厭わなかった。ウインタースポーツや女性の競技も受け入れた。狭いネットワークではあったが、クーベルタンから引き継いだものを実現できるだけの組織の安定性も出てきて、1924年に退任したクーベルタンの後任にはベルギーのアンリ・ド・バイエ＝ラトゥール伯爵が就任した。新興の国際的スポーツ連盟をまとめる権限も有するIOCは、1932年と1936年の大会を開催する栄誉をそれぞれロサンゼルスとベルリンに与え、将来を確実なものにしようとした。だが未来に一歩を踏み出す前に、オリンピックは直近の過去に向き合わねばならなかった。

2　「兵士のオリンピック」

オリンピック・ムーブメントへの挑戦と呼べるものは1919年6月にパリで開かれた連合国間の競技大会が最初であろう。発案者はエルウッド・スタンリー・ブラウン。ヨーロッパに駐留していたAEF（アメリカ外征軍）の主任体育教官だ。ブラウンはアメリカでバスケットボールのコーチを務めたのち、YMCAからフィリピンに派遣されてスポーツとプロテスタントの教義を伝える。彼が伝えたバスケットボールはフィリピンで最も人気の高いスポーツになった。[1] ブラウンは、YMCAが東アジア全域に急速に広げたネットワークを介して、1913年に開催された極東競技会（東アジア初の国際競技大会）にも貢献した。その後はアメリカ陸軍に所属し、YMCAと共に銃後の福祉機関「兵士の家」のスポーツクラブのネットワークを利用しながら、停戦を迎えるまで1500名以上の連合軍兵士に多様なスポーツ設備やレクリエーションを提供した。[2]

だが、ブラウンはスポーツを戦意高揚の一助としながらも、平和を守るために利用する方法をすでに考えはじめていた。1917年に彼はこう述べている。「目下200万の兵が、ドイツを叩きのめす苛烈なゲームをしている。スポーツが突然奪われたら、精神や道徳や社会性を増進させるプログラムをいかに充実させても役に立たないだろう。運動が必要だ。競技会や形式ばらない試合をおこなうべきだ」。[3] ブラウンは軽い運動会や連隊間の試合と並行して「連合国間の競技大会＝連合国軍の兵士のみによるオリンピック大会」の開催を発案した。そしてヨーロッパ方面米軍最高司令官パーシング元帥の熱心な協力を得ると、1919年半ばに実施されることが決まった。アメリカ軍はフランスと交渉して、パリ郊外に新しいスタジアムを建てた。その費用はYMCAから開催地フランスに支払われた。

イギリスは参加を辞退したが、連合国29か国のうち16か国の軍隊から1400名以上のアスリートが参加することになった。「オリンピック」の知名度を利用されないように気をつけていたクーベルタンは、この競技大会が「アメリカン・オリンピアード」「連合国間オリンピック」などと報道されたことに驚いた。彼は主催者に申し入れて「オリンピック」の名称は使わない取り決めをする一方で、この競技会をきっかけにスポーツの祭典が復活して「運動の価値とスポーツへの情熱は衰えていない」と証明できることを期待した。[4] クーベルタンは出席しなかったが、平和なショーに飢えていたパリの人々は大喜びした。公式記録によると「観衆は客席に入りきれず、飛行機や観測気球に乗って観戦する者まで出る始末[5]」だったという（作り話のようだが証拠写真が残っている）。だが、もしクーベルタンが出席していたら、自分は楽観的すぎたと思ったのではないだろうか。というのも、1919年6月22日から7月6日までおこなわれた競技大会では国の対立関係がはっきりと見て取れ、いくつかの論争も起こったからだ。

その第一の原因は、アメリカが遠慮なく主導権を握ったことだった。バスケットボールとバレーボールは1890年代にYMCAが考案したスポーツであり、新興スポーツ大国アメリカの最先端競技となったが、この大会でも目玉に置かれ、続く20年でヨーロッパ中に広まることとなる。アメリカの代表的なスポーツである野球は、閉会式で最高の栄誉を与えられた。ボクシングにおいても、アメリカのルールがイギリスの伝統的なそれより好まれた。その一方で、ヨーロッパの体操競技と厳格な超ナショナリズムはあからさまに排除された。第二の原因は、アメリカとフランスのライバル意識である。両国は特にボクシングと水球の試合で火花を散らした。公式記録にも、「La Guerre（戦争）が fini（終わった）とたん、今度はフランスとアメリカの Guerre（戦争）が始まった」[6]と書かれている。ベルサイユ宮殿でフランスとアメリカの使節団は戦後ヨーロッパの領土や講和条約の調印、ドイツの処罰をめぐって激しく対立したが、そのときの状況と似ていた。そして講和会議を思いどおりにしたのはフランス、競技大会を制したのはアメリカであった。疲弊したヨーロッパ諸国より資源も組織も軍備も資本も豊かなアメリカはほぼすべての競技で勝利した。ニューヨークタイムズ紙は、アメリカの強大な力がいかにフランスの記録を破ったかをうれしそうに報じている。この競技大会を「アメリカの見事な戦略」とした新聞もあった。さらに熱く主張したのはYMCAである。「働くばかりで遊ばないのは兵士の健康によくないことがこれで証明された。アメリカの遊び方は世界に知れわたったのだ」[7]と。

IOCが各国の軍と親しいことを考えると、これらの競技会は、挑戦というよりはオリンピックの代わりを務めたともいえる。とはいえ、これ以降オリンピックはアメリカのスポーツ帝国主義と足並みをそろえるようになり、数々の競技会に沸き起こるナショナリズムにも適応せざるをえなくなったのである。

実際、1919年の競技大会で起こったような大人げない争いは、オリンピックでも報道陣や観衆のあいだでたびたび起こり、国際主義と和解への努力に水を差した。およそ熱くなったり騒いだりしそうにないベルギー人でさえ、1920年のアントワープ大会では愛国心が燃え上がり、水球の試合で審判が不正をしていると思い込んだときはもう少しで暴動を起こすほどだった。タイムズ紙は、1924年のパリ大会に出現した憎悪の塊のようなナショナリズムに驚き、このように報じている。「野次や罵倒や取っ組み合いなどの見苦しい大騒ぎ、怒号やブーイングで友好的な国々の国歌をさえぎる行為によって、オリンピックの雰囲気がかき乱された」[8]。IOCは、メダルの数争いや「誰がオリンピックを制するか」という考え方を止めさせようとたびたび試みたものの、アメリカの報道機関はそれを鼻であしらい、国別の成績表まで作った。また、成績はどうあれ、ヨーロッパに新しく生まれた国々（フィンランド、アイルランド、バルト諸国、ポーランドなど）の報道陣と国民にとっては、オリンピック・デビューは国家としての立場をはっきりと定め、かつ保証するための大事な条件とみなされていた。かつてオリンピックに無関心だったフランス外務省もいまやそれを「国事」ととらえ、アントワープ大会を最優先事項と位置づけた。この大会は「スポーツ競技の世界でフランスがまだ戦えることを証明する場であるのはもちろん、アメリカやイギリス、スカンジナビア諸国など多くの国をはるかにしのぎ、究極のスポーツすなわち戦争によって授かった威信を示す、大変重要な催し」[9]であるとした。史上最大の戦闘となり、きわめて悪性のナショナリズムが支配した大戦が終結した2年後、アメリカのIOC委員を務めるジャスティス・ウィークスは、祖国のためでなくオリンピック・ムーブメントの代表として働くと誓いながらも、アントワープ大会のためのアメリカ代表チーム作りに力を入れた。「我が国の健康な若い男女が勝利の旗をあの平和な戦いの場に立てるのだ。勝利を目指す旗を戦場に持っていったように[10]」

3　1920年アントワープ大会

　アントワープ・オリンピックはからずも戦死者を悼む大会になった。戦争で中断を余儀なくされた大会を1920年に再開するという決定が1919年4月に再確認されたものの、物質の面でも政治的にもむずかしいことはIOCのみならず主催国のベルギーも承知していた。クーベルタンは「ベルギーの勇気と崇高なる意志に運命がほほえむように」と望んだ結果、参加国を選ぶというやっかいな作業がIOCから主催者側に移されてほっとしたに違いない。敗戦後、同盟国からただの国民国家に堕したドイツ、トルコ、ハンガリーおよびオーストリアと、国内の革命で混乱していたロシアは大会参加を拒まれた。反独感情はすさまじく、フィギュアスケートのスウェーデン代表、マグダ・ユーリンはヨハン・シュトラウスの「美しく青きドナウ」がドイツ的な曲という理由だけで曲を変えなければならなかった。[1]

　アントワープが開催地に決まったのは1913年のことだった。[2] IOCのパリ会議において、候補地だったローマ、ブダペスト、アムステルダムに先んじて選ばれたのは、アントワープのブルジョアのスポーツ愛好家が資金と外交両面で安泰を保証したからだ。招致活動の中心として配られた市の案内書はお金をかけた豪華な図版入りで、アントワープ大会を芸術とスポーツおよび商業の祝典として思い描けるようなつくりだった。アントワープの特権階級も、世界的なダイヤモンド取り引きの中心であるこの港湾都市を繁栄させるためにはオリンピックの開催地になるのが有効な方法であると考えていた。スポーツはアントワープのブルジョアにとっては社交でもあり、オリンピック・スタジアムの予定地となるキール郊外のベールスホット・クラブはその拠点となっていた。クラブの創設者はベル・エポックの文化に染まったダンディなスポーツマンとして名をはせた、アルフレド・グリサー。アントワープの裕福な商人の御曹司だった彼はサッカー、ポロなどの優れたプレーヤーであり、クレー射撃の練習と称して、サッカー仲間が空中高く蹴り上げたボールを撃ったことで有名だった。すべてのボールを撃ち尽くしたグリサーにクラブの支配人が苦情を言うと、彼は答えた。「心配するな。代金はぼくにつけておけ」

　準備期間わずかに1年強、加えて予算の確保が大戦と占領下という過酷な4年間のなかでおこなわれたという事情を考慮したとしても、アントワープ・オリンピックには若干場当たり的な感がつきまとった。選手2600名とコーチ陣は物資不足に苦しんだ。赤十字とベルギー軍は家具やベッドなどの備品を支給したものの、ヨーロッパ大陸が抱える深刻な難民危機の対応に忙しかったので、委員会は多くの物資を自分たちでまかなうしかなかった。オランダ・チームは港に係留された船に押し込められた。射撃の選手は大半が軍のバラックに泊まらされた。安ホテルは選手たちで大混雑だった。一方、組織委員会のお偉方には立派な宿泊施設が提供されていた。日程や規定が発表され、スタジアムが完成したのは予備日ももう少しで終了という時期だった。そして1920年8月14日、200のビューグル（軍隊ラッパ）の音と共に、ベルギーのアルベール国王とクーベルタン男爵が、オリンピック・スタジアム［現在は改名されている］で開会式に列席した。恒例のオリンピック賛歌と祝砲が響くかたわらで、5つの輪をつなげた図案のオリンピック旗がお目見えとなった。この機会に選手宣誓も初めておこなわれ、ベルギーの美しいフェンシング選手、ヴィクトル・ボワンがその大役を務めた。

　ベルギーの新聞「ド・スタンダール」は、開会式について「特別観覧席は満員だったが、一般観客席はがらがらだった」と報じた。「ル・スポール」紙も同様に「すばらしい式だったが……観客が少なかった」と書いている。実は数か月前に行われたオリンピック選考会でも同じ問題があった。「スタジアムはがらがら。運動競技が『一般大衆』の高い関心を得るせっかくの機会を無にしている」[3]。これは宣伝がまずかったせいもある。アイスホッケーの試合についてはこう書かれていた。「金曜日午後9時［アイスホッケーは開会式に先だち、1920年4月23日金曜日から4月29日木曜日までの日程で実施された］、オリンピック大会が始まったようだった。しかし何人のアントワープ市民が気づいただろう？紙不足のせいで、街頭の広告もほとんど見かけられない」。チケットも多くの低所得層には手が届かない値段だった。自転車レースは労働者のファンが多い競技だったが、彼らはあっさり切り捨てられた。「競技はおこなわれているのだが、入場料が労働者階級には高すぎたため、観客がほとんどいないという事態になった」[4]。ロードレースも人が集まらなかった（オリンピックが終わった数週間後、その年のツール・ド・フランスで優勝したベルギーの大人気スター、フィリップ・ティスをアンデルレヒトで出迎えたときの熱狂とはまったく対照的だった）。開会から1週間後に傷病兵と学童が、続いて誰もが入場無料になったが、それでも観客は増えなかった。

天候にも恵まれたとはいえなかった。いや、ずっと悪天候に悩まされたと言うべきだ。公式記録には「悪天候にもかかわらずトラックのコンディションは申し分なかった」とあるが、イギリスの陸上選手フィリップ・ノエル＝ベーカーは「コンディションは不安定で、スタッフも二流」と断じている。ド・スタンダール紙も不快感を表した。「容赦ない雨ですでに祭典が4日も台無しになり、我らがオリンピックは失敗に向かいはじめている」

実際には、アントワープ大会はふたつに分かれていた。ベールスホット・スタジアムを拠点とした、フランス語を話すブルジョアのオリンピックと、ボクシングとサッカーを中心に他会場でおこなわれた大衆のオリンピック。ベルギーの社会は階級と信仰と言語によってくっきり分かれており、それはスポーツと政治も同様だった。ベルギーで最も早く組織ができたスポーツである体操には、3つの連盟があった。フランス語圏の有産者階層による組織、労働者階級の連盟、カトリックの連盟である。だからそれぞれに属す選手たちがオリンピック・スタジアムのエキシビションでいっせいに演技をしたことは、政治的には異例な出来事と言えた。フランドルのナショナリストたちは、経済規模や話者の数や、政治的な面で優位に立つフランス語圏のワロン民族に対抗して、独自のスポーツクラブを設立した。これは単にオリンピックの伝統というわけではなかった。開会1か月前、フランドルのナショナリストのデモ行進に参加していたある男子学生がアントワープの警察官に射殺される事件があり、抗議行動やデモが数週間続いていたのである。

実際にオリンピック・スタジアムへ足を運んだ人々は、陸上競技も水泳もアメリカ・チームの独擅場であることを見せつけられた。新設のスタッド・ノティック（プール）は、クーベルタンが「これまでのオリンピックで最高」と述べ、「スポーツ・レビュー」紙も「世界一美しい屋外プール」と称賛したものだったが、アメリカ・チームはそうは思わなかったようだ。設備や食物に不満だった彼らはこのプールにも呆れたらしく、「土手に囲まれた水路に黒くて冷たい水をためたようなもの」とこきおろしている。アメリカ・チームは、毛布やマフラーにくるまり、ボトルに詰めたお湯とマッサージで暖を取っていたという。長距離走ではフィンランドが底力を見せた。マラソンでハンス・コーレマイネンが優勝。冷たい目をした23歳の青年パーヴォ・ヌルミは1万メートル走と8000メートルのクロスカントリーおよびクロスカントリー団体で金メダルを、さらに5000メートル走で銀メダルも獲得した。テニスの試合はベールスホット・

テニス・クラブでおこなわれた。地元の中産階級がテニスやアバンチュールを楽しむ排他的なスポーツクラブである。ベルギーではほぼ貴族にしか許されないフェンシングの試合場は、ブリュッセルにあるエグモント・パレスの中庭が会場の予定だったが、アントワープ市内のミデルハイム公園に建つコロニアル式のエキシビション・ホールに変更された。大会を通しての文句なしのヒーローは5個の金メダルを獲ったイタリアのネド・ナジだ。オーステンデではポロのトーナメントがおこなわれた。アメリカとイギリスは全員軍人、スペインはひとり残らず貴族、ベルギーは上流のブルジョアから集めたチームで戦った。同じような組み合わせは馬術と近代五種と射撃にも見られた。

　階級制度が過渡的段階にあることを示してくれたのが、1920年大会のボート競技である。参加者は上流階級のアマチュアの大学生と民営のボート・クラブ、そして競艇選手や船頭たち労働者階級――日頃から多額の賞金を懸けた荒っぽいレースには慣れていた――に分かれていた。シングル・スカル競技は、アメリカのレンガ積み職人ジョン・B・ケリーと、工場主を父に持つイギリス将校のジャック・ベレスフォードの対戦となった。ふたりとも金メダル候補者だったが、身分の差は明らかだった。たとえば、肉体労働者のケリーは、イギリスのアマチュア漕艇連盟の規則によりシーズン初めの由緒あるヘンリー・レガッタへの参加を認められていなかったが、ベレスフォードはもちろん参加していた。だがアントワープ・オリンピックのコースは、岸辺の草がきれいに刈られ、並木が整然と続くテムズ川ではなく、ブリュッセルに近いウィレブルーク運河――貯水場やオイルタンクや汚れた工場からの排水で濁った水路――である。クーベルタンも「まったく手入れされたことのない恐ろしく汚い川」と思ったほどだ。金メダルに輝いたのはケリー。しかも彼はダブル・スカルでも優勝した。アメリカはエイト（ボート競技の花形だが、通常はオックスブリッジとアイビーリーグだけの種目）でも優勝した。熟練の海兵隊員と真剣そのものの控えのクルー、医者、コック、マッサージ師が一体となって勝ちとった勝利だった。ベレスフォードはアメリカのメソッドに「目を見張った。すばらしい男たちだ」[5]と感動した。上流階級のアマチュアが大手を振る時代は、徹底して合理的なピラミッド型組織と下層階級による攻撃に完敗したのである。

　大会の公式記録には皮肉でなく率直な感想が述べられている。「巨大な動物園は何よりもボクシングとレスリングにうってつけだ」。たしかに、ふたつとも粗野な地元民に大変喜ばれそうな種目だった。人々がチケットの窓口に殺到したために動物園の経営者と多数の飼育係が群衆を押し戻さなくてはならないときもあった。港町には独特の気の荒い区域があるものだが、アントワープにも屈強な男たちがいて、ボクシングとレスリングで長いあいだこの地方のチャンピオンを輩出してきた。だが、最強の人材はプロに入って巡業に出てしまい、地元のショーはさびれる一方だった。スポーツ・レビュー紙は「最近やっと、白いパンと石炭が手に入るようになった。後は体格の向上あるのみだ」と述べている。フィンランド代表のひとりは無礼極まる言葉を投げつけた。「きみたちは戦争と酒でぼろぼろになっているから、我々の足元にもおよばないよ。スタミナはないし、そこそこ暖かい国に住んでいるくせに厚着だし」[6]

とはいえ、好成績の種目もあった。特にアントワープのフランドル人に普及しているスポーツ、アーチェリーとウェイトリフティング。アーチェリーではヒューバート・ヴァン・イニスが金メダルを4つと銀メダルをふたつも獲った。この地方独特の「キツツキを射る競技」が含まれていたことも有利に働いた。射手が遠くの的を射るのではなく、高い塔に固定されている羽で覆われたキツツキを狙って上空に矢を放つ種目である。ウェイトリフティングでは、フェザー級のフラン・デ・ハースが金メダルに輝き、讃えられた。「彼こそ真のアントワープの子だ」保守派ナショナリストの政党「フロントパーティー」のメンバーでもあるハースの勝利で、フランドルにおける分離主義の文化を政治的に堂々と祝うことができた。[7]

だがこれらのスポーツのどれも、サッカーの人気とは比べものにならなかった。もともとサッカーはベルギーのエリート層が、イギリスのエリート層や旅行で訪れた学生に教えてもらって楽しんでいたが、たちまち都市の労働者階級に広まった。トーナメントはアントワープ、ゲント、ブリュッセルでおこなわれ、ほかの競技種目の観客をすべて合わせたよりも多くを動員した。決勝戦はベルギー対チェコスロバキア。当日のオリンピック・スタジアムは超満員で、地元の若者たちは客席までトンネルを掘って忍び込み、そのトンネルは「オリンピック塹壕」と呼ばれた。ベルギー人の審判、ジャン・ランゲヌスはこう回想する。「オリンピック塹壕は何千人もが通る巨大なゲートまで伸びていた。スタジアムの周りでは、柱という柱、木という木にファンがブドウの房のようにぶら下がっていた」[8]。前半、ベルギーが2ゴールを決め、チェコが何度かラフ・プレーをした。ハーフタイム直前にチェコのディフェンダーのカレル・スタイナーが危険なスライディングタックルで退場になると、メンバー全員が彼と共にピッチを去って試合を放棄し、ベルギーの優勝が決まった。ピッチになだれ込んだ観衆はチェコの旗を引き裂き、ベルギー選手を担ぎ上げて祝ったという。

公式記録は得々たる書きぶりだった。「政治、経済さらには気象条件にも恵まれないにもかかわらず……第7回オリンピック大会は卓越した統制力をもって完璧かつ厳かにおこなわれた」。だが、実際にそう思った者はほとんどいなかった。地元のマスコミは使用する言語の壁を超えていつになくまとまり、この大会はブルジョア階級のバブル期に生まれたものだと結論づけた。「一般大衆はほとんど興味を持たなかった……加えて、オリンピックは地元民の生活に何ももたらさない」。「オンス・フォルク」紙は痛烈だった。「アントワープ・オリンピックは参加者の階層が広がったという点では成功したようだ。だが公共の利益という点では失敗に終わった」[9]。たしかにふところが潤ったのは一握りの人間だけだった。ベールスホット・クラブは新設のスタジアムを手に入れた。周辺の土地をほとんど所有しているグリサー家は、地価が高騰するようすを眺めていればよかった。そして大会が大赤字を出しているとわかると、勘定はベルギー・オリンピック委員会に回され、いつのまにか政府とベルギーの納税者が肩代わりさせられた。アントワープ・オリンピックはベル・エポックに片足を突っ込んだ旧式な考えを引きずっていた大会だったと言えるだろう。とはいえ、公益の問題について、未来へのヒントぐらいにはなったはずだ。

4　女子オリンピック

欧米でスポーツをする女性の数は19世紀末から増えてきたが、常に家父長制を大切にする社会では、競技会に参加するというよりは健康のために運動をたしなむという形でだった。変化をもたらしたのは第1次世界大戦の勃発と、イギリス、アメリカ、フランスが率先して女性の参加を勧めたことだ。多くの若い男性が徴兵された結果、労働力の穴埋めに女性が必要とされた。輸送、軍需品その他物資の製造――戦前はかかわることを許されず、そもそも体力的に無理だと考えられていた仕事――に何万人もの女性が雇われた。労働で自信をつけた女性たちは、それまで近づくことができなかった男性のレジャーやレクリエーションの領域――職場や商業的なスポーツクラブや公営の運動場にも足を踏み入れる。イギリスでは奮闘の末に陸上、水泳、体操競技に女子が進出したが、成長著しかったのはサッカーだった。大戦が終わる頃、イギリス北部全域で工場労働者のチームが結成された。最も有名な「ディック・カーズ・レディース」はプレストンの軍需工場の従業員が集まってできたチームだ。定期戦や資金集めの慈善試合などでは5万人近い観客が集まることもあり、女子サッカーが大人気であることが証明された。しかし1921年、イングランドサッカー協会が傘下のクラブと競技場から女子を排除するという恥ずべき決定を下し、ヨーロッパのほかのサッカー協会も後に続いた結果、この時代の女子サッカー熱はさめてしまう。一方フランスの女性は、自転車レースやサッカー、ラグビー、陸上競技などに熱意を持って取り組み、大戦後には初めて女性だけのスポーツクラブを設立する。

オリンピック・ムーブメントは女性の参加をなかなか認めようとしなかった。クーベルタンは女性のスポーツを「見るに堪えない悪趣味なもの」と決めつけ、1912年には「オリンピック大会は男性だけのものでありい。……我々は以下の定義を達成するために努力を惜しまな『国際主義に基づき、定期的に男性のスポーツ熱を称揚する厳粛な行事。忠実な方法で芸術性を重んじ、女性からの称賛を報いとする』[1]」。結局、アントワープ大会には男子2561名に対して65名の女子選手が参加した。1912年ストックホルム大会での48名より増えたとはいえ、わずかである。馬術とセーリングは女性の参加が認められたが、圧倒的に男子選手が多かった。すでにIOCは、1924年の大会にフェンシングの女子種目だけ加えることを決めていたものの、陸上競技と体操は埒外に置いていた。フェンシング以外に参加が認められたのはテニスと競泳と飛び込みだけだった。とはいえ、偉大なる女子オリンピック選手の最初の世代が足跡を残したといえよう。

女子の競泳は1912年の大会から始まったが、ヨーロッパと北米では重要なサブカルチャーとなった。水泳はモダンで自立したイメージがあり、都会的な新しいタイプの女性らしさの現れとして、特にアメリカと中央ヨーロッパに暮らすユダヤ系女性に好まれた。競泳競技では女性の活躍が奨励され、肌をかなり露出する格好も許されていたことから、どの種目よりも水着姿の写真が紙面をにぎわしたが、たいていの記事は彼女たちをナーイアスやニンフや人魚などにたとえる程度のものでしかなかった。どの国の水泳連盟も気をもんで、肌を出すのはどこまでか、プールの外では選手にローブを羽織らせるべきかなどと悩み、服装について細かい規則を作った。だが1920年代、ふたりのアメリカ女性が競泳界のスターとして躍り出る。ニューヨークの肉屋の娘、ガートルード・エダールはパリ大会で銅メダルを2個、自由形のリレーのメンバーとして金メダルを獲得した。プレ・オリンピックで優勝候補だっただけにこれは不本意な結果ではあったが、ニューヨークに戻るとチームと共に凱旋パレードで大歓迎された。だが、彼女の絶頂期はプロ転向翌年の1926年、2度目の挑戦でイギリス海峡を泳いで渡った初めての女性となったときである（しかもそれ以前に渡ったどの男子よりも速い記録だった）。アメリカのマスコミはこの業績を社会的政治的に「フェミニズムを勝ち取った戦い」と報じた。ニューヨークに戻ったエダールは、今度はひとりだけで紙吹雪の舞うブロードウェイの祝賀会に迎えられ、以後数年はショーや映画にひっぱりだことなった。クーリッジ大統領と対面したり、ハリウッド映画「Swim Girl, Swim（娘十八泳げや泳げ）」に自身の役で出演したりしたが、やがてけがと病気に見舞われて表舞台から去る。シカゴ出身のシビル・バウアーは、パリ大会より前に440ヤード（約402メートル）背泳ぎで男子の世界記録を抜いてアメリカ中にその名をとどろかせ、オリンピックでも男子を打ち負かす期待が寄せられた。快挙は果たせなかったものの、彼女は100メートル背泳ぎに優勝し、オリンピック記録を塗り替えた。だがそのめざましい功績も、報道では男性コーチの手柄とされて彼女の女性的な部分だけが強調された。「ミス・バウアーも多くの選手のように髪を短く切っているが、そのほうが楽だろうし似合っている。彼女はおごることなく人生を楽しんでいる」[2]

水泳の記事が時々新聞のトップを飾るようになり、女性のスポーツに対する認識が改まる一方で、上流の婦人がたしなむテニスも、１９２０年代に現れたふたりの大スターによって大きく変わった。フランスのスザンヌ・ランランはアントワープ大会のシングルスとミックスダブルスで金メダルを獲得、アメリカのヘレン・ウィルスも１９２４年パリ大会でシングルとダブルスの金メダリストとなった。ふたりは世界中に永くその名をとどめた最初の女性アスリートたちである。ランランは１９１９年から１９２５年にかけてウィンブルドン――当時も今もオリンピックより栄誉あるタイトル――で４回も優勝を果たし、大変な人気を呼んでいた。ウィルスは１９２７年から１９３３年までウィンブルドンで４連覇を含む８回の優勝を誇り、「タイム」誌の表紙を初めて２回飾った人物となる。彼女はアマチュアを通したが、ランランはプロテニス選手としての道を切り開き、コーチ業で細々と暮らすような生き方は選ばなかった。世界を舞台にエキシビション・マッチをおこないながら、ロンドンの百貨店セルフリッジズに堂々たるテニス用品店を出し、レディたちにコートに適した服やラケット選びのアドバイスをした。１９３９年に夭折する数年前にはコメディ映画「Things Are Looking Up」（１９３５年）にも出演している。ウィルスとランランの対戦は１９２５年にフランスで一度だけ実現し、ランランが辛くも勝利した。ふたりの歩んだ道は異なったが、スポーツに真摯に取り組み、性差別を乗り越えて新しい時代のヒロインとなった点は同じである。

ランランは俊敏な動きを活かした革新的なプレーと広範囲に打ち込むショットでよく知られたが、試合のあいまにブランデーをすすり、終わると煙草を吸うので品行が悪いといわれ、服装もさんざんけなされた。彼女は動きやすくておしゃれな服装を心がけ、大胆な袖なしブラウスに絹のショールをあわせ、頭に鮮やかな色のスカーフを巻いた。スカートは短いうえに生地が薄く、スリムでしなやかなボディラインがくっきりと見えた。ヘレン・ウィルスはランランよりやや地味だったが、その容姿や南カリフォルニアで育った境遇をマスコミが取り上げ、アメリカの少女たちがあこがれてやまない物語に仕立てた。堅実な中産階級の娘が、それまで超一流のブルジョアだけに許されたテニスやカントリー・クラブの世界に躍り出た、というわけである。ヘレンのテニスはランランより力強く、マスコミはその「女らしく優雅でありながら男らしい粘り」に注目した。常にひざ丈のプリーツスカートとビニール製サンバイザーという服装は、コートに立てば一流アスリート特有の集中力を発揮する姿を連想させるが、ある男性記者は女性アスリートを記事に仕立てるのに四苦八苦して、「官能的で心がくすぐられる」とか「弱い相手を冷酷に叩きのめす」などと描写した。[3]

スポーツ界や社会通念上のさまざまな変化はアリス・ミリアの活動に負うところが大きい。[4]　１８８４年にフランスのナントで生まれたミリアは、青春時代から短い結婚生活の初めまで、ボートの選手だった。夫と死別した4年後、子供もいなかったので、フランスで生まれた女性のスポーツを奨励する運動に打ち込み、最初の女子スポーツクラブ「フェミナ」の会長から、新たに発足したＦＳＦＳＦ（フランス女子スポーツクラブ連盟）の会計係を経て、１９１９年に会長となる。彼女はこの団体の活動を通してスポーツイベントの企画や公共政策への訴えかけを国内のみならず世界へ向けておこなった。１９１９年末、ミリアはＩＯＣに手紙を出してアントワープ大会で女性が参加できる種目を増やしてほしいと訴えたが、対応は実に冷たいものだった。それならと、ミリア率いるＦＳＦＳＦは１９２１年に「国際女子競技大会」をモナコのモンテカルロで開催した。参加したのはフランス、イギリス、イタリア、ノルウェー、スウェーデンの5か国。競技にはパリの振付師、イレーヌ・ポパルが考案した体操ダンスが加えられた。それは男性主体の軍隊式でぎすぎすした体操とは異なる、ダンスと体操を融合させた斬新な試みだった。大会は成功を収めて同年末にはパリで会議が開かれ、英仏の女性の競技会とヨーロッパ各国の代表とでＦＳＦＩ（国際女子スポーツ連盟）が設立された。会長はミリアである。

その翌年、連盟はパリのパーシング・スタジアムで第1回「女子オリンピック」を開催し、2万の観客を集めた。「オリンピック」の名称は勝手に使わせてもらった。ＩＯＣはおめでたいことにまだ知的所有権の大切さに思い至っておらず、名称もシンボルマークも登録していなかったのだ。1日のみの大会に5か国から77名の選手が集まり、陸上競技に参加した。当時としてはかなり急進的な試みだったが、ミリアとＦＳＦＩがＩＯＣとの関係を断つ方針だったのかどうかまではわからない。連盟の活動において、ミリアはなるべく穏便に女子のスポーツ参加の道を開き、また大戦後のフランスが懸命に出生率を上げようとする政策に賛同したりしている。「スポーツは腹部を鍛え、健やかな体と心を養い、女性の使命すなわちよき母親の育成に役立つ」という理論を推し進めるためだ。そしてＦＳＦＩは、国際的なスポーツ連盟のネットワークに加わるべく、女子スポーツがオリンピックでより認められるための活動に精を出していた。

当初、IOCおよびIOC支持者たちは彼らの基本的な姿勢を守り通そうとしたが、当の組織自体が混乱していた。1925年にクーベルタンの後継者として会長となったアンリ・ド・バイエ＝ラトゥール伯爵にとっては初めての試練だった。ベルギーの貴族であり、たまに外交官も務め、四半世紀にわたり祖国のブルジョアスポーツ愛好家の中心的存在だった彼は、オリンピックのチームを作ってアントワープ大会の企画に助力し、政府の機関とIOC両方の委員も務めた。彼は組織を——多少、ではあるが——秩序立てて無駄な手順を省き、決定事項のフォローアップを徹底させ、競技会の企画と判定の技術基準の向上を図った。だが、アマチュアリズムと女性の進出に関してはクーベルタンと同じく保守的だった。オリンピックというブランドが新興勢力の女性に使われることを嘆かわしいと思っていたのである。事実、彼は一歩も譲る気がない旨をある手紙に書いている。「望みはただひとつ。女性が男性の庇護から完全に独立して国際競技会を運営できる日が来ることだ。オリンピックから女性を排除するにはそれしかない」[5]。だが状況はラトゥールの希望通りとはならない。FSFIは1926年に第2回女子オリンピックをスウェーデンのイェーテボリで開き、さらに圧力を加え続けた。

その圧力を、新たに創設されたIAAF（国際陸上競技連盟）の会長となったスウェーデン人のジークフリード・エドストレームも感じていた。彼はFSFIの意見はあえて聞かずに、IOCにある作戦を提案した。1928年の大会で女子の陸上競技種目をいくつか設けてはどうか、その代わり、脅威ともいえる彼女たちの活動を何らかの方法でIAAFが抑えにかかるつもりだ、と。制限つきでオリンピックに参加させるというIOCの申し出を、ミリアはつっぱねた。「すべての種目に女子を参加させてもらわなくては納得できません。女子の陸上競技はすでにその価値が認められており、オリンピック委員会の実験に使われるまでもないからです」。だが、彼女に名案があるわけでもなかった[6]。結局、FSFIは内部で協議を重ねた結果、IAAFに属することにした。自主権を譲る代わりにIAAFで規則の制定に加わり、女子の公式世界記録を認定するという条件つきである。FSFIにとっては精いっぱいの前進だった。おかげで女子の国際競技会は1930年プラハ、1934年ロンドンと続いたが、「オリンピック」の名称は使えなくなった。そして1936年にフランス政府が助成金の給付を取り止めると資金が底をついた。ミリアが体を壊して職を退くと、ＦＳＦＩも消滅した。

しかし、ミリアが技術役員として参加した１９２８年のアムステルダム・オリンピックには、25か国２９０名の女性選手が参加した。８年前のアントワープ大会のほぼ4倍である。さらに、従来の「女性らしい」種目のほかに、体操と5種目の陸上競技が加えられることになった。衝撃を与えた種目が、８００メートル走である。ドイツのリナ・ラトケが金メダル、日本の人見絹枝《ひとみきぬえ》が銀メダルに輝いたのだが、ふたりを始めすべての走者がラストスパートののちに倒れるという事態になった。男性陣はただあきれるばかりだった。「デ・マースボード」紙は、「思わず目を覆う光景だった。ゴールした選手が次々にくずおれていった。女性の体には負担が大きすぎる種目だった」と伝えている。「デイリー・テレグラフ」紙の特派員も同意した。「女子の８００メートル走を見て、女性がアスリートとしての名声を得るためにいかに苦しい思いをするかがつくづくわかった。この種目は実施すべきではなかった」[7]。ほとんどこの結果だけを受けて、女性の２００メートルを超える徒競走は廃止された。その復活は、１９６０年の大会まで待たなければならなかった。

5　１９２４年パリ大会

１９２０年のオリンピック開催地候補にはアントワープ以外に3か所が挙がっていた。次の１９２４年大会では開催地に決まったパリ以外に8か所が立候補した。北米から4か所とヨーロッパから5か所［パリを含む］が名乗りを上げたのは過去最多であり、オリンピックの名声が都市のエリート層に広まりつつあることを示していた。ただし、コンペはあっても最初からほぼパリに決まっていた。というのも、クーベルタンがフランスの首都に開催権を与えるようにはやばやと手を打っており、１９００年大会で味わった屈辱を晴らすチャンスを祖国に与えることで、ＩＯＣの会長職を退く自身の花道にしようとしていたからだ。オリンピックが万国博覧会の添えものにされてブローニュの森の奥に追いやられてから四半世紀、フランスのハイカルチャーに占めるスポーツの地位はすっかり変わっていた。もはや学者たちに軽蔑されることもなく、知的な営みであると同時に公の政策ともなるものとして認められ、国民の体育を統括する陸軍省のお墨つきも得るものとなっていた[1]。フランスの知識人や、１９００年には開催に反対あるいは無関心だった人々が、１９２４年の大会では一転して芸術競技の審査員を務めることとなり、フランス芸術アカデミーの協力の下にヨーロッパの一流芸術家たちが集結した。作曲家のイーゴリ・ストラヴィンスキー、ベーラ・バルトーク、モーリス・ラヴェル。文学界からは、イタリアの作家でファシストの祖といわれるガブリエーレ・ダンヌンツィオ、ノーベル文学賞を受賞したスウェーデンのセルマ・ラーゲルレーヴ、やはりノーベル文学賞を受賞したベルギーのモーリス・メーテルリンク。彼らの審査がどうだったかといえば、音楽部門では真剣に取り組むあまり、メダル該当者をひとりも選べなかった。文学部門ではフランスの詩人ジオ＝シャルル（一流誌「モンパルナス・レビュー」の編集者、シャルル・ギヨのペンネーム）がスポーツとダンスと詩と音楽を融合させた戯曲で優勝した。詩人Ｗ・Ｂ・イェーツの弟ジャック・バトラー・イェーツが絵画部門で銀メダルを獲ると、アイルランドの新聞はその偉業をアスリートのメダル並みに大々的に報じた。[2]

当然、競技会も政治的に大きな支援を受けた。外務省じきじきに組織委員会の指揮を執り、２０００万フランの予算を確保して新しいスタジアム「スタッド・ドゥ・コロンブ」とアールヌーボー調の華麗な水泳施設を造った。とはいえ、国際情勢と国内の経済問題は大会を控えた主催者側にとっては依然として心配の種であり、実際、１９２３年のルール占領後の国際危機や、その冬に起こったパリの大洪水で不安を覚えたクーベルタンは、万一の場合の代替地としてロサンゼルスを視察していた。結局はそれも杞憂に終わり、ＩＯＣは自分たちの目の前の問題に取りかかることができた。

アントワープ大会に汚点を残した偏った判定や規定をめぐる醜い争いを避けるために、ＩＯＣは運営組織の合理化に乗り出した。これ以降、諸々のルールやスポーツのプログラムを設定するのはＩＯＣではなく、各種目を管轄する国際連盟の役割となった。そのため、たとえばアーチェリーのように連盟が存在しないスポーツは競技会から外されることが多くなった。またＩＯＣは、あまり一般的とは言えない競技種目はなるべく除いていこうとした。綱引き、ゴルフ、56ポンド（約25キロ）ハンマー投げなどがその例である。ポロやテニスやラグビーのように幅広い地域でおこなわれているとは言いがたいスポーツも、次の大会から実施しないことにした。

パリ大会はアントワープ大会と同じように始まった。恒例の儀式、伝令とラッパ手、入場行進、ありがたくも簡潔なスピーチ、オリンピック旗、オリンピック賛歌、選手宣誓、平和のハト。すべて型どおりだった（ひとつだけ新たに加わったものがオリンピックのモットー、「より速く、より高く、より強く」という言葉だ）。特別観覧席の顔ぶれに目をやれば、オリンピックは相変わらずエリート層の行事であることがわかった。フランス大統領ガストン・ドゥメルグとＩＯＣの面々に並んで、スウェーデンとルーマニアの国王、アビシニアの摂政ハイレ・セラシエ、プリンス・オブ・ウェールズがいた。大戦中フランスでアメリカ軍総司令官を務めたパーシング元帥も列席していた。アントワープの暗い霧雨とは異なる夏の厳しい暑さを除けば、開会式はほぼ前回を踏襲していた。だがよく見ると、３つの大きな変化があった。

ひとつめは、入場行進に——いまだソヴィエトとドイツの姿はなかったが——強大な帝国から民族国家に変わったオーストリア、ハンガリー、トルコ、ブルガリアが参加していたことだ。同時に、帝国の支配を脱してヨーロッパに新しく生まれた国々——エストニア、リトアニア、アイルランド、ポーランド、ユーゴスラビアなど——が初舞台を踏んでいた。アジアからはフィリピンが、西半球からはエクアドル、ハイチ、ウルグアイが初めて参加した。ふたつめは、客席ががらがらだったアントワープ大会とは打って変わってスタッド・ドゥ・コロンブが満員だったことだ。会期中もほぼ満席状態が続いた。パリは人口の多さもさることながら、さまざまな人種が押し寄せる、活気にあふれた都市だった。観客動員数はすぐに過去最高記録を達成した。観客の多くはエリート層と中産階級だったが、庶民の観客も増えていた。また前回は競技会と並行して産業と芸術の博覧会がブルジョアの邸宅を会場として開かれたが、今回はスポーツ用品の展示会がおよそ教養とは縁がない「マジック・シティ」（ダンスホールを備えた市内で大人気の遊園地）で催されたことだ。加えて、ボクシングとその労働者階級の観客が動物園に追いやられた前回とは対照的に、今回はパリの目抜き通りの「冬季競輪場」で自転車レースがおこなわれ、主に労働者階級が声援を送った。３つめは、どの国の選手団よりも多い１０００人弱の記者がパリに押し寄せ、すべての競技場にニュース映画のカメラマンがいたことである（ただしすべての肖像権はフランスのメディア会社が握っていた）。ラジオの実況放送が始まったのもこの大会だった。

このように、ＩＯＣはオリンピック精神が揺るぎないものであると夢想しているが、スポーツにおけるナショナリズムと観衆とそれらを扱うマスコミが一体となると、競技会の方向性はＩＯＣの理想とは違うものになっていく。パリ大会が終わったのち、タイムズ紙は会期中に発現したナショナリズムは国際危機につながりかねないと指摘している。「世界の平和は何ものにも代えがたいものだ。国家間のスポーツの犠牲になってはならない」[3]。実際、フランスとアメリカの報道陣はおそらくなんら臆するところなく――ＩＯＣは止めさせようとしたのだが――国別のメダル獲得数や、誰が最も優れた選手かなどを感情的に報じたのだった。

１９２４年のパリ大会では各国のナショナリズムが高揚したが、なかでもアメリカの熱狂ぶりはすさまじく、新興の国ならではの傍若無人さを見せた。いまや国際政治の舞台で強い発言力を持つにいたったアメリカは、世界で最も独創的で能弁なスポーツライターに、大会が英雄たちの感動的な物語であるかのように書かせることも可能だった。大西洋を渡ろうとするアメリカの選手団を目にしたグラントランド・ライスは、「ギリシアが……競技会を国家の礎に据えて以来、ひとつの旗の下に集結した最高のスプリンター・チーム」と表現した。簡単に「アメリカのアスリート、コーチ陣、メディカルスタッフ、マネージャーの軍団」とまとめる記者がいる一方で、ライスはちょっとした神話の風味も加えた。「オリンピックの炎でできた黄金の毛皮を手に入れんとする、現代によみがえったイアソンたち」と。レトリックの競争ならフランスも負けてはいない。ＩＯＣの委員でもあるポリニャック侯爵は、パリのスピーチでこのように応戦した。「もし……アメリカ合衆国が戦士をこよなく愛するならば、大会後、彼らはフランスを崇拝しているはずである」[4]

こうした雰囲気をつくったのは、開会式より数か月早くおこなわれたラグビーの試合だった。発端は税関で起こったトラブルだ。書類審査中という理由でアメリカがフランスの職員に6時間足留めされると、フォワードがスクラムを組んで強引に入国してしまった。フランスの新聞は「チンピラと酔っ払いども」と書き立てた。第1回戦はルーマニアが相手だったが、アメリカ・チームはフランスの観衆からブーイングを浴び、試合後も怒りの収まらないパリっ子たちと街頭で衝突した。フランスとの決勝戦には5万人の観衆が詰めかけた。警察官が多数動員されるなか、最悪のムードで試合が始まった。最初から敵意をむき出しにしていた観衆はアメリカの選手ジョン・オニールが腹痛で離脱すると喝采を浴びせた。だがグラウンド上の厳しい戦いと観客の野次にも屈することなく、17対3でアメリカが勝った。星条旗が掲揚されるあいだ、場内は「冷たく静まり返り、わずかに野次や口笛が響くのみだった」。あるアメリカ人は表彰式で「八つ裂きにされるかと思った」と述べている。「瓶や石が飛んできたり、フェンス越しにつかみかかってくる観客もいたりした」らしい。

夏になっても不穏な空気は去らなかった。女子の飛び込み競技はアメリカが抜きん出ていたが、しばしばにらみ合いが起こった。明らかに偏った審査に観客が怒り、審判がプールに突き落とされそうになって憲兵隊が止めに入ることもあった。アメリカのトップスイマー、ジョニー・ワイズミュラーはブーイングを浴びながらも、3種目の自由形で金メダルを獲った。さらにテニスにいたっては5種目すべてをアメリカが制し、「アメリカに並ぶものなし」との大見出しが紙面に躍った。だが新聞は、コートのコンディションや険悪な雰囲気についての批判も書いており、証拠はないものの地元の建設業者が女子更衣室にのぞき穴を開けていたらしいなどという誰かのクレームまで掲載する始末だった。

最も大きな騒ぎになったのがボクシングである。ウェルター級の試合でイタリアの選手ジュゼッペ・オルダーニは、相手のカナダ人選手に執拗にホールディングをしたと判定され、イギリス人レフェリー、T・H・ウォーカーから失格を告げられた。オルダーニはマット上で泣き崩れながら判定の取り消しを求めた。彼に同情した観衆はごみやコインやステッキの柄などをリングに投げ込み、場内は騒然となった。1時間後、アメリカ、南アフリカ、イギリスのボクサーの警護役が、ようやくレフェリーをリングから連れ出した。* あまり知られていないが、やはり悶着から流血沙汰にまでなったのが、フェンシングの判定をきっかけとした決闘事件だ。サーブルの種目において、イタリアの選手たちは本命のオレステ・プリーティにわざと負けて彼を決勝に進ませた。だがふたりの審判員、フランスのラジュとハンガリーのコバチに不正を指摘される。プリーティはふたりを脅すような暴言を吐いて失格になった。その晩、パリのミュージック・ホール「フォリー・ベルジェール」でばったり会ったプリーティとコバチは大げんかの末、決闘の約束をかわした。その年の11月、ふたりはユーゴスラビアとイタリアの国境で1時間にわたって戦い、勝負がつく前に双方が重傷を負った。[5]

＊ ボクシングについてはまだある。ウェルター級決勝戦でベルギーのジャン・デラージは、アルゼンチンのエクトール・メンデス相手に判定で勝利した。アルゼンチン側の観客が騒ぎ出すと、あるベルギー人の観客が彼らの間に乱入して国旗を振り回し、ますますひ

ど い騒ぎになった。 またミドル級では、 イギリスのハリー・マリン対フランスのロジャー・ブルッセの試合で、リードを許すマリンの胸に歯形がくっきりついていたが、レフェリーは試合を続けさせた。 リングサイドで見ていたスウェーデン人の係員が抗議して調べた結果、マリンがかみつかれていたことが判明する。 しかしブルッセは偶然あごが相手に当たってしまったのだと主張する。 結局、 翌晩の試合場でブルッセの失格が発表された。 その知らせを競輪場で聞いたブルッセは大きなショックを受け、 支援者たちは彼をかついでボクシング会場まで連れていった。 場内は騒然として暴動が起こらんばかりの状態で、 観客がレフェリーめがけてリングに押し寄せようとした。 これを抑えるため、 多くの憲兵が出動しなければならなかった。

ボクシングの例はさておき、 プリーティの事件は、 ヨーロッパの上流階級にのみ通じる誇り高さ、 すなわち19世紀の階級社会に基づいた軍隊式の道徳観からなる男気《おとこぎ》がまだオリンピックに残っていたことを示す唯一の例だ。 1924年のパリ大会には、 従来とは異なるタイプのアスリートが現れはじめた。 走り高跳びと十種競技の金メダリスト、 ハロルド・オズボーンはイリノイ州の貧しい農家の出身である。 アメリカの競泳選手ジョニー・ワイズミュラーはルーマニアに生まれ、 東部の炭鉱町やシカゴのスラムで貧しく育つが、 競泳から映画の世界へ身を投じてビバリーヒルズの住人となった。 誰よりも型破りなのは、 走り幅跳びで優勝したアフリカ系アメリカ人、 ウィリアム・デハート・ハバードだろう。 アフリカ系アメリカ人だという理由で故国の黒人向けの新聞でしか報道されなかったのは、 嘆かわしいことだった。 イギリスの短距離走者、 ハロルド・エイブラハムズとエリック・リデルはそれぞれ100メートルと400メートルで優勝したが、 ふたりとも上流階級の規範に屈せず自己の生き方を貫いた。 裕福な家庭出身のエイブラハムズはケンブリッジ大学に学び、 軍歴も申し分なかったが、 ユダヤ人であるために英国国教会からは大っぴらに、 オリンピック・チームの反ユダヤ主義の人々からは無言の差別を受けていた。 一方のリデルは、 本来得意とする100メートルの決勝が日曜日と重なったために出場しなかった。 彼はプロテスタントの聖職者の息子で、 身分はエイブラハムズより低いが、 頑として安息日を守るという変わり者だった。

上記のアスリートたちは祖国から祝福されたが、 一国にとどまらず世界中から絶賛されて名前が知れわたったのが、 フィンランドの中長距離走者パーヴォ・ヌルミとウルグアイ代表サッカーチームである。求道者のようにひたすら走るフィンランド人と明るく自由奔放なラテン系サッカーチームとは奇妙な取り合わせだが、彼らこそオリンピックに初めてスター性と世界的な名声をもたらしたアスリートたちである。ヌルミはひとことでいえば超人である。酷暑のさなか、6日間で7つのレースに参加し、工場の排気ガスで汚染されたパリの街中を走り抜けた。5000メートルと1500メートルの決勝がわずか90分の間隔で組まれていたというのだから、驚くしかない。ヌルミはその2種目で勝利したばかりか、クロスカントリーの個人と団体、3000メートル団体でも優勝した。おそらく1万メートルでも出場すれば勝っていたはずだが、フィンランドがエントリーさせなかった。これに憤慨したヌルミは、帰国後に1万メートルの世界記録を更新する。「ミロワール・ドゥ・スポール」紙は興奮を隠さなかった。「パーヴォ・ヌルミは人類の限界をはるかに超えている」。またガーディアン紙は彼の強靭な精神力に注目した。

> ヌルミによって1924年パリ・オリンピック大会の陸上競技は、まったく意味のない模範演技会になってしまった。彼は苦もなく立て続けにレースをこなし、いささかもペースを落とさず断然トップを独走し、信じがたい大差で勝つ。青と白の国旗がはためくなか、全員が起立してフィンランド国歌を傾聴する。だがヌルミは観客にも国歌にも興味はない。彼はゴールテープを切っても足を止めず、芝生に置かれた服を取り上げただけで更衣室へと消えた。再び姿を現すのは、次なる圧倒的勝利の場だ。[6]

ウルグアイの場合は状況が異なっていた。ほとんど注目されていなかったが、初戦の相手であるユーゴスラビアを7対0で叩きのめすと、たちまち各国の新聞やフランス国民の絶大な支持を得た。「ガゼッタ・デロ・スポルト」紙は彼らの「音楽的な身のこなし」と「完璧な技術」について書いている。スペイン人記者エンリケ・カルセーリャによると、「サッカーがこのような神業の域に達しうるとは思っていなかった。彼らは足でチェスをしていた」。開催国フランスは、4万5千人の観客が見守るなか、5対1でウルグアイに破れた。競技場の外には中に入れなかった1万のファンがいたという。ガブリエル・アノは彼らがスイスとの決勝に3対0で勝った後に次のように書いている。「ウルグアイのチームは、フォーメーションの動きよりはむしろ各選手が臨機応変に対応する練習を積んできている。主にフェイントやスワーブキックやドッジングの技術を磨いているが、速攻も得意だ。彼らは美しいサッカーを創り出した。……この達人たちを前にしたスイス・チームは、イギリスのプロ選手と比べれば、サラブレッドのとなりに並ばされた農耕馬のようなもので、すっかり度を失っていた」[7]

ウルグアイ勢がサッカー通たちの称賛を浴びる一方で、ディフェンダーのアフリカ系ウルグアイ人、ホセ・アンドラーデのゴシップ記事が注目を集めた。チームの宿泊所を抜け出して喫茶店やブラッスリーで富裕層とつきあい、アルゼンチンの楽団の曲に合わせて踊り回っているところが大きく報じられたのである。記事によると、アンドラーデのエキゾチックな黒い肌には、ジョセフィン・ベーカー（パリのキャバレーでスターとなったアフリカ系アメリカ人歌手）と同じ強烈なセックス・アピールがあった。奔放で有名な作家コレットは、彼との出会いをル・マタン紙に次のように記している。「ウルグアイの人々は文明と野蛮が奇妙に混じりあっている。タンゴを踊れば粋で、どんなジゴロより魅力的だ。だが、アフリカの人食い部族のダンスにはぞっとする」[8]

1924年のパリ大会はそれまでの大会より庶民的なうえに、女性の種目と非白人の参加者が増えたが、その博愛主義は障害者にまでは及んでいなかった。だが、フランス伝統の共和主義とさまざまなスポーツ機構は、女子スポーツの奨励に力を貸したのと同様に、健常者とは異なる体格や運動能力を有する人たちの体力を増進するためのスポーツを奨励しようとした。かくして第1回「国際ろう者オリンピック」がパリ大会終了から数週間後に開催され、選手たちの栄光の記憶がまだ新しい多くの施設が利用された。[9] この画期的な大会がフランスで最初におこなわれたことは驚くに当たらない。ろう者のための公的な組織や活動がほかの国々より進んでいたからである。18世紀末、アブ・シャルル＝ミシェル・ド・レペの業績により、手話を教育プロセスの中心に据えた聴覚障害者の教育機関ネットワークが設立された。その後、これらは何事にも熱心な政治風土や初期の共和制、平等主義、博愛主義に支えられて次第に形を整えていき、教育を受け、市民としてのアイデンティティを確立したろう者が社会において平等な存在であることを主張するようになった。早くも1834年には、フランスの手話を守るための委員会が設立され、それにともなってろう者市民の社会との交わりや政治のネットワーク、さらには豪華な晩餐会の伝統がつくられていった。

19世紀初頭に確立した政治的ネットワークと理念は、

1880年のミラノ会議――「第2回ろう者教育国際会議」の略称――の決定によって再び活気づいていた。しかし保守的なろう教育者ばかりを慎重に選んだ結果（会議出席者164名のうち、ろう者は1名のみ）、口頭教育だけをろうあ者教育の手段と認め、手話は禁止またはわずかしか教えないことにする旨が議決された。このことに組織的行動で真っ向から反対した集団のなかに、フランスのろう者たちがいた。この状況下で、ろう者のスポーツクラブが出現したのである。フランス国民の例に漏れず自転車競技に熱中していた彼らは、1899年に「ろう者サイクリスト・クラブ」を設立する。健常者の組織と違って、このクラブには女性の加入も認められていた。10年後、さらにふたつのクラブが聴覚障害者の学校から生まれた。労働者階級のためのクラブ「アニエール」とブルジョア主体の「サン＝ジャック」である。1921年には9つに増えていた。スポーツクラブが引き寄せたのは運動選手だけではない。参加者の話では、最優先のテーマはコミュニケーションと社交性とされた。「私たちには伝達手段において障害があるのに手話を禁じられています。みんなで集まってそれぞれの経験を共有することが必要なのです。学校を出たらごく自然にろう者の施設やスポーツ連盟で働こうと考えました[10]」

フランスの聴覚障害者スポーツ・ムーブメントにおけるキーパーソンは、金属職工にして熱心なサイクリスト、ろう者のための政治活動家でもあるウジェーヌ・ルーバン＝アルケである。彼が1914年に創刊した雑誌「沈黙のスポーツマン」は、スポーツの記録と政治活動の両方を扱っていたが、当時の健常者の社会にはろう者に対する不信感と偏見が根強く残っていた。聴覚障害者にとってスポーツは危険ではないかという議論が繰り返される一方で、手話は健常者には通じないという理由でろう者を社会から孤立させ、信頼関係を結ぼうとしていなかった。1917年末から1918年初めにかけて、雑誌「沈黙のスポーツマン」はフランスのサッカー協会との激しい議論を掲載した。ろう者のサッカー選手は総じて審判に不利に扱われ、不当に減点されてきたと主張した。同誌は、「障害のない人々には自転車やサッカー、陸上競技その他の国際連盟があり、労働者階級には勤労者スポーツ連盟があるが、なぜ聴覚障害者が加入できる連盟がないのだろう」としてろう者の自立を支持した。1918年7月、彼らは世界初のろう者の競技者連盟、FSSMF（フランスろう者スポーツ連盟）を設立する。彼らは陸軍省スポーツ部門の高官アンリ・パテから行政方面の強力な支援を得ると、FSSMFをフランスの正規のスポーツ連盟のひとつとして認めさせることに成功した。勢いづいた「沈黙のスポーツマン」は、国際連盟も必要であり、ろう者のオリンピック「デフ・オリンピック（国際ろう者競技大会）」を開催すべきだと主張した。「かつて真のオリンピック精神をよみがえらせたのはフランスだった。30年後の今、競技会は世界をめぐってまたパリに戻ってきた。初めてろう者の学校を開いたこのフランスに……初めてデフ・オリンピックを開催する栄誉が与えられるべきである」

大会はオリンピックのセレモニーにヒントを得て、パーシング・スタジアムで開会式をおこなった。ヨーロッパ9か国から140名のアスリートが参加し（ドイツは除外された）、各国のユニフォームに身を包んだ選手団が入場行進をした。ベルギーは赤、フランスはブルー……陸軍省大臣は選手宣誓が国際手話でなされるのを見守った。1週間の会期中に陸上、水泳、サッカー、テニス、射撃、自転車の競技がおこなわれ、フランスがほぼすべての競技で勝利した。だが、国別のメダル数を競ったり、論争が起こったりはしなかった。むしろ、大きく報じられたのは夢のように豪華な晩餐会についてだった。250名の招待客（各国の代表委員、パリの政治家や政府高官、聴覚障害のある文化人）が集まり、乾杯やスピーチや祝辞がひきもきらなかった。宴会は翌朝6時まで続き、手話と口頭による喜びの言葉と共にお開きになった。「スポーツ万歳！」「友好が永く続かんことを祈って！」

6

冬季オリンピック創設

それまでないがしろにされていた集団に迫られてある程度譲歩したのか、1920年代になると、IOCは新しいジャンル、ウインタースポーツの開拓に着手した。1924年の大会より前のロンドン大会とアントワープ大会にフィギュアスケートが採用され、アントワープではアイスホッケーの小さなトーナメントも催された。だが、IOCもノルディックスポーツのムーブメントも、知名度の高いスキーやスケート、そりなどをオリンピックの種目に加えることに当初は反対だった。北欧の人々、特にスウェーデンのヴィクトル・バルク大佐はIOCの委員だったが、ウインタースポーツの祭典「ノルディック・ゲームズ」を創設した中心人物でもあり、北欧独自のスポーツにおいて主導権が奪われるのを嫌がった。[1] IOC、というよりクーベルタンは、元々ウインタースポーツに無関心であり、ときには見下すことさえあった。クーベルタンは、スイスのホテル経営者たちとイギリスのもの好きたちが手を組んでスキーのアルペン競技を考案したことを、ことさら苦々しく思っていた。「たしかに参加者は非常に増えた……が、質は落ちた。……ホテル経営者どもが金もうけのために張りあい、新規の宿泊客が増えすぎたからだ。……うるさくてわずらわしい、怠け者の客ばかり……えせスポーツマンで……ゲートルと安物のセーターを着けて気取っている連中だ」[2]

しかし、アルプスの旅行業者と政府および地方自治体の十分な支援を受けた1924年大会の組織委員会は、同年にシャモニーでウインタースポーツの祭典を開くべきだと主張する。[3] そしてフランスの旅行業者の宣伝に乗っかる形で告知までおこなった。蓋を開けてみると、アスリート、コーチ、観客が予想以上に多くなることがわかった(宿泊施設が足りなくなり、民家や舞踏場やビリヤード場までもが臨時の宿舎になった)。結局16か国から250名以上の選手が集まり、めずらしいショー見たさにやってくる客で地元の輸送機関は大混雑になった。アメリカ対カナダのアイスホッケー決勝戦は、アメリカ合衆国の元大統領ウッドロウ・ウィルソン死去の報を受けて厳粛な演出の下におこなわれ、死者に哀悼の意を表して特別に国歌が流れ、半旗が掲げられた。閉会式でクーベルタンは、オリンピアンらしい清らかさ(言い換えると、プロ化や商業主義に汚されていないアマチュアリズム)を表しているという理由で、特別賞として登山の功労者を表彰したものの、奇異の目で見られただけという一幕もあった。ここに至ってクーベルタンとIOCは冬の競技会が成功したことを認め、好機を逃がさず、これが最初の冬季オリンピックであると宣言する。続く2年あまり、彼らは北欧の反対派をじりじりと追い詰めた。4年ごとに冬季オリンピックを開くことを承諾させ、1928年の開催地をスイスのサンモリッツに決定した。「ノルディック・ゲームズ」は引き続き継続されたものの、規模も反響も小さくなっていった。こうしてウインタースポーツはIOCのスポーツ帝国のなかに取り込まれたのである。

北欧、特にノルウェーにおいてノルディックスキーは国民性と複雑に結びついているが、IOCにとっては「保護領」がひとつ増えたにすぎない。シャモニー大会ではスピードスケート、カーリング、アイスホッケーの競技もおこなわれた。これらの種目は世界に広がりはじめていたものの、それぞれの発祥地であるオランダ、スコットランド、カナダの国民性や文化と強く結びついていた。ボブスレーと新種目のアルペンスキーは、新たな冬季オリンピックファンを誕生させると同時に、次の世紀の冬季オリンピックを方向づける最も重要な人々や組織をも生み出した。すなわち、ウインタースポーツ用リゾート地の開発者、地方の積極的な行政機構、独創的なスポーツの開拓者、スリル大好き人間などである。第2次世界大戦前のダウンヒルおよびスラロームの考案者、そして20世紀末のスノーボード、モーグル、フリースタイルスキー考案者たちもこれらに含まれる。

元々移動手段としてユーラシア大陸に広まったスキーは、19世紀終わり頃にノルウェーで近代スポーツのひとつになった。ノルウェーの田舎で移動手段や遊びとして残っていたものが、地方出身の使用人や田舎勤務の軍人たちを通じて首都クリスチャニア（オスロの旧称）に再び現れ、国中から都市に集まってくる大学生に伝えられた。ノルウェー人にとってスキーは、ノルウェーの文化を形づくり、愛国心をかき立てるものでもある。ノルウェーはデンマークに支配されてきたが、1814年にスウェーデンに割譲され、ひとつの国にふたりの君主を戴くことになった。だが19世紀半ばに現れたナショナリストたちを中心に独立運動が起こった。初めてスキーのレースがおこなわれた1866年、地元の新聞は、競技場が「母国発祥の血沸き肉躍るレースを見ようとする紳士淑女で大混雑だった」[4]と報じている。「国民のスポーツであるスキーは、かつて全国に普及し……その後すたれつつあったが、今、すばらしい競技としてよみがえった」

という記事もある。クロスカントリー競技用の新しい板とストックが開発され、ビンディングやスロープの改良によってジャンプ競技が発展した。

新生ノルウェーの国民がスキーに興ずるようになったのは、1888年にフリチョフ・ナンセンがグリーンランドのスキー横断を成功させたことに始まる。しかしそれはスポーツによる冒険というよりは、科学的な遠征とでも呼ぶべきものだった。実際、ナンセンは近代スポーツや競技スキーの愛好家というわけではなく、むしろそれらには否定的な人物だった。だが彼の冒険記は広く読まれ、彼が有名だったからこそノルウェーとスキー、スポーツが一体化したのである。スウェーデン人は19世紀末頃からスキーに親しんだ。特にバルク大佐のようなエリート層にとっては、スキーはスウェーデンだけでなく北欧諸国全体の価値と民族性を象徴するスポーツであった。1901年から1926年までは（1年だけ除いて）毎年、1週間にわたるノルディック競技会がストックホルムで開かれた。スケート、スキー、アイスホッケー、バンディ［氷上でおこなうホッケーに似た競技］のほか、民族衣装や手芸品を身に着けた犬ぞりレースもおこなわれた。そこには、北欧らしいロマンティシズムや王政主義や愛国心が混ざりあっていたのである。

スケートの刃は、大昔は大きな哺乳類の脛骨やあばら骨から作られた。中国からフィンランドに至る歴史的記録から、スケートの刃は3000年前から存在していたことがわかっている。近代のスケート靴は15～16世紀にオランダで生まれ、金属製の刃を鋭く研ぐことで信じられないほどのスピードと機動性を備えるようになった。17世紀、その技術はイギリスとヨーロッパ北部に広まった。そして18世紀から19世紀にかけて、スケートはふたつの方向に分かれた。貴族やブルジョアの世界ではフィギュアスケートが主流になった（ルイ16世時代のフランスでは宮廷でしかできない遊びだった）。一方ドイツでは長いあいだ女性のスケートが許されなかった。スケートは19世紀末から20世紀初頭にイギリスで競技として体系化されたが、不自然で堅苦しい振りつけと大陸の優れたスケート技術を融合させることが課題だった。この課題に挑んだのが、スウェーデンのウルリッヒ・サルコウや、バレエのようなダンス要素を取り入れたアメリカのスケーター、ジャクソン・ヘインズなどである。[5]

オランダとイギリス東部の沼沢地《しょうたくち》では、スケートがどの階層にも親しまれ、レースもよくおこなわれた。どちらの土地にも水路や川や運河や湖が縦横に走り、冬にはそれらが凍って天然のリンクができる。気候が穏やかで雪や風もひどくなく、スケート遊びにはもってこいの土地だった。そのうち周辺の地主や居酒屋の主人たちなどがレースを企画して、賞金を出したり休憩所で飲みものを売ったりしはじめた。階層や性別の区別なく多くの観客が集まり、それに伴って、まず上流階級から小さなスケート・ムーブメントが発生し、やがてアマチュアの規定が整備されてプロや地方出身者を閉め出していくことになる。またオランダのスケート界ではナショナリズムが見られるようになり、その傾向はどんどん強くなっていった。

ローマ帝国が街を去って以降、ヨーロッパ北部では氷上で底の平らなものをすべらせる遊びが綿々と続けられてきた。16世紀のピーテル・ブリューゲルの絵画に、オランダ人が凍った湖上で的を狙って石をすべらせている場面を描いたものがある。また、中世の文献にはバイエルンやオーストリアなどの地方で親しまれたアイスシュトックシーセンというゲームが登場する。19世紀から20世紀にかけて世界中に広まったものはといえば、スコットランドの競技、カーリングである。これはウォルター・スコットの小説のなかでも描かれているが、スコットランド教会でも文学に通じた信徒にモチーフとして好まれ、有名な3人の詩人、アラン・ラムジー、ジェームズ・ホッグ、ロバート・バーンズの作品にも現れる。バーンズは「タム・サムソンのエレジー」のなかで、冬のスコットランドでカーリングをする場面を描いている。

冬が彼の外套を包み
泥を固く縛るとき
カーリング・プレーヤーが
足取りも軽く池に集まるとき

カーリングは、19世紀には「スコットランド特有のスポーツ」と呼ばれた。やがて、滑らかに動くように丸く磨き上げたストーンと、スピンやコントロールの精度を高める鉄のハンドルがスコットランド以外の土地にも紹介され、カーリングが氷上の球技として発展するうちに、スコットランドだけの競技ではなくなっていった。カーリングの組織が18世紀にエジンバラで設立される一方、19世紀初めに結成されたロイヤル・カレドニアン・カーリング・クラブがこの競技を統括する。そしてここからヨーロッパ大陸、カナダ西部、アメリカ北部に伝わり、絶大な人気を得ていくのである。[6]

カナダは世界一のカーリング人口を誇るが、国技としての矜恃を持っていたのはアイスホッケーだった。アイスホッケーは19世紀、植民地時代のカナダで生まれた。凍った湖やスケート場でボールとスティックを使っておこなわれたさまざまな競技に改良を重ねてできあがったスポーツだ。イギリスのホッケーに似た球技、シニーとバンディが結びついたもので、マギル大学（モントリオール）のエリート学生が１８７９年に木製のボール、というよりパックを用いてプレーしたのが始まりである。それから20年のうちに、カナダの町という町、村という村にクラブが生まれた。モントリオールだけでも１００以上のクラブがあり、ひとつの文化がフランス語圏と英語圏で等しく親しまれる大変めずらしいケースとなった。20世紀を迎える頃には、緑豊かなアメリカ中西部と東海岸まであまねく広がった。一時的な流行にとどまらなかった証拠に、プロのアイスホッケー・リーグが生まれ、優勝チームにはトロフィーとして元カナダ総督に寄贈された杯「スタンレー・カップ」が授与された。１９２４年のフランス・シャモニー冬季オリンピックと１９２８年スイス・サンモリッツ冬季オリンピックにおいてカナダはほとんどゴールを奪われることなく優勝し、文句なしの王者となった。

　カナダ勢はサンモリッツの高級ホテル、クルムに隣接したリンクで対戦相手を一蹴した。アルプスのホテル業者はシャモニー大会から競技会側と提携関係にあり、この最高級リゾート地で大きく発展した。サンモリッツは昔から温泉と巡礼の地として栄えてきたが、19世紀末に保養地として活動を広げていく。最初に保養所ができたのはスイス東部のダボスである。それがスイス・アルプスに広がり、多くの結核患者が療養のために訪れた。とりわけこの地を気に入ったのがイギリス人だ。彼らの多くはベッドに横になっているか散歩をするという生活を送っていたが、それでは飽き足らない命知らずたちがそりやトボガン［北米先住民が使用していた木製のそり］で遊びはじめた。これが大ブームとなり、クルム・ホテルのオーナー、キャスパー・バドラットはそり遊びのためのコースを提供して、命知らずの人々が町や高級ホテルに近づかないようにした。そして１８８５年、イギリスの将校クラスがサンモリッツ・トボガン・クラブを結成すると、バドラットのコース以上の工夫を凝らした初のトボガン専用の滑降コース「クレスタ・ラン」を作る。１９０２年にはボブスレー用のコースも1本追加された。ボブスレーは、イギリス人ウィルソン・スミスが2台のそりをつないですべったことが起源といわれている。１９２８年、サンモリッツ冬季オリンピックにおいてクレスタ・ランでボブスレー競技がおこなわれた際に、頭を下にして滑る「スケルトン」というスタイルが誕生する。それまでのオリンピックには、ヨーロッパで人気を博しつつあった自動車レースのようにスピード狂を興奮させるものがなかったが、1920年代末にようやくそれに近いものが現れたというわけだ。

7　労働者オリンピック

20世紀初めの知識人層の社会主義者は身体文化、特にスポーツを頭からばかにして遠ざけていた。ニコライ・ヴァレンティノフが同志レーニンについて、こう回想している。「彼は私の部屋にある重いダンベルとウェイトを見るとそれが汚らわしいものでもあるかのように顔を背けた。仮にも社会民主主義者を標榜する男、つまり教養の高い人間がなぜ、運動競技のなかでもウェイトリフティングのような〝野蛮な曲芸〟に興味を示すのか、彼には理解できなかった」[1]。だが1920年代に入る頃、ドイツの社会民主主義者にしてヨーロッパにおける労働者スポーツ・ムーブメントの立役者、フリッツ・ヴィルダンはこう語っている。「労働者階級のスポーツは社会主義によって奨励されるべきだ。新しい文化は間違いなくスポーツから生まれる。その担い手は労働者だ。スポーツこそ我々の肉体と精神を解放してくれるものだ」[2]。1920年代末期になると、最も禁欲的なボルシェヴィキもついに、世界に広がった階級闘争におけるスポーツの役割を認めた。短期間ではあったが、労働者スポーツのムーブメントはオリンピズムのあり方に疑問を投げかけ、労働者オリンピックというもうひとつのスペクタクルで世界の友好をはかろうとした。

　この変化は、早くからスポーツに打ち込んできたドイツの労働者階級に端を発する。1890年代初め、ビスマルクが制定した社会主義者鎮圧法が廃止された。それまで違法とされていたあらゆる労働者の組織が認められ、スポーツクラブが急速に拡大した。1848年革命を起源とする急進的民主主義の体操クラブの伝統と、超国家主義のツルネン体操クラブによる政治活動を参考に、ドイツの労働者階級は独自のスポーツクラブと全国にわたる連盟を設立、あるいはブルジョアの組織から離脱した。1914年には、これらのクラブが約20万のメンバー数を誇るまでになった。そのなかには労働者階級のフリーセーリング協会、チェス・クラブ、ハイキングや自然観察を楽しむ目的で大人気の団体「自然の友 Di Naturfreunde」も含まれている。ある社会主義の議員が抱いたような、「スポーツに興じていたら労働組合や党の活動がおろそかにならないだろうか」という疑念もあったが、すぐにこのような批判的な意見に勝る考え方が生まれた。スポーツを政治に役立つ道具とみなす考え方である。スポーツとは労働者が健康で幸福に生きるという政治の大義をかなえるためのものであり、社会主義社会においては文化を高めるための新しい手段であると考えようとしたのである。[3]

　労働者のサイクリストは、ドイツで最も闘志あふれる人々に数えられた。自転車という安上がりながら革新的な移動手段によって心身が爽快になり、解放感を得た人々だ。「階級闘争における労働組合や党を、前進する歩兵部隊や砲兵隊のような軍の主要部分にたとえるとしたら、我々労働者サイクリストは赤服の騎兵隊、つまり機動力のある部隊である。我々は主要部分がとうてい近づけないテリトリーに到達しうる……まさに自転車で階級闘争に加わっているのである」。普通はナショナリストと人種改良論者に任せるような生物学的医学的な議論について異議を唱えるドイツの社会主義者もいた。「スポーツは労働者階級の健康を保ち、また厳しく体を鍛える手段である」。スポーツはまた、労働者を飲酒に伴う社会問題から遠ざける手段とみなされた。さらに、ひとりひとりの意識と自由の獲得に踏み込んだ、下記のような檄文もある。[4]

　労働者および身体文化論者諸君！

労働者はかつてないほど実感している。自由な身体文化は社会主義教育の一環であることを。諸君には自らの体を扱う自由がない。労働と同じだ。生活環境に妨げられて自分を見失っている。抑圧から自らを解き放て。裸体を恥じる必要はない！労働者は肉体の解放において団結しなくてはならない。

スポーツの一番の目標は「労働者階級が階級闘争に備えて体を鍛える機会となる」ことだ、というのが彼らの一致した見解だった。同時に、労働者階級はオリンピックに認められるエリート意識にも批判をぶつけた。「ブルジョアのスポーツは例外なく、選手が最高のパフォーマンスを発揮することにだけ力を注ぐ。記録、記録、記録！　この呪文に縛りつけられているのだ」[5]。営利目的のスポーツも厳しく非難された。「プロは自分の体を商品にして売り買いされる。役に立たなくなったら捨てられるだけだ」。一方、労働者の競技会は社会主義の理想を掲げて誰もが参加できる――女性も大歓迎の――祭典であり、記録更新は第一の目的ではないとされた。ここでは、労働者の若者はブルジョアやナショナリストの価値観に染まることはない、身体文化は世界の平和と連帯に資する共通の行為として務めを果たしていくのだ、と。

新世紀を迎える頃には、労働者のスポーツクラブがドイツに続いてスイスやオーストリア＝ハンガリー帝国領のチェコ、さらには首都ウィーンとブダペストにも誕生した。10年後、北欧諸国、イギリス、フランス、ベルギーでも同志が結集し、１９１３年、非公式ながら最初の労働者国際競技会がフランス、ドイツおよびベルギーで開催された。

国際主義と反軍国主義は初期の労働者スポーツ・ムーブメントに欠かせないイデオロギーだったが、第1次世界大戦の勃発によって、最重要なものとなったようだ。１９１９年、早くも「社会主義インターナショナル」が国際的な社会主義スポーツ・ムーブメントの創生を承認した。１９２０年9月に開かれたルツェルン会議にて「社会主義労働者スポーツ・インターナショナル（ＳＷＳＩ）」が設立され、「労働者、わけても男女を問わず若者の体育、スポーツ、体操およびハイキングを奨励する」と誓った。スポーツのイベントにおいてはこれを目的として、「互いにまっすぐ見つめあい、敵などいないと理解する」[6]ことが大切とされた。

１９３０年頃のＳＷＳＩは４００万人のメンバーを抱え、労働者の文化活動としてはある意味で最大の組織だった。活動の中心地は依然としてドイツであり、メンバーは150万人。スイス、オーストリアと新たな独立国チェコスロバキア、ポーランド、フィンランドにも支部が置かれた。チェコとポーランドの組織は言語と民族によって分かれていた。ポーランドだけで組織が4つもあったのは、ポーランド人、ウクライナ人、ドイツ人およびユダヤ人が暮らしていたからだ。「赤いウィーン」が社会主義の砦《とりで》となっていたオーストリアは25万のメンバーを誇り、飛行場を改修した世界最大のジムを所有していた。アメリカやカナダで小さなムーブメントを起こすメンバーもいた。パレスチナでは極左のハポエル・ムーブメントがマッカビ・スポーツクラブから分かれてSWSIに合流した。だが、フランスとイギリスはSWSIにほとんど貢献していない。フランスでは内部分裂によって活動が滞り、イギリスでは労働党と労働組合がまったくといっていいほど関心を示さなかったためだ。[7]

IOCのオリンピックは依然ドイツを除外していたが、SWSIはこれに代わる競技会を企画し続けた末、1925年に第1回労働者オリンピックをフランクフルトで開催した。この大会には、政府とフランクフルトのリベラル派市長、ユダヤ人のルートヴィヒ・ラントマンからの援助金7万5000ライヒスマルクがつぎ込まれた。学校と市が所有する建物と市営スタジアムには万国旗や幔幕《まんまく》が飾られ、数万規模の観客を収容できる臨時のテント村が作られた。何もかもIOCのオリンピックをはるかに上回る規模だった。開会式では約15万の観衆が見守るなか、8000人の選手が入場行進をした。地元の社会主義系新聞が以下のようにほめたたえている。「赤旗の海に隠れた、たくましい労働者の大群のようだ。均整の取れた体に黒いショートパンツ姿の男たちが、まっすぐに、あるいは斜めに並び、石柱のように身じろぎひとつしないかと思えば、音楽に合わせて揺れる。一様に日に焼けた肉体から生気と力強さがほとばしる光景は忘れられない。……女子選手にはまた別のすばらしさがあり、未来の母親の体が日差しを浴びてしなやかにカーブを描いていた」[8]

1200人の合唱団が「戦争反対」のスローガンを掲げて「インターナショナル」を歌う。なかでもフランスの歌声がすばらしく、かつての敵国ドイツでさえも称賛したと記録されている。多くの運動競技やマスゲームと同時に、楽隊のマーチや子供たちのパレード、「全人類に捧げる労働者の戦い」と題する劇が6万の参加者によっておこなわれた。劇中、「パワフル合唱団」と「外交官合唱団」が金融資本と若い世代を戦いのコーラスで表現した。フランクフルトのリベラル紙がこう総括している。「1925年の第1回労働者オリンピックは政治的な活動としてはもの足りなかったかもしれないが、実に豊かなイベントだった。労働者スポーツの組織力はあなどれない」[9]

1925年大会はたしかに労働者スポーツ・ムーブメントの強い統制力を印象づけた。だが、ふたつの大戦間のあらゆる左派政治の状況と同様に、ロシア革命後に現れた共産主義者（社会主義者と社会民主主義者）同士の根本的な対立によって、徐々に力が衰えていった。初めて共産主義者のスポーツクラブが誕生したのは1920年のベルリンだ。アスリートたちは悪名高い市街戦となったスパルタカス団蜂起に加わって政治的な闘争を経験する。共産主義者が集う小さなスポーツクラブはフランス、スウェーデン、フィンランド、イタリア、ハンガリーにも生まれた。1921年にはコミンテルン（各国の共産主義運動の司令塔となる組織）が独自のスポーツ機構を求めてレッド・スポーツ・インターナショナル（RSI）を結成したが、スポーツの経験がまったくないロシア人ニコライ・ポドホイスキーの指導でRSIがおこなったことはといえば、階級闘争を美しく効果的に表現する技術のレベルアップ、SWSIに対する執拗な非難、さまざまな国際的イベントでソヴィエト連邦の関与を高めようとするデモンストレーション等であった。RSIの国際的なスポーツ・ムーブメントへの参加は、「統一」という名目で多くの社会民主主義者が容認はしていたものの、ドイツはついにたまりかねて彼らを追い出した。

共産主義の側が1925年大会に対抗しておこなったのが、1928年の「モスクワ・スパルタキアード」である。6000人余りの選手のうち600人はソヴィエト以外の国々から集まり、同時期に開かれたアムステルダム大会より盛りだくさんのプログラムだった。大会はモスクワ川の水祭で始まり、3万の観衆がレーニン丘を歩いた。オートバイと自動車のラリー、民族音楽の演奏と詩の朗読、「世界中の労働者」と「国際的なブルジョア」の模擬戦があった。競技を紹介したのち、司会役は高らかにこう言った。「スパルタキアードという名称は奴隷の反乱軍を率いた古代ローマ英雄スパルタカスにちなんでいます。……コミンテルン会議もスパルタキアードも、社会主義と共産主義のために働く人々の絆を生むのです。彼らは共に革命、すなわち正統な身体文化とマルクス＝レーニン主義に基づく革命闘争の文化のために戦っている友なのです」[10]

ソヴィエト連邦は国内開催のスパルタキアードを続けようとしたものの、1930年代にはスターリンによる粛正や飢饉、急速な工業化などによって見通しのきかない状況に陥り、この国際的な共産主義の祭典も廃止に追い込まれた。ソヴィエトの基本政策は、世界革命を起こすことから国内の社会主義を安定させるという方向に舵を切ったのである。この時期の労働者スポーツは、1931年にウィーンで労働者オリンピックを開くなど、ファシズムと戦争に脅かされる前の最後の輝きを見せた。

オーストリアの社会主義は組織がしっかりと整っていたが、1920年代末から1930年代初めに政治的経済的に極右のナショナリズムに包囲され、脅かされていた。そしてスポーツ・ムーブメントは、市街や近隣の治安を守る人材をウィーンの労働者階級からスカウトする場の役割を担った。1927年にムーブメントの指導者となったユリウス・ドイッチュが、国防軍のリーダーを務める一方で共和国防衛同盟（ならず者を組織した左翼の自警団）を指導したのも不思議ではない。こうした状況を受け、1931年大会は国際政治をサポートすることを目指す大会となった。「すべての社会民主主義者は次回オリンピックがオーストリアで開かれることを喜んでいる。その場で同志はファシストの反発に雄々しく立ち向かうつもりだ。国境を越えてプロレタリアートが団結しなくてはならない」[11]。その夏、26か国から7万7000人のアスリートがウィーンに集結して同志を支えた。半分以上は外国からの参加者で、ほとんどが地元労働者の家に宿泊した。ムーブメントが自力で新設したスタジアムには20万以上の観衆が集まり、サッカーの決勝戦には6万5000人、競輪場には1万2000人が詰めかけた。また、1万人が参加する劇のイベントもおこなわれた。そのなかには、首都の巨大な塔を世界中のたくましいプロレタリアートが力を合わせて引き倒し、破壊する場面もあった。しかし結局は、多くのトレーニングも、築きあげた集団の規律も、すべて無駄に終わった。わずか4年後、オーストリアは右派の独裁政治に屈し、労働者階級のスポーツ・ムーブメントは消滅した。指導者たちは命を落とすか追放されるという厳しい道をたどることになった。そしてヨーロッパのほぼ全土が、同じような運命をたどることになる。

8

1928年アムステルダム大会

　アントワープ大会やパリ大会と同じく、アムステルダム大会もブルジョア主催の大会となった。凍った川の上でのスケートからゴルフの先祖コルベンまで、スポーツと競技と娯楽は久しくオランダの大衆文化の形成に大きな役割を果たしてきたが、19世紀末からブルジョアが積極的にイギリスのスポーツを取り入れはじめていた。彼らの多くはイギリスで教育を受けた経験があり、国外に住む同胞から情報を得ていたからである。たとえば、クリケットをすればエドワード朝の田園地帯でのんびりしているような気分に浸ることができたし、漕艇やサッカーからは世界で最も強大な帝国のパブリックスクールや軍隊に見られる活力と強い精神を知ることができた。富裕層がたしなむ陸上競技やフェンシング、馬術も流行した。アムステルダム大会の組織委員会にしても、多くはこうした階級の人々だった。IOC委員も務めるファン・トゥイル男爵。不屈のフェンシング選手、ピーター・シャルー大佐。そして会長のシンメルペンニンク・ファン・デル・オエ男爵。1920年代におけるオリンピック大会と、それを支えるスポーツ界と上流社会の協調に挑むのは、それまでのところ、近代的精神によって出現した社会運動だった。国民国家という概念およびナショナリズムは競技会にはつきものだが、旧帝国が解体するにつれてそれらは新しい規範のように受け止められていく。資本主義と商業主義はスポーツのプロ化を推進し、第1次世界大戦後の民主化の波は、労働者、女子、ろう者のスポーツ・ムーブメントに火をつけた。一方、オランダ国内の主なオリンピック反対派は、意外にもはるか昔に作られた勢力と理念、とりわけ17世紀カルヴァン主義者の厳格で禁欲的な思想に端を発しており、プロテスタント信仰告白系政党もオランダ議会で3分の1以上の議席数を確保するなど、依然として影響力があった。[1]

　1925年、組織委員会とオランダ政府は競技会の費用100万ギルダーを計上する許可を議会に求めた。もとより反対派の圧力は承知しており、日曜日には競技をおこなわない、宝くじの収益をオリンピック関連には使用しないという取り決めをすでにしていたが、宗教界の反対は執拗だった。プロテスタント系の政党は第二院の議会で厳しい言葉を放った。「オリンピック大会はその起源も本質も異教徒のものだ」。オリンピックの主旨をよく理解していた教育大臣が、競技会は聖書の教えに反しないと主張したが、カルヴァン主義者たちは聞く耳を持たなかった。「スポーツによって競争する心に火がつき、実に怪しげな方法で感情が激しくかき立てられる。神が定めた人生は遊びと放埓な生活に取って代わられ、国家の道徳観念まで衰退する」と主張し、何よりも「スポーツ熱に取りつかれた女性は慎みや貞節を失ってしまう」と言う。これに対して、リベラル派の第二院議員スタールマンが「火刑と魔女裁判を求める声」を聞いているようだと述べ、社会民主主義者のシャーパーが「中世のくだらない迷信だ」と発言するなどして反論したが、大会予算案は否決された。国による援助という道はなくなった。クーベルタンは日記のなかで辛辣にこう記している。「彼らは愚劣さという種目でまれに見る記録を出そうとしている……世は20世紀だというのに」[2]

3日後、あらゆる新聞に、オリンピックへの資金援助を国に求める公開書簡が載った。オランダのスポーツ界はそれまで大会には無関心だったが、聖職者のアンチ・スポーツ感情の根深さに腹を立て、にわかに動き出した。KNVB（王立オランダサッカー協会）のような最大級の団体から、アマチュア・アルザス犬ブリーディング協会、メッペル・ハーネスレース（繋駕速歩《けいがそくほ》競走）協会、ホーテン・ウッドゥンボールズ・クラブなどの極小グループまでが次々に献金した。ブルジョア階級も再び立ち上がった。数千人が個人的に寄付をし、さらに企業が上乗せした。レストランチェーン「ヘックス・ランチルーム」は客ひとりにつき1セントを寄付した。菓子製造業のジャミンはオリンピック特製チョコレート・バーを、郵便局は最初の記念切手集を売り出し――たちまち完売した――収益を献金にあてた。寄付は国内からだけではなかった。オランダ領東インド諸島の移住民や外国に暮らす富裕なビジネスマンが、またアメリカのチューインガム王、ウィリアム・リグレーまでもが相当の援助をした。アムステルダム市議会による援助も決まり、この大会はスポーツ国家オランダの大いなる喜びとしてスタートしたのである。

この大会まで、開催都市とオリンピックに使う建造物との関係はさほど意識されたものではなかった。たとえば１８９６年大会では、すっかり老朽化していたパナシナイコ・スタジアムを再建して使ったにすぎない。１９００年、１９０４年、１９０８年大会は万国博覧会の余興でしかなかったので、オリンピック会場はすぐに跡形もなくなった。ストックホルム、アントワープ、パリ大会ではスタジアムが新築または改築されたものの、オリンピック以外に公共の施設としての使い道はなく、他の都市計画との関係もなかった（強いてメリットをあげるとすれば、アントワープ大会の後でブルジョア層の住む郊外の地価が跳ね上がったことぐらいだった）。だがアムステルダム大会は違った。競技に何か月もかけるのではなく2週間ですべて終わらせるという、大変合理的でコンパクトなスケジュールでおこなわれた。新しいスタジアムは最初から、総合的な運動施設として都市計画に組み込まれた。計画は、スタジアムをアムステルダム南端の沼沢地——市の都市開発計画「南部計画」で開発が決まったばかりの地域——を埋め立てた場所に建て、インフラと連絡路も整備するというものだった。そこには20世紀への変わり目に造られた小さな競技場があり、それを第二会場として使うことにした。何よりもデザインと建築計画すべてがひとりの建築家と委員会のイメージにゆだねられたという点で、従来の大会とは違っていた。

委員会が設計を依頼したのは、オランダの穏健な社会民主主義者、ヤン・ヴィルスである。1920年代の彼の作品は、さまざまな建築家の影響を受けている。ミース・ファン・デル・ローエのシンプルなラインや「インターナショナルスタイル」、アムステルダムの学校に見られるれんが造り、モダニズム建築の美意識、デ・スティル様式を反映した原色と格子の使い方、わずかにフランク・ロイド・ライトの影響をうかがわせる装飾性、等々。しかしそうした要素がすべて彼のオリンピック・スタジアムに反映されたとしても、それが彼に設計を依頼する理由だったとは考えにくい。おそらく組織委員会の重鎮シャルル大佐と親しかったことが功を奏したのだろう。大佐はパリ大会でも彼をクーベルタンに紹介していた。ヴィルスが共同執筆で書いたオランダのスポーツ施設建築に関する本にはクーベルタンが序文を寄せている。この「体育、スポーツ、試合のための建築とグラウンド」は建築デザインと仕様書について述べたものだが、スポーツと都市ランドスケープにおけるスポーツ施設の位置づけについて書かれた最初の書籍といえる。[3]

だがヴィルスにすべてが任されたわけではなかった。最初の全体計画は組織委員会に容赦なく刈り込まれた。彼が提案した常設のレストランはテントの店舗で十分とされた。ふたつの競技用ホールとプールは、大会後に移築できる簡単な構造に変更を余儀なくされた。選手村は設けず、宿泊施設にはアパートやボートホテルを利用することになった。スタジアムの建設もスムーズには進まなかった。現場では何度も無秩序な山猫ストが起こった。また、ヴィルスが主要なコンクリート工事を地元企業に託すと、建築業界との癒着だと指摘する者もいた。競技会に反対する市会議員たちは、運営が不透明であるとして激しく非難した。「オリンピック大会全体が謎に包まれている。時折無意味な報告書を出すだけの小さなグループが運営の一切を牛耳っているではないか」[4]

完成したスタジアムはシンプルだが機能的で、美しい外観が実に魅力的だった。コンクリートと鋼材の躯体を200万個のレンガがおおい、窓や出入り口の上（まぐさ石）や入り口や階段など、ところどころに縦横の模様が施されていた。3万人余りを収容できるアリーナ形式の客席。コンクリートのバンクを備えたサイクルトラック。400メートルの陸上競技トラック（現在ではオリンピックの標準となっている距離とマーキングを初めて使用したトラック）。サッカーやコーフボール「男女各6人のチームでおこなうバスケットボールに似たゲーム」のピッチとなる長方形の芝生。さらに体操の競技場もそろっていた。客席の下に造られた通路はスタジアムをぐるりとめぐり、記者や警察、VIP、コーチや医師の移動に大変便利だった。この複合施設のシンボルともいえるのは、スタジアムの東側にそびえるマラソン・タワーだ。当時流行のレンガ造りの聖火台だが、てっぺんに設置された金属製の巨大な器に、この大会で初めてオリンピックの聖火がともされた（のちの派手な聖火と聖火台に比べれば、都市ガスの栓をひねって点火するだけのシンプルなものではあったが）。しかし眺めは壮大だった。開会式の数日前、スポーツ記者のレオ・ラウアーはヴィルスと共にタワーのてっぺんに上ったときの楽しさを書いている。「足元には夏のアムステルダム市街が一面に広がり、実に爽快だ。今日は土曜日。自由にスポーツを楽しめる土曜日だ！」[5]

もちろんそれまでも、オリンピック開催都市は町の飾りつけに力を入れていた。アントワープとパリの街頭や広場では、旗や横断幕やポスターなどの広告がいたるところに飾られた。そしてアムステルダムでは、それまでの19世紀式ディスプレーに新しく電気のまぶしい光が加わった。夜になるとオリンピック・スタジアムはやわらかな黄色い光線を浴び、町はライトの鎖で飾られた。レグリールス運河にかかる橋や小道、西教会の尖塔《せんとう》、色とりどりにきらめくフレデリクスプレインの噴水。「夢のようにすばらしい。とても言葉で表現できない」と書く地元の新聞もあった。だが共産主義系日刊紙「トリビューン」の見解は異なった。「きらめく運河の美しさに、誰もが昼間の悪臭を忘れてしまった」[6]

アムステルダムがオリンピック一色に塗りつぶされたことを誰もが喜んだわけではない。意地悪くこきおろしたのは、やはり共産主義系の新聞だ。「アムステルダムは五輪に支配されている。五輪とは５つの０《ゼロ》のことであり、五大陸の相互の連帯とは名ばかりの虚しさやくだらなさ、堕落を表している」。教会や信仰告白系政党や宗教系新聞は団結して、反オリンピックのパンフレットを街頭や書店にばらまいた。さまざまなタイトルのなかには、「イスラエル人と外国人、すなわちオランダのオリンピックにひそむ災厄」「第９回オリンピックとはキリスト教国家に持ち込まれた古代の邪教」というものもあった。彼らは執念深かった。「オリンピック大会はしょせん異教徒の祭ではないか。我々キリスト教徒にとっては受難の場といえよう。信仰から生まれないものは何か？　罪だ！　諸君と共にスタジアムに足を踏み入れるより、私は死体となって踏みつけられることを選ぶ。諸君の子供たちには、そこに行けば堕落すると告げたまえ」[7]。プロテスタントとカトリックおよび中庸派がまとまってクリスチャン・ソシアル連合を設立した。オリンピックの熱気に誘われて町にあふれるふしだらな女や、浮かれて道を踏み外す田舎娘たちに安全な宿と祈禱会を提供するためだ。

　競技の面では、奇妙な既視感のある大会となった。１９２４年パリ大会のスターたちの多くが連覇を果たしたのだ。ジョニー・ワイズミュラーは１００メートル自由形を再び制した。パリ大会の長距離走で大活躍したフィンランドのパーヴォ・ヌルミは、今回も１万メートルで金メダルを獲った（ただし３０００メートル障害と５０００メートルでは若いビレ・リトラが勝った）。ウルグアイのサッカーチームは、再試合となった決勝でアルゼンチンを下してタイトルを保持した。決勝戦のチケットには定員の何倍もの申し込みがあった（チケットといえば、ウルグアイ対オランダ戦も、何万もの人々がチケットを求めてスタジアムの前に長蛇の列を作った。屋台が出て、レバーとビーフのサンドイッチやニシンの塩漬け、チョコレート、ビール、それにトランプまで売ったという）。

　この王者たちは以後、二度とオリンピックに出場しない。ワイズミュラーはＭＧＭと契約してターザン・シリーズの映画で主役を務め、アメリカのオリンピック・スイマーとしては初めてハリウッドスターとなった。ヌルミは、多くの競技会に招待選手として出場した際に報酬を受け取っていたことが明らかなプロ行為であるとみなされ、１９３２年ロサンゼルス大会の出場資格を失った。

　そしてサッカーでは、すでにイギリスとオーストリアではプロ選手の存在が当たり前となり、フランス、スペイン、イタリア、ラテンアメリカでもプロのプレーヤーが続々と生まれようとしていた。すでに設立されていたFIFA（国際サッカー連盟）はアムステルダム大会の大成功を喜びはしたものの、独自の大会開催を目指してついに世界選手権「ワールドカップ」を別に創設した。第1回ワールドカップはウルグアイで開かれ、優勝もウルグアイだった。現在もサッカーはオリンピック種目に残っているが、アムステルダム大会時ほどの重要性はない。

ボクシングは4年前も判定でもめたが、今回は無能な審判団に対する観衆の不満が頂点に達した。南アフリカのハリー・イサークス（バンタム級）はアメリカのジョン・デイリーとの試合で勝利を告げられたが、本人さえ不可解だった。納得できないアメリカの観衆が審判団に詰め寄り、ひとりのジャッジが選手を見間違えていたことがわかって判定が覆った。最悪だったのはミドル級で、並ぶ者のないチェコのヤン・ハーマネックの試合である。ハーマネックがイタリアのピエロ・トスカーニを叩きのめしたにもかかわらず、ジャッジがまったく別の試合を見ていたために判定負けとした試合である。観客は怒りを爆発させた。「35年間ボクシングを見ているが、あんな騒ぎは初めてだ。怒り狂ったチェコの応援団からジャッジを守るために、警察の手まで借りることになった。あの晩はリングのなかより外の闘いのほうが壮絶だった。勝ったのは警察だった」[8]

パリ大会に比べれば、アムステルダム大会ではナショナリズムが燃え上がって国と国が衝突するような場面はあまりなかった。感情を表に出さないことを誇りとするオランダ人は、静かに祖国の勝利を願った。オランダは貴族階級、特に軍人が活躍し、馬術競技では金メダルに輝いた。女子の背泳ぎ100メートルでは10代のマリー・ブラウンが優勝した。自転車競技のタンデム・スプリントでレーヌとファン・ダイクが優勝したときには大喝采が止まらず、コーフボールのエキシビション・ゲームを中止してふたりにスタジアムを周回させた。

意外だが、この大会でオランダ国民が最も愛したのは、自国ではない英領インドのホッケー・チームだった。19世紀末にイギリス軍がインドにホッケーを伝えると、すぐに広がって軍・民間を問わず多くのチームができた。クリケットよりも人気が出て、しかも誰でも参加できることから、インドのホッケー人口は急速に増え、選り抜きをそろえたチームでオリンピックに出場することになった。彼らはイギリスでは、よくても冷ややかな目で見られ、あからさまに差別されることすらあったが、オランダでは歓迎された。歓迎の理由は、オリンピック以前は一般に知られていなかったホッケーが、当時オランダ国民に大人気のスポーツになっていたという事情もあろう。1912年以降初めての参加でオランダがドイツを下したのは、観客の声援と選手に鼓舞されたからだ。オランダと英領インドとの決勝戦は大一番となった。「タクシーはまったくつかまらず、やっと見つけたと思ったら猛スピードで去っていく。この大都市で車が動いているのはホッケーの決勝がおこなわれるオリンピック・スタジアム周辺だけだった。2週間前はホッケーなんて誰も知らないぐらいだったのに」[9]。インド・チームはまさしく絶対王者の風格があった。こののち、インド代表ホッケーチームはオリンピックで初となる6大会連続金メダルの偉業を成し遂げる。ホッケーはインドの国技となり、民族の自立と独立の誓いの象徴ともなった。

　閉会に際して、この大会への宗教界の激しい抵抗について振り返った、こんな論説がある。「アムステルダムは道徳の破壊から救われた。ソドムとゴモラのように破壊する必要はなかったということだ。間近で見れば、真っ黒く描かれていたはずの悪魔の姿はそれほど邪悪ではなかった」[10]。次のロサンゼルス大会の組織委員会はアムステルダム大会に見られたシンプルな機能性に感銘を受け、「未来のモデル」と言明した。そしてオリンピックはハリウッドへ移動したあとベルリンへ、つまり消費の帝国の中心地から大量殺戮を生むファシズムの中心地へと舞台を移すことになる。悪魔は戻ってくるのである。

第4章

イッツ・ショータイム!
オリンピックというスペクタクル

1932年ロサンゼルス　1936年ベルリン　1940年東京
1932年レークプラシッド　1936年ガルミッシュ＝パルテンキルヒェン

――1932年ロサンゼルス・オリンピック大会の公式記録より

もはやベルリンではない。映画のセットだ。

――1936年8月「ル・ジュール」紙より

ざわめきがまたたく間にスタジアム中に広がった。

そして静まり返った。

選挙運動のアナウンサーのような大音声が、広大な競技場の隅々まで響いた。

「皆さん、アメリカ合衆国副大統領が間もなく競技会の開会を宣言します」

副大統領がボックス席に着き、初めて観衆の前に姿を現した。彼は手を振って新たに沸き起こった歓声に応えた。

副大統領のジェスチャーで再び場内が静まった。

誰もがこの日の予定表に急いで目を通す。

次は何が始まる?

1

民族の優劣とメディア

1923年のIOC会議の第一の議題は1932年大会の開催地を決めることだった。中央ヨーロッパのある代表が、ロサンゼルス招致委員会の会長ウィリアム・ガーランドにこう問いかけた。「ロサンゼルスとはどこですか？ ハリウッドの近くですか？」[1] 映画産業で有名なハリウッドの陰になって知名度の低いロサンゼルスは、競技会を映画作品としてとらえ、町全体を巨大なセットに見立てていたようだ。報告書は映画の脚本そのものだった。ト書きや演奏のキュー、人々の心理状態や雰囲気まで想定して書かれていた。「画面はスタジアムの広角撮影からしゃべっている観客たちに飛び、下からなめるようにクローズアップ。今度は副大統領がボックス席に入るところに飛んで、手を振るところと歓声が上がる場面」というように。それに続くのはなんと、開会式の撮影台本の内容だった。

ブラスバンドのピットからスモークが流れだし、小さな炎が急速に大きくなって金色に輝き、オリンピック精神を象徴する。合唱団の前では純白に五輪を染め抜いた大きなオリンピック旗が午後のそよ風になびいている。[2]

最後のショットは上空の飛行船から撮影したものだ。競技場の客席は半ば空になり、ロサンゼルス中から集まった観衆が長い列を作って帰っていく映像に、落ち着いた声のナレーションがかぶさる。「広大な〈コロシアム〉には、今も古代オリンピアの廃墟の上空にとどまっているであろう霊的な空気が漂っていた」。ジ・エンド。続いてクレジット。[3]

1932年ロサンゼルス大会と1936年ベルリン大会は対照的と言っていいだろう。「黄金の州」カリフォルニアの形式ばらない気楽さ対ドイツのプロイセン式堅苦しさ。前者は財源が乏しく、アメリカ政府の資金援助も少なかった。カリフォルニア州政府は100万ドルの公債を発行して資金に回すことにした。地元の企業も投資を兼ねて寄付金を集め、メイン・スタジアムとなる〈コロシアム〉を建設した。リビエラ・カントリークラブは障害飛越の馬場を、サンセット・フィールズ・ゴルフクラブは近代五種競技の会場を提供した。ところがベルリンの場合、ドイツの国庫からまとまった資金が投入され、大蔵省のうるさい役人でさえ口をはさまなかった。約4000万ライヒスマルクというのは、それまでのオリンピックすべてにかかった費用の合計を上回る金額だった。1936年ベルリン大会では、慎重かつ意図的に政治イデオロギーを絡めつつ、近代国家に可能なかぎりの力を結集することが目指されたが、アメリカ連邦政府はほとんど無気力と言ってよかった。ハーバート・フーバー大統領は1932年夏にワシントンに集まったボーナス・アーミー「第1次世界大戦の退役軍人のうち、45年に支給される予定の賞与金の即時支払いを求めて集まった人々」の対処を理由に開会宣言の栄誉を辞退した。前大統領カルヴァン・クーリッジも丁重に断った。出向いたのは、副大統領チャールズ・カーティスただひとり。カーティスは、1932年のレークプラシッド冬季オリンピックに出席したフランクリン・D・ローズヴェルト（ニューヨーク州上院議員で、当時民主党の大統領候補だった）が夏季大会にも出席するのを恐れたのである。随行員はたったひとりだった。対するヒトラーはベルリン大会の会期中、ナチスの精鋭ほぼ全員を引き連れて、会場に毎日姿を見せた。ドイツ大使館もベルリン大会を全面的に支援した。大使館員が選手の付添人や広報担当者の役割を務め、上層部は国際スポーツ団体の世界におけるドイツの存在感を高めることに腐心した。それにひきかえアメリカは何をするにも消極的で、催促されてからようやく正式な招待状を出すようなありさまだった。イデオロギーに関して最も活発な発言でマスコミをにぎわせたのは、ケインズ学派だった。「リテラリー・ダイジェスト」誌は多くの意見と同じく、ロサンゼルス・オリンピックを「不景気の元凶だ……600万ドルというパンチをあごにくらった……これが不況に対するスポーツ界の回答か？」と述べるが、アメリカ史上最悪の不況下で、もっともらしい理由をつけて批判しているにすぎなかった。かたやベルリン大会は、オリンピックの形式やしきたりという制約があったにもかかわらず、政治的イデオロギーに満ちており、その運営は地元の組織委員会ではなく、主としてヨーゼフ・ゲッベルスの国民啓蒙・宣伝省にゆだねられていた。

というわけで、一見するとロサンゼルス大会とベルリン大会は、民主主義とファシズム、帝国主義と国家社会主義の激しい対立など、世界大恐慌が導火線となり、第2次世界大戦において極致に至った大国同士の競い合いを反映しているかのようだ。しかし、ロサンゼルス大会とベルリン大会にはふたつの共通する面がある。むしろ、この2大会はこれ以前のどのオリンピックよりも互いに似通っているとさえ言えるだろう。当時、大国間の争いが激しくなると共に増した社会的力と変化を示しているのも、これらの面である。

ひとつは、どちらも民族と人種の優劣をスポーツで示そうとした劇場だったということだ。ロサンゼルスより前にアメリカが開催国となったのは１９０４年のセントルイス大会だったが、「人類学の日」というイベントでは練習もしていないアフリカ人やアジア人にアメリカの一流選手と競わせたり、「野蛮なスポーツ」をさせたりした。これは競技ではなく悪趣味な見世物であり、一般大衆にもほとんど注目されなかった。しかしロサンゼルス大会では、アメリカ・チームの一員としてのアフリカ系アメリカ人の存在が一般の新聞や雑誌で広く話題になった。また、軍事面でアメリカに脅威を与えた日本が競技でも強敵となり、陸上と水泳で金メダルを獲って地元紙をにぎわせた。最初は小さな東洋人とみくびっていたが、やがてその計り知れない力に対して警戒をうながすかのような記事になっている。一方ベルリン大会においては、ナチスによる人種差別が準備の段階から多くの競技種目にずっとついてまわった。彼らはアフリカ人を人間として不完全と決めつけ、ユダヤ人の排斥と迫害を正当な行為として認めていた。

ふたつめは、競技会から生まれるさまざまなエピソードと並んで、人種と民族に関する作り話が巧妙に演出され、以前のオリンピックとは比べものにならない規模で広まったことだ。ウィリアム・メイ・ガーランドは、オリンピックをカリフォルニアに誘致する活動を率いた人物で、地元の組織委員会会長も務めていたが、経済的効果に幻想を抱くことなく、大会の本質をつかんだうえで、ロサンゼルスを推していた。「ロサンゼルスとその周辺地域について１０００万ドルかけて広告宣伝するのと同じぐらいの効果を得られるだろう」[4]と述べている。ガーランドは全米不動産業協会の会長を2度にわたって務め、不動産ブームで財を成した。なにしろ１９００年には10万人だったロサンゼルスの人口が１９３０年には１３０万人に膨れ上がったのである。彼は20世紀初めにディベロッパーや後援者および各種団体、石油会社、映画会社の重鎮などの人脈を巧みに利用して、歴史家ケイリー・マックウィリアムズいわく「南カリフォルニアを世界一の卓越した宣伝材料のひとつとして組織しはじめ」[5]、新たなる地中海、太平洋のパラダイスとして売り出した。ガーランドは関係者への手紙やマスコミのインタビューでしばしばこんなことを言っている。アスリートは俳優、オリンピックは祭典またはショー、スポーツはつけたしだ、と。

ベルリン大会はロサンゼルス大会を手本にしたと言ってよい。ベルリン大会の関係者は、ロサンゼルス大会がオリンピックというスペクタクルを新しい理念やイメージやメッセージを世界中に届ける媒体として動かしたことを評価していた。ガーランドに相当する立場のドイツ人、カール・ディームは、数えきれないほど多くのロサンゼルス大会関係者に話を聞き、おびただしい量の記録や写真を集め、組織編成とプレゼンテーションのさまざまな面に活用した。そして4年後、フランスの「ル・ジュール」紙をしてベルリンを「映画のセット」といわしめるのである。街全体がナチスの権威を演出し、中庭と呼ばれるエリアはきれいに整えられ、ジプシーや犯罪者は街頭から一掃された。市内の撮影スポットやスタジアムにはカメラマン専用の台まで用意された。

ロサンゼルスとベルリン大会において、オリンピックはメディア向けイベントとしての頂点を極めた。そうなったのは第1次世界大戦の前後数十年間で驚異的に成長した新しい大衆的な文化産業に引っ張られてのことであり、また、オリンピックを利用したり支援したりしながら増大する商業と国家の力に従った結果だったと言える。ずっとこうだったわけではない。1896年アテネ大会では、開会直前になってもなお、イギリスの新聞は古代ギリシアを復興させた祭典よりオックスフォードとケンブリッジ大学のボートレースの取材を優先した。上流階級に属さないジャーナリストが普段なら招かれない正式の晩餐会に賓客として招待されても、無料の昼食会すら出席しようとしなかった。もちろん、参加者たちの体験記や心のこもった回想録などがまったくないわけではない。たとえばハードルの選手トーマス・カーティス著「High Hurdles and White Gloves（高いハードルと白手袋）」や、オックスフォード大学出身の円盤投げ選手、G・S・ロバートソンの「An Englishman at the First Modern Olympics（オリンピック体験記）」などだが、出版されたのは大会が終わってずいぶんたってからのことで、加えて一部の上流階級層のみが読むような本だった。やがて大都市では人々の識字率が大きく上昇し、新聞を読む人も増えてきた。1900年と1904年大会はほとんど報道されなかったものの、1908年大会ではオリンピック関連により多くの紙面が割かれるようになった。アメリカの新聞は歴史あるイギリスとの試合の取材に熱を入れ、イギリスのタブロイド紙は競技の写真を掲載して売り上げを伸ばした。こうして1912年ストックホルム大会には445名のジャーナリストが取材に訪れた（半数以上は海外からだった）。１９２４年パリ大会と１９２８年アムステルダム大会のジャーナリストの数はほぼ１０００名ずつ。ヨーロッパだけでなくラテンアメリカやアジアからもやってきた。従来の記者とカメラマンに加え、ラジオという新しいメディアからも取材陣が到着したのである。[6]

１９２０年代におけるメディアの発達はめざましく、ロサンゼルス大会とベルリン大会以降は、主催者側が世界へ向けて広報活動をおこなうようになった。また、メディア向けの設備が整えられたことで、マスコミ報道が著しく増大した。ロサンゼルス組織委員会は5か国語対応可能な報道部をいち早く設け、６０００余りにおよぶ世界中の定期刊行物のデータベースをそろえて円滑なコミュニケーションを実現した。数百台の電話、電信装置、テレタイプライターも用意された。さらにダウ・ジョーンズの株価情報受信機を改造した受信印字機で、競技の結果や記録をすぐに共有できるようにした。一度に大勢の客に対応する工夫もした。かつてないほどの時間と費用と技術をつぎ込み電話でチケットを販売する部署をつくると、野外広告や新聞広告で告知した。チケットは思い切って安くし、できるだけ客層を広げようとした。この試みはやがて過去最多の観客動員数という記録で報われる。アメリカのスポーツ文化特有の庶民性はスポーツ記者のざっくばらんな言いまわしにも反映され、やがてデイモン・ラニアンやポール・ギャリコら文才豊かな記者が――外国の新聞にはまねできないような――読者を意識した読み物的な記事を量産した。グラントランド・ライスはこう書いている。「50もの国がライバルをアメリカ合衆国ロサンゼルスに送りこんでくる」。アメリカには今もってペリクレスやソクラテスやプラトンにかなう哲人は出ていないが、「走ったり跳んだり、円盤や槍を投げたりする競技ならば、古代ギリシアのオリンピックの勝者でさえこの大会の有力選手にはまったく及ばないはずだ」[7]

ドイツ人はアメリカ人ほどエネルギッシュな表現はしなかったものの、技術力と組織力ではアメリカを大きく引き離した。オリンピックの広報部門は月刊誌「オリンピック大会――新しい活動」を創刊。競技の報告書にしては高価だったが、14か国語に翻訳されて2万４０００部を発行した。オリンピックのポスターは35か国に20万枚配られ、ドイツ鉄道広報局はパンフレットを４００万部配布した。大会の運営を任されている３人――組織委員会の事務局長カール・ディームと会長テオドール・レーヴァルト、「全国体育指導者」フォン・チャマー――はスポーツ指導者、さまざまな役員、ジャーナリストらを世界一周旅行に送り出した。オックスフォード対ケンブリッジ大学のボートレースでは40名の男子が広告のプラカードを掲げて歩き、ブエノスアイレスの地下鉄はオリンピックのポスターで埋めつくされた。シカゴの空では飛行機がアクロバット飛行を見せてベルリン・オリンピックを宣伝した。かくして、約３０００人のジャーナリストがベルリンに押し寄せることになった。前の３大会に集まった記者の合計を上回る人数である。[8] ロサンゼルスで使われたティッカー・テープ機（株価情報受信機）に相当するシーメンス社製テレタイプライターを使い、ドイツ空軍情報部が受信した情報を処理していく。一方、ロサンゼルスではなぜか存在を無視されていたラジオは、ベルリンでは見事に役目を果たした。会期中、ベルリン・オリンピックの放送室は43か国に３０００以上の送信をおこなった。新しもの好きな数千人のベルリンっ子がテレビでぼやけた画像――長さ15マイルの新しい有線ケーブルでオリンピック・スタジオから市内の事務所や邸宅の客間に運ばれた画像――を初めて見たのもベルリン大会のときである。だがテレビは技術的にまだまだ不十分で、情報伝達の手段としてはむしろ映画が主となった。映画という媒体において、ベルリン大会はロサンゼルスをしのいだばかりか、オリンピックが壮大なショーであることを改めて世界に示したのである。

１８９６年は第1回近代オリンピックが開催された年だが、リュミエール兄弟の画期的な発明であるシネマトグラフ――動画を映写して一度に多くの人が鑑賞できる、世界初の装置――が世界各地を巡回した年でもある。初期の映画製作者が興味を持ったにもかかわらず、１９００年と１９０４年大会の映像は残されていない。だが１９０６年の「中間」大会では、ゴーモン、パテ、ウォーリックといった映画会社の草分けと、アメリカの有名な旅行作家バートン・ホームズがアテネにスタッフを派遣した。ただし、実際に映像として残っているのは、イギリスからエドワード7世が到着した場面と、不鮮明な軍隊の体操の場面のみである（競技の場面はない）。１９０８年ロンドン大会では、ニュース映画の製作会社が競技を中心に撮影した。この大会でイタリアのマラソン選手ドランド・ピエトリがホワイト・シティ・スタジオによろよろと入り、何人かに支えられながらゴールした劇的な場面は大変有名になった。１９２０年代に入り近代的な都市住民や熱気あふれる観衆に焦点を絞った映画が登場すると、パリとアムステルダムの主催者側は長編映画を作るよう制作会社に依頼した。ベルナール・ナン監督「オリンピック大会 Les Jeux Olympiques」はパリ大会の記録であり、上映時間は3時間におよぶ。ヴィルヘルム・プラガーの「オリンピック大会 De Olympische Spielen」はアムステルダム大会を1時間余りに収めた作品だ。両監督とも、どのように競技を撮るか、どんな感動的なドラマを構築するかという課題に挑んでいる。1924年初めのシャモニー冬季大会において、アイススケーターの優雅な滑りをスローモーションにしたり、ボブスレーとスケルトンの手に汗握る動きをすばやいインターカットでつなぐなどの映像的実験がなされたが、同年夏に撮影されたナン監督の「オリンピック大会」には、その撮影技術が見事に生かされている。プラガーの作品は優れたアスリートの地位が高まっていく事実に着目し、一貫してパーヴォ・ヌルミやバーレー卿ら金メダリストの姿を追っている。[9] ロサンゼルス大会の映画はオリンピック全体を描いた作品だったが、もともと競技そのものをメインにした作品とするように依頼されてはいなかったので、映画館ではロマンスものやナンセンス・コメディと二本立てで上映された。オリンピックをテーマにした娯楽映画も出てきた。「その夜 This is The Night」では、ケーリー・グラント演じる槍投げ選手が予定より早くロサンゼルス・オリンピックから帰宅すると、妻が愛人とヴェネチアへいくために列車の切符を用意していたというストーリーである。「進めオリンピック Million Doller Legs」は、W・C・フィールズ演ずるクロプストキア共和国［架空の国］のきむずかしい大統領が、荒唐無稽な理由でチームを率いてオリンピックに参加する物語だ。まるで当時の「ハリウッドはダダイズムに染まってしまったよう」だった。[10] オリンピックというスペクタクルと魔法のような最新技術との融合が実現したのは、1936年のレニ・リーフェンシュタール監督「民族の祭典 Olympia」である。

「民族の祭典」は多くの点で型破りなオリンピック映画だった。その特色をいくつかあげてみよう。まず、リーフェンシュタールがほかの制作者には望めないほど組織委員会、とりわけ宣伝相ゲッベルスの全面的な協力を得ていたことだ。[11] 映画制作に関する全権を握っていた彼女は、厖大な予算とスタッフに恵まれた。次に、比類ない技術と映像美。飛行船に航空カメラを搭載する、トラックを走る選手に沿ってカメラを動かすレールを敷く、下から撮るために塹壕を掘る、高性能の望遠レンズを使って人々の細かな表情までとらえる——それまで誰もできなかったことを成し遂げた。3つめは開会式のすばらしさだ。それまでのオリンピック記録映画も、周辺の社会と都市を背景に競技会を位置づけようとし、念入りに映した開催地の町とスペクタクルを予感させる開会式の一部を組み入れてはいたが、リーフェンシュタールが撮った開会式のすばらしさには遠く及ばない。大げさだが、誰もが思わずひきつけられる映像だ。最後に、この映画はリーフェンシュタールの天才的な映像の美学によって作られていたことである。彼女が以前に撮ったナチスのニュルンベルク党大会の記録映画「意志の勝利」は、巨大な建造物と熱気あふれる群衆にドラマチックな照明と壮大な音楽を組み合わせた作品だが、「民族の祭典」はこうした経験を総動員して作られた映画である。なお、この映画には何種類もの編集バージョンがあり、ナチスの宣伝と人種差別の色合いが濃いバージョンもあるのだが、いずれにしても、時と共にうずもれてしまうそれまでの作品とはレベルが違うことはたしかだ。「民族の祭典」は1938年に世界公開されると1939年のヴェネチア国際映画祭でムッソリーニ杯（最高賞）を獲得した。のちにオリンピック記録の分野を支配するテレビはまだないに等しく、ベルリン大会の全記録を世界に届けたのは、この映画だった。この映画は、単なるスペクタクルの記録ではなく、映画そのものがスペクタクルだったのである。

2　劇化するオリンピック

ロサンゼルスおよびベルリン大会はオリンピックをスペクタクルとして記録して世界に広める方法を一変させたのみならず、このイベントの本質をも変えてしまった。それは、3つの演劇的要素に負うところが大きい。そのうちのふたつはロサンゼルス大会で導入された。まずは、今では慣例となった、国歌が流れ、3段の表彰台が置かれるメダル授与式である。次は選手村の創設だ。選手村は単なる宿泊施設ではなく、さまざまなエピソードが生まれる舞台として機能した。3つめは、ベルリン大会から始まった、オリンピアから開催地までの聖火リレーである。近代オリンピックは、神話の世界の火を使うことで奇妙な進化を遂げたのである。

1896年、IOCと組織委員会は、古代オリンピックの表彰式に関するわずかな記録を手がかりに、近代オリンピックの表彰式をおこなった。各競技の表彰は閉会式でまとめておこなわれた。優勝者にはオリーブの枝の束と銀製のメダル、二位にはオリーブのリースと銅のメダルが贈られた（オリンピアの時代と違ってドレスコードが厳しく、タキシードにブラック・タイと決まっていた）。選手全員に賞状が、マラソンの優勝者には古代の絵が描かれた壺と銀杯が授与された。１９００年パリ大会ではセレモニーすらなかった。メダルとカップ（サイズも形もばらばら）と賞品は山ほど用意されていたが、選手に授与されたのは一年後だった。フェンシング選手のアルバート・アイエのように、メダルのほかに現金をもらった者もいたようだ。１９０８年ロンドン大会でようやく、今日のように競技当日に金・銀・銅メダルを授けるセレモニーがおこなわれたものの、感動的な演出などはなかった。表彰台なし、国旗掲揚なし、楽団の演奏なし。ＩＯＣのお偉方の不愛想な祝辞と花束贈呈で終わりだった。１９２８年には国旗掲揚と演奏が開始されたが、表彰台はまだなかった。

　ＩＯＣが表彰台の導入を推し進めたのは、新会長バイエ＝ラトゥール伯爵が１９３０年にカナダのオンタリオ州ハミルトンで開かれた大英帝国競技大会で表彰用の台を目にしたのがきっかけだった。オリンピックに表彰台が初めて登場したのは１９３２年2月のレークプラシッド冬季大会だ。同年夏のロサンゼルス大会では多少派手になり、１、２、３とステンシルで記された高さの違う台が〈コロシアム〉の高い入場ゲートを背にして写真映えするように置かれた。[1]ただし式次第はこれまでとは変わらなかった。むしろ人々の興味を引いたのは、表彰台ではなくその上でおこなわれた「逸脱的行為」だった。１５００メートル走で金メダリストとなったイタリアのルイージ・ベッカリは、表彰台でファシスト式の挙手をした最初のアスリートである。４年後のベルリン大会では、マラソンで優勝したソン・ギジョン（孫基禎）が統治国日本の代表として走らなければならなかったことに屈辱を感じ、「君が代」が流れるあいだうつむきつづけるという事件があった。後年、さらに大胆で過激な意思表示がオリンピックの表彰台でなされることになる。

　それまでも選手の宿泊施設は運営上の課題のひとつであり、参加者の多かったパリやアムステルダム大会では主催者側が部屋を探し、安価なホステルやボートホテルまで利用して間に合わせていた。ロサンゼルスにもホテルは十分にあるのでパリ大会と同じようにしてもよかったのだが、不動産投機と持ち家へのあこがれに沸き立っていた大都市としては、趣を変えたくなったのだろう。ダウンタウンから数マイル南西に下ったボールドウィン・ヒルズ油田のやぐらと低木地のあいだに、より多くの選手を招く方策のひとつとして、ロサンゼルス・オリンピック選手村が設営されることになった。主催者側は選手たちをひとつの村に集中させることで、彼らの宿泊費、食費、競技会場までの送迎費などを1日2ドルでまかなうことができた。だが公式記録からは、ほかにも意図があったことがうかがい知れる。それは「つまるところ国家とは、人類というひとつの大きな家族の一員」で、選手村は家族の家である、というコンセプトである。ニューヨークタイムズ紙は記事で選手村を紹介しながら、その楽天的なコスモポリタニズムを激励した。「36か国36本の旗が、平等かつ自由で民主的な戦いがおこなわれるロサンゼルスの空にはためくであろう」[2]。地元の新聞も大げさに持ち上げた。「選手村は世界各国で話題になった。運営の手本ともいうべき効率のよさが魅力だった」。そして「つかのまの村人となった選手たちにとっては毎日が驚きと楽しみの連続であり、ロサンゼルス式の生活を伝え、広めている」[3]

「ロサンゼルス式の生活」には、郊外によく見られる三日月状に湾曲した通りや芝生、プレハブのバンガロー550棟、病院、消防署、郵便局、土産物屋、銀行なども含まれていた。安全面では、選手村のために雇われたカウボーイやロデオ愛好家たちが、投げ縄を片手に鉄条網で囲まれた村の周辺をパトロールするなどの対策を取った。村の中心にある不動産業者のオフィス然としたスパニッシュ・コロニアル・リバイバル様式の建物は、選手村管理部だ（家具付きの2棟のバンガローは空き家のままで、オリンピック終了後に選手村を売却するためのショールームにしていた）。選手は専用のバスでそれぞれの競技会場へ通う。無料で映画を楽しめる野外劇場や、モダンな家具とナバホ族が織ったラグをしつらえたゆったりと広い休憩所も設けられていた。選手村全体がカリフォルニアのざっくばらんな雰囲気に満ちており、さまざまなイベントや小旅行が「強制ではなく、アメリカ的なやり方で」提案された。飲食に関しては非常に細やかな点まで配慮されていた。1932年は禁酒法が施行されていたため酒は出せなかったが、村は努めて選手の希望をかなえようとした。フランス・チームには「祖国のおいしいソースの代わりにアメリカ流グレイビーソースで我慢させたりなどしない」と請けあい、中国チームには、町の中華風レストランよりずっと故郷の味に近い料理を出すと約束した。

これらのひとつひとつが「オリンピックを苦行の場と考えず、昔ながらのアメリカらしく、思うままに……パーティー気分で楽しんでもらう」計画の一環だった。開放的な雰囲気からは調和が生まれるものだ。幸福な記述を再び公式記録から引用しよう。「ナショナリズムに毒されていない各国の選手たちは、肌の色や種族や信仰に関係なくみんな仲間だということを知るだろう」[4]。だが実際には、選手村の施設は列強の関係を考慮した配置になっていた。フランスは小協商《しょうきょうしょう》（チェコ、ユーゴスラビア、ルーマニア）の代表たちと同じ宿舎。イギリスの宿舎は実に村の4分の1を占めていた。中央ヨーロッパ、ドイツ、北欧諸国のチームはひとつのグループとして集められ、ラテン系ヨーロッパ人やラテンアメリカ人から離された。ブラジルはこれらのくくりとは別にされ、アジア諸国はすべて十把ひとからげに扱われた。

実は、古代の競技会で聖火リレーがおこなわれたという証拠はどこにもない。たしかに、オリンピアに建つヘラの神殿には永遠にともされる火があり、競技会のあいだはゼウスをはじめとする神々に捧げる火が盛んにともされたが、特にオリンピックのためではなかった。だが別にかまわないではないか――アムステルダム大会で導入された聖火は、メイン・スタジアムを見渡すように建てられたモダンなれんが造りのタワーのてっぺんで燃えることとなった（都市ガスだった）。ロサンゼルスではコロシアム内に設置された聖火台で燃え続けた。だが、1920年代から1930年代にかけて政治的目的によるたいまつ行列を繰り広げてきたドイツでは、よりドラマチックな演出がなされた。

聖火リレーは、ベルリン大会組織委員会の事務局長で、傑出した知性を誇るカール・ディームの創案だった[5]。ディームは、ドイツのハイカルチャーの歴史を振り返り、ドイツのスポーツの伝統こそが古代ギリシアの理想を継承しうると考えた。そして、古代と現代のオリンピックを結ぶために聖火リレーを実施しよう、オリンピアでともした聖なる火を3000人の聖火ランナーによってベルリンに運ぶのだ――そう思いついたのである。ドイツが理想としたのはアポロンを崇拝するギリシアか、はたまた欲望や激情や邪悪な執念が渦巻くディオニュソス型のギリシアなのかは、今もってわからない。

3 1932年ロサンゼルス大会

ロサンゼルス・オリンピック開会式の2日前、ジョージ・パットン少佐はワシントンDCのペンシルベニア通りに武装した騎兵を集め、ボーナス・アーミーのデモ行進を阻止しようとしていた。ボーナス・アーミーとは、第1次世界大戦の退役軍人のうち、恩給の繰り上げ支払いを求めて首都に集結した人々とその支援者たちのことだ。彼らはホワイトハウスの南の干潟に建てられたフーバービルと呼ばれるバラックで野営していたが、その夜遅く追い払われた。足かけ4年目になる世界大恐慌は、アメリカ政府をして国に尽くした退役軍人に催涙ガスを浴びせしめたのだ。しかし、財政難や悲観論によって思いとどまることもなく、ディベロッパーや後援者、広告主やメディアは団結して組織委員会を作り、オリンピックというショーを都市へ招いた。その勢いは、フーバー大統領や東海岸や大恐慌がもたらした惨状に関する記事を、新聞の第1面から消すほどになった。

開会式の当日にロサンゼルスのダウンタウンを取材したニューヨークタイムズ紙は「これほど多くの人がカリフォルニアに集まるのはゴールドラッシュ以来だ」と書き立てた。実際はヨーロッパから遠いことと不況が重なり、参加したアスリートは1500名に届かず、アムステルダム大会の参加者数を大幅に割っていた。頭数が足りないならばはったりや衣装やショーでカバーすればよい、ということになった。ダウンタウンの中心、パーシング・スクエアはアメリカを表す赤白青の旗で飾り立てられた。ブロードウェイにあるメイ百貨店は外国の客が殺到することを見越して通訳を雇い、得意な言語を書いたカードを背中につけさせて紳士用品と婦人服のフロアに配した。土産物や安価なオリンピックの記念品——マッチやキーホルダー、ピン、旗など——が街頭をはじめいたるところで売られた。高級品志向の客向けには、オリンピックにちなんだ中国の工芸品やオリンピック・カラーの装身具が用意された。ロサンゼルスで最も高級なビルトモア・ホテルは大会役員やビジネスマン、ジャーナリストたちであふれ、2週間の会期中、9つのスポーツ国際会議の会場となった。シカゴの有名なギャングでウイスキー密造者のエドワード・〝スパイク〟・オドネルもやってきた（オドネルはロサンゼルス・タイムズ紙の記者に、「オリンピックを見に来たんだ。それと、教会にも行くさ」などと語っている）。ジークフリード・エドストレームは国際アマチュア陸上競技連盟およびスウェーデン・ゼネラル・エレクトリック社の会長を務める超保守的なスウェーデン人だが、オリンピックでの役割をビジネスに利用するのも忘れなかった。ある日、IOCの幹部が白くそびえるロサンゼルス市庁舎のアールデコ調タワーで会合を持った。その夜遅く、五輪のマークで飾られたスタンダード石油の巨大なネオンサインがカリフォルニアの夜空を彩った。

公式記録ではこの大会を振り返って満足げにこう述べられている。「目的達成を理由に商業主義を入り込ませるようなことはまったくなかった」[1]。この筆者はスタンダード石油のネオンサインも見なければ、200人のティーンエイジャーが白い上着に白い手袋を着けてオリンピック・パークでコカ・コーラを配っていたことにも気づかなかったのだろう。大会をサポートしているコカ・コーラの大きな広告板は町じゅういたるところにあったのだが……忙しくて目に入らなかったと思われる。実際ロサンゼルス大会は、構想においても実施においても、商業とお金の力に依存した大会だった（オリンピック・ムーブメントがこの事実を指摘するにはさらに50年を要するのだが）。ほかにもケロッグのペップ・ブラン・シリアルやツァイスの双眼鏡、セイフウェイやピグリー・ウィグリーといったスーパーマーケットなど、オリンピックに合わせた宣伝が全国で展開された。ユニオン76石油は「ガソリンを選ぶならオリンピックのモットーで」という惹句で、より「高く速く強い」ガソリンを宣伝した。靴メーカーのニスレーは「オリンピック・ウィナーズ」シリーズを発売している。ゲリラ商法としては、ベン・ハー紅茶のハリー・ヨハネスが選手村に入り込んでインドのホッケー・チームをいいくるめ、公式のターバンを着けてティーバッグを持っている彼らの姿を写真に撮ったのが最初だろう。地元で最も熱心な協賛企業といえば、カルバー・シティにあるヘルムズ・ベーカリーに違いない。オーナーのポール・ヘルムズは抜け目のない人物で、IOCを出し抜いてオリンピックのモットーと五輪マークの全米における知的所有権を獲得することに成功した。IOCはヘルムズの商売になにひとつ口出しできなくなったのだが、実際には、ヘルムズは自社製ソーダブレッドをオリンピック・ブレッドと名づけてトラックに積み込み、ヤシの木が並ぶロサンゼルス郊外で新妻たちに売ったにすぎなかった。

ロサンゼルスの道路網が発達するのにともない大通りにヤシの木が植えられるようになったのは、1920年代半ばからである。最初は不動産物件の外見をとり繕うためだったが、オリンピックによって一躍ロサンゼルスの名物になった。大会の数年前から街路樹としての見栄えが悪く、町の無用の長物となっていたヤシの木の剪定がおこなわれた。長さ150マイルにおよぶ大通りに並ぶ10万本あまりのヤシを手入れする作業は、そのほとんどが失業救済事業の一環だった。これは、ロサンゼルスがアメリカで5番目の規模を誇る都市——ほんの30年ほどのちにはニューヨークに次いで第2位の都市——になることを示す兆候であり、オリンピックはこの流れを強調するよい機会でもあった。カリフォルニアの新たな富裕層が楽しむ遊びとしてのスポーツの魅力を紹介する月刊誌「ゲーム・アンド・ゴシップ」は、ロサンゼルスにとって最も頼もしい宣伝係だった。同誌のオリンピック特集号は、「サウスランドは世界の新しい遊び場」をテーマにし、最新流行のカジュアル・ファッションやスポーツウェアを紹介した。

カリフォルニアの風景は明らかに古代ギリシアと似ていて、全編テクニカラーの映像のような景色は公式記録の描写とたがわなかった。「神はロサンゼルスにほほえんだ。果てしない蒼穹に黄金の太陽がゆっくりと威厳に満ちてのぼる光景は、さながら偉大なるゼウスがオリュンポス山の住まいから輝く馬車を駆ってくるようだ」[2]。1923年に開場した〈コロシアム〉は典型的なハリウッド流古代ギリシア建築であり、鉄筋コンクリート製のまぎれもない近代建築だった（ローマのコロシアムを想起させるものは、建物上方に並ぶコンクリートのアーチぐらいだ）。ローマ、ギリシア、オリンピアなどに続き、女神ヘラは今、ハリウッドに来臨している。大会前夜、こんな新聞記事が出た。「コロシアムにはアレキサンダー大王の軍勢の3倍が楽に収容できるが、7月30日は『立見席のみ』と表示されるに違いない」。タイム誌はカリフォルニアが「風光明媚で紺碧の海と空が美しい」エーゲ海に似ていると述べ、「そこで暮らす人々は、完璧な肉体に対するスパルタ人の誇りや、古代アテナイ人が自分たちの文明の黄金期に対して抱く自負をあわせ持つ、20世紀のギリシア人を思わせる」とも書いた。スタンダード石油は、マイカー族に対して休暇を取ってオリンピックを見に行くことを勧める宣伝活動の一環として、円盤投げの彫像をあしらった4色刷りの広告を配った。「カントリー・ライフ」誌はカリフォルニアが古代ギリシアより優れているとほのめかした。「カリフォルニアにヘラス（古代ギリシア語でいうギリシア）の山々より立派な山はないというのか？　オリュンポス山でさえ丘に見えるような山がないとでも？」[3]

ロサンゼルスは競技会の運営だけでなく、すばらしいパーティーの催し方も心得ていた。フランス領事は大会を祝して軍のパーティーを開いた。イギリスの海軍少将レジナルド・ドラックス卿がビバリーヒルズの基地で催したオリンピック・パーティーは、カリフォルニア州知事、ヨーロッパの伯爵や男爵の小隊およびアメリカの海軍大将たちを魅了した。するとアメリカ合衆国陸軍長官が、米軍もカクテルパーティーを開きたいので費用を負担してほしいと正式に議会に依頼した。ロサンゼルス市はというと、握手と氏名のチェックに追われて目が回るほど忙しかったジョン・ポーター市長に代わり、ロサンゼルス商工会議所が、ウィルシャー大通りに建つアンバサダー・ホテルで盛大な「ボール・オブ・ネイションズ」を開催した。第10回オリンピック大会のホステスは上流社会から選ばれた。2名の公式ホステスの仕事は――自らの人脈と資金を使い――パーティーやレセプションや小旅行で来賓と役員および選手をもてなすことだった。最大のもてなしは、野外音楽堂「ハリウッド・ボウル」で一流メンバーによるレヴュー「カリフォルニア・ウェルカムズ・ザ・ワールド」を上演したことだった。「歌とダンスが絵のように魅力的な舞台」と称賛されたそのショーは、ほかの民俗――アイルランドのジグ、中国の虎舞《とらまい》、スイスのヨーデル、チェコからの移住者が演じるヒューマン・フラッグなど――を紹介しながらカリフォルニアの歴史を描くというものだった。オルベラ通りのメキシコ広場でも同じような体験ができた。そこではテーマパークを訪れたかのように、ロサンゼルスのルーツになったラテンの文化を味わえたし、2キロも歩けば、不法入国したメキシコ系アメリカ人の最も大きな野営地があった。

だが最強のホスト役はハリウッドだった。独裁的なピュリストにして大手映画会社MGMの最高責任者、ルイス・B・メイヤーが組織委員会の補佐を務め、映画界全体でオリンピックを大いに盛り立てた。ロサンゼルス・タイムズ紙のオーナー、ハリー・チャンドラーも、委員会のメンバーとしてメイヤーに劣らず貢献した。大スターたちがアメリカとヨーロッパのために、ロサンゼルスに招かれてラジオ放送に参加した。ホラー王、ベラ・ルゴシ。人気絶頂のお笑いコンビ、ローレル・アンド・ハーディー。ドイツ出身の〝運命の女〟マレーネ・ディートリッヒ。メキシコのプリンセス、ドロレス・デル・リオ。当時のドル箱スター、ダグラス・フェアバンクス、メアリー・ピックフォード、そして喜劇役者ウィル・ロジャースが出演した「オリンピックへようこそ」という

NBCのラジオ番組は、ハリウッド・ボウルと選手村、コロシアムから放送された。会期中、メイヤーがMGMのスタジオで開いた盛大なパーティーでは、オリンピックのゲスト200名が大物俳優たちと昼食を共にした。当時フォックス・フィルムと契約していたウィル・ロジャースも、スタジオで女子選手に昼食をふるまった。フェアバンクスとピックフォード夫妻は毎日コロシアムに出かけ、そこにビング・クロスビーやゲイリー・クーパー、ケーリー・グラント、マルクス・ブラザーズも加わった。彼らが「ピックフェア」と呼ばれるビバリーヒルズの私邸で夜ごとパーティーを開いてははしゃぐようすが連日報道された。パーティー仲間にはアメリカの水泳選手デューク・カハナモクや障害飛越競技（馬術）で優勝した日本の西竹一《にしたけいち》男爵もいた。新聞のゴシップ欄はフル稼働状態で、アルゼンチンの選手がパラマウント社のパーティーでマレーネ・ディートリッヒを追いかけ回したとか、ストックホルム大会のヒーローから一転してメダルを剥奪されたジム・ソープが組織委員会に冷遇されているなどと書き立てた。

ハリウッドとは仕事と遊びを一体化させる場所だ。何人ものアメリカのオリンピック選手がすでに競技から映画の世界に移っていた。ナット・ペンドルトンは1920年アントワープ大会のレスリングで銀メダルを獲ったのち、「巨星ジーグフェルド」のような巨額を投じた伝記映画から「マルクス兄弟珍サーカス」のような喜劇映画まで100本以上の作品に出演した。すでに述べたようにジョニー・ワイズミュラーはターザン・シリーズでスターになった。同じくスイマーだったエレナー・ホルムはこのように述べている。「オリンピックでは体を乾かす間もなかったわ。ワーナー・ブラザーズ、MGM、パラマウントというふうに、スタジオからスタジオへ連れていかれてスクリーンテストを受けたのよ」[4]。やはりスイマーのヘレン・マディソンは同じ頃クラーク・ゲーブルのダンス・パートナーのひとりを務め、やがて「The Human Fish（人魚）」や「The Warrior's Husband（戦史の夫）」で売れっ子になる。400メートル自由形の金メダリスト、バスター・クラブはパラマウント社に見出され、新しいターザン映画ともいうべき土曜日朝の子供向け定番シリーズ「フラッシュゴードン」と「バック・ロジャーズ」でヒーローを演じる。しかし、ハリウッドはこのようにアスリートを起用しておきながら、なぜ競技会をテーマにした実話の映画は作らなかったのだろうか。おそらく、オリンピックとはアスリートたちが金メダルを獲ったり非凡な才能を発揮したりして名声を得る場所ではなく、真のスターとなるチャンスが与えられる場所なのである。夜、競技を終えた選手たちを待っていたのは、ウィルシャー大通りのナイトクラブ「ココナッツ・グローヴ」で開かれる最高のパーティーであり、MGMの最高権威者アーヴィング・タルバーグやあこがれの的クラーク・ゲーブルらハリウッドのセレブ御用達の店である。会期中の2週間、ココナッツ・グローヴはスターたちと夜明けまで踊るアメリカのアスリートたちの貸し切り状態だった。[5]

4　人種差別

だが、誰もが同じ脚本を手にしていたわけではない。シカゴではアメリカ共産党の協力のもと、「反オリンピック委員会」が設立された。彼らのパンフレットやチラシはアメリカのスポーツにおける人種差別を鋭く批判している。「オリンピックに人種差別がないなんて真っ赤な嘘だ！　国内暫定反オリンピック委員会は、合衆国南部では黒人のアスリートがあからさまに差別されていると述べている」。黒人向けの新聞も同じ論調で「純白のオリンピック」を非難した。「シカゴ・ディフェンダー」紙は選手村で黒人が雇われる仕事は靴磨きしかないと報じ、「カリフォルニア・イーグル」紙は「競技会といえどもよくある争いや不快な出来事と無縁なわけではない」とした。[1]たとえば、黒人の映画スター、クラランス・ミューズは選手村で公演することになっていたが、公式エンタテイナーに任命することはできないと告げられていたことがわかった。反オリンピック委員会はロサンゼルス大会と並行してシカゴで小さな労働者競技会を催し、冤罪事件で囚われているトム・ムーニーの釈放を求める運動につなげようとした。1916年の防災の日、サンフランシスコで戦争支持のデモ行進がおこなわれた際に爆発が起こって10人の死者が出たが、ムーニーは容疑者として逮捕され、まるでリンチのような裁判で有罪を宣告されていた。反オリンピック委員会のチラシには「オリンピックを運営・支援する者の多くは、トム・ムーニーに罪を着せた政治家や財界の有力者と同じだ」と書かれていた。[2]

だがこういう主張は押しつけがましく聞こえるのが常である。「クリスチャン・センチュリー」紙はこの運動の展開を皮肉たっぷりに予測した。「南カリフォルニアの風土や、軟弱なくせに影響力だけは強いハリウッドの連中に感化されて、国民も心を入れ替えるに違いない」。大会が終わる前日、「トムを解放せよ」と主張する人々がコロシアムに押し寄せた。ロサンゼルス・タイムズ紙によると、群衆は楽団が国歌「星条旗」を奏でると歓声を上げ、警察にグラウンドから追い出された。[3]

クリスチャン・センチュリー紙の予見は正しかった。会期中はほぼすべての新聞や雑誌がアメリカの勝利に狂喜した。金メダル41個、銀メダル32個、銅メダル20個は「古代ギリシアのオリンピア競技会と同じく人類の歴史と共に残る成果」だった。記者はこの結果を完勝ととらえ、「あっぱれアメリカ」「オリンピックという戦場をアメリカが制した」などと称えた。ロサンゼルス・タイムズ紙はこう報じた。「今回のオリンピックの勝者は誰かと問えば、それはアメリカだという声が山々に雷鳴のごとくこだまする」。[4]アメリカの報道機関は、この国なら、2位から5位までの国がどんな組み合わせで挑んできても勝てると断言した。アメリカを勝利に導いたのは大学教育や科学の力や健全な男らしさであると国を挙げて自画自賛する空気のなかで、ロサンゼルス・タイムズ紙は、「さまざまな人種がいたからこそ国の威信を守れた」と論じた。この主張に俳優のウィル・ロジャースは、いま称賛されているこの国は、人種差別をしない主義でもなければ、男らしくもないと指摘した。「この国に初めて奴隷を連れてきた人は、きっとオリンピックを念頭に置いていたに違いない。白人はアフリカ人に粉砕された。メダルを獲ったのはアフリカの黒人か白人女性ばかりじゃないか。ゴルフやブリッジやカクテル作りなら白人の独壇場かもしれないが」[5]

ロジャースは少し誇張していた。実際には見た目もさわやかな白人の大学生も続々と表彰台に上がったのだが、「人魚」「バイキング・ウーマン」「黒いサイクロン」などとマスコミがもてはやす人気選手たちの陰で目立たなかったのだ。
ロサンゼルス大会は、女性のスポーツが発展する機会にはならなかった。女性の参加者は全体のわずか10パーセント。選手村と離れたところに宿泊させられ、相変わらず体操やチーム・スポーツからは締め出されていた。主要な報道機関の取材も受けられず、世間一般の通念として「女性という種が男性より劣るか劣っていないかの議論はともかくとして、少なくとも女性がスポーツをする姿は優美ではない」[6]と考えられていた。女性の美しさや性的魅力や女らしさに関する旧来の観念が、たくましい肉体を求めるスポーツとは相入れなかったのだ。ロサンゼルス大会において、アメリカの男性記者たちはようやく女子選手の扱い方を会得した。コツは、女らしさを強調して男勝りな部分もなるべくしとやかに描くことだった。3つの金メダルを獲得したヘレン・マディソンは「美しいニューヨークっ子」、飛び込み競技のメダリスト、ジョージア・コールマンは「ジョージアス（華麗な）・ジョージア」と呼ばれた。シカゴ・トリビューン紙は、ほかの多くの雑誌と同じく競泳女子選手の写真を大量に掲載し、露骨にこう書いた。「オリンピックの競泳には金を払うだけの値打ちがある。魅力的だ」。ポール・ギャリコも同じように考えていたらしく、銅メダリストのジェイン・ファウンツについて、「すばらしい肢体が銀色の水のなかをすいすいと進んでいく」と描写した。[7]
ベイブ・ディドリクソンにそんな〝コツ〟は通用しなかったが、まぎれもなく陸上競技界の新星だった。80メートルハードル［現在、この競技はオリンピックでは存在しない］と槍投げで金メダル、走り高跳びで銀メダルに輝き、マスコミと観客を感嘆させた。彼女は驚くべき素質に恵まれた万能選手だった。テキサス州出身の白人で労働者階級に属す皮肉屋のベイブは、大会の数か月前にアマチュア体育連合の選考会に彗星のごとく現れ、5種目の競技に優勝してオリンピックの切符を手に入れる。多くの人が彼女の体格や物腰、いかついあごやピアノ線並みに張りつめた筋肉、そしてバイキングのような気の荒さなどに男っぽさを感じ取った。だが彼女のずばぬけた能力にはベテラン記者たちも舌を巻き、あえて女らしく描こうとはしなかった。彼女の最大の後援者、グラントランド・ライスも「彼女が特別なのであって、普通の女性は重量挙げの選手のようにならなくてよいし、ピアノをかつぐ必要もない」と語った。ジャーナリストのウエストブルック・ペグラーは、保守派をなだめるように、ディドリクソンは「口元や目に笑みをたたえることもあり、男子の競技が大好きな、大変女らしい人だ」[8]と書いた。

もちろん、アメリカのオリンピックが白人に限られたイベントだったわけではない。アフリカ系アメリカ人のジョージ・ポージは、１９０４年セントルイス大会の４００メートルハードルで銅メダルを獲った。ストックホルム大会十種競技のチャンピオン、ジム・ソープはネイティブ・アメリカンの血を引いていて、ストックホルムおよびアントワープ大会の競泳で金メダリストとなったデューク・カハナモクはハワイ出身だった。ロサンゼルス大会でも、アフリカ系アメリカ人のエディ・ゴードンが走り幅跳びで金メダルを獲った。１００メートルと２００メートル走で争ったエディ・トーランとラルフ・メトカーフの活躍は、アメリカの人種政策の様相を際立たせることになった。トーランは１００メートルの世界新記録を打ち立てて優勝したのみならず、２００メートルでも勝利し、黒人で初めて「世界一速い人間」と呼ばれた。アメリカのマスコミはことさらに差別的な表現を用いて、彼らをニグロの選手あるいは黒い稲妻などと呼び、「ふたつの黒い稲光《いなびかり》」「カリフォルニアの青空を黒い稲妻が走った」などと書き立てた。黒人向けの新聞はこれに対して「白い」選手などと書いて仕返しをしたが、南部諸州のマスコミは沈黙を守った。というより、黒人選手の存在自体を無視したのだった。北部のマスコミが、アフリカ系アメリカ人がすばらしい結果を出せるのは生来の素質に恵まれいつも自然体でゆとりがあるからだと讃えても、オリンピックに黒人選手など出場すらしていないかのような姿勢を貫いたのである。

日本人選手の活躍についても毀誉褒貶が激しかった。アメリカのエリート層は１９３１年の満洲事変に恐怖を感じていたため、いよいよオリンピックが近づいてくると日本人を「茶色いちび」「新入りのベイビー」などと呼んで牽制するようになっていた。[9] ところが南部忠平《なんぶちゆうへい》が三段跳びで世界記録を出して優勝し、西田修平が棒高跳びで銀メダルを、西竹一《にしたけいち》が馬術の障害飛越で金メダルを、さらに競泳で男子チームが６種目中５種目まで勝利すると、報道機関は手の平を返すように態度を変えた。クリスチャン・センチュリー紙は次のように報じている。「日本を嫌っていたカリフォルニアの人々も、棒高跳びで小柄な日本人がどんどんバーを上げては見事に成功させる姿に驚嘆した。やがては彼らも日本人選手に声援を送りはじめ、同時に自分たちの思い上がりを恥じ、外国人選手の才能を素直に認めたのである」。[10] 日本人選手の活躍を受けて、日本の「トビウオ」の足には水かきがあるのではないか、椅子を使わない生活習慣がよいのだろうか、などとさまざまに言われたが、最終的にはもっともな理由が指摘された。それは、日本人ならではの綿密な準備である。日本人はライバルのアスリートたちのパフォーマンスを写真や映画の技術で分析して学んでいた。そしてそのような分析を可能にしたのは、日本の工業を飛躍させている原動力――分解して模倣する技術――でもあった。さらに、日本チームはアメリカの組織委員会がついに得られなかった政府の助成金と企業の献金に支えられていた。日本は国の援助を受けて、アメリカに次ぐ180名の選手団を送っていたのである。

意気軒昂なこの2か国と対照的に、ほかの国の代表は総じて映画でいうカメオ出演のようにちらちらと顔を見せるにとどまった。アルゼンチン代表は、サンチャゴ・ラヴァーがボクシングのヘビー級で、ファン・カルロス・サバラがマラソンで優勝した。サバラは表彰式で目まいを起こしたが、それは観客の注目を浴びるためのポーズだった。アイルランドには1時間以内にふたりの金メダリストが生まれた。ハンマー投げのパット・オキャラハンと400メートルハードルのボブ・ティスダルである。ホッケーではインドが前回に続いて優勝し、イギリスに対して反帝国主義を無言でアピールした。ブラジルの選手は海軍の古びた巡洋艦に乗ってやってきたが、無一文同然のブラジル政府は移動の費用を袋詰めのコーヒー豆で支払うことしかできなかった。何とかロサンゼルスにやってきた水球のチームにしても、すこぶる上品な歓声を浴びせてくるドイツに3対7で負けてしまう。ブラジル・チームは無意識に彼らを差別していたハンガリー人の審判に暴力をふるい、最後はロサンゼルス市警が介入するはめになった。

ウィル・ロジャースはロサンゼルス大会の応援団長とも呼ぶべき存在で、彼が競技場から打った電文は多くの市民とアメリカの記者団の声を代弁していた。「この大会は所詮ロサンゼルスの土地転がしだなどと思ってやってこなかったアメリカじゅうのみなさん、あなたたちはだまされていた！　どこからどう見てもこの国始まって以来の最高のショーを見逃すなんて。ああ、もったいない！」。土地転がしは事実であり、国民はだまされていなかったのだが、たしかに空前のショーだったことも事実だ。ロサンゼルス・タイムズ紙は「完璧な舞台装置、円滑な運営、壮麗なプレゼンテーション」と評した。IOC会長バイエ＝ラトゥール伯爵も「史上最高のオリンピック」と自讃した。めったにアメリカをほめないフランスでさえ、「スポーツの祭典は大成功」と断言した。[11]4年前のアムステルダム大会は過去最高の来場者数を誇り、チケット販売数は66万枚、その3分の1はサッカーの観戦チケットだったが、ロサンゼルス大会ではサッカーが実施されなかったにもかかわらず、125万人分の売り上げとなった（コロシアムのそばで開かれたオリンピック芸術祭にも40万人が訪れた）。ロサンゼルス大会はもうかった。会期を通して200万ドルを超える興行収入があったのである。

その後、ショーの小道具や舞台装置が競り売りされた。選手村の販売員として雇われたのは、4×400メートルリレーで金メダルを獲ったアメリカ人のヘクター・ダイヤーである。宣伝は大々的だった。「オリンピックのコテージ——ビーチ、山、オートキャンプに最適。移動、組み立てともに可能。ロサンゼルス市認証済み」。コテージはすぐに完売。大会本部の建物は解体され、周りのフェンスにまで買い手がついた。そして9月には跡形もなくなった。

5 アドルフ・ヒトラー

ドイツでオリンピズムを奨励する少数グループにとって、オリンピックをベルリンで開催するまでは長い道のりだった。初めて開催地に決まったのは1912年、IOCのストックホルム会議においてだったが、結局1916年のベルリン大会は開かれなかった。第1次世界大戦の勃発で中止になったのである。ようやくヨーロッパに平和が訪れたときにはIOCにドイツ人の姿はなく、敗れた同盟国は1928年までオリンピックから除外された。ドイツが再びオリンピックに参加できるようになったのは、カール・ディームと1926年にIOCに招かれたテオドール・レーヴァルトの尽力によるもので、クーベルタンの支援も得て1927年に開催国に名乗りを上げた。そして1931年のIOC総会において、ワイマール共和国の首都ベルリンが1936年度大会の開催地に決まった。1933年1月24日、ベルリン・オリンピック組織委員会の第1回会議が開かれた。アドルフ・ヒトラーがドイツの首相に就任したのはその6日後である。

大会と組織委員会の前途は暗かった。なぜならレーヴァルトはキリスト教に改宗したユダヤ人の役人の息子であり、事務局長のディームもユダヤ人の祖父母を持ち、妻もユダヤ人だったからだ。また、ふたりの出自は別にしても、そもそもナチスは世間でいう国際的なスポーツ、特にオリンピックを好意的に見ていなかった。ナチスの理論的指導者にしてスポークスマン、ブルーノ・メリッツは「さまざまな国が我々に出費させていい思いをしてきた。発起人の連中はドイツが敵国とより親密な関係を結べるように、莫大な金を使った。オリンピックとはユダヤ人が外国相手に計画した事業であり、フリーメイソンとユダヤ人が白人を陥れようとする陰謀である」とこきおろした。さらに、ナチスの機関紙「フェルキッシャー・ベオバハター」は、ベルリン大会では黒人選手を除外すべきだと主張した。1932年大会でIOC会長と会談したレーヴァルトは、ナチスが大会に大反対していると告げざるをえなかった。1933年2月初め、ナチスが支援する反オリンピック派の学生たちが「オリンピックをドイツでやるな」と抗議し、ベルリン・オリンピア・シュタディオンのトラックの地面を掘り返して「ドイツ生まれの」オークの苗木をレーンに植えた。そして3月のドイツ国会選挙においてナチスと連立与党がかろうじて過半数を獲得、授権法を通過させ、ここに法的政治的に独裁政権の基盤ができあがった。

選挙から1週間後、ヒトラーと宣伝大臣ゲッベルスに呼び出されたレーヴァルトとディームは最悪の事態を予想した。オリンピック開催は白紙に戻されるのだろうか。ところが、ヒトラーは計画を進める許可を与えた。彼が後年ゲッベルスに語ったところによると「今ドイツは世界から悪い印象を持たれている。ゆえに文化的な手段でこの難局を打開しなくてはならない。そんな状況でオリンピックの開催地に選ばれたことは願ってもない好機である。我々は新生ドイツの優秀さを世界に示さねばならない」[1]と考えたからだった。

生まれ変わったばかりのドイツの文化的な実力がどの程度のものであるかは、この国のスポーツ組織を見ればよくわかる。かつてスポーツを統括していた省庁はなくなり、ナチスの上級役員が新しい組織の長官職に就いていた。このとき実権を握っていたのは「全国体育指導者」を務めるハンス・フォン・チャマー・ウント・オステンだ。スポーツらしき経験といえば、ぴかぴかに磨いた乗馬靴を軍靴としてはいていたことだけという人物だった。市民団体はすべて党が統括するという方針に沿って、チャマーもまた、ドイツ・オリンピック委員会および地元の組織委員会会長職を引き受け、スポーツ政策に対抗できるような勢力はすべて、即刻潰すか圧力をかけた。労働者のスポーツクラブの多くが解散させられるか、厳しく監視された。なかでもユダヤ人への締め付けは厳しく、除名や施設の使用禁止を命じられた。一方、多くのクラブがこうした規制を見越して、命じられる前にユダヤ人メンバーを追い出していた。こうしてユダヤ人はプールなどの公共の施設から締め出され、乗馬も禁じられ、ユダヤ人だけのスポーツクラブに閉じ込められた。そして1938年の水晶の夜《クリスタルナハト》以後、いよいよその存在自体が許されなくなっていく。きわめて保守的で愛国心あふれる「ドイツ式体操協会」――ドイツ・ナショナリストの体操の砦――さえ、1936年には解体を余儀なくされ、党の直接支配下に置かれたのである。

国内のスポーツの下部組織や施設を掌握するなかで、ナチスはしだいにスポーツを国内外の政治手段として利用するようになっていく。1919年にベルサイユ条約が調印されて以来置かれてきた体制に不満を募らせ、ひそかに規制の網を破りつつ、スポーツを介して国際社会に取り入ると共に、ナチス・ドイツの正しさをはっきり示そうとしたのだ(やがてスポーツはドイツの強大な力と自信のしるしとして使われることになる)。ゲッベルスが政治手段としてのスポーツの利用を新たな方針として打ち出すと、ナチスの記者団は勇み立ち、愛国心を発揚するにふさわしいスポーツ記事のネタを探しはじめた。外務省と外交団は、選手が国外に遠征した際のつきそい役を命じられた。選手たちはいまや祖国を背負う戦士であり、ゲルマン民族の代表と位置づけられた。国内では、スポーツや体育は徐々に愛国者の義務としておこなわれるようになり、ドイツ人に受け継がれてきた血を清め、「完璧」を目指す活動のひとつとなったのである。

当時のナチス・ドイツのスポーツ政策に非道な独裁主義と断固たる反ユダヤ主義が存在していることがもう少しあからさまだったら、ベルリン大会の準備の段階でも彼らの野望は十分見ぬけたはずだ。初期の建築プランを検討したヒトラーは「ドイツのスポーツにはなにか巨大なものが必要だ」と感じた。その感性は、建築家アルベルト・シュペーアにベルリン全域を「ゲルマニア」として改造させた構想にもつながる。そしてそれは、やがて第三帝国が全世界を統治してベルリンをヨーロッパの首都とする日のための都市計画でもあった。オリンピック・スタジアムの建設中、グラウンドのデザインとマークが国際規格に合っていないことが指摘されたが、ヒトラーは意に介さず、この先オリンピックはずっとベルリンで開かれることになるのだから問題ないと豪語した。組織委員会が想像していたよりはるかに大きく立派なスタジアムは、ワイマール共和国時代に設計したモダンだが安っぽいガラスと鉄の構造ではなく、威風堂々たる石造りだった。ヒトラーとゲッベルスは、50万人が一度に集まれる集会スペースと、古代の典雅さを備えた20万人以上収容できる野外競技場を求めた。50万人の集会スペースは実現できなかったが、「帝国運動競技場」は史上最大のスポーツ複合施設の体裁をとり、後のオリンピック・パークの先例となった。

スタジアムに続いて建設された設備のほとんどは、新しい地下鉄の駅あるいはオリンピック道路を始めとするさまざまなルートを必要とした。1936年、帝国運動場へ行くには、南に新設されたSバーン（都市高速鉄道網）の駅か、ラテン語で「凱旋通り」と名づけられた大通りが利用された。このオリンピック通りは市街の目抜き通りウンター・デン・リンデンからオリンピック・パークの東端オリンピック広場までをつないだ。帝国運動競技場の中心には11万人を収容できる巨大なオリンピック・スタジアムがそびえ立つ。楕円形の客席とどっしりとした巨大な門柱が特徴的だ。ちりひとつなく整備された敷地内には、1万7000人を収容できる最新式の優美な水泳競技場のほか、ホッケー場、馬場、テニスコート、巨大総合体育館、野外劇場が並んでいた。この劇場の収容人員は2万5000。紀元前4世紀のペロポネソス半島に栄えた都市国家、エピダウロスの美しい遺跡をモデルにしたものだ。最大の施設は周囲を建物に囲まれたグラウンド、「マイフェルト」だった。約400×300メートルという、18万人を楽に収容できる広さ。ヒトラーがほれぼれするほど巧みに設計され、開発されたばかりの優秀な拡声器によって隅々まで声が届いた。人々の視線はグラウンド西側に設置された特別観覧席と総統のための演壇に導かれるようになっている。そしてスタンドを見おろすように高さ50メートルの塔がそびえ、てっぺんには巨大な鐘が設置されていた。これはテオドール・リーヴァルトが温めていた計画で、重さ16・5トンの鋼鉄の鐘の表面には五輪マークの上にゴシック風の鷲の紋章のレリーフが施されていた。鐘はルール地方で作られ、実に2か月をかけてここベルリンに運ばれると、ヒトラー・ユーゲントと親衛隊に迎えられてオリンピック熱を大いに盛り上げた。鐘の下部にぐるりと彫られている言葉は、「世界の若者に呼びかける」である。最初、レーヴァルトは18世紀の文学者フリードリヒ・シラーの詩「鐘の歌」の題辞から「生者を呼び、死者を嘆く」という言葉を選ぼうとしたが、この鐘は世界中のマスコミに取り上げられ、間違いなくヒトラーの肖像と並んで紹介されることがわかっていた。ヒトラーとシラーの言葉はそぐわないと考えたレーヴァルトは、自ら呼びかけることにしたのである。[2]

ナチス・ドイツのオリンピック熱の高まりに、IOCは安心する一方で懸念を消せなかった。1933年5月、バイエ＝ラトゥール会長はドイツの異様な熱狂ぶりと徹底した人種差別に不安を覚え、できたての組織委員会に「オリンピックの開催は国ではなく都市に委任するものであり……政治、人種、国家および宗教に影響されてはなりません」[3]と書き送った。IOCは内密に、だが率直に、ユダヤ人にもドイツ・チームの一員として参加する機会を与えるように告げた。これを受けてナチスは正式にユダヤ人の参加を認め、「オリンピック大会に関する規制はすべて遵守されるべきであり、原則としてドイツ国籍のユダヤ人はオリンピックの代表から除外されない」と発表した。

続く2年間はIOCも安心していられた。実際、バイエ＝ラトゥール伯は「個人的にはユダヤ人も彼らの影響力も好きではない」と漏らしていたこともあり、ドイツの競技種目にユダヤ人の参加がないのは彼らがスポーツになじみのない民族だからであり、騒ぎ立てるほどのことではない、と思うようにしていた。バイエ＝ラトゥールだけではない。このような反ユダヤ主義はIOCの委員や、彼らと同じような階級の、物事の本質から目を反らす人々に共通する偏見だった。ジークフリード・エドストレームはこう述べたことがある。「ユダヤ人は優秀だが狡猾だ。私にはユダヤ人の友人が多いので彼らを嫌ってなどいないと思われるだろうが、つきあうには一定の距離を置くべきだと考えている」[4]。ビジネスマンにしてアメリカ・オリンピック委員会会長エイベリー・ブランデージはIOCの委員も務めていたが、自身が経営するシカゴ・スポーツクラブからはユダヤ人を締め出したと、ドイツ人に自慢げに話す人物でもあった。

しかしIOCとは異なり、ヨーロッパと、特にアメリカでベルリン大会への組織的な反発の動きが高まっていた。1933年末にはAAU（全米体育協会）が猛抗議を開始し、ユダヤ人の参加が「言葉どおり実際に」保障されないのならベルリン・オリンピックをボイコットすると決議した。続いて北欧やイギリスでもボイコット運動が起こった。これらの国の運動は途中で頓挫してしまったが、アメリカでは強力な助っ人が現れた。AAUのようなスポーツ機構と共に、ユダヤ人集団やカトリックおよびプロテスタントの活動家らが、ナチス・ドイツにおけるユダヤ人とユダヤ人の教会への仕打ちに驚愕して、かなり大きな圧力をかけてきたのである。ボイコット運動は１９３４年にはアメリカ中に広がり、抗議集会には何万人も集まるようになっていた。だがこうした運動に真っ向から対立し、アメリカスポーツ界の保守勢力を束ねたのが、ブランデージである。彼はボイコット運動を阻止するため、まずは実態調査をすべくドイツに渡った。しかしブランデージは、ナチスのエリートから接待責めにあうとあっさりごまかされてしまう。ユダヤ人代表との面談がゲシュタポ同席の下におこなわれても異を唱えようとせず、ドイツのスポーツ界に差別の事実はない、ボイコットするにはおよばないと結論を下した。[5]

問題が表面化したのは１９３５年、ヒトラーがニュルンベルク法を布告した年だ。これはユダヤ人の迫害と、公私共にドイツでのあらゆる生活の場から彼らを排斥することの正当性を成文化したものだ。ユダヤ人を根絶やしにするための法である。アメリカのオリンピック組織としては、ドイツがひとりでもユダヤ人の血を引く選手を加えるのならボイコット運動を中止して大会に参加するという方針をすでに決定しており、そのために公式・非公式両方のルートを使って圧力もかけていた。するとドイツは、国外に住むふたりの「半ユダヤ人」を大会に招くという譲歩案を示してきた。カリフォルニアに長く住むフェンシング選手のヘレン・メイヤーと、イタリアに移住したアイスホッケーの選手、ルディ・ボールであり、ふたりはこの申し出に応じているという。１９３５年末にマディソン・スクエア・ガーデンで開かれた最終的な会議において、ボイコットを訴える50万人の署名が集まっていたにもかかわらず、ブランデージに圧力をかけられて投票に負けたＡＡＵは、オリンピック参加に賛成せざるをえなくなった。「ユダヤ人を正当に扱う」というドイツの公約を信じたブランデージは、委員会ばかりかＡＡＵからもボイコット派を締め出すことに成功したのである。翌年6月、ドイツに住むユダヤ人の走り高跳び選手、グレーテル・バーグマンがオリンピック選考会への参加を認められた。ところが、彼女はドイツ記録を出してライバルたちを打ち負かしたものの、オリンピック出場は許されなかった。

１９３６年の冬季大会は、やはりドイツ南部（バイエルンアルプスの村、ガルミッシュ＝パルテンキルヒェン）で開かれることになっていた。この冬季大会は、夏季ベルリン大会を占う興味深い前奏曲といえた。ナチス幹部にとっても、ベルリン大会の開会式までに何を除外しておくべきかを学習する機会になったといえよう。しかし、いまや人々の日常生活のすみずみに浸透している卑しむべき反ユダヤ主義を隠そうとするナチスの努力も空しく、この村でバイエ＝ラトゥール伯とジャーナリストたちはおぞましいポスターを目にすることになる。「動物持ち込み禁止、ユダヤ人立入禁止」。さらに彼らは、悪意に満ちた反ユダヤ主義の新聞が売られていることも知る。「シュテルマー」紙はナチス・プロパガンダの新聞のなかでもきわめて扇情的で下劣な週刊新聞だが、オリンピック特集号にユダヤ人をおとしめる漫画が掲載されていたのである。光り輝くアーリア人メダリストをねたましげに見上げるユダヤ人。キャプションは「ユダヤ人は災い」。バイエ＝ラトゥール伯の強い抗議によりポスターははがされ、8月にはベルリン市内からも消えることとなる。

ガルミッシュ＝パルテンキルヒェン大会の規模はそれまでの冬季大会よりもずっと大きく、サービスもいき届いていた。新設のスロープが村と村をつなぎ、ゲレンデのふもとに広がって待つ記者団のもとにスキーヤーが滑降できるようにしてあった。7万5000人の観客が警護の親衛隊、突撃隊、ナチス幹部と共に山のなかとミュンヘンを往復しては、「全国体育指導者」フォン・チャマーのオリンピック・ビアガーデンでビールを飲んだり、リヒャルト・シュトラウス作曲の合唱曲「オリンピック讃歌」を鑑賞したりした。競技会の花形はノルウェーのフィギュアスケート選手、ソニア・ヘニーだった。この大会で優勝してオリンピック三連覇を果たした。のちに彼女はヒトラーに気に入られ、やがてハリウッドに渡りアイス・ショーに出演するまでになる（しかし逆にそれがノルウェーの国民を落胆させ、裏切り者呼ばわりされることになった）。

冬季大会閉会から数週間後、ヒトラーは参謀の忠告を聞かず、またベルサイユ条約に違反して、非武装地帯のラインラントに軍を進めた。彼は、フランスや連合軍が少しでも反撃をしてきたら、ドイツの進駐は失敗に終わることを十分承知していた。しかし、報復はなかった。この瞬間、ヒトラーとその側近たちの節操のない侵略志向にかけられていた最後のたが《い》――参謀たちの慎重論や外国からの干渉――が、ついにはずれてしまった。ゲッベルスはうわべだけの選挙をおこない、得票率98・97パーセントで圧勝したヒトラーを讃えた。ドイツはもうスポーツを利用して世界におもねる必要などない。今こそ国威発揚の時機であった。ベルリン大会の1か月前、ドイツのヘビー級ボクサー、マックス・シュメリングは、ニューヨークで旋風を巻き起こしていたアフリカ系アメリカ人ボクサー、ジョー・ルイスと対戦した。これは、ドイツの人種政策と地政学にとって象徴的な意味を持つ試合だった。シュメリングがルイスをノックアウトで下したのである。ゲッベルスは日記に書いている。「シュメリングはドイツのために戦い、勝った。白人は黒人よりも優れている。……我が民族全員がこの勝利に酔いしれている」。帰国したシュメリングは7万人に出迎えられ、国を挙げての祝賀会が催された。[6]

ベルリン大会へのアメリカの参加は確約されたが、最後までボイコットをちらつかせたのが、1936年3月に新しい共和国政府を成立させたスペインだった。同年6月、「オリンピックの理想を守るための国際委員会」がパリで開かれた。出席したのは主にヨーロッパの労働者スポーツ・ムーブメントの代表者たちで、ベルリン大会をボイコットして「人民オリンピック」を7月にスペインで開催しようと呼びかけた。[7] バルセロナを拠点とするスペイン人民戦線は国際的な支援を切望していたこともあり、人民オリンピックへの招待状を各国に急遽発送した。ヨーロッパの左派の新鋭のあいだに生まれた共和政の理念がますます多くの人の支持を集めている状況を受けて、何千というアスリートがバルセロナに向かった。フランスからは、パリに誕生したフランス人民戦線の援助を得て、一大選手団が到着した。イギリス、北欧、チェコスロバキアおよび北海沿岸低地諸国の労働者のスポーツクラブも選手を送った。イタリアとドイツはそれぞれの国の亡命者たちによる選手団である。カタルーニャとバスク地方はIOCのオリンピックに参加したことがなかったが、人民オリンピックへは独自の選手団を送ることになった。仏領アルジェリア、パレスチナ、アメリカからも参加があった。だが選手団がスペインに着くと、内戦が勃発した。大会が始まる2日前、フランコ将軍を中心とした右派がクーデターを起こしたのである。これによりスペインの各都市で、人民戦線政府に忠誠を誓う多様な集団と反対勢力の軍隊との戦いが始まった。オリンピックは中止を余儀なくされ、選手団はバルセロナに閉じ込められたが、銃火を逃れるバリケードをつくるうちに民兵組織に加わる者も出てきた。イギリスの社会主義クラブ「クラリオン」の代表で自転車レースの選手、クララ・テールマンや、スイスの競泳選手で共産主義者からアナーキストの闘士になったドゥルッティ・コラムなどがそうである。

さて、ドイツの首都が仮面を着けてショーを開幕するときがきた。ゲッベルスは演者たちにうまく演じるように命じ、「帝国の未来はこれから観客に与える印象にかかっている」と告げた。ヨーロッパ中から来る来賓たちには格安の列車と船が用意された。せっせとへつらい、機嫌を取るドイツの歓迎ぶりは、フランスとオランダの記者からすればこっけいなほどであった。ベルリンでは、来賓は優遇レートでの両替が許され、ホテルも一流、どこの会場にも裏口から入ることができた。ベルリンで創刊されたナチスの新聞で、ドイツ語で「攻撃」という意味の「デア・アングリフ」紙は、普段は超国家主義を謳い外国人に対する嫌悪を書き立てていたが、この時期だけはおもねるような記事を掲載していた。「私たちはパリジャンより魅力的に、ウィーン市民よりおおらかに、ローマ人より陽気に、ロンドンっ子より国際的に、ニューヨーカーより現実的にならねばなりません」。ナチスのお抱え職種別組合「ドイツ労働戦線」も、「楽しく幸せな一週間」について――歯の浮くような調子で――こう布告した。「きたる8日間は並はずれてにぎやかに明るく過ごさなくてはなりません。ベルリン市民は気さくな笑顔で心からうれしそうにオリンピックのお客さまを迎えましょう」。しかしそれも、オリンピックの幕が上がる8月1日の夜明けまでのことだった。そしてショーが始まった。[8]

6　1936年ベルリン大会

証言を精査したり記録を学術的に再検証したりしても、我々がベルリン・オリンピックを思い描くときは、いまだにレニ・リーフェンシュタールの「民族の祭典」のさまざまな映像が頭に浮かぶ。しかしこうしたイメージは事実とはかなり違うものであった。その典型的な例は、聖火リレーと開会式の場面である。実際には、ギリシア政府の寛大な協力と特別に開発されたレンズを使うドイツの撮影技術がオリンピアで結集し、リレーの出発点で聖火を点灯する場面を撮ったのである。まず、霧が晴れて雲間に天界を思わせる遺跡の数々が映し出され、薄い衣をまとった女祭司たちがオリンピアの聖なる火をおこす場面、裸体の男性アスリートが槍を投げる場面へと続く。そして、ヘルベルト・ヴィントの誇らしげで勇壮な音楽にのって聖火がヨーロッパ大陸をベルリンまで運ばれていくが、そのルートは地図の写真と各都市の航空写真およびグレーがかった街並みのシルエットで表された。オリンピアからソフィア、ベオグラード、ブダペスト、ウィーン、プラハ、ベルリンへ。

後になって、この映像が実はルフトバーフェ（ドイツ空軍）がはるか上空から降下して爆撃をおこなう際にパイロットの目安として使っていたものだというもっともらしい説が流布したが、あながちこじつけとも言えない。というのも、リレーのルートを逆方向に進めば、5年後にドイツ軍が東および南ヨーロッパを侵攻していった経路と一致するからである。聖火トーチがドイツ最大の兵器製造会社「クルップ」でつくられたことに始まり、このときの聖火リレーには、大変重大な政治的意味が込められていた。まず、聖火がオリンピアを発つや、ドイツの駐ギリシア大使は、これが古代から時空を超えて「アドルフ・ヒトラー総統閣下および臣下であるドイツ国民に向けられた贈り物である」と宣言した。また、ドイツの組織委員会はルート沿いの地域の公証人たちを説得して「新生ギリシア」から「新生ドイツ」への贈り物を歓迎する旨のスピーチをさせた。聖火がオーストリア、とりわけウィーンに着いたときには、ドイツとの併合を待ち焦がれるオーストリアのナチ党員から熱狂的な歓迎を受けた。チェコスロバキア西部のズデーテン地方ではドイツ語が使われていたので、リレーの主催者がドイツの一部としての協力を見込んで地図に印をつけていたが、スラブ語圏を通過するときは警察のエスコートを要した。

そして8月1日の朝、ベルリンが目前に迫るや、ランナーたちは金髪碧眼《へきがん》のアーリア人でそろえられた。リーフェンシュタールがリレーを撮ったのはその6時間後だ。ランナーが観衆の大歓声を浴びながらウンター・デン・リンデンを過ぎ、ナチスの伴走者の一団と大きな黒塗りのメルセデスのセダンとにつき添われてスタジアムに向かった。だが一行はルストガルテンでしばし足を止め時間調整することを余儀なくされる。そこではヒトラー・ユーゲントと親衛隊がほぼ7万人の隊員を庭園に集合させるかたわら、ヒトラーとIOCが昼食を取っていたのだ。そして聖火よりひと足先に、彼らと高級官僚たちは帝国運動競技場に移動して開会式に臨んだ。リーフェンシュタールはその瞬間も鮮やかに描いた。カメラは広大かつ壮麗なスタジアムと、最高権力者であり神のような存在でもあるヒトラー、ひとつの党派に傾き熱しやすい群衆の興奮をとらえていた。とりわけ各国の入場行進のシーンには、ナチスに対する市民の熱狂があふれていた。オーストリア・チームの「ハイル・ヒトラー」式敬礼に観衆は狂喜して大喝采を送った。フランス・チームにも拍手の嵐が巻き起こった。フランスの「オリンピック式」敬礼は、右手を挙げる「ヒトラー式」とそっくりだったので、そうとは知らないドイツの観客が大喜びしたのである。
過去の開会式では礼砲と合唱に続きハトを放って終了となっていたが、「民族の祭典」で描かれた開会式の壮麗さはまさにずばぬけている。リーフェンシュタールの演出は、礼砲の音がとどろくなかを天上の声のような合唱が響きわたり、何千というハトがスタジアムの上空をおおいつくすというものだった。やがて、最後の聖火ランナーがスタジアムの大観衆を背景にぽつんと立っている姿が映し出される。歓喜にあふれるオーケストラの調べと喝采がクライマックスを迎えるなか、彼は大階段をあがってゆく。そして聖火台に点火すると、大きな炎が一気に立ちのぼった。

ベルリン大会における人種差別の例として話題になった選手――いくぶん尾ひれもつきはしたが――は、いうまでもなくアメリカのジェシー・オーエンスだろう。金メダルを4個獲得し、文句なしにドイツ人をしのいだ黒人スプリンターだ。[1]だが、彼ほど目立ちはしなかったが、ユダヤ人アスリートも勝利を挙げて大会に花を添えていた。ハンガリー代表として参加したユダヤ人選手たちは、実に6個もの金メダルを獲得している。走り高跳びのイボヤ・チャーク、水球のメンバーふたり、レスリング（フリースタイル）のカーロイ・カルパーティ、フェンシングのイローナ・シャーシャー＝エレクとエンドレ・カボシュだ。ほかに、オーストリアのエレン・プリースとロバート・ファイン、アメリカとカナダのバスケットボール選手サミュエル・ボルターとアーヴィング・マレツキーもユダヤ人だった。だが彼らの名がドイツの新聞に載ることはなく、ドイツ人選手の活躍ばかりが取り上げられた。当然のことながらこの大会で最高の成績を上げたのはドイツであり、金メダル33個を含む合計89個のメダルをほぼ全種目にわたって――陸上、ボクシング、カヌー、体操、ボート、セーリング、射撃、ウェイトリフティングなど――獲得した。なかでも大評判となったのがコンラート・フォン・ヴァンゲンハイムである。総合馬術個人競技で鎖骨を折ったが、まだ団体の金メダルがかかった障害飛越の種目が残っていたヴァンゲンハイムは腕を吊って競技に臨み、ヒトラーにナチス式敬礼をする余裕さえ見せた。最初の障害を失敗して愛馬クルフュルストの下敷きになっても起き上がって完走すると、大喝采を浴びた。ゲッベルス子飼いの新聞でいつもは激昂した記事しか載せないデア・アングリフ紙は、「喜びを抑えきれない」[2]とほめそやした。

アメリカの黒人選手はオリンピックの役員から丁重に扱われ、ベルリン市街でももてはやされた。一方、「アメリカは黒いアメリカ人の助けがなければ勝てない」とぼやいたデア・アングリフ紙は宣伝省にきつく叱られた。大変な侮辱ではあるものの、的を射た指摘でもあった。アメリカの強さはアフリカ系アメリカ人選手の大活躍あってこそなのは明らかだった。オーエンスが個人種目で3個、リレーで1個の金メダルを獲ると共に、400メートル走でアーチー・ウィリアムズが、800メートル走でジョン・ウッドラフが、走り高跳びでコーネリアス・ジョンソンが金メダルに輝いていた。アメリカは、陸上とボクシングで銀メダル、銅メダルも量産した。アメリカ北部の新聞大手は比肩するもののないアメリカの勝利を祝い、黒人向けの新聞は「同胞」の躍進を喜び、ヒトラーがオーエンスとの握手を拒んだという作り話まで拡散した。だが南部の新聞は、せいぜいがスポーツ面で競技の結果のみを伝える程度だった。ありていにいえば、オーエンスの写真を載せた南部の新聞は一部たりともなかったのである。ゲッベルスは日記にアメリカに負けたことを「屈辱だ。白人は恥を知るべきだ」と書いたが、「ドイツ文化の存在しない国出身の」アスリートたちが成果を上げるなんて奇跡に近いともつけ加えた。ドイツ外務省のある役人も同様に、「陸上競技でアメリカに勝つには、人間ではなくシカなどの足の速い動物を出場させるようなルール違反をしない限り不可能だ」と述べている。アメリカが白人だけでは勝てないのは、彼らが運動神経抜群のアフリカ系アメリカ人の血を引いていない、つまり人間よりけものに近い黒人とは結婚しなかったからだという意見まであった。アメリカでは、陸上競技チームの副コーチ、ディーン・クロムウェルがこう主張した。「ニグロが陸上競技を得意とするのは白人より霊長類に近いからだ」[3]

ベルリン大会において大国同士の衝突が度重なる一方で、生まれたばかり、または生まれようとするナショナリズムがスポーツに反映される例もいくつかあった。エストニアのクリスチャン・パルサルはレスリングのフリースタイルとグレコ＝ローマン両方のヘビー級で優勝した。帰国した彼を迎えるため、この独立して間もないバルト海沿岸の国の首都タリンに人口の半分近くが集まった。「ニュー・エストニア」紙は「国民の強い団結を示すタリン市街の光景は実に美しかった」[4]と報じた。パルサルほか代表選手たちは政府に負担してもらい、鉄道で全国を巡回した。彼らは駅ごとにスピーチや地元の楽団の演奏で迎えられ、プレゼントやケーキや花を山ほど受け取った。この凱旋ツアーのために、エストニアが最も忙しくなるライ麦の収穫も中断されるほどだった。ふたりの朝鮮人、ソン・ギジョンとナム・スンニョンはマラソンでそれぞれ金メダルと銅メダルを獲ったが、日本の国旗が掲揚されるときはうつむき、「屈辱と怒りを無言で表した」。ふたりが生まれた朝鮮半島は日本の統治下にあったため、孫基禎《そんきてい》、南昇竜《なんしょうりゅう》という日本語の名前に変えて出場することを余儀なくされた。故国では彼らの写真を載せるときに日の丸を消した新聞もあったが、その編集者は投獄された。[5]英領インドの人々はいまだにユニオンジャックの下に出場していた。だが試合前の更衣室には、ホッケー・チームのアシスタント・マネージャー、パンカジ・グプタがひそかに作ったインドの国旗が飾られ、選手たちは必ずそれに敬礼をしてから試合に臨んだ。

開会から一週間、ヒトラーは総統官邸で豪華な晩餐会を連日開き、外交関係のエリート層をもてなしたが、党幹部の部下が先を争って次々に趣向を凝らしたパーティーを開いたので、ヒトラーが開いたわずか200人の宴はたちまち影が薄くなった。たとえば、ヒトラーの信任が厚く、非公式に外交上の全権を握っていたヨアヒム・フォン・リッベントロップは、私邸で600名の賓客にシャンパンを水のごとく振る舞った。ゲーリングは全員をオペラに招待し、終演後はベルリンにある宮殿のような自邸に招いた。彼の屋敷はまさにアミューズメント・パークだった。一角にはベーカリーや宿を備え、大勢の使用人がいる18世紀ドイツ風のごてごてした村まであった。第1次世界大戦のエース・パイロット、エルンスト・ウーデットが曲乗り飛行を披露するかたわら、アメリカの選手エレナー・ホルム――大西洋を渡る船で記者団と一緒にシャンパン・カクテルを飲みすぎ泥酔したために、ブランデージによって選手団から除名された――が裸でプールで泳いでいたとも報道された。イギリスの外交官チップス・シャノンが回想している。「ビールとシャンパンを出すカフェ、農民たちのダンス、プレッツェルを運ぶ大勢の女性、ビアハウスになっている船、笑いころげるゲイたち――まるでルナパーク［アメリカ合衆国コニー・アイランドにあった遊園地、またその名称を用いた世界各国の遊園地］とコメディ・ミュージカルの『ホワイト・ホース・イン』を合わせたようだった」[6]。大会最終日の前日、今度はゲッベルスがピーコック島――ベルリンの西端、ヴァン湖の中央に浮かぶ島で、自然保護区になっている――でサマーパーティーを開いた。ゲーリングのパーティーがあかぬけないものの楽しい雰囲気だったとすれば、ゲッベルスの催しは大規模だが肩の凝るものだった。陸軍はピーコック島へ渡る浮き橋をつくらされ、オールを携えて賓客が水に落ちないようにつき添った。ルネサンス風の衣装を着けた女性たちが270名の客に食事を供したのち、耳障りな音の花火が長々と続いた。アメリカ大使ウィリアム・ドッドは、「花火が打ち上がる音に戦争を思い出した」という。十代のアメリカ人スイマー、アイリス・カミングスはそのまま「力のショー」と受け止めた。

たしかにベルリン大会のすべてが「力のショー」ではあったが、かといってナチスの思うままだったわけではない。ナチス側もIOCとボイコット運動の圧力を受ける形で、一般大衆の非道な行為を抑えこみ、オリンピック・ムーブメントの主眼であるコスモポリタニズムやインターナショナリズムを、制限つきにせよ受け入れたのも事実である。世界の厳しい目にさらされるなかで、昔のベルリンがちらりと顔を見せることもあった。ボクサーのマックス・シュメリングは「ベルリンが独特の世界主義的な雰囲気を取り戻した」と思った。バンドマスターでドイツの〝キング・オブ・スウィング〟、テディ・ストーファーは、いつもとは異なるちょっと変わったデカダンな曲を演奏し、聴衆の人気をさらった。また、つかのまではあるが、1933年から取り扱い禁止になっていたトーマス・マンやシュテファン・ツヴァイクの作品も再び書店に並ぶようになった。ゲシュタポも外国人のホモセクシュアルには目をつぶるように命じられ、ほんの数週間、この人種差別政策の実行部隊となった悪名高い組織は沈黙を守ることになった。

ただし、手に入れたものの大きさを考えれば、体制にとってこれぐらいは小さな代償だった。なにしろ国際社会におけるドイツの居場所が定まったのである。独裁者として大きな権力を握ったヒトラーは、国内でいまや絶大な支持を得ていた。「オリンピックは実に大きな突破口になった。報道機関は国内外ともに今大会を絶賛……外国の記者は取材熱心で敬服する」[7]。運営に関しては、効率、壮麗さとも全世界の論評が一致しており、ベルリン大会はすべてにおいてこれまでの大会の頂点に立ったと評された。だが不満や批判が多かったのも事実である。フランスはドイツ人のヒステリックな愛国心と画一的な管理にいらいらさせられた。ヘラルド・トリビューン紙はフランスほど露骨ではないが「明らかに人間らしい温かみが欠けていた。オリンピックがいわゆるドイツ人気質の祭典になっていた」と述べている。[8]

閉会式がおこなわれたのは夜だった。スタジアムは夢のようなイルミネーションに包まれ、光の屋根で覆われたかのようだった。聖火が消され、スコアボードにメッセージが現れた。「最後の輝きです」。3日後、オリンピック村の責任者を務めたヴォルフガング・フュルストナー大尉は、任務終了と同時に自分がニュルンベルク法によりユダヤ人とみなされることを覚悟し、拳銃で自らの頭を撃ち抜いた。数週間後、ベルサイユ条約に抵触することが歴然としていたにもかかわらず、ドイツの若者の兵役期間がそれまでの2倍に延長された。ナチスは第8回党大会の開催地、ニュルンベルクに向かった。ラインラントの再武装を祝い大っぴらにたいまつを掲げる祭典が催されることになっていた。近代五種競技の金メダリスト、ゴットハルト・ハンドリックはただちにドイツ空軍コンドル軍団に加わると、スペイン内戦を起こしたファシストを援護するためにマドリッド近辺を爆撃しはじめた。そして、この数週間ナチ党員が歌っていた歌の「オリンピックが終わったらユダヤ人をたたきのめそう」という文句が、実行されるときが来た。狩りが再び始められた。

7 幻の東京大会

1868年、日本では300年におよぶ江戸幕藩体制が崩壊し、明治政府が樹立された。政府は天皇の名の下に、西欧列強の文化をまねて彼らに追いつこうとし、海外の知識と技術が持ち込まれた。取り入れるにあたっては、アメリカとヨーロッパの産業や教育システムを吟味して日本の環境に適応させようと努力した。当初、近代のスポーツは新政府の〝買いものリスト〟に入っていなかったが、だんだんと受け入れられていった。[1] 19世紀後半、陸軍戸山学校に招聘されたフランスの教官が体操と馬術とフェンシングを教え、イギリスの実業家が神戸と横浜でクリケットを紹介した。サッカーはアーチボルド・ダグラス少佐によって日本海軍に伝わった。ボートと陸上競技は、東京の一流高校で英語教師を務めたフレデリック・ストレンジによって広まっていった。ラグビーは東京の名門大学で教えられ、野球も伝えられたが、ラグビーが富裕層に限られていたのに対し、野球はみるみるうちに日本の社会に普及した。このように、日本には外国のスポーツ文化がどっと流れ込んだにもかかわらず、伝統的な武術も存続し、柔道や剣道や相撲などのように体系化されながら受け継がれてきた。

東洋と西洋の精神のバランスを保ちながら１８９１年に日本体育会を設立した日高藤吉郎《ひだかとうきちろう》は、スポーツと身体の訓練は単なる娯楽や気晴らしではなく、西洋と同じく道徳や国体にかかわる意味を持つと考えた。「我々日本人は……東洋と西洋の文明化を両立させるという大きな責任を負い……将来においては東洋諸国の先導者として最も進歩を遂げる宿命にあり、……務めを果たせるか否かは国民の身体の発展の如何による」[2]。たしかに、日本の国力は１９０５年の日露戦争においてツァーリの海軍を徹底的に叩きのめすほど大きくなった。それまで国際会議の場でほとんど存在を認められなかった日本だが、これで評価が改められた。

ほかのアジア諸国同様、初期の３回のオリンピックに日本は招かれず、最初は１９０６年、続いて１９０８年の大会に招待されたものの、選手も組織も不十分だったので辞退している。１９０９年、講道館柔道の創始者で教育改革に取り組む嘉納治五郎《かのうじごろう》がＩＯＣ委員に選出され、日本は彼を通して１９１２年ストックホルム大会への招待に応じることになる。しかし参加者はわずか２名で惨憺たる結果に終わり、西欧との差を見せつけられる。スプリンター三島弥彦《みしまやひこ》は１００メートル走で自己ベストを出しながらも最下位。マラソンに出場した金栗四三《かなぐりしそう》はレース途中で気を失った。１９２０年アントワープ大会の成績はストックホルムに比べればやや向上した。日本オリンピック委員会は15名の選手を送り、再びマラソンに挑んだ金栗も完走し、熊谷一弥《くまがいいちや》がテニスで２個の銀メダルを獲得した。だが彼らにはほとんど資金がなく、帰りもベルギーで立ち往生していたところを三井・三菱両財閥に旅費を出してもらったほどだ。

旅費の補助もないというのは聞こえが悪いと思われたところへ、国際大会であげた勝利が呼び水となり、日本政府はオリンピック・チームへの援助を開始した。１９２４年パリ大会には24名の選手が参加した。日本を発つ際には秩父宮親王から国旗を授与され、皇室のお墨つきという大変な栄誉も賜った。政府も支援に本腰を入れ、１９２８年アムステルダム大会には42名、１９３２年ロサンゼルス大会には１３１名、ベルリン大会には１８０名もの選手を送った。陸上、競泳ではなんと金メダルを獲り、特に男子の競泳は圧倒的な強さを誇った。日本放送協会は１９３２年からオリンピック報道に意欲的に取り組み、レポーターは現地で見た競技の内容を再構成して、ロサンゼルスで借りたスタジオから放送した。ベルリン大会からラジオの技術が著しい進歩を遂げ、同局は会期中1日2回の中継放送をおこなった。

　オリンピックでの活躍によって国際的な信望が厚くなると、日本での開催が最初はかすかな希望として、やがて望ましいことのように、そしてついに外交政策として必要不可欠な催しと考えられるようになった。１９２０年代半ば、東京府は、１９２３年の関東大震災から復興するためのカンフル剤としてオリンピックを誘致する案について話し合いはじめた。１９３０年、新しく東京市長になった永田秀次郎は日本オリンピック委員会の支援を受けて、１９４０年大会の開催地に立候補する旨を発表した。奇しくもその年は、明治政府が定めた日本建国（皇紀）２６００年に当たっていた。といっても、伝承を元に紀元７２０年に成立した「日本書紀」の記述から日本が独自に算定した紀年だったが、それは問題ではなかった。愛国者に言わせれば、日の出の勢いで伸びるスポーツと軍部の力を祝うには縁起のよい年であり、すでに国粋主義に傾きつつあった日本にとって、自国の文化に根ざしたオリンピックを開くための支援を得るにもうってつけのタイミングだった。１９３１年に日本が軍部主導で満洲を占領したのち、お飾りの皇帝を立てて中国の北端に傀儡国家を樹立させると、国際交流はなおさら必要になった。だが満洲支配が国際連盟に認められず、日本は１９３３年に連盟を脱退する。ロサンゼルス大会会場から外務省へ報告する折に、日本領事の佐藤隼人は「この大会は反日感情を消し去るのに大変有意義でした」と断言した。これを聞いた日本社会のよりリベラルな世界市民主義派は、それほど効果があるのならオリンピックは民間外交のまたとない機会となるのではないか、各国が敵愾心を燃やしている折、スポーツの世界で平和な結びつきをつくる場として役に立つだろうと考えた。[3] 佐藤領事は祖国の官僚、軍部、超国家主義グループに以下のように告げている。「アメリカに真の日本を理解させるには、彼らに勝って実力を示さねばなりません。いくら筋道立てて話しても無駄です。アメリカ人は、オリンピックで日の丸が掲揚されるのを目にして初めて日本の強さがわかったのだと思われます」

　こうして１９３２年、日本は正式に１９４０年大会の開催地に名乗りを上げ、同じく候補地になったローマとヘルシンキに対抗して、国を挙げての招致活動はもちろん、公共事業も急ぎ着手する必要が出てきた。東京市は10万ドルという当時としては巨額の費用を招致活動費に当てた。閣僚と外交官も協力した。大使たちも発奮して、ＩＯＣの力のおよばないところで各国の政治家を相手にロビー活動をおこなった。決め手となったのはＩＯＣの日本人委員、杉村陽太郎をムッソリーニのもとに送り、有力な候補地であったローマに辞退するよう頼み込んだことだろう。魚心あれば水心のたとえどおり、ムッソリーニはいつになく誠実に、「１９４４年に予定されている第13回オリンピックの開催地がローマに決まるよう援護してくれるなら、今回は辞退しよう」と応じた。この種の駆け引きは国際大会の常識のようになっていたのである。

残るヘルシンキもあなどれない相手だったが、バイエ＝ラトゥール会長が欧米以外の地域にもオリンピックを広める目的で、思いがけず日本の支持に回った。会長はイタリアと日本の談合に立腹しており、第三者への根回しを禁じようとしていながら、しかし結局は日本を推したのである。彼は巧みな交渉をして自分を日本に招待させた。東京を訪れるといたく感心し、開催地に選ばれるための技術的政治的なアドバイスまで与えてくれた。ところが最終段階になってイギリス・オリンピック委員会の後押しでロンドンが立候補を表明した。ロンドンを思いとどまらせるために、さらにハイレベルな外交交渉がおこなわれた。結局ロンドンはＩＯＣがベルリンで投票を始める前に立候補を撤回した。決選投票は東京37票、ヘルシンキ26票という結果になった。

日本は１９４０年のオリンピック開催を勝ち取ったが、今後の外交政策のあり方や国家としての立場については最初から議論が白熱した。ＩＯＣの日本人委員やリベラルな招致委員会のメンバーは、東京オリンピックが世界の友好をはかる祭典となるという希望を堅持していた。組織委員会会長に就任した徳川家達《とくがわいえさと》も「オリンピックという祭典が使命を果たし、広く遥かなるスポーツの絶景において全世界の文化が美しく融合することを固く信じている」[4]と述べた。また、東京大会が大日本帝国の威光を誇示し、戦場と同じくスポーツの分野に確たる地位を占めるチャンスととらえる人々もいた。他方、大和民族を神聖視する独特の民族性に照らし合わせれば、オリンピックは建国を祝う行事としてはふさわしくないと信じる人々もいた。このジレンマは天皇の声が流出した事件に象徴できよう。１９２８年、昭和天皇の即位の礼のあいだ、ふとしたミスで天皇の声がラジオから全国に流れてしまった。これは非常な不敬を働いたことになる。天皇の肉声が流れたと知るや、総合通信局の局長はラジオ局のマイクを切った。つまり、ムッソリーニやヒトラーが放送の力を積極的に活用するのとは反対に、日本の天皇は黙することによってますますその地位を高めていたのである。保守派政党の立憲政友会に属する衆議院議員、河野一郎はオリンピックのしきたりと天皇の関係に悩まされた。国会で河野はこう発言している。「ベルリン大会では慣例に従ってヒトラーが開会宣言をした。日本では天皇陛下がこの役に当たる。陛下が神聖不可侵なる現人神であることは承知しているが……セレモニーで開会宣言をしていただくことは可能だろうか？」[5]

聖火リレーはさらにやっかいな問題だった。カール・ディームは自分の考案したイベントをオリンピックの慣習にしたいと思い、東京が１９４０年大会の開催地に決まるやリレーを奨励していた。ＩＯＣ会長のバイエ＝ラトゥールにも励まされ、ディームはオリンピアから東京まで１万キロメートルのルートを提案する。ランナーと車と船を使って、アジアとヨーロッパをつないでいた古代のシルクロードから選んだ場所をたどる道のりだ［実際のルートの発案はディームの依頼を受けたスウェーデンの探検家スヴェン・ヘディンによる］。日本側はもっと地味に、ギリシアに軍艦を派遣して聖火を運び、東京までのリレーは国内だけですませたいと考えていた。しかしＩＯＣの日本人委員、副島道正《そえじまみちまさ》は日本案に納得できず、ほどほどに見栄えのするルートを考えた。アラビア半島のアデン、ボンベイ［現在のムンバイ］、シンガポールを経由し、間もなく戦争に突入しそうな中国はなるべく通らないというものだった。独自の案を提案したのが、日本列島南部にある宮崎県である。「天孫降臨《てんそんこうりん》」の地、日向国《ひゅうがのくに》の高《たか》千穂峰《ちほのみね》から現在の天皇が住む東京までをリレーでつなぐという計画だ。彼らに少なからぬ援助をした国粋主義の新聞社と陸軍は、１９３７年７月に始まった、中国への日本軍侵攻の支持者層でもあった。結局この件に関して委員会は、「アテネから聖火を運ぶために最善を尽くすが、不可能な場合は日本国内でリレーをおこなうことも考えている」[6]と説明するに留まった。そして１９３８年３月、東アジアの状況を把握していないＩＯＣは、１９４０年冬季オリンピックを札幌で開催することを決定した。

しかし、議論は１９３８年半ばに突然終わった。日本は、いまや中国における戦線は拡大する一方で、対アメリカ、対大英帝国の戦いも必至となり、陸軍主導の政府によって国家総動員法を制定するような状況だった。さまざまな方策が講じられるなか、政府はスポーツ機構に対しても厳しい統制をおこない、日本古来の武術を中心とするカリキュラムに変更するに至った。学校教育では西洋のスポーツは見下され、軍事教練が重要視された。そして７月、国家への滅私奉公を国民に求める「国民精神総動員運動」が推進されるなか、日本政府は１９４０

年オリンピック大会開催権を返上することを決定するのである。

１９２４年パリ大会以後、クーベルタンはオリンピックに出席しなくなった。１９３６年大会でナチスに引っ張り出されたものの、開会式では前もって録音した音声のみが使われた。「ベルリン大会はオリンピックが理想とする壮大さを実現させた偉業である」。この賛辞は広く引用された。ナチスは感謝のしるしに翌年度のノーベル平和賞に彼を推薦したが、時の流れは冷酷だった。妻を亡くし、私財のほとんどをオリンピックに投じて破産、健康も害していた彼は、旧友フランシス・メセリ医師に手紙を書いた。「何もかもうまくいかない。みじめだ。財産を失い、教育の発展に生涯を捧げることもかなわなくなった」。ジュネーブのアパートに独り暮らしだった彼は、ドイツ政府からカール・ディームを通して交付される補助金で糊口をしのいでいた。家賃を払うのもやっとだったようだ。男爵家を継ぐべき子もなかった。久しくふさぎ込んでいたようだが、翌年心臓発作で亡くなる。遺体はＩＯＣ本部があるローザンヌに埋葬され、心臓だけはオリンピアに埋められた。クーベルタンの死に、古参のオリンピック選手たちはひとつの時代の終わりをひしひしと感じたことだろう。

再びの世界大戦が現実味をおびてきても、ＩＯＣとますます意気盛んなドイツの役員連はあの手この手でやりすごそうとしていた。ＩＯＣはナチス政権下の組織、「歓喜力行団」の活動に栄誉を授けた。また、「民族の祭典」の監督レニ・リーフェンシュタールをも表彰した。ドイツはそれらを受けてベルリンに新しいオリンピック協会を設けた。加えてＩＯＣは、「水晶の夜」の惨事からドイツに住むユダヤ人の運命に思いいたってもよさそうなものだが、１９４０年冬季オリンピック開催地に再びガルミッシュ＝パルテンキルヒェンを指名しようとした。オリンピックのルールを会長自身が完全に無視していた。ついに戦争が起こり、あらゆる競技会の見通しが立たなくなると、ドイツ「全国体育指導者」のフォン・チャマーはカール・ディームをバイエ＝ラトゥール伯がいるブリュッセルに派遣して、ＩＯＣをドイツの代表たちで活性化させる提案をした。国際的スポーツ機構乗っ取り作戦の開始である。だが伯爵はＩＯＣの活動を休止する旨を告げ、会議の招集も拒み、このクーデターを未然に防ぐ。戦後、１９４６年に再びＩＯＣ委員がローザンヌに集結したとき、バイエ＝ラトゥール伯とフォン・チャマーはすでにこの世になかった。ふたりもまた、大戦で失われた５０００万の命のうちに数えられていた。

第5章

スモール「ワズ」ビューティフル　戦後オリンピックの失われた世界

1948年ロンドン　1952年ヘルシンキ　1956年メルボルン
1948年サンモリッツ　1952年オスロ　1956年コルティーナ・ダンペッツォ

顔を半ばベールで隠した小太りの女性が、ふわりとした白い寝間着のようなものを身に着けてグラウンドに入り込み、きっかり半周まわって、あろうことか演説台に登って何ごとかを述べようとした。しかし「平和を……」といいかけたところで、太めの体で無理をしたせいか息を切らし、居合わせた主催者幹部にとりおさえられた。これも式次第の一部か？　などと幹部が想像力をめぐらさなかったことは幸いである。即座に彼女は警察の手に渡され、後日、「人間性」を訴えるためにやってきた精神に異常のあるドイツ人少女と報じられた。

——ピーター・ウィルソン「1952年ヘルシンキ・オリンピック開会式の思い出」より

1

戦後の混乱から

さて、今こんなことをしたらどうなるだろうか。進行係を装ったシークレットサービスにテーザー銃（電気ショック銃）で麻痺させられる？　宇宙から、いやそこまでいかなくとも、スタジアム上空の監視ドローンからレーザー光線を浴びせられるだろうか？　そしてテロリスト容疑で逮捕されるのだろうか？　今にして思えば第2次大戦直後の数回のオリンピックは簡素で親しみやすく、牧歌的ともいえた。その後は商業的または政治的な要求に翻弄され、厳格な警備体制でがんじがらめになっていくことを考えると、その頃のことは「エデンの園」の出来事だったようにも思える。だが、前出のウィルソンにしても一般の人々にしても、記憶というものはあまり当てにならない。「黙らせることのできない男」として知られた「デイリー・ミラー」紙のスポーツコラムニスト、ウィルソンは、同世代のライターのなかでも芸術的なまでの誇張表現で知られていた。要するに、読者受けする話が得意だったのである。[1] 執筆時には事件当日から30年近く経っていたのだから、多少の脚色は止むを得まい。また昼食時に酒を飲む習慣があったことから、事件が起こったときの記憶もおそらく鮮明ではないのだろう。それにしても彼の記述は事実から乖離しすぎている。このバルバラ・ロートブラウト・プレイエル嬢の映った1952年オリンピック開会式の写真や記録映画の該当部分をいくら分析しても、気のふれた太った女性が息を切らしている映像は出てこない。そこに記録されているのは、冷静かつ確信に満ちた若い女性活動家が、オリンピックの場で政治的主張を試みている姿である。当然ながら公式記録のほうは節度を保ったものとなっている。「スタジアムは静謐に包まれ、厳粛な空気のもと大主教がラテン語の祈りを捧げようとしたそのとき、Cスタンドの壁を乗り越えた若い女性がトラックを疾走して演壇に登った。だが彼女の行動は開会式の進行にさしたる影響を及ぼさなかった」[2]

記録によれば彼女はドイツのチュービンゲン大学の「平和の使徒」を名のる学生で、軍縮と世界平和を主張する土台としてオリンピックを活用したという。大会開催の数か月前後にアメリカは2回も大規模な原爆実験を実施し、朝鮮半島ではオリンピックと同時進行で中国とアメリカの軍隊が激しい戦火を交えていたのだから、世界中の目に触れる国際平和の祝典の場に出向いて、「もうたくさん！」と叫ぶのがなぜ気のふれた行為などといえようか？　開催国フィンランドの国民はウィルソンのあざけりなど歯牙にもかけず、プレイエルを「平和の天使」として永く記憶にとどめ、ヘルシンキ大会を「最後の真のオリンピック」と位置づけている。組織的ドーピングなどは考えられず、政治的思惑に基づいたボイコットもなく、際限ないコスト負担とも無縁なオリンピック黄金時代として。[3]

第2次世界大戦直後のほかの2回の夏季大会にも、郷愁を誘う呼び名がついている。1948年ロンドン大会は当時の苦しい経済情勢を反映して「節約大会」と呼ばれるが、この命名は「清貧」の響きも伴い、スポーツのみに集中するオリンピック本来の姿に回帰した大会であることをも意味していた。1956年メルボルン大会は、米ソ冷戦の緊迫のさなかだったことから「友好的大会」として記憶された。[4]同大会はスエズ動乱とソ連のハンガリー侵攻の余波を受けながら敢行され、また分断されずにグローバルに結ばれた人間性の強い絆を示したものとして高く評価された。だがこの大会を最後に、オリンピックは東西冷戦の論理に支配されるようになっていく。後世の人々はこの3大会を美化して語るきらいがあるが、大会の歴史を振り返れば、美化したくなる気持ちにはそれなりの根拠がある。まず、第2次世界大戦後の混乱のなかでとにもかくにも実行されたこと。次に、競技の光景こそが、国際的な政治抗争の狂気に対する有意義で倫理的な対抗策なのだという信条に賛同する人々が世界中から集まったこと。この2点は大いなる成果といえる。実際、3大会ともに、参加選手の数においても参加国数においてもベルリンやそれ以前のオリンピックを上回っている。この時期にオリンピックを運営していたのは主に国際オリンピックの理想を純粋に追い求める紳士たちであり、偏狭なナショナリズムに囚われていた者は少なかった。シンプルに平和を求めるコスモポリタニズムの精神を具現していたのである。チェコ人陸上選手のエミール・ザトペックはこう述べている。「ロンドンに来て解放感に満たされた。爆撃による殺戮と飢えが続いた暗黒の日々が終わってオリンピックが復活したときには、大きな太陽が地平線から昇るのを見るような気がした。前線基地も国境線ももうない。代わりに、いろいろな国の人たちが交流している」[5]

戦後の諸大会はベルリンに比べると大いに安上がりだったのも確かである。1948年ロンドン大会は、インフレを考慮しても300万ポンドの予算内に収まり、もっとも大きな建築物といっても、半マイルにもならない観客用通路くらいだった。オリンピック委員会は各国の選手団への石鹸配布の準備はしたものの、タオルは持参するように求めた。会場の設備や備品は台帳に細かく記録され、バスケットボールや記録用ボードの最後の1個にいたるまで閉会後に売却されて資金回収された。ある水泳競技の担当者が高級ホテル「クラリッジ」での打合わせ費用を請求したところ、実行委員会から大目玉を食らった。「主会場のウェンブリーでは爪に火をともすような緊縮体制を敷いているのに、まったくもってけしからん」[6]。対してヘルシンキの場合には、当初の1944年開催予定に向けて戦前にスタジアム建設を終えてはいたものの、莫大な賠償金をソ連に支払わなければならないという事情があった。1952年当時のフィンランド国民には、スタジアムに落ちた爆弾の傷を補修し、水泳施設から戦時中に施設内で魚や野菜を扱っていた店を撤去するぐらいが精一杯だった。たしかに都市インフラの更新もおこなわれたものの、その規模はガリバーの小人国並みにすぎず、空港での小規模な国際ターミナルの増設、ヘルシンキ港での小さいオリンピックパビリオンの増設、幹線道路の再舗装、フィンランド初のゴルフ場（とはいってもミニゴルフ用）建設に加え、同国にとって史上初の電気式道路信号がただ1か所設置されたにすぎない（これらのささやかな遺産のうち、リンナンマキ遊園地と、スタジアムに隣接した素朴な木製ローラーコースター場は今も国民に愛されている）。メルボルンの場合は、斬新な現代的水族館の建設で知られるが、そのほかは王立展示館やセント・キルダ公会堂などのヴィクトリア朝、エドワード朝様式の建造物の改修程度にとどまっている。

これらの大会が今も懐かしいトーンで語られている背景には、テレビというメディアの発展の歴史がある。これらは、世界の――といっても西欧と北米に偏っているが――視聴者へ向けたオリンピック同時中継が一切無かった時代の最後にあたる。この時代のオリンピックは、テレビ特有の報道スタイルや商業的圧力とは無縁であり、いわんやテレビが生み出す金の魔力に縛られることもなかった。オリンピックを見た人の数は少なかった反面、後に続くテレビ時代のオリンピックに比べて世間の目もまだ厳しくなかったといえよう。

BBC放送は1000ポンドを投じて1948年ロンドン大会の放映権を手に入れ、新型中継車両による先進的放送に取りかかった。一日あたり7時間半、延べ70時間を超える中継放送という偉業を上回ったものといえば、おそらくアメリカ大統領候補者指名手続きの延々と続く報道くらいだったろう。テレビ局は、このオリンピックのために戦時報道で活躍したベテランのキャスター2氏、リチャード・ディンブルビーとウィンフォード・ヴォーン＝トーマスを配して番組を率いさせた。だが受像機の駆け込み購入が相当あったとはいえ、視聴者数はたかだか9万台ほどのブラウン管の向こう側に限られており、しかもイングランド南部とロンドンに偏っていた。50ポンドという白黒テレビの価格は普通の労働者の賃金2か月分にも相当したのである。1952年当時のフィンランドにはテレビが普及していなかったため、国内の放送はおろか、アメリカの放送局経由で部分的にでも主催者側で中継放送をしてもらえまいかという申し入れもなかった。視覚的な報道ではまだニュース映画が主流であり、ロンドンでもメルボルンでも、組織委員会は、当時は衝撃的な色彩といわれたテクニカラーによる公式記録映画を制作させた。テレビ放送に関しては、メルボルン大会ではむしろ後退した。組織委員会は、アメリカなどの海外のテレビ局やニュース映画会社との確執の末に、何と開会式の数日前になって、テレビ放映権を国内放送局に限る決定を下したのである。当時オーストラリアで受像機がある家は5000戸ほどにすぎなかったため、テレビ局が石油会社アンポルと組んでガソリンスタンドに視聴所を設けたり、急遽公共施設が受像機を購入したりした。これはこれで結構な対応だが、取材したアメリカ人特派員は「何百万人ものスポーツ愛好家のアメリカ人にとって、オーストラリアは〝暗黒の大陸〟となった」[7]と皮肉った。

この時代にオリンピックを取り仕切り、亡きクーベルタン男爵の遺志を守ろうと企図したふたりのIOC会長がいた。1942～52年在任のスウェーデン人ジークフリード・エドストレームと、後任として1972年まで務めたアメリカ人、エイベリー・ブランデージである。[8] 1912年ストックホルム大会で、エドストレームは陸上競技の運営委員として、ブランデージは近代五種競技と十種競技の選手として出会った。ふたりは、成功したベテラン実業家であるという点、保守的な政治活動をしている反ユダヤ主義者という点が共通していた。エドストレームは1920年にIOCに加わり、また国際陸上競技連盟の初代会長にも就任した。彼には、連盟やオリンピック競技に女子種目を取り入れることで当時の女子オリンピック創設の動きをうまくかわした経歴があり、また、1932年ロサンゼルス大会においては、陸上のパーヴォ・ヌルミ選手のアマチュア規定違反による出場資格取り消し決定に向けて精力的な働きを見せた。かたやブランデージは、アメリカ・オリンピック委員会会長時代に、1936年ベルリン大会を親ナチスだとしてボイコットする運動を封じ込めたことで頭角を現した。また、競泳選手のエレナー・ホルムを、同大会に向かう船上でシャンパンで酔っ払って勝手気ままに振る舞ったと叱責して出場停止にしたことでも有名である。エドストレームもブランデージも、あくまでも頑固に自己の信条にこだわった。すなわち、オリンピックはアマチュアの領分にとどまるべきだということ、スポーツが社会的かつ文化的営みであるのは自明の理だとすること。少し偏狭にも思えるが、彼らにとっては疑う余地のないことであり、ふたりは、ほかの見解などは思想の名に値しないと信じて疑わなかった。さらにもうひとつ頑固な信条があり、それは、スポーツはインターナショナリズムへ奉仕するものなのだから、ナショナリズムからも国際紛争からも切り離すことは可能なはずだ、というものであった。

ふたりが表舞台に登場した時代の社会、および彼らが統括したIOCという組織そのものは、抜きがたい白人至上主義と男性優位思想に支配されており、当然のようにヨーロッパのエリート層が力を持っていた。1907年から第1次世界大戦が勃発するまでに任命された委員40名の男性のうち、欧米出身者は実に37人を数えた。[9] さらに見れば、王族4人、公爵と侯爵がひとりずつ、伯爵6人と男爵ふたりもの貴顕《きけん》が名を連ねていた。また、将軍をふたり、司令官と大佐をひとりずつ招聘することにより、文字どおり委員会の戦力強化にも務めた。両大戦のあいだの時代においてもこうした傾向は変わらず、全委員のうち50人がヨーロッパ、7人が北米、5人がオーストラリアとニュージーランド出身という構成だった。他の地域出身者はといえば、中米は健闘して16人を送り込んでいる。日本の名門徳川家16代の徳川家達やイランの王子サマド・カーンのように、総じて貴族の称号は重用されたが、しだいに富豪や政治的有力者が有利になり、また体育教育界や、各国のオリンピック組織委員会の設立や競技会の運営における有力者たちも評価されるようになった。第1次・第2次大戦間にアジアから就任した十数人のIOC委員のなかには、トルコの著名な体育教育指導者で同国のフットボールとバレーボール競技の推進者でもあるセリム・シリ・タラカン、またアジア大会の創始者のG・D・ソンディ教授の名前が見られる。1922年には最初の中国人委員としてエール大学卒業の外交官王正廷《おうせいてい》が、1939年には中国きっての富豪と評された国民党政権の財政部長孔祥熙《こうしょうき》が加わった。だが孔といえども、サーの称号を授与されたムンバイの実業家で、１９２４年パリ大会に英領インドの参加費全額を拠出して代表委員となったドラブジー・タタの経済力にはかなうまい。対してアフリカ大陸代表はわずか2名。しかも、そのひとりアンジェロ・ボラナキはエジプト代表とはいってもアレクサンドリア出身のギリシア系であり、のちにはギリシア代表委員に転じてしまった。もうひとりの南アフリカ代表のシドニー・ファラもイギリス系の白人であり、ヨハネスブルクの金鉱会社の御曹司だった。

ＩＯＣにおける人種問題については、１９５９年に至ってなお、ケニア代表委員候補者レジナルド・スタンレー・アレクサンダーの推薦に関して、オットー・マイヤー委員が次のような意見を述べ、それが罷り通っていたという事実がある。「彼は適任だと思います。若くて、オリンピック思想を理解しているし、何といっても英国国民ですから（もちろん有色人種の血が混ざっている英国人ではありませんよ）。あのあたり（アフリカのことですが）の人を委員に加えるのはよい考えとは思えませんね」[10]。戦後の植民地独立により新メンバーが急増し、ＩＯＣのゆがんだ構成を是正する絶好のチャンスが訪れても、各地域への委員配分数はほとんど変わらなかった。それどころか、占領ドイツ軍への内通者や、ファシズム同調者として知られた連中が堂々と復帰した。フランスのメルキオール・ド・ポリニャック侯爵やイタリアのバッカロ将軍といった面々である。ＩＯＣは恥知らずにも、アパルトヘイトを擁護し続けたレジナルド・ハニーさえも南アフリカ代表として迎えている。

しかし、ふたすじの変化の兆しが見えてきた。ゆくゆくはＩＯＣの内部構造を変革するのみならず、組織の土台となる理念を根底からくつがえしかねないものであった。ひとつは、１９４７年のインド独立に始まるヨーロッパの世界支配体制の解体が１９５０年代に速度を増したことである。はじめのうちは、ノルウェーとソ連が要請したＩＯＣ加盟国の拡大および南アフリカの参加阻止を、エイベリー・ブランデージははねつけていた。だが１９６０年代から70年代にかけて、新参加国の増大に伴ってオリンピック・ムーブメントにおける宗主国と旧植民地国との不平等が認識されるようになり、それは南アフリカのアパルトヘイト問題やアメリカ公民権運動とも相まって、長年のうっぷんが破裂して衝突が頻発するようになった。もうひとつは、１９５１年に翌年のヘルシンキ大会からオリンピックへ参加する方針がソ連指導部により決定されたことである。この決定に、オリンピックを、文化も含めた「冷戦」におけるスポーツ面での前線基地と位置づけるねらいがあったことは明白だった。ここにおよんでIOCも、各国オリンピック委員会の運営権をそれぞれの国家へゆずり、社会主義国家と旧植民地国家の政府によって任命された代表委員も受け入れることを余儀なくされた。これはまた、アマチュアリズムの終焉の端緒でもあった。エドストレームとブランデージ、そのほかの戦後の大会運営者たちは、こういった〝国家〟の潮流に抗してオリンピックの融和性とスポーツの純粋性とを標榜しつづけ、ドイツ、朝鮮半島、中国と台湾といった分裂国家問題に対処してきた。しかし、しょせん勝ち目のある戦いではなかった。1960年代になると、スポーツをめぐるふたつのグローバルな確執が、オリンピック・ムーブメントから紳士然としたアマチュアリズムも、政争を超越した国際主義の理想をもしだいに奪ってゆくことになる。それをけしかけ助長したのは、テレビというメディアだった。

2　1948年ロンドン大会

大英帝国末期のイギリス貴族階級にはわりとのんきで胆が太いと思えるところがある。アメリカが原子爆弾を日本に投下して第2次世界大戦が終わってからわずか2か月後という混乱のさなかに、イギリスのIOC委員のバーレー卿はストックホルムに出向いて、ジークフリード・エドストレーム会長にロンドンが1948年大会の開催地として立候補する意思を表明した。デヴィッド・セシルとして生まれ、第6代エクセター侯爵として世を去った彼は、生涯にわたってオリンピックにかかわったイギリス紳士だった。1928年アムステルダム大会で400メートルハードル走の金メダルを獲得すると、当然のようにIOC委員となって理事も務め、国際陸連の会長にも就任した。政界においては、13年間保守党の下院議員を務めたのち、1943年にバミューダ諸島知事に任命された。彼はオリンピック招致運動と運営に向けて、当時、イギリスのスポーツ界を率いていたスポーツ愛好家の貴族と力を合わせることにした。たとえばアバーデア卿である。彼はリアル・テニス［屋内コートで壁面を利用するテニス」とローン・テニス［芝生のコートでおこなうテニス］のアマチュアチャンピオンにして保守政治家であり、国民への体育教育普及を声高に説いた人物だ。また、財務省の上級官吏としては、運動スペースを確保する慈善団体のＮＰＦＡ（全英プレイング・フィールズ連盟）を設立したノエル・カーティス＝ベネット卿もいた。彼は、常軌を逸するほどの官僚的熱心さをもってスポーツ界で活動し、一時は60以上のスポーツ組織で役職に就いていたほどで、その死因も１９５０年のアマチュアボクシングクラブ「ウェストハム・ボーイズ」で訓示中に起こした脳卒中だったという。イングランドサッカー協会で理事職を几帳面に務めたスタンリー・ラウスもまた重要な人物だ。彼は１９４７年に、イングランドおよび連合王国をＦＩＦＡに再加入させて国際サッカー界への復帰に導いた。そのほかにも、往年のオリンピック・チャンピオン、ランナーのハロルド・エイブラハムズ、ボート選手ジャック・ベレスフォードといった紳士たちがいた。

　１９４８年の大会の公式記録映画は、イングランド南部とおぼしき稜線のなかを、トーチを掲げて走るひとりのランナーをロングショットで描くシーンで始まる。ランナーが青々とした丘の上に達すると、背景には大きなV字形の藪があり、ナレーションが入る。「これが勝利のVである。しかし、それは戦争の勝利ではない。富を蓄積した勝利でもなく、いわんや独裁者の勝利でもない。ここにスポーツマンシップと和平が勝利したのである」[1]。１９４８年ロンドン大会は、１９３６年ベルリン大会で怪気炎をあげて第2次世界大戦の惨禍をまねいたナショナリストに対して、寛容の精神を保ち続けた国際主義者がスポーツを通して反撃する場となり、ロンドン、ひいてはイギリスを中心にした〝正常な状態〟に復帰する大会と想定された。

　１９４６年も後半となって、48年のロンドン開催が決定的となった頃には、まだこの構想は生きていたといえる。独特な洞察力で知られる外相アーネスト・ベヴィンにしても、「我々は2年のうちに大きな一歩を踏み出すであろう」と自信を見せていた。しかし、１９４７年の半ばには、そううまくは行きそうにないことがわかってきた。イギリスはギリシア内戦および共産主義勢力との戦いの最前線を担う役割をアメリカへ引き継ぐことになった。インドとパキスタンが独立を果たし、ミャンマーとスリ・ランカもそれに続こうとしていた。大戦後2年を経過しても食料の配給事情に改善は見えず、それぞれの町の中心の最もひどい空襲跡は整理が進んだとはいえ、全国的には深刻な住宅不足がいまだ続いていた。さらに、10年に一度と言われる厳冬がこれに拍車をかけていた。

　バーレー卿とその仲間たちは善意こそふんだんに持ち合わせていたのだろうが、大戦直後のイギリスで現実に物事を動かすには役人に頼るしかなかった。バーレー卿が労働党出身の首相クレメント・アトリーに相談すると、クリケットの大ファンでありオリンピックに理解のあった首相はフィリップ・ノエル＝ベーカーをオリンピック担当大臣に任命した。ノエル＝ベーカーはクエーカー教徒で、エドワード朝を代表する碩学《せきがく》であった。学識者にして第1次世界大戦前に活躍したオリンピック選手、大戦中は良心的徴兵拒否を貫き、国際連盟の創設に汗を流すかたわら、1920年アントワープ大会では1500メートル走で銀メダルまで獲得した人物である。1920年代末から労働党の下院議員を務め、政府のオリンピック支援に道筋をつけた。オリンピックというものは、観客からの外貨収入を通じて、当時の危機的な対外収支の改善に大いに寄与するものなのだと多くの人に説いてまわったのである。また、ほかの政府官僚たちとは異なり、スポーツ競技は「政治的にもたいへん重要な取り組みであり、戦後世界の人心一新に資するもの」であるとし、1945年のソ連のサッカーチーム「ダイナモ・モスクワ」の訪英親善試合の成功を、新しいスポーツ外交の好例だと評してもいる。[2]大会にはさすがにドイツと日本の参加を認めるわけにはいかなかったものの、過去最多の国が参加したことは世間を喜ばせた。出場選手を歓迎するアトリー首相のラジオ演説もノエル＝ベーカーが起草したと考えて間違いないだろう。「スポーツを愛する世界中の男女は、その愛の力によって、距離も言葉の相違をも乗り越えた友情の絆で結ばれるでしょう。愛はすべての国境を越えるのです」[3]。これこそ正真正銘のオリンピック思想である。

　だが、政府内で喫緊に議論を要したのは、いかにして大会のイメージを高めるかということだった。両大戦間の外務省は一貫して、スポーツは国家の意思決定とは無縁であり、危険なデマの原因になりうるという態度をとっていたにもかかわらず、いまや国際的なスポーツイベントにより多くの選手を送ることを重視するようになったのである。ノエル＝ベーカーは内閣への進言の際に「オリンピックがここロンドンで開かれる以上、その成否には国家の名誉がかかります」[4]と念を押した。1947年末には外務省も乗り出してきた。「巷間にささやかれているイギリス衰退説を打破することもまた、重要な外交戦である」というわけだ。大会運営方法の大幅な見直しのための資金の目処もついた。発足したばかりのイギリス国鉄は選手団と関係者の運賃を半額にした。ロンドン交通局はさらに気前よく無料にした。軍需省は、まだ使えるワゴン車やバスを集めて大会主催者に提供し、ウェンブリーの教会の付属施設にある運営本部が輸送業務の指揮にあたった。食糧省は、オリンピック選手には「カテゴリーA」の食糧配給をおこなうことを決定した。カテゴリーAとは、鉱山夫や沖仲仕といった激しい肉体労働者にのみ許されていた配給の分類である。

聖火のトーチは科学産業研究庁の燃料研究班によって設計された。戦後になっても軍関係にはまだ相当な割合の労働力と政府予算が投入されており、トーチの設計に彼らが動員されたわけである。まず陸海軍付属百貨店が組織委員会に事務所スペースを提供した。陸軍も、陸軍の町オールダーショットで騎馬ショーを催し、オリンピックを全面的に支援する姿勢を見せた。一方海軍はヨット競技の開催地トーベイに隊を置き、コースの監視を買って出た。戦艦キング・ジョージ5世と航空母艦ヴィクトリアスも出航して競技の背景に花を添えた。軍の技術を活用して、新型のファイアフライ級ディンギーも多数作られた。これは戦時の軍用飛行機に用いられた樺材合板の加熱形成技術を応用し、空軍の退役グライダーをリサイクルしたものであった。

地下鉄の駅とエンパイア・スタジアムを直結する歩道の新設工事には、まだ国内に収容されていたドイツ軍捕虜を従事させることになった（この道は「オリンピック・ウェイ」、のちに「ウェンブリー・ウェイ」として親しまれるようになった）。選手村に関しては、アクスブリッジ空軍基地とウエスト・ドレートン航空管制所、そしてリッチモンド公園の新兵用仮宿舎も手をかけずに改装できそうだという話になり、即決された。大急ぎで壁が塗り直され、各地の介護施設やグラマー・スクールや兵舎から送られてきた家具が一度にどっと搬入された。労働省は児童疎開施設の備品を転用することにした。地元の「サリー・コメット」紙は、「シーツ3万4000枚、椅子1万3000脚、食器3万6000組、衣装だんす4000点」がそろったと伝えたうえで、「少々節約した印象は否めないが、快適な施設であることは間違いない」とお墨つきまで与えている。[5]

オリンピック・スタジアムとしてどのような建物を使うかという問題は、ウェンブリー・スタジアム［現在のウェンブリー・スタジアムとは別のもの。2003年に取り壊された］の所有者であるアーサー・エルヴィンが解決した。このスタジアムは1924年大英帝国博覧会の会場としてその前年に竣工し、博覧会後は公的管理下に置かれていたところをエルヴィンが格安で落札したのである。以来FA（イングランドサッカー協会）カップの競技場や、ドッグレース、オートバイレースの常設会場として大きな利益を上げていた。彼は大会の商業的価値を見抜いて増資を決断、スタジアム改装のみならず、古くなったスケート場を水泳競技用の複合施設「エンパイア・プール」に変身させた。わずか17日間の奇跡のような突貫作業によって競技場は改修され、新しい座席や即席のスコアボードが設置されると共に聖火台も造られた。1908年の英仏博覧会委員長を務め、ホワイトシティ・オリンピック・スタジアムの建設者でもあったイムレ・キラルフィと同じく、エルヴィンは施設の建造責任者であるだけでなく、会場のセッティング、チケット販売、進行管理までの厖大かつ枢要な任務の推進者となった。キラルフィと同じく庶民の出であるエルヴィンは、愛国心と優れた実務処理能力により、大会の実行委員に名を連ねるだけでは惜しい逸材と見なされていた。

既存のものを改修した施設はほかにもある。古ぼけたアールズ・コート・エキシビション・センターはウェイトリフティングとレスリングの会場として生まれ変わった。子供用プールを備え、地域住民の憩いの場であったフィンチリー・リドは、水球の試合会場に抜擢された。ロンドン北部のハリンゲイ・アリーナはバスケットボールの会場となった——だが労働者階級が暮らす街のまんなかにあったこともあり、アメリカ生まれのこの種目には地元住民はあまり興味を示さなかったようだ。下層階級にも人気がある競技といえばホッケーだ。ロンドン西部の地下鉄地区パークロイヤルとサドベリーにあった運動場や、チューダー様式を模した二戸建住宅街に囲まれたチズウィック工科大学の競技場などは、ホッケー会場に使用された。公式記録映画の編集も、用済みの防空壕を暗室にしておこなわれた。

主催者側は奮闘していた。だが、すべての人がそうだったわけではない。懐疑的な論調で知られるイブニング・スタンダード紙は「大会に対する国民の思い入れを平均すると、〈無関心〉から〈嫌い〉の範囲に収まるだろう。今から丁重に辞退を申し出ても遅くはない」[6]と書いている。たしかに1948年初夏の時点でのチケットの売れ行きははかばかしくなく、スポーツファンの関心はむしろクリケットのテスト・シリーズにおける対オーストラリア戦にあった。サッカーシーズンが終わった時期であり、報道のトップページはクリケットに割かれていた。当時の最も偉大なバッツマン、ドン・ブラッドマンがオーストラリアからイギリスに来ていたことから（彼にとって最後の訪英となった）、成人人口の10人にひとりは常にBBCのラジオのクリケット番組に耳を傾けていたといわれる。オリンピックそのものは、8月がめずらしく好天に恵まれたこともあり、観客の出足は快調、新聞やラジオはもとより揺籃期にあったテレビも大々的な報道をしていたが、この国のスポーツ熱をかき立てる、労働者階級に人気のプロスポーツ――クリケット、サッカー、ボクシング、競馬およびラグビーのリーグ戦――からは少し離れた位置にあった。

この時代においてもイギリスのアマチュア・スポーツ界の伝統は崩れておらず、プロ活動、商業主義そして大衆の嗜好などとは一線を画していた。イギリス・オリンピック委員会と多くの関連スポーツ団体は極端なほどに厳しいアマチュア規定を依然として選手に課しており、短時間の有料契約や水泳コーチの謝礼でさえも認めなかった。作家のアンジェラ・サーケルは1948年の著作「Love Among the Ruins（廃墟の愛）」で当時の上流階級が抱いていた疑念を描いている。「この国でオリンピックをやるなんてばかげている。真のアマチュア選手であり続けようとしたら、イギリスのチームはみな栄養失調になるに決まっている。まあ、政府がそれを望むなら仕方ないが」[7]。だから選手を集めようと思うと、貴族階級のアマチュアに頼るしかなくなってしまう。そうでない選手は、飢餓に追い込まれるか、フルタイムの仕事と練習とを両立させるという不可能に挑戦せざるを得ない。こうしたジレンマは、ボート競技の舵手《だしゅ》なしペア種目の金メダリストの顔ぶれを見ても明らかである。ディッキー・バーネルはオックスフォードのイートン校出身で、戦時中はロンドン義勇隊に参加し、タイムズ紙でボート競技の取材担当者を務めたが、プロ選手と見なされなかった。一方のバート・ブシュネルは14歳で造船所の見習い工になったものの、ヘンリー・レガッタのアマチュア規定に抵触しないようにするため、父親が経営する造船所の経営には加われなかった。ふたりは仲がよかったが、その環境の違いには唖然とさせられる。イギリスのトップクラスの体操選手ジョージ・ウィードンでさえ、第2次世界大戦前にはジムの使用料どころか練習に通うバス代にも事欠いていた。裏庭に手製の鉄棒を据え、植木鉢の上で倒立の練習をするありさまだったという。

王室はIOC委員および主要な関係者をバッキンガム宮殿の豪勢な昼食会に招待し、次に選手300人を招いてお茶会を開いた。「ニューズ・オブ・ザ・ワールド」紙の記者は、大衆への慈愛に満ちたこの催しにたいそう感激したようで、「女王陛下は大変に民主主義的に振る舞われ、選手一人一人とにこやかに言葉を交わされた」と書いている。しかし体操選手のウィードンは、「別に大した会ではありませんでした。たしかに何人かの王室の方と握手はしましたよ。でも、お茶と甘いパンが出たくらいで、シャンパンなんかはありませんでした」[8]と述べている。当時は「階上に住む主人一家と階下に住む使用人」という、社会における上下二層構造の発想が支配的で、イギリスの女子選手が衣類配給券を余分に渡され、上流家庭の使用人の衣服を扱う「ボーン・アンド・ホリングスワース」で競技用の服を購入するようにいわれたということも、この思潮を根底としている。フェンシング選手のメアリー・グレン＝ヘイグも、「たしかに、上流社会の人が料理人に服を支給するみたいなものね」と言っている。選手村におけるアスリートの行動規則にしても、宿舎の飾り気のなさと同じくらい厳格だった。だが、スウェーデンのように余裕のある国は選手団まるごとホテルへ移ることもできた。一方、ヨット選手は富裕層出身が多い。開催地のトーベイに派遣された組織委員は、「選手たちがやたらにパーティーを開きたがるので閉口する」と報告している。実際、トーベイの夜はすてきだったようだ。タトラー誌、バイスタンダー誌は共に、ノルウェー皇太子の姿を見かけたことや、戦艦アンソンの船上のようすやロイヤル・コモドアー・クラブでのパーティーなどについての記事を掲載している。[9]

　イギリス選手の代表として聖火に点火する大役には、世論マスコミともにシドニー・ウッダーソンが起用されると考えていた。この眼鏡をかけた小柄な事務弁護士は1マイル走の世界記録を持ち、イギリス中距離陸上の牽引役として「ザ・マイティ・アトム」と呼ばれていた。だがIOCで聖火リレーを担当していたビル・コリンズ司令官の回想によれば、委員会はハンサムな最終走者が聖火台に点火するという演出に固執し、当時の女王陛下も「貧相なシドニーにやらせるのはちょっと……」と言ったらしい。彼らは観客が納得するような貴族的な顔立ちを求めて、それまで無名だったケンブリッジ大学体育会所属のジョン・マークに白羽の矢を立てた。[10]

　記録によれば、開会式は絢爛でありながらも落ち着きに満ちていたことになっているが、実際にはいくつもの混乱があり、演出も陳腐だった。中距離走者のロジャー・バニスターは、ぎりぎりの時間に国旗を携えて群衆をかき分けながら会場に向かったことを記憶しているという。もし間に合わなかったら、イギリス選手団はユニオンジャックを掲げずに入場行進する羽目になっていただろう。スタジアムはよくできていたもののあまりに簡素であり、ボーイスカウトの団員が捧げ持つ国名のプレートが木製のため、国際競技大会というよりは馬術競技会のようだった。それでも、10年におよぶ戦争と窮乏の灰色の時代を経て、とにもかくにも開会にこぎつけられたこと、しかも快晴に恵まれたことは、それだけで奇跡のように思えた。ガーディアン紙は次のように報じた。「冷笑的な空気はもうどこにもなかった。イギリス国民がいままで見たこともないような軽やかさと優美さとをもって式は進行した。暗い色の服装はどこにも見当たらない。観客席はパステルカラーの花々が咲き乱れる巨大な屋上庭園さながら、淡いブルーやピンクの服を身につけた人々で埋め尽くされている。男性は上着を脱ぎ、女性は頭にスカーフを巻いている。スタジアムのくすんだ色のコンクリートさえ陽光に輝いているようだった」[11]

バーレー卿は、白い布は掛かっているが実は急ごしらえのブリキ製の演説台から開会を宣言した。「全世界が戦いに明け暮れた1945年が暮れたとき、各国の組織は、一部の強力なものを除いて衰亡の危機にありました。栄光のオリンピック・ムーブメントの再起など、誰も信じていませんでした」

オリンピック・ムーブメントは単に生き延びただけではなかった。1948年ロンドン大会には、過去最多の59地域から4104名もの参加者が集まった。イギリスにとっては、とりわけインドとパキスタンがふたつの独立国として参加したこと、そしてビルマとセイロンもこれに続いたことは注目すべき事件だった。旧イギリス植民地からは、このほかにも英領ギニア（現ガイアナ）、ジャマイカ、シンガポールとトリニダード・トバゴがデビューした。これらのどの地域からも、さまざまな人種の選手が出場した。400メートルハードルでメダルを獲得したセイロン代表のハードル選手ダンカン・ホワイトは、ヨーロッパ入植者の血を引く少数民族ブール人だった。シンガポールの走り高跳び選手はイギリス人のロイド・ヴァーバーグだった。ジャマイカ代表の400メートル走金メダルのアーサー・ウィントと800メートル銀メダルのハーブ・マッケンリーはアフリカ人の血統で、トリニダード代表のウェイトリフティング銀メダリストのロドニー・ウィルクスもまた同じである。ラテンアメリカの初参加国はベネズエラとプエルトリコで、バンタム級ボクシング選手フアン・エヴァンジェリスタ・ヴェネガスは銅ではあったがプエルトリコ人として初のメダルを獲得した。英仏の植民地支配から解放された西アフリカ地域や、日本やアメリカの占領が解かれた東アジア地域から6つの国が初参加を果たした。イラン、イラク、レバノン、シリア、韓国、そしてフィリピンである。* 遠い異国と思われていた国の人々が目の前で競技するのを見て、BBCのコメンテーターのレイモンド・グレンデニングは「この大会は、オリンピックが生きた国連活動実現への最短距離となることを世界に知らしめた」と述べた。しかし現実は理想とは遠い。大会期間の最初の週末にリバプールで「人種暴動」が相次いだ。土曜日にアフリカ系アメリカ人のハリソン・ディラードが100メートル走に勝利すると、白人暴徒が地元で有名な英印合弁のレストランに押し寄せ、常連の黒人客を襲った。日曜日と翌日の祝日は土曜日以上の数の暴徒が黒人船員用の簡易宿泊所、リバプールの黒人層が利用するカフェ、下宿屋などを襲撃した。[12]

* 複雑に絡み合った国籍と民族問題の典型として、ウエイトリフティングの選手ジャファル・モハンマド・サルマスィーが挙げられる。彼はイラクのバグダッドで教職に就いていたが、血筋はアゼルバイジャン人だった。ウェイトリフティングを志したきっかけは、テヘランを訪問中にイラン政府の勧めによりイラン国民大会に出場したところ、優勝してしまったことにある。イラン選手として1948年オリンピックの銅メダルを獲得した後にイラクの職場に戻ったが、サダム・フセインの台頭後にイランに逃れ、テヘランで一生を終えた。

女性選手の比率は、1928年に若干の女性選手用種目が採用された当時で全体の10パーセント弱だったが、それ以降ほとんど進歩はなかった。そしてロンドン大会の女性選手の比率は、なんと1932年ロサンゼルス、1936年ベルリンよりも低かった。[13] 世界大戦は北米やイギリスの労働市場における婦人の進出をもたらし、またヨーロッパ大陸ではそれは公共部門に顕著だった。その流れが1947年のフランスと1948年のイタリアにおける女性参政権獲得などに結実するのだが、スポーツ界にはまだこの波がおよんでいなかったのである。しかし1948年にカヌーの、1952年に乗馬の女性種目が認められ、1976年までかかってようやく種目数で4分の1、選手数で5分の1に達した。この実態に鑑みると、アメリカの走り高跳び選手アリス・コーチマンとオランダの陸上選手ファニー・ブランカース＝クンの業績は偉大だったと言える。

　1923年に人種差別意識の強いジョージア州に生まれたコーチマンは、性と人種ふたつの偏見と戦わなくてはならなかった。彼女の父親は「女の子はおしとやかにしてベランダでお茶でも飲んでいればいい。スポーツなどもってのほか」という考えの持ち主だった。そのうえ、彼女は引退するまで人種で分離された施設で練習しなければならなかった。金メダルを獲得してロンドンから凱旋すると、カウント・ベイシー楽団の演奏で祝勝会が催され、トルーマン大統領からホワイトハウスに招かれもし、黒人として初めてコカ・コーラの広告に起用されたが、ふるさとのアルバニーに帰るとレセプション会場は白人と白人以外に分けられており、市長は彼女と握手しようともしなかった。

ファニー・ブランカース＝クンはオランダのユトレヒト州バールン町の農家に生まれ、幼い頃からスポーツ万能だった。１９３６年ベルリン大会で十代ながら6種目もの世界記録を更新し、１９４０年代初めには選手人生の絶頂期を迎えた。ところがナチスの占領に伴い、オランダでは組織的にスポーツをすることが不可能になってしまう。やっと戦争から解放された頃はすでに2児の母となっていた彼女だが、多くの批判をものともせず、まずは軽いトレーニングから復帰した。「非難の手紙が山ほど来たわ。みんな、子供と一緒に家にいるべきだっていうの。短パンで脚を丸出しにして走り回るなんてだめだ、なんて人もいて、びっくりよ！」。１９４８年大会では30歳に達していた。「もう走れる年齢ではないのだから家庭に戻って子女の養育に当たられんことをお勧めする、とかなんとか書いた記者がいたの。ロンドンに着いたときにそいつを見つけて、『よく見ていなさい』って指を突きつけてやったわよ」。結果はまさに有言実行。１００メートル走、１１０メートルハードル、２００メートル走で3個の金メダルを獲得したうえに、４００メートルリレーのアンカーとして、前を走るオーストラリアのジョイス・キングを抜いて優勝、鉄砲玉のような走りを見せたのである。[14]

ＩＯＣのジークフリード・エドストレーム会長は閉会式でこう言った。「オリンピックには、世界に平和を義務づけるほどの力はありません。……しかし世界中の若者に、地球上の人類はみな兄弟であることを気づかせる機会を与えることはできるのです」。以下の「オブザーバー」紙の社説もエドストレーム同様に誇らしげだが、若干の懸念も表明している。「かつてベルリン大会でオリンピック精神を愚弄したナショナリズムのこけおどしはもうなくなった……ロンドン・オリンピックは最も成功した大会のひとつだ、と我々は自負してよい……世界は我々のことを『大いなる挑戦者』――はたまた『愚かな敵』――などという名誉ある称号でくくらないでくれるだろうか？」[15]。この後数週間にわたる雑誌「エコノミスト」の投書欄を追うと、論陣はふたつに分かれたようである。懐疑派と現実主義者はオリンピック精神の力とやらに納得がいかないようだった。「オリンピックが成功したからといって、それが国際的な宥和に直結すると考えるのは安易にすぎるであろう。世界大戦の苦い経験から、自国の安全は国際政治に翻弄されることを、またある年に団結した運動選手たちが翌年には互いに銃火を交えることを、西側世界は学んだ。ウェンブリー・スタジアムの観衆の声はクレムリンには届かない。もし届くとしても、それはほんのわずかでしかないだろう[16]」

しかし、聖火リレー担当者のビル・コリンズは、確かな手ごたえがあったと熱っぽく語った。「聖火を見た人や報道を読んだ人、または話に聞いた人はすべて、世界中が切望する輝かしい未来の象徴と受け取ったに違いない。現代社会では政治家の発言力が非常に大きくなっているが……彼らが、人々が望んでやまないことを世の中に伝えるべく選ばれた人物ばかりであるとは限らない[17]」

我々がロンドン大会にノスタルジアを抱くのは、オリンピックがコスモポリタニズムの目標を実際に達成できた時代だったからというだけではない。達成できると本気で信じられていた時代のオリンピックだったからである。

3　1952年ヘルシンキ大会

ウェンブリー・スタジアムの観衆の声は、意外に大きくクレムリンまで届いたようだ。帝政時代のロシアが最後にオリンピックに参加したのは１９１２年。それ以来、ロシアとしてもソヴィエト連邦としても、かの国にオリンピック委員会は設立されなかったし、したがって大会にも招かれなかった。１９２０年と１９２４年というのは内戦とその後の擾乱《じょうらん》のさなかであり、スポーツなどに関心を持てるはずもなかった。だが１９２０年代末から30年代初めに少し情勢が落ち着くと、不安定ながらもスポーツがソヴィエトの社会に足場を得てきた。特にサッカーは都市部において観客を集め、軍隊や学校での肉体訓練プログラムが社会主義的な新しいスーパーマン像を作り出しつつあった。ただし一国社会主義の方針により外交的に孤立していたため、スポーツ外交は自らも創設にかかわった労働者オリンピアードの範囲にとどまると同時に、オリンピックについては「階級闘争から人民の目をそらし、帝国主義的侵略の先兵に育て上げるたくらみである」と非難した。しかし１９３０年代半ばに国際的なスポーツ交流が世界的に盛んになると、ソ連国内のスポーツ関係者は指導部に対して、国際的な連携に加われないかと打診しはじめた。だがこの時期のソ連は外交上の失点も多く、そのような活動に踏み出すのはリスクが大きかった。また、大粛清の甚大な余波はスポーツ関係者にもおよんでおり、実現するにしてもあと10年はかかると思われた。[1]

しかし、終戦直後にはソ連にもソ連以外の国にも融和のきざしが見えるようになり、1948年ロンドン大会委員長のバーレー卿はモスクワを訪れてソ連の参加を打診した。たしかにソ連のスポーツ関連部署の幹部は国際試合に積極的だった。だが、共産党政治局としては、うまくいけばいいものの、もし国際的な舞台で負け姿をさらすことになればそのダメージのほうが大きい、とかたくなだった。のちにソ連スポーツ委員会委員長になるニコライ・ロマノフは、「国際試合への派遣を認めてもらうためには、特別な宣誓状をスターリンに提出しなければならなかった」[2]と回想する。しかし、アメリカとのあいだで表面化してきた冷戦の多面性に気づいた共産党は、国際試合を新たな戦場ととらえるようになったようだ。1949年に党中央委員会で採択された決議には、党の目標が次のように述べられている。「全国にくまなくスポーツを普及させること、スポーツ技術を向上させること、この基盤のうえで、一刻も早くソ連選手が主要な種目で優越した地位を得るべく支援すること」[3]。1951年、ソ連はヘルシンキ大会への参加を見越して、IOC委員の座と自国のオリンピック委員会の承認を求めた。

IOC内の改革派、たとえばバーレー卿やフィンランドのエリック・フォン・フレンケルらは、正統なオリンピック精神の観点からソ連の参加を強く支持した。そして、オリンピック・ムーブメントにおいてはたとえごくわずかでも信頼性を維持することが大切だという国際主義者の主張を受けて、もっとも保守的なメンバーも、ソ連を締め出したオリンピック開催はたしかに異常だということは理解できた。だが、エドストレーム会長、オランダのシャールー大佐、そしてエイベリー・ブランデージ副会長といった強硬な反共主義者にとっては、この問題はさまざまな葛藤を引き起こすものだった。これまで、委員の人選についてはもっぱら私的な人脈にたよってきた。その人物が委員としてふさわしいかどうかは、IOCの内部でのみ判断してきた。ブランデージにいわせれば、彼らは同じ気質の人間であり、だからこそ「オリンピック・ファミリー」にスムーズに溶け込むことができたのである。エドストレームも疑問を発している。「そもそもロシアには知った人がひとりもいないではないか。一番の難題は、ソ連を代表してＩＯＣに出席させる人間を我々は見つけられるのかということだ。共産主義者を委員会の席につかせるというのは、やりすぎだ」[4]。問題の本質はおそらくこういうことだ。共産主義者を新しい委員に迎えることだけが問題なのではない、その新委員とは共産主義の政府が直接指名した者であるということも問題なのだった。

最も受け入れがたかったのは、ソ連のスポーツ界の仕組みが、ＩＯＣが大切にしてきたアマチュアリズムの信条に明らかに抵触することだった。とはいえ、ＩＯＣ幹部は、ソ連の選手が軍籍にあろうとなかろうと、国から金銭の支援を受けながらフルタイムで練習できることぐらいは承知していた。そこで両者は折り合いをつけることにした。ソ連側はＩＯＣ委員の席を確保するための若干の譲歩として、広くおこなわれていた成績優秀者に対する「賞金」の授与を廃止し、また、これまでなにかにつけてふっかけてきた無理難題を主張することもやめた。たとえばファシストのスペインを排除せよとか、ロシア語を公用語として認めよ、といったものである。対するＩＯＣは、「賞金」ではない「支援」については目をつぶることに決め、党の政治局が任命したコンスタンティン・アンドリアノフをＩＯＣ委員として迎え入れた。ブランデージは苦渋の面持ちでこう述べている。「我々はソ連のオリンピック参加表明を受け入れなければならない。彼らがあからさまに違反しない限り、ルールは遵守されているとみなすべきなのだ」[5]

日本がオリンピック・ムーブメントに復帰するにあたっては比較的問題が少ないことが明らかになった。１９４８年ロンドン大会には招かれなかったが、１９４９年になるとＩＯＣは日本のオリンピック復帰を見越して、各種の国際スポーツ連盟に日本人選手の再加入を奨励しはじめた。１９５１年、日本は連合国側の48か国とサンフランシスコ平和条約を調印した。６か月後には米軍の日本占領が終わり、日本は69名からなる選手団をヘルシンキ大会に送り出した。

ドイツあるいは両ドイツの場合は、また違った事情があった。ドイツのオリンピック復帰が論ぜられる頃には、西側占領諸地域はドイツ連邦共和国（ＦＲＧ）としてまとまり、ソ連占領地域はドイツ民主共和国（ＧＤＲ）となっていた。しかしＩＯＣは依然ひとつの国ととらえ、その一部がソ連により飛び地の植民地になっていると見なした。したがって、１９５０年に西ドイツが自国のオリンピック委員会を承認してくれるようＩＯＣに申し入れると、ＩＯＣはそれをドイツのスポーツ界の単一の代表団体、戦前のドイツ・オリンピック委員会の後継団体と理解した。ＧＤＲが別個のオリンピック委員会の承認を申請したとき、彼らはＩＯＣから、統一ドイツ・チームの一員としてヘルシンキ大会に出場してはどうかと持ちかけられた。さまざまな議論がなされたものの、結局東ドイツの委員会は認められず、全員ＦＲＧの市民で構成された統一チームがヘルシンキに旅立った。朝鮮半島には南北ふたつの国家が存在したが、国としてのオリンピック委員会は、西側世界の影響下にあった半島の半分によって運営された1組織しか認められなかった。この状態は、１９５０年後半に北朝鮮が政治的にも外交的にも独自の地位を求める国力を持つようになると、ＩＯＣにドイツのときと似たジレンマを突きつけた。統一チームを期待しても、両国は絶対に乗ってこないのだ。

中国の様相もまた異なる。ドイツの場合には幻想と知りつつも「統一チーム」による参加を一応は主張することができたが、中国には通用しなかった。内戦に勝利した中国共産党と、台湾という小さな島を退避陣地として逃げ込んだ中国国民党の両方が、中国全域の支配権を主張していたのである。内戦が激化していた１９４８年、中国は――１９３６年ベルリン大会の54人にはおよばないものの――31人の選手を中華民国選手団としてロンドン大会に送り込むことができた。１９３２年ロサンゼルス大会に参加したのは陸上短距離の劉《りゅう》長《ちょう》春《しゅん》たったひとりであり、国旗も自分で持ったことを思えば見事な進歩だった。しかし国民党が敗北し、１９４９年10月に中華人民共和国が建国されると、ＩＯＣは次から次へと難題にぶつかる。国民党は、中国オリンピック委員会のＩＯＣへの住所登録を台湾に変更するという策を使って委員会の支配権を主張した。これを認めれば、彼らが１９５２年大会において中国全域を代表することになる。ところが、ソ連の例に励まされた中華人民共和国政府も――まずは自国のオリンピック委員会が承認を受ける必要があるとは知らぬまま――オリンピックにチームを送ることを計画していたのである。ＩＯＣとふたつの中国代表との間で、どちらを大会に招くべきかについての互いに譲らない激しい応酬の会議が延々と続いた。ようやく妥協にたどり着いたのは開会式の前夜である。結局、どちらの中国のオリンピック委員会も承認されないが、両国ともに国際的なスポーツ連盟に所属している種目があればその選手の参加は認められるということになった。しかしこれを不服とした台湾側は大会をボイコットする。中華人民共和国の代表団が到着したのは、閉会式の開始直前であった。

　フィンランドがヘルシンキ大会を開催するまでには実に20年に近い歳月を要したといっても過言ではない。開催の実現に寄与したのは、1930年代半ばから50年代初めにかけて、世界大戦を経た同国の社会変革のエネルギーであった。1940年ヘルシンキ大会開催の背景には、1917年にロシアから解放されたフィンランドの20年余の歴史を祝い、広く世界に伝えようとする意図があった。招致を先導したエリック・フォン・フレンケルは、スウェーデン語に堪能なスポーツ狂の貴族にしてビジネスマンであり、フィールド・ホッケーとサッカーをフィンランドに導入した功労者であり、しかもIOC委員という人物である。彼が1952年大会を仕切るのは当然のなりゆきだった。1936年、ヘルシンキは1940年大会の招致で東京に敗れ、代わりに1944年の開催を約束された。ところが1938年、壮大な中国侵略策に気を取られた日本がホストの栄誉を返上したため、ヘルシンキが代替の開催地となった。1939年初めには白い塔を配した斬新なスタジアムも完成。そのほかの会場建設にとりかかろうとした矢先、第2次世界大戦が勃発する。フィンランドは中立を宣言したが、1939年後半にはソ連に侵攻される。この「冬戦争」における粘り強い抵抗もむなしく、フィンランドは1940年春には領土割譲を呑んで講和せざるをえず、ついに大会も放棄した。だがその年の暮れには、多くの優れたオリンピック選手やアスリートを含む冬戦争の戦没者をしのび、完成して間もないスタジアムを用いた「国民オリンピック」を開催した。このときには3万人もの観衆が集まったという。1941年にドイツがソ連に侵攻、フィンランドは割譲された領土を取り戻すことができたが、それもつかのま、1944年にはまた赤軍に占領されてしまう。1947年に調印されたソ連との平和条約は、領土のみならず多額の賠償金と外交権の制約も規定するものであり、「友好的中立」の名のもとにソ連に敵対的な内容のいかなる対外条約にも加盟することが禁じられた。資本主義を基盤とする民主国家でありながらソ連の影響下に置かれた国。ようやく1952年大会の開催地となったフィンランドは、そういう国だった。

　ヘルシンキ・オリンピックの構想には、フィンランドの政治上のふたつの特性が反映されていた。ひとつは、政党の違いを超えて根気よく国の統一と団結を求め続けたこと。もうひとつは、フィンランドのリーダーは西側と東側諸国のはざまで狭く細い外交の道を歩まざるを得なかったこと。なるほどヘルシンキ・オリンピック委員会（1940年当時にせよ、1952年にせよ）には、他の国のオリンピック委員会では考えられないくらいに、国内の政治のありとあらゆる面が反映されていた。左派、中道、右派それぞれの政党幹部、首相や大統領を嘱望されているような人材、補完役としての軍人、おまけのように付け加えられたオリンピック紳士。フィンランド人は、オリンピック組織関係者も政府の役人も、ソ連がオリンピック・ムーブメントに加わりヘルシンキ大会に参加することを熱狂的に歓迎した。フォン・フレンケルは、従来の方針を変えてソ連と融和する方向を選択した。聖火リレーは計画を見直してソ連領土内も通過するようにした。ソ連選手の宿舎に関しても、レニングラード［現在のサンクトペテルブルク］や国境近くのソ連側ではなく、ヘルシンキ市内の新設オタニエミ工科大学内に選手村を準備し、そこを利用するように勧めた（ソ連は承諾したが、思想的に疑いのある選手、たとえば砲丸投げのヘイノ・リップなどは慎重を期して国内に留めおいた）。選手村にはスターリンの大きな肖像画をはじめ、ソ連の衛星国家群であるブルガリア、チェコスロバキア、ハンガリー、ルーマニアそしてポーランドの指導者の小さめの肖像も掲げられ、それらの国の選手団も同宿した。フィンランドは、監視役つきながら「友好の出会い」なる西側選手との交流の場まで設けた。しかし同時に、ソ連の冷戦の相手であるアメリカのメダル数や成績が一目でわかるスコアボードも抜かりなく準備しておいた。ソ連側もお返しとして、目を見張るような量のステーキやキャビアやウオツカによる大宴会で外国選手団をもてなした。

フォン・フレンケルは思想的にも言語的にも普遍主義を標榜したかったのか、開会式のスピーチをフィンランド語、スウェーデン語、フランス語、英語で流暢に述べた。フィンランド人観衆にとって、大会はまさに戦争とは対極のものと思えただろう。フレンケルは言う。「勝者敗者ともに何のわだかまりもなく去ってゆく――そのような戦いの場を提供することに、フィンランドは喜びを見出しています」。国内でスウェーデン語を話す少数民族や労働者階級のスポーツ・ムーブメントにも配慮して、大会はそれぞれの立場を超えて和解するための手段であり、それは「外見上も、また内面的にも、言語や階級の違いを乗り越えた相互の理解と信頼を生み出すのです」とフレンケルは述べた。国際政治および外交上の共通言語となった英語で、彼は犠牲者なき戦いと怒りなき競争を提案する。「西側と東側世界が崇高な戦いを交わし、幸福な勝者が表彰されるのはもちろん、敗者にも苦々しい思いや復讐の気持ちが存在しない――そのような中立の場を提供できることは、フィンランドにとってまさに光栄なのです」。フィンランドが初めて開催地に立候補してから20年のあいだに3つの戦争が起こり、無数の死者が出た。聖火を点火する役はフィンランド人の堅忍不抜を象徴するアスリート、パーヴォ・ヌルミとハンス・コーレマイネンに任された。ふたりともオリンピックで複数の金メダルを獲得し、共にオリンピックのマラソンで優勝した名選手である。

冷戦という環境の変化のせいだろうか、国別のメダル実績については前回に引き続いてアメリカが首位とはなったものの、人々が予想していたほどの数ではなかった。金メダルはアメリカ40個に対してソ連29個だが、銀と銅も含めると76個対71個でその差は小さなものだった。ニューヨークタイムズ紙は大会最終日に独自の分析でアメリカの勝利を宣言した。すると翌日にソ連のプラウダ紙も「ソ連選手団が1位」と報じた。ソ連チームのロマノフ団長は、党の政治局に対して「今回は引き分け」だと説得したという。実際には、レスリング、器械体操、ウェイトリフティングおよび陸上において、ソ連選手は非常に力強いパフォーマンスを見せたが、直接の米ソ対決の場面は限られていた。アメリカの報道機関は「浅黒い長身の米連邦捜査官」のホレス・アッシェンフェルターが、３０００メートル障害（陸上競技）の最後の水濠《すいごう》の跳躍でソ連の世界記録保持者「ウラディミール・カザンツェフ同志」を抜いて金メダルを獲得したのをおもしろがり、「共産主義者に追いかけられた我が国最初のスパイ」と報じ、見出しには「ＦＢＩ、ロシアを下す」[6]の文字が並んだ。バスケットボールの米ソ決勝戦は36対25でアメリカが勝ったが、ソ連チームの防御一辺倒の試合態度にはブーイングが起こった。アメリカが文句なしに快勝したといえるのは、コカ・コーラだったと言える。ただしフィンランドにはボトリング工場がなかったので、オランダから実に3万ケースが輸入された。コカ・コーラは多くの人に歓迎され、すべての会場に行き渡った。

もしコミンテルンがスポーツを通して共産主義が優れていることを主張したかったのなら、ハンガリーも金メダル16個を含む合計42個のメダルを獲得したのだから、1千万人にも満たない人口を考えれば、ソ連に勝るとも劣らない成績だったといえる。実はハンガリーは、１９３６年大会、１９４８年大会ともに金メダル10個を獲得しており、今回の活躍は「予想外」だったわけではない。ハンガリーには——社会主義国となっても——大都市ブダペストのブルジョアたちの体操と水泳を愛好する伝統があった。これに軍隊で身につけたフェンシングの技術も加わり、また、中央集権国家の統制も競技結果にプラスに働いたようだ。16個の金メダルのなかでも、サッカーの金メダルはひときわ輝くものだった。ハンガリーのサッカーチームは軍に所属し、首都にわずかふたつのクラブがあるだけだったが、オリンピックで勝ち抜いたばかりでなく、当時最先端の斬新で洗練された戦術を世界に見せつけた。以降、ハンガリー・サッカーチームの愛称「マジック・マジャール」の名は一気に世界に知れわたった。キャプテンのフェレンツ・プスカシュの回想によれば「チームの実力が発揮されたのは、まさにこのオリンピックからだ。私たちはトータル・サッカーの元祖だった。全員で攻撃して、全員で守った」

　チェコスロバキアも健闘した。陸上のエミール・ザトペックは５０００メートル、1万メートルおよびマラソンで計3個の金メダルを獲得し、個人としては大会の白眉であった。エミール・ザトペックはチェコの陸軍少佐だったが、スポーツ・語学共に独学のこの人物は、実際にはあまり軍人らしくなかった。１９４８年ロンドン大会で1万メートルに勝利したのち、５０００メートルでは銀メダルに終わる。しかしこのレースでのラストスパートは、イギリス人の心を鷲づかみにした。彼の走り方はたいそう風変わりで、よくいっても非正統的というところだろうか。胴体を大きくくねらせ、頭を振り回し、呻《うめ》きと唸《うな》り声がゼイゼイいう音とともに絶え間なく発せられる。１９５２年大会では、５０００と1万メートルに勝利してから初のマラソンに挑んだ。いつもより饒舌になったザトペックは、スタート前にイギリスのベテラン選手、ジム・ピーターズに自己紹介をしたが、無口で気むずかしいピーターズがどう答えたかは不明である。次にふたりが言葉を交わしたのは折り返し地点で、ザトペックがペースが速すぎはしないかと尋ねると、ピーターズはちっとも速くないと挑発した。これを真に受けたザトペックは俄然ペースをあげ、ピーターズは直後にこむら返りを起こして離脱する。ザトペックは2位のランナーを2分も引き離し、並走する自動車の中にいる記者たちとしゃべる余裕さえ見せながらの勝利となった。

　ユーゴスラビアの共産主義者たちは、独自の目的のためにオリンピックを利用しようと考えていた。チトー大統領は１９４８年にスターリンと決別して独自の社会主義国家建設を宣言すると、ヨーロッパに形成されつつあった西側と東側のブロックとそれぞれ等距離の位置に立とうとした。これは、スターリンとソ連共産党にとって憎悪を抱かせるに足る自主路線だった。１９５２年ヘルシンキ大会におけるサッカーのトーナメント1回戦でユーゴスラビアとソ連がぶつかると、それぞれ国の報道機関は、互いの思想に根ざした因縁の戦いであるかのようにあおった。前半終了時点では、暴れまわるユーゴスラビアに対してソ連は1対4の劣勢となり、メンバーはシベリア送りも覚悟した。ソ連チームは口から泡を吹いていた、と書いたユーゴスラビアの新聞もあったが、スコアボードは嘘をつかない。後半でソ連は、ユーゴスラビアに1点の追加点を取られながらも5つのゴールを決めて引き分けとなり、シベリア行きは見送られた。しかし2日後の再試合では1対3でソ連が敗れ、チトーの手下のファシスト野郎どもへの反撃に歓呼の声を上げていたソ連の報道陣は静まり返った。オリンピック・チームの中核メンバーを輩出してきたCSKA（モスクワ中央陸軍スポーツクラブ）［厳密には数度の名称変更がある］はひそかに解散させられた（翌年、スターリンが死んだのちに復活した）。

　イギリスは金メダル1個に終わった。ザトペックひとりで獲得した個数の3分の1だ。この年の大会はイギリスにとって最低の結果となり、金メダル1個、銀2個、銅8個だった。メダル獲得総数は世界19位。フランス、オーストラリア、ベルギーといったまあまあの勢力にも劣るばかりか、自らのちっぽけな植民地であるジャマイカよりも少なかった。その1個の金メダルは、ウィルフレッド・ホワイト、ダグラス・スチュワート、ハリー・ルエリンからなる馬術チームの障害飛越競技によるものだが、功績の大半は愛馬フォックスハンターにまたがったキャプテンのルエリンに帰することは誰の目にも明らかだった。[7] だがルエリンは、メダルはメンバー全員の努力によるものだといつも強調していた。また、最終ラウンドの自分の出来は悪かった、あるいは最高の演技は自分より先におこなわれた、とも。しかし報道や大衆はそんなことにはお構いなしである。新聞の一面を飾るのはフォックスハンターの写真ばかり。ユニオンジャックが描かれた英国航空機の垂直尾翼をバックにした頭部のアップ、厩舎でくつろぐようす、花や小さな国旗を持つ子供たちに囲まれているところ、等々。馬は女王とウィンストン・チャーチル首相から祝辞を贈られ、タイムズ紙は社説でこう称賛した。「フォックスハンターは往年のブラックビューティ以来最も有名な動物になった。……障害飛越とは1日で習得できる種目ではない。したがってこの偉業の功績は、忠実かつ惜しまぬ献身によりイギリスの馬術界を復興せしめたハリー・ルエリン少佐たちに帰せられるべきであろう」。チームのメンバーは3人とも富と権力を備えた体制側の人間だった。ルエリンはウェールズの大手炭坑経営者の息子であり、ウィルフレッド・ホワイトはチェシャー州の地主の家柄、ダグラス・スチュワートは騎兵隊の上級将校という具合だ。イギリス人の感傷的になりがちな動物愛護精神を差し引いても、ルエリン少佐の人気は大変なものだった。長身で浅黒く、チャーミングなうえに財産家。ウィンザー・ハットを粋にかぶり、赤いジャケットに蝶ネクタイ、膝まである皮のブーツでさっそうと歩く。それまでの30年ほどのあいだに政治経済の波にのまれて多くが没落していたとはいえ、貴族階級には我々こそが文化を支えているという自負があり、大衆を動員するだけの社会的影響力も維持していた。一部の貴族階級にとっては、スポーツ、ショービジネス、セレブリティであることは、日増しに風当たりが厳しくなっていく時代における最後の砦ともなっていた。

　かくして1952年大会がイギリスに残した最大の遺産とは、それまでエリート層以外には全くといっていいほど知られていなかった障害飛越競技を、1950年代最高の大衆的テレビ番組のひとつに化けさせたことだ。BBCの1時間番組「ホース・オブ・ザ・イヤー・ショー」は多くの視聴者を集め、きわめて異例なことに60分延長された。そしてイギリス馬術のルネサンス期をひっそりと締めくくったのは、デンマークの選手リス・ハルテルによる馬場馬術競技の銀メダル受賞である。小児麻痺によって膝下の機能を失った彼女は、1904年セントルイス大会の義足の体操選手、アメリカのジョージ・アイザーに続き、大きな障害がありながらオリンピックを戦ったアスリートとなった。

4

1956年メルボルン大会

　1956年大会の公式記録映画の冒頭では、開発が進むメルボルン郊外を上空から見ながらナレーターが問いかける。「オーストラリアとはつまりなにか？　大陸？　島？　広さはアメリカとほぼ同じだが、人口はニューヨーク市より少ない」。ナレーターは地理学的に明確な定義は述べないままに、オーストラリアに分布する羊の放牧地と北アメリカのグレート・プレーンズとを比べている。南半球のクリスマス風景については、「サンタは煙突を降りる代わりにサーフボードに乗ってやってくる」などと語り、まるでここがカリフォルニアであるかのようだ。そしてふたりの男の子が、郊外の住宅で真夏の日差しを浴びながらプラスチック製ツリーの飾りつけをしているようすが映る。オーストラリアはアメリカと同じく、主にイギリスが先住民族の土地を奪って建設した植民地だったことをふまえた、核心をついた演出に思えるが、制作者にそこまでの意図はなかっただろう。画面はにぎやかなダウンタウンの風景になり、再びナレーターが問う。「そしてメルボルンは？　以前のオリンピック開催地、ロンドンやロサンゼルスやベルリンのような国際都市、あるいは首都なのだろうか？」。そうではないといわんばかりの口調だ。するとバーク・ストリートに建つコールズ百貨店の正面入口が大きく映し出される。入口に飾られているのはメルボルンの開祖とされるジョン・バットマンの巨大な人形だ。1835年にこの地に入ったバットマンは、先住民のひとつクリン族――ウルンジェリ、ブーンウルン、ワタウロン――の代表と契約を交わし、のちにメルボルン市北部となるポート・フィリップ湾周辺一帯を所有したとされている。人形をよく見ると、すぐ横には小さなアボリジニがひざまずいている。「ここはイギリスから渡ってきた労働者、ジョン・バットマンの町だ。ちょうど120年前、植民が許可されていない地に独断で居を定めた彼は、数え切れないほどの野生動物と戦い、やがて彼好みの小さな町ができた。元の地名？　ダッタ・ギャラ。今日の名は……メルボルン」[1]

　バットマン像の後ろで看板のパネルが回転すると、1835年当時の風景の想像図から現代的な高層ビルが並ぶ鮮やかなイラストに変わった。植民地時代から急激な経済成長に至る100年間が、一瞬で消えた。

　最初、バットマンは開拓農民としてヴァン・ディーメンズ・ランド（現タスマニア州）に入植し、家畜を飼って暮らしを立てた。先住民族との最も大きな戦い、「ブラック・ウォーズ」の末期には多くの先住民を殺害した。戦いに敗れた先住民は別の土地に移住させられた。だがタスマニアでの暮らしに満足できなくなったバットマンは、さらによい牧草地を求めて、ほかの入植者と共に、のちにヴィクトリア州の一部となるポート・フィリップ湾一帯の開拓に乗り出す。ところが自らが築き上げた農場や地所が町の区画に伴って分割されてしまうと、彼は酒に溺れ、梅毒に苦しんで1839年にこの世を去る。だからメルボルンの実質的な創設者とは、警察と民政局を設立して町の体裁を整え、当時の英国首相メルボルンを讃えてその名をつけたニューサウスウェールズ州知事バークであり、ひいては彼をこの地に送った大英帝国であるといえよう。州政府によってバットマンとの契約を一方的に破棄されたクリン族は、ヨーロッパという菌に侵されて、ほぼ絶滅する。生き残った者も強制的に移住させられ、彼らの土地は羊の放牧場となった。だが、何といってもメルボルンは、1850年代のゴールドラッシュから生まれた町でもある。羊毛産業と相まって人口が増え、経済も発展し、19世紀末まで好況が続いた。1890年までに、「すばらしいメルボルン」は人口50万人強を誇る、大英帝国でも2番目に大きな都市となった。オーストラリア人独自のベル・エポック文化が開花し、高層ビル建設や路面電車の線路網が南半球で最も進んだこの都市では、1880年には万国博覧会も開かれた。[2]

ところが19世紀末にメルボルンの土地と金《きん》および金融ブームが突然破綻する。第1次世界大戦と世界恐慌によって町の屋台骨だった採取産業が壊滅的な打撃を受けた結果、人口も経済も成長が止まった。1927年にキャンベラが正式な首都となるまで臨時首都の地位にあったメルボルンだが、以後、シドニーよりも地味なやぼったい町と見られるようになっていく。オリンピック大会の直前、記者団の多くは落ち着かなかった。厳しい飲酒規制（18時以降は禁止）と、それを金科玉条とするホテルの対応から、世界の人々に何と融通の利かない町だろうと思われるのではないかと気が気でなかったのだ（世界の人々とは、コスモポリタンで都会的で気さくなアメリカ人のことであるのはほぼ間違いないのだが）。

一方で、メルボルンは生まれ変わろうとしていた。戦後、この町は第2の爆発的成長を遂げつつあった。大量生産・大量消費を実現するフォード式経営が自動車、白物家電、家具および小売業で取り入れられたことや、郊外の地価高騰や移住者の急増によって、メルボルンは一気に成長したのである。最初はヨーロッパから、1970年代にはアジアからやってきた移住者たちはやがて、金融や法律、政治を独占していた旧態依然たるイギリスのエリート層を脅かすほどの勢力を持つにいたる。ゆえに、町の発展の重要段階にあるときにオリンピックの開催地となるのは、新たなメルボルン、ひいては新たなオーストラリアの文化的輪郭を示す場となることを意味していた。[3]

オリンピック招致を進めた中心人物は、保守派のウィルフリッド・ケント・ヒューズだ。メルボルンの古い上流階級出身で、オックスフォード大学から軍に進み、第1次世界大戦でも戦った。1920年アントワープ大会にはオーストラリア代表のハードル選手として参加、帰国後は国民党所属の下院議員となり、ヴィクトリア州の副知事も務めた。ふたつの大戦のあいだは外国嫌いの保守派帝国主義者を通し、ときにムッソリーニの初期の活動を声高に称賛するなど、ファシストに近い面もあった。帝国青年運動とボーイスカウト活動、兵役義務と学校の体育による教育を支持した彼は、それらに対する執着とも言えるほどの熱意から、1938年にシドニーでおこなわれた大英帝国競技大会のオーストラリア・チームの監督を務める。大戦中にシンガポールで日本軍の捕虜となり、中国で4年間の収容所生活を送った体験をもとに「The Slaves of the Samurai（サムライの奴隷）」を著した。スパルタ式の厳格さを礼賛し、自身とオーストラリアにもそれを求めた。1946年、やはり保守的な捕虜仲間たち――オリンピック代表ボクシング選手という経歴のヴィクトリア・オリンピック競技会事務局長エドガー・タナーなど――と共に、メルボルンでのオリンピック開催を提案する。だが彼らには権力も有力なコネもなかった。

そこに登場し、大きな力を発揮したのが近代化主義者フランク・ボールペールである。労働者階級出身で、アマチュア競泳選手として3回の大会で銀メダルと銅メダルを3個ずつ獲得した人物だ。あるときボールペールはサメに襲われていた人を救って市から表彰されると、そのわずかな謝礼を元手に「ボールペール・オリンピック・タイヤ」社を設立した。そしてこのビジネスを成功させ、メルボルンの自動車産業全体をけん引するまでになった。彼の人脈のおかげで、ユダヤ人の家具製造王モーリス・ネイサン、金物店経営者にして元市長のハロルド・ラクストン卿、キース・マードック率いる、激しい論調で人気の新聞「ヘラルド・アンド・サン」がオリンピック招致活動に大きな支援を寄せることになる。彼らにとって、オリンピックはメルボルンを変えてくれるものだった。文化の軸足をイギリスから移し、かつてこの町を繁栄させたグローバル経済の中に戻るための機会ととらえたのである。

正式な立候補書類は上等のメリノウールで装丁され、多数の地元スポンサーと支援者の署名が載せられた。その大部分はメルボルンの新興勢力、特に自動車のディーラーや不動産業および大型小売店の経営者だ。具体的な招致活動は1948年、まだ配給制が敷かれ厳しい経済状況にあるロンドンで始められたため、ボールペールはオーストラリアに備蓄する食糧をIOC委員や有力者にばらまいた。翌年にローマで開かれる会議まで議決が延ばされると、彼はそのあいだにあらゆる手を打った。ローマ法王にも大会の立候補書類を送り、IOC向けにカラー映画を作ってメルボルンを売り込んだ。そして決選投票を迎えると、今回はヨーロッパからの立候補がなかったうえ、アメリカの票が自国から立候補した6都市とメキシコシティ、モントリオール、ブエノスアイレスの合計9か所に割れたことも幸いして、メルボルンが1票差で勝利した。

だがその後の進展は思わしくなく、難題の連続だった。市の労働組合は戦後の住宅不足がまだ解消されていないとして非協力的な態度をくずさず、自国の検疫制度が障害となって馬術競技を国外で開かざるを得なくなり、代替地にストックホルムが選ばれた。ブランデージ会長は1953年から2年間静観していたが、開催前年の1955年になるとさすがにしびれを切らし、準備がはかどっていないのなら開催地変更の可能性もあるかもしれないと遠回しにせっついた。はかどらない第一の理由は、メイン・スタジアムの用地選定と建設費用をめぐる議論の収拾がつかないことにあった。保守派は河畔のオリンピック・パークを改修して使うことを望んだが、立地上、そこに巨大な建造物を新築するのは危険とみなされた。第二候補として、家畜収容所や羊小屋、食肉処理場、悪臭を放つなめし革工場に囲まれた王立農業催事会場の名が挙がっていたが、改修費用を聞いて震え上がったヴィクトリア州政府が承知しなかった。なお同様の事態になったのがカールトン郊外のプリンシズ・パークの再開発計画で、こちらの見積もりはさらに高額だった。結局ロバート・メンジーズ首相まで加わって侃々諤々の議論が3日間続いた結果、メルボルン・クリケット・グラウンドを改修して会場とし、費用は連邦と州と市で分担することに決まった。選手村については、まずは公営住宅の予算を充ててハイデルベルグ・パークに施設を用意し、閉会後はそれを市営の団地にすることになった。

メルボルンの進取の気風を世界に知らしめたのが、リチャード・ベック制作の公式ポスターである。[4] イギリスで生まれ育ったベックは両大戦間にロンドン交通局で働きながら、有名なフランク・ピックのデザイナーズスクールで現代的なデザインを学んだ。第2次世界大戦が始まる直前にオーストラリアに移り、グラフィックアートの分野にフォトモンタージュとジャクスタポジション（網羅的な並置）、抽象的なテキストとイメージの処理法を導入した。オリンピックのポスターは、折りたたんだグリーティングカードが開きかけたような図案を中央に配した構成主義的なデザインであり、白地のカードには五輪マークとメルボルン市の紋章が描かれている。バックは青一色で、静かな夢幻の海にカードが浮かんでいるようだ。そして、今日ではめずらしくないが、1912年大会以降としては初めて人間の姿が描かれないオリンピック・ポスターとなった。[5]

オリンピックのポスターがポスター表現として確立されたのは、1912年ストックホルム大会のポスターからである（率直に言って1896年アテネ大会から1908年ロンドン大会までのポスターには見るべきものはない）。この大会のポスターでは、筋骨たくましい金髪の青年が全裸で――とはいえオレンジ色の細いリボンが下腹部を絶妙に覆い隠して品位は保っている――スウェーデンの国旗を、そして青年の後ろでも数人の裸の男が各国の旗を振り回している［口絵参照］。アントワープ、パリ、アムステルダム、ロサンゼルス、ヘルシンキ各大会のポスターも、裸体もしくは最小限の服を身に付けた男性像と開催地の表記というこの構成を踏襲したものだ。ただし背景は大会によって異なり、たとえばアントワープ大会のポスターは淡い水彩で描かれた中世の街の風景だったし、都市の紋章を添えたポスターもあれば、背景のないポスターもあった。こうしたパターンを大胆に無視したのが、1936年ベルリン大会のポスターだ。このポスターでは、前景がクワドリガ（4頭立て2輪戦車）のシルエットで、その背後に古代アテネのアーリア人チャンピオンが巨大な姿でそびえている。逆に1948年ロンドン大会のポスターは控えめなデザインだ。ベルリンの大げさな表現に民主主義の鋭い突きをくらわしたといえる。国会議事堂をバックに円盤投げの選手の姿を小さめに描き、ちょっと古風で、わざと俗っぽくしたような作品だ。文字の書体は都市の社会主義的ムードを象徴するロンドン地下鉄のタイポグラフィから選ばれた。

メルボルン大会では、競技会の演出以上に現代性を強調している場が3つあった。芸術祭、水泳の複合施設、公衆芸術（公共の場に展示する芸術）である。オリンピックの芸術競技は、１９５２年大会から「芸術展示」として実施されるようになっていた。[6] この競技はクーベルタン男爵の強い主張によって１９２０年から１９４８年までオリンピックの正式競技として開かれ、時には著名なアーティストや作家が審査員を買って出ることもあったが、出品作の評価はおしなべて「駄作」あるいは「凡庸」にとどまっていた。運動競技との関連性もなく、互いに敵愾心をむき出しにすることもあるスポーツと高尚な芸術とが、現実に意義のある対話をするような結果に至ることもなかった。メルボルン・オリンピック芸術祭もやはりまた、スポーツと芸術との仲を取り持つ役割は担えなかった。作品のほとんどはメインの競技会場から目につかない場所――メルボルン大学、ロイヤル・メルボルン・テクニカル・カレッジ、市立書館――に追いやられた。一方、オーケストラの演奏はスイミング・ホールでおこなわれ、レオナルド・フレンチに依頼した壮大な壁画「シンメトリー・オブ・スポーツ」はメルボルン大学内に造られたボールペール・スイミングプール（オリンピックの練習にのみ使用された）に飾られた。また、アーサー・ボイドの陶芸作品はスタジアムの外に置かれ、芸術とスポーツの和解におずおずと協力を申し出ていた。

大会のメイン会場のひとつとなった競泳施設は、オリンピック史上初めての完全な屋内水泳施設だった。唯一新築された競技場でもあり、生まれ変わったメルボルンが国際的な支持を得ることを目標につくられた、モダニズム式の目を引く建造物だった。ガラスと鉄鋼を組み合わせた変則的なひし形の建物で、V字型の構造の鉄骨に支えられた広大なガラスのカーテンウォールを通して、屋内に自然光が降り注ぐ。これが建てられたのは市内でも特に奇抜な建造物が並ぶ一画だった。ガラスの箱のようなＩＣＩハウス――オーストラリア版のシーグラム・ビルディング［マンハッタンの高層ビル。ガラス窓が並ぶ外観が特徴］――や、シドニー・マイヤー・ミュージック・ボウル。鋼材のケーブルで吊った大きな波のような形のメタル・ルーフは、１９７２年ミュンヘン大会のオリンピック・パークの超モダンな建物群のインスピレーションの源となったと言われている。だが、オーストラリアのモダニズムの最も親しみやすく、最も大衆的な例は、大会のために依頼を受けた人々がつくった市街の飾りだろう。リチャード・ベックはオリンピック・カラーでつくった「スピンモビール」を寄贈した。ほかにも金属板を切り抜いてつくった踊る女性の像や、アボリジニの石の工芸品がダウンタウンの目抜き通りに飾られ、聖火をかたどった巨大なネオンサインが中心地となる交差点の上空にかかっていた。[7]

これらの試みは革命的とまではいえないが遊び心に満ちていて受け入れられやすく、オーストラリアの保守的な選手たちの美学と相反する「ダダイズム」といえた。メルボルン大会の開会式をじっと見ていると、１９４８年ロンドン大会の観客席にいるような錯覚にとらわれたはずだ。３層構造のＭＣＧ（メルボルン・クリケット・グラウンド）の観客席は、てっぺんを半周ほど覆う簡素なトタン屋根と木製の座席がロンドンのウェンブリー・スタジアムとそっくりだった。大会は帝国マーチングバンドが奏でる「ゴッド・セーブ・ザ・クイーン」と「ハレルヤコーラス」で始まり、最後を締めくくったのもやはりその二曲だった。イギリスを代表してフィリップ殿下は——義父のジョージ６世が１９４８年にロンドン大会の開会宣言をしたときと同じく——英海軍の制服姿で出席した。観衆は法衣をまとった英国国教会の大主教にならって祈りをささげ、公式プログラムはメルボルンの町に「イングランドの楽園」の役を与えた。すなわち「機能的なデザインと建材による郊外のモダンな家並み。そこかしこにスーパーマーケットやドライブインシアターや銀行が建ち、バラとラベンダーが香るイングリッシュガーデンを備えた家々」[8]である。

公式記録映画もこのシナリオに従い、スポーツ国家オーストラリアについてごく限られた面しか語っていない。シャーリー・ストリックランドは郊外の瀟洒な家に暮らす中産階級のママさんアスリートだった。走り高跳びの選手チラ・ポーターは羊毛刈りの職人だ。そして開会式当日、スタジアムに一番乗りを果たしたのは、メルボルンでスポーツの土台をつくった、郊外のボウルズ・クラブの女性だった。しかし、労働者階級や移民が親しんでいる、クリケット、サッカー、ラグビーといったスポーツ（多くはプロスポーツ）は、この町の先住民と同じく、画面には現れなかった。このように情報がきわめて偏向的であったことを考えると、バリー・ラーキンらシドニー大学の学生たちに快哉を叫びたくなるというものである。彼らがシドニーで仕掛けた聖火リレーのいたずらは最高だった。ナチスが考案したこのイベントに抗議するため、彼らは偽のトーチ——ある学生がはいていたパンツを灯油にひたして燃やしたもの——をこっそり用意した。リレー走者の振りをしたラーキンがトーチを掲げながら本物の走者の前を走り、シドニー市庁舎でパット・ヒルズ市長にトーチを渡すとそのまま姿を消したのである。

一方、現実の世界はこのように平和ではなかった。開会式の2週間前、イスラエルのエジプト侵攻と連動して英仏軍がスエズ運河を占領した。エジプト・チームは大会不参加を表明、イラクとレバノンもそれに続いた。その1週間後、人間らしい共産主義体制を目指して蜂起したハンガリーをソ連が武力で鎮圧したことに抗議して、スペイン、オランダ、スイスもやはり不参加を表明した［ハンガリー・チームは予定通り参加した］。ハイデルベルグ・パークの選手村は不安に包まれた。慎重を期してイスラエルとあとに残ったアラブ諸国の宿舎を互いに離れた場所にすると、ソ連とハンガリーもそれにならった。すでにアジアのチームと同宿だったオーストラリア・チームも、英語圏の宿舎に移された。中国の問題もあった。その年の初め、中国のIOC委員ショウ・ティトゥンが台湾オリンピック委員会の追放を要求したが、ブランデージ会長にあっさり拒否されていた。そして大会2週間前、中華人民共和国はかねてからの計画どおり、民族の裏切り者がいすわることに抗議して正式に参加を取りやめた。2年後、中国はオリンピック・ムーブメントを離脱、中国のスポーツは「大躍進政策」と「文化大革命」の大混乱のなかで孤立を深めていく。

中国の行動に対してブランデージは澄ました顔で答えた。「我々はよしあしに関係なく、いかなる国もオリンピックを政治に利用することに断固反対する。オリンピックは国家ではなく個人の競技なのだ」[9]。まさに、1952年ヘルシンキ大会における東西統一ドイツの参加の調整をはかり、結局すべて西ドイツの選手で構成されたチームを参加させた人物の言葉にふさわしい。政治上の介入は、正しい人が適正に取り計らう限りは許される、ということのようだ。1955年、ソ連はドイツ民主共和国［東ドイツ］を被占領地域ではなく独立国と認めた。盟友に励まされた東ドイツは、国内のオリンピック委員会を承認させるべく再びIOCに願い出る。IOCはしぶしぶ東ドイツのオリンピック委員会を承認した。ただし西ドイツの選手団に加わるという条件つきで。世界がどう思おうとドイツという国はひとつ、したがってドイツ選手団もひとつという1952年の認識は、メルボルン大会でも絶対に変えなかった。東西ドイツの委員会代表は現実的な対応を協議し、入場行進には五輪を白く染め抜いたジャーマン・トリコロールの旗を掲げ、公式の場では国家の代わりにベートーヴェンの「歓喜の歌」を使用することで合意した。西ドイツのスポーツ記者はこう述べている。「結局、統一ドイツ・チームなど存在しなかった。『ふたつのチーム』が別々にやってきて、別々に帰っていっただけだ。ふたつのオリンピック委員会の役員たちは互いにぴりぴりしていた。競技での団結や人間的な友情という意味ではたしかに『チーム』だろう。だがIOC会長ブランデージ氏は政治が実現できなかったこと、すなわちドイツの統一をオリンピックで実現したと錯覚している。言葉の響きはよいが、幻想にすぎない」[10]

オーストラリアは持てる力を存分に発揮して13個の金メダルを獲った。だがどのメダリストも普段は平凡な青年や婦人だった。シャーリー・ストリックランドは物理と数学の非常勤講師だが、公式記録映画や地元の新聞には主婦と紹介された。きれいに整備された郊外に住み、子育てと庭の手入れにいそしんでいた婦人が思いがけずオリンピックでハードルの女王になった、と書かれている。しかしオーストラリアのヒロインはなんといっても若手スプリンターのベティ・カスバートだろう。ベティは100メートル、200メートル、100メートルリレーで3個の金メダルを獲得したのだ。競泳はオーストラリアのお家芸ともいうべき種目だが、その伝統はカリフォルニアが水のスポーツで成果を得ているのと同じく、風土やプール、活気に満ちたビーチやサーフィン文化の錬金術によるものだ。この大会では自国開催の強みが大いに生かされた。マレー・ローズとジョン・ヘンドリクスはふたりで5個の金メダルを獲った。そして国民的人気を呼んだのがシドニーの労働者階級出身のティーンエイジャー、ドーン・フレーザーである。オリンピック初参加で2個の金メダルに輝き、100メートル自由形ではその後の大会を含めて3連覇することになる。

冷戦を象徴する争い――とりわけ夏季オリンピックで2度目となった、アメリカとソ連の直接対決――は依然、作り話のようだった。たとえソ連が明らかにメダル競争の先頭を走っても、テレビがさほど一般的でなかった当時の状況では、この種の話から起こると我々が予想するお決まりのパターン――ソ連のミサイル技術だったりメダル獲得数だったりにアメリカが激高するというもの――はまだ先の話だった（そうなるのは1960年ローマ大会でテレビが爆発的に普及してからである）。むしろメルボルンで表面化したのは、それまで鉄のカーテンに隠されていたいがみあいだった。ハンガリー動乱後、オーストラリアに移住していた少数のハンガリー人が祖国の代表のために結集し、そのうちの500名もがメルボルン空港でチームを出迎えた。手にした国旗は一様に中央部分が切り取られていた［当時のハンガリー国旗は現在の三色旗の中央部分にソ連の国章に似た槌その他が描かれていた」。ボクシングのライトミドル級の決勝でハンガリーのラズロ・パップがプエルトリコのホセ・トーレスを倒して自身3度目の金メダルを獲得した瞬間も、彼らはその旗を振って歓声を上げた。が、最も大きな声が入り乱れたのは水球の試合である。[11]

ハンガリーとソ連チームはヨーロッパから同じ船でメルボルンに移動してきたが、動乱のあらましがしだいに明らかになってくると、すでに船上でけんかが始まっている状況だった。そんな両チームが水球の準々決勝で顔を合わせることになると、オーストラリアに住むハンガリー人が5000人近く応援に現れ、その多くが「オーストラリアにとどまれ」と書いた手作りのボードを掲げて選手に亡命を勧めた。もともとハンガリーは相手を挑発する戦法をとることが多く、実際、ソ連のピョートル・ムシヴェニエラゼをたちまち退場処分に追いこんでいた。ハンガリーが2対0でリードしている第2ピリオド開始直後、「ボリス・マルカロフがハンガリーのアンタル・ボルヴァーリの目元を殴った」。これを引き金に試合は大混乱となり、水面も水中も乱闘の場と化した。終了直前にはソ連選手のパンチがエルヴィン・サドルの目の上を切り、プールの水が血に染まった。怒った観客がわめきながら客席から飛び出してきて、最後は警官が試合を中止させた。結果は4対0でハンガリーの勝利に終わった。試合後、サドルはチームの決意を明かした。「ぼくたちは自分たちのためだけでなく、祖国ハンガリーのために試合をしました」。ミクロス・マルティンは大会後もオーストラリアに残った5人のメンバーのひとりだが、ソ連チームについて「彼らの試合運びは普段やっていることと同じだ。残忍で、フェアプレーなど念頭にない」[12]と述べた。

しかしこうした衝突はあっても、メルボルン大会は愛国心からの嫌がらせや見栄の張り合いなどとは無縁だった。だが、友好的な大会だという者もいなかった。大会が始まって1週間後、中国系オーストラリア人のティーンエイジャー、ジョン・イアン・ウィングは、組織委員会会長ケント・ヒューズに匿名で手紙を出した。閉会式をざっくばらんな感じにしたらどうでしょうか、と。だが、しゃちほこばって何でもイギリス中心に進めた開会式を思い起こせば、ウィングの提案が採用されるとは思えなかった。

閉会式は開会式とは違うものになるよう、そこには「ひとつの国」しかないような行進をすれば、大会がもっとすばらしくなると思います。世界中がひとつの国になれたら、誰もが望むように、戦争や支配関係や国籍はすべて忘れられるでしょう。そこで、各チームが隊列を組むのはやめて広がって歩くというのはどうでしょうか。行進厳禁！　自由に歩きながら観客に手を振るのです。……オーストラリアがとても友好的な国だということが世界中にわかるでしょう。[13]

ケント・ヒューズは後世に残る英断を下した。少年の提案を受け入れ、ドライで気むずかしいブランデージと疑り深い組織委員会にそのアイデアのすばらしさを訴えたのだ。公式記録は興奮状態で伝えている。「人類の新しい未来を予言するイメージだ。世界中のアスリートがひとつのチームとなって友情の祭典で行進する！[14]」

結果としては、まったくイメージどおりにおこなわれたわけではなく、ウィングの夢がすべてかなったともいえなかった。選手たちは国を超えて混ざりあい堅苦しい行進をしないよう努めたが、つい5人1列の隊伍を乱すまいとしてしまうようだった。かえってぎこちなく歩いたり、パレードからやや離れて歩調を合わせようとする者も多かった。また「世界中のアスリートがひとつのチームとなって」という点についても、中国人の不在、アフリカのチームの人種構成の問題などがあった。というのは、南アフリカ・チームは全員白人で、それ以外の国も、アメリカから帰国したリベリア人、ナイジェリアとケニアの植民地の被統治者、独立したばかりのエチオピア人のみだったからである。どうやらそのあたりは気にしないということになったらしい。メルボルンの新進気鋭の勢力によって大きく掲げられた文化的政治的野望がきわめて厳格なビクトリア朝の町のすみずみに行きわたるまで、あと20年から30年はかかりそうに思われた。さらに残念なことに、スタジアムの外の人々や、約５０００戸が購入したオーストラリア製のお粗末なテレビの前に集まった人々はパレードが見られなかった。大会が幕を開ける頃、テレビは世界をひとつにつなぐもの、オリンピックは戦争や支配関係や国籍などを忘れさせてくれるものになるはずだった。そして閉会式のパレードはもっとのびのびと、もっとさまざまな人間が加わるはずだった。しかし何よりむずかしいのは、その思いを持続させることだということがしだいに明らかになってきたのである。

第6章

イメージは残る

スペクタクルとアンチ・スペクタクル

1960年ローマ　1964年東京　1968年メキシコ　1972年ミュンヘン

1960年スコーバレー　1964年インスブルック　1968年グルノーブル　1972年札幌オリンピックは、どこから見ても美しいスペクタクルだ。平和、国旗、強さ、若さ、そして人類の限界への挑戦。あまりに美しいため、硬い鎧に身を包んだ亀、あるいは壁に張りついて固まったトカゲのような、頑固で年老いたローマ人さえも、やがて関心を抱くようになった。

——カルロ・レーヴィ（イタリア系ユダヤ人の画家、作家、反ファシスト活動家）

イメージは残り、どんどん広がりつづけている。前世紀を振り返っても、似たようなものなどほとんど見つからない。そして、それをずっと浮かび上がらせていたのは、「権力」ではなかった。

——ジョン・カーロス（1968年メキシコ・オリンピック男子200メートル銅メダリスト）

1

テレビがすべてを変えた

「ローマのトカゲ」でさえ目を向けるとは、よほど特別な何かがあったに違いない。あらゆるものを目撃してきたローマという都市でさえ、新時代のオリンピックほどのスケール、複雑さ、緊張感を併せもつ催しは目にしたことがなかった。[1] 1960年のローマ大会以降4回の夏季オリンピックは、それぞれの開催国が自国内の変革と国際社会で新たに獲得した地位を示す晴れ舞台となった。イタリア、日本、西ドイツは、オリンピックを利用して工業の著しい発展と繁栄を誇示し、国際社会から孤立していた戦後の状況に終止符を打とうとしたのである。そして、長らく周縁の貧困国と考えられてきたメキシコは1968年にオリンピックを開催することによって飛躍を遂げ、先進国の仲間入りを果たした。こうした開催国の強い野心とテレビ観戦時代の到来によって、オリンピックはさらなる拡大を遂げることになる。ローマ大会には、83か国から5300人のアスリートが参加した。ミュンヘンでは121か国から7300人が競技に出場した。既存の17種目に、東京では柔道とバレーボールが追加され、ミュンヘンではハンドボールとアーチェリーが久しぶりに復活した。核となるスポーツの数が増えることで、主催国の担うコストも指数関数的に膨れ上がった。第2次世界大戦直後のオリンピックの開催費用は、インフレを考慮してもいずれも500万ドルに満たなかった。しかし、1960年のローマ大会の支出――この大会の収支はどう好意的にみても不透明としか言いようのないものだった――は3000万ドルにものぼったといわれる。関連する公共事業の予算も考えると、実際はこれどころではすまないだろう。そしてすべてを大きく変えたのは、1964年の東京大会である。各競技のための建設費とインフラ整備費は巨大になり、そのコストは総額280億ドルに及んだ。ローマでも古代の歴史的建造物を手入れし、道路を拡幅し、ファシスト時代につくりかけたスタジアムを完成させ、さらにいくつかの競技場を新設したが、東京に比べればままごとのようなものだ。東京オリンピックは、いわゆる「所得倍増計画」の中心に据えられ、首都圏全体で1500万人を超える人口を擁する大都市・東京を徹底的に変革する都市計画においてもきわめて重要な要素とされた。オリンピックをきっかけに下水道の全面的な再整備が始まり、総延長100キロを超える首都高速道路が建設された。さらに

2本の地下鉄が敷設され、港と空港が改装され、新たに開業した4軒の5つ星ホテルは超モダンなモノレールで空港と結ばれた。なによりの目玉は、東京と大阪を結ぶ世界最速の列車、新幹線だ。東京には及ばないものの、メキシコとミュンヘンはそれぞれ5億ドル前後を支出し、大規模で立派な選手村を用意した。ローマ大会では低層区域の1350戸のみであったが、メキシコ大会になると、最高10階建てのビル群に5000戸が用意された。ミュンヘンではひとつの町がまるごとつくられ、甚大な戦争被害を受けた都市中心部を再建した広大なオリンピック公園の一角を占めた。

ローマの場合は文化的意義、意味のあるシンボル、ブランド、アイコンといったものにさほど不自由しなかったが、続く3回の大会はいずれも入念に「デザイン」された。オリンピックは、時代が進めば進むほど、より野心的でコストをかけた文化的祝典で彩られるようになった。東京大会では、亀倉雄策《かめくらゆうさく》がデザインした単純だが力強く忘れられない日の丸のポスターが用いられ、現在はあまねく使われているオリンピック競技のピクトグラムが初めて大々的に採用された。1936年に初めて導入され、1948年にも使われたピクトグラムだが、1964年の東京大会において、誰にでもわかる標識としての地位を確立したのである。[2] メキシコのオリンピック組織委員会は、デザインを若いアメリカ人、ランス・ワイマンに依頼した。委員会から与えられた指示は、「(メキシコのステレオタイプである)〃ソンブレロをかぶって居眠りしている男〃以外のものを」。ワイマンはこれに応え、一連のすばらしいデザインを生み出した。メキシコの太平洋側に住む先住民族ウイチョル族の作品とブリジェット・ライリー風のオプ・アートから生まれた目の回るような白黒のパターンに、激しく脈動するような、ウォーホル的、ポップアート的な色彩を加えた作品だ。[3] 1972年のミュンヘン大会では、西ドイツでバウハウス復興の指導的立場を務め、ヒトラーへの抵抗運動「白バラ」にもかかわったデザイナー、オトル・アイヒャーが、包括的、統合的、実用的な、装飾を排したデザインを生み出した。アイヒャーは、ミュンヘン大会のデザインには政治的にも大きな意味があると考えていた。「信頼は、言葉を通じて得られるものではない。目に見える証拠を示し、共感を勝ち取ることによってのみ得られる。今のドイツは(昔のドイツとは)違うと言葉で説明するのではなく、目に見える形で示す必要がある」[4]。結果としてこの大会では、赤と金色を基調としたベルリン大会のイメージをくつがえすような落ち着いた色使いが用いられ、フォントには、クリーンかつシンプルで、ゴシック的な装飾的要素を限界までそぎ落としたユニヴァース体が採用されることになった。組織委員長のヴィリー・ダウメは、デイヴィッド・ホックニーやヨゼフ・アルバースといった現代美術界のスターに依頼して28種類の芸術的なポスターをつくらせた。さらに、クラシック、現代音楽、アヴァンギャルド、ジャズ、フォークソングなど、ジャンルを問わず国際的な音楽プログラムが企画され、最終的には「57本のオペラ、７本のオペレッタ、３本のミュージカル、10本のバレエ、30本の演劇、42本のオーケストラ公演、８本の合唱公演、24本の室内楽およびソロ公演、オーケストラ22団体、指揮者56人、ソリスト70人、６つの展示会」が手配されたという。[5]

　しかし、会場を都市におき、これほどの規模の文化的催しを用意したにもかかわらず、実際に会場に足を運んだ観客の数は５００万人にも満たなかった。組織委員会は常に外国人観光客の数を多く見積もるものだが、このときも、実際に外国から訪れた人は観客全体のうちごく一部を占めるにとどまった。大規模化したオリンピックが、それにふさわしい規模の観客を獲得したのは、テレビのおかげである。この頃になると、あらゆるメディアがオリンピックを扱うようになった。ローマで受け入れられた公認記者は２２００名だったが、ミュンヘンではその数が４５００人に倍増した。さらにミュンヘンの組織委員会は、記者の満足度を上げて好意的に報道してもらえるように、すべての記者に対して選手村の専用の部屋を無償で提供し、その部屋には、前例のない贅沢品、専用の電話とカラーテレビまで備えつけた。１９６４年の東京大会では、日本の公共放送局ＮＨＫが史上初めて、今では当たり前になったオリンピック放送センターを建設した。

　テレビというメディアは新しい施設とさらなる費用を要したが、一方で収益ももたらした。１９６０年、ローマ大会の組織委員会はテレビ放映権をヨーロッパの放送機構ユーロビジョンに販売。日本のＮＨＫにも少し条件を変更して売った。さらに、アメリカのＣＢＳとは、当時としては驚くべき高額の39万４０００ドルでの契約に成功した。[6]中継局のおかげで、ヨーロッパの12か国の人々が競技を１００時間近く生放送で見ることができた。アメリカと日本の放送局は毎日飛行機を利用し、編集済みのハイライト映像を海の向こうの母国に持ち帰ってプライムタイムに放送した。東京大会からは衛星生中継もおこなわれるようになった。東京大会時はまだ実験段階だったが、１９６８年のメキシコ大会では、衛星中継によってアメリカの視聴者もほとんどの競技をカラーの生放送で見ることができた。そして視聴率は、1960年の粗い白黒放送の時点でさえ、ローマ大会を放送したCBSが36パーセントという視聴率を獲得している。これは、アメリカのネットワーク局間の30年間にわたる放映権獲得競争に火をつけるのに十分な数字だった。放映権料は東京で160万ドル、メキシコで1000万ドル、ミュンヘンでは1800万ドルに上った。しかし、これらはほんのはじまりにすぎない。1980年のモスクワ大会のテレビ放映権は8800万ドル、4年後のロサンゼルス大会にいたっては2億8700万ドルにも及んだのである。さらに、オリンピックによって各国のテレビ購入数も一気に増えた。日本では、オリンピック開催直前の3年間でテレビの受信契約件数が200万台から1600万台に急増した。西ドイツではミュンヘン大会直前の数か月でカラーテレビの売り上げが2倍近くまで伸び、これが未曾有の視聴率につながった。東京オリンピックでは日本国民の98パーセントが一部の競技を、90パーセント以上が開会式を、75パーセント近くが大半の競技を観戦した。BBCの社内報「アリエル」によると、メキシコからの深夜の生中継を1700万人が観戦した。夜中になればまともな店はすべて閉まるような時代だったが、「午前0時でも1000万人の視聴者がBBCでオリンピックを観戦し、500万人が午前1時半までそのまま観ていた」という。[7] 競技を観ていたのは、特に裕福な国だけではなかった。1960年のローマ大会をテレビ観戦した国は21か国にとどまったが、その後テレビは西欧・北米諸国に完全に普及し、また中南米とアジアの都市部と富裕層に急激に広まったことで、1972年のミュンヘンでは98か国になった。ミュンヘン大会では、アメリカのテレビ局の強い要請により各競技の決勝がそれぞれ重ならない時間帯におこなわれたため、それまでとは異なり、視聴者はすべての競技の決勝戦を観戦できるようになった。そしてこれを皮切りに、オリンピックのプログラムや形式が、テレビのニーズに応じてさまざまな変化を遂げることになる。一方、テレビが大きな力を獲得するにつれて力を失ったメディアもある。映画だ。なかでもニュース映画は1970年代初頭には風前の灯となった。また、オリンピック映画もその役割を終えた。その後もしばらく委嘱・制作はされていたものの、市川《いちかわ》崑《こん》監督の「東京オリンピック」と、複数の監督によるミュンヘンオリンピックの「時よとまれ、君は美しい」が、美的な意義をもつオリンピック映画としては最後のものだろう。特に「東京オリンピック」にあふれる人情味と遊び心は、リーフェンシュタール監督によるベルリン大会の記録映画「民族の祭典」の超人たちに対する絶妙な切り返しといえよう。[8]

　こういった経済とテクノロジーの変化の波の上で不安定に揺れ動いていたのが、ＩＯＣである。当時もまだエイベリー・ブランデージが会長を務めていたが、１９６０年代が進むにつれて、その顔には迷いと怒りがいっそう目立つようになった。少なくとも１９５６年まで、ブランデージはオリンピックはテレビの時代とは無関係だと考えており、「ＩＯＣはテレビなしで60年間やってきた。信じてほしい。あと60年間はこのままやっていくことになる」と述べている。しかし、そうはならなかった。ＩＯＣがテレビ放映権の交渉権を組織委員会に譲り渡してから、テレビ収入は急激に上昇しはじめた。ＩＯＣが利益のごく一部しか得られなかったことで、ブランデージはそれまでの考え方を後悔しはじめた。「これまでＩＯＣは、金銭的ないざこざにかかわるのを避けてきた。しかしそのせいで、意義ある仕事をするのに必要な資金も足りない状態が続いている」[9]。１９６０年代半ばになると、ブランデージは、世界のスポーツ協会の指導者のなかでも特に抜け目のない面々、そして、常に資金不足にあえぐ各国のオリンピック委員会とテーブルを囲むはめになった。その後、ＩＯＣがオリンピックのテレビ放映権を販売する権利を取り戻すまでには20年、放送商品自体をコントロールできるようになるまでにはさらに10年の年月を要した。[10]

　１９６０年代といえば「セックス、ドラッグ、ロックンロール」だが、ブランデージとＩＯＣも性別《セックス》、薬物《ドラッグ》、ロックンロールと無縁ではいられなかった。エリートスポーツにおけるドーピングと薬物使用の増加により、ローマ大会で初めての犠牲者が出たのである。デンマークの自転車選手、ヌット・イェンセンは、血管拡張薬のニコチニルアルコールの影響下で出場したレースで転倒し、まもなく息を引き取った。競技における性別認識というやっかいな問題にも対応策がとられ、１９６８年には、グルノーブル冬季オリンピックとメキシコ夏季オリンピックの両方で、性別検査と薬物検査が初めて導入された。また、ロックンロールというこの時代で最大の音楽的イノベーションからは距離をおき、軍楽隊、オーケストラ、合唱、国歌を優遇しつづけていたオリンピックにも、やがて変化のときが訪れる。東京大会の開会式で電子音楽が初めて採用され、メキシコとミュンヘンではジャズフェスティバルが開催された。[11]

　さらに３つの問題が、オリンピックの古い秩序を揺るがせた。ＩＯＣがむなしくも抵抗した「エリートスポーツの商業化とプロフェッショナリズムの波」、「スポーツ界における脱植民地化にまつわる駆け引き」、そして「オリンピック・ムーブメントにおける冷戦の影響の大きさ」である。ＩＯＣは、オリンピックに出場する選手はあらゆる報酬にとどまらず、休業補償すらも受け取ってはいけないという姿勢をかたくなに貫いていたが、この姿勢も、ソ連式のエリートスポーツを事実上受け入れたことでまったくの茶番になった。ソ連とその同盟国、そして競技に専念して国家から報酬を受け取るアスリートをオリンピック・ムーブメントに巻き込んだことによって、ＩＯＣがどれほどヒステリックに規制を強めようとしても、傍目にはむなしい偽善にしか見えなくなってしまったのである。西ドイツの短距離選手、アルミン・ハリーは、１９６０年のローマ大会でアディダスとプーマの両方から報酬を得るため、プーマのシューズで走り、アディダスのシューズで表彰を受けたことで議論を呼んだ。アルペンスキー選手のウェアにはメーカーのロゴが入るようになった。新世代のゴルフやテニスのプロ選手たちがスターになり、広告で莫大な富を蓄えるようになると、ほかの選手たちも、自分がどれほどの機会を失ってきたかに気づきはじめた。１９６８年のメキシコ大会では、アディダスが組織委員会と契約を結び、選手村に無料配布の靴店を開店した。[12]

　オリンピックにまつわる各種統計が示すとおり、アフリカ、カリブ海、およびアジアにおけるヨーロッパ帝国主義の領土が解体されたことで、新たに生まれた数十の国が初めてオリンピックに参加するようになった。この変化はＩＯＣに数多くの難題をもたらしたが、とりわけむずかしかったのが、アパルトヘイトと南アフリカ共和国の扱い方の問題である。[13]この問題は、宗主国から独立した国々にとってはまさに団結の旗印となり、ＩＯＣにとっては組織内の保守派に浸透したヨーロッパ中心主義と人種差別主義を白日の下にさらす直接の原因となった。１９５０年代後半から、ソ連とスカンジナビア諸国はＩＯＣに対し、南アフリカのアパルトヘイト問題を直視し、同国をオリンピックから締め出すように強く求めていた。１９６０年代初頭にアフリカで独立した多くの国がこの動きに加わるとで、ＩＯＣはしぶしぶながら、南アフリカに対して人種差別撤廃の原則を宣言することを求めた。この求めに対して回答しなかった南アフリカは、東京大会から排除された。しかし、アパルトヘイト擁護派の巻き返しによって、ＩＯＣは１９６７年に南アフリカの実地調査をおこなう。すると案の定、「南アフリカには何の問題もない。メキシコ大会には招待すべき」という調査結果が出された。71人の委員のうち黒人がひとりしかいないIOCは、この結論に賛同した。しかしブランデージは、この結論がメキシコ人の怒りを招くであろうこと、また各国のボイコットが続くであろうことを理解していたため、投票結果を承認はしたが、南アフリカには招待状を発行しなかった。その後、1970年に、南アフリカはオリンピックから正式に排除された。

もっと大胆な動きもあった。スカルノ政権下のインドネシアが、中国の資金援助を背景に「もうひとつのオリンピック」ムーブメントを提唱したのだ。この大会の名称は、GANEFO（Games of the New Emerging Forces、新興国競技大会）。発端はこうだ。1962年にアジア大会を開催したインドネシアは、アジア競技連合の圧力を受け、国交を結んでいないイスラエル、台湾、北朝鮮を招待することになった。しかし、開幕の直前になって中国とアラブ諸国からも圧力を受けたインドネシア政府は、イスラエルと台湾の選手へのビザの発行を取りやめてしまう。こうした事態を見ていたIOCは、インドネシアのオリンピック・ムーブメント加盟国としての資格を停止することを決定する。だがスカルノ大統領には、この動きを見越した計画があった。それがGANEFOの開催である。これは、1955年にインドネシアのバンドンで開かれたアジア・アフリカ会議において初めて集結した「非同盟運動」のスポーツ部門であった。スカルノはこう宣言した。「オリンピックではスポーツに政治を持ち込まないというが……共産主義の中国を排除したのは政治ではないのか。アラブ連合に冷淡な態度をとったのは政治ではないのか。率直に言おう、スポーツと政治は関係がある。インドネシアはスポーツと政治を混在させることを提案する。……新興国の競技大会を設立し、既成の勢力に抵抗しようではないか[14]」

大会に参加した者をオリンピックから締め出すとIOCが脅したにもかかわらず、1963年のジャカルタ大会には51か国から2700人の選手が参加した。国旗と国歌、選手宣誓と紋章、スピーチ、おまけにトーチと聖火まで伴うGANEFOは、ロゴを除けばまるでオリンピックのコピーであった。ただし、オリンピックに出場できる可能性のある選手は少なかったので、競技のレベルは低かった。たとえばソ連は、労働組合や青年運動の選手など、明らかに二流のアスリートを送り込んでいた。しかしこの大会は、インドネシア国内ではある程度の成功を収めたとみなされた。第2回のGANEFOは1967年にエジプトのカイロで開催されることになったが、最終的には大幅に規模が縮小された。参加国が17か国にとどまったうえにギニア以外はすべてアジアの国となったのである。また、開催地はカイロではなくカンボジアのプノンペンに変更され、開催時期も1966年に変更となった。カンボジアのシハヌーク殿下にとっては、国内の敵対組織であるクメール・セレイを支援するアメリカと議論する際の有用な外交ツールとしては機能したが、新たな国際秩序の変化を示す大会と言うには程遠かった。当時、文化大革命に専心しつつあった中国が仮にまだGANEFOに関心を持っていたとしても、インドネシアは積極的なパートナーではなくなっていただろう。というのも、この頃にはすでに親共路線のスカルノが追放され、代わってインドネシアの全権を掌握しようとしていたスハルト将軍は自らの体制を固めるべく全国的なレッドパージをおこない、数十万人に及ぶ犠牲者を出していたのである。

そしてオリンピックの競技には、冷戦の基本的なダイナミクスがあからさまに表れていた。アメリカとソ連は合計獲得メダル数で激しく競い合い、1968年の大会に東ドイツと西ドイツが別々に参加したことで、スポーツの現場でも「ふたつのドイツ」体制が示された。中国が文化大革命期の混乱に突入して国際政治における影響力を失ったことも、オリンピックに影響した。アスリートのビザ、各国の名札、政治的に偏った判定、亡命の脅しと実際の出国といった問題について、冷戦の両陣営がIOCと小競り合いを繰り返した。1972年ミュンヘン大会のバスケットボール決勝で、誤審と介入によってアメリカの優勝が覆り、ソ連の優勝となった事件のように、2か国が直接対決することもあった。しかし、ほかの何よりも冷戦を象徴する出来事といえるのは、テレビ中継によって世界中の何億という人に届けられた、ひとりのアスリートのごく小さな行動だった。1968年のメキシコ大会の平均台で銀メダルを獲得したチェコスロバキアの体操選手、ベラ・チャスラフスカが、オリンピック直前にソ連が母国に侵攻したことに抗議して、ソ連国歌の演奏中にうつむいて顔を背けたのである(この行動がチャスラフスカを引退に追い込んだとも言われている)。

オリンピックが世界中のテレビ視聴者に届けられるようになったことで、開催国はさまざまな儀式、祝祭、行事を通して国家の力を誇示し、複雑なメッセージを伝えはじめた。しかし一方で、オリンピックは国家ではない個人がメッセージを伝える場としても利用されるようになった。この時代のオリンピックで最も多く参照され、尊敬を集めたイメージといえば、メキシコ大会の200メートル走の表彰式で、ジョン・カーロスがトミー・スミスとともにおこなったブラックパワーサリュート［アメリカ公民権運動で黒人がおこなった、拳を高く上げる示威行為］だろう。あのイメージは、今でも私たちの目に焼き付いている。そしてカーロスの言葉のとおり、それは権力者側が望んだからではない。かつてない規模で報道されるようになったテレビ時代のオリンピックは、カーロスとスミスによる希望と抵抗のイメージを生み出した。しかしテレビは同時に、あの時代を象徴するまったく別のイメージを生み出す場にもなった。ミュンヘン大会の選手村のイスラエル宿舎でコンクリートのバルコニーに降り立った、目出し帽をかぶった男の姿だ。ミュンヘンオリンピック選手村の責任者だったワルター・トゥルーガーは、イスラエル代表の選手とコーチの解放を求める交渉を振り返り、武装組織「黒い九月」のリーダー、通称イッサの言葉を引用した。イッサは人質を解放しようとはしなかったが、ドイツ人に感謝の言葉を述べたという。「すばらしいオリンピック大会を開催してくれた……世界中でテレビを見ている数百万の人々に向けて、パレスチナ人が何に満足していないかをわかってもらう舞台を提供してくれた」ことへの感謝である。[15]

2 1960年ローマ大会

1908年のオリンピックの開催地にローマを選んだクーベルタンは、「実利主義の国アメリカ」でおこなわれた幕間劇が失敗に終わったあと、ローマを訪れたオリンピックが「芸術と思いをこめて織った贅沢なトーガ［古代ローマ市民が着用したゆるやかな上着］」をまとってくれるのではないかと期待していた。しかし、ベル・エポック末期のイタリアは、芸術と思いこそ首尾よくこなせたかもしれないが、スポーツとはほとんど無縁だった。工業化が遅れたイタリアでは、市民社会にスポーツが根付いていなかったのである。農村部の貴族はフェンシング、乗馬、狩りには熱心だったが、それ以外のスポーツにはたいして関心をもっていなかった。二輪および四輪のロードレースには、のちに自転車競技とモータースポーツに国中が見せる熱狂の片鱗を見ることができたが、全盛期が訪れるのはイタリアの製造部門が真に勃興してからだった。どの都市でもサッカーと体操以外のスポーツはほとんどおこなわれておらず、学校教育に体育など存在しないに等しかった。しかも、北部の各都市と首都ローマのスポーツ団体のあいだで壮絶な争いが発生していたうえ、ジョリッティ首相（「素早く動いているところすら想像しがたい人物」）も、スポーツの支援についてはどうひいき目に見ても消極的だった。そのような状況が相まって、結局オリンピックの開催地をロンドンに譲ることになる。[1] 対照的に、1960年のローマ大会で組織委員会の会長を務めたジュリオ・アンドレオッティ（当時の国防相で、キリスト教民主党所属。のちに首相となる。戦後イタリアで有数の人脈と影響力を誇る重要な政治家）は、近代オリンピズムのあらゆる「定型句」を喜んで受け入れた。大会歓迎のあいさつではローマが世界の「スポーツの首都」になるかもしれないと想像をめぐらせ、オリンピックのトーガが「はるか昔の1908年よりも強い輝きをはなつだろう」と語った。[2]

たしかに、1960年までにイタリアのスポーツ文化は変革を遂げていた。[3] ローマでは、オリンピックの輝きを表現すべく、スポーツに関連する国内の歴史遺産をうまく見つけ出して利用した。イタリア国内の聖火リレーは、神話のなかでオリンピア神殿の脇を流れていたアルペイオス川の源があるとされるシチリア島で始まり、南イタリアのギリシア建築遺跡を重点的に回った。最終ランナーとして点火台に火をともしたのがギリシア系イタリア人のジャンカルロ・ペリスであったことも話題をさらった。体操競技はカラカラ浴場跡、レスリングはマクセンティウスのバシリカでおこなわれ、マラソンのゴールは投光器で照らされたコンスタンティヌスの凱旋門の下に設定された。オリンピック競技と並行して、観光客はシエナの広場で再現されたルネサンス期フィレンツェの暴力的な球技、カルチョ・ストーリコや、中世ウンブリアでおこなわれていた弓の競技、パリオ・デイ・バレステリを楽しむことができた。

イタリアのスポーツ発展において最も重要な時代であったファシズムの時代については、公式のプログラムや談話は異様なまでに沈黙を保った。しかし実のところ、スポーツを政策の中心に据え、国内では国家の発展のため、国外に向けては力強さを誇示するために利用したのは、ムッソリーニ政権になってからのことだった。総帥《ドゥーチェ》が個人的に好んだのは、男らしいボクシング、戦士を思わせる馬術とフェンシング、技術の粋を集めたところに男性ホルモンがほとばしるようなモーターレーシングだ。これらはいずれも両世界大戦のあいだに繁栄したが、政権はさらに自転車競技、陸上競技、学校体育も振興し、サッカー組織（およびその他すべての競技団体）を、国と党の管理方針に従って整理した。国の支援のもとで、イタリアは１９３２年ロサンゼルス大会のメダル獲得数で2位、１９３６年ベルリン大会で3位となった。１９３４年にサッカーワールドカップを主催し優勝したことで自信をつけた政権は、１９４０年のオリンピック開催地に力強く立候補するが、１９４４年大会の開催地選考の際に支持してもらう約束と引き替えに、新たに同盟国となった日本に開催を譲った。オリンピック開催を見越して、政権はローマの北の外れに競技場やスタジアムからなる複合施設を建設、フォロ・ムッソリーニと名付け、それにふさわしい装飾も施した。中心となる陸上競技場、スタディオ・デイ・マルミの周りには、ウォームアップトラックに加え、ファシスト的な肉体の理想像を表すかのような大理石のアスリート像が60体配された。辛辣なアメリカ人訪問者、エレノア・クラークは、この地を訪れた感想を次のように書き綴った。「解剖学的にありえない筋肉の付き方をしていて、あごは総帥《ドゥーチェ》のように突き出ている。男らしさを強調する性器。……戦いを挑もうとしているか集中しきっているかのようなまなざしに、コリー犬のような眉。毛皮のマフのような大きさをした手は膝まで垂れ下がっている」[4]。ローマの南端には「ＥＵＲ」が建設された。世界博覧会とオリンピックの両方の会場として計画されたＥＵＲは、ファシストのモデル都市であった。プロジェクトを指揮したベテラン政治家のヴィットリオ・シーニは、ＥＵＲの外観を「20年目を迎えたファシスト時代を象徴するスタイル」と評した。開戦までに施設が完成しなかったため、一時は捨て置かれたＥＵＲだったが、１９６０年のオリンピックのために新たな命が吹きこまれた。完成したＥＵＲと改装したフォロ・ムッソリーニこそが、まさしくローマ大会の２本の柱だった。だが公式プログラムは、これらの建築物をあくまでも「精力的なクラシシズムの形」と表現しただけだった。

　歴史の忘却は、ローマ大会のビジネスモデル全体を貫く重要な要素だった。政治家と行政官からなる組織委員会は、設計や建築を、互いをよく知る仲間内、特に北部の大手建設企業やファシズム時代の有名建築家に発注した。ムッソリーニが好んだネオクラシシズムの中心的建築家であったマルチェッロ・ピアチェンティーニも、自らが設計したＥＵＲのように復活し、採用された。フォロ・ムッソリーニを設計したエンリコ・デル・デッビオは、フォロ・イタリコと改称された競技場に屋外水泳場を増築した。また組織委員会は、ルイジ・モレッティやアダルベルト・リベラをはじめとする政権の協力者や支持者に、家をもたない数十万の移民が仮の住処を建てて住む地域、カンポ・パリオーリに選手村を設計するよう依頼した。新しくつくられたアパートメントは、いうまでもなく、追い出された人々ではなく政府職員に引き渡された。バチカンも忘れられていたわけではない。かつてカトリック教会は、神学上・イデオロギー上の理由で組織的スポーツに反対していたが、この頃には、その有用さを知り宗旨替えしていた。とはいえ、女子スポーツには依然として懐疑的だった。なお、教会が賭けごとの問題について見て見ぬふりができたのは確かなようだ。このときの大会の競技運営と施設の新築・改築費用の大半をまかなったのはトトカルチョ（1950年代に定着し、都市部の貧困層のあいだで大流行していたサッカーくじ）による収入だったのである。ローマ法王ヨハネ23世は、サンピエトロ大聖堂の外で催された大規模なミサに出席し、自ら選手たちに祝福を与えた。教会はその見返りに、ローマの不動産価格の急激な上昇から大いに恩恵を受けた。特に、ローマ中心部でオリンピック会場を南北に結ぶオリンピック通り（通称「黄金通り」）沿いの発展は著しく、町の西部に新たな開発の道を拓いた。しかし、ルイージ・ネルヴィが設計したパラッツォ・デッロ・スポルト（大体育館、現在のパラロットマティカ）とパラッツェット・デッロ・スポルト（小体育館）には、1960年イタリア大会におけるもうひとつの側面がはっきりと見られる。

ネルヴィはエンジニアとして教育を受け、1930年代と1940年代の大半をかけて、鉄筋コンクリートの製造・使用の技を磨いた。イタリア産業界の最先端、ハイテクで洗練されたデザインを象徴するかのようなふたつの施設は、小体育館がリブで構成されたドーム、大体育館はガラスとコンクリートでできたUFOのような建物で、ファシズム時代の残滓を一切かなぐり捨てている。明るく、風通しが良く、ヒューマンスケールな建物で、屋根に見られる抽象的な図形のパターンはすばらしく、機能的で美しい。この機能と美があってこそ、イタリアは冷蔵庫、テレビ、洗濯機、タイプライター、自動車などの有力な製造輸出元になったのだ。機能と美を売りにかつてない経済成長を遂げたイタリアでは、国内で大きな人口移動が発生した。1000万人以上の国民が、主に南部の農村を出て、首都ローマや、ミラノやトリノといった北部の工業都市に向かったのである。

経済的な変化によって、政治的な変化も生まれつつあった。1948年から安定して政権についていたキリスト教民主党は、共産党の人気が高まるにつれて疲弊していった。そして、1960年の初めになると、キリスト教民主党は自らの地位基盤を固めるため、右傾化してネオ・ファシスト政党のイタリア社会運動（ＭＳＩ）と連立した。これをきっかけに、首都ローマをはじめイタリア全土で反ファシストのデモが吹き荒れる。結果的に、フェルナンド・タンブローニの連立政権は倒れ、中道寄りのアミントレ・ファンファーニが首相の座に就くことになる。これにより、「ローマ大会はファシスト時代の遺産を受け継いでいる」という問題の解決への道がわずかながら開かれたといえよう。ムッソリーニを称えるオベリスクとオリンピックスタジアムを結ぶデリンペロ通りは、ファシスト時代のスポーツや軍事的勝利を描いたローマ時代風のモザイクで舗装されていた。左派のローマ市民が陳情をおこなったが、キリスト教民主党によるローマ市政は動かなかったため、問題は国会に持ち込まれた。全国レベルの圧力により、キリスト教民主党はなんらかの手を打たざるをえない状況に追い込まれた。そこで、ファシストの忠誠の誓いと、エチオピア侵攻後に追加された国際連盟の経済制裁への抗議のみを削除し、戦後のイタリア共和国の形成にあたって重要な３つの出来事を追加した。１９４３年７月のファシズム崩壊、１９４６年におこなわれたイタリア共和国設立の国民投票、そして１９４８年１月１日の憲法制定の３つである。

ローマ大会は、さまざまな側面で新生イタリアを象徴していた。国民を驚かせたのは、メダル獲得総数で冷戦の２大巨頭に続く３位となったという事実である。この大躍進についての「コッリエーレ・デッラ・セーラ」紙のコメントは、自国の経済の飛躍に対する国民の驚きと重なるところがあった。「（結果は）あまりに良すぎ、あまりに現実離れしていて、幻ではなく現実だと理解するのがむずかしいほどである」。特にイタリア全土を沸かせたのは、リヴィオ・ベルッティが２００メートル走で金メダルを獲得したことだった。ベルッティはトリノ生まれの大学生で、準決勝と決勝のあいだに化学のノートをめくり、サングラスをかけて走った。ファシスト時代の超人たちとは対照的なベルッティは、それまでとはまったく違うタイプのイタリアの男らしさを全身で表していた。「走るときも眼鏡をかけていて、物腰には知識階級ならではの洗練された繊細さがある。彼の手のジェスチャーを見ると、スポーツでチャンピオンになるために必要な内面の力は、芸術家や文化人になるためのものとなんら変わりないことがわかる」[5]。イタリアの小さな町や農村地方で愛されている自転車競技と水球の勝利も祝福された。労働者階級のヒーローもいた。独学で教養を身につけたボクシング選手、ニノ・ベンベヌチである。

ベンベヌチは漁師の息子だったが、ヘミングウェイを読み、ピカソの絵を所有し、ヴォルテールを学び、ベートーヴェンのバイオリンコンチェルトを聴いてリラックスして試合に臨んだ。ウェルター級の決勝では、ロシア代表のユーリ・ラドニヤクを1ラウンドでダウンさせて判定勝ちを収め、パラッツォ・デッロ・スポルトの荒々しい大観衆から熱狂的な歓迎を受けた。ある観客は、こう振り返っている。「イタリアの観客は……ドームの下で新聞を燃やして聖火のトーチにしていた。ベンベヌチに続いて、ヘビー級のフランコ・デ・ピッコリがたったの1分30秒で巨大なロシア人をKOしたときには、スタジアムが燃えるかと思ったよ」。右派のヒーローも生まれた。馬術の障害飛越競技で金メダルを獲得したレイモンド・ディンゼオ少佐は、その年にローマで反ファシストの抗議を暴力的に鎮圧した地元警察を率いた人物だった。

イタリアは合計で金メダル13個、総メダル数36個を獲得したが、そのうち女性が獲得したのはわずか2個（100メートル走のジュゼッピーナ・レオーネと、女子フェンシング団体）で、どちらも銅メダルだった。[6] 女子のスポーツ参加率が少ないことを考えると（当時、スポーツに積極的に参加するイタリア人女性は全体の1パーセント未満だった）驚くべきことではないが、特筆すべきなのは、1960年になってもカトリック教会と与党のキリスト教民主党が女子スポーツに対して敵対的だったことだ。大会中、カトリック教会は聖職者に、女子競技への参加と観戦を禁じた。共産党系の新聞は、女の子がスポーツ用品を身につけると、「地元の男の子にからかわれ、ミサの際には公衆の面前で神父にしかられた」と報じた。キリスト教民主党は、女子スポーツが独裁につながると考えた。「トラガルド」誌の論説で、同党はこう主張している。「平和な時期にTシャツとショートパンツを着ておこなわれる全体的な屋外演習は、戦時になれば制服を着た女性版独裁者を生む。避けられない破滅が来ると……女性たちは、追い詰められ、狩り出され、刑務所に入れられ、殺されるのである」。しかし、こうした〝警告〟をよそに、イタリアのマスコミは競技に参加する女性たちや、観戦するエリザベス・テイラーやモナコのグレース王妃のような有名人を幅広く報じた。さらに、ローマのエリート階級出身のバイリンガル女性たちが、洗練された服装で詳細なブリーフィングを受け、選手たちの通訳を務めたことも大きく報じられた。

しかし、ローマのセクシュアリティには裏面があった。まず、幾度の掃討作戦にもめげず、オリンピック中とオリンピック後を含めて残存したローマの大規模な性産業。

そして、ローマにやってきた何千人もの「エキゾチックな」女子アスリートに対するエロチックな興味だ。従来のオリンピックでの方針に沿って、女子アスリートは選手村で男子とは別の区画に隔離され、唯一フルタイム勤務を許された74歳のジュゼッペ・ファブレ大佐が現場責任者を務めた。この施設はイタリアメディアによって「五輪のハーレム」と名付けられ、「巨大な後宮」と考えられ、「特大の貞操帯」と書き立てられた。このイメージは、ローマの淫靡な性的エネルギーを一段と高めた。一部の観客は、女子アスリートの体格への嫌悪感をあらわにした。「選手村を訪れると、スポーツが、女性のデリケートな体を男らしく勇ましいものにしてしまうとわかる。水泳選手の足は太くて短く、ヘラクレスのように筋肉質だ」。別の観客は、まったくもって「不自然だ」と評した。「走る女性には……なにかしら不快な、押しつけられた感じがある。彼女たちは、神経系統にこもった情熱を受け止める膜、筋肉、骨を欠いているという印象を受ける」。女子アスリートは化粧と服装に気をつかう時間がない、髪があまりにも短く刈り込まれている、プールの塩素による女子水泳選手の肌荒れは耐えられない、などと嘆く記事が数え切れないほど送り出された。共産党でさえも、女性と肉体の組み合わせを計算するのは手に余ったようだ。共産党機関誌の「ヴィエ・ヌオーヴェ」は、円盤投げ選手パオラ・パターノスターの長い紹介文に、「チャンピオンはアスリートというよりもずっと女性らしく見えた」と書いたにとどまらず、医学の専門家に解剖学的見地からの意見を求めた。幸いにも、共産党が依頼した医師らは、パターノスターが完璧に調和のとれた体格をした普通の女性であると証明したという。選手村の女子区画とその住人を欲望に満ちた目で見る人も続出した。「ローマに招待された1000人の女性のうち、特にアメリカ人、イギリス人、ロシア人、ポーランド人、スウェーデン人、カナダ人、オーストラリア人には本物の美女がいる、と事情通は語る。『見事に均整のとれた』、『一杯の水のように清々しい』、『毎日リンゴを食べているかのような美しい歯並び』といった言葉が飛び交っている」[7]

大会の期間中ずっと、選手村を二分するフランシア大通りにはのぞきの集団が群がり、女子区画に双眼鏡を向けていたため、アスリートたちは窓を紙とテープで目張りしなければならなかった。保守的な文化の染みついていた当時のイタリアメディアにとって唯一理解できたのは、恋と結婚の話題だった。ある雑誌には次のような記事が掲載されている。「(選手たちは) いつも愛を、婚約し、結婚する相手を探している。たとえ、決勝の10分前であったとしてもだ」。先述のパターノスターは、オリンピックが終わり次第結婚する計画を固めた。レオーネも、こう語って引退した。「競技の時間は終わった。……今度は、良き母になることを考えなければならない」

17歳で長女を授かり、すでに「良き母」となっていたウィルマ・ルドルフは、2年後のローマ大会で3つの金メダルを獲得した。[8] ルドルフほど幾重もの不正義と不幸せを経験しながら、落ち着いた気品をもって乗り越えたかに見える金メダリストは他にいないだろう。アフリカ系アメリカ人のルドルフは、1940年に、アメリカ南部の保守的な地域で22人きょうだいの20番目として生まれた。未熟児だった。子供時代は体が弱く、重い両側肺炎や猩紅熱に苦しめられた。小児麻痺のため、4歳から9歳まで足に装具を着けなければならず、その後さらに2年間も不自由な整形外科靴を履くことになった。それにもかかわらず、1956年にわずか16歳で、メルボルン大会の4×100メートルリレーで銅メダルを獲得した。イタリア人は彼女に恋をした。誰も彼もが恋に落ちた。しかし、ルドルフは適度な距離と落ち着きを保った。当時アメリカ代表のライトヘビー級ボクシングのホープで、のちに改名してモハメド・アリとなるカシアス・クレイも、ルドルフをデートに誘って断られたという。当時は無名ながらも選手村でにぎやかな存在だったクレイは、アメリカのメディアに「アンクル・サム［「アメリカ」の意］の非公認親善大使」と呼ばれ、「真のアメリカらしさ」を賞賛された。クレイは同世代の多くの人と同じく、のちにアメリカに吹き荒れる過激な政治の嵐とはまだ距離をおいていた。イタリアの記者に「あなたの国はずいぶんと不寛容なので、悩みも多いのではないか」と聞かれると、クレイはこう返した。「まあ、問題はあるけれど、今言いたいのは、それでもアメリカは世界で一番良い国だということだ」

さて、冷戦まっただなかのこの年、オリンピック前にアメリカのU2偵察機がソ連に撃ち落とされたことで、両国のあいだの緊張がますます高まっていた。パイロットはオリンピック開会の直前にスパイ容疑で裁判にかけられ、フルシチョフはドイツとベルリンの未来を話し合うための東西の重要な交渉を打ち切った。アイゼンハワーも怒りを表明し、モスクワ行きをキャンセルした。このときすでに、オリンピックは戦争の最前線となっていた。フルシチョフはローマにいるすべてのソ連代表選手に手紙を送った。その内容は、ソ連の新聞「イズベスチヤ」と「プラウダ」の一面を飾った。ソ連のマスコミは、その手紙は定型的な紋切り型の挨拶ではあったが、ソ連代表チームを活気づけ、世界の注目を集めたと報じた。ソ連のある新聞社の記者が、選手村のイタリア人選手に「フルシチョフの手紙のことを知っていますか」と聞くと、こんな答えが返ってきたという。「ええ、スポーツマンならみんな知っていますよ」

台湾人は、IOCの主張により、中国本土全体の代表を名乗れなくなった。開会式ではフォルモサという国名で入場したが、その際に小ぶりながらくっきりと「UNDER PROTEST（抗議中）」と書かれたプラカードを掲げた。メルボルン大会と同様に、東西ドイツは「統一ドイツ」チームとして出場したが、形式的な開会式の裏で、チーム内部では分裂が進んでいた。イングリッド・クラマーは、女子飛板飛込と高飛込で金メダルを獲得したが、東ドイツのメディアは、クラマーが東ドイツ人であることを世界中にアピールすべく、次のような記事を掲載した。「(西ドイツ人は) ローマの人々とすべての観客に対して、この女性がアデナウアー［当時の西ドイツ首相］の国から来ているように思わせている。しかし現地の人々は、イングリッドがドレスデン出身で、ドイツ民主共和国で育ったことを知っているのだ」[9]

100メートル走で銀メダルを獲得することになる若いアメリカ人スプリンターのデイブ・シムは、CIAの接近を受け、ソ連の走り幅跳び選手、イゴール・テルオバネシアンを大会中に亡命させる任務への協力を要請された。テルオバネシアンは亡命を拒否したが、オリンピックはその後10年あまりにわたって、スパイ活動と極秘任務の小劇場でありつづける。ソ連、東欧、キューバのチームには護衛やスパイが同伴し、政治的、社会的見解が疑わしいアスリートを見張るようになった。それでも、亡命するアスリートは後を絶たなかった。1964年インスブルック冬季大会では、統一ドイツ代表のリュージュ選手、ウーテ・ゲーラー。1964年東京夏季大会では、ハンガリー代表のカヌー選手、アンドラス・トゥロ。そして、1976年には、ルーマニア代表のボート選手ウォルター・ランバートゥスとチームメイト、同じくルーマニア代表のカヌー選手イヴァン・チャラランビジ、ソ連代表の飛込選手セルゲイ・ネムツァノフだ。

一部の選手には西側が魅力的に映ったかもしれないが、ローマ大会の競技でどこの国が最も活躍したかは明らかだった。ソ連は、アメリカの金メダル34個、総メダル数71個を大きく引き離し、金メダル43個、総メダル数103個を獲得した。当時、体操やレスリングなどの競技に熱心でなかったアメリカ人は、陸上競技ではまだ優位にあると主張したが、ニューヨークタイムズ紙による評価は悲観的だった。「政治だけではなく、運動競技の面でも、世界は揺れ動いている。4年前のメルボルン大会のときには存在しなかった国々が、いまや非凡な結果を残している。アメリカはもはや誰にとっても脅威ではない。かつてはアメリカ人が大会を支配していた。今はそうではなく、再びそうなる可能性も低い[10]」

ローマ大会で初めて参加した国はモロッコ、スーダン、チュニジア、サンマリノの4か国だったが、ヨーロッパの植民地帝国の崩壊が進むとともに、オリンピックの参加国も増加した。1964年には16か国が初参加を果たしたが、4か国を除きすべてアフリカの国であった。ちなみに北ローデシアは、東京オリンピックの開催中に独立してザンビアとなった。1968年には、中米カリブ地域のバルバドス、ベリーズ、エルサルバドル、ホンジュラス、ニカラグアなどの国、さらにはクウェートや米領バージン諸島など14の国と地域が初参加した。1972年には12か国が加わったが、そのなかにはアルバニア、北朝鮮、サウジアラビアなど、外交について特に消極的な国も含まれていた。そしてローマでは、初のメダル獲得という栄誉に輝いた新興国の選手もいた。クレメント・″アイク″・クォーティは、ガーナ代表としてボクシングで銀メダルを獲得した。重量挙げ選手のタン・ホー・リンは、シンガポール初となるメダル（銀メダル）を獲得した。短距離走者のアブドゥライ・セイはフランス代表として男子200メートル走で銅メダルに輝いたが、彼の母国セネガルはオリンピックの2か月前に独立している。インドから独立したパキスタンは、フィールドホッケーでインドを破り、初の金メダルを獲得した。しかし、象徴として特に際立っていたのは、マラソンにおけるアベベ・ビキラの勝利である[11]。

ビキラは皇帝ハイレ・セラシエ1世の親衛隊員を務めていた。ハイレ・セラシエは、1936年にイタリアがエチオピアに侵攻したときに国外追放されたこともある人物だ。ローマ入りしたとき、ビキラは無名だった。マラソンの記録は抜きんでていたが、メディアは軽視していた。ドラマの演出効果を最大限に高めるべく、マラソンは夜に開催され、コースは何千もの手持ちのトーチに照らされた。コロッセオやチルコ・マッシモなど、沿道の重要な歴史的モニュメントも、投光照明器で照らし出された。ビキラはこの舞台に、はからずも独特のタッチを加えることになった。新しいシューズでトレーニングしたところ足にまめを作ってしまったため、レースを裸足で走ることにしたのである。先頭集団とともにサン・セバスティアーノ門を最後に通ったとき、ビキラはスパートし、アクスム王国のオベリスクの横を駆け抜けた。4世紀のエチオピアで作られた王族の石柱で、ムッソリーニの軍隊が1937年にエチオピアから略奪してローマに持ち帰ったものである「2005年にエチオピアに返還された」。コンスタンティヌスの凱旋門に戻り、その真下に張られたゴールテープを切った瞬間、ビキラはアフリカ出身の黒人として初めてのオリンピック優勝者となった。

　閉会式は華麗なパレードで、花火大会は史上最もすばらしく、大規模であった。競技場近くの丘には大群衆が閉会式をひと目見ようと集まった。ローマの夏は暑く乾燥しているため、火花が原因と思われる火災が発生して死亡者まで出た。1週間後にはついに雨が降ったが、スタディオ・オリンピコの排水系では対処できず、競技場は湖と化した。

3　1964年東京大会

　1945年8月6日にエノラ・ゲイが広島に原子爆弾を落としたその日に広島近郊で生まれた坂井義則が、聖火台に火を灯した。破壊され、敗北し、恥辱にまみれ、占領された日本が、復活を遂げた。オリンピックの国際主義と平和主義の枠組みのなかではあったが、日本の国旗、国歌、天皇は、再び人々の前に出ることを許された。21発の礼砲の代わりに、鮮やかに彩られた1万2000個の風船が放たれた。自衛隊の航空機が頭上を飛び、煙で五輪を描いた。国民の9割以上がテレビで観戦した東京オリンピックは、今に至るまで、日本の戦後史において、国全体をつくり替えた最も大きな行事として認識されている。左翼的な朝日新聞でさえも、この程度のナショナリズムは心地よく感じたようだ。「我々はこれまで、国民性を失って国際主義者になるのを良しとする奇妙な幻想にとらわれていた。国旗と国歌を捨てれば、解放された国際主義者になれるのだと思っていた……2週間のオリンピックによって、国民の間に日本人としての自覚が養われた」[1]

しかし、それはどのような自覚だろう。第2次世界大戦の敗北と、長期にわたり国家のあり方に影響を及ぼしたアメリカ占領期を過ぎると、もはや「独自の優れた文明をもつ国」「力を増す帝国主義国」という自負（開催権を返上した1940年時点でのイデオロギー）は、国家の周縁にしか存在しなくなっていた。その代わり、1964年の日本は、類い希なる経済的な変革を遂げていた。敗戦から1世代も経たないうちに日本は形を変え、10年近くの2桁成長により、農村社会から都市社会に生まれ変わった。巨大企業が、さまざまな部門で世界の輸出市場を制しつつあった。経済成長率と1人あたりGDPを上げることが国内政治の主要な目標になり、東京オリンピックは、この目標を実現するための手段とシンボルになった。[2]

1945年の度重なる空襲によって灰燼と化した東京は、形としては復興を果たしたものの、住宅や基本的インフラ不足にあえいでいた。地方から数百万単位の移住者が、拡大を続ける工場地区や、ドヤ街、スラム街になだれ込んだことで、状況はさらに悪化した。暴力団、安酒場、麻薬産業などが繁盛した。1960年代前半のようすを、ある人物はこう表現している。「古い木造住宅、薄汚れた掘っ立て小屋、しっくい塗りの安普請のビル、団地などが醜く無秩序に広がる街だ」[3]。人口は1000万人に迫っていた。都市化の波が、それぞれの生活を営んでいた小さな町や県を飲み込んで、世界一の大都市圏を作り上げた。1959年に招致を実現したチームを河野一郎建設大臣が率いていたのは偶然ではない。河野は東京都知事の東龍太郎とともに、東京の変革と近代化こそが国の経済成長の柱であるとみていた。しかし、オリンピックの実施となると話は異なる。競技の結果と大会の評価に国の威信がかかっているのに、大役を依頼できる者は誰もいない。開催まで2年を切ったとき、政府の強い要請を受けて、安川電機会長の安川第五郎《だいごろう》がしぶしぶその任に就いた。

戦後、都市圏が大きく成長したにもかかわらず、東京はいまだに19世紀の公衆衛生インフラに頼っていた。水洗トイレはきわめてめずらしく、大半の地区ではバキュームカーが毎日巡回し、建物の地下から排泄物を回収していた。2本の地下鉄は爆発しそうなほどに混雑をきわめ、道路は新たな生産ラインから吐き出された無数の車で埋まっていた。そこで、東京都は、数千億円を投資して新大阪までの新幹線を用意しただけでなく、下水道を刷新し、羽田空港と都心部を結ぶ21キロのモノレールを建設し、40キロの地下鉄を敷設して従来の倍以上に延伸し、100キロの高速道路を新設した。東京は、解体と建設の地獄のような瘴気に包まれた。

五感への強烈な攻撃だった。固定用のセメントの悪臭がそこかしこに漂っていた。通りをふさぐ自動車の排ガスや、郊外に建ち並ぶ工場の煙があまりにひどいので、東京の人々は誰もがマスクを着用し、交通巡査は勤務中に酸素ボンベを携行した。沿道の喫茶店は、客を煙やすから守るために大判のプラスチックのスクリーンで覆われた。大気汚染で具合が悪くなった人のための救護所も、そこかしこに置かれた。[4] ネオンサインが煌々とともる銀座では、巨大な掲示がその日の亜硫酸ガスの数値を示していた。西銀座のショッピングビルには騒音公害レベルが表示され、騒音被害の脅威の説明が大きく掲示されていた。

競技は約30か所で開催され、千葉県や埼玉県など近隣の県でおこなわれた競技もあった。選手は、東京都心部に設けられた本村と、その他4か所に設けられた分村に宿泊した。施設は専用のオリンピック道路網で結ばれ、それらの道路は結果的に、新しい巨大都市、東京都市圏の輪郭となった。会場の一部は、1958年のアジア大会のために建設されたものだった。かつて1940年オリンピックの開催候補地であったとともに皇国日本のシンボルでもあった代々木一帯は、陸軍の練兵場を経て、和解、地域協調、国際協調のるつぼとして新たに構築され、役割を変えつつあった。黒く平坦でUFOのような東京体育館は、のちに建設される競技会場のミニマリスト的なモダンさを予告するような存在だった。コンクリートを流し込んだ抽象的な形状のオリンピック会場が次々と新たにできあがった。駒沢オリンピック総合運動場と、その体育館、球技場、記念塔。そして、国立代々木競技場。なかでも特に印象的なのが、丹下健三の手になる国立第一体育館だ。吊り構造の巨大な屋根が、鉄でできたテントのように覆いかぶさり、複雑な起伏を描いている。[5] これを見たタイムズ紙の記者は息をのみ、次のように記事を結んだ。「建築におけるイマジネーションと効率性の面で、新たな高みに達した施設である。記者室では、記者たちがうつろな目でタイプライター越しに互いを見つめ合っていた。賛辞を送ろうにもできないほどに圧倒されていたのだ」

しかし、最新施設を用意するのにともなったコストは、経済的なものだけではなかった。工事を下請けに出した結果、暴力団が深くかかわることになった。また、安全基準が非常に低いうえ、ろくに守られていなかったため、オリンピック関連のプロジェクトで100人以上が亡くなり、2000人以上が重軽傷を負った。地上げがはびこり、政・官・業の強固な癒着によって、汚職と賄賂が蔓延した。新幹線の発注に絡む贈収賄は、氷山の一角にすぎなかった。また、多くの世帯がオリンピック会場から強制的に退去させられ、その大半は郊外の粗末な団地に越していった。

不可解にも、東京都は車道を増やすために路面電車を撤去することを決定した。開会の直前には、がれきを埋めて景観を整備しつつ、一部の住民を追い出した。組織委員会は、暴力団の荒くれ者たちに、東京からしばらく離れて過ごすように要請した。上野公園に住みついていた路上生活者たちも一掃された。数十万匹の野良犬や野良猫が殺処分された。タクシー運転手はクラクションの鳴らし方を改善するよう要望され、酔っ払いは側溝に立ち小便をしないように指示された。交差点には気弱な観光客がごたごたした道路を渡れるように横断用の旗が常備された。

1964年の東京大会はコンクリートで象られたが、測量、計測、集計、記録は、最新エレクトロニクスを駆使しておこなわれた。タイムズ紙は、「SFのようなオリンピック」と報じた。1932年以来オリンピックの公式タイムキーパーを務めてきたのはスイスの時計メーカーのオメガだったが、日本のエレクトロニクス産業の勃興を表すかのように、この大会を境に日本の同業セイコーに置き換えられた。セイコーはデジタルストップウォッチからスタジアム用の巨大時計まで1300種類以上の時計や計測器を製造して寄贈した。セイコーの子会社のエプソンは、水晶時計やプリンティングタイマー（プリンター付き電子記録システム）を製造した。のちにレーザープリンターや計算機の大手メーカーとなる同社の新技術を育む原点となる製品である。コンピュータが初めて導入され、選手のプロフィールを管理し、パフォーマンスを集計し、情報をメディアに配信するために使用された。従来、目視で判定していた水泳でも、ピストルでスタートしたあとは、タッチを検知するパッドでターンを判定し、さらに、特別設計のカメラで水中のゴール写真が記録されるようになった。時間計測は100分の1秒単位になった。開会式では電子音楽が初めて使用された。黛敏郎の手による、日本各地の梵鐘（寺の釣り鐘）を、IBMのコンピュータで合成した曲である。

36個の金メダルを獲得したアメリカの国歌が最も多く流れたが、国立競技場の観客のあいだでは「星条旗」が短く省略されたことが物議を醸した。「吹奏楽団が『so gallantly streaming』まで演奏したところで止まったので、最初は問題が発生したのかと思ったが、違った。これが公式のオリンピック版だというのだ」。ロバート・ホワイティングはそう回想する。このときは、観戦していたMGMスタジオオーケストラの主席トランペット奏者、ユアン・レイシーと、ジャズ・グループのボブ・クロスビーアンド・ザ・ボブキャッツが演奏を引き継いだ。「聖火の下に陣取り、勝手に曲を引き継ぎ、最後まで高らかに演奏したのだ」[6]。アフリカ系アメリカ人の短距離走者、ボブ・ヘイズは、追い風参考ながら世界で初めて100メートル走で10秒を切り、4×100メートルリレーではアンカーとしてアメリカ代表を5位から1位にまで押し上げた。ジョー・フレージャーはボクシングのヘビー級に出場し、指を負傷しながらも金メダルを獲得した。ヘイズはすでにアディダスから靴の宣伝料数千ドルと新しいスーツ9着を受け取っていたが、その後、NFLに所属するプロのアメリカンフットボール選手となった。また、フレージャーはヘビー級世界チャンピオンとして億万長者になった。ほとんどの通信員が知らなかった無名のビリー・ミルズ海軍中尉が、10000メートルで優勝した。ネイティブ・アメリカンの優勝者としては1912年のジム・ソープ以来となったミルズが深刻な貧困と両親の死を乗り越えられたのは、アスリートとしての才能に加え、アメリカの階級移動と運動能力を支える、大学奨学金と軍隊があったからだった。一方、ソ連には、アメリカのようなプロフットボールリーグや大学の運動部はなかったが、そもそも必要ではなかったようだ。ソ連軍はアメリカが「アマチュア」のエリートアスリートを支援するのとほぼ同じ役割を果たした。東京大会の金メダリストには、ボートのヴャチェスラフ・イヴァーノフ、ボクシングのスタニスラフ・ステパシュキン、フェンシングのグレゴリー・クリスなどの軍人がいる。

1960年のローマ大会においてセーリングのドラゴン級で金メダルを獲得したギリシアのコンスタンティヌス皇太子と同様、ウィリアム・ノーザムはエイベリー・ブランデージが好むタイプのアマチュア・オリンピアンだった。実業家として成功を収めたオーストラリア人資本家のノーザムは、競技としてのセーリングを46歳から始めた。1960年代前半になると、50代半ばにしてアメリカズカップ出場ヨットのクルーに選ばれた。オーストラリアの複数企業の理事を務めていたものの、スケジュールには余裕があった。さらに、十分な資産もあったため、1963年に5・5メートル級のオリンピッククレース用ヨットを注文した。そして、30歳年下のクルー、ピーター・オドネルとジェームズ・サージェントともに、東京大会でオーストラリア初のセーリング金メダルを獲得した。一方、すでに風前の灯となっている息苦しいイギリスの階級制度を風刺するかのような出来事もあった。金メダルを獲得したイギリス代表選手のうち、アン・パッカー（女子800メートル）、リン・デイビーズ（男子走り幅跳び）、マリー・ランド（女子走り幅跳び）は、中流階級の出身だった。3人は帰国後、女王陛下から大英帝国勲位を授与された。一方、20キロメートル競歩のケン・マシューズも金メダルを獲得したが、スポーツ店を経営してほしいという誘いを受け、そのまま地元のレクサムに帰った。マシューズはもともと発電所で電気技師として働き、石炭を運ぶコンベヤでトレーニングを積んだ人物だ。妻とふたりで東京に行く旅費のほとんどは、同僚たちが払ってくれた。10年以上後になって一般の人々が抗議したことで、ようやくマシューズも大英帝国勲位を受勲することができた。

金髪のアメリカ人水泳選手、ドン・ショランダーは4つの金メダルを獲得し、うち3つが金メダルだったことで日本人の心をつかんだ。人々に取り囲まれてようやく選手村を出たショランダーには、企業のオファーとデートの申し込みが殺到した。アメリカオリンピック委員会は、ショランダー宛ての500箱以上のプレゼント、手紙、電報を置いておくために1部屋をまるまる確保せざるをえなかった。同委員会の会長は次のように語った。「個人に対してこれほど大きな好意が寄せられるのを見たのは初めてだ。ショランダーは若く、強く、魅力的だ。日本は、宗教のように誰かを崇拝しがちな国らしい。今回は彼を神の一種として崇めることにしたようだ」。ショランダーの名前と住所は、今でも英語の手紙を書く際の見本として日本の教科書に掲載されている。セイロン（現スリランカ）出身の10000メートル走出場者、ラナトゥンゲ・カルナナンダも人気を博した。カルナナンダは優勝者のビリー・ミルズから4周遅れてゴールしたが、競技場に入ってきたときは馬鹿にして笑っていた観衆も、粘り強い走りを見て応援するようになった。カルナナンダはオリンピック精神の体現者としてメディアですぐにセンセーションを巻き起こし、天皇陛下への謁見も賜った。日本のある主婦はこう手紙にしたためた。「あなたがたったひとりで走っているのをテレビで見て、涙が止まりませんでした」。しかし、敗北は必ずしも甘いものとはかぎらない。日本のマラソン走者、円谷《つぶらや》幸《こう》吉《きち》は、国立競技場に入った時点で2位だったが、もはや足が動かず、歩くほどの速度までペースが落ちていたため、最後の100メートルでスパートしたイギリス人のベイジル・ヒートリーに追い抜かれた。競技ののち、円谷は次のように語った。「私は日本国民の前で言い訳のできない失敗をした。次のオリンピックで走り、日の丸を掲げることで名誉を挽回しなければならない」。その後3年間トレーニングを重ねたが、慢性の腰痛を抱える円谷は、金メダルを獲得するのは不可能だと悟った。1968年1月、円谷は人生で出会ったほとんどの人に謝る遺書を書いて、頸動脈を切って自殺した。[7]

しかし、開催国日本にとって本当に重要だったのはこれらの競技ではない。このオリンピックにおいて日本人が最も注目していたのは、柔道とバレーボールというふたつの競技だった。どちらも、第2次大戦以来初めての追加競技である。バレーボールは、1890年代にYMCAのウィリアム・モーガンが、バスケットボールより運動量の少ないスポーツとして考案したが、日本を含む極東各国の体育館に急激に広まったことで、競技人口や位置づけがWASP的な要素の強い環境を離れて大きく広がった。一方、柔道は議論の余地なく日本の代表的なスポーツである。

柔道は、嘉納治五郎によって創始された。1860年生まれの嘉納は、明治期における教育改革の中心人物であった。西洋に精通し、伝統と近代化の両方を大切にしていた嘉納は、古い武術を好んだ。17歳頃から東京各地で柔術を学び、江戸時代から武士のルールのなかで生き残ってきた断片的な武術の情報を集め、体系化した。しかし、荒々しく、特に暴力的でさえある教授法は、嘉納が現代の日本武道に求める魂と美の側面を欠いていたともいえよう。1882年に、嘉納は自ら「柔道」を教える講道館を設立した。「やわらかい道」を示す柔道では、訓練こそが倫理的、社会的進歩の道とされる。嘉納は、暴力や死につながる技を排し、この武術を、敵の強さを弱め、最小の力で最大の結果を得ることをめざし、体格と力ではなく技術と形を重んじるものと定義した。この理念が、大国が支配する世界で新興国として成長することを目指す明治時代の日本のエートスと響き合った。[8]

1900年までには、柔道は、陸軍、海軍、警察のカリキュラムに採用された。それからおよそ10年後には中学校に導入されたが、嘉納が意図したとおり、競技スポーツや国家イデオロギーを示す武術ではなく、規律の一種とされた。ヨーロッパと北米以外で体系化されたスポーツとして初めてオリンピックに柔道が採用された理由は、全日本柔道連盟の協力と、国会における広い支持にあった。国会では次のような発言があった。「ここにきて柔道はわが国の伝統的競技としてスポットを浴び、オリンピックにすばらしい、特別な色を織り込むだろう」。

国会は、日本武道館の建設を承認した。これは、近代化され、ルールが整備されたすべての日本のスポーツ、つまり柔道、相撲、弓道、剣道を開催できる、1万5千席の施設である。衆議院議員の正力松太郎は、武道館を「偉大な平和の理想」、つまり「日本の国技の正しき精神を表す」ものだとした。同じく衆議院議員の松前重義《まつまえしげよし》は、柔道の役割を国際的な外交ツールにまで広げた。「日本の格闘技を世界のスポーツとして……今度の東京オリンピックという機会を利用して、国際交流を推進するという新たな段階に進まなければならない」。皇居のすぐ近く、江戸城の跡地に建てられた武道館は、こうした歴史的なルーツと現代の方向転換、両方を表現しようとした。曲線を用いた見事な屋根は日本の木造寺院をモデルにしているが、プレキャストコンクリート部材による支柱で構成され、鉄筋コンクリートの大きな控え壁の上に載っている。武道館の入口を彩る田安門《たやすもん》は17世紀につくられたものだが、武道館そのものはテレビ放送を意識した設計でもあった。

柔道日本代表は、当然のように勝利を期待されていた。軽量級、中量級、重量級では順当に優勝したが、最も注目されていたのは第4試合目の無差別級だった。というのも、嘉納治五郎の考えによれば、柔道では単なる体格が技術にかなうことはないからである。決勝戦で、日本のチャンピオン神永昭夫《かみながあきお》は、オランダの大男、アントン・ヘーシンクと対戦した。午後の国会は休会となった。工員がさぼらないように、企業は工場のフロアで試合をテレビ放映した。新聞は神永を称える読者からの投書で埋めつくされていた。しかし、最終的には誰もが失望することになる。堂々とした姿勢で挑んだヘーシンクは、神永をダウンさせて、固めた。神永のふくらはぎが「助けを求める魚のように何度も畳を打った。ようやく審判が一本を宣告した。ヘーシンクが勝ったのだ」。日本男児が西洋との戦いに、自らの得意分野で敗れた。その事実を目撃した観衆は最初沈黙し、やがてすすり泣いた。そのとき、何人かのオランダ人が、勝者を称えるために駆け寄ろうとした。ヘーシンクは手を挙げて制止し、神永に礼をした。観衆は立ち上がって拍手し、このときのヘーシンクが見せた礼儀正しさを深く心に刻んだ。[9]

この失望により、女子バレーボールチームにかかるプレッシャーは、いやました。[10] 翌日のソ連との決勝の数時間前には日本中の道路ががら空きになり、90パーセント近くの国民がバレーボールを観るためにテレビの前に集まった。日本における「経済の奇跡」を牽引した鉄鋼、自動車、造船、電機などの部門は男性主導だったが、家族を故郷に置いて都市の紡績工場に出稼ぎに来た若い女性たちも大きな役割を担っていた。日本の女子バレーボールチームは、こうした環境のなかで育った。もともとは家族主義的経営の産物として、その後は宣伝と新入社員獲得の一助として、日本の紡績企業は女子工員向けにバレーボール施設を提供した。1950年代までには、業界全体が急成長するなかで、全国レベルのチームがいくつも誕生していた。1964年のチームの中心メンバーは、大阪に本社を置く紡績企業、日紡（ニチボー）の工員たちであった。メディアに「鬼の大松」と呼ばれた監督の大松博文《だいまつひろふみ》は、皇国陸軍の小隊長の経験があった。チームに軍隊のような訓練を課し、集中力と運動能力を引き出した。チームは午前8時から午後4時まで通常の仕事をこなしてから、深夜まで練習した。休憩は25分のみ。1962年には、経験と身長で大きく勝るソ連のチームを相手に、世界選手権で優勝した。メディアから「東洋の魔女」と名付けられたチームに対し、大松はオリンピックを見込んでさらなる訓練をさせた。そしてこの日の決勝で再びソ連と対戦した「東洋の魔女」は、またもや勝利を収めた。紡績業界の復権、そしてそのなかで育ったチームのハードワークと固い絆を称える声が国中にあふれた。その後の日本代表女子バレーチームは、メキシコとミュンヘンで銀メダル、モントリオールで金メダルに輝くが、紡績業の低迷とともに時代は終わった。海外からはコストカットの圧力が絶えず、国内ではオートメーションが進むなかで、業界は長期に及ぶ衰退期に入り、日本の女子バレーボールも道連れになった。

大会は滞りなく進行し、閉会式ではアスリートたちが溜まりに溜まったエネルギーを発散させ、競技場から競技場へと練り歩き激しく踊った。独立したばかりのザンビアの選手たちは、手書きの掲示を持っていた。「スポーツ・イラストレイテッド」誌のジョン・アンダーウッドは次のように記録している。

> ニュージーランド代表のアスリート9人は笑い転げながら隊列を離れ、飛び跳ねながらトラックをもう1周回り、ところどころで即興のジグを踊ったり、いきなり歌い出したりした。やがて貴賓席の前にたどり着くと、天皇裕仁その人の前で喜劇を繰り返し、腰を折ってわざとらしくお辞儀をした。長距離走者のビル・ベイリーは掟破りの投げキッスをした。意外にも、走って止めに来る者は誰もいなかった。陛下は微笑み、西洋式に帽子を取った。[11]

オリンピックには、日本の皇室の作法を変えるほどの力があったのかもしれないが、それでも万能ではなかった。ソ連代表は東京大会で30個もの金メダルを獲得したが、同志ニキータ・フルシチョフを救うことはできなかった。数か月にわたる陰謀劇の末、オリンピックの1週目にフルシチョフは「自発的に」辞職に追い込まれ、反逆者であった第一書記のレオニード・ブレジネフにソ連共産党の権力の座を明け渡した。また、国際協調のメッセージについてはどうだろうか。競技もたけなわの10月16日金曜日に、中国が初めての原爆実験をおこなった。

4　1968年メキシコ大会

メキシコ大会の組織委員長で、メキシコを代表する建築家のペドロ・ラミレス・バスケスは、自らが手がけた建物と同じようにシンプルでモダンな考え方を持っていた。「民間伝承に現れるメキシコ、景観の美しいメキシコ、その古い起源……そうしたものをご存じの方は多いでしょう。しかし、実はメキシコが効率的で技術的にも高いレベルを誇る国だということは、ほとんどの人が知りません。オリンピックを通して世界に示したいのは、この新しいメキシコなのです[1]」。メキシコはスポーツ振興に資金を投入し、大会の前年、国を代表するアスリートたちのために集中的なトレーニング合宿の機会を用意した。金メダル3個、総メダル数9個というのは、従来を大きく上回る最高の結果と言っていいだろう。しかしラミレス・バスケスは、スポーツを通じてナショナリズムを掻き立てることには否定的だった。1948年大会におけるメキシコチームの惨憺たる結果を受けて、ある関係者は「メキシコ人は本来アスリートではない、詩人である」と嘆いたが、それ以降も国家の意識はあまり変わらなかった。[2] 世界最大のスポーツの祭典の責任者であったラミレス・バスケスはこう主張した。「今回のオリンピックで最も重要性が低いのは、〝競技〟そのものだ。記録は塗り替えられるが、国のイメージは消えない」。ラミレス・バスケスをはじめとするメキシコの政治エリートは、無気力、非効率、腐敗というメキシコにまつわる古いステレオタイプを一掃したいと考えていた。たしかに海外の記者たちは、惰眠と「マニャーナ」〔「明日、いつかそのうち」を意味するスペイン語〕の地というメキシコのイメージから、どうせメキシコはオリンピック開催のための資金も競技場も用意できないだろうと踏んでいた。

　ただ、そう考える多少の根拠はあった。建設工事がぎりぎりまで完了しなかったのである。バスケットボールとバレーボールの会場は、開会式の1か月前になっても床が張られておらず、プールにはタイルがなく、プレスセンターには家具がなかった。しかし、10月半ばにはインフラが完成し、組織も大会全体を通じて維持された。ケチをつけるとすれば、宿泊施設にペンキ塗り立ての場所があったこと、更衣室の壁が火を入れていないレンガでできていたこと、メディアセンターが絶えず雨漏りしていたので、部屋の角に水たまりができていたことくらいだろう。

　この意味で言えば、１９６８年メキシコ大会は、メキシコの組織力を示しはしたといえる。だがどれだけメキシコが現代的だったとしても、東京の規模にかなうわけはなかった。[3] 予算が東京の10分の1以下しかなかったため、組織委員会はわずかな競技場しか新設せず、人件費を残酷なまでに切り下げ、選手村も公共のデベロッパーからの賃貸で調達した。その一方で、メキシコの特徴を前面に押し出すために、文化的、象徴的なツールを大いに利用した。

　この戦略の中心に据えられたのが「オリンピック文化祭」だ。オリンピック開会の9か月前から、国中のインテリ、著述家、アーティストを総動員して１５００以上のイベントを企画し、さらに世界中から出演者を招待したのである。イベントは、問題がなかったとはいえないが、少なくとも世界主義的でバラエティに富んでいた。幕開けの舞台となったのは、メキシコシティのアステカ時代のピラミッドだ。感傷的なラスベガス風の光のショーで始まった。チャールトン・ヘストンとヴィンセント・プライスの声が響きわたり、アメリカの観光客に向けてメキシコの公式の歴史が語られた。さらに、デューク・エリントンとデイヴ・ブルーベックがジャズの響きを届けた。メキシコとアフリカの民族舞踊も披露された。アメリカの宇宙開発技術が展示され、詩人が集まる国際的な会議がおこなわれ、子供の絵画の展示祭が町中で催された。
　１９６８年のメキシコ大会は、さまざまな意味で「カラフルな」オリンピックだった。テレビのカラー放送のおかげでこれまで映画でしか見られなかった強烈な色が自宅でも再現されるようになったが、メキシコは街自体の色彩が奔放だった。各種競技の標識とピクトグラムも衝撃的だった。ボートにはオリーブグリーン、ホッケーにはライムグリーン、自転車競技には紫色、バスケットボールには緋色が割り当てられた。オリンピックスタジアムと選手村を南回りで結ぶ6車線の高速道路、アミスタッド通り沿いには、オリンピックのために特別に委嘱された18点の抽象彫刻が並べられた。ジャック・モエスカルの「太陽の円盤」（大きな鉄製の緑色の円盤）、ハーバート・ベイヤーの「協調された壁」（高さ30メートル近いレモン色のぎざぎざしたらせん階段）、ユップ・ベヨンの手になる、ナデシコ色、紫、オレンジ色の巨大チェス駒などだ。[4] 各会場は色とりどりの風船で飾り付けられ、すべてのオリンピック道路の中心には白い太線が描かれた。さらに、広場、庭園、通り沿いなどには何十万本もの花、低木、高木が植えられた。オリンピックスタジアムとアステカスタジアム周りの歩道と広場は「マゼンタとオレンジの波で洗われていた」という。また、多くのみすぼらしい町と無秩序な闇市を隠すためにも、色ペンキが使われた。貧しい地域の多くの住民は、当局にペンキを渡され、塗るように指示された（「ショッキングピンク、紫、黄色などによって、憂鬱さが一時的に覆い隠された」）。このような不信や恥の意識が、１９４０年代から１９５０代にかけてメキシコのコミック映画のスターとなったカンティンフラスが主導する国の教育キャンペーンに命を吹き込んだ。カンティンフラスは、当時の都市部における新たな労働者階級の旗手だった。地方出身で、素朴ではあるが愚かではなく、権力者の尊大さを皮肉るだけのウィットと賢さも持ち合わせていた。しかし、自らのかつての役柄である「警官７７７号」を再現するかのように、カンティンフラスもまた、メキシコで一党支配を長く続けたＰＲＩ（制度的革命党）に取り込まれ、メキシコ大会に対する脅威になると当局が考えた人々を叱りつける役割をになった。ターゲットになったのは、偽タクシー運転手、フーリガン、外国人のヒッピー、ゴミを片付けないネイティブアメリカンのメイド、そして賄賂を取る卑しい交通巡査などだ。[5]
　メキシコ大会における独自の要素のなかでも、ラミレス・バスケスが特に誇らしく思っていたのは、史上初めて女性（メキシコ人ハードル選手のノーマ・エンリケタ・バシリオ）に最終聖火ランナーを務めさせたことであった。しかし、この象徴的な出来事の影響は限定的なものに留まった。メキシコは依然として圧倒的な男性中心社会で、公的部門には女性がほとんどいなかった。オリンピックの招致と管理に携わったチームの上級職には、案の定女性は皆無だった。一方、ローマ大会のときと同様、ボランティア、通訳・翻訳者、アシスタントの中心となったのは、上流中産階級出身の若い女性たちだった。メキシコ特有の民族的なねじれのため、先住民族出身者よりも白人が中心だった。女性たちは、ワイマンのポップアート的な「MEXICO68」のロゴがあしらわれたミニのドレスとスカートを身にまとった。男性中心の国際記者団にアピールするためにデザインされた服によって、当時のメキシコ女性は「サイケデリックなミニスカートを着たかわいい女の子」に矮小化された。

オリンピックが掲げる平和のメッセージとメキシコとの関係は、さらにゆがんだものであった。組織委員は、「世界の大国から独立した地位」であることを公言していた。冷戦のどちらの陣営にも属さない。アメリカとキューバの両方に距離が近い。ラテンアメリカ国家で、OECDの事情に精通しているが、感情的、政治的には植民地から独立しつつある南半球の国々に共鳴している。この多極的なメキシコは、国際的な翻訳者、平和の使者、架け橋に適任だ、というのだ。メキシコの代表的日刊紙「エクセルシオール」は、「人類の成長、均衡、調和を志すメキシコの魂」を称えた。町中の看板、旗、ポスター、そしてラジオやテレビの番組に至るまで、あらゆる場所に「Everything is possible in peace（平和ならあらゆることができる）」というスローガンが掲げられた。組織委員会は、友愛と平和の生物学的・人類学的起源を探る「La Pas」というドキュメンタリー映画まで委嘱した。最もあちこちに見られたのは、マティスの切り絵のようにシンプルでエレガントな、平和の象徴である鳩の白いシルエットだった。透明のプラスチック板に印刷され、住宅街の街灯に吊され、バスの側面に描かれた。もしメキシコ大会をつぶさに見ていたとすれば、この鳩が赤いペンキに、さらには鮮血にまみれるところを目撃することになっただろう。前者は抗議、後者は抑圧によるものだ。まさしく、平和ならあらゆることが可能だった。オリンピックの開会式が調和をテーマにしていたにもかかわらず、そして町中が平和の象徴で飾られていたにもかかわらず、虐殺は起こった。そして、当時としては最も多くの映像に記録され、映画やテレビで放映されたオリンピックであったにもかかわらず、虐殺の現場をとらえたカメラはなかった。

メキシコは半世紀以上にわたって、形態は変われどＰＲＩの一党支配体制下にあった。形としての選挙は存在していたが、ＰＲＩが他の党に議会、あるいは政権の過半数を渡したことはなかった。メディア、国有産業、そしてあらゆる官僚機構をコントロールするＰＲＩは、利益供与と情報統制によって計り知れない力を得て、対立政党を周縁に追いやったり併合したりすることができた。それらがうまくいかない場合は、別の手段があった。１９４０年には、ストライキと労働運動の波が軍の発砲により断ち切られ、11人の労働者が犠牲になった。１９５２年には、大統領官邸前で抗議した人々が銃撃され、２００人が死亡した。１９６０年代前半には鉄道労働者と若手医師が悪役とされ、弾圧、投獄された。そして１９６８年、ＰＲＩに新たな敵が立ちはだかった。それは、工業化社会のあちこちで起こった多くの抵抗運動に影響されて過激化した、都市部で急激に拡大しつつある大学や工業大学の教養ある学生たちだった。学生たちは特にベルリンとパリの学生運動に大きな影響を受けた。[6] たしかに、オリンピックは世界の若者への呼びかけの場に最適だが、まさか若者に抵抗されるとは、組織委員も想定していなかった。

最初のデモは、あらゆる人々に驚きをもって迎えられた。オリンピックの3か月前となる１９６８年7月に、複数の学校の学生がキューバ革命10周年を記念して行進した。行進に参加したライバル校の学生同士の小競り合いに、機動隊が突然介入した。機動隊は両方の陣営を攻撃しながらそれぞれの学校に追い込み、4人を殺害し、18世紀に建築された玄関をバズーカで吹き飛ばした。

鎮圧の規模と暴力性に激高し、さらには大学自治への介入に愕然とした大学当局やその家族にも支持されたメキシコシティの学生たちは、ストライキ、デモ、集会などを次々実行に移したが、その多くが暴力的に鎮圧された。単にカストロを称えるために始まったはずの行動は、人権尊重を求め、正当な法手続きを要望する運動に発展した。ＰＲＩは、メキシコが現代的な民主主義国家への移行に成功したと主張していたが、学生運動はその主張に対し異議を申し立て、台無しにするものであった。

そのような状況で、学生の指導者たちがメキシコ近代化の病理について考えるようになったのは当然の流れであろう。オリンピックに対する抗議が初めて報道されたのは、7月下旬だった。学生たちが、有名な「オリンピックはいらない」という横断幕を掲げて行進したときのことだった。学生たちはオリンピックそのものを妨害する意図はないと述べていたものの、政府が制作したオリンピックのシンボルや不正直なスローガンを風刺の題材にせずにはいられなかった。公式ロゴをまねたポスターには「メキシコ――弾圧の金メダル」と書かれていた。学生たちは、政権が用意した退屈なコピー「1968年――オリンピックの年」を揶揄し、「1968年――弾圧の年」「オリンピックはいらない、いるのは革命だ」などと壁や標識にスプレーで大書した。

9月の初めまでには、毎日のように繰り返される行進と暴力的な争いも少しずつ収まっていた。学生は疲弊し、授業に戻りつつあった。しかし、アメリカから最新の暴徒用装備を輸入したディアス・オルダス大統領は、さんざんお茶を濁した末、オリンピック開会まで6週間を切ってから、オリンピックへの長引く脅威を完全に終わらせることを決断した。9月半ば、機動隊はオリンピックスタジアムから目と鼻の先にあるメキシコ国立自治大学を襲撃し、学生のリーダーたちをキャンパスから追い出したのである。それから2週間の戦闘によって学生運動は徐々に弱体化し、10月2日にトラテロルコの再開発地区の中心にあるプラザ・デ・ラ・トラテロルコ（三文化広場）に集まった群衆は1万人にすぎなかった。近くの大学キャンパスへの行進は取りやめになり、集会がおこなわれただけだった。公式には、武装した学生が警察に向かって発砲した、と発表された。しかし、機動隊があらかじめ広場を包囲して封鎖し、上空をヘリコプターに巡回させ、白手袋のオリンピア大隊（オリンピックの安全を確保するための特殊部隊）が、周囲のバルコニーから1時間にわたって群衆に発砲した、というのが真実だった。死者数は明らかでなく、250人前後と推定されているが、その後数週間にわたって一斉検挙、投獄、拷問された何千人もの学生は一切含まれていない。

PRIの広報機関は完全な報道規制を敷き、事実を否認した。現場にいた海外ジャーナリストはごくわずかで、しかも彼らはガーディアンのスポーツ記者ジョン・ロッダのように、ほとんどの時間をトラテロルコで、固いコンクリートの床で冷たい水たまりに顔をつけられながら、兵隊に銃剣をつきつけられて過ごした。この出来事について問われたエイベリー・ブランデージはこう答えた。「わたしは昨夜バレエを観ていたんだ」[7]。それでも、大会を続行すべきかどうかという疑問は持ち上がらなかった。

学生運動とトラテロルコの虐殺によって、メキシコ大会は、工業化社会に不可欠な反乱の雰囲気に満ちた大会と認識されたが、その一方でジェンダーの役割、ジェンダーアイデンティティの問題、社会とスポーツ界に蔓延する薬物（麻薬とドーピング）問題も、この大会を機に大々的に報道された。１９６０年代に入り、これらの問題を遅ればせながら認識したＩＯＣは、１９６８年になってようやくオリンピックに性別検査と薬物検査を導入したが、どちらも大いに議論を呼び起こした。ＩＯＣとスポーツ界がジェンダーアイデンティティの複雑さに直面したのは１９３０年代後半のことだった。両世界大戦間に数々の女子競技で活躍したふたりのアスリート、チェコ代表の８００メートルおよび走り幅跳び選手ズデンカ・コブコヴァとイギリス代表の砲丸投げ選手メアリー・ウェストンが、性別適合手術を受け、それぞれズデネク・コベクとマーク・ウェストンという名前の男性になった。[8]また、１９３６年のベルリン大会のドイツ代表、ドラ・ラチエンが、生物学的には男性であるにもかかわらず、女性として育てられていたことも発覚した。１９６０年代前半になると性別検査を求める声が高まった。ソ連から「男子のような」女子選手が来ているという疑いが強まったためであった。

　性別検査は、ＩＡＡＦ（国際陸上競技連盟）によって１９６６年のヨーロッパ大会で初めて導入された。口腔細胞の染色体検査で初めて失格となったのは、１９６４年の東京大会の１００メートル走で銅メダリストとなったエワ・クロブコフスカである。クロブコフスカは、男性が持つＸＹ性染色体と女性が持つＸＸ性染色体の両方が混在しているという「モザイク現象」という稀な遺伝子状態にあったのである。最終的にクロブコフスカは、どちらの性の競技に出場することも禁じられた。同年、ＩＯＣは１９６６年世界スキー選手権の女子滑降優勝者であったエリカ・シネッガーが体内に男性の生殖器を有していたとして、競技への出場を禁止した。クロブコフスカとシネッガーの前にも、インターセックスのアスリートは当然ながら存在した。スタニスラワ・ワラシェビッチは１９１１年にポーランドで生まれたが、アメリカに移住し、ステラ・ウォルシュの名で育てられた。１９３２年のロサンゼルス大会にウォルシュはポーランド代表として出場し、女子１００メートル走で金メダルを獲得した。１９８０年、結婚と離婚を経験し、とっくに現役を引退していたウォルシュは、強盗に銃撃されて殺害された。司法解剖により、ウォルシュは未成熟の男性生殖器と染色体異常を持ち、男性と女性の両方の遺伝子特徴を有することが判明した。

　スポーツ界における薬物摂取は、かつてはもっと公然とおこなわれていた。[9] 20世紀初頭には、アスリートとコーチはストリキニーネ、アルコール、カフェイン、アンフェタミン、コーラの実、酸素などの興奮剤を使っていた。こうした薬物は主にプロの自転車競技、ボクシング、競歩で使われていたが、多くのアマチュアのランナーやボート選手も薬箱をあさった。ＩＯＣがいわゆるドーピングの問題について公的な場で初めて危機感をあらわにしたのは１９３０年代後半だったが、心配したのはアマチュアのエートスを脅かすことだけで、[10] アスリートの健康への影響は問題視すらしていなかった。当時のＩＯＣはドーピングという概念に反対を表明しただけで何もしなかったが、それでは問題は解消しなかった。１９５２年のオスロ冬季オリンピックでは、３人のスピードスケート選手が硫酸アンフェタミンの過剰摂取で体調を大きく崩した。同年のヘルシンキ夏季オリンピックでは、ソ連の重量挙げ選手のパフォーマンスがあまりに素晴らしかったため、アメリカのコーチ、ボブ・ホフマンが、筋肉増強目的のテストステロン服用の可能性を検討しはじめる。ホフマンはアメリカの重量挙げ選手に対して各種のテストステロンを試した結果、商用生産された初のアナボリックステロイド、ジアナボルに落ち着き、スポーツ界にその効能を説いて回った。１９６０年ローマ大会に出場して競技中に亡くなったデンマークの自転車選手ヌット・イェンセンは、血管拡張薬を使用してはいたが、診療記録を精査した結果、心臓発作を起こして意識を失って転倒し、頭蓋骨を骨折したために亡くなったと分析されており、覚醒剤のアンフェタミンのために亡くなったわけではなかった。[11] しかしアンフェタミン説は当時広く信じられ、メディアで軽いパニックが発生した。そのため、ＩＯＣも動かざるを得なかったのである。

１９６２年に初めて設立されたＩＯＣのドーピング委員会は、５年間の苦労の末、全世界向けの薬物規制を策定した。しかし、ＩＯＣ自身の責任と、各競技団体および開催国の責任を適切に切り分けることも、この分野に関する医学・科学研究の結果を適切に反映することもできなかった。これは、ＩＯＣの多くのメンバーの能力を超える重責だった。メキシコ大会では、検査で違反となった選手はスウェーデンのハンス＝グンナー・リリエンヴァルただひとりで、しかも原因は酒の飲みすぎであった。１９７２年には、予算が大幅に増え、最先端の技術を利用できるようになったこともあって、７人のアスリートが問題を指摘されたが、事例の多くは検査制度がまだ疑わしいものであったことを示していた。モンゴルの柔道選手バカーバ・ブイダーによるカフェインの過剰摂取のように、検査制度そのものがばかげている事例もあった。検査の効率性にも問題があった。プエルトリコ代表バスケットボール選手のミゲル・コールは、アンフェタミンが検出されたために薬物違反となったが、試験所から結果が返ってくるのにあまりに時間がかかったせいで、通常なら出場停止になるはずの試合に最後まで出ることができた。さらに当時は、IOCと各競技の世界連盟の規制や姿勢が大幅に異なるという問題も存在した。オランダ代表のファン・デン・フック、スペイン代表のハイメ・ウエラモというふたりの自転車選手は、コーラミン摂取のかどでそれぞれ銅メダルを剝奪された。この薬物は、国際自転車競技連合（UCI）には許可されていたが、IOCには許可されていなかった。また、同じ1972年には、アメリカ代表のティーンエイジャーの水泳選手、リック・デモントが400メートル自由形で金メダルを獲得したが、尿からエフェドリンが検出されてメダル剝奪となった。のちに、このエフェドリンは持病のぜんそく薬に由来することがほぼ確定したが、ドーピング取り締まり当局には認められなかった。その一方、精神安定剤については幅広い使用が認められていた。1972年に、多くの国のオリンピック委員会が、当時近代五種の統括団体であった国際近代五種・バイアスロン連盟（UIPMB）［のちに国際バイアスロン連盟（IBU）が分離して、国際近代五種連盟（UIPM）となる］に精神安定剤の使用を禁止するように申し入れ、当初はUIPMBも承諾した。しかし、調査の結果、近代五種では精神安定剤が広く普及していることが判明したため、UIPMBは禁止を撤回し、検査そのものを終了してしまったのである。そして、最大の問題は、アナボリックステロイドの検査がなかったため、ほとんどの薬物服用が見逃されていたことだった。1973年のアメリカ議会の調査の際、陸上選手のハロルド・コノリーはこう証言した。「私が知っている世界の陸上競技アスリートの圧倒的多数は、運動能力を上げるために、死なない程度には何でも飲むし、何でもやります」。重量挙げ選手のケン・パテラは身も蓋もなかった。パテラはソ連代表のオリンピックチャンピオン、ワシリー・アレクセイエフに敗北したことについて、次のように述べた。「去年、彼と俺のあいだにあった差は、俺が薬代を払えないということだけだった。今は払える……彼のステロイドと俺のステロイド、どちらが上か楽しみだ」[12]

薬物以外にも、記録に影響を与えた要素がある。この大会では、男子陸上では1500メートル以下の競走とすべてのフィールド競技で、世界記録または五輪記録が更新された。女子では、400メートル以外すべての競走と半分以上のフィールド競技で、世界記録または五輪記録が破られた。標高が高く、空気が薄いためにタイムが速くなったり、滞空時間が延びたりしたのである。ただし、長距離と競歩の選手は酸素濃度が薄いことによって足を引っ張られた。新しい用具や技術がパフォーマンスを上げた競技もあった。ディック・フォスベリーは背面跳びによって走り高跳びに革命をもたらした。棒高跳びは、ようやくフォーム製マットが導入されたうえに、ポールにグラスファイバーが採用されるようになり、新たな高みに到達した。もちろん、アナボリックステロイドの使用も変化をもたらした。東ドイツ代表の砲丸投げ選手、マルギッタ・グンメルは、国の管理下でステロイドを投与された初期の選手のひとりだが、この大会で金メダルを獲得した。アメリカ代表の走り幅跳び選手、ボブ・ビーモンの場合にはさらに不思議な力が働いた。第1跳躍でビーモンは8・9メートルの記録を叩き出し、それまでの世界記録を前代未聞の55センチメートルも更新した。この距離を確認するのには30分近くかかった。というのも、新たに設置した機械式測定器の範囲を超えてしまったため、旧式のテープ計測が必要になったからである。ビーモンはフィールドを破壊し、競技を終わらせ、世界記録としては23年間破られず、オリンピック記録としては今でも残る大記録を達成した。他者はおろか、本人の能力の限界さえも越えるほどのパフォーマンスであった。ビーモンは結果を知らされると発作を起こしてトラックに倒れ込んだ。しかし、この記録も、ビーモンが表彰式でおこなった小さな抵抗――ズボンの裾を上げて、黒いソックスを見せるという行為――も、1968年を代表するイメージとはならなかった。あのブラック・パワー・サリュートのインパクトには適わなかったのである。[13]

1963年、コメディアンのディック・グレゴリーは、1964年東京大会のボイコットを呼びかけ、黒人向けライフスタイル雑誌「エボニー」にこう書いた。「アメリカのニグロ・アスリートは、公民権を求める闘い、勝利から程遠い闘いに参加するべきだ」。マーティン・ルーサー・キングはワシントンで「私には夢がある」の演説をおこない、ケネディは暗殺された。アメリカの黒人たちは、公民権運動の機運を実際の結果と実際の法律につなげていくために、あらゆる支援を必要としていた。コミュニティのなかでも特に知名度の高い層といえるアフリカ系アメリカ人アスリートは、1964年にはこの呼びかけに注意を払わなかった。しかしグレゴリーが灯した火は、苦しい紛争と、ふくらむ希望と期待のなかで4年間くすぶった末、ついに燃え上がった。

1967年、短距離走者のトミー・スミスは、東京でおこなわれたユニバーシアードの際に記者から、メキシコ大会のボイコットはありうるかという質問を受けた。当時の熱狂的な雰囲気のなかで、スミスはオフレコで次のように答えた。「ええ、ありえます。黒人アスリートのなかでは、アメリカの人種的不正義に対して抗議するためにオリンピックをボイコットする議論をしていますよ」[14]。これが幾重もの噂、議論、反発を呼び、ボイコットが本当におこなわれるのではないかと思わせた。

こうした議論が実際の行動に変わったきっかけは、ハリー・エドワーズだった。元学生アスリートで、コーネル大学大学院で社会学を研究するために、NFLからの誘いを断った人物である。エドワーズはサンノゼ州立大学で教鞭をとったが、そこに通っていたのがトミー・スミスとジョン・カーロスであった。エドワーズは、政治信条と実践法についてはキング牧師を参考にし、美学をブラックパンサー党［アメリカで黒人民族主義運動・黒人解放闘争を展開していた急進的な政治組織］に学び、マルコムXにも似たカリスマ性、鋭さ、情熱を備えていた。エドワーズが地元の有名人から全国レベルの有名人になったのは、1965年にサンノゼにおける黒人アスリートの住環境改善運動を主導したときだった。黒人アスリートは、目に見えない人種の壁に阻まれてキャンパスの近くに家を借りることができないうえに、大学の支援も受けられない、とエドワーズは訴えた。

やがてエドワーズは、サンノゼ州立大学対テキサス大学エルパソ校の名誉あるアメリカンフットボールの試合に注目した。エドワーズはこの試合の妨害を目論んだ。地元のならず者集団、ヘルズエンジェルズは、エドワーズの妨害を防ぐと約束した。そこにさらにブラックパンサー党が介入し、エンジェルズを止めると言い出した。カリフォルニア州知事だったロナルド・レーガンは、州兵軍を送り込んで全員を鎮圧すると発表した。すべてがコントロール不可能な方向に進んでいることを悟ったエドワーズは学長と話し合い、試合は中止となった。全国的に有名になり人脈も広がったエドワーズは、スミスが火をつけ、アフリカ系アメリカ人のスポーツコミュニティに広めたアイデアを引き継ぎ、1967年の感謝祭の日に、「人権を求めるオリンピック・プロジェクト」(Olympic Project for Human Rights、OPHR)を設立し、オリンピック・ムーブメント、アメリカ社会、アメリカのスポーツ団体がそれぞれ人種差別問題に取り組むための指針を打ち出した。アフリカ系アメリカ人アスリートは、国内の大半で依然として二級市民の扱いを受けていた。多くの私立スポーツクラブから意図的に排除されるうえに、お決まりの軽蔑的なステレオタイプにさらされることでキャリアの選択肢が限定され、コーチや管理職などへの転進が妨げられた。OPHRの設立趣意書には、次のように記されている。「私たちは、アフリカ系アメリカ人への抑圧がこれまでになく悪化しているにもかかわらず、この国が少数の『ニグロ』を使って人種差別解決の面でどれほど進歩したかを世界にアピールするのを、これ以上許すわけにはいかない。私たちは、スポーツ界における人種的不正義が悪しき伝説になっているもかかわらず、『スポーツ界』が自らを人種的正義の砦と自画自賛するのを、これ以上許すわけにはいかない」[15]

エドワーズは1968年メキシコ大会のボイコットを提唱した。実際には、アメリカ代表レベルの黒人アスリートによる意見への支持が多数派になったことはなかったが、ボイコットの恐怖は記事の見出しに何度も取り上げられ、1968年8月にエドワーズがボイコット断念を表明するまで政治的緊張感が維持される原動力となった。しかも、IOCの信じがたい提案によってキャンペーンはさらに燃え上がった。それは、南アフリカ共和国をメキシコ大会に招待するというものだった。IOC内のアパルトヘイト支持者が、同国の倫理的な問題はなくなったと判断したための提案だったが、最終的には取り下げられた。OPHRによって、アメリカにおける人種とスポーツに関する議論は何度も変化を遂げたが、エドワーズをはじめ、このキャンペーンを支持した多くのアスリートは、FBIによる監視、住居への侵入、ヘイトの手紙（なかには、アフリカに送り返すことを示唆する偽の航空券などもあった）、殺害予告などに耐えることとなった。

メキシコ大会男子200メートル走を世界記録で優勝したトミー・スミスと、3位だったジョン・カーロスは、このような環境で教育を受けていた。ふたりはわずか20分でストーリーの最終幕を準備した。スミスの妻が用意してくれた黒い革手袋、黒いスカーフ、何粒かのビーズに、それぞれが安物の黒い靴下を1足ずつ持った。オーストラリア代表で銀メダルを獲得したピーター・ノーマンは何かが起こっていることを察し、協力を申し出た。ノーマンは、胸にOPHRのバッジを留めた。ふたりのアメリカ人は裸足で表彰台に立った。国歌「星条旗」が流れ始めると、スミスは視線を下に落とし、手袋をした拳を頭上に突き上げた。カーロスは少し角度を付けて拳を突き上げた。翌日、ABCのハワード・コゼルに受けたインタビューで、スミスはこの瞬間について次のように語っている。「私が右手にはめた手袋は、ブラックアメリカの力を示しています。チームメートのジョン・カーロスが左手にはめた手袋は、私の右手と合わせて弧を作り、黒人の団結を示しています。私が首に巻いたスカーフは黒さを示しています。ジョン・カーロスも私も、裸足に黒の靴下を履き、貧困を示しています[16]」

　この行為はすぐにアメリカで広く報道されたものの、1面記事にはならなかった。しかし、オリンピックの「政治的違反行為」に激怒したエイベリー・ブランデージが、アメリカ代表団にスミスとカーロスの追放を命令し、代表団が命令に従ったことで、大きなニュースになった。スミス、カーロス、ノーマンは全員、所属スポーツ連盟の処罰を受け、除籍され、数十年後の20世紀末に復帰した。しかし、IOCとその支持者も、この光景とその意味づけをコントロールすることはできなかった。閉会式では、1964年東京大会のときのような興奮状態を防ぐため、各チームはパレードに7人しか出場させることができなかった。それでも、最終的には、アスリートたちが列を乱し、スタンドからトラックになだれ込んだ。踊り回る人々のなかに、あてどなくさまよう白ジャケットのメキシコ人警備員だけが取り残された。

5

冬季大会と商業主義

1948年冬季オリンピックを開催したスイスのサンモリッツは、物理的には戦争の影響を受けなかったかもしれないが、繁栄しているとは言いがたかった。資金難によって競技場に更衣室を用意できなかったため、選手はホテルや宿泊所で着替えた。ヨーロッパの他の国々は莫大な損害を被り、アメリカに借金をする羽目になった。このことは、ノルウェー代表のスキー選手がアメリカ代表から用具を借りざるをえなかったことや、アイスホッケーの試合でイタリアがアメリカに1対31と惨敗したことなどにも現れているといえよう。1952年のオスロ大会は、ノルウェーの物理的・政治的再興の気配を示す大会だった。戦前のノルウェーにおけるスポーツムーブメントは、ブルジョアジーと労働者ではっきりと分かれていた。占領時代に、ナチスの支援を受けていたクヴィスリング傀儡政権がノルウェーのスポーツ団体を完全に統制しようとしたことで、かつては考えられなかった、ノルウェーのスポーツにおける両陣営の協力体制が実現した。国と自治体からのまとまった資金を利用して、オスロでは新しいスケート場が建設され、遠隔地のスキー会場への交通網が整備され、さらには冬季オリンピックとしては初めて選手村が整備された（のちに公営住宅に転用されることになる）[1]。

「スモール・イズ・ビューティフル」とよく言われるが、この時代のオリンピックが小規模だったのは、限られた国しか参加できなかったからだった。終戦直後には、冬季オリンピックへの参加は30か国弱で、そのほとんどがヨーロッパの国、残りはある程度の工業化が進んだ国だった（アメリカ、カナダ、オーストラリア、ニュージーランド、アルゼンチン、チリ、日本など）。1960年代には参加国が順調に増えたが、気候、地形、スポーツの歴史、資源の乏しさなどさまざまな要因によって、植民地から独立を果たした新興国は、夏季オリンピックには出場しても、冬季に参加するのはごく稀だった。参加した場合、代表選手は特にめずらしいルーツを持っていることが多かった。たとえば、1964年のインスブルック大会に初めてかつ唯一のインド代表として出場したジェレミー・ブヤコフスキーは、少年時代に両親とともにコルカタに移住したポーランド系のスキーヤーだった。1972年の札幌オリンピックに出場したフィリピン代表のスキー選手、フアン・シピアーノとベン・ナナスカのふたりは、ニュージーランド人の養子となり、アンドラの山あいで育った。プログラムにリュージュとバイアスロンが加わり、各種の女子競技が追加され、参加選手数は1948年サンモリッツの669人から、1968年グルノーブル大会ではほぼ倍増した。国際記者団の人数も急激に増え、1948年のサンモリッツにはほとんどいなかった記者が、1968年のグルノーブルには1500人以上派遣された。夏季と同様、テレビ放送はまったくのゼロの状態から、1972年札幌大会ではカラーの世界生中継がおこなわれるところまで進歩した。

　スコーバレーを除き、冬季オリンピックも小さなリゾートではなく人口の多い中心都市でおこなわれるようになったので、競技場をそれぞれの競技にふさわしい山岳地に分散させなければならなくなった。このため、新しい交通網や通信網、さらには選手村の分村が必要になった。開催コストはますますかさんだ。各大会のバランスシートに含まれる細かい項目は開催地ごとに異なるものの、傾向ははっきりしていた。1960年スコーバレー大会の開催費用は2000万ドルだったが、4年後のインスブルック大会では4000万ドルに倍増した。1968年グルノーブル大会の費用は2億4000万ドルになり、1972年の札幌大会は、不可解な開発費なども上乗せされて、なんと10億ドルに膨れ上がった。新しいスキージャンプ場やリュージュコースにはもちろん費用がかかるが、大会を牽引する要素は競技そのもの以外にもあった。[2]

　スコーバレー大会を牽引したのは、アレクサンダー・クッシングという人物の、エゴ、不動産開発の夢、そして手に負えないほどの厚かましさだった。東部の名門出身の法人顧問弁護士で、スキーを趣味としていたクッシングは、1947年に北カリフォルニアのスコーバレーを初めて訪れた。当時のスコーバレーは、3つの雄大な山のふもとにある、大きな椀状の谷にすぎなかった。高級リゾートとしての可能性を確信したクッシングは、ロックフェラー財閥の資金を借り入れ、リゾートを開業した。1956年、ネバダ州リノがアメリカオリンピック委員会推薦の1960年大会候補地として立候補するという情報を小耳に挟んだクッシングは、名前を売るためにスコーバレーも立候補しようと考えた。カリスマ性と社交性を備えたクッシングは、ゲレンデでも英国製のツイードを身にまとい、赤い巻き毛を赤いバンダナでまとめたいでたちで、ジーン・ケリー、ソフィア・ローレン、ビング・クロスビーをこの「生まれたての」リゾートに招くだけの魅力があった。クッシングは、まずはUSO

C、のちにIOCを接待した。椅子式リフト1台、ロープリフト2台、50人収容のロッジ1軒しかない場所にもかかわらず、クッシングがあまりに自信満々だったため、委員たちはここでオリンピックができると信じ込んだ。環境法・都市計画法逃れの常習犯であったこのデベロッパーは、スコーバレーなら商業主義や巨大化主義に汚されていない「純粋な」冬季オリンピックに戻れると力説した。また、カリフォルニア州知事と州議会議員、さらにはネバダ州知事と連邦政府も説得し、資金援助まで得た。ウォルト・ディズニーが招聘され、ディズニー社が「雪より雪らしい」と胸を張る石膏製の雪像でステージを飾った。ディズニーが取りまとめた2500人のコーラスと1200人の楽団による演奏は開会式の日に起こったブリザードにかき消されたが、聖火がスキーで到着する演出はテレビ放送で絶賛された。この頃までに、クッシングはカリフォルニア州政界の有力者に地位を譲って組織委員会から外れていたが、開会式の日には2席分の招待を受けた。さらに、地価の上昇と気前の良い税の減免によって一財産を築いていた。

一方で、インスブルックは常に国家主導のプロジェクトだった。第三帝国に組み入れられ、傷ついたオーストリアは、経済的復興に力を入れるとともに、戦後責任と冷戦政治の流れが交錯するなかで、自国の立ち位置を確立しようとしていた。オーストリア国民が自国をイメージできる数少ない手段が、人気の高いレクリエーションであり、自国が勝てる数少ない競技であり、国の中軸産業のひとつであるスキーだった。オーストリアはスキー用品の生産においてドイツに次ぐ2位で、世界有数の輸出国だった。オリンピックとそれに伴う新しい施設や道路の建設は、国のイメージを上げ、スキー用品メーカー、そして急成長中の冬季観光部門を振興するために計画された。

グルノーブルと札幌では、国の誇りとウインタースポーツ産業の振興も重要だったが、それ以上に経済的な側面が重視された。フランスと日本の官僚は、冬季オリンピックを地域振興政策のツールとして利用し、会場の建設、道路網と鉄道網の整備、住環境の改善などに巨額の投資をおこない、この催しがなければ貧しかったはずの地域に経済成長をもたらそうとした。グルノーブルの場合、道路整備費だけでオリンピックの費用の20パーセントを占めたという。当時の冬季五輪では最大の規模だった選手村は、のちに大学の一部となった。フランス独特の混合経済《ディリジスム》を象徴するこうした記念碑には、常にシャルル・ド・ゴール大統領とジョルジュ・ポンピドゥー首相の影がつきまとった。一方、日本列島の北部に位置する北海道の主要都市、札幌がスポーツ施設の建設費に使ったのは予算のわずか5パーセントで、残りは２００キロの新しい道路、路面電車、そしてふたつの空港に消えた。

冷戦の北部戦線として、冬季オリンピックはパラノイア、争い、不正操作の舞台になった。グルノーブルで東ドイツ女子代表リュージュチームがルールに違反し、レース前にそりのランナー（氷面に接する部分）を温めていたことは、共産圏の不誠実さを表す動かぬ証拠として、西側メディアに取り上げられた。オリンピックのスケート競技の判定を統計的に分析するとわかるように、バイアスと誤審は平等に蔓延していた。自国のアスリートを有利に判定するのはもちろんだが、ソ連とワルシャワ条約機構加盟国はアメリカ代表の点数を下げ、アメリカとＮＡＴＯ同盟国もやり返していた。

ウインタースポーツのなかでもとりわけ一触即発なのが、アイスホッケーだった。１９６４年のオリンピックでは、試合中に突然順位決定ルールが変更になったため、3位から4位に転落したカナダが表彰式出席を拒否するという事件があった。より大きな外交政策の結果、いざこざが起きたこともある。カナダ、スウェーデン、アメリカは、ハンガリーに侵攻したソ連に抗議して、モスクワで開催された１９５７年のアイスホッケー世界選手権をボイコットした。当時、アイスホッケー界では、厳しさと「西側に追いつき追い越そう」という強い意志をもったソ連の〝赤い機械〟軍団が強い力をもっていた。第2次世界大戦以前は、オリンピックでも一般的にも、アイスホッケーといえばほぼカナダの独擅場だった。しかし、１９５６年以降は、厖大な数の軍人から選手を選抜するソ連が支配的勢力になり、１９６０年にコルチナダンペッツォで金メダルを獲得してから１９８８年までの8回のオリンピック中6回で金メダルに輝いた。一方、カナダはひとつも金メダルを取れなかった。また、当時はまだ厳しかったＩＯＣのアマチュア規定を回避することができなかったため、札幌オリンピックには選手団を派遣しなかった。冷戦時代を代表する瞬間が訪れたのは、１９７２年にカナダでも指折りのプロ選手とソ連代表チームが8戦にわたる頂上決戦をおこなったときだった。[3]

１９６０年の大会では、オリンピックのアイスホッケーにおいて、公の場でめずらしい「雪解け」の瞬間があった。アメリカ対チェコスロバキアの試合中、最後の休憩時間のこと、アメリカ代表のロッカールームにソ連代表キャプテンのニコライ・ソログボフがこっそり入ってきて、チェコスロバキア代表に勝てるようにと、ソ連代表チームで使用している酸素を提供した。これは、ソ連とチェコスロバキア間に横たわる根深い感情のもつれの表れだった。1947年のチェコスロバキアにおけるアイスホッケーは、脆弱だった戦後民主主義の最後の日々と結びつけられている。その年プラハでおこなわれた戦後初の世界選手権で、チェコスロバキア代表チームが優勝したからだ。翌年、チェコスロバキア共産党がソ連軍の援助を受けて権力を掌握し、他の勢力は周縁に追いやられるか投獄された。1968年のソ連の軍事介入によって「プラハの春」が潰されたことで、悪感情は嫌悪感と復讐心に変わった。1969年のアイスホッケーの世界選手権では、チェコスロバキア代表がソ連代表に2回勝利すると群衆がプラハの通りになだれ込み、ソ連軍兵舎やソ連の航空会社アエロフロートのオフィスを襲った。ソ連の侵攻以降の弾圧に対するチェコスロバキア国民の反応は、1972年の札幌オリンピックでも見られる。アメリカのアイスホッケー選手、マーク・ハウは、チェコスロバキア対ソ連の試合をこう振り返っている。「今まであんなに暴力的なホッケーの試合は見たことがない。チェコのゴールキーパーはロシアの選手にスティックを5本は壊されたんじゃないか」。最終第3ピリオド、5対2で負けていたチェコスロバキアのディフェンスは、ソ連のゾーンで自分に回ってきたパックを、ゴールの代わりにソ連ベンチに叩き込んだ。パックは誰にも当たらず、チェコスロバキアはそのまま敗北した。

冬季オリンピックは当初から、プロフェッショナリズムや商業主義の世界と隣り合わせだった。シャモニー、サンモリッツ、レークプラシッドはすべて、現地の政治家とホテル経営者が、オリンピック開催によって高級リゾート地としての株を上げ、長期にわたる経済的利益を得ることを目的に招致した開催地だった。フィギュアスケートとそのトップ選手は、アイスショーやサーカスなどの商業的巡業、さらには映画の出演者として、息の長い魅力があった。この商業的環境と、ウインタースポーツに真剣に取り組む際にかかる莫大なコストを考え、国際スキー連盟（FIS）は日頃から、スポンサーやその他の収入源を求めるアスリートに共感的な立場を取っていた。1936年のガルミッシュパルテンキルヘン大会の際には、スキーインストラクターはプロなのでオリンピックに出場できないとの裁定を下したIOCと全面的に対立している。

ご多分に漏れず、アマチュアリズムの指導者であるエイベリー・ブランデージは冬季オリンピックに激しい嫌悪感を覚え、「フロストバイト・フォリー」（凍傷の季節の馬鹿騒ぎ）と軽蔑的に呼ぶようになった。1960年におこなわれたIOC幹部のミーティングで、ブランデージは1964年インスブルック大会への支援を取り下げ、冬季オリンピックを廃止する考えを示したが、拒否された。また、この時期、ブランデージは東側ブロック以外の代表アスリートのルール違反を追及することを個人的な使命としていた。西ドイツ代表のマリカ・キリウスとハンス・ユルゲン・ボイムラーは1960年スコーバレー大会と1964年インスブルック大会の両方で銀メダルを獲得した。しかし、インスブルック大会の直前、ふたりはアメリカのアイスショー「ホリデー・オン・アイス」と契約を結んでいた。インスブルック大会が終了したのちに、ふたりは遡って失格とされた。ふたりは西ドイツで国民的な人気を博していたので、西ドイツオリンピック委員会会長のヴィリー・ダウメがふたりにメダル返上を要望したことは、国家的スキャンダルとみなされた［だが1987年のアマチュア規定の見直しに伴い、この失格処分は取り消され、ふたりは公式に銀メダリストとして復活した］。

スケートとショービジネスとの取り合わせも十分に問題をはらんでいたが、1970年代後半には、スキーもまた大規模なビジネスになっていた。選手は堂々と商品を宣伝し、同じくらい堂々と広告料を受け取っていた。問題が山場を迎えたのは1968年大会の直前である。FISとIOCは、他の競技会の状況にかかわらず、メーカーロゴをスキー用具から取り除くことで合意した。用具メーカーと選手は、直前に指示されても用具のつくり直しはできない、と反論した。IOCはこれに対応し、競技終了後、テレビカメラに写る前に全選手のスキーを回収する計画を提示した。

しかし、フランスのジャン・クロード・キリーとオーストリアのカール・シュランツほど一般大衆にアピールし、商業的なポテンシャルをもつスターを誇るスポーツをコントロールすることは、IOCには不可能だった。どちらも国民的英雄であり、その栄誉にふさわしい収入を得ていた。ふたりは、新たなレベルの技術、身の毛もよだつスピード、そして危険な計算をアルペンスキーにもたらした。キリーは頭脳派で、シュランツはルールと技術を追求することによって名声を得ていた。最も記憶に残る対決のひとつが、グルノーブル大会の回転だ。3分の1の選手が失格になるほどの濃霧を、キリーはトップで滑り抜けた。すでに失格になっていたシュランツは抗議し、もう一度滑る機会を得てトップとなったが、最終的には再び失格とされた。

1972年の札幌オリンピックの頃には、キリーは引退していた。一方、シュランツは3度目の正直で金メダルを勝ち取る気満々だった。[4] しかしエイベリー・ブランデージもまだ現役で、年を重ねるごとに狂気を帯び、短気になっていた。1968年のグルノーブル大会では、怒りにまかせてアルペンスキーの表彰式出席を拒否した。札幌オリンピックの直前には、アマチュア規定違反者40人のブラックリストをこっそりと発表した。「（IOCの）役員たちは貧しかったことが一度もないのに、どうしたらトッププレーサーの現実の状況を理解できるんだ」とシュランツはコメントを残している。その後、シュランツのみを失格とした理由を問われると、ブランデージはすがすがしいほど率直に述べた。「彼が一番図々しくてうるさかったからだ」。もっともブランデージは、IOCが恣意的な裁定をおこなわず一貫性を保ったとしても、該当するアルペンスキー選手を全員失格にするのは放映権を所有するテレビ局が許してくれないからだ、と付け加えるべきだったかもしれない。スキー競技開始のわずか数日前に、IOCは28対14でシュランツの排除を決定した。オーストリアのメディアは激怒してヒステリー状態に近くなり、同国代表は全員辞退するべきだと書き立てた。シュランツはひとりで帰国したが、空港からの帰り道では10万人以上の群衆が出迎え、なかにはブランデージの肖像を焼き捨てる者もいた。IOC引退のあいさつで、ブランデージは「冬季オリンピックはデンバーでしかるべく埋葬されてほしい」と述べた。引退後はさらに辛辣で無愛想になり、「この癌はすみやかに取り除かなければならない」とまで主張した。[5] ブランデージの思いはもう少しで通じるところだった。1976年冬季オリンピックの開催地はデンバーに決まったが、開催費用が膨れ上がっており、またウインタースポーツ産業が環境に与える悪影響の問題から、「コロラドの未来を考える市民の会」（CCF）という団体の活動により、デンバーでオリンピックを開催すべきかどうかの住民投票がコロラド州でおこなわれた。投票率は93・8パーセントにのぼり、開票結果は60パーセントが反対だった。デンバー市民はオリンピックを拒否した最初の選挙民になった。そして、最後にはならなかった。

6

1972年ミュンヘン大会

1972年のミュンヘン大会は、壮観な瞬間に事欠かなかった。立派な口ひげをたくわえたマーク・スピッツは7つの金メダルを獲得し、3つの世界記録を更新して、世界で最も偉大な水泳選手となった。ソ連の体操選手オルガ・コルブトは、個人総合こそ勝てなかったものの平均台と床で金メダルを獲得し、小さな妖精のようなテレビ向きの魅力で世界中の観客の心をつかんだ。若々しく手足が長く、いつもジョン・レノン風のサングラスをかけていた西ドイツの美女、ハイデ・ローゼンダールは、五種競技ではわずかに優勝者に及ばなかったが、走り幅跳びで開催国に金メダルを持ち帰った。冷戦の頂上対決とも思われるアメリカ対ロシアのバスケットボールの決勝では、アメリカがわずかに勝っていたが、ソ連が最後の数秒で逆転し、その際にタイムキーパーと審判の裁定が物議を醸した。銀メダルになったアメリカ代表は授賞式を欠席した。しかし、これらすべてを上回る衝撃を与えたのが、パレスチナ人過激派組織「黒い九月」が選手村でイスラエル代表アスリートとコーチを襲撃した事件である。宿舎を丸1日占拠したようすは世界中にテレビ放映され、その後フュルステンフェルトブルック空軍基地での銃撃戦により、イスラエル人11名、パレスチナのテロリスト8名中5名、ドイツ人警察官1名が亡くなった。[1] これらの出来事は、ミュンヘン大会における競技の地位を脇に追いやっただけではなく、組織委員会と、より広い意味での西ドイツの政治・文化エリートがこの大会で伝えようとした複雑な意味合いやメッセージさえも、人々の頭から消し去ってしまった。

立候補と開催地決定は、ルードヴィヒ・エアハルト内閣の最晩年のことだった。西ドイツの社会的市場経済の奇跡を設計した首相にふさわしい幕切れだったといえる。その後、大会の方向性を決め、計画を立案したのは、エアハルトの後継者で、キリスト教民主党に所属しながら大連立政権を樹立したクルト・ゲオルク・キージンガーであった。大連立政権では、徐々に、党勢を強める連立相手のドイツ社会民主党（SPD）とそのカリスマ的な指導者、ヴィリー・ブラント外務大臣が力を持つようになっていった。オリンピックは、ワイマール共和国以来初めてSPD出身の首班となったブラント首相のもとで実現し、開催された。雰囲気的、外交政策的な意味では、オリンピックは、社会民主党とその新しい東方外交にふさわしいものだった。最も重要なのは、東ドイツ代表が西ドイツ代表とは別のチームとして結成されるだけではなく、国旗や国歌など、国の正式な象徴をすべて使用できるという合意に達したことだ。これは、西ドイツが東ドイツを正式な国家として承認していないという事実と矛盾していた。もし西ドイツが、進歩を遂げた証を、自らが変わったという物語を求めていたとすれば、このときそれらが得られたのだ。

連邦政府はオリンピックのほとんどの費用をかぶることになるが、中心となって動いたのは、組織委員会の中心にいたふたりの男、ヴィリー・ダウメとハンス・ヨッヘン・フォーゲルだった。1936年オリンピックのハンドボールチームの一員だったダウメは、ドルトムントで鉄鋼業を営む富裕なビジネスマンで、よき助言者であったカール・ディエムの影響を受けて熱心なオリンピアンとなった。1937年にナチ党に加入し、自らの会社のベルギー支社で陸軍用の戦車のパーツを製造しつつ、戦争を終えた。戦後はドイツのスポーツ界でも指折りの有力者となり、ドイツスポーツ連盟会長、西ドイツオリンピック委員会会長とのし上がっていくにとどまらず、1956年にはIOCの委員にもなった。ハンス・ヨッヘン・フォーゲルはSPD所属のミュンヘン市長であった。カトリックの堅実な中流家庭に生まれたフォーゲルは、開戦時に13歳で、少年兵として戦争を過ごした。この経験によってフォーゲルが急進的になったのは間違いない。1960年には、わずか34歳でミュンヘン市長に当選した。西ベルリンを別とすれば、西ドイツに育ちつつあるカウンターカルチャーの中心地となっていたミュンヘンの街中にあふれる、若さいっぱいの反逆とエネルギーに乗っての当選だった。こうして、強力でユニークな役者の共演が実現した。ダウメは、IOCやエイベリー・ブランデージによく効く旧式のお愛想をならべる表看板を、フォーゲルは調整役と立案者を務めた。ふたりの世界観には、印象的な一致点もあった。クリス・ヤングとケイ・シラーは「やや進歩的な信念に駆られた、やや保守的な経歴のふたりの男」と表現している。西ドイツ政治の中道で、オリンピックに向けた協力関係が生まれた。その目的は、変革を遂げた、節度ある民主主義のドイツとして国際社会に復帰すること、そして、民族を分断し、市民を兵隊として訓練するのではなく、スポーツの普遍性と陽気さを強調するオリンピックの開催によって、ベルリンの大罪を償うことだった。

オリンピックの準備段階では、組織委員たちはふたつの複雑な政治的・文化的問題への対応に追われていた。

ひとつは歴史の問題である。ミュンヘン大会と1936年ベルリン大会の関係はどのようなものか、そしてナチスと現代ドイツの関係はどのようなものか。軍隊に包囲された西ベルリンの街との連帯を示すため、組織委員は2回の委員会を西ベルリンで開催したが、誰もが関係性をその程度にとどめておきたがった。1972年大会向けに考案されたカラースキームにはほとんどの色相が入っていたが、1936年大会を象徴する赤と金色が入っていないのは注目に値する。ベルリン大会で世界を歓迎したゲルマン民族の鐘とは対照的に、ミュンヘンでは電子音の鐘を取り入れ、軍楽や行進曲の代わりにイージーリスニングの定番曲やバート・バカラック［アメリカの作曲家。ドイツ系ユダヤ人の血を引く］の編曲を用いた。さらに、入場行進では参加国をイメージした楽曲を取り入れた。ただしハンガリー代表は、ジプシーという名前のつながりだけで、1940年代に活躍した伝説のアメリカ人ストリッパー、ジプシー・ローズ・リーのテーマで入場する羽目になった。ベルリンオリンピックの中心的な組織委員兼設計者で、「ドイツ人のオリンピック」を構想した指導者、カール・ディエムは、1962年に亡くなるまでダウメと親しかった。ディエムの名前はドイツのあちこちに残っているが、ミュンヘンの選手村にその名前が使われることはなかった。

しかし、ディエムがオリンピックに残した大きな遺産である聖火リレーの舞台を設定するときになると、組織委員は一種の〝選択的健忘症〟に陥った。1936年のトーチを製造したクルップ社が1972年のトーチも製造するのは問題ないだろう（ただし、クルップ社はナチスの戦争に兵器を提供した主要軍需関連企業である）。しかし、ミュンヘンのすぐ北にある町で、ナチス最古の強制収容所があったダッハウを聖火リレーが通るというのは、まったくいただけなかった。

2番目は現代性の問題だった。オリンピックがある意味で「世界中の青年への呼びかけ」の場と考えられていることに鑑みると、西ドイツの若者を席巻するポピュラー文化の変化の大きな波に対応する必要があった。この波は、上の世代が自らの過去に向き合うことへのためらいと不誠実さを示していたことでさらに荒々しくなっていた。1960年代に世界と西ドイツの若者文化についての考察したヴィリー・ダウメは、次のように語っている。「礼砲や、国旗を掲げた軍隊式の行進、いかさまの聖なる要素を組み合わせたような祭典では、世界の若者にはもはや響かない[2]」

世代の変化、教育拡大、豊かさ、疎外感といった、より大きな波の一部として始まった流れが、1967年の西ドイツでは政治的な形を取り、学生が指導する運動体、議会外反対勢力（APO）となった。そして、1968年に指導者のルディ・ドゥチュケの暗殺未遂が発生したのち、グループは暴徒化した。

時代に対応しようとする純粋な努力の一環として、また、世代共通の基盤を求めて、ミュンヘンの組織委員たちは、過去の大会における21発の礼砲のような軍国主義やうさんくさいギリシア文化礼賛を超えた象徴的で文化的な側面をオリンピックに求めた。その結果として誕生したのが、シュピールシュトラッセ（「大会通り」）である。これは当初、双方向かつ自然発生的な芸術パフォーマンスをオリンピック公園のあちこちで催す一大プログラムとして発案された。「積極的な参加」によって消費社会に対抗し、「自然なハプニング」によってつくりものの儀式に対抗するプログラムになるはずだった。しかし、開催地には警備が手薄な地区もあったため、この案は、オリンピックの秩序を乱す可能性があるとして、警察からの厳しい反応を受けることになる。警備責任者のマンフレッド・シュライバーも、このようなイベントは「大衆によってハイジャックされる」と言い張った。警察は、シュピールシュトラッセの会場設定に条件をつけ、風を利用した彫刻と巨大モビールでいっぱいの丘での開催を拒否し、この場所におけるビールの販売禁止を言い渡した。さらに、アーティストの選定にも積極的に介入し、イデオロギー的な見地から多くに反対した。地元のプロモーターがぶちあげた、レッド・ツェッペリンとフランク・ザッパを目玉にした巨大ロックコンサートをオリンピック会場の隣で開催するというアイデアを聞くと、シュライバーは卒倒した。ドラッグが蔓延し、伝染病が流行するといい、この「醜悪なイメージ」の展望にけちをつけた。最終的に、シュピールシュトラッセの開催地はオリンピック公園につくられた人造湖周辺の5つのゾーンに制限され、ピエロのショー、ものまね、パントマイム、演劇などを催すことになった。ジャズカルテットが無料で演奏し、ドイツ人コンセプチュアルアーティストのティム・ウールリッヒがハムスターの回し車を大型化した乗り物で（オリンピックマラソンと称して）毎日走り回り、五感を刺激する巨大な没入型インスタレーションが披露された。

シュピールシュトラッセは驚くほどの成功を収め、オリンピックに付随して開催されたその他すべての文化イベントに参加した人数の2倍以上にあたる1200万人を集めた。また、ちょっとした批評的反省の機会にもなった。というのも各国から招待した劇団が、過去のオリンピックの意味合いをテーマにしたからである。1912年ストックホルム大会には植民地主義の光が当てられ、1968年メキシコ大会は直前の虐殺と結びつけられた。しかし、シュピールシュトラッセは、イスラエル代表への襲撃を機に、シュライバーによって打ち切られてしまった。[3]

西ドイツのオリンピックにイスラエル代表チームを迎えるむずかしさ、危うさはあったものの、大会は期待とともに始まった。公式・非公式のセレモニーはダッハウで実施され、もちろんイスラエル代表チームも参加した。イスラエル代表のフェンシング選手、ダン・アロンは、のちにこう回想した。「ベルリンからわずか36年後に開会式に参加できたことは、私の人生で最も美しい瞬間のひとつでした。天国にいるようでした」[4]

「黒い九月」がその名前と存在理由を得たのは、1970年9月、PLOがヨルダンから暴力的に追放され、レバノンのベイルートにある難民キャンプに追いやられたときのことだ。「黒い九月」は公式にはPLOとまったく無関係ということになっているが、背後で組織を動かしているのはPLOの幹部だった。襲撃がどのようにして発案され、なぜ命令されたのかは定かではないが、この時代にさまざまなパレスチナ人組織が実行したハイジャック、立てこもり、殺人などのひとつにすぎなかったのだろう。9月4日の夜、イスラエル代表チームのほとんどは、ミュンヘン中心部で催された「屋根の上のバイオリン弾き」を観に行った。しかし、その近くにあるレストランでは、パレスチナ人組織の8人が最終的な説明を受けていた。4時を少し回ったところで、8人は警備の甘い選手村に忍び込み、イスラエル代表の宿舎にたどり着いて11人を人質に取った。最初の抵抗でふたりが亡くなった。

丸1日続いた立てこもりの最中に、パレスチナ人たちはいくつかの要求をつきつけた。そのなかには、イスラエルの刑務所から数百人のパレスチナ人を解放することと、中東への飛行機を手配することが含まれていた。人質の解放はその後にするとのことだった。いつものごとく、イスラエル側には誰ひとり解放する気などなかった。テレビカメラがあらゆる角度と地点から撮影した。武装はしていても経験の浅いボランティア警官が、選手村の屋根を渡って忍び寄る哀れな試みも放送された。パレスチナ人たちはもちろん、この成り行きを東ドイツのニュースで観ていた。午後の競技がキャンセルされたこともあって、選手村を囲むフェンスの周りに集まった群衆は数万人に膨れ上がった。期限が刻々と迫るなか、西ドイツ外相ハンス・ディートリヒ・ゲンシャーと、選手村村長ワルター・トローゲルが宿舎で交渉したが、成果はなかった。その後テロリストは方針を変え、自分たちを人質とともに空港に送り届けることと、エジプトまでの飛行機を手配することだけを要求した。

犯人らの到着をフュルステンフェルトブルック空軍基地で待っていた西ドイツ警察は、装備不足で、配置も悪いうえに、誤った情報を伝えられていた。また、訓練が不足しており、人を撃ち殺すことをためらう者もいた。警察は発砲し、銃撃戦でイスラエル人アスリート9名、犯人8名のうち5名、ドイツ人警察官1名が亡くなった。翌日、オリンピックスタジアムで短い追悼式がおこなわれると、そのまま大会が続行された。2012年のロンドン大会になってもなお、IOCは虐殺40周年の追悼行事をおこなうことを不適切とみなし、イスラエルによる黙禱の提案を却下した。

第7章

崩壊

破産、ボイコット、アマチュアリズムの終焉

1976年モントリオール　1980年モスクワ　1984年ロサンゼルス　1988年ソウル
1976年インスブルック　1980年レークプラシッド　1984年サラエボ　1988年カルガリー

思うに、スポーツは政治と一体であり、これまでも常に一体であったということについて、私ほど説得を必要としない人間はいないだろう。我々の生活のすべては政治的判断に左右される。現在享受している自由の度合いは人それぞれに異なるが、いずれにしてもその自由は政治的判断によって得られたものだ。しかし、スポーツとオリンピック・ムーブメントにかかわる我々に必要なのは、政治家の関心と支援であって、介入ではない。

――マイケル・モリス・キラニン卿（第6代IOC会長）

1　問題続出

「君主論」や「ザ・フェデラリスト」［アメリカ合衆国憲法の批准を推進するために書かれた連作論文］には程遠いとはいえ、それまでIOCで政治理論としてまかり通っていたたわごとに比べれば、キラニン卿の発言はまるで哲学者の言葉のようだ。キラニン卿はイギリス系アイルランド人の貴族で、イートン校、ソルボンヌ大学、ケンブリッジ大学を卒業し、ノルマンディー上陸作戦の際にはイギリス軍に従軍していたという、IOC委員の地位にふさわしい経歴の持ち主だった。非の打ち所のない礼儀正しさと限りない愛想の良さを兼ね備えたキラニン卿は、1960年代中頃にIOCの儀典長に就任した。いかにも社交クラブの会員といった人物であるにもかかわらず、キラニン卿にはどことなく風変わりなところがあった。日中戦争の折にはデイリー・メール紙の特派員を務め、ジョン・フォード監督の映画「静かなる男」をはじめとする多くの映画の制作を手伝った。そして、何よりも競馬を愛した。1971年、エイベリー・ブランデージの後継者としてIOCの会長に選挙で選出される前年に、キラニン卿本人にとって最も重要な社交クラブへの加入が叶った。アイリッシュ・ターフクラブ［アイルランドの競馬統括団体。2018年よりアイルランド競馬協会（HRI）に業務が引き継がれた］である。ジョン・ロッダは、キラニン卿についてこう回想する。「白髪に半月眼鏡をかけてキセルをくわえた、陽気な性格の男で……IOC委員長の地位にふさわしい威厳を備えている一方で、茶目っ気を失うことがなかった。……IOCの年次総会では、1日の終わりにジャーナリストと議論を交えるのが好きだった」[1]

日に日に不機嫌さを増していった辛辣なナルシストのブランデージと比べると、キラニン卿は、社交的であっただけでなく、20世紀に起こったスポーツや政治の変化と、多少なりとも接点を保っていた。ブランデージは、もともと無理があったクーベルタン時代のつくり話を維持するために、自分自身とIOCを対応不可能な歪みのなかに追い込んだ。いわく、オリンピック・ムーブメントは政治より上位にあり、それ自体を除くいかなるものにも縛られない。いわく、19世紀のアマチュア的理想は高度なスポーツを組織化する方法としていまだに倫理的に有効であり、制度のうえでも現実的である。いわく、IOCはテレビ放送と大会運営の経済的側面に対してのんきに無関心を保ち、こうした実務のほとんどを組織委員会に委任することができる……。キラニン卿がＩＯＣ委員長を務めた8年間では、これらすべての問題を最終的な解決に導くことまではできなかったものの、過去と決別し、後継者ファン・アントニオ・サマランチが（多少の問題はあれど）抜本的な改革を実施するための道を切り開いた。

キラニン卿は、アマチュアリズムに対するＩＯＣの立ち位置の非常識さを長年にわたって非難していた。ソ連圏のステートアマ制度によって、オリンピックに参加するアスリートに課されるアマチュア規定は名ばかりのものになっていた。また、より広い世界に目を向けると、スキーやゴルフ、テニスからバスケットボールに至るまで、プロ化と商業化の波は着実に広がり、もはや無視できないものになっていた。キラニン卿は、古い制度を完全に廃することはできず、また在任中にそのように望んだわけでもなかったが、現実的な妥協案を模索し、アスリートがトレーニングの報酬を受け取ったり、仕事を休んだ際の休業補償を受け取ったりする余地を持たせた。おそらくさらに重要なのは、アスリートたちがついに自らの才能によって生活費を稼ぐ方法を見つけ始めたとき、ブランデージはそれを抑えつけようとしたが、キラニン卿は見て見ぬふりをしたという点である。

他人の食い扶持の代わりにキラニン卿が心配したのは、ＩＯＣがどうやって存続するかという問題だった。ブランデージがテレビ放映権をオリンピック組織委員会に明け渡す決断を下したため、ＩＯＣはテレビという急激に成長する収入源に対し、影響力を行使することも、分け前にあずかることもほとんどできなくなっていた。ＩＯＣは、蓄えがわずか４００万ドルしかないうえ、常勤職員も少なく誰もが働き詰めだった。さらに、金の匂いに敏感な世界中の各競技団体も放映権の分配を求めていた。こうした状況下で、キラニン卿はテレビとその将来性について真剣に検討した。その結果、ＩＯＣは初めてテレビ委員会を設置し、再びオリンピックに関する各種権利の販売提携先となり、売り上げにおけるＩＯＣの取り分を増やすことに成功した。また、オリンピックの各種ロゴ、特に五輪マークの商標管理権をついに取り戻した。[2]

これらの変化はサマランチ体制下で実を結ぶことになるが、目下オリンピック・ムーブメントが取り組む必要があったのは、信頼を回復し、開催地候補を呼び戻すことだった。信頼失墜の引き金となったのは１９７６年モントリオール大会の財政危機である。ＩＯＣは、東京があらゆるオリンピック関連の支出記録を更新した１９６

0年代前半以降、大会の開催コストの上昇や、各国政府が巨大な箱物やインフラに多くの費用をかける傾向を憂慮してきた。1970年代前半には状況がさらに悪化した。札幌とモントリオールでは、会場に聖火がともるはるか前に、現地にそれぞれ10億ドルと20億ドルの借金が残ってしまうことがはっきりしたのである。そのため、かつて4つも5つも挙がったオリンピックの開催候補地は、1980年にはモスクワとロサンゼルスの一騎打ちになり、モスクワに決まったのも、ソ連のような強権的な大国ならば、必要な大量のリソースも準備できるというのが理由だった。

1984年の大会になると、立候補する準備ができていたのはロサンゼルスだけだった。住民投票によって政府支出を拒否され、法規制のため宝くじによる資金調達もできなかったロサンゼルスの組織委員は、安上がりな新自由主義的オリンピックモデルを発案した。それは、既存施設を利用し、テレビ放映権を正当な価格で販売し、その他すべてのものに企業のブランドを付けてスポンサーに費用を負担させる、というものである。大会は50年ぶりに黒字を達成した。その後黒字になった大会はなかったものの、ロサンゼルスの黒字達成によって、モントリオールの失敗による呪いが解け、赤字につながるあらゆる慣行が見直され、新たな慣行が生まれた。ただし、実際にその後の大会の資金調達のモデルとなったのは、1988年ソウルオリンピックである。ソウル大会ではテレビ放映権料とスポンサー料による収入が跳ね上がったが、それでも、従来よりはるかに華やかになった大会の開催と運営の費用しか賄えなかった。大会に伴う莫大な資本支出と贅沢なプロジェクト（1988年大会の場合、ソウル市全体の実質的な再開発）は、公費から支払われることになった。

しかし、こうした動きが意味なり価値なりを持つには、世界中の国が参加する必要がある。傑出した祭典として、また人類全体の壮大な表現としての地位を確立した（ミュンヘン大会には、当時の記録となる122か国が参加した）オリンピックには、「参加する人々」が必要だった。モントリオールには88か国、モスクワには81か国しか出場せず、140か国が出場したロサンゼルスも、ソ連圏のボイコットがクローズアップされる大会となってしまった。ボイコットしたのは10か国程度ではあったが、いずれも大勢のトップアスリートを擁する国であり、二極化する冷戦世界の一方の側しか参加していないのが誰の目にも明らかな大会になった。このように、キラニン卿がIOC会長を務めた期間の大半は、どの国が（どのような国名と旗の下で）オリンピックに参加するか、どの国が参加しないか、それはなぜか、といった駆け引きで過ぎていくことになる。

キラニン卿の時代でも特に困難を極めたのがモントリオール大会で、「ふたつの中国」の立場と、南アフリカのアパルトヘイト対策という、ふたつの複雑な問題に対処しなければならなかった。IOCが、アメリカ国務省よりも長い間、中華民国（台湾）と中華人民共和国（中国）が国際社会において同等の主体であるという虚構にこだわろうとしたのは、IOCが反共産主義的な感覚に凝り固まっていたことを物語っている。1971年には、国連が中華民国を追放し、中華人民共和国を中国の代表として承認したが、台湾はオリンピック・ムーブメントにおける自らの地位に固執した。このことは、中国が国内事情で手一杯だったときには問題にならなかったが、1970年代前半になると、中国政府はスポーツの国際社会に再び参加する段階に入っていた。いまだに1950年代の世界にとらわれていたIOCは、たとえいつものように国名や国旗の扱いでもめるとしても、1976年のモントリオールオリンピックでもふたつの中国を受け入れられると思っていた。しかし、カナダ政府は、中華人民共和国を唯一の中国代表として承認する「ひとつの中国」政策を選んだ。台湾の参加も認めるものの、「China」という単語が入っていない名前でしか許可しないと決定したのである。台湾は猛然と抗議し、IOCも非難したが、カナダ側に妥協の意志はなかったため、台湾代表はモントリオール大会への参加を取りやめた。台湾は1984年にチャイニーズタイペイとして再び参加することになる。1979年、IOCはついに地政学上の現実を受け入れ、中華人民共和国をオリンピック・ムーブメント唯一の中国代表として承認した。

1964年からオリンピックに参加していなかった南アフリカは、1970年、正式にオリンピック・ムーブメントへの参加資格を停止された。そのため、南アフリカの問題は少なくともオリンピックに関する限り解決済みだとキラニン卿が考えたのも無理もないかもしれない。しかし、スポーツ界全体では、南アフリカの排除は現在進行形の問題だった。ラグビーとクリケットにおいては、1970年代を通じて、南アフリカで公式、準公式、非公式の試合が開催された。これはプレトリアの南アフリカ政府にとって政治的な大勝利だったが、他のアフリカ各国の政府とヨーロッパの反アパルトヘイト運動家による大規模な反対運動を巻き起こした。1976年6月に南アフリカの黒人居住地区ソウェトで大規模な蜂起が勃発し、警察によって暴力的に鎮圧されたことで、南アフリカの扱いはさらに差し迫った問題となった。それにもかかわらず、1976年にラグビーのニュージーランド代表（オールブラックス）が南アフリカへの遠征を強行したため、アフリカの多くの国が、国際スポーツにおけるニュージーランドの排除を要求した。少なくとも350人が亡くなったソウェトの事件をうけて、アフリカの33か国がニュージーランドをモントリオール大会から排除するようIOCに要求したが、その要求が受け入れられなかったため、これらの国は大会をボイコットした。*

＊　スポーツによる交流をめぐるこれらの駆け引きは主に、1977年にグレンイーグルス合意（アパルトヘイトに反対し、南アフリカとのスポーツ交流の自粛を求める合意）に署名したイギリス連邦諸国の間でおこなわれた。グレンイーグルス合意への署名にもかかわらず、南アフリカ代表ラグビーチームは、1977年と1981年にはニュージーランドに、1979年にはイギリスに遠征した。これらの遠征は、反アパルトヘイトの大規模な抗議活動を招いた。

一方、1980年モスクワ大会については、どこの国もボイコットを最初から考えていたわけではなかった。しかし、1979年12月27日、アフガニスタンの人民民主党による共産主義政府を支援するために、ソ連はアフガニスタンに侵攻。ムジャーヒディーン［イスラム教のジハードに参加する戦士たち］勢力との戦闘に突入した。1週間後、アメリカ大統領ジミー・カーターは国民に向けた演説で、各種の制裁措置の一環として、モスクワ大会のボイコットを宣言した。1980年2月におこなわれたレークプラシッド冬季オリンピックは、これまで以上に冷戦の影響を強く受けた大会となった。スケジュールの神が冷戦の戦士たちに微笑み、ソ連代表のアイスホッケーチーム〝赤い機械〟と、大学生で構成されるアメリカ代表の対戦が実現した。アメリカ代表チームも片手間でプレーしているわけではなく、大学の奨学金を獲得し、将来NHLに入るような選手がほとんどだった。しかし、マスコミはアメリカの選手たちをロボットのような敵に立ち向かう屈託のない紳士的なアマチュアとして描き、次のように報じた。「（ソ連選手の）プロフェッショナリズムが醸し出す陰鬱な雰囲気は、練習の間ずっと楽しげで社交的だったアメリカ代表と好対照をなしていた。一方のアメリカ代表チームは、この一戦のために、数か月間に及ぶあらゆる不便に耐えてきた」。アメリカ代表ゴールキーパーのジム・クレイグの発言も、当時の国内の雰囲気をよく反映している。「彼らとは戦争で闘わなければいけないのかもしれないが……今はホッケーで勝負だ。私は彼らが嫌いだ。選手たちのことを特に嫌っているわけじゃないが、彼らが代表しているものは嫌いだ」[3]

最終第3ピリオドの開始時には3対2でソ連が勝っていたが、わずか10分の間に、アメリカ代表が2点を追加して逆転し、4対3となった。その後10分間にわたって容赦なくゴールに迫るソ連に対し、アメリカが必死のディフェンスで耐え、ついに実況のアル・マイケルズがあの有名なセリフを絶叫した。「奇跡を信じますか？　イエス！」。試合の後、ハーブ・ブルックス監督はカーター大統領に、この勝利は「スポーツに携わるすべての人と、すべてのアメリカ人にとってすばらしい勝利」であり、「我々の生き方こそが正しいことを証明した」と宣言した。アメリカの〝生き方の正しさ〟は、アメリカ代表がフィンランドを4対2で破り、金メダルを獲得したことで最終的に裏付けられた。チームと観衆は、愛国歌「ゴッド・ブレス・アメリカ」を歌った。しかし、アメリカのメディアでさえも、まったくの無批判というわけではなかった。あるメディアは次のように述べている。「氷上の奇跡は、戦争の火種を燃え上がらせる感情や動機の縮図のようだった。スポーツとしては最高だった。しかし、最も深い意味で、オリンピック精神に反していた。この大会が最後のオリンピックになったとしても、理由を問う者は誰ひとりいないだろう」[4]

モスクワ大会の放映権に8700万ドルを支払ったNBCは、アメリカ政府から放送の取りやめを命じられても万一の場合にコストの一部を賄うべくかけた保険金を回収するまでのあいだ、決断を先延ばしにした。その後、4000万ドルの損害を出して政府の命令に従い、放送のほとんどを取りやめたのである。アメリカ政府は、モスクワ大会の閉会式で、モスクワからロサンゼルスにオリンピックのバトンを渡す際に、アメリカの国旗を使用することすら禁じた（抜け目のないロサンゼルス大会組織委員長、ピーター・ユベロスは、ロサンゼルス市の旗をソ連に送った）。アメリカの圧力を受けつつ、それぞれの政府も後押しする形で、西ドイツ、日本、韓国など65か国がボイコットに加わった。いずれも、ラテンアメリカ、アフリカ、アジアにおけるアメリカの最も強固な同盟国と貿易相手国だった。西ヨーロッパの国の多くはオリンピックに参加したが、フランスのように開会式を欠席したり、イギリスのように旗手のみが五輪旗で入場したりした。

1980年代の世界情勢を鑑みると、ソ連は、198

０年のモスクワ大会のボイコットに対する報復として、１９８４年ロサンゼルス大会のボイコットを検討していたのではないかと思う人は多いだろう。実際に、アメリカの多くのメディアもそう考えた。しかし、ソ連の政治家やスポーツ関係者はかなり前から、競技で相手を上回り、アメリカの地でアメリカ人を打ち負かすのが最高の報復だと心を決めていた。そのためむしろ、オリンピックの準備に巨額の資金をつぎ込んだのである。ふたつの超大国はビザの発給、アエロフロートのアメリカ空港への発着、ロサンゼルスに着くソヴィエト船舶に関する取り決めなどについての議論を進めていた。これらすべては、ソ連が参加する気満々だったことを示している。

　もちろん、ロサンゼルス大会参加に前向きだったユーリ・アンドロポフ書記長が１９８４年初頭に亡くなり、懐疑論者のコンスタンティン・チェルネンコが後を継いだことも大きかったのだろうが、ソ連の方針にはるかに大きな影響を及ぼしたのは、ソ連の領空で韓国の民間航空機が撃墜され、２６９名が犠牲になった事件である。ソ連は世界中から非難を浴びたが、なかでも特に熱心だったのがカリフォルニア南部の保守系活動家のグループだ。彼らは州法によるソ連の参加禁止を要求するとともに、ソ連代表の参加を阻止し、選手への亡命を促す「ソ連代表排除同盟」（Ban the Soviets Coalition）を結成した。ロサンゼルスの組織委員会はこうした動きをせいぜい迷惑行為程度にしか考えていなかったが、ソ連共産党政治局内では情報が著しく不足していたため、疑心暗鬼に陥った政治局はこの動きを本物の脅威ととらえた。ソ連は不参加を決定し[5]、10か国以上が後に続いた。ただし、独自路線を取りつつあったルーマニアのチャウシェスク政権に不参加を強要することはできなかった。アメリカ国務省とロサンゼルスオリンピック組織委員会の両方から熱心に招かれ、ルーマニア代表は参加を決めた。大選手団の費用は、１９８４年ロサンゼルスオリンピック組織委員会とＩＯＣが負担した。

　そしてついに、１９８８年のソウル大会にはほとんどすべての国が参加した。「ほとんど」すべてというのは、北朝鮮が参加しなかったためだ。北朝鮮は、韓国よりも遅れて１９６４年インスブルック冬季オリンピックから参加するようになり、それ以来、大会への参加を有用な外交ツールとしてきた。北朝鮮政権はソウルオリンピックをボイコットするのではなく南北共催にできないかと考え、共催できれば平和に向けての画期的な成果になる、と4年かけて韓国とＩＯＣに働きかけた。また、共催できなければ「軍の事故が起こる」だろうともほのめかした。IOCはサッカー、卓球、アーチェリーを北朝鮮で開催する案を出したが、北朝鮮がようやく妥協を決めたときには、ソ連と中国は、北朝鮮に対する支持もオリンピックのボイコットも取り下げていた。北朝鮮はオリンピックから去り、ますます孤立と孤独を強めた。[6]

2 1976年モントリオール大会

オリンピックを批判する人々に対して、モントリオール市長のジャン・ドラポーはこう答えた。「2500年前には、ペリクレス時代の人々も軍艦の代わりにアクロポリスを建設して批判されたんだ」。[1] モントリオールオリンピック公園がアクロポリスと並び立つかどうかは、時間が経ってみなければなんともいえない。しかし、この発言自体は、まぎれもなく市長の驕《おご》りと野心を表したものだった。オリンピックに伴い大幅に都市を改造した東京とミュンヘンの首長、大会の開催に中心的な役割を果たしたと言えるだろうが、それでもモントリオールが立候補したときのドラポーに比べれば、脇役にすぎなかった。ナポレオンのように独裁的なドラポーは、モントリオール立候補の立役者として、自らのオフィスで大会のほぼあらゆる側面を取り仕切った（のちに、強い政治的圧力を受け、財政的にも圧迫が大きかったことで、権限の一部をケベック州政府と、モントリオールオリンピック組織委員会に譲ったが）。何人かの野党議員が、モントリオール・ゴルフコースを閉鎖してオリンピック用の自転車競技場を建設する計画に異議を唱えたときには、ドラポーは、自分はゴルフなどやらないし、ゴルフはオリンピックの競技に入っていないじゃないか、とにべもなく言い放ったほどだ。このような態度も、ドラポーがモントリオール市を完全に掌握しており、また、モントリオール市を有名にするような都市型スペクタクルの開催に執念を燃やしていたことの表れだろう。やや保守的なフランス系カナダ人ナショナリストであったドラポーは、フランス語話者であり、ケベック人（ケベコワ）としてのアイデンティティにこだわっていたが、カナダからのケベックの独立を求める分離主義者ではなかった。ドラポーの支持母体は、フランス語話者の中小企業経営者やモントリオールの地主だった。モントリオール市内では、土地の所有に基づいて営業許可がおこなわれていたため、選挙にも地主が非常に強い影響力を持っていたのである。さらに、大手不動産業やデベロッパーなど、一部のアングロサクソン系エリートにも支持されていた。モントリオールの未来が観光、サービス、スポーツ、レジャーにあると確信していたドラポーは、自分の思い描く未来への道の建設計画に着手した。手始めにメジャーリーグ球団の本拠地に立候補し、スタジアムを誘致。また、国連本部の移転先としての支持も取り付けようとした。ドラポーによる初の、そして最大の勝利は、真の成功を収めた最後の万国博覧会、1967年の万博を開催したことだろう。[2] 5000万人が訪れ、地下鉄を建設したときのがれきを埋め立ててつくった人工島の上に建った、ありきたりのパビリオンや変わりばえのしない施設を見物した。これらはドラポーが市全体で進める容赦ない再開発の一環だった。オリンピックの予兆ともいうべき万博は、世界中のメディアに好意的に取り上げられたものの、当初の倍以上の予算がかかり、多額の借金を遺した（その借金はドラポーが他の組織に押しつけた）。また万博は、フランス語圏の都市ケベックにおけるナショナリズムが発展する重要な契機ともなった。

1967年万博とモントリオールオリンピックは、何よりもまず都市政策の手段として誘致されたものの、1960年代から70年代初頭にケベック全体を席巻した「静かなる革命」と次第に絡み合っていった。ドラポーにとってはいらだたしいことに、万博を訪れたフランス大統領シャルル・ド・ゴールは、フランス語圏カナダのルネサンスに感銘を受けたあまり、モントリオール市庁舎で「モントリオール万歳！　ケベック万歳！　ケベックの自由万歳！」というスピーチをおこなった。それまで、ケベック州は農村文化を生きる保守的なフランス語系住民と、すべてのビジネスは英語でおこなうべきだと主張する少数のアングロサクソン系エリートが支配していたが、州の教育制度と医療制度を牛耳っているのは反動的なカトリック教会だった。義務教育が終了する年齢はわずか14歳で、識字率は低く、成人女性の3パーセントが修道女だった。ケベック自由党が政権を獲得すると、州政府自らが発展を主導し、社会保障制度を教会から独立させるとともに、フランス語教育に投資するようになった。しかし時が流れると、この状況下で育った世代は自由党を拒否し、ケベック人のナショナリズムを主張し、さらには独立までをも願うようになる。結果的に、ピエール・トルドー率いる連邦政府は、モントリオールの立候補を支持するよう求められても、英語話者と西部の票を得るために、1976年冬季オリンピックへのバンクーバーの立候補を優先した。ケベック州政府と州首相のロベール・ブラッサならもう少し協力的なパートナーになったかもしれないが、ドラポーは、州政府に権限を明け渡す気はさらさらなかったので、支援を求めようとしなかった。

こうして、政府の支援もなく、どこからも財政的保証を得ないまま、ドラポー市長は世界を飛び回り、IOC委員のほとんどと個人的に会い、1970年5月には、澄ました顔で「質素で独立採算型のオリンピック」を委員にプレゼンした。IOCはこれをうのみにし、ドラポーは早速招致に取りかかった。翌日、ケベック産のごちそう800ポンドが、大西洋を渡ってアムステルダムのIOC総会に送られ、祝宴に供された。

モントリオールが開催地に決定した数か月後、警備に対する要求と費用が大幅に上昇する事件が起こった。過激派の分離主義組織「ケベック解放戦線」のメンバーが、イギリスの貿易委員と、ケベック州政府の大臣を拉致し、大臣を殺害したのである。その結果、非常事態宣言が発動され、モントリオール市内に国軍がなだれ込み、数千人の容疑者が拘留された（ただし、最終的に逮捕または起訴まで至った者はわずかだった）。この熱に浮かされたような雰囲気のなか、フランス語話者ではあるが筋金入りの保守主義者でもあるドラポーは、トルドー連邦首相とブラッサ州首相にとって、貴重な盟友だった。トルドーとブラッサは、ドラポー市長とそのオリンピックへの使命感に共鳴していたわけではなかったが、1973年に連邦政府はオリンピックの警備費の支出に合意し、ケベック州政府はオリンピックの最終的な経済的責任を引き受けた。

準備が本格的に始まると、おなじみの政治的駆け引きのなかで、デザインやもろもろの手続きが進められた。[3] 聖火リレーでは、衛星を使って聖火をギリシアからオタワに電子パルスの形で届けるという試みが計画された。モントリオール市はもちろん異議を唱えたが、連邦政府にはこの衛星をギリシアに売るとともに、カナダの電気通信技術を世界に宣伝する思惑があったので、相手にされなかった。オタワからモントリオールへのリレーの経路も、同様にしこりを残した。組織委員会が決定したルートは、ほとんどケベック州を通らずにほぼすべてオンタリオ州内で完結し、最後の最後にセントローレンス川を渡ってモントリオールに入るというものであった。モントリオールに入ってからでさえ、英語話者の多い郊外を経由して街中に入っていった。公式ポスターをめぐっても諍いが起きた。市が制作したポスターにはフランス語話者のアーティストが採用されたが、国が出資したポスターは、絵もテキストも意識的にカナダ全体を思わせるものとなった。先住民のファースト・ネーションは周縁に追いやられ、まったく発言権がなかった。当時はカナダ史におけるファースト・ネーションの位置づけすら植民者が記述している状態だったのである。開会式では、振り付け師の指示により、２５０人の白人カナダ人ダンサーが先住カナダ人に対し、独自の儀式的な動きを教えた。フリンジジャケットとシカ革の遊園地風衣装に身を包んだ彼らは、絡み合う五つの輪を描き、輪のなかに、それぞれの色に塗られたオリンピックのティピ（カナダ先住民族の住居）を表現した。

最も議論を呼んだのは、大会が始まる2日前になって、ドラポー市長が、大会に伴う文化的イベントの中心ともいえるアートの撤去を命じたことであった。[4] これは、公衆安全に関するでたらめの主張にかこつけた、国家による恥知らずな検閲行為だった。撤去された「コリダール」は、60件以上のインスタレーション、展示、臨時のパフォーマンス空間からなるアートで、オリンピック公園とダウンタウンを結ぶシャーブルック通りに沿って、6キロにわたって展開されていた。「静かなる革命」によって生まれた新世代のアーティストが制作とキュレーションをおこなったコリダールには、演劇を上演できる舞台付きの家、ニットのショートパンツとゼッケン付きのベストをかぶせてアスリートに見立てた樹木、大小の石でできた迷路などが展示され、足場を組んでつくられたたくさんのオブジェには、商業開発によって失われたシャーブルック通りの文化的遺産の写真が飾られていた。そして、新たな建築物のなかでも特に嫌われていたものを指し示すミッキーマウスの巨大な人差し指も配置されていた。ドラポーの盟友だったある地主は、メディアにこのような文を寄せている。「建物に対する指さしは、多くのテナントと見込み顧客が攻撃的と受け止めており、遺憾に思います」。同じくらいドラポーをいらだたせたと思われるのが、マーティン・バルサム制作の「テレソン」だ。これは、オリンピックの開催費用を読み上げたものをスピーカーを使って無限ループで流すという作品だった。ブルドーザーとトラックを用意し、警察に護衛されたドラポーの手勢は、アートをすべて解体して押収した。その後、市の法務部門は、作品の返却を求めるアーティストたちを相手に10年以上裁判で争い、返却の引き延ばしを続けた。

財政破綻の代名詞となったにしては、モントリオール大会の収支予測は意外にも健全だった。総収入は4億3000万ドルで、うち半分以上がオリンピックくじによる収益、残りが記念硬貨と記念切手の発行、堅実なチケット売り上げ、そしてアメリカのテレビ局ABCに対する放映権販売によるものであった。モントリオールはスポンサー契約、ライセンス契約、物品による贈与も活用した。さらに既存スポーツ施設の活用の仕方は、ある意味で模範的だった。大会の運営費総額はたったの2億2300万ドルだったのである。資金調達の問題が最初に組上にのぼった頃、ドラポーは「モントリオール大会が赤字になるというのは、男に子供が生まれるようなものだ」と発言し、1975年頃には「モントリオール市で最も有名な産婦人科医」として風刺漫画に描かれている。「質素で独立採算型のオリンピック」(コストのほとんどがオリンピック公園に使われる予定)を開催するコストは、当初1億5000万ドル以下とあいまいに予想されていたが、1976年にはすでに12億ドルに膨れ上がっていた。借金の利払いを考慮すると20億ドル以上の支出だ。

いったいどうやって積み上がったのだろう。汚職、無能、虚栄心――それらも要因ではあったが、すべてを悪化させたのは、恐ろしいほどの準備開始の遅れである。市長は、縞模様をした2棟のコンクリート製ピラミッドからなる選手村を建設したとき、競争入札や資金計画審査などの手間をかけることなく、政治的盟友や身内に発注した。当初の見積もりは2200万ドルだったが、やがて4300万ドルに見直され、大会開始の3週間前には8000万ドルに跳ね上がった。自転車競技場は、現地の地質を把握していない海外の建築家に発注したために基礎があまりに脆弱で、建設前に7億ドル相当のコンクリートを流し込んで改良しなければならなかった。また、モニュメントを兼ねた噴水1基に、800万ドルがつぎ込まれた。しかし、これらすべては、フランス人建築家ロジェ・タイユベールが設計した、メイン会場のオリンピックスタジアム、通称「ビッグ・オー」または「莫大な借金（ビッグ・オウ）」の前に霞んでしまう。この発注も例によって、入札をおこなわずに市長の独断で決められた。市長は、モントリオール市の永久不滅の象徴になるようにと、タイユベールに建築を依頼した。できあがったのは、8万席の巨大なコンクリート製スタジアム。開閉式屋根を備え、一方の端がタワー状にそそり立ったデザインだ。完成もしないうちから、ドラポーは希望どおりの建物ができたと満足し、「建築的見地から、北米で最もすばらしい記念碑的な建造物で……他の大陸にある歴史的建造物と並び称せられる」とぶちあげた。しかし、莫大なコストがかかったうえに、建設中に12人以上の作業員が亡くなった。

　スタジアム建設計画は、ドラポーがこと細かに口をはさんだため、1974年末、大会まで2年を切ってからようやくまとまった。デザインは途方もなく複雑で、新素材や特注の機械、実験的な建設手法を必要とした。おかげでコストは天まで上昇し、さらにストライキの連続、鉄鋼価格の世界的なインフレ、納入業者の法外な請求などによって宇宙空間まで達した。さらに、タイユベールに支払われた金額は4500万ドル。これは、ケベック州の建築家全員が1974年に得た収入の2倍近くにあたる。

　1975年、プロジェクトの経費がかさみ、期日までの完成がますます不可能に思えてきた頃、ケベック州政府が介入した。市長を実務から排除し、タワーと開閉式屋根をあきらめ、ようやく開会式直前にスタジアムを完成させた。その夜、ジャック・ルードウィッグが視察したところによれば、建物はまさに「完成したばかり」だったという。「スロープや歩道は仮設で、木の床は体重でたわむ。新しさを象徴する塗りたてのエポキシ（ブロック用の接着剤）の臭いが、空気中を満たす。かみ合っていない嵌合部は、急いで隙間を埋められ、着色されている」[5]

　大会が始まると、そういったことは誰も気にしなくなった。カナダ人アスリートでライターのブルース・キッドは次のように振り返る。「その瞬間、かつてはアメリカ大陸全体がオリンピックと縁を切るムードに包まれていたこと、モントリオールの島全体が武装キャンプさながらの状態になっていたこと、祭典の総コストが予定の10倍に膨れあがっていたことなどは一切忘れられてしまった。私も忘れた。２週間、あらゆる矛盾が鳴りをひそめたようだった」[6]。カナダは開催国として初めて金メダルをひとつも獲得できなかったものの、モントリオールのお祭りムードはしぼむようには見えなかった。自治体のアイデアの記念碑のようなこの大会は、競技結果のうえではソ連とその同盟国の勝利に終わったにもかかわらず、テレビ観戦者の数は相変わらず多かった。メダル獲得数上位10か国のうち7か国に共産圏の国が並んだ。１位のソ連は金メダル49個を獲得し、総メダル数は１２５個。２位は人口わずか１７００万人の東ドイツで、金メダル40個を獲得し、総メダル数は90個だった。この頃になると、アナボリックステロイドなどそれまで国ぐるみで投与されてきた薬物に対する有効なテストが確立されていたが、それにもかかわらずエリートスポーツに対する国ぐるみの支援を長期間続け、特に女子アスリートへの支援を手厚くおこなってきた共産圏の国々は、モントリオール大会で素晴らしい成績を収めた。競泳では東ドイツ代表のコルネリア・エンダーが４個の金メダルを獲得するなど、東ドイツだけで13種目中11個の金メダルを獲得した。東ドイツ代表の女子は体操とボートでも高成績をおさめた。ルーマニアの体操選手ナディア・コマネチは10点満点を７つ、金メダルを３つ獲得した。まさしく想定外の完璧な演技だった。電光掲示板に「10・00」を正しく表示するための桁がなく、「１・00」と表示されてしまったのである。キューバ代表は史上最高の成績を記録し、６つの金メダルを獲得した。なかでも、すらっと長い脚をしたアルベルト・ファントレナは、４００メートル走と８００メートル走の両方で金メダルを獲得した初めてかつ唯一の男子選手となった。冷戦下の西側陣営が唯一溜飲を下げたのは、ソ連代表の近代五種選手、ボリス・オニシュチェンコがフェンシングでの反則により失格となったことくらいだった。

祭りが終わっても、20億ドルの請求は残った。連邦政府がごく一部を負担したが、ほとんどがケベック州政府にのしかかった。支払に充てられたのはたばこ税だ。モントリオール市とドラポー市長は、わずか２億ドルを支払っただけで逃げ切った。前向きに考えれば、資金が足りなくなったため、市長のさらに奇抜なビジョン、たとえばあまりにも大胆な都市高速道路建設計画を実行に移さなくてすんだともいえるだろう。ブラッサ率いるケベック自由党はオリンピックの負債によって評価が失墜し、熱意と自信を兼ね備えた新党、ケベック党によって政権の座から引きずり下ろされた。ドラポーはといえば、大会後の公式レポートなどで辛辣に批判されたにもかかわらず、その座は安泰だった。1978年のモントリオール市長選でも61パーセント得票し、1986年まで市長を務め上げた。「幻覚へのモニュメント」と呼ばれたタワーは1987年についに落成したが、完成までに追加で1億5000万ドルが吹き飛んだ。モントリオールが最終的に借金を完済したのは2006年だった。開閉式屋根は最後まで動作しなかった。ドラポーが招致を切望したMLB球団のエクスポズはモントリオールに来て、そして去って行った「モントリオール・エクスポズは2005年に移転し、ワシントン・ナショナルズとなった」。自転車競技場は、立派な植物園になった。大会の遺産のうちで最も活躍しているのは、安価で地味な複合スポーツ施設、コンプレックス・スポルティフ・クロード・ロビヤールである。現在は、カナダにおけるハイパフォーマンススポーツの中心地となっている。なおクロード・ロビヤールとは、モントリオール市の初代都市公園部長で、市当局にあって唯一市長に立ち向かえることで知られていた人物である。

3 1980年モスクワ大会

「オルグコム」という不気味な名前を持つモスクワ大会の組織委員会は、時代の産物だったと言えよう。なにしろ肥大化した官僚組織によって管理され、幹部会によって運営され、社会主義の英雄によって主導され、100人以上の部長級職員が配置され、5か年計画にも書き込まれていたのである。さらに、中央委員会の政治局直属で、26種類もの国の機関をひとつの巨大な会議室に呼びつけるほどの影響力を持っていた。

社会主義の英雄とは、レーニン勲章を受章したふたりの男、イグナチイ・ノヴィコフとヴィタリー・スミルノフのことである。ノヴィコフは旧世代の名士で、鉛工場の工場長を務めたのち、電力電化省、さらに中央委員会へと昇進していった。スミルノフは新興ノーメンクラツーラの多くの人々と同様、官僚のなかの官僚といった存在であり、IOC、ソ連のスポーツ界、ソ連の国家機構が互いに絡みあう世界のなかで、誰よりも多くの委員、議長、幹部などを務めた。この能力によって、スミルノフは共産主義の没落後も生きのび、栄華を極めている。

オルグコム幹部会の開会挨拶で、ノヴィコフはこのオリンピックに国の威信がかかっていることを明確にした。「史上初めて、オリンピックが社会主義国で開かれることになる。我々の母国の首都、モスクワでだ」。続いて、幹部会が直面するとてつもない大仕事を呈示した。「この超大規模な政治的イベントは、政治の最高レベルで準備し、実行しなければならない。皆さんで、モスクワを模範的共産都市に変革してほしい」[1]

このようなシステムは共産主義が没落した後の世界から見ると、どうしようもなく時代遅れで動きの悪いもののように思えるが、1970年代のソ連ではまさに最盛期を迎えていた。国家によって十分なリソースを与えられ、ソ連の経済生活につきもののさまざまな障害や妨害を乗り越えられるだけの政治的な資本とコネクションを十分に備えていたおかげで、オルグコムは、よくまとまった時宜にかなった形で、大会を構築し、運営することができた。またオルグコムは、ノーメンクラツーラのなかでも比較的若く、高等教育を受けていて、国際的な視野を持ち、野心的なメンバーを惹きつけ、昇進させた。そういった次世代の人々は、近代化を目指すオルグコムのアジェンダと、当時はまだきわめて閉ざされていた社会において、外の世界と直接かかわれることへの期待感に引き寄せられたのであろう。テレビ放映権契約、スポンサー契約、ライセンス契約、ロゴ、商標などの世界にはくわしくなかったが、オルグコムは契約の締結と自らの利益獲得に十分うまくやり遂げた。アディダスと契約し、組織委員のユニフォームを無償で支給させたのは特筆に値する。

しかし、超大国としての立場にもかかわらず、ソ連人は未知との出会いに著しい不安を覚えていた。大会は「科学的・工学的成果のショーケース」となるはずだった。世界中の、特に西側の記者がそれぞれの尺度でソ連という国を評価するであろうことを考えると、不安で仕方なかったのだ。モスクワ市内に宿泊所が不足している、という難題が持ち上がったときには、ノヴィコフが怒りを爆発させている。「7500人の記者が来るんだぞ。そのうちひとりの部屋にでも国際電話回線が整備されていなかったら、世界的なスキャンダルになる」

電話線が用意されていたとしても、動くかどうかは別問題だ。ソ連で設計されたコンピュータシステム「ACSオリンピアード」がすべての競技データと試合結果を集計、配信することになっていたが、その機能はアメリカやドイツの類似システムに劣ると考えられていた。さらに、カラーテレビの放送技術も心配された。しかし、最終的にはどちらも申し分なく動作した。アメリカで先駆的実験が進んでいたグラスファイバー製の棒高跳び用ポールの輸入も検討されたが、国家の威信を理由に却下され、次善の策として東ドイツからポールを購入することになった。もう少し小さな問題もあった。ソ連製のレジが3件以上の売り上げを連続で処理できるかどうか、大変な労力のかかる——申込書に記入し、列に2時間並び、その後3時間待ってようやく金を受け取るほかない[2]——外貨両替システムに旅行客が耐えられるかどうか、などがオルグコムで議論されている。

オルグコムの議事録からは、ソ連の体制の深刻な構造的問題も見えてくる。スターリン時代の弾圧が存在しない状態で、オリンピック会場を建設できるだけの十分な数の熟練労働者を（多くの場合は、ひどい賃金と労働条件で）モスクワに呼び寄せ、そのまま滞在してもらうため、官僚たちは市場のメカニズムとインセンティブの導入を検討せざるをえなくなった。新しい競技会場の建設資金不足が深刻だったため、指導者たちは、本来なら受け入れられない国営スポーツくじを導入するはめになった。腐敗や使い込みは、大会そのものの特徴とまでは言わないものの、ソ連の各種機関の下層に蔓延していた。幹部会に届いたある匿名の手紙では、ソ連代表自転車チームの選手が用具、食事、報酬、施設の不足を訴えているが、そこには、自分たちが稼いだ賞金がすべて「特定の人々のポケットに収まり、自動車代、別荘代、マンション代や、自堕落な生活を維持するための資金に消えています」と書かれていた。堕落は、特権階級たるスポーツ官僚の専売特許ではなかった。１９７０年代末には、ウォッカとヘロインの消費量増加に伴い、ソ連の社会は着々と堕落していた。治安部隊もそれを十分に認識しており、オルグコムに対し、「モスクワから慢性アルコール中毒者と麻薬中毒者を排除する」と約束している[3]。

こうして、オリンピックを開催したモスクワは、第一印象ではまさに「模範的な共産都市」のように見えた。すべての中心に据えられているのは、今でも屋根のないナショナル・スタジアムであるセントラル・レーニン・スタジアム［現在のルジニキ・スタジアム。２０１８年ワールドカップ決勝戦を開催］だ。ソ連軍のスポーツクラブであるＣＳＫＡはレスリングとフェンシングを主催した。ＫＧＢのクラブであるダイナモはハンドボール、体操、バレーボール競技を担当した。労働組合にさえも分担があり、専用のビツァ馬術施設が建設された。ソ連のお家芸ともいえる単調なコンクリート造りの公共住宅の大量供給手法が、選手村建設の上で十分に活躍し、16階建てのコンクリートの建物が18棟、何もない風景のなかに忽然と姿を現した。

ソ連の体制は大量消費への供給という点では劣っていたものの、少数のエリートのニーズに応えるのははるかに得意だった。IOCや国際スポーツ連盟の関係者の訪問には、莫大な努力を費やし細心の注意が払われ、世界中のスポーツ官僚の接待方法から、妻のための別行程、さらにはホテルの部屋に置いておくべきプレゼントのリストまで、詳細なガイドラインが作成された。大会での薬物検査制度は、IOCのだまされやすさとソ連の不誠実さを示す例となった。組織委員会は、大会向けに準備した試験所と手順は申し分ないとIOCに伝え、IOCもそれを受け入れた。8000件以上の薬物試験で失格になった者がひとりもいなかったという結果を受け、IOCは「史上最も純粋な」オリンピックの実現に大いに浮かれた。しかし、IOC医事委員会に所属する西ドイツの医師、マンフレッド・ドニケは、モスクワ大会の尿サンプルに対して（テストステロン濃度を測定するための開発中の新技術を用いて）検査をおこない、16人の金メダリストを含む20パーセントのサンプルが、本来なら失格になっているべきだったと結論づけている。[4]

仕上げに、国の出資によるハイカルチャーの公演が、豪華な労働会館などで開催された。このとき上演されたサーカス、バレエ、オーケストラ、フォークダンスは、もちろん開会式でも披露された。開会式ではロイヤルブルーのスーツに身を包んだソ連スポーツ界の偉人8人が、軍隊式の行進で五輪旗を旗竿に掲げた。さらに、宇宙ステーション「サリュート6号」に滞在中の宇宙飛行士2名が、宇宙からスタジアムの大画面に向け、親しみのこもった挨拶をした。モスクワオリンピックの開会式で一番見事だったのは、スタジアムの一角で、パフォーマーの集団が色紙を頭上に掲げ、精密な絵や複雑なアニメーションを表現し、聖火台への点灯の段になると、最終聖火ランナーが通る道まで作り出したシーンだろう。[*] ミッキーマウスに対抗して社会主義が生み出したのは公式オリンピックマスコットのミーシャだった。少々くたびれた茶色のクマで、お腹に巨大な五輪のベルトが光っている。ミーシャは、ミッキーの引きつったような笑いと比べて、わずかに寂しげでうつろな眼差しをしていた。とはいえ、政治局よりはミーシャのほうがずっと生き生きしていた。第25期ソ連共産党政治局を構成する18人の正会員のうち、14人はロシア革命前の生まれで、ふたりは任期中に亡くなっていた。神経質そうにカンニングペーパーを見ながら細々と開会を宣言したブレジネフは、肺気腫、白血病、痛風、そして睡眠薬の常用によって弱り切って見えた。ブレジネフはその後2年足らずで亡くなった。

＊　公式記録映画「おおスポーツ、君は平和だ」のなかの古代オリンピックの物語をすばらしい切り抜きと漫画で表現したシーンと同じような美しさだった（その部分がなければひどい駄作だが）。

モスクワから報道したごくわずかなアメリカ人ジャーナリストのひとり、ジョージ・プリンプトンは、この大会にがっかりしていた。[5] プリンプトンが「タイム」誌や「ハーパーズ」誌に寄せたレポートは、大会に関する数少ない非公式の記録であり、観察眼に優れた記述が特徴だ。皮肉たっぷりで、お茶目でひょうきんなプリンプトンは、冷戦への恐怖感や陰口を観光客から仕入れ、まったく言葉に表せないような食べ物を口にし、ゴーリキー公園にいた市民と一緒にボウリングに行き、タクシーの運転手とわずかふたつの単語を使って交流した。ちなみに、「ベリヤ」「ソ連の政治家で、スターリンによる大粛清の執行者」がノーで、「オルガ・コルブト」がイエスだ。ナイジェリアのボクサーたちとレーニン廟の演出的トリックを楽しんだりもした。プリンプトンが目撃した大会は、奇妙に政治色が薄かった。

実際に、ソ連の政治的な影響は、あたかも大会に及んでいないかのように見えた。旗であふれる市内だったが、ソ連の国旗は、クレムリン宮殿の上と、モスクワ川を航行する小型蒸気船の船尾にしか見当たらない。赤く塗られた長い席が続くレーニン・スタジアムの政府関係者席は、開会式以降ガラガラだった。ソ連の幹部は、秘書や友人にチケットをタダで譲ったりはしないのだ。

ソ連の旗にもデザインされている「鎌と槌」はあまり使われず、代わりによりイメージの薄い「赤い星」エンブレムが多用された。特に、公式アートワークではすべて赤い星が使われた。観客は、〝母なるロシアと社会主義の兄弟姉妹〟の勝利に次ぐ勝利だった。アメリカと一部の同盟国が不在のなか、すでにオリンピック・スポーツで共産圏が築いていた卓越した地位は、大幅に高まった。ソ連と東ドイツだけで、大会における総メダル数の半分以上を獲得し、競技によってはさらに優位に立った。特に、ステロイドの温床になっていたウェイトリフティングとレスリングでは、ソ連が世界記録を連発して、ほとんどの階級で総合優勝を飾った。東ドイツの女子水泳選手は、モントリオールに引き続き手の付けられない強さだった。ジョン・ロッダはガーディアン紙に次のような記事を寄せている。「プールで女子の試合があるごとに、水が東ドイツを表す深い青に変わるかのようだった」

ソ連と東ドイツのアスリートはもちろん優れており、才能も申し分なく、十分な準備を重ねてもきたが、それでも勝利のためにちょっとした助けが必要になるときもあった。男子飛板飛込の決勝で、ソ連のアレクサンドル・ポルトノフは、後ろ宙返り2回転半を試行するときに、隣のプールで起こった喝采に気をとられたと主張した。無様にも腹から着水したポルトノフは、その場で抗議した。やり直しの機会を与えられたポルトノフは、その試行を完璧にこなし、金メダルを獲得した。他にも多くの抗議があったため、表彰式は2日遅れた。2位となったカルロス・ヒロンの母国メキシコのメディアは、ソ連が「組織ぐるみでメダルを盗んだ」と書き、メキシコシティのソ連大使館に嫌がらせの電話と電報が殺到したと報じた。男子三段跳びでも同じような論争が巻き起こった。ブラジル代表のジョアン・デ・オリヴェイラとオーストラリア代表のイアン・キャンベルは、12回の試行のうち9回でファウルを宣告された。[6] 特に、キャンベルの4回目の試行はゆうにオリンピック記録を越える距離だったが、踏み切る足の位置に関する、わかりにくく不透明なルールによってファウルとされた。オリヴェイラは競技終了後に審判員と握手するなど鷹揚に見えたが、ジョージ・プリンプトン記者の隣にいた男の解釈は違った。「（審判員たちは）あのブラジル人の皮肉がわからないのかね。批判しているんだよ。判定がどのくらいひどかったかを皆に見せつけているんだ」。オリヴェイラはその直後に交通事故で片脚を失い、のちに酒に溺れて亡くなった。キャンベルは競技を引退した。*

＊ 競技にまつわる興味深いエピソードがある。ソ連代表の金メダリストと銀メダリストは、無料で支給されたアディダスのシューズではなく、ミズノのシューズで表彰台に上った。これは、ミズノが聖火リレーのスポンサーを引き受けたものの、ほとんどのランナーにアディダスのシューズを履かれてしまったことに対する、キラニン卿なりの配慮の結果である。

女子体操は皮肉の通用しない世界だった。女子個人総合の平均台では、審判長を務めていたルーマニアのミリ・シミオネスクが、ナディア・コマネチの成績の掲示を拒否した。自国のナディア・コマネチがソ連のエレナ・ダビドバに負けて銀メダルになってしまうからだ。これは、シミオネスク本人だけではなく体操界の大半にとって受け入れがたい結果だった。ルーマニアのメディアは、ソ連がインチキをしたとでも言いたげな論調で、「(ソ連は)世界の面前で、スポーツ倫理とオリンピック精神に激しく背いた」と書き立てた。社会主義国同士の兄弟愛はサッカーの試合にも現れ、東ドイツ対チェコスロバキアの試合は荒れに荒れて退場者もふたり出た。男子棒高跳びでは、ソ連の国民的人気者コンスタンチン・ボルコフと、ポーランド代表ウワディスワフ・コザキエビッチが対決した。コザキエビッチが5・2メートルを跳び金メダルを確実にすると、場内に激しい野次が飛んだ。数分後に世界記録を出すと、会場はさらなる大ブーイングに包まれた。コザキエビッチは観衆に向け肘を曲げ、親指を突き出した。この挑発的なポーズは、ポーランドで今でも「コザキエビッチポーズ」と呼ばれている。駐ワルシャワのソ連大使はコザキエビッチのメダル剝奪を要求したが、1980年秋に結成される独立自主管理労働組合「連帯」がポーランド共産党に公然と挑むようになるような世相のなか、ポーランドはこのポーズが〝非自発的なけいれんによるもの〟であると主張した。ポーランド国民は、コザキエビッチをその年のスポーツマン大賞に選出した。

ソ連の大衆がオリンピックをどのように受け取ったかを正確に知るのはむずかしい。もちろん、大会には相当な熱狂を呼び、400万枚近くのチケットが国民に売れ、テレビでも連日放送された。7月28日には、多くの人がセルゲイ・スホルチェンコフが自転車個人ロードレースで、ビクトル・ラシチュプキンが円盤投げで金メダルを獲得するのを楽しんで見た。しかし、テレビには映らなかったものの、オリンピックスタジアムのわずか数キロ北側には、ブレジネフ時代に自然に集まった群衆としては最多の3万人前後が詰めかけていた。ヴラジーミル・ヴィソツキーの葬儀である。ヴィソツキーはソ連の公式音楽事務所から発禁になったシンガーソングライターだ。弾き語りで国民的人気を博し、地下出版のカセットは引っ張りだこになった。ヴィソツキーはマイナーコードの悲しげなフォークソングを、アルコールで荒れたしわがれた声で歌い上げた。労働収容所で使われていた俗語を引用し、ソ連の体制の狂気と、手に負えなくなりつつある倦怠感、そして体制下では倫理的な選択ができないことを歌で表現した。体制を公然と批判したわけではなかったが、他の誰よりも鋭く、ソ連末期の憂鬱で単調な停滞を表した。ブレジネフですらテープを聴いていたという。公式の報道ではまったく言及されなかったが、群衆は配備された警官に立ち向かい、棺を墓地まで見送って別れを告げた。

4日後の閉会式も、別れの場だった。ソ連軍の大編成の楽団がマーチングをおこない、巨大なマトリョーシカ人形がふらふらと進み、観衆はソ連軍楽団所属の歌手レフ・レシチェンコの甘ったるい「さようなら、モスクワ」に涙を流した。たくさんの風船を携えた巨大なミーシャの風船がスタジアムに入場し、さよならと手を振ってから、ふらふらと夜空に放たれた。当時まだ7歳だったある観客は、のちにこう語っている。「あの瞬間、ソ連の子供はみんな泣きました。私たちには、飛んでいくミーシャが、ソヴィエト連邦の終わりの象徴のように見えたんです」[7]

4　1984年ロサンゼルス大会

「我々は、『アメリカをもう一度偉大な国にするための十字軍』として、『新たな始まり』を創るために団結した。いま、すべてが軌道に乗り始めている。我々の愛する国は平和で、アメリカは希望の春のまっただなかにいる。我々は偉大さに向かって進んでいる。ここアメリカ合衆国でオリンピック大会を開催することによって、この季節の約束が形を取り始めたのだ」[1]。これは、ロナルド・レーガンが1984年の共和党大会で現職の大統領兼次期大統領候補として指名されたときの、指名受諾演説の一節である。オリンピックのスペクタクルは、ファシズム、共産主義、各種のナショナリズムなど、あらゆる形態のイデオロギーに利用されてきたが、レーガンのアメリカでは新自由主義の大義名分にもなった。第1次レーガン政権は、アメリカ、そして後に世界を変えるさまざまな経済的、政治的、文化的変革の準備を整えていた。臆面のない冷戦時のアメリカナショナリズムの言葉に包まれたそうした変革によって、ニューディール時代のアメリカの機関やアイデアは解体され、福祉への支出は削減され、軍事費は湯水のように使われ、そのなかで失業率も急激に上昇した。銀行、金融、電気通信部門の規制が緩和され、すでに斜陽だった労働組合は法改正によって粉砕された。大統領のスピーチには、オリンピックへの言及がちりばめられている。のちに数千人単位でリストラすることになる電機メーカー、ウェスティングハウス社の労働者を前に、レーガンはこう言っている。「オリンピックのアスリートからヒントをもらおうではないか。リスクを取る行為に水を差したり、成功を罰したりする前に、税金を上げる前に、成長を目指そう。金メダルを目指そう」[2]。支出削減について下院で説明したときには、こう語っている。「来年のオリンピックが、アメリカが補助金なしでどこまでできるかを世界中に示すだろう」。ロサンゼルスオリンピック組織委員長で、大統領に勝るとも劣らないくらい新自由主義を熱心に支持するピーター・ユベロスは、大会が「やる気、仕事する気、達成する気の精神の手本となるだろう。こうしたことが、政府のばらまきなしでできるのだ」と言い切っている[3]。

トム・ブラッドリー市長が提案するオリンピックは断固たる低コストが特徴で、連邦政府、カリフォルニア州政府、さらにはロサンゼルス市まで、現金の準備もせず、財政的保証もおこなわない、ということになっていた。当時のカリフォルニア州では富くじはまだ違法だったので、くじを売って稼ぐ道も閉ざされていた。したがって、ほぼ完全に民間部門が出資し、組織する大会にするほかなかった。そこで組織委員会は、それを実現するだけのスキルと、エヴァンジェリスト的な熱意を兼ね備えていたピーター・ユベロスという人物を引き入れた。学生時代にはアメリカ代表水球チームの代表選考に参加した経験もあるユベロスは、全米２位の旅行代理店、ファーストトラベル社を一から築き上げたことで名を上げた。組織委員に加わっていたハリウッドのプロデューサー、デイヴィッド・ウルパーは、次のようにユベロスを推薦した。「彼は安っぽいクソ野郎だけど、大会をどうやって運営すれば良いかはきっとわかるよ」[4]

ビジネスプランには３つの柱があった。新しいインフラの建設をできるだけ減らしてコストを削減する。視聴率に見合ったテレビ放映権料を獲得する。そして、スポンサー契約は、量より質を目指す、というものだ。最終的な収支が出たとき、ロサンゼルスオリンピック組織委員会（ＬＡＯＯＣ）はユベロスが当初可能と考えた１５００万ドルだけではなく、さらに２億２５００万ドルを上積みした。

南カリフォルニアに潤沢にある４つのもの、つまり広い道、おしゃれな大学、カントリークラブ、大会議場はすべてオリンピックに活用された。ヤシの街路樹に彩られたサンタモニカの海岸沿い道路はマラソンに、アーテジア・フリーウェイは自転車のタイムトライアルに最適な会場となった。南カリフォルニア大学とカリフォルニア大学ロサンゼルス校では寮を選手村として提供し、キャンパスで水泳とバスケットボールを実施した。カリフォルニア州立大学フラトン校はハンドボールを、マリブにあるペパーダイン大学は水球を実施した。馬術は風光明媚なランチョ・サンタフェにあるフェアバンクス・ランチ・カントリークラブ、レスリングはアナハイムセンター、フェンシングとバレーボールはロングビーチの会議場に設営された。1932年大会の会場となったコロシアムは、最新鋭の巨大なテレビ画面と電子スコアボードでリニューアルされたが、それ以外は次代に残すモニュメントではなく映画のセットのように扱われた。新しい水泳場と自転車競技場への出費は避けられなかったが、ネーミングライツのさきがけとして、前者はマクドナルドが、後者はセブンイレブンを運営するサウスランドが費用を支出した。組織委員会は、新設した更衣室の代金や、建物の維持費を調達する必要すらなかった。建物を引き継ぐ大学が負担することになったからだ。プールは南カリフォルニア大学に、自転車競技場はロサンゼルス南部の郊外工業地にあるカリフォルニア州立大学ドミンゲスヒルズ校に譲渡された。カリフォルニア州立大学ドミンゲスヒルズ校の学長、ガース教授は街の、西部に向から金の分け前にあずかりたくてたまらず、ユベロスと連絡を取った。「会話が弾んでね、終わりに（ユベロスが）こう訊いたんだ。『自転車競技場《ヴェロドローム》をお譲りするのはいかがでしょう』。私は答えたよ。『もらうよ。で、それはどういうものなんだね？』」[5]

1979年、ユベロスはテレビ放映権の入札希望業者に対して50万ドルの入金を要求した。彼とそのチームの本気度がよくわかる。最終入札に参加した5社はさらに25万ドルを準備しなければならなかった。これらはすべて返金されたが、その間に組織委員会は利息を搾取した。ABCは、当時としては天文学的な2億2500万ドルで入札した。これは過去すべてのオリンピックのテレビ放映権料を合算したより多く、モスクワの組織委員会が得られた額の2倍以上に上った。これまでの委員会とは異なり、ロサンゼルス組織委員会はヨーロッパとアジアのテレビネットワークとも厳しく交渉し、さらに4000万ドルを絞り取った。さらに、700万枚のチケットを前売りし、1億4000万ドルのチケット収入を稼いだ。しかし、大会を大幅な黒字に導いたのはスポンサー契約だった。ミュンヘンとモントリオールでは多少のたしになり、1980年冬季オリンピックを開催したレークプラシッドではかなり活用されたが、ユベロスが皮肉たっぷりにコメントしたように、それらの都市の収入は、残りは「一生分のリップクリームとヨーグルトを買ったら、1000万ドル未満」にしかならなかった。ユベロスは1982年と1986年のワールドカップでFIFAが開発したモデルに基づき、スポンサーの数を1分野あたり1社のみに絞り込み、独占権を保証したうえで、400万ドルを最低入札額とした。アンハイザー・ブッシュ、コカコーラ、マース（菓子）、IBMをはじめとする20社以上が必死になってこの条件に応じた。「オフィシャルソフトドリンク」のように競争の激しい製品分野では、入札費が吊り上がった。コカコーラが参入のために支払った額は1200万ドルに及んだ。その他43社が「オフィシャル」オリンピック商品を販売するためのライセンスを与えられ、532社のオフィシャルサプライヤーが商品やサービスを無償または割引で提供させられた。たとえば、オフィシャルフローリストとなったコンロイズは、各メダリストに授与するトロピカルなストレリチアのブーケ代を負担した。これらすべてから、さらに1億3000万ドルが流れ込んだ。スタジアムや競技場には、それほど目立つ企業ロゴが掲示されることはなかったが、世界中のテレビ画面と屋外の看板は宣伝であふれかえった。コカコーラはスポンサー契約料に加え、さらに3000万ドルの広告費を使った。そのほとんどは、アメリカ代表を支援するとともに、信じがたいが炭酸飲料を飲むことがスポーツにおけるアメリカの成功に結びつくと主張するようなものだった。アンハイザー・ブッシュが至るところで流したCM「ハートランド」では、格子縞のシャツを着た無口な中西部の農民がふたり、どこまでも続く大草原を聖火リレーが通るのを静かに見つめ、満足げにうなずき拍手するようすが描かれた。新設したプールの代金をすでに負担していたマクドナルドは、さらに3200万ドルを宣伝に使用したが、なかでも効果があったのが「アメリカが勝てば、君も勝つ（The US wins, you win）」キャンペーンだった。客は、なんらかのオリンピック種目が印刷されたスクラッチカードを受け取る。その種目でアメリカが金メダルならビッグマック、銀ならMサイズのポテト、銅ならMサイズのコーラをもらえる。因果関係は単純なものではないが、アメリカに蔓延する肥満が初めて急増した時期が、ファストフード企業、乱暴なナショナリズム、ハイパフォーマンスポーツの〝まずい〟合体と一致しているのは、単なる偶然以上の意味がありそうだ。[6]

優れた企業重役の例に漏れず、ユベロスも新しい収入源を探し求めたが、聖火リレーには商業化の絶好機が宿っているように思われた。AT&Tがすべての費用を負担した。一時期は、聖火リレーを個人や企業スポンサーに1区間3000ドルで売るという計画だったが、その後、希望する寄付先に3000ドル寄付する方針に変更された。ギリシア人、特にギリシアのオリンピック委員会は聖火の商業化に批判的だったが、ユベロスは、オリンピアには「聖火ホテル」があり、聖火にちなんだお土産も売っているので、ギリシアだって聖火を利用して金を稼いでいるだろうと指摘した。リレーはテレビ中継され、大統領も見守った。大会前日の夜のラジオ演説で、レーガンは大げさに語った。「聖火の通るところ、人々はみな家を出て通りになだれ込み、旗を振ってランナーを応援した。私が思うに、これこそ、我々の土地を席巻する新たな愛国心だ。人々は自然と、『アメリカ・ザ・ビューティフル』や『リパブリック賛歌』を歌い始めた」。[7]レーガンが「アメリカのオリンピック」に実際に列席し、開会宣言した初めての大統領となったのは、当然の流れだったのだろう。数日後、開会式のためにコロシアムに到着したレーガンが失望することはなかった。新たな愛国心はロサンゼルスまで届いていたのだった。

開会式の演出は当初、ディズニーに依頼されたが、漫画のキャラクターがラッパや旗を持って見かけ倒しのパレードをするというアイデアがせいぜいだったため、ユベロスは契約を打ち切った。過去に監督を手がけた作品に「ルーツ」「ソーン・バーズ」「夢のチョコレート工場」などがあるデイヴィッド・ウルパーが演出する開会式の狙いは、高額なチケットによる予定収入の1000万ドルより少ないコストで、感情を昂ぶらせる作品を上演することだった。車によるパレードを検討し、コロシアムの階段を滝が流れ落ちる演出を考え、あるいは会場の中心で巨大な地球儀状の風船をふくらまそうともしたが、最終的には、太陽の下での華やかなブロードウェイ風演出に落ち着いた。「アメリカの音楽」が、マクドナルド提供の1000人編成のオールアメリカン・オリンピックマーチングバンドと、すべてボランティアからなる1200人編成のコーラス向けにつくられた。演出は、華々しく感動的なものだった。兵隊風の美しい制服に身を包み、見事な隊列を組んだマーチングバンドがアメリカの大学スポーツの定番曲を演奏し、アメリカの輪郭をつくりあげた。「パイオニア・スピリット」は、カントリーダンスと西部開拓の歴史から虐殺を差し引いて美化した作品だ。「ディキシーランド・ジャンボリー」は想像どおり、ニューオーリンズ・ジャズと福音書を消毒して要約したようなものだったが、エタ・ジェイムズが歌う「聖者の行進」が高揚感を添えていた。しかし、組織委員会が最も輝いたのが「アーバン・ラプソディ」だった。この場面では84台のグランドピアノを用い、パウダーブルーのタキシードを身にまとった演奏者が、ガーシュウィンの「ラプソディ・イン・ブルー」やブロードウェイ・ミュージカルのさまざまな名曲をアンサンブルで奏でた。レーガンはＩＯＣが公式に用意した開会式の原稿を離れ、気取らない言葉で宣言した。「第23回近代オリンピアードを祝い、ロサンゼルスのオリンピック大会の開催をここに宣言します！」４００メートルハードルに出走するエドウィン・モーゼスは気が緩んだあまり、選手宣誓の3行目でセリフを忘れ、原稿に戻るまで3、4回たどたどしく言い直した。

　モスクワ大会で好評だった色紙を掲げるパフォーマンスを意識し、コロシアムの観客は全員で正方形の色紙を頭上にあげ、すべての参加国の旗を描いた。聖火リレーの最終区間は、オリンピックと人種問題が伏線となった。大役を務めたのは、１９３６年ベルリン大会で男子１００メートルなど4冠を達成しながら人種差別に苦しんだジェシー・オーエンスの孫娘ジーナ・ヘンプヒルと、１９６０年ローマ大会の十種競技で金メダルを獲得したレイファー・ジョンソン。仰々しいアルミニウムの階段を駆け上がったジョンソンは、初めて聖火台に点火した黒人アスリートとなった。地元に住む無名の店員、ヴィッキー・マクルーアが、隣人愛を描いたダイアナ・ロスのヒット曲「リーチ・アウト・アンド・タッチ」を歌ったときには、目が潤んでいない者は誰ひとりいなかった。国務長官のジョージ・シュルツは、隣の見物人に向かって「ざまあみやがれ、チェルネンコ」と言ったと報じられている。[8]

　ソ連共産党書記長本人が実際に観ていたかどうかは、わからない。というのも、ソ連はテレビ放送を辞退したからだ。ただし、ＡＢＣの解説者チームが飽きもせず繰り返したように、大勢のロシア人が、フィンランドのテレビ信号を違法で受信できるエストニアの都市タリンに押し寄せたという。もしチェルネンコもその一員だったとしたら、シチメンチョウを撃つような楽勝シーンの目撃者になったことだろう。アメリカが圧倒的優位を示し、合計金メダル数の3分の1以上にあたる83個と、それ以上のテレビ放映時間を獲得した。「スポーツ・イラストレイテッド」誌のフランク・デフォードは心配した。「大会を観ている25億の人々は、うぬぼれたアメリカを見て、どう思うことだろう。豊かで強く、ホームアドバンテージをはじめあらゆる面で有利で、ゴリアテよろしく浮かれ騒ぎ、失礼にもゲストに目もくれず、自国の幸せを無慈悲に自画自賛している」[9]。しかし、ABCは視聴率と広告収入を見て、構わずその路線を続行した。また、テレビ局は、オリンピックの視聴者に女性が増えており、まもなく多数派となり、広告のメインターゲットになることに気づいた。20パーセント以上の女子選手を集めた1984年のロサンゼルスは、これまでで最も女子参加率の高い大会となった。シンクロナイズドスイミングと新体操が女子のみのオリンピック種目として加わり、女子マラソンも初めておこなわれた。モロッコ代表の400メートルハードル選手、ナワル・エル・ムータワキルが、イスラム国家から女子として初めてのオリンピック金メダリストとなった。

　そしてこの大会から、中国がついにオリンピックに戻ってきた。母国でも生放送されるなかで、中国は史上最多の15個の金メダルを獲得し、「歴史的躍進」「中国復活の励みとなる大きな一歩」とみなした[10]。しかし、母国の大衆がひどく残酷になることもある。走り高跳び選手の朱建華はロサンゼルスオリンピックで金メダル獲得を期待されていたが、それがかなわなかったとたん、上海の自宅の窓を割られ、家族までもが中傷を受けた。

　アメリカの大衆も、カール・ルイスに対して同様の態度を取った。イギリス代表の十種競技金メダリスト、デイリー・トンプソンは異議を申し立てるかもしれないが、カール・ルイスこそ、ロサンゼルス大会を代表するアスリートだった。アンドリュー・アンソニーは次のように論じている。「1999年に、彼（カール・ルイス）はユネスコの委員会、IOC、スポーツ・イラストレイテッド誌などの投票で今世紀最高のアスリートに選ばれた。19世紀以前のアスリートは20世紀のアスリートにはけっして適わないと言って差し支えないだろうから、今世紀最高すなわち史上最高ということにしよう」[11]。ルイスは4度のオリンピックに出場し、1936年のベルリンにおけるジェシー・オーエンスの成績に並ぶ100メートル、200メートル、4×100メートルリレー、走り幅跳びの4つの金メダルを獲得した。その後もオリンピックで合計9個の金メダルを獲得、世界選手権13勝、走り幅跳びで10年間無敗を貫いた。それでも、ロサンゼルス大会の観客をはじめとするアメリカの人々は、アメリカが生んだ史上最も偉大なアスリートに対して不満を感じる結果になった。1984年オリンピックの走り幅跳びにおいて、最初の2回の試行で圧倒的な距離を跳んだルイスは、鋭い痛みを感じた。まだふたつの競技が残っていたので、あと4回の試行を棄権して、他の選手が記録を上回るかどうかを見守ることにした。ルイスの記録を抜ける者はいなかったが、観衆は激しい失望と怒りのブーイングを浴びせた。ルイスはすでに世界的な名声を獲得し、商業的サービスに熱意があり、ルックスも卓越していた。しかし、ルイスは大金を稼いだものの、その額は本来稼げるはずの額には到底及ばなかった。コカコーラやナイキとの契約は、（神よ、お許しください）同性愛者かもしれない、という噂や言いがかりによって流れてしまった。ルイスが余暇に何を好もうと勝手だが、中産階級の人々は、世界一速い男がグレイス・ジョーンズ［ジャマイカ系アメリカ人の女性歌手］のようなサイドを刈り上げた角刈りを見せびらかしたり、きらめくボディスーツを身にまとったり、ピレリ・カレンダーの写真でスニーカーの代わりにスチレットシューズを履いていたりするのが腑に落ちなかった。大会が始まる前のロサンゼルスは、表に現れない懸念に包まれていた。ここ10年のあいだ、ロサンゼルスでは製造業の流出、産業プラントの放棄、工場の取り壊しが続き、都市部の衰退により広大な不毛の地ができてしまっていた。スモッグに侵され、交通は常に麻痺寸前で、さらに1980年代前半には、コカインやクラック［コカインの純度を高めて結晶化したもの］の蔓延、武装したギャングと警察の衝突などによってがんじがらめになっていた。しかし、大会の来場者とテレビ視聴者が見たものは、やや違っていた。

> ホットピンクの星がテクニカラーのトーテムポールの頂点に飾られ、ティールやターコイズの旗布に、オレンジ色や蛍光ピンクのパネルが織り交ぜられていた。青い空を背景に、建築の足場でできた黄色いジッグラトの上にそびえる生き生きしたモニュメントは、赤と白の縞々の柱の上に建ち、いくつものピラミッド型の三角屋根に囲まれ、カリフォルニアの太陽の下できらめいていた。虹のようにさまざまな色が過剰なまでに盛り込まれて飽和し、サイケデリックな悦楽を叫んでいた。[12]

これらは、デボラ・サスマンというデザイナーの天才的な作品だった。サスマンは、建築家のジョン・ジャーディとともに、「フェスティブ・フェデラリズム」（祝祭的連邦主義）と本人たちが名付けた色使い、グラフィック言語、積み木のような建築を創り上げた。この作品は、市内のあらゆる会場と空間の装飾に使われた。1932年に街を彩った赤、白、青とは対照的に、サスマンの色使いは1970年代にロサンゼルスに流入した移民の大きな波から影響を受けていた。環太平洋地域の南国風と、ラテンの都会風が相まって、ホットピンク、クロムイエロー、マゼンタ、ヴァーミリオン、アクアなどの色が豊かに入り乱れていた。市内全体に色が紙吹雪のように散らばり、テント、金網のフェンスにかかった旗やつり下げ旗、ボール紙の凱旋門、段ボールでできた巨大な星、厚紙の筒で組み上げられた塔に、宝石のような色合いのプレゼント箱を積み上げたジッグラト状の建造物などが配置された。こうしたオブジェは、大会が終わって2週間もすると安っぽく映るようになり、ほどなくして解体された。この大会の遺産に数えられるのが、アメリカ国内でもとりわけみすぼらしいショッピングモールで、10年以上、吊し飾りと仮設テントが流行したことであろう。また、もう少ししっかりした遺産もある。オリンピックを黒字で運営できることを示したため、モントリオールがオリンピックにもたらした毒が多少弱まり、立候補都市が戻ってきたのだ。スポンサー契約モデルは非常に優れていたので、IOC自身が採用し、地元の組織委員は主要な取り引きから締め出されるようになった。しかし、ロサンゼルス大会で実現したような節約は二度と再現できなかった。経済面を別にすれば、ロサンゼルス大会が他の大会に与えた最も大きな影響は、閉会式の変革だ。いまや開催国を代表するポップスターやミュージシャンの登壇なしでは大会が終わったと思われないだろうが、初めて本物のスターが採用されたのが1984年だった。誰もが思いつくスーパースターのマイケル・ジャクソンはペプシの広告に出ていたため、コカコーラを大スポンサーとするオリンピックの選択肢からは外れた。幸い、もうひとり候補者がいた。スムーズでセクシーな大スター、ライオネル・リッチーだ。のちの歌手とは異なり、リッチーはライブ・パフォーマンスをおこなった。青いスパンコールがちりばめられたジャケットと白いタイトなスラックスからは高級感がにじみ出ていた。リッチーが観客に感謝を述べ、オリンピックバージョンの「オール・ナイト・ロング」を歌うと、スタジアム全体がネオンに照らされたダンスフロアと化して揺れた。400人以上のブレイクダンサーがフロアに移動すると、リッチーは金色に光り輝く表彰台に上った。カリプソを取り入れた歓喜の歌によって人々を陶酔状態にまで導くリッチーのパフォーマンスは、祭りの終わりではなく、この後何十年にもわたって続く、借金に支えられたアメリカの大量消費社会への招待状のようだった。サビの部分「Party, karamu, fiesta, forever」は「パーティーだ、祝祭だ、祭りだ、永遠に」といった意味だが、曲の最後の「Feel good! Feel good!（最高の気分になれよ）」がなにやら指図めいて感じられるのは、一聴の価値がある。事前の約束どおり、大会で得られた利益の大半はLA84基金を通じて青年スポーツプログラムにつぎ込まれた。1992年のロサンゼルス暴動を受けて、再開発計画「リビルド・ロサンゼルス」の会長に指名されたピーター・ユベロスは、ばらばらになった街を再びひとつにしようとしたが、失敗した。レーガン政権時代の規制緩和で解き放たれた大資本の波によって傷ついた街は、どれほどの「やる気」でも癒やせなかったのだ。

5　1988年ソウル大会

第2次世界大戦の終了直後に、朝鮮半島の南半分に不安定な形で建国された韓国。組織化された社会主義国家、北朝鮮と対峙するこの国は熱心なオリンピアンでもあり、初めての代表チームを1948年ロンドン大会に送り込んでからおよそ20年間、朝鮮半島唯一の出場国の座を保った。1950年に勃発し、4年間激しい戦闘が続いた朝鮮戦争によって、すでに紛争によって傷ついていた国は廃墟と化した。強権的な李承晩《イスンマン》政権下の1950年代は、エリートスポーツの発展への関心が高かったとはいえず、また国民参加を推進することによって政治的支持が得られる状況でもなかった。

1961年に軍人の朴正熙《パクチョンヒ》が権力を掌握すると、韓国における潮目が変わった。もともと権威主義だった韓国は巨大な国家ぐるみの開発機構に衣替えし、奇跡的とも言えるほど急速な工業化が実現した。20年後、韓国は世界の最貧国からヨーロッパ並みの生活水準に近づき、さまざまな部門の輸出市場を勝ち取るようになる。朴正熙とその政権は単なるテクノクラートではなく、成長へのがむしゃらな道を常に国家発展という言語の枠に落とし込もうとした。ここに、新体制におけるスポーツの居場所が見つかった。つまり、健康な国には健康な体が必要、ということだ。スポーツで卓越した力を示せば、国の威信が高まり、立場が向上する。そして１９７０年代後半になると、政権は進歩を確実なものとするために、オリンピックへの立候補を検討しはじめた。[1]

１９７９年、朴正熙が側近の情報長官に暗殺された。その後、同じく軍人の全斗煥《チョンドゥファン》と盧泰愚《ノテウ》が率いる軍事クーデター政権が権力を握ったが、この軍事政権に対する最も激しい抵抗が光州市で発生した。１週間にわたる戦闘で軍隊が市民や労働者に発砲し、公式発表によれば３００人、政権反対派によれば２０００人以上が亡くなった。大統領となった全斗煥は、逮捕、マスコミへの弾圧、対立する指導者や組織へのいやがらせによって権力を盤石なものにしたが、同時に、いまや工業化、都市化、教育が進んだ韓国を軍事力だけで統率するのは不可能だと理解していた。そんななかでオリンピックに立候補する案が再び浮上し、１９８１年に西ドイツの保養都市バーデンバーデンでＩＯＣは、１９８８年大会の開催都市をソウルに決定した。興味深いことに、ＩＯＣの決定は、対立候補の名古屋が招致活動に失敗したことではっきりと方向付けられたように思われた。名古屋は対立候補への遠回しな批判を続けたうえに、小さなオリンピック反対運動が市内で発生している事実を伝えてしまった。韓国における光州での虐殺や、嘆かわしい人権状況は、それに比べれば些末事とみなされた。[2]

韓国軍事政権にとってオリンピックがいかに重要だったかは、準備の規模に現れている。ナンバーツーの権力者、盧泰愚がオリンピックの組織委員長兼初代体育部長官となった。１９６４年の東京オリンピックを手本とし、政府は巨大なオリンピック公園の建設、国の電気通信機器の更新、ソウルの交通インフラの刷新、そして開催都市の「美化」に40億ドル近くを確保した。猛烈な工業化によってひどく汚濁した漢江は整備され、水質が改善された。１９５０年代から60年代にかけて市内に間に合わせの電力を供給していた電線が地中化され、何十万本もの木や花が市内の道路沿いや広場に植えられた。市長から校長から青年会まで、政府の意のままにできる国家機関や半官半民組織の膨大なネットワークを利用して、政府が設立した環太平洋オリンピック推進中央評議会が、６万人近いボランティアを運営に動員した。また一方で、政府は未来のオリンピックメダリストに生涯の年金を約束し、プロの野球リーグとサッカーリーグの設立を支援した。政権の見解と、オリンピックの試運転として１９８６年に開催したアジア大会のスムーズな運営ぶりから、何もかもが順調に進んでいるかに見えた。

しかし、１９８０年に抵抗運動をおこなった勢力は消滅しておらず、むしろ成長して大都市の新しい中流階級を取り込んでいた。彼らは、さらに完全な民主化への足がかりとして、１９８７年に大統領直接選挙制の導入を要求した。１９８７年の春、全斗煥大統領は議論を打ち切ろうと、すべての憲法関連問題をオリンピック後まで延期することと、オリンピック組織委員長の盧泰愚を後継者にすることを宣言した。これをきっかけにソウルの人々の不満は爆発し、労働組合員、大学生、教会の信徒、ホワイトカラー労働者などが通りになだれ込んだ。政権は警棒と催涙ガスによって鎮圧しようとしたが、6月9日に李韓烈《イハンヨル》という学生が、後頭部に催涙弾の直撃を受け、頭蓋骨を損傷して病院に収容された（7月におこなわれた葬儀には、１６０万人が訪れた）。翌日、史上最大の抗議が発生し、20以上の都市の街路を15万人の民衆が占拠した。1週間後、１５０万人が催涙弾追放を求める大行進に参加した。一方で、この頃になるとメディアが、紛争に対する海外の反応と、ソウルがオリンピック開催権を失うのではないかという現実的な問題を報じ始めた。

軍事政権の内部では強硬派と穏健派が対立し、前者は軍の全面動員を、後者は妥協を主張した。議論が後者に傾いた正確なきっかけは定かではない。しかし、ソウルオリンピックの運命が盧泰愚の考え方に影響を及ぼし、国内で改革派が勝利する重要な要素となったのは疑いない。議論のまっただなかに、早くから決まっていた出張のためソウルにいたＩＯＣのサマランチ会長は、盧泰愚らに忠告した。常に口の堅いサマランチは会話内容についてほとんど明かさなかったが、6月29日、盧泰愚は国民に次のように語った。「オリンピックが迫っているときに、国内の意見がまとまらないために国際社会の笑いものになるような不名誉を避ける責任を、我々全員が負わなければならない」[3]。この結果、政府は反対派の要求をほぼ全面的に受け入れ、大統領の直接自由選挙制、市民の自由の保護、大規模な政治犯の赦免などを決定し、反対派の国民にも、ともに国を変革していこうと訴えた。「私自身だけではなくあなたがた国民にとっても、オリンピックの成功は共通の願いになる。継続的な経済成長、政権の平和な移行、そして我が国の繁栄の絶好機となる１９８８年のソウルオリンピックを成功させ、この国を先進国への道に乗せよう」。この民主化宣言は、抗議を抑え、オリンピック開催を確実なものにした。さらに、野党有力候補の分裂もあって、盧泰愚自身が軍服を背広に着替えて12月4日の大統領選に勝利する結果にもつながった。[4]

路上での暴動が全世界に伝えられたり、全斗煥や盧泰愚の演説が国内で放送されたりと、韓国における変革の政治的側面の大半はテレビで進行した。韓国で開催されたオリンピックも同様だった。[5] 人々が集まる場面を最小限にしようと神経質になったソウルオリンピックでは、安全対策の行き届いた競技会場以外に装飾された一般向けスペースは設置されず、集会も開催されなかった。しかし、国民の大半は買ったばかりのテレビに釘付けで、90パーセント近くの国民がなんらかの競技を観戦した。陸上の決勝など主要競技の一部は、早朝などきわめてめずらしい時間に開催されたが、これはアメリカのプライムタイムに合わせたからだ。NBCは記録となる3億ドルをテレビ放映権に支払ったため、ソウルとアメリカ東部のあいだにある13時間の時差によって広告収入の期待値が減少するなどということは許さなかった。[6] いずれにしても、韓国が勝ち取った、自国の記録を大幅に塗り替える12個の金メダルは、レスリング、ボクシング、柔道、卓球、アーチェリーなど他の競技で稼いだものだった。これらは、オリンピックスポーツの地理的側面の変化と、東アジアの影響力の向上を示す結果であった。

1972年からオリンピックに復活したアーチェリーはそれまで、競技人口が桁違いに多いアメリカの独擅場だった。1950年代末の「スポーツ・イラストレイテッド」では、当時のアメリカのアーチェリー競技人口が400万人と推測されている。現在、アーチェリーの最強国といえば韓国だが、その変化はソウルから始まった。国が出資するエリートスポーツプログラムで育成された韓国のアーチェリー選手たちは、ソウル以降、アーチェリーのメダルの大半を獲得している。* 2008年にトップ選手のパク・ソンヒョンとパク・キュンモが結婚を発表したときには、アーチェリーの話題が高級紙からセレブ写真誌まであらゆる媒体の1面を飾るようになっていた。

＊　1996年アトランタオリンピックでジャスティン・ヒューイッシュが金メダルを獲得したときにはアメリカのアーチェリーも復活を遂げたかに見えたが、ヒューイッシュが大麻所持で逮捕されると一気に勢いが衰えた。

真偽は定かではないものの、最も帝国らしい起源を持つスポーツは卓球だという。19世紀インドで、イギリスの将校たちが夕食の後の楽しみに、シャンパンのコルクを削ってボール状にし、テーブルの上で葉巻箱の蓋を使って打ち合っていたそうだ。母国に帰ると、この遊びが上流階級のあいだで小さなブームとなり「ウィフ・ワフ」「フリム・フラム」などと呼ばれた。競技が現在の形をとり始めたのは、１９０１年にロンドンのジャックス社が初めて、正確にバウンドしスピンもかかる中空のセルロイド製ボールを生産し、「ピンポン」という商標で売り出したときだった。競技スポーツとしての体系化を主導したのは、国際卓球連盟（ＩＴＴＦ）を設立した風変わりなイギリス貴族、アイバー・モンタギューだ。安上がりで、単純で、覚えやすく、中毒性のある卓球は、すぐにあまたの青少年クラブや兵舎に広まり、ヨーロッパ全体、アメリカ大陸、そしてアジアに広まっていった。特筆すべきは、佐藤博治《ひろじ》が１９５２年の世界選手権で、世界で初めてスポンジラバーを貼ったラケットを使用して優勝したことだった。このラケットが秘めていたスピードとスピンのポテンシャルによって、競技が一変した。アジアにおける卓球の計り知れない人気を世界中の人々が知るようになったのは、１９７０年代だった。「ピンポン外交」の時代には、卓球大会がアメリカ政府と中国政府の再接近の潤滑油の役割を果たした。[7]このように、世界での人気からすれば、卓球はソウルのはるか前からオリンピック種目に含まれていてもおかしくなかった。しかし、モンタギューは自らの組織で主催する世界卓球選手権にすっかり満足していたため、モンタギュー引退後の１９７０年代までＩＯＣへのアプローチはなかった。韓国は、ソウルオリンピックの卓球競技で２個の金メダルを獲得した。その後は、１９９２年バルセロナ大会のスウェーデン代表ヤン＝オベ・ワルドナーと、２００４年アテネ大会の韓国代表、柳承敏《ユスンミン》以外は、中国がすべての種目で金メダルを獲得している。

　１９８８年までにはオリンピックにおけるアジアの存在感は大きく高まっていたが、相変わらず西欧以外で体系化されたオリンピック競技は柔道だけだった。１９８８年には、韓国生まれの近代化された格闘技、テコンドーが世界のテレビ視聴者の前で初めて披露された。テコンドーは、開会式のマスパフォーマンスとして披露されたのち、公開競技として実施された。その後、シドニーで正式なオリンピック競技に採用された。テコンドーのルーツは１０００年以上前、中世韓国の３つの王朝に遡る。これらの王朝ではさまざまな武術が生み出されたが、特にテッキョン武術が、諸国を回る仏教徒と儒教徒の兵士集団、花郎《ファラン》によって朝鮮半島全体に広まった。９３６年に高麗王国に統一され、外の世界との接触を嫌うようになってからは、武術はあまり盛んでなくなったが、20世紀初頭に日本の侵略を受けて植民地になってから、事情が変わった。朝鮮の文化とアイデンティティを根絶やしにする政策の一環として、日本はテッキョンを禁止した。この行為が韓国のナショナリズムに火をつけ、テッキョンを後世に伝えようと地下で実践する人々が現れた。この流れを大きく前進させたのが、崔泓熙《チェホンヒ》少将である。第2次世界大戦の際に日本軍に投獄された崔泓熙は、獄中で過ごす間、空手とテッキョンを融合させた。朝鮮戦争で、崔泓熙はこの格闘技を実践する精鋭部隊で、「拳の師団」の異名をとる第29師団を指揮した。１９５２年に李承晩《イスンマン》大統領に対しておこなわれたすばらしいデモンストレーションの結果、この格闘技が韓国軍全体で義務化され、１９５５年には政府による若干の介入を経て、国内すべての格闘技学校がその技をひとつの格闘技、テコンドーに統合することになった。シドニー大会でテコンドーがオリンピックの正式種目になると、韓国は中国、キューバ、オーストラリア、ギリシアと金メダルを分け合った。その意味では、テコンドーは、韓国の文化産業が繁栄し、テレビドラマ、エレクトロポップ、ファンタジーゲームがアジア、さらには全世界に輸出されるようになった「韓流」のさきがけともいえる。[8]

ソウル大会は、韓国国民にとって、より民主的で開かれた新たな時代の始まりとなった一方で、この大会はひとつのオリンピック時代の終わりを告げたともいえるだろう。アマチュアとプロを区別していたＩＯＣ憲章の下で開かれた最後の大会になったのだ。偽アマチュアでも隠れプロでもなく、薬物によって能力を高めた者が物語の悪役になった。ふたりのブルガリア代表ウェイトリフティング選手が、ドーピング検査で失格になり金メダルを剝奪された。これを受けて、ブルガリア代表チーム全体がすべての競技を辞退した。この件は南東ヨーロッパでニュースになったが、１００メートル走で優勝したカナダ代表のベン・ジョンソンにステロイドの陽性反応が出たときには、世界中がそのニュース一色になった。しかし、ソウルにとっては幸いなことに、最後の最後に真のオリンピックヒーローが誕生した。カナダ代表のセーリング選手、ローレンス・レミューは、フィン級で2番手を走っていた。コースは海上に作られ、４７０級の2人乗り艇と共通になっていた。激しい強風と高波で、8フィートの高さにあるブイが増水で見えづらくなり、その間に後続との距離が縮んだ。それでも金メダルを狙っていたレミューだが、そのとき４７０級に出場していたシンガポール代表が波に飲まれた。ひとりは血を流しな

がら船体にしがみついており、もうひとりは漂流してい
かにも危険な状態だった。レミューはひとりを救い出し
て自分の艇に乗せ、風に逆らいつつ、転覆した４７０級
の艇の隣に留まった。助けに来た韓国海軍と交代して解
放されたレミューはレースに戻ったが、それでも32人中
21位でゴールした。

第8章

ブーム！
冷戦後のグローバリゼーション

1992年バルセロナ　1996年アトランタ　2000年シドニー　2004年アテネ
1992年アルベールビル　1994年リレハンメル　1998年長野　2002年ソルトレークシティ

私たちはIOCを神として見上げています。彼らにとっては「望み」でも、私たちにとっては「命令」なのです。

――陳希同、2000年北京オリンピック招致委員長

オリンピック大会を組織しているのは人間です。天使でも聖人でもない。天使や聖人がお望みなら、地球ではなく天国でオリンピックを組織するんですね。

――ジャン・クロード・ガンガ、IOC委員

1

ファアン・アントニオ・サマランチ

1984年夏季オリンピック開催地候補地の最終リストに載っていた都市はひとつだけだった。テヘランが民主化の初めての大波（これがのちにパフレヴィー朝を打倒することになる）を受けて辞退したため、残っていたのはロサンゼルスのみだったのである。そしてロサンゼルスも、IOCに敬意を抱いている雰囲気ではなかった。それどころか、大会はカリフォルニア州で開催するのだから運営はロサンゼルス流でおこなうと主張し、IOCはテレビ放映権やスポンサー契約から完全に締め出された。〝神の力〟とは程遠い。その後のオリンピックでは立候補都市がじわじわ増え、1992年の開催地がバルセロナに決定したときには6つになっていた。1996年大会の開催地は、ライバルの5都市を破ってアトランタに決定した。そして、世界中の都市の首長が――ロサンゼルス大会とバルセロナ大会の例から――「オリンピックを開催すれば確実に利益があがり、経済的に立ち後れた都市でも世界中の注目の的になれる」という誤った教訓を得て、候補地があふれかえるまでになった。2000年大会では8都市、2004年大会では11の都市が開催地の座をめぐって競いあった。オリンピックが世界の都市にとって魅力的なイベントになると、開催地を決定するIOCはまるで神のように振る舞うようになった。しかし、ジャン・クロード・ガンガが、その他5柱の神とともに贈収賄容疑でIOCから追放されたのちに明らかにしたように、〝神々〟には意外な弱みがあり、IOCは天国ではなくこの地球に存在していることが改めてはっきりすることになる。[1]

本章で扱うのは、ファアン・アントニオ・サマランチ会長のもとで開催地が決定した、または実施されたオリンピックである。サマランチは1980年のIOC会長選挙で当選してから、2001年まで会長職を務め上げ、IOCとオリンピックを全面的に変革した。[2] 1920年にバルセロナの繊維業者の家に生まれたサマランチは、スペイン内戦の大半の時期をうまくやり過ごしてから、フランコ独裁政権のもとで、銀行家、熱心なアマチュアボクサー、そしてローラーホッケー狂として表舞台に現れた。ほとんど聞こえないほどの小声で演説し、見たところ思索や知的追求にも無関心なサマランチだったが、当時の国際スポーツ組織運営者の例に漏れず、政治、ビジネス、外交、スポーツが絡み合う世界で、コネクション、影響力、公的な地位を獲得し、蓄積する能力に長けていた。彼は、1950年代にまずスペインのローラーホッケー連盟の会長となり、のちに国際ローラーホッケー連盟の会長の座に納まった。バルセロナ市議会の議席を得ることはできなかったが、与党によって県のバルセロナ市代理人に指名された。1955年には地中海競技大会を組織・運営してスペインオリンピック委員会への足がかりをつかみ、やがてスペインオリンピック委員会の委員長として、ローマおよび東京オリンピックにかかわった。ここでサマランチは、有能かつ自分の言いなりになる人材を捜し求めていたエイベリー・ブランデージの目に留まった。そして1966年にIOC委員に名を連ね、1970年代になるとブランデージの承認を得て理事、副会長を歴任することになる。ちょうどこの頃フランコが亡くなり、スペインが民主化に向かいはじめたため、国内におけるサマランチの政治的キャリアは絶たれた。しかし、サマランチはすぐに新体制に適応した。1980年モスクワ大会の準備中に、スペインの駐ソ連大使に就任したのである。鉄のカーテンの向こうの世界とコネクションをつくる機会を、サマランチは見逃さなかった。

サマランチの前任のIOC会長であったキラニン卿は、あたたかい人柄ではあったが、運営面については頼りなかった。キラニン卿は会長になってもイギリスとアイルランドを居住と仕事の拠点とし、ローザンヌには時々訪れるだけで、そのローザンヌでは1971年以降、IOCの日常業務や戦略的業務の大半を、IOC理事で実質的な経営責任者となっていたマダム・モニーク・ベルリューが取り仕切っていた。一方、オリンピックビジネスに毎年10万ドルにものぼるポケットマネーを費やしていたエイベリー・ブランデージは、やがてIOCを自分が支配する封建領土のように扱うようになった。ブランデージに比べれば財布事情に余裕のなかったキラニン卿は、経費をIOC持ちにするよう主張したが、各委員が同等の権限を持つことにこだわり、ブランデージとは違って、〝クーベルタンのオリンピズム〟を宗教的とも言えるほどに崇拝することはなかった。端的に言うと、ブランデージは宣言して主張するタイプで、キラニン卿は話し合って交渉するタイプだった。[3]

しかし、これらはすべて変わる運命にあった。サマランチは、IOC会長としてはクーベルタン以来初めてローザンヌに移り住み、ローザンヌ・パレス・ホテルのスイートにどっしりと居を構えた。また、「IOC会長」をフルタイムの仕事と考え、十分な報酬を得られるようにした。自らが会長職について3年もしないうちにモニーク・ベルリューを強制的に退職させると、新たなライバルが現れないように、ベルリューの後継者は指名せず、権限の小さいポストを大量に新しくつくって業務を分割した。ブランデージにとってのIOCは、権威主義的カルトと、シカゴにある自分の会社を足して2で割ったような存在だった。キラニン卿にとってIOCとは紳士が集う古き良きクラブ（実際のIOCの姿に近いと言える）だったとすれば、サマランチにとっては一種の政治団体であった。しかも彼は、フランコ政権下のスペインのように、政治的組織とはすなわち、権力を独占し、官僚を組織化し、トップダウンで方針を浸透させるものと考えていた。そのためサマランチは、IOCの仕事にかなりの時間とエネルギーを注いで組織を掌握し、のちにその権力を使って、誰にも相談することなく自ら推薦した人物を役職につけるようになった。4期目以降の立候補を制限するはずだった年齢制限・多選制限という規則がIOCによって撤廃されたので、サマランチは2001年まで会長職にとどまった。

会長職に就いたサマランチは、スポーツ組織運営者とスポーツビジネスのネットワークの一員となることを通じて、自らの政治的権力を強めた。1980年代から1990年代にかけて世界のスポーツの大半を牛耳っていたのは、ラテン系を中心に築かれたこうしたネットワークだった。サマランチの仲間、盟友、パートナーには、サマランチのIOC会長選挙の際に尽力したブラジル人のFIFA会長ジョアン・アベランジェ[4]、大金持ちのメキシコ人ビジネスマンで国内オリンピック委員会連合会長のマリオ・バスケス・ラナ、イタリア人で国際陸上競技連盟（IAAF）会長のプリモ・ネビオロ、そしてアディダスの社長ホルスト・ダスラーなどがいた。アディダスは当時世界最大で最も強気なスポーツ用品メーカーであり、ダスラーは世界のスポーツ組織運営者、テレビネットワーク、多国籍企業のあいだに新たに生まれつつあった絆を育てる最重要人物と言えた。

世界のスポーツスペクタクルの商業化に向けたひな形をつくりあげたのは、このダスラーとFIFA会長のアベランジェ、そして広告業界の雄、パトリック・ナリーであった。新たな政治経済的状況の礎を築いたのは、FIFAとワールドカップである。FIFAは、スポンサーをひとつの製品分野あたり1社に限定し、多国籍企業のみに絞ることで、スポンサー契約料を大幅に引き上げた。つまり、専用の広告スペースを設け、アンブッシュ・マーケティング［スポンサー以外の業者による無断営業」を厳しく取り締まり、最も良い席を用意するなど、少数のスポンサーのニーズにきめ細かく従うことで収入を激増させたのだ。テレビ放映権は、独立系の広告代理店（ワールドカップの場合は悪名高いＩＳＬ）が破格の高額で精力的に販売した。また、こうした取り引きと並行して、人目につかない場所でのやりとりもおこなわれた。放送局や広告代理店は、テレビ放映権の割当の役割を担うＦＩＦＡ幹部が海外に所有する銀行口座や、幹部の親戚、隠れ蓑となる企業、取り巻きなどに対して、こぞって大金を支払ったのである。この地下を流れる溶岩のような金の流れは、２００１年に、驕《おご》りと無謀な多角化によりＩＳＬが経営破綻するまで続いた。同じような意思決定の文化が、開催地決定の背後にも存在していた。さらに、ＦＩＦＡに還流する金の大半は、国および地域のサッカー連盟に渡り、ＦＩＦＡとその会長が政治的支持を取り付けるのに大いに役立った。これらすべてが可能になった理由は、当時、政府高官のあいだに箝口令が敷かれていたこと、スポンサーと報道局が結託していたこと、スイス法が国際機関に適用される場合の不透明性、そして、つい最近までマスコミ、警察、規制当局がＦＩＦＡを調査、訴追できなかったことにあった。

　サマランチ時代に最も大きな変革が実現したのが、こうした商業化とガバナンスの領域である。まずサマランチは、ＩＯＣのアマチュアリズムを時代に合った形に変えるというキラニン卿の一時しのぎの取り組みを、不十分かつ非現実的とみなした。そして、サマランチの徹底した現実主義と水面下の政治的駆け引きにより、かつてあれほど激しい対立と争いを巻き起こしたオリンピック憲章のアマチュア規定は、抵抗もなく、さよならも告げられずに削除された。オリンピック・ムーブメントへの商業スポーツの受け入れは、もちろんここでは終わらなかった。キラニン卿とブランデージの時代、ＩＯＣはオリンピックの商標、スポンサー契約、テレビ放映権販売に対するコントロール権を失い、当時急激に成長していた新たな収益の流れの恩恵にほとんど与れずにいた。サマランチはＩＯＣにコントロールする力と金を徐々に取り戻し、自らの支配の足場を固めるべく、その金の大半を国際競技連盟、オリンピックの代表チームを組織する国内オリンピック委員会（ＮＯＣ）、そして発展途上国とそのアスリートを支援するオリンピック・ソリダリティ予算に流した。収入の少ない小規模な競技団体や多くのＮＯＣにとっては唯一あてにできる資金援助だったため、サマランチは数え切れないほどの味方と顧客を獲得した。[5]

スポーツと産業の巨大な複合体がオリンピックの世界に出現するのは必然だった。ＩＯＣ会長が誰になろうとも、それは変わらなかっただろう。一方、サマランチ――またはその他の呼称で呼ぶならば、サマランチ侯爵、イタリア共和国ナイト・グランド・クロス、ポーランド共和国メリット勲章受章者、あるいはロシア共和国名誉章受章者――ならではの貢献といえば、オリンピックの全世界的な地位確立への献身的な取り組みだった。サマランチ体制下の公式儀礼《プロトコール》では、サマランチ会長の訪問先の人々は、会長を国家元首並みの待遇で迎え、相応の宿泊手段と交通手段を提供し、閣下（ヒズ・エクセレンシー）と呼ぶことになっていた。サマランチ会長が熱心にこなす世界各地のスポーツイベント視察は、必ず法王、王族・皇族、大統領、首相などとの謁見とセットにされた。

　もしかすると、サマランチの最も重要な才能は、究極の〝中身のなさ〟かもしれない。記者会見でのサマランチは、まったくとらえどころがない。質問されていない内容に答え、そつなく矛先をそらし、致命的な批判が出れば途中で遮ってわかりにくくする。まさに天才的なごまかし方だ。絶句するほどわざとらしい健忘症のふりをすることもしばしばで、ＩＯＣのセッションでの質問を無視したこともあれば、オリンピック施設の建設に伴う立ち退きというお馴染みの問題を質されて、目を白黒させながら早めの昼食休憩を取ってやり過ごしたこともある。何よりもサマランチは非常に保守的であり、いくつかのテーマについては近視眼的な見方をしたので、スポーツにおける組織的ドーピングの問題も、他のＩＯＣ委員が金になびくようになってきた傾向も見て見ぬふりができた。サマランチのスピーチに、平和と友情、友好と調和といった最も退屈な決まり文句以上の意味を探ろうとしてもむなしく終わるだけだろう。サマランチのコメントにはたいてい、あいまいで解釈に困るお定まりのフレーズが含まれていた。アトランタを除き、オリンピックが閉幕を迎えるたびに述べられてきた「史上最高の大会」というフレーズも、具体的に何が最高なのかはわからない。明らかなのは、サマランチ政権下で、かつサマランチが育てたオリンピックブームのさなかでおこなわれた大会は、どの大会も史上最大だったことである。

　オリンピックブームを測るひとつの指標は、聖火リレーだ。[6] １９３６年、ドイツが初めての聖火リレーをおこなったときには、12日間で7か国をめぐった。３０００人以上のランナーが担うリレーは、並外れて贅沢な儀礼と考えられた。あらゆる面で質素だった１９４８年ロンドン大会は、距離こそベルリンとほとんど同じだったが、アスリートの数は半分に減らされた。1992年バルセロナ大会の聖火リレーは、贅沢とは言いがたいものだったが、6週間かけて6000キロを走破した。アトランタ大会では、地元の資産がフルに活用された。コカコーラがスポンサーにつき、アメリカ国内のみで84日間にわたって続いた聖火リレーはテレビで生中継された。さらに地球を巡回中のスペースシャトル、コロンビア号にもトーチを載せて打ち上げた。こうした演出により、広告料も天文学級になった。シドニーの聖火リレーは比較的控えめで、オーストラリアとオセアニアの島嶼部のツアーに収まっていたが、その後のアテネと北京では世界中をめぐった。ギリシアではトーチを78日間、7万8千キロの旅に出し、中国では129日間かけて、トーチを21800人のランナーに13万キロ運ばせた。

とはいえ、聖火リレーの規模と費用のコントロールは、この時代からIOCが引き継いだ問題のなかでは些細なものにすぎない。当時存在していた各国のオリンピック委員会の数から考えて、オリンピックのグローバリゼーションは、1972年のミュンヘン大会で123か国が参加したときにピークを迎えたように思われた。これは、十数年間にわたる、ヨーロッパの脱植民地化と新興国の独立の結果だった。その後、ボイコットにより参加国の総数は一時的に減少したが、再び増加に転じた。バルセロナ大会の169か国という数字は、ソ連とユーゴスラビアの分裂と、オセアニア、ペルシャ湾、およびカリブ地域の小さな国々の独立によってたちまちうずもれてしまった。2012年ロンドン大会になると、参加国数は204に膨れ上がった。

参加国が増えれば、競技も種目も増える。1972年から1984年まで、競技数は21で固定されていた。その後は回を追うごとに新競技や既存競技の新種目が加わると共に、女子部門がなかった競技に女子部門が創設された。大会で授与される金メダルの数は、1980年代には200個前後だったが、21世紀には300個以上になった。IOCのアマチュアリズムへのこだわりの終焉によって、プロテニスプレイヤーにも門戸が開かれ、魅力と実力を兼ね備えた世界中のスターが参加するようになった。野球とソフトボールでも同じような結果が期待されたが、アメリカのMLBはシーズン中に有力選手をチーム外に出すことを拒否した。冷戦後に世界の経済地理的状況が大きく変化して、環太平洋地域が注目されるようになると、バドミントン、卓球、テコンドーが新競技として導入された。いずれも国際的に盛んなスポーツではあったが、特に東アジアと東南アジアで強い存在感を示していた。アメリカでは、カリフォルニアで体系化された3つの競技・種目がオリンピックに加わった。1930年代にロサンゼルスの海岸で初めてプレーされたビーチバレー、1970年代にサンディエゴで生まれたトライアスロン、そして1980年代初頭にサンフランシスコ郊外のマリン郡で誕生したマウンテンバイクである。

なお、ミュンヘン大会の時点では、そのときの参加人数7800人が史上最高記録だったが、バルセロナでは9330人となり、北京では11000人弱とピークを迎えた。IOCは役員と審判の数を抑制することには成功した。1992年には役員と審判の数が選手の数を上回ったが、2012年ロンドンでは8000人に抑えられたのである。その一方で、コーチとスタッフを除くあらゆる分野において、公認される関係者の数は急激に増えた。1992年バルセロナ大会には3万5000人のボランティアが参加したが、2008年北京大会では2倍の7万人になった。1992年大会の1万3000人の公認記者団というのも膨大な数に思えるが、アテネの2万1000人、ロンドンの2万5000人の前には霞んでしまう。しかもこれには、増える一方の非公認メディアの人数は一切含まれていない。

オリンピックは1990年代にはすでに高価なショーになっていた。夏季オリンピックの運営費は着実にかさみ、バルセロナ大会では約10億ドルだったが、北京・ロンドンでは20億から30億ドルにものぼった。ただしそれに伴って、IOCのグローバルスポンサー料や放映権料、そしてローカルスポンサー料、くじやチケットの売り上げなども上昇したため、組織委員会が多少の余剰資金や利益を確保できるようになった。バルセロナ大会では380万枚、アトランタとシドニーではそれぞれ700万枚以上のチケットが売れた。バルセロナのテレビ放映権によってもたらされた金額は6億3600万ドルだったが、アテネでは倍の15億ドルとなった。2012年に世界各地の放送局がロンドンオリンピックを放送するために支払った放映権料は、バルセロナの4倍の26億ドルに達した。

しかし、オリンピックを開催すれば利益が出ると考えるのはばかげている。オリンピックの会計は本質的にあいまいで、完全に不透明な場合も少なくないうえ、ほとんどの資本支出が会計から除かれているためだ。1992年のオリンピックを準備するために、カタルーニャ州とバルセロナ市は約50億ドルを支払った。アトランタは完全に民間部門で運営するという公約だったが、実際には連邦政府とジョージア州政府の補助金が大量に投入され、警備費だけではなく多くのインフラプロジェクトにも使われた。シドニーは、埋め立て、鉄道網の整備、新しいオリンピックスタジアムの建設に30億ドルを費やした。次のアテネでは費用がさらにかさんで160億ドルに到達した。しかし疑問が残る。なぜ財政が破産した人口1000万人にすぎない国であるギリシアが、過去5回か6回のオリンピックを合わせたほどの費用をかけてオリンピックを開催することになったのだろう。そしてなぜ、17日間の開催期間中、それがよいアイデアであったかのようにさえ思えたのだろう。

こうした拡大の原因の一部は、IOCの力が及ぶ範囲の外にあった。冷戦後の世界における地理的状況の変化や新国家の誕生、その結果のチーム数激増に関しては、IOCの〝神々〟といえど、責任を負える範囲を超えていた。メディア産業の大規模化は、IOCのみのせいにはできない。また、1990年代の時点ですでに高額だったオリンピック警備費は、9・11同時多発テロ以降、天文学的な数字に跳ね上がった。豪奢なものを好むIOCが育んだぜいたくと利権のグロテスクな文化によって、国際競技連盟と招致委員会の双方がますます、大会の象徴となるような高額な建築物や、不必要なほど高度なテクノロジーを備えた会場を期待するようになり、談合、収賄、そして大幅なコストオーバーという、不透明な入札の病理に苦しむようになった。それでも、オリンピック放送は世界中で高い人気を博したために、自社のブランドと都市景観を数十億人にアピールしたい企業スポンサーと都市のエリート層を引きつけた。

世界のテレビ視聴に関する統計はさまざまな形態で得られる[7]が、信頼性が低いことで知られている。本章が取り扱う時代にIOCが好んで引き合いに出したのは、「平均番組視聴率データ」である。これは、当該番組を3分以上視聴した人をカウントする方式であり、通常はピークの数値を使用する。またIOCは、「放送到達範囲」もよく引用した。放送国数、キャスター数、対象放送人数に基づく、オリンピックを視聴可能な人数の推計である。調査によってこうした数字は高めに出ることが多いと示されているが、一方で、大会をオンラインやモバイルデバイス経由で楽しむ人はますます控えめに算出されるようになっている。だが、実際の数値がどれほどのものであれ、傾向ははっきりしている。バルセロナ大会は160か国、アトランタ大会は216か国、シドニーは220か国に配信された。これはほぼ地球全体と言ってよい規模だ。ソウルオリンピックの合計視聴時間は１０４億時間だったが、これがアトランタでは１９６億、アテネでは３４０億時間に延びた。日本の平均的テレビ視聴者はオリンピックを30時間以上視聴していた。また、17日間の開催期間中、世界のプライムタイム視聴率のうちオリンピックが20パーセントを占めた。これらすべてを何倍にも拡大するのが、スポンサーの取り組みである。たとえば、１９９６年のアトランタでは、コカコーラは公式ソフトドリンクの認定を受けるために４０００万ドルを支払っただけでなく、土地を購入してコカコーラ遊園地とオリンピック博物館を建設し、聖火リレー全体の費用を負担した。さらに、オリンピックのみをターゲットにしたグローバルマーケティング予算に13億ドルを支出した。[8]

最高視聴率が記録されるのは、オリンピックの開会式だ。開会式のコストや規模の拡大と複雑化は、オリンピックブームを最もよく表す指標のひとつとなっている。[9] バルセロナでは夜間に開催することでそれまでの開会式とは雰囲気をがらりと変え、ただの「大きなお祭り」を本物の演劇スペクタクルに変貌させた。仮設フロアが初めて導入され、どれほど規模の大きなイベントでも学校の運動会のように見せていた陸上トラックと芝が隠された。過去の開会式で見られたマーチングバンド、練習の足りない子供の演奏、ブロードウェイ的振り付けなどに代わって、アヴァンギャルドなダンス、ポストモダンなサーカス、ビジュアルアート、実験的演劇などが披露された。聖火台に点火する際は、目新しさとテレビ向けの演出が重視された。バルセロナでは、パラリンピアンのアーチェリー選手、アントニオ・レベロが、立ち上るガスに向かって炎の矢を放った。リレハンメルでは、スキージャンプ選手が聖火をスタジアムまで運んだ。アトランタでは、パーキンソン病を患い手の震えるモハメド・アリが起用された。何物にも勝る同情を誘ったうえに、知名度も満点だった。シドニーでは、聖火が水中と空中を通った。そして、ヨーロッパ一の愛煙家天国で知られるギリシアでは、まるで下を向いた人物の葉巻に火をつけるかのように点火された。バルセロナの開会式では、地中海、カタルーニャ、スペイン、ヨーロッパの物語が紡がれた。シドニーでは、肩肘張らない荒くれ者の文化が披露された。奥地のカウボーイが馬に乗ったまま五つの輪をかたどると、「G'DAY」（やあ！）と書かれた歓迎の大きな旗がスタジアムの屋根から広げられる。さらに、オーストラリア大陸の計り知れない生態系、アボリジニの歴史、新たな多文化移民などが、美しいコスチュームと共に伝えられた。アテネでは、特に大胆な歴史の改変がおこなわれ、山車に乗った歴史絵巻のパレードがスタジアムを回った。ミノア人、アテナイ人、ビザンティン帝国まで来ると、フランク王国とオスマントルコに支配された1500年の不都合な時代をまるごと飛ばして、ギリシア独立戦争、1896年のオリンピック、歌手のマリア・カラスと続いた。その後は解釈しようのない特殊な光のショーがおこなわれたが、どうやらヘレニズム期の科学と哲学を、現代の理性と技術的進歩の唯一の歴史的な源として描いたもの、だったようである。

2 新しい批判勢力

かつて、イデオロギーにまだ何らかの意味があった時代、IOCとオリンピックには、オリンピックに対抗するスポーツ行事を開催しようとする批判者や競争相手が存在していた。たとえば、労働者スポーツ運動は独自の人民オリンピックを企画し、脱植民地化が進んだ世界の新興国はGANEFO大会に挑戦した。プロテスタント原理主義者は、1928年アムステルダム大会に倫理的見地から反対した。しかし、冷戦から10年も経つと、古典的な筋肉社会主義も、第三の道をゆく反帝国主義も、国際的なスポーツの祭典にイデオロギー的な利点を見いだせなくなっていた。オリンピックの競技に女子を含める取り組み、そして女子受け入れの条件については、大会のなかで、そしてIOCやその他のスポーツ官僚機構で引き続き議論が展開されていたが、それを積極的に推し進めようという外部の人間やスポーツ社会運動はなかった。しかし新しい批判勢力は、このオリンピックという世界的なスポーツ行事が、行きすぎた都市化や都市ブランディングと結びつくことで、邪悪で反動的な勢力になっていると主張した。1976年デンバー冬季オリンピックを阻止したのは、環境保護運動家と、増税に反対するグループの連合だった。つまり、そもそもスポーツに社会的な価値があるのか、ましてテレビのショーになるような形態のものはどうか、という疑問を持つ人々が、オリンピック・ムーブメントの最も手強い反対勢力となったのである。アムステルダム、トロント、ベルリンもオリンピック招致に動いていたが、それまでにない形の組織的な反オリンピック運動による妨害を受けて頓挫した。

　このような展開の始まりとなったのは、1980年代中頃に1992年大会に立候補したアムステルダムだった。[1]アムステルダムでは、環境問題に注力する左翼議員たちと、市内で広がっていた無断占拠運動が、「NOLYMPICS」の旗の下で協働した。「シチュエーショニズム」と「ハプニング」の故郷のひとつであるアムステルダムという都市のカウンターカルチャーは、ショーの持つ力と重要性をはっきり理解しているがゆえに、国家が土地、住宅、開発を仕切ることを警戒しており、また、あらゆる形態の戦闘的な活動や、ユーモラスに挑発する技術に精通していた。NOLYMPICSの招致反対キャンペーンは、史上最も辛辣で、同時に抱腹絶倒の内容となった。キャンペーンビデオは、悪夢のような交通渋滞や、自転車泥棒とひったくりの映像を紹介し、聖火のトーチでマリファナタバコと爆弾に点火してみせた。[2]IOC委員が視察に来ると、全委員にマリファナ1袋と、ヴァン・ティーン市長が署名した手紙を送りつけた。「南アフリカのダイヤモンドに続き、頭のすっきりする品をお送りいたします。オランダオリンピック委員会は、アムステルダムの名産品をご紹介いたします。貴殿のご判断によい影響があることを願っております。この国民的商品は500か所の合法的販売所でお求めいただけます」。運河船ツアーを待っていた世界中の国際競技連盟の職員に対しては、100人の活動家がトマトや卵を投げつけて治安警察に逮捕された。ローザンヌでIOCの票決がおこなわれた日には反対活動家も集まり、豪華なシャトルバスを取り囲み、委員会が集合写真を撮るその瞬間に、聖火トーチ型の発煙筒を焚いた。

　トロントのオリンピック反対運動はもう少し〝まじめ〟ではあったが、同じくらいの強い効果があった。[3]「サーカスではなくパンを」連合による反対運動は、市内でホームレス問題、貧困問題、貧困層向け公営住宅などを扱う個人や組織が先頭に立っておこなった。この「サーカスではなくパンを」連合は、「反招致」本も編集・刊行した。トロントには10万人のフードバンク利用者と2万人のホームレスがいて、しかもその数が増え続けているのに、オリンピックの費用を払う余裕などないと主張する一冊であった。なお、カナダの民主主義の質の高さを示すかのように、「サーカスではなくパンを」連合は、IOC評価委員会のために来訪した委員と面会して、懸念を伝えることが許された。このような開かれた姿勢は賞賛されてしかるべきではあるが、政治的戦術としては得策とは言いがたい。以来、IOCはこうした組織的な反対運動を毛嫌いし、開催都市の市民やメディアに対し、独裁国家並みの集団的熱狂とイデオロギー的な均質さを示すことを求めるようになっている。結局トロントが招致合戦にあっさり敗れると、配管業界の大物でオリンピックのヨット選手でもあった招致委員長のポール・ヘンダーソンは、怒りのあまり招致失敗の原因を反対運動家に押しつけた。トロントのオリンピック反対運動家たちは、スタジアム会場として予定されていた港湾部を「オリンピック・フリー・ゾーン」と名付けて祝杯を挙げた。

２０００年夏季大会におけるベルリンの立候補は、ベルリンの壁が崩壊する前から東方外交［１９７０年頃から西ドイツが実施した、東側諸国との関係正常化を目指す政策］の一環として検討されてはいたが、実際に街が統一され、新たにドイツの首都になったことでついに具体化した。[4]しかし、分断の日々のなかで生まれたオルタナティブ・カルチャーやコミュニティの意見は違った。１９９１年にＩＯＣ委員がベルリンを訪れた際には１５００人の警官による警護が必要となり、ＡＯＫ（反オリンピック委員会）が取り仕切る全市を挙げた3日間の抵抗運動では41人が逮捕された。６００人以上が自転車に乗って参加した自転車デモは、警棒を振るう警察に鎮圧された。翌年には、ベルリンのオリンピックスタジアムから１９３６年大会の組織委員長カール・ディエムを讃える額が盗み出され、「人質」に取られた。市内に掲げられた五輪旗は何度となく引きずり下ろされた。ＡＯＫがＩＯＣの全委員に送付した公開書状は、「金で動く政治家、スポーツ当局、建築マフィアのほうばかりを見ている状態」から脱却しなければならない、とＩＯＣ委員に警告する内容だった。こうして、議論に異論が入り込んだ。

この書状によって、ベルリンのもうひとつの顔があらわになった。帝国主義、資本主義、２０００年オリンピックに抗議、抵抗するベルリン。無政府主義者、落ちこぼれ、パンク、ゲイとレズビアン、オルタナティブ、投石者、喧嘩好き、詐欺師、貧困者、酔っ払い——気の触れた者らが住む町だ。[5]

その後12か月にわたって、ベルリンは機関銃のような各種の反オリンピック抗議に見舞われた。招致に関連する企業や銀行には火炎瓶が投げ込まれ、高価な車にはオリンピック反対を訴える絵がスプレーで描かれた。サマランチに宛てた2通目の公開書状で、AOKは「ベルリンオリンピックは、貴殿と貴殿のスポンサーにとって悪夢となることだろう」と警告した。1993年春にIOCが最後の訪問をおこなったときは1万人が路上に出たため、当局は4500人の警官を動員し、市内の大半の交通を封鎖せざるを得なくなった。夏の終わりには、東ベルリンでケーブルテレビ放送が突然いっせいにみられなくなった。大本の接続箱をこじ開けてみると、そこにはオリンピック反対のステッカーが貼られていた。オリンピック開催地はシドニーに決まった。

　バルセロナオリンピック開催されてから20年以上が経つが、バルセロナでさえもメッキが剝げかけている。たしかに街は豊かになったが、オリンピックをきっかけに観光業に過度に依存したこと、そして海岸地区の大半で高級化が進行したことによる社会的コストの費用分配に関する議論は今でも続いている。アトランタでは体のよい地上げが横行し、いまもその傷跡は癒えていない。本章で扱う大会のメダリストのなかにも、ハイパフォーマンススポーツにおける薬物との終わりなき戦いによって、過去に遡ってメダルを剝奪された者は多い。そしてアテネでは、新しいオリンピアの新しい廃墟が、何よりも雄弁なブームの遺産《レガシー》となっている。

3　1992年バルセロナ大会

バルセロナは、まさに万華鏡だった。当時としては史上最多の169か国が参加し、その3分の1近くの国が何らかのメダルを勝ち取るなか、オリンピックはさまざまな国にまつわるストーリーを提供した。入場行進は、冷戦後の世界の地理的状況を案内するかのようだった。この大会には、ブランデージ時代のような急造チームではない、真の統一ドイツ・チームが初めて参加した。また、1991年に解体したソ連から新たに独立したバルト三国（エストニア、ラトビア、リトアニア）も、1936年以来初めてナショナルチームを派遣した。その一方で、残りの旧ソ連諸国は、影が薄く短命だったEUNチームにしがみついた［EUNはCIS（独立国家共同体）をもとに、バルセロナ大会および同年冬季アルベールビル大会でのみ編成されたバルト三国をのぞく旧ソ連統一チーム、と大まかに理解していただきたい］。ただし、このチームの取り決めはひどくあいまいで、選手たちはただの「統一チーム」として参加し、中立の五輪旗のもとで入場するという扱われ方だった。内戦を経て分裂した旧ユーゴスラビアは、クロアチア、ボスニア・ヘルツェゴビナ、スロベニアが独立国として参加し、残ったセルビアとモンテネグロの選手だけが個人資格で参加した。

そして、ミュンヘンの虐殺から20年後のこの大会で、ヤエル・アラドがイスラエル人として初めてオリンピックのメダルを獲得した。柔道で銀メダルを獲得したのち、アラドはこう語った。「虐殺の仇を取ったとも言えるかもしれません。このメダルは、家族とイスラエルの人々のおかげです」[1]。しかし、ミュンヘンの虐殺についてサマランチが公の場で言及するまでには、さらに4年の月日と、アトランタオリンピックでのテロ発生を経なければならなかった。

インドネシアでは、ジャカルタの街路に何百万という人々が集まり、同国で初めての金メダルを獲得したバドミントンの大スター、スシ・スサンティとアラン・ブディクスマを出迎えた。オランダ帝国主義支配の末期に、バドミントンはアジア的なスポーツ（そしてまったくオランダ的でないスポーツ）として、ジャカルタの教養あるジャワ系と中国系の人々のあいだで人気になった。独立後のインドネシア政府は、バドミントンを国技として位置づけた。スサンティとブディクスマは、巨大なシャトルコックが取り付けられたリムジンのオープンカーで首都の街路をパレードした。

　イギリス人にとっては、敗北のなかに哀愁を誘われる一幕があった。400メートル走の準決勝で、イギリス代表のデレク・レドモンドが太もも裏の筋肉を痛めて競走を中止した。そのときスタンドから父親が駆け込み、ラインを越して手を貸したのである。観衆は父子にスタンディング・オベーションを送った。中国は、クールで勇敢な若者の天才的演技に喝采を送った。9歳から国の出資するエリート向けトレーニング機関に所属していた伏明霞《フーミンシャ》は、わずか13歳ながら、めまいのするような10メートルの台から飛び込み、バルセロナオリンピックの最年少金メダリストとなった。中国の経済関連省やスポーツ関連省による飽くなき成長の追求と、向こう見ずな行動を象徴する出来事と言えるだろう。アパルトヘイト廃止に向けた話し合いを続けてきた南アフリカは、1960年以来初めてオリンピックの場に戻った。それまで、国内のほとんどの競技で黒人を排除していたため、90人以上の選手団に黒人選手は8人しかいなかったが、フレデリック・デクラークではなくネルソン・マンデラが開会式に出席し、いつものように、現実的な和解の雰囲気をつくった。「(選手団の人種の割合が)人口比を反映しているに越したことはないが……何ごとにも出発点が必要だ」[2]。かつてアパルトヘイト国家だった国と国際社会との和解の兆候は、女子10000メートルで見られた。南アフリカ代表の白人、エレナ・マイヤーは、しばらくのあいだエチオピア代表の黒人、デラルツ・ツルとの一騎打ちを繰り広げた。やがてツルがマイヤーを引き離し、アフリカの黒人女子として初めてのオリンピック金メダリストとなる。ふたりは大歓声に包まれながら、それぞれの国旗を羽織って、手と手を取り合ってウイニングランをおこなった。

　しかし、これらすべての偉業にもかかわらず、選手の影は薄かった。ジョージ・ベクシーはニューヨークタイムズ紙に次のように綴っている。「選手たちにはチャンスはなかった。どれだけ跳び、走り、漕いでも、夏季オリンピックの中心にはなれなかった。この大会の真の勝者はカタルーニャの人々だった。常に、サグラダ・ファミリアの尖塔が背景にきらめき、モンジュイックの泉があり、遠くにはティビダボの塔が見えた」[3]。バルセロナオリンピックは世界中にテレビ中継された。そして、オペラのように豪華な大会の主人公として位置づけられていたのは、バルセロナの街そのものだった。わずか10年前には脱工業化により停滞した港にすぎなかったバルセロナは、文化の中心地、建築界の宝、有力な観光地、現代の高人口密度の都会らしさの模範として生まれ変わり、世界の国々に提示された。特設された5つのカメラ塔により、世界中の放送局が、美しく切り取られたこの街の姿に24時間年中無休でアクセスすることができた。[4] モンジュイックの水泳場からは市内全体を眺められた。選手村は、再開発された、きらめく海岸地区の中心に位置し、すぐ近くには都会的な美しいビーチがあった。西欧世界の中流層を意識して、組織委員会はポップオペラ風の曲「バルセロナ」を、クイーンのフレディ・マーキュリーとスペイン人歌手モンセラート・カバリエに委嘱した。フレディは大会開催前に亡くなっていたが、開会式の最初にこの曲が演奏された。閉会式でも同じ客層がターゲットとなり、アンドリュー・ロイド・ウェバーによるスペイン風の楽曲「フレンズ・フォー・ライフ」を、サラ・ブライトマンとホセ・カレーラスが歌った。

成果は上々だった。オリンピック以降、バルセロナは観光地としても国際会議の開催地としても高い人気を誇るようになり、訪問者数があまりに多いため、来訪を抑制する施策の実施が検討されたほどだった。建築家、プランナー、オリンピック招致委員会のあいだでも、バルセロナの評判は急速に高まった。1999年には、イギリス王立建築家協会（ＲＩＢＡ）がバルセロナ市にゴールドメダルを授与している。以降のオリンピック招致において は、バルセロナのモデルと都市変革の有望性について、必ず言及されるようになった。

しかし、大会に対するベクシーの見立てやバルセロナの街に対する熱烈な賞賛は、物語の一部でしかない。バルセロナはオリンピック都市計画として他の都市が真似できるようなモデルではなく、実際には、おそらく繰り返すことのできない、ほとんど唯一の状況から生まれた特殊な例だった。ベクシーと世界中の視聴者はバルセロナの街の魅力に目を奪われていたかもしれないが、スペインという国の内部から見れば、状況はまったく違った。世界に向けた見せかけのイメージの下では、実際の1992年バルセロナ大会は、スペインの文化的、政治的衝突の、燃えたぎる*るつぼ*だったのである。[5]

ある意味で、バルセロナが唯一無二の存在となるのは当然だった。街そのものが、未発見の宝石だったからだ。ミロ、ピカソ、ガウディなどに匹敵する芸術的遺産を擁する街が、他にいくつあるだろうか。しかし、バルセロナの独自性には、政治的な理由もあった。他の開催都市のほとんどが、オリンピックをきっかけに都市開発に介入したのとは異なり、バルセロナはきわめて長期的な都市計画プログラムによって成長を遂げた。オリンピックは、きっかけではなく、集大成だったのだ。また、バルセロナの開発は、私的空間より公共空間を、私的交通より公共交通を優先しておこなわれた。けばけばしい建築物を新たにつくるよりもすばらしい修復を選び、街路と広場、木陰と低木などの細部にまでこだわり、収益性よりも生活のしやすさを優先した。[6] バルセロナ・モデルのふたつの側面を確立したのは、1970年代後半から約20年間市政を担ってきたカタルーニャ社会党系の市長、ナルシス・セラとパスクアル・マラガイのふたりである。

同じくらい稀有な状況として、タイミングのよさが挙げられる。当時、国、州、市でそれぞれ異なる政党が政権に就いていたのだが、バルセロナオリンピックの資金調達と開催に関しては、それら三者すべてにオリンピックに協力する相応の理由があったのである。[7] バルセロナ市にとってのオリンピックは、開発政策と、工業都市からサービス・観光都市に移行する取り組みの論理的な帰結だった。フェリペ・ゴンザレス首相率いるスペイン社会労働党政権はオリンピックを、現代的、民主的、かつハイテクな新たなスペインのイメージを固めるための巨大プロジェクトととらえた。スペインの中央政府は、1992年を「スペインの年」と位置づけていた（この年は、オリンピック以外にもセビリア万博が開催され、同国初の高速鉄道AVEが開業している）。最後に、ジョルディ・プジョールと保守的ナショナリスト政党の「集中と統一」が運営していたカタルーニャ州政府、通称「ジャナラリター」は、国外に対してはカタルーニャを演出する機会、国内に対しては新しいスペインにおけるカタルーニャの立場を試す機会と考えた。

このように広い支持を得られたのは幸運だった。というのも、バルセロナオリンピックは決して安くつかなかったからだ。実際には、1964年東京オリンピック以来最も高額な大会だったと思われる。何を計算に含めるかにもよるが、大会に費やされた50億ドルの大半を占めたのは、バルセロナの空港、港湾、ビーチ、下水道、地下鉄、環状道路、中央広場、公園などの刷新費用であり、実際の競技会場の建設費用はわずかだった。冶金会館など1929年の万博の際に建設した建物を再利用したケース、市内のビッグクラブ、FCバルセロナとエスパニョールの施設を利用したケース、自転車競技場など大会よりかなり早く建設された新施設を利用したケースがあり、新設されたのは、モンジュイック・オリンピック・スタジアムのすぐそばの通信塔（設計はサンティアゴ・カラトラバ）くらいだった。

とはいえ、誰もがオリンピックを支持していたわけではなかった。スペイン政府とオリンピック組織委員会は、オリンピックに対する3方向からの攻撃を適切に予測していた。バスク地方の分離独立を目指す武闘派組織の「バスク祖国と自由」（ETA）、カタルーニャ州のマルクス主義ナショナリスト武装組織「テーラ・リウラ」、そして極左組織の「10月1日反ファシスト抵抗グループ」（GRAPO）である。後者の2組織は、1980年代後半から1990年代前半に、オリンピックのスポンサーとなっている銀行などの一連のオリンピック・ターゲットを相手に作戦を敢行したが、大会開始前に一斉検挙で大半が逮捕された。ETAはスペインの治安警察の圧力が続くなか、開会式の電源供給を妨害しようとしたが、警察に阻止され、報道には無視された。大会にとって最大の脅威となったのは、カタルーニャ・ナショナリズムの主流派だった。1989年、これから訪れる変化の前触れのように、モンジュイックのオリンピックスタジアム改修の完成式で、群衆が国王フアン・カルロス1世とスペイン代表チームの両方にブーイングを浴びせた。そして、1991年末から1992年初頭にかけては、バルセロナオリンピックにおけるカタルーニャの立場について懸念を持つグループの緩やかな連合体が、徐々に自らの意見を主張するようになった。* 不安定さが高まる数か月のなかで、要求が矢継ぎ早に挙がった。スペイン代表とは別のカタルーニャ代表をIOCに承認してもらい、カタルーニャをオリンピックの開催主体に加えるという過激な意見もあったが、全般的には、カタルーニャの象徴を大会の開会式や閉会式に組み込むだけでなく、スペインと対等な立場が認められるべきだという主張だった。ここで言う象徴とは、カタルーニャ国旗（サニェーラ）、国歌「収穫者たち」、カタルーニャ固有の踊りであるサルダーニャ、そしてカタルーニャ語自体である。同時期に、オリンピックボイコットの呼びかけ、オリンピック会場での大規模デモ、そして、暴力と横断幕でスタジアムを埋め尽くすという脅しもあった。

＊ 次のようなグループが含まれる。バルセロナおよび将来のオリンピックでカタルーニャ代表を独立して参加させることを要求している「カタルーニャオリンピック委員会」（COC）、有力なカタルーニャ語団体の「オムニウム・クルトゥラル」、より過激な新団体「連帯への呼びかけ」、「集中と統一」が支援するカタルーニャの若者の文化グループ「アクシオ・オリンピカ」、そしてカタルーニャのナショナリストでも極端な分離主義左派に属し、カタルーニャ州議会にも当時多くの議席を持っていた政党「カタルーニャ共和主義左翼」（E

RC）など。

6月初めに、大会組織委員のマラガイ市長とジョルディ・プジョールはオリンピック平和宣言を発した。祝典に関してはナショナリストが掲げた要求をほとんど受け入れ、国営テレビが史上初めてスペイン語と同時にカタルーニャ語でも放送するという歴史的発表がおこなわれた。

しかし、このオリンピック平和宣言のみでは過激派ナショナリストたちを満足させることはできなかった。彼らは宣言どおり、オリンピアからの聖火到着を歓迎するためにおこなわれた式典で抗議に出た。聖火は、古代ギリシアの植民者が紀元前6世紀に拓いたとされるカタルーニャ州の小さな町、アンプリアスの海岸に到着する予定だった。聖火が渡されると、ある闘士が舞台に駆け上り、「カタルーニャに自由を」という旗を聖火の台座にかけた。スペインのテレビはこの事件を報道しなかったが、旗は式典のあいだじゅうその場に放置され、翌日の新聞の1面を飾った。中央政府の社会党員、ハビエル・ソラーナ教育・科学相が立ち、スペイン語で演説すると、その声はブーイングでかき消された。

その後9日間、聖火リレーがカタルーニャを回る間、その周りには、ビラを配る者、旗を振る者、抗議する者がついて回った。ナショナリストの勢力が強いバニョラス（ボート競技の会場）には、400人の警官がリレーのあいだずっと警備に当たった。モンセラートでは、司教とマラガイ市長の演説が、独立を歌うチャントに声をかき消された。しかし、トーチがカタルーニャを去り、スペインの他の地区に旅立つと、オリンピック平和宣言が効力を発揮した。ナショナリストたちは、本当にオリンピックを妨害してしまうとかえって逆効果だと気づき、オリンピックそのものは妨害しないことに公の場で合意した。こうして、アイデンティティをめぐる争いは、バルセロナ市内にある無数のアパートのバルコニーに移動した。オリンピックのトーチは、一面の旗で彩られた都市に戻ってきた。旗のなかで圧倒的に多いのはサニェーラだった。旗だけが掲げられていることもあれば、より過激な分離主義のスローガンを伴っているものもあった。バルセロナ市の旗とあわせて掲げられることも多かった。スペインの他の地域の旗と並べて掲げられる場合もあった。スペインの国旗とともにサニェーラを掲げているところも稀にあったが、スペイン国旗だけを飾っているところはほとんどなかった。

バルセロナのバルコニーに掲げられた旗が市民の政治的アイデンティティを表していたとすれば、バルセロナオリンピックの式典そのものは、スペイン政治の複雑な衝突と協調を解説する内容となっていた。バスクやカタルーニャは独立こそ認められていないが、スペインの憲法によって文化的、言語的地位が保証され、地域議会への段階的権限移行を認められている。バルセロナオリンピックで、カタルーニャは独立国としての代表を送り込むことは許可されず、開会式の行進もスペインと独立して、あるいはスペインのなかで別途おこなうことはできなかったが、音楽に造詣の深い人であれば、開会式が聴きまごうことないカタルーニャ調で始まったことに気づいただろう。カルロス・サントスのオリンピック・ファンファーレは、カタルーニャの国民的舞踊サルダーナの伴奏に使われる「テノーラ」というリード楽器で演奏されていたのである。開会式では、カタルーニャの国旗・国歌がスペインの国旗・国歌と同じ地位を与えられた。閉会式では、すべてのオリンピック競技会場と、市内のすべての公共建築で、スペイン、バルセロナ、EU、IOCの旗の隣にサニェーラが翻った。会場内では、公式には禁じられていたにもかかわらず、ナショナリストの闘士たちが組織的に旗や横断幕を掲げ、テレビの前にさらした。オリンピックの期間中は、スペイン語、英語、フランス語に加えてカタルーニャ語もオリンピックの公式言語となり、果てしなく長い会場アナウンスや文字だらけの標識において最優先で扱われた。国王フアン・カルロス1世は、まっさきにカタルーニャ語で開会を宣言した。国王が「みなさま、バルセロナにようこそ!」と述べると、残りの挨拶は観衆の熱狂的な拍手で聞こえなくなった。国王は政治的なバランスを取るための繊細な行動の仕上げとして、どの陣営も受け入れられるような地域的アイデンティティを優先させた。たとえば、バルセロナは「地中海の都市」であり、なによりも「ヨーロッパの都市」だというのである。

EU絡みの問題となると、スペイン国内で対立する勢力同士も合意することができた。中道左派と中道右派はEUを、スペインが安定的に民主主義に移行する際に頼れる存在とみた。バスク人とカタルーニャ人は、自分たちの小さな国家をいつか保護してもらう可能性のある政治的な傘だと考えた。そして、貧しい地域であるカスティーリャは、農業補助金と構造支援を当てにした。欧州委員会の側にも、バルセロナオリンピックに着目する独自の目的があった。委員会は、オリンピック関連の宣伝とプロモーションに1600万ドル相当の予算を確保した。欧州委員会委員長のジャック・ドロールは国家元首同様の待遇で迎えられた。また、ヨーロッパの愛唱歌としての地位を確立したベートーヴェンの「歓喜の歌」が、カタルーニャ語、スペイン語、およびドイツ語で歌われた。各国の入場行進のクライマックスでは、選手たちが12の巨大人間ピラミッドで囲まれた。このピラミッドはそれぞれ、当時EUに所属していた12か国を象徴していた。観衆は、席に置いてあった青または金色のポーチをつけてスタジアム全体で欧州旗を表現した。閉会式でも、青と金色の星を表現する花火が披露された。

これらは、インテリにとっては素晴らしい演出だったかもしれない。だが、なんと言ってもここスペインは、セレブジャーナリズムのなかでも特に提灯記事の多い雑誌「ホーラ!」の生まれた国だ。オリンピックは、国王ファン・カルロス1世とロイヤルファミリーの撮影会としては劇的な成功を収めたと言える。危険な共和主義の流れがカタルーニャでできていたにもかかわらず、また、フランコの後継となる国家元首として指名された立場にもかかわらず、1981年の右翼クーデター未遂の際に果たした役割や、民主化への堅実な取り組みによって、国王は多くの大衆に愛されるようになっていた。国王は開会式でカタルーニャ語を使ったことで、最も意固地な分離主義者を除いて、全員が許容できるような国の象徴となった。他のロイヤルファミリーもそれを見事にアシストした。エレナ王女は、弟のフェリペ王子が国旗をスペイン代表チームのところまで運ぶのを見て優しい涙をこぼした。フェルミン・カチョが1500メートル走で予想外の勝利を挙げたときの我を忘れたかのような国王の祝辞も、庶民の人気をさらに確かなものにした。お祝いムードはまだ続いた。というのも、スペインは金メダル13個を含む合計22個のメダルを勝ち取り、表彰のたびにスペイン国旗と出身地域の旗を掲げたからだ。最も示唆的だったのは、オリンピック開始前からカタルーニャ人としてのアイデンティティを示していた選手たち、たとえばFCバルセロナのミッドフィールダー、ペップ・グアルディオラや、女子ホッケーのエリー・マラガイなどが、スペインとカタルーニャ両方の国旗の前で金メダルを受け取ったことだった。また、とりわけドラマチックなのは、男子サッカースペイン代表が最後の最後に決勝点を挙げて3対2でポーランドを下したのが、FCバルセロナのホームスタジアム、カンプ・ノウだったという事実である。フランコ政権下では、このスタジアムはカタルーニャ人たちが集まり、自分たちの言語と文化への抑圧と、粗野な独裁政権に対する抵抗を表明できる、唯一かつ最も重要な場所だった。その場所で、スペイン国旗がスタンドに翻り、スペイン語のチャントが鳴り響いたのだ。

　バルセロナでは、強い存在感を示し、ブランドを印象づけた選手たちもいた。あらゆる面において、バルセロナ市のドラマと同じくらい華やかなドラマ性を秘めた選手たち――いわゆるドリーム・チームだ。[8] 見過ごされがちだが、バルセロナは、サマランチが刷新した、もはやアマチュアとプロの区別を付けないオリンピック憲章のもとにおこなわれた最初の大会だった。最上級のバスケットボールの試合を見せて競技をグローバル化したいと考えていたNBAの意向で、アメリカはこの1992年大会に、初めて大学生選抜ではなくNBAのスター軍団を送り込んだ。最も才能豊かな選手たちが集まる世界一のバスケットボールチームが金メダルを獲得することは、誰も疑わなかった。どのように勝つか、メディアフィーバーがどれほどのものになるかだけが焦点だった。このドリームチームは、NBAが1960年代から1970年代にかけての目立たない存在から、1980年代と1990年代に主流エンターテインメントとなり、収益もそれにふさわしく大きくなるまでのあいだに中心選手だったスターの集まりだった。共同でキャプテンを務めたラリー・バードとマジック・ジョンソン――1980年のNBAを代表する白と黒、ボストンとロサンゼルス、セルティックスとレイカーズのマッチアップ――に、1990年代最高の選手たちが加わった。特にマイケル・ジョーダンは、最強の選手であると同時に、誰よりも商業価値の高い存在だった。まさに「衝撃と畏怖」のアメリカ、どんなチームと対戦しても勝てるテクノロジーとリソースを兼ね備えた、唯一の超大国だった。[9] チャールズ・バークレーが初戦の前にこう述べている。「僕はアンゴラのことをあまり知らないけれど、彼らが窮地に立っているのはわかるさ」。これぞ、資本主義国家であることを誇るアメリカだった。これまで長いことオリンピックから排除されていた超商業的なスポーツチームが、社会主義国家が援助するバスケットボールにいまや易々と勝てるようになったことを示した。そして、これぞ銀河系軍団といえるスターを擁するアメリカだった。選手たちは、広告とブランディングの錬金術によって、超人、ヒーロー、悪役へと姿を変えた。ドリーム・チームは、他のどのオリンピックチームよりも多くのストーリー、シャッターチャンス、アングルを提供した。どちらの世代が優れているかをめぐるジョーダンとジョンソンの争い、クライド・ドレクスラーの静かな怒り。コートでは恐ろしい選手だが、ランブラス通りの人々の前に出るとすっかり好青年になるチャールズ・バークレー。そしてもちろん、ブランドへのこだわりと、スポンサーへの忠誠だ。チームは公式スポンサーであるリーボック提供の服で金メダルを受け取ったが、ナイキの広告に出演していたマイケル・ジョーダンは、アメリカの国旗でリーボックのロゴを隠した。

4 1996年アトランタ大会

アトランタの人々にとって、第26回オリンピアードは、雲を頂くオリンポス山の山頂のように、未来のうえにそびえている。それは、つかむべき夢、極めるべき思考、受け入れるべき瞬間だ。夢として、オリンピックはこれまでの何よりも、願望という絆で街をひとつにしている。[1]

オリンピックに対する不誠実なビジョンは、過去にも存在した。コスモポリタン的な（国家の枠にとらわれない）ものとなるはずだったスポーツが、狭量なイデオロギーやナショナリズムに仕える存在として押し込められた。しかし、そのレトリックが比喩的、倫理的に空っぽだったとしても、内容の豊富さには事欠かなかった。アトランタは、その圧倒的な空虚さにおいて、すべてに勝っていた。大会にまつわる公式の物語はこうだ。アトランタに、ビリー・ペインという顔の広い弁護士がいた。ペインは、共同体主義的《コミュニタリアン》な喜びに顔を紅潮させ、ベッドに入っても眠れずにいた。下町のダンウッディにある自分の教会にオルガンを買う資金調達キャンペーンが無事完了したところだったのだ。起き上がったペインは妻にこう言った。「もう一度こんな経験ができる大義名分はないかなあ」。そしてその大義名分こそ、アトランタにオリンピックを招致する運動だったというのだ。[2] ペインが擁した高級弁護士、マーケター、企業重役、プロのイベント主催者は、夢を抱き、これまでのどの招致委員会よりも多い接待予算を使って道を邁進した。委員たちは間違いなく、もてなし方を心得ていた。トルコ出身のＩＯＣ委員、スィナン・エルデムが、アトランタ訪問を振り返る。「部屋に着いたら、荷物が届いていました。それは私のだったんです」[3]。政治のやり方もわかっていた。アメリカ国外の人々が唯一アトランタについて知っていそうで、かつオリンピックにとってプラスに働きそうなことは、マーティン・ルーサー・キング牧師と公民権運動の故郷だということだ。そこで、招致のための重要人物として、アトランタの元市長、アンドリュー・ヤングを誘い込んだ。公民権運動が最も激しかった時期にキング牧師を補佐し、カーター政権の国連大使も務めたヤングは、アフリカと発展途上国の票を獲得するのに適した名声とコネを備えていた。ただし、何を達成するべきか、どのような夢を実現するかについては、ヤングはいまひとつ明確にできなかったようで、神頼みのような言葉も残している。「ひょっとして、アトランタは神の計画のなかで特別な役割を果たすことができるのだろうか」[4]

　このような後ろ盾があったにもかかわらず、アトランタは近代オリンピック１００周年となる１９９６年大会の開催地として決して本命ではなかった。１８９６年大会を開催したアテネなら象徴としてわかりやすい選択になるが、ＩＯＣ委員の多くは、街とスポーツ関連のインフラが当日まで間に合わないのではないかと懸念した。トロントは、地元で大規模なオリンピック反対運動がおこなわれたために力を失い、決選投票から落選した。トロントに投票した国はすでに北米に傾いていたので、決選投票ではアテネではなくアトランタに入れた。

　もてなしと運についてはとりあえずおいておこう。一時期、アトランタ市のマーケティング部長を務めたジョエル・バビットは自問自答した。「オリンピックをどうやって勝ち取れたのか。それは、自信とセールスマンシップだ。結局、我々には偉大な建築や地中海があったわけではないのだから」[5]。だが、より皮肉で、かつ洞察力に満ちたある人物は、招致が成功した理由についてこう語る。「考えうる最も大きな嘘を思いつき、世界中を走り回って、その嘘が本当になるまで言いふらし続けたからだ」[6]

ペインとそのオリンピック応援団は、非常に怪しげなふたつの見解を携えて選挙を戦った。まず、アトランタは、国際的なコネクションがあり、大会を開催する準備の整ったグローバルな都市である、という見解。実のところ、アトランタの高速道路、電車、下水道などのインフラの多くは、都市の急激な成長と比べると、みじめなほど不十分だった。アトランタが国際社会のなかで示していた存在感の要は、利用率の高い国際ハブ空港があることと、世界で最もグローバルなブランドであり、多国籍企業のパイオニアでもあるコカコーラと、テレビと国際ニュースの新興勢力であるテッド・ターナーのCNNというふたつの企業のお膝元であることにあった。これら自体は重要な資産だったが、その他ほとんどの面では、アトランタは依然として、地方色の強い二流の都市にすぎなかった。この面が、招致委員会による2番目の怪しげな見解の核となった。アトランタは「新しい南部」の首都だというのである。こちらの物語では、アトランタは単に経済的、人口的にアメリカの最もダイナミックな地域の最もダイナミックな都市であるというだけでなく、アトランタが生んだ最も有名な人物であるキング牧師の夢が実現した姿であり、1968年の暗殺前に思い描いていた、人種平等と公民権確立の模範であるとされた。しかし、このアトランタの表面を削ってみると、アトランタの南部らしさは、礼儀正しさ、もてなしの心、温かいコーンブレッドくらいのものだ。「新しいアトランタ」の地理的、経済的現実を見ると涙が出る。

アラバマ州バーミングハム［キング牧師が主導した「バーミンガム運動」の舞台となった街。かつて「アメリカで最も人種差別がひどい街」といわれた］ほどではないにしても、アトランタは人種調和の街とは程遠かった。[7] 公共住宅と学校における人種統合は、南部の大半では激しい怨嗟の声と暴力を伴ったが、アトランタでは比較的平和に進んだ。もっとも、金儲けのためには他のことは邪魔にしかならないと考えられただけかもしれない。少なくともこの点では、アトランタは「ヘイトするには忙しすぎる街」という自称のとおりだった。しかし、これらの改革と同時期に進行した経済的・地理的状況の変化によって、アトランタにおける人種隔離は法律上存在しなくなっても事実上は温存された。20年間にわたる急激な経済成長のほとんどは、アトランタの郊外や衛星都市に集中していた。市内と郊外の人口差は、白人が郊外に逃げ、アフリカ系アメリカ人が圧倒的に多い貧困層とホームレスが市内に集中することで、より鮮明になった。アトランタ市の貧困率は60パーセント近くにのぼり、殺人率は全国で2番目に高かった。州間幹線道路85号線やその他の幹線道路の経路は、黒人中心の居住区と白人中心の居住区を分けるように設計されていた。街区に住んでいる人種によって同じ通りに別の名前を付ける慣行があることが、この現実を裏付けている。公共住宅は黒人居住区にばかり作られ、白人中心の北東部ではほとんど計画されなかった。公民権運動と人口移動によって、黒人が市議会の多数派になったが、政治家の影響力は限定的で、税金の基盤は郊外に続々と出ていった。1970年代と1980年代に昔からの大企業や大地主の主導でおこなわれた再開発は、外面の良い、要塞のような建築が圧倒的だった。アトランタの摩天楼は、ポストモダン風の三角屋根、そびえ立つアトリウム、不透明な鏡面の高い壁で形成されるようになった。地上に見られるのは、街区全体の複合再開発や、街路に面し、地下駐車場や空調の効いた歩道などを伴う、警備の厳重なショッピングセンターだ。それらのあいだにはみすぼらしいプレハブの建物、廃棄物置き場、駐車場、立ち入り禁止区域などが散在している。ばらばらに分断された地区は終わりない衰退を続け、ところどころに作られた公共住宅は、物理的にも精神的にも腐っていくに任されていた。

貧困と排除の地理的状況は、公民権運動以来の変化がどれほど小さかったかを、目に見える形で物理的に示していた。アトランタオリンピックでは3つの象徴的な争いが、この印象を強めることになった。ひとつは、テニス、アーチェリー、自転車競技の会場に、ストーンマウンテン公園を選んだこと。ここは、1915年にクー・クラックス・クランが2度目の誕生を遂げた場所として多くの人に崇拝されており、また、会場からは公園の名物である南北戦争時代の南軍のジェファーソン・デイヴィス大統領と、ロバート・E・リー、トーマス・J・″ストーンウォール″・ジャクソン両将軍のレリーフがよく見える。より大きな議論を呼んだのは、すべてのオリンピック会場に掲げられることになるジョージアの州旗だった。ジョージア州旗は、1956年まで南部連合最初の旗「スターズ・アンド・バーズ」を基にしたデザインだったが、公民権運動の盛り上がりに露骨に水を差すべく、青い星を×印の形に配した南部連合の軍旗に取って代わられた。全米黒人地位向上協会（NAACP）の地方支部は、南部連合と南軍に敬意を表する行為は、人類全体の世界主義的な祭典にふさわしくないと強く非難した。州旗を変更する運動は、財界人のあいだで支持され、ゼル・ミラー州知事も南軍旗の×印を削除したいと考え、アトランタで1994年におこなわれたスーパーボウルでは、州旗の使用に抗議する人々が会場を囲んだ。しかし、選挙民が旗の変更に反対したため、大会のあいだじゅう、この旗がひるがえった。[8] 3つ目は最も象徴的かもしれない。それは、大会と並行して実施されたふたつの芸術展の運命だ。「輪――世界芸術の5つの情熱」は、市の中心部にあるハイ美術館で催された。普段は収蔵点数の少なさと無難な趣味でのみ知られるこの美術館に、ロダンの「接吻」やマティスの「踊り子」、そしてマドリードのプラド美術館収蔵のエル・グレコの絵画などが運び込まれた。一方、オリンピックの観光客がほとんど足を運ばない市の南部では、「ソウルズ・グロウン・ディープ」展が催された。これは、アメリカまたは外国で生まれたアフリカ系アメリカ人による500点以上の先進的な展示であった。もともとはハイ美術館で展示されるはずだったが、オリンピックの観光ルートから外され、組織委員会の広報からほとんど見えない東市庁舎に実質的に追放された。[9]

この知的・文化的な空白地に、新しく設立された組織委員会、市議会、そして市商工会議所が集まり、ペインの夢に肉付けしようと、あるいは少なくとも大会のスローガンを決めようとした。大金をかけて調査をしても、「アトランタ――住むにも働くにもすばらしい場所」「アトランタ――計り知れないプライドの街」などの毒にも薬にもならない候補しか出てこなかったので、一般市民が投稿した「アトランタ――レッドネックの海に浮かぶ島」「アトランタと世界。イエス！」などの大胆な文言まで検討したほどだった。スローガンを検討しはじめてから5年、組織委員会が捻り出した最もましなスローガンは「アトランタ――私たちの夢の実現を祝いに来てください」だった。ただ、その「夢」の何たるかを理解した者は誰もいなかった。

アトランタのマスコットも同じくらい深みを欠いた。「ホワットイズイット」がデビューしたのは1992年バルセロナ大会の閉会式だった。[10] これまでのいずれのオリンピックマスコットとも異なり、人間でも動物でもなく、アトランタやアメリカ南部との接点がほとんどないうえに驚くような青色で、発泡スチロールの耳栓を擬人化したような形をしていた。つまり、アメリカの広告やアニメーションを扱う超商業的なグラフィックスタジオで周期的に作られる、無意味な暗号のたぐいだったのである。ホワットイズイットのデザインは差し戻しになり、少しダイエットし、体型をもっとアスリートらしくして、手足も長くすることを求められた。顔もテコ入れされた。

鼻がつき、恐ろしげな雷型の眉毛と下の歯が取り除かれて、ようやく「イジー」として世界に再びデビューした。「シンプソンズ」シリーズのクリエイター、マット・グローニングは、このマスコットを「ピルスベリー社のドウボーイ［製粉会社のキャラクター。小麦粉でできた妖精］と、一番醜いカリフォルニアレーズンをかけあわせたかのようなみじめな姿」と表現した。タイム誌はもっとぶっきらぼうに「スニーカーを履いた精子」と評した。大会の物販ゾーンはイジーのがらくたグッズでいっぱいだったが、興味深いことに、すべての会場で披露するには着ぐるみの数が足りなかったようだった。

ペインらは、オリンピックを完全に民間企業のみの支出でまかなうと約束した。つまり、1984年ロサンゼルス大会の運営形式を、大幅に向上したスポンサー料とテレビ放映権料を利用してさらに現代化しようとしたわけだ。しかし、あらゆる新自由主義の虚構と同様に、アトランタオリンピックのプロジェクトは、あらゆるレベルにおいてアメリカ国家の大規模で多面的な関与を受けていた。場合によっては国家側がかなり強引な手を使うこともあった。そしてこれらすべては明らかに、すでに力を持っているごく一部の民間部門にとって都合よくなるように進められた。メディアは大会のマーケティングに関しては盛んに風刺したが、財務と開発という核心的な問題については完全に沈黙した。組織委員会と戦う者はごくわずかだった。一部の労働組合が、組織委員会が組合活動のない工事現場を要求したことに対してデモを実施したり、公共住宅を扱う社会活動家が、反オリンピックマスコット「スポイルスポーツ」によって書かれたという設定のアトランタ市の裏ガイドを発行したりはしたが、どちらの団体も、メディアや組織委員会にほぼ無視された。一方で、大会に関連する各種の団体に代表を出している建設業界は、組織委員会の後ろ盾を得てやりたい放題だった。1996年アトランタオリンピックは、最低賃金ぎりぎりの日雇い労働者に支えられていた。そのほとんどはヒスパニック地域の不法移民だった。中間マージンはたっぷりだが彼らの賃金は低く、労働条件は劣悪、労働組合は脆弱だった。

哀れなアトランタ市民は、連邦政府、ジョージア州、アトランタ市、そして競技を開催した郊外の各郡が5億ドル以上の公金のほとんどをどのように使ったのか知ることはなかった。国際空港の改修に使った2億5000万ドルも、また、本来は高等教育に使われるはずだったにもかかわらず、ジョージア州立大学理事会が説得を受けて選手村の建設に使用した1億1200万ドルも、地域の人々の役には立ちそうになかった。ジョージア州が所有する世界会議センターも大金をかけて改修された。ボート競技を開催する富裕層向けのゲインズビル・カントリー・クラブにも、施設改良費として何百万ドルもの資金がつぎ込まれた。一方で、アトランタと州間幹線道路をはさんで接し、アフリカ系アメリカ人が大半を占めるニュートン市には何の恩恵もなかった。

この時点までには、アトランタ市そのものがほとんど蚊帳の外になっていた。アトランタ・オリンピックの組織委員会が「フェンスの外側には何ひとつ支出しない」と法規制されていた関係上、オリンピックの資金は完全に会場内と公式スペースに留まった。トリクルダウン経済とはよく言ったものだ。アトランタ市オリンピック開発公社（CODA）はきわめて小規模で、アトランタ中心部の低所得者向け地区の公共住宅改修や移住を支援するための資金が大幅に不足したため、市の公式クレジットカードスポンサーとしてアメリカン・エキスプレス社を指名した。大会公式のクレジットカードスポンサー、ビザから200万ドルを引き出すための駆け引きだ。資金不足があまりに甚だしかったため、市長は巨大なオリンピック用広告を掲示するために、1マイル長のアドバルーンを上げることさえまじめに検討したほどだった。

総決算によれば、連邦政府が最も多額の資金を提供したCODAプロジェクトは、キング牧師の史跡が面する通りの景観を1200万ドルかけて改装するというものだった。オリンピックのメイン会場の数マイル東にあるが、大会の期間中は別世界も同然だった。

ホームレスの市民に宣戦布告したり、粗末な街並みを隠そうとしたりしたオリンピック開催都市は、アトランタが初めてではない。ベルリンでも、東京でも、モスクワでも、反社会的勢力、麻薬中毒者、売春婦とともに、浮浪者やホームレスがダウンタウンから排除された。メキシコシティでは、貧困層の人々に対し、粗末な家並みをサイケデリックな色で塗るように命じた。ソウルでは、オリンピックの準備と並行して、市内の仮設住宅や低所得者向け住宅が政府によってかつてない規模で取り壊された。アトランタでは、市内の「浄化」と市外への追い出しの両方がおこなわれた。開催地が決定するとまもなく、アトランタ市内のいくつかの食糧配給所で、来訪者の数が定期的に、説明不能なくらい減る問題が報告されるようになった。やがて、この現象が必ずIOC関係者の来訪の直前に起こることがわかった。ホームレスの一部は閉じ込められ、一部は追い出され、一部はバスに乗せられていた。警察、市役所、そして「帰郷プロジェクト」という名のNGOが、ホームレスのアトランタ市民が寝床を見つけたり家族を探したりできるようにと、アトランタ以外への場所へ行くバスの片道切符を支給していたのである。この結果、送り出された浮浪者たちが流れ着いた南部のあちこちの地方自治体から、アトランタ市役所に苦情が殺到した。また、アトランタ市役所はホームレスを狙い撃ちにした最も過酷な条例をいくつも制定した。立ち小便、市内でのキャンピング、物乞いは犯罪とされた。ホームレスが公共の場所で休んだり、車がないのに駐車場に侵入したり、目的もなくうろついたりすることも取り締まりの対象となった。ゴミ箱からゴミを取り出すことすら違法にしようとしたが、最終的には、歩道の通行を阻害する、放棄された建物のなかに入る、つばを吐くなどの行為の違法化にとどまった。これらの法規制で武装したアトランタの警官たちは、最初から「アフリカ系アメリカ人、男性、ホームレス」というスタンプが押された逮捕状を大量に用意して、ダウンタウンで繰り返し一斉取り締まりを実施した。準備が最終段階になった頃、組織委員が実際に街角を視察したところ、人のいなくなったダウンタウンは砂漠と化していた。完璧な設計のもと、日陰はほぼ存在せず、水飲み場はひとつもなくなっていた。1990年から1996年にかけて、大会会場のほとんどが集中する小さな地区であるダウンタウンのオリンピック・リング地区からは、実に3万人が退去させられていた。

ダウンタウンのすぐ南にあるオリンピックスタジアム自体は、いわばテッド・ターナーが所有するアトランタ・ブレーブスに対する2億900万ドルの贈り物であった。オリンピック組織委員会は、ターナーとその球団にスタジアムの完全な管理の権限、ネーミングライツ、営業許可、特別観覧席を付与した。サマーヒル地区のわずかに残った部分には、1万台分の駐車場を整備した。さらに、楕円形のオリンピックスタジアムを馬蹄形の野球場に転換する費用や、ブレーブスが以前に使用していたフルトン・カウンティ・スタジアムの解体費用も負担した。あまりにもあからさまな取り引きに、アトランタ市オリンピック大会当局（MAOGA）の無関心な監視役すら違和感を覚えた。アトランタの主流派に近いところから発せられた唯一の組織的な反対運動では、キング牧師の息子であるマーティン・ルーサー・キング3世の指導のもとで黒人の政治コミュニティがオリンピック組織委員に意見を申し立て、いくつかの小さな譲歩を勝ち取った。実現した内容は、ブレーブスへの贈与の削減、組織委員会職員としてのマイノリティの雇用増加、そして白人専用施設として悪名を轟かせていたオーガスタ（マスターズの開催地）でゴルフを公開競技として開催する計画の放棄などである。

一方、オリンピック・リングのお膝元に存在した3つの公共住宅プロジェクトには、別の運命が待っていた。アメリカ最古の公共住宅群であったテックウッドと、クラーク・ハウエル住宅群、イースト・レイク・メドウズ住宅群は、コカコーラ本部、ジョージアドーム、ジョージア工科大学の近隣にあったが、組織委員会はこれらの住宅が建つ土地のほとんどを選手村の候補地に指定した。いずれも、貧困によって市役所から長い間見捨てられていたような公共住宅ではあったが、転出率は低く、空き家の少ない、まだまだ存続可能な住宅群だった。しかし、住民とわずかな公共住宅運動家がリノベーションや保全を主張している間に、オリンピック組織委員会とアトランタ住宅当局（ＡＨＡ）は先回りし、住民らを悠々と打ち負かした。特にＡＨＡは借家人に強い圧力をかける役目を果たした。まず、アトランタ市から遠く離れた場所に公共住宅を提供し、立ち退き料と引き換えに市外に誘導した。次に、法令違反や家賃滞納を厳しく取り締まり、該当する住民は追い出した。他のオリンピック会場周辺と同様、再開発でタウンハウスを建設はするものの、その数はごく少数であり、しかも立ち退きを強いられた人々が買えるような値段のものはほとんどなかった。最終的な計算によれば、公共住宅を借りて住んでいた人々で、オリンピック・リング内に戻れたのは7パーセント未満だった。

しかし、このような締め付けがおこなわれたにもかかわらず、テックウッド・パークは残った。テックウッド・パークはオリンピック・リングの中心にある数十ブロックの市街地だ。長年にわたって追い出しのチャンスを虎視眈々と狙っていている卑劣な不動産業者から、「穴」「空白地帯」と呼ばれていた。何十もの小企業と個人事業が集まり、また、アトランタ市内のホームレス向けシェルターの1割がここにあった。見た目はたしかに荒廃していたが、市内では比較的うまく回っているといえる地区であり、建物の85パーセント以上は修復可能だった。しかし、廃棄物置き場や木賃宿は、〝夢〟や高い資産価値にはふさわしくない。ここで、またもやビリー・ペインが登場する。ペインは、テックウッドを潰してセンテニアル（１００周年）・オリンピック・パークとして再建する構想を打ち出した。費用は慈善事業によって出資され、大会そのものの物理的な中心として機能したのち、市には緑化区域という貴重な遺産が残されるという計画だ。再び、アトランタ市はないがしろにされた。ペインは、ミラー州知事と、コカコーラ会長のロベルト・ゴイズエタに確認して許可を得たのである。ジョージア州は市内の都市計画当局による規制をすべて回避して、テックウッド・パークの隣にある展示場、ワールド・コングレス・センターに、既存の建物を収用して用地を買い上げる権限を与えた。コカコーラはさらに関与を強め、常設の企業テーマパークの用地を確保した。センテニアル・オリンピック・パークの建設に必要な5000万ドルは、市内の慈善団体であるウッドラフ基金と、アトランタ商工会議所に加え、建設に使用する200万個の記念レンガ（1個35ドル）の購入者を一般から募った。もちろん、ここが普通の公園になるはずがない。大会の警備責任者がこんなことを言っている。「入場条件は我々が決める」。外周をフェンスで囲むのは「群衆をコントロールし、クズを入れないためだ」という。都市慈善事業の歴史に名を残そうとする者は少なく、ホーム・デポはレンガを何分の1かに分割して売ろうとすらした。結局、解決策として土地そのものを売ることになった。センテニアル・パークは数百万ドル単位のパッケージとして売りさばかれた。AT&Tグローバル選手村、巨大なスウォッチタワー、GM、マクドナルド、そして最大の土地がコカコーラの遊園地になった。

大会開催中、公園には一度に最大7万人、1日で数十万人が来場した。新たな不動産市場の出現だった。しかしニューヨークタイムズ紙のジョージ・ベクシーにとっては、公園はただの安っぽい下品な場所だった。「センテニアル・パークという空間は、鉄と石、プラスチックとネオン、古いピーカンの木と数束の芝でできている。公園の境界を示すものはといえば、金網、ビニールシート、スポンサー企業の名が入ったテント、標識等々……まるでスタッキーズだ。たいていは高速道路沿いにあって、ホットドッグとキャンディを買うような店。芝生に飾るコンクリート製の像や何かの記念品のようなマグ、派手なTシャツでいっぱいのチェーン店だ」[11]

しかし、この評価はセンテニアル・パークの複雑さと病理のどちらの面も見くびっている。後知恵でも急な思いつきでもなく、センテニアル・パークの建設は、テックウッド・パークとそこで暮らす人々を消し去り、同時に近隣の地価を支えるための戦略的行動だった。公共公園と公共空間のまがいものとして構想されたセンテニアル・パークは、オリンピックという装いを施されて、テーマパーク、商業展示会、農産物品評会のどぎついコラージュとして現れた。クーベルタン男爵の記念碑、空調の効いたオリンピック土産の販売店が1エーカー、スポンサー村が6エーカー、オリンピックと自動車の100年を並べたGMのレーザーショー、オリンピックの歴史をコーク風に紹介したコーク・オリンピック博物館。そして最も好評を博したのが、ラスベガスのストリップショーの美学をそのまま持ち込んだかのような、五輪をかたどった噴水ショーであった。あるアトランタ市民の評論家によれば、「広告、エンターテインメント、教育のあいだの境界線が、金《かね》という深遠な真実の前に永遠に消え失せた空間だった」という。[12]

しかし、7月27日の早朝、3本の不格好な鉄パイプ爆弾が爆発した。中絶クリニックやレズビアン向けナイトクラブなどを襲った前科のある、アメリカ出身のリバタリアンのテロリスト、エリック・ルドルフが、わずか数時間前に埋めたものだった。ひとりの女性が頭蓋骨に釘が刺さって亡くなり、トルコ人のカメラマンが心臓発作を起こし、その他111名が負傷した。しかし、ショーはそのまま続いた。3日後、センテニアル・パークは惨劇に言及し、スポンサーに感謝してから、営業を再開した。

公園の外では、もともとアメリカ全土で人口あたり最多だった市内の広告板の数がさらに増えた。新たな市条例により、ダウンタウンの高層ビルを縦型の広告塔にできるようになったからだ。製品販売と営業許可スペースのローカルライセンスも倍増した。というのも、組織委員会が他の形態のスポンサー契約の価格を高く見積もりすぎたためである。こうして、市内の目抜き通りと、会場に向かう歩行者用道路は、考えつく限りの露店であふれた。

いったん大会が始まると、もともと脆かったアトランタ市の交通は崩壊し始めた。地下鉄はまとまった金額を投資するのではなく(国から90パーセントの補助があるにもかかわらず)、組織委員会と州政府は〝経営者流の投資〟を選んだ。交通システムをコンピュータで制御しようとしたのだ。しかしこの対策も結局は用をなさず、国内各地から寄贈された3000台のバスで間に合わせる羽目になった。オリンピック関連で勤務するドライバーの10パーセント以上が市外から来ていることを考えると、ドライバーが地元の道路に関する知識を持てるよう特に配慮し、誰にでもわかるように標識を整備するという手もあっただろう。しかし、眼光鋭いアトランタのビジネスマンはそのような出費こそ賢く抑えようとする。その結果、予想どおり、交通に関する悲惨な出来事が毎日のように報じられることになった。選手も記者も、道を逆に曲がられたり、別の会場に連れて行かれたりするのがしょっちゅうだった。最も悲惨だったのが、グルジア（現ジョージア）の柔道選手、ダヴィド・ハハレイシヴィリで、選手村からわずか1マイルのところで開催された体重計量に遅れたため失格となり、1992年に獲得した金メダルのディフェンディング・チャンピオンとしての出場が不可能になった。IBMが大々的に宣伝した情報および記録システム「インフォ96」はたびたび障害を起こし、競技やタイムの報告があまりに遅れたため、「インフォ97」と揶揄された。

あらゆる種類の画面で競技を見られるようになったにもかかわらず、卓越したパフォーマンスを落ち着いて味わうことはこれまで以上にむずかしくなった。トニー・コーンハイザーは、スポーツにほとんど言及せずにレポートを終えた内外の多くの記者のひとりである。「目を閉じてアトランタをイメージすると、巨大なミラー・ライトの缶やバドの缶が見える……ビアガーデンからはおなじみの『マカレナ』の旋律が漂う……そして思い出すのは……センテニアル・パークで『ザ・スーパーストア』に入るために何時間も炎天下で列を作って待っている人々だ」[13]。しかし最後には、ほんの一瞬だけではあったが、ひとりのアスリートが、アトランタオリンピックの視覚的・倫理的混沌を振り払った。それをエリカ・グッドが適切に表現している。「ポパイの言葉を借りれば、私たちは私たちだ。テロリストがいる。チアリーダーを詰め込んだクロムめっきの小型トラックがある。まずいコーヒーは……たっぷり。残ったスポーツマンシップを圧倒するかのように脅かす商業主義は？　ある……そして、マイケル・ジョンソンがいる」[14]

マイケル・ジョンソンは、きわめて理性的かつ商業的で、背筋のぴんと伸びた、アメリカ人アスリートの王者だった。ジョンソンは、史上初めて200メートルと400メートルの両方で金メダルを獲得し、また両方の種目で世界新を達成した人物である。実際、200メートルでは、独特だが天才的な背筋を伸ばしたスタンス、小さな歩幅、ピストンのような腕の振りで世界新を大幅に更新した。すべての競走で、テレビ映えのする金色のナイキのスニーカーがトラックを引き裂いた。しかし、それでもなお、ジョンソンの完璧主義は揺るがなかった。世界の頂点に立ったにもかかわらず、ジョンソンはなぜか不満そうだった。「僕はいつでも、自分にはもっと速く走れるはずだとわかっていた。競技生活全体を通じて、誰にとってもめずらしい、ミスのないレースをしようとした。でも、完璧なレースをする前に現役が終わってしまったよ」。驚異の200メートル決勝を振り返って、ジョンソンは4歩目に少しつまずいたこと、最後には少し速度を緩めてしまったことをそっけなく語った。

閉会式を前にして、地元のラジオは、サマランチ会長の閉会挨拶の前に「Best ever! Best ever!（今までで一番！）」と一斉に叫ぶようにと観衆に呼びかけた。これは、過去2回のオリンピックに対してサマランチが述べた賞賛のことばである。そうすべきだったかもしれない。というのもサマランチは、今回の大会を「Exceptional（並外れた）」と褒めただけだったからだ。辛口で言葉数の少ない冷遇だった。この言葉を、オリンピックを商業主義の力と最も計画的に一体化させようとした権力者が発したという事実には、ビリー・ペインの夢並みの倫理的な重みしかなかった。

5　2000年シドニー大会

シドニーはたった2票差で北京を破り、2000年のオリンピック開催権を勝ち取った。のちになって、潤沢な招致予算を利用した、非常に巧妙な「贈与」が功を奏したと判明したが、IOCの投票が終了した直後には、シドニーは票を勝ち取ったビジョンに対する賞賛を受けた。シドニーは、街とオーストラリアという国を、太陽の光を浴びて泳ぎ、走る人々がたくさんいるスポーツの楽園、気軽な屋外運動競技が盛んな場所、そしてオリンピックと特別な精神的つながりのある地として売り込んだ。1956年メルボルン大会と、1960年代の偉大なるオーストラリア代表オリンピックチームのセピア色の想い出があふれたが、実際には、オーストラリアにおけるオリンピックスポーツはメルボルン以降急激に衰退し、最低迷期の1976年モントリオール大会では5個しかメダルを獲得できていない。国が支援する共産圏の選手からは完全に置いていかれ、実際、多くの西側諸国にも遅れをとっていた。2000年の立候補は、1956年当時の気軽なアマチュアスポーツの楽園としてではなく、あらゆる面でよりプロフェッショナルで実務的な活動の一環だった。1981年にオーストラリア国立スポーツ研究所を設立して以来、各政権は、世界に通じるスポーツ能力を追求すべく、エリート向けスポーツプログラムに大量の資金とテクノロジーを注ぎ込み、国内の4分の1近くの子供をチェックする、国を挙げての才能発掘システムを採用していた。

また、シドニーはライバルであった北京とは好対照の、クリーンかつグリーンな地であると自らを売り込んだ。街の西側にある汚染された土地に新しいオリンピック公園の建設を決定したことと、リレハンメルの冬季オリンピック立候補でおこなわれた環境への配慮に関する主張を意識したことで、大会に環境面からアプローチする手法は、市民とIOCの両方にアピールした。北京の大気汚染のひどさが誰の目にも明らかだったことも、プラスに働いた。また、多数派ではないものの一部のIOC委員は、北京に人権問題への懸念を抱いた。シドニーはこうした面も利用し、自らの「問題のない民主主義」をアピールするとともに、IOCに対し、オーストラリア国内における多数派の白人と少数派の先住民の和解を支援するオリンピック大会を開催するチャンスだと訴えた。[1]

1956年メルボルン大会は、オーストラリアの白人にとっては黄金時代のように思えたかもしれないが、戦後にヨーロッパから移民してきた人々とオーストラリアの先住民にとっては、周縁化と組織的レイシズムの時代の出来事だった。それから40年が経過し、オーストラリアはギリシア系とスラブ系の国民との統合に成功したが、先住民はいまだくっきりと分断され、そのあいだには不満がくすぶっていた。この事実は、1988年におこなわれたオーストラリア入植200周年式典に5万人が抗議し、大虐殺と土地略奪の始まりは祝うことでもなんでもないと主張した事件からもよくわかる。先住民たちは労働党のボブ・ホーク首相に「バルンガ声明」を提示した。これは、先住民の指導者によって樹木の皮に記された文書で、土地、言語、人権の問題について、完全な解決を求める内容となっている。[2]

1991年には、ホークの後継となるポール・キーティング率いる連邦政府が「先住民和解のための会議」を設立した。オーストラリア連邦の成立100周年であり、シドニーオリンピックが開催される2000年までに完了する予定で、法改正や社会改革のプログラムを起草する役割を担った。続いてキーティング政権は、1993年に先住権原法を可決し、さらに1995年には「ブリンギング・ゼム・ホーム」王立委員会（正式には「アボリジナルおよびトレス海峡諸島民の家族からの分離に関する国の調査報告」）を設立した。これは、文中で「ジェノサイドに相当する」と表現されている、子供を家族から引き離すという恐ろしい慣行に対する決定的な声明であった。

オーストラリア先住民のあいだでは、和解とオリンピックの関係について意見が分かれた。穏健派は、オリンピックをオーストラリアのアイデンティティと先住民のアイデンティティが平等だと示すチャンスととらえた。文句なく最も有名なアボリジニのオリンピック選手である400メートル走のキャシー・フリーマンは、1994年にビクトリアで開催されたコモンウェルスゲームズで金メダル獲得を祝ったときに、まさにそのような行動を取った。オーストラリア国旗とアボリジニ旗の両方に身を包んでウイニングランをおこなったのである。しかし、より過激なグループは抗議を続け、先住民文化を取り入れようとする組織委員（たとえば、シドニーの招致では、IOCのモナコ議会における最後の一押しとして、先住民の芸術家やミュージシャンを利用している）の取り組みへのいらだちを隠さなかった。

しかし、1996年にキーティングの労働党政権がジョン・ハワードのオーストラリア自由党に負けると、全体的な論調が変わった。ハワードは和解のプロセスを拒絶したことこそなかったが、ひいき目にも心がこもってはいなかった。先住民のなかでもシドニー大会に対する過激な反対派は、「奪われた世代」への謝罪をハワードが拒否したことで激怒し、オリンピックのボイコットを呼びかけた。穏健派は反対した。キャシー・フリーマンのセリフが穏健派の立ち位置を物語る。「先住民によるボイコットへの呼びかけにはいらいらします。意味がありません……キャシー・フリーマンが世界の舞台に立って先住民を代表するほうが、不参加より得られるものがあるでしょう」[3]。多数派は、オリンピックの聖火トーチのデザインにブーメランを入れることや、アボリジニの聖地ウルル（エアーズロック）から聖火リレーが始まることなどが持つポジティブな意味合いを指摘した。

和解を取り巻く政治的状況により、シドニーにおけるある種の反オリンピック抗議は避けられなくなっていたが、大会準備期間中も数多くの抗議団体が組織化された[4]。最も目立った抗議は、オリンピックに伴う開発がシドニーの不動産賃貸市場にもたらす悪影響や、オリンピックに関連する立ち退きを監視する団体「レントウォッチャーズ」によるものであった。レントウォッチャーズは、1998年と1999年にオフィス街で偽の表彰式を実施した。地主の「ご都合主義と強欲」に対して銅メダル、不動産仲介業者の「巧妙さと強欲」に対して銀メダル、デベロッパーの「厳しい時期における世界記録級の金儲け」に対して金メダルが与えられた。過激化が進むオーストラリアの反グローバリゼーション活動から発想とインスピレーションを得て、反オリンピック連合（AOA）は2000年初頭に、赤十字からリクレイム・ザ・ストリーツまで、クリティカル・マスから救世軍まであらゆるキャンペーンを取りまとめ（新しい「インディメディア」ウェブサイトによってネットワークが築かれ）、初動をインターネット上で組織化し、広報をおこなった。IOCの調整チームが2000年2月にシドニーを訪れたときには、ゴリラのマスクやオレンジの作業服に身を包んだ匿名の抗議者たちと対峙することになった。5月、市役所と組織委員会は、多くの子供を含む150名の抗議者をビーチバレースタジアムの予定地であるボンダイ・ビーチから排除するために、やむをえず大規模な軍隊動員に頼った。「ブラックホーク・ヘリコプターが3台、警察の機動艇が2艇、武装警官15名、特殊部隊が150名」出動したという。[5] オリンピック担当大臣兼組織委員長のマイケル・ナイトは、抗議する人々を非オーストラリア的、愚痴吐き、烏合の衆などと罵った。これらの言葉は、オリンピック準備期間の最後の2年間に放映されたすばらしい風刺テレビ番組、「ザ・ゲームズ」でも延々と繰り返された。この役割は、チャンネル7で毎晩放映されたオリンピック・コメディ番組「ザ・ドリーム」と、同番組が生んだ怒りん坊の非公式マスコット「でぶウォンバットのファットソー」に引き継がれた。ファットソーは大人気になり、出来の悪い公式マスコットを追いやった。

しかし、ある観察者は次のように鋭い指摘を残している。

9月が来ると、それまで頑固に文句を言っていた人達が宗旨替えした。ラジオのトーク番組に電話して後悔の弁を述べた。彼らは光を見てしまった。シンクロナイズド・スイミングだのグレコローマン・レスリングだのという無名の競技のチケットを買いに、何時間も喜んで並んだ。狂気が彼らをとらえた……開会式前のさわやかな夕方に、熱意と元気にあふれる何十万人もの人々が通りに集まっていた。知らない人同士が率直に語り合った。群衆のなかで前に進めなくなった人がいても、恨みつらみは言わなかった。オリンピックがもたらしたあらゆる不便を笑って許すかのような優しい空気が流れた。[6]

オリンピック開会式の日に、先住民のテント村からジョン・ハワードの家に向かって行進したのはわずか５００人だった。多少は交通の邪魔になったが、それ以外の影響はほとんどなかった。先住民の権利を支持するデモが空港でおこなわれる予定だったが、実現しなかったのである。競技が始まると、抗議の声はさらにかき消され、断片的になり、耳を傾けられることもなくなった。シドニー市中心部での行進やスポンサー企業へのデモに参加したのは、数千人ではなく数十人だった。オーストラリア・オリンピック委員会（ＡＯＣ）は、実際の会場とオリンピックの「公共」の場所でほとんど抗議が発生していないことを理由に、政治的活動によって可決された規制は不要だと主張した。運動家たちは、「キケン！　お渡ししたリーフレットには非オーストラリア的な意見が含まれています。オリンピック犯罪者より」と書かれたリーフレットを配って回った。しかし、開会式と圧巻の競技が反対意見を一掃することになる。最も効果が高かったのは、聖火台に点火する瞬間だった。キャシー・フリーマンの名前が呼ばれると、観衆は大歓声を上げた。[7]フリーマンの点火への反響はさまざまだった。新聞の投書欄にはレイシストによる嫌悪感がほとんどむき出しのまま現れ、フリーマンのパフォーマンスが、ましなもので「退屈」、悪意のあるもので「恥」「完全な不名誉」などと書かれた。しかし、主流メディアの署名記事は自己を讃える意見であふれていた。「ジ・エイジ」誌はこう書き立てた。「我々は、キャシー・フリーマンが水の上を歩けるのもずっと知っていた。この人気のある若いアボリジニ女性ほど、すべてのオーストラリア人に向けて和解への希望を語るのにふさわしい人はいるだろうか」

　オーストラリアの人々は自国のことで頭がいっぱいで、他国の選手には無関心だった。ボクシングフライ級で金メダルを獲得したタイ代表のウィジャン・ポンリッド警察中佐は、帰国すると49頭の象がバンコク市内をパレードするほどの国民的英雄となったが、シドニーでは誰も話題にすらしなかった。男子サッカー決勝ではカメルーンがＰＫ戦でスペインを下した。アフリカで2番目となる世界レベルのサッカートロフィー獲得にアフリカ大陸全体が沸き立つ快挙だったが、シドニーで気にかける者はいなかった。そしてじつは、自転車、射撃、女子水球、馬術……続々と誕生したオーストラリア代表の金メダリストでさえ、注目を集めたとは言いがたかった。国民が関心を持っている選手はただひとり、キャシー・フリーマンのみだった。ニュースの見出しでは「我らがキャシー」と呼ばれ、「（彼女は）我々の命のレースを走る」と書かれた。野党党首のキム・ビーズリーは、フリーマンが「国の和解を象徴する400メートル」を走ったといった。ここまで来ると、トラックの上でも物語の上でも、フリーマンには敵などいないに等しかった。主なライバルと目されていた才気あふれるフランス代表の短距離走者、マリー＝ジョゼ・ペレクはプレッシャーにおしつぶされ、オーストラリアに着いてからまもなく帰国した。大歓声のなかでフリーマンは決勝を優勢に進め、ゴールと同時に倒れて1分以上そのまま動かなかった。フリーマンは約束を守った。あとは白人のオーストラリアが約束を守るだけだった。なお、閉会式で世界の観客に顔を見せたのは、国際的な知名度が高く、かつ政治的な発言の少ないオーストラリア人スターばかりだった。ポップ歌手のカイリー・ミノーグ、ゴルフの巨人グレッグ・ノーマン、コメディアンで「クロコダイル・ダンディー」に主演したポール・ホーガン、スーパーモデルのエル・マクファーソンなどだ。しかし、現地の人々にとっての本物のスターは、ミュージシャンたちだった。ポップ・デュオのサヴェージ・ガーデンのひとり、ダレン・ヘイズは、アボリジニの旗をプリントしたTシャツでパフォーマンスをおこなった。アボリジナル・ロックの王、ヨスー・インディは、先住民の抵抗を扱った名曲「トリーティ」を演奏した。オーストラリアのオルタナティブ・ロックのミッドナイト・オイルは、「Sorry!（ごめん！）」と書かれたTシャツで、和解をテーマにしたシングル「ベッズ・アー・バーニング」を奏でた。

6

不正、腐敗、改革

1980年のレークプラシッド冬季オリンピックは期間が12日しかなく、実際に金メダルが授与された種目は39のみで、参加選手はわずか1000人前後だった。参加した約30か国の3分の2がヨーロッパにあり、ここ10年から20年のあいだずっと参加している国ばかりだった。しかし、2002年のソルトレークシティオリンピックになると、会期は17日、つまり、週末2回分のプライムタイムのテレビ放送枠が確保され、78か国から参加した約2400人が80個近くの金メダルをめぐって争うようになっていた。[1] カーリングが競技に、ショートトラックが種目に加わった。バイアスロン、アイスホッケー、ボブスレーに女子種目が追加された。そして、エクストリームやフリースタイルと呼ばれる新しいウインタースポーツのさきがけとして、モーグルとスノーボードがデビューを飾った。公認記者の数は3倍になった。大会に集まったテレビ番組関係者は10倍以上になり、テレビ放映権料は莫大な金額になった。1980年レークプラシッド大会ではわずか2100万ドル、1988年カルガリー大会では3億2500万ドルだったのが、ソルトレークシティでは7億3700万ドルにまで達したのである。企業のスポンサー料もあわせて増加した。さらに、ボランティア、警備担当者、そしてスポンサーとその友人を含む「オリンピックファミリー」の激的な増加によって、2002年の冬季オリンピックにおいて公認された関係者の人数は9万人近くになっていた。当然ながら大会の開催費用も膨れ上がった。リゾートに必要な道路、スキーリフト、その他の用具類以外にかかった費用は、レークプラシッドでは1億6800万ドル、1992年のアルベールビルで7億ドルだったが、ソルトレークシティではなんと12億ドルにのぼる。

夏季オリンピックと同様、冬季オリンピックのブームを牽引したのは、グローバリゼーション、テレビ、商業スポーツ、広告宣伝などの内輪の論理だけではなく、地元の経済的・政治的プロジェクトであった。1984年サラエボ大会は、ユーゴスラビア国家主義のちょっとした演習にすぎなかったが、この国を構成する各共和国がオリンピックの準備段階で味わった苦難は、のちに訪れる国家の崩壊の予兆となった。[2] 1988年カルガリー大会は、プレーリー地方の一都市が騎馬警察隊、ロデオ、石油産業だけの場所ではないことを示そうとする、必死の試みだった。[3]アルベールビルとリレハンメルはそれよりはかなり野心的で、オリンピックを地域経済発展のための重要なプログラムに結びつけ、両都市のグローバルなブランディングをおこなった（リレハンメルの場合にはノルウェーのブランディングも兼ねていた）。どちらの街にもかなりの公金が投入された。[4]大会前のアルベールビルは、フランス、アルプス地方の小さな町のひとつにすぎず、サヴォイア地域の外では無名だった。アルベールビルは、５つの小さなウインターリゾートの中央にあった。どのリゾート地も単独でオリンピックを開催することはできなかったが、連携すればどうにかなりそうだった。バルセロナが１９９２年夏季オリンピックの開催地選考でパリに勝利したのち、サマランチはフランス語圏の同盟国を懐柔するため、アルベールビルが有利になるようにかなりの支援をおこなった。フランス政府は１００エーカーの保護林を切り倒し、政府や組織委員の言う「フランス・オリンピックという惑星（で過ごすような感覚）」に10億ドルを注ぎ込んだ。それは、大会期間中に毎日ジャン・ミッシェル・ジャールによるエレクトロポップシンフォニーとレーザーによるハイテクな光のショーがおこなわれ、山中の新たな道路網、５つの選手村、５つのスケートリンク、そして数え切れないほどのゴンドラやスキーリフトが含まれる惑星だった。フランスのアルプス旅行業界は望みどおりのものを得たが、ラ・プラーニュのボブスレーコースは無用の長物となった。古い鉱山跡に作ったので完成した瞬間から沈下を始めており、さらに、直射日光にさらされるためトラックを凍らせるのがほぼ不可能だったのである。

ノルウェー内陸部にある人口わずか２３０００人の町だったリレハンメルは、ただでさえ少ない人口が石油ブームで沿岸部へ流出するのを止めようと苦心していた。オリンピックは、第一に地域レベル、第二に国家レベルのプロジェクトとして、国の資金をウインタースポーツと観光客向け施設に注ぎ込むように計画された。しかし、フランスの巨大で大胆な都市計画構想と比べれば、ノルウェーのプロジェクトは慎重に進められた。著名な環境主義者であるグロ・ハーレム・ブルントラントが首相を務めていたことで、リレハンメルでは、これまでになくオリンピックの環境への影響を考慮することに力を入れた。施設の配置もめずらしく細やかにおこなった。ボブスレーコースは山の輪郭を利用して配置し、支柱や冷却パイプをすべて見えないように工夫した。スキージャンプのコースも景観に配慮し、ほとんど目立たないように設計された。アイスホッケーの会場は、山の中腹の洞窟にこれまで作られたうち最大の屋内施設で、ここでもノルウェーのエンジニアリング産業の優秀さが示された。建設業者がみだりに樹木に損傷を与えた場合は厳しい罰金が課された。エネルギーの利用と節減も模範的だった。さらに、世界有数の対外援助国であるノルウェーは、リレハンメルオリンピックを利用して初めてのオリンピック人道援助プログラムを設置した。1984年にオリンピックを開催したものの、その後のボスニア紛争で分断されてしまったサラエボの苦境を重点的に取り上げた。

長野オリンピックを発案したのは、当時日本有数の大富豪だった堤義明だ。堤は、それまで無名だった長野の山岳リゾート地に多くのホテルを所有していた。長野は東京から200キロメートル程度しか離れていないにもかかわらず、交通が不便で、資金や設備も不足していた。[5] 190億ドルをかけて東京までの新たな新幹線と新高速道路が整備され、また電気通信系統も全面的に改修され、ウインタースポーツ施設がいくつもできあがった。それは、日本政府がバブル崩壊後の苦境を脱する取り組みの一環として実施しているインフラへの過剰な投資のほぼ完璧な縮図と言えた。身内びいき、談合、そして外国の競争相手を排除するように意識して作られた入札制度などがその特徴である。一時的に長野の経済にもたらされたプラスの効果は、すぐに消えた。堤自身も無傷とはいかず、21世紀初頭には所有不動産の価値を大幅に下げてしまった。[6]

1998年末、ブームはついに崩壊した。ソルトレークシティのテレビ局KTVXが、地元の2002年オリンピック組織委員会がソニア・エソンバのためにアメリカン大学の学費を払っていたと報じたのだ。[7] やがて、カメルーンのIOC委員、故レネ・エソンバの娘だったソノアは、組織委員会から奨学金を受け取っていた13人もの受益者のひとりだったと判明した。さらに、ヘルスケアNPOのインターマウンテン・ヘルスケアが、「IOCとつながった個人」の肝炎治療、膝手術、美容整形手術に組織委員会が2万8000ドルを支出していたことを暴露した。とはいえ、これらはIOCの影響範囲内にいたことがある者にとっては、驚くようなことではなかった。たとえば1992年夏季大会終盤の招致合戦の際には、ブリスベンの招致委員会が、ルパート・マードックの手配により、東ベルリンでおこなわれていた招致キャンペーンのレセプションに30万オーストラリアドル相当のシーフードを差し入れている。こういうことを知っている人たちは、見せびらかすような過剰消費に対するIOCの寛容さには慣れっこだっただろう。ビブ・シムソンとアンドリュー・ジェニングスの『ローズ・オブ・ザ・リングズ（Loads of the Rings）』の読者も、衝撃を受けることはなかったはずだ。グローバルスポーツの全体的な権力構造と、オリンピックの招致合戦のなかで一般的になってしまった胡散臭い慣行をくわしく説明する書である。[8]

しかし一般的には、このニュースは大きな驚きをもって迎えられた。これは、サマランチ会長下のＩＯＣの不透明さと目の前で起こっていることに対する絶対的無関心、そして、政治家、放送局、スポンサー、メディアが、ガバナンスや適法性の問題について世界的なスポーツ団体に実質的にフリーパスを与えてしまっていることを証明する大ニュースだった。トロント、マンチェスター、アムステルダムの各都市は、招致に失敗したのち、ＩＯＣ委員によるあからさまな不正行為の事例をＩＯＣに報告している。ＩＯＣ委員は票に対して金品を求めたり、ファーストクラスの航空券をエコノミークラスに変更して差額を着服したり、候補都市への視察の行き帰りに長期休暇並みの滞在を抱き合わせたりしていた。１９９１年には、ＩＯＣはこのような事態を阻止しようと、委員が受け取れる贈り物に最大２００ドルの制限を課したが、ほとんど意味がなかった。金品授受というＩＯＣの病的な文化は、すでに抑えが効かなくなっていた。一般的に組織の規律は、その組織のトップが最も遵守すべきであるが、当のサマランチ会長がおそれを知らぬ一番手を走っていたのである。たしかに会長自身は贈り物を受け取らず、申し出があってもＩＯＣ博物館への寄贈という形で処理していたものの、ソルトレークシティ招致委員のキム・ウォレンは次のように述べている。「（会長は）必ず専用機で移動し、大統領級のスイートに泊まることになっていました。さらに、会長はホテルの部屋でノルディックトラック社の特定のマシンでトレーニングをするので、その手配をしなければなりませんでした。また、自動車はリンカーン・タウンカーでは不十分で、リムジンでなければなりません」[9]

世界中のメディアにあふれる暴露や告発、そしてそれらへの否定と並行して、ソルトレークシティの招致に関して少なくとも6件の調査がおこなわれた。招致委員会付属倫理委員会による調査（茶番だった）、アメリカオリンピック委員会による調査、ジョージ・ミッチェル上院議員による調査、FBIと司法省による刑事告訴の可能性の検討会、下院分科会による調査（紛糾した）、そして、ＩＯＣ自体が関与するパウンド委員会である（ディック・パウンドはカナダの弁護士で、ＩＯＣの希望の星だった)。

これらすべての取り組みと、他の招致委員会から噴出した数々の証言や暴露によって明らかになったのは、ソルトレークシティが、20年以上にわたって蔓延し続けてきた数々の不正の最新の例にすぎないということであった。アトランタが730万ドルにのぼる「公式の」接待予算をどのように使ったかはいまだに謎に包まれている。というのも、ジョージア州フルトン郡の裁判所が、この記録が情報公開法の対象外であるという判決を出してしまったからだ。誰に対してどのように使ったにしろ、彼らはそれを「適切な処理」とするための方法に精通していた。アトランタがアメリカオリンピック委員会から開催地としての推薦を勝ち取る直前のパーティーでは、(招致委員会は)「タウンハウスを借り、タキシードを着た執事にシャンパンを注がせ、10人のバイオリニストによる『ジョージア・オン・マイ・マインド』で雰囲気を盛り上げた」という。[10] アトランタはチャンスを逃さなかったわけだ。ライバルのメルボルンは、韓国のキム・ヘヤンを招待してメルボルン交響楽団と共演させた。なお、キム・ヘヤンの父、キム・ウンヨンは偶然にもIOC委員であった。アトランタはメルボルンに勝利した。オリンピックが始まると、キム・ヘヤンはアトランタオリンピック芸術祭のソリストとして演奏し、さらにソルトレークシティではユタ管弦楽団との共演も果たしている。[11]

1998年大会の招致合戦では、長野が2500万ドルの「おもてなし予算」によって金額をさらに吊り上げたうえ、東京の空港から長野までの特別列車をチャーターした。堤義明も、サマランチ会長肝いりのプロジェクトであるローザンヌのIOC博物館に100万ドルを個人として寄付した(地元財界がさらに1900万ドルを追加した)。残りの資金がどのように使われたかは定かでない。ソルトレークシティのスキャンダルの直後に長野オリンピック招致委員会が釈明を求められたとき、「資料の整理整頓の一環」として90箱の関連書類が焼却処分されていたことが発覚した。[12]

IOCに対するシドニーのプレゼンそのものはいたって健全だった。真の意味で環境に配慮した初の夏季オリンピックを南半球で最もスポーツが盛んな国で実施し、白人と先住民からなるオーストラリアの盛大な象徴的和解を約束する、という。しかし、招致委員会には他のさまざまな計画があった。まず、ブリスベンとメルボルンの招致キャンペーンが失敗したため、シドニーの票を購入するための予算を2800万オーストラリアドルに引き上げた。さらに、アフリカ諸国の支持を得るため、アパルトヘイト時代の南アフリカに対してスポーツ分野のボイコットを主導した人物のひとりでもあったゴフ・ホイットラム元首相をアフリカに派遣した。オーストラリアのIOC委員フィル・コールズをパリに4か月間派遣し、「通りすがり」のIOC委員を接待させるとともに支持を依頼させた。それだけではない。IOCの博物館に先住民の巨大な絵画を寄贈し、FIFA会長でIOC委員のゼップ・ブラッターの娘とルーマニアのベテランIOC委員アレクサンドル・シペルコの義理の息子のために、オーストラリア国内の職を斡旋した。加えて、IOCにコネがあり、票の獲得を約束する口の堅いエージェントと契約した。キャンペーンの最終段階となる1993年のIOCモンテカルロ総会で、招致委員長のジョン・コーツは戦略を振り返っている。「ローマとマルセイユのあいだで見つけられる最高の売春婦になろうと私たちは決意した」[13]。最後に、5万オーストラリアドルの寄付がケニアとウガンダのオリンピック委員会に提供され、両国のIOC委員、チャールズ・ムコラとフランシス・ニャングエソ将軍に贈り物が進呈された。シドニーは決選投票を2票差で制した。

1998年冬季オリンピックの招致合戦で長野に敗れたソルトレークシティの招致委員会は、シドニー招致委員会の委員たちがソルトレークシティを頻繁に訪れ、かつ贅沢に滞在しながら、ソルトレークシティ招致に関するIOC委員たちの微罪に関する多くの書類を引き渡すのを眺めていた。実際、取るに足らない内容ではあった。招致委員会の書類を検討していた共和党下院議員のフレッド・アップトンは、書類には「キャベツ人形、キャブレターキット、ブレーキパッド、宝石、子供用の服と靴、ゴルフクラブ、コンピュータのパーツなどの記述が何ページも続いていた」と述べている[14]。ショットガン1挺、来訪したIOC委員用に発行したクレジットカード、スーパーボウル観戦旅行、などの記述もあった。そして言うまでもなく、招致を軌道に乗せた委員の家族や友人の学費、医療費、仕事などの支払いが広範に発生していた。

パウンド委員会の訴追を受ける前に、ふたりのIOC委員が辞任した。まず、フィンランド人のピルホ・ハグマン。夫がトロントとソルトレークシティの立候補時に、疑わしいポストに就任していたためだった。次に、リビア人のバシール・モハメド・アッタールブルシ。降参したのは、息子がユタ州のブリガム・ヤング大学に通うための学費をソルトレークシティの招致委員会に出してもらっていたためだった。追放されたIOC委員は6名にのぼった。サモアのスポーツ省事務次官ポール・ウォールワークは比較的ましな部類だ。妻が3万ドルをソルトレークシティーから「借りた」ものの、きちんと返却していたからだ。チリのセルジオ・サンタンデールは、サンティアゴでの市長選挙の活動資金として1万ドルを要求していた。スーダンの元スポーツ大臣、アブデル・ガディールは2万５０００ドルで手を打っていた。マリ人のラミン・ケイタとエクアドル人のアウグスティン・アロヨはそれぞれの息子の10万ドル前後の大学学費をソルトレークシティーに負担させていた。さらにアロヨの娘には、ユタ州経済開発部と組織委員会の仕事を斡旋させている。しかし、それらすべてを上回ったのが、ソルトレークシティ招致委員のあいだで「人間バキュームクリーナー」と言われていたコンゴ共和国の大使、ジャン・クロード・ガンガである。彼が招致委員会に出させた旅費は11万５０００ドルに達していた。また、当時の招致委員長を務めていたトム・ウェルチはガンガと共同事業を始め、ソルトレークシティの住宅バブルに対する投機の手段としてクロード・インベストメンツ社を設立していた。医療費にはガンガの肝炎、妻の美容整形、義母の膝の治療の分が含まれていたといわれている。ソルトレークシティ招致委員会は、ガンガの票を25万ドル前後と概算した。これには、サマランチ会長も驚かざるをえなかった。

オリンピック・ムーブメントが直面した正当性の最大の危機にサマランチはきわめて大胆に対応し、ＩＯＣ２０００改革委員会を設立した。[15] 半数の委員はＩＯＣから、半数は外部から選んだ。外部委員は、国連事務総長ブトロス＝ブトロス・ガリ、元アメリカ国務長官ヘンリー・キッシンジャー、ＮＢＣスポーツ会長ディック・エバーソル、元ノルウェー外務大臣トールヴァル・ストルテンブルクなどが選ばれた。委員会が出した50の推奨事項はすべてＩＯＣによって受け入れられた（ただし、後になって放置されたものも少なくない）。ＩＯＣの構造も部分的に変革された。70人の自薦委員を、15人のオリンピックアスリート代表、15人の国際競技連盟の会長、15人の各国オリンピック委員会代表で補完する。個人委員の任期は8年間とし、70歳の定年を設ける。今後の会長の再選は1期4年のみとする。ＩＯＣは引き続き開催地を最終的に決定するが、ＩＯＣ委員による視察は禁止とする、といった内容である。新しい選定プロセスは、ＩＯＣ委員個人の腐敗こそ防ぎやすくなったが、幹部委員と会長の権限と影響力をさらに強化するものとなった。各種の国際競技連盟は、地球上でも特に改革から縁遠く無責任な団体のままであったにもかかわらず、大幅に権限が強化された（なお、国際競技連盟の会長は、依然として公用で開催地を訪れても構わないことになっていた）。ただし、さまざまな構造上の欠陥はあったものの、改革パッケージはＩＯＣの急激な崩壊を食い止めるには十分だった。実際、批判者が提案した内容よりも進んだ改革であった。

その後進められたＩＯＣの立て直しは、サマランチが指名した後継者で、ベルギー代表としてヨットでオリンピックにも出場した経験のある整形外科医、ジャック・ロゲが確かなものにした。少なくとも後継者の指名に関しては、サマランチは自らが育ててしまったグロテスクなＩＯＣ文化の改革に貢献したといえる。報道によれば、対抗馬のキム・ウンヨンは、ＩＯＣ経費の大幅増額を約束して投票を頼んで回っていたという（キム・ウンヨンはその後広範な贈収賄容疑で在宅起訴された）。一方、ロゲは自分自身を「まじめで礼儀正しいが、たぶん退屈で、合理的な人間」と分析しており、「たぶん」以外はそのとおりだった。同じく会長選挙に立候補したディック・パウンドは、やや不当にも、ロゲをこのように評価している。「ロゲは5か国語を操るが、5か国語すべてでつまらないことを言う」。ロゲは、オリンピックの理想に新たな考え方を加えたり、スポーツの新しい社会的使命を打ち出したりすることはなかったが、礼儀正しさと冷静さでＩＯＣのあり方を大きく変えた。

ソルトレークシティオリンピックの組織委員会は、すばやく上級幹部を一新した。新しい会長としてミット・ロムニーを任命したのである。ロムニーはモルモン教（末日聖徒イエス・キリスト教会）の信徒で、ベンチャー・キャピタリストとして一財産を築いただけでなく、モルモン教の司教兼マサチューセッツ教会の教区長でもあった。ロムニーはメディアに対して、ソルトレークシティオリンピックは「モルモン五輪」ではないという説得に努め、予想に反して記者会見でシャンパンを振る舞った［モルモン教では飲酒は禁止されている］。しかし、もともとモルモン教徒偏重だった組織委員会幹部会に、さらに信者を指名することも忘れなかった[16]。さらに、モルモン教の本部を説得して土地とボランティアの追加提供を促し、ソルトレークシティのダウンタウンにある寺院広場を表彰式会場にした。これによって、表彰式のたびにモルモン教の教会と本部がよく見える画像が世界中に配信された。モルモン教会は招致の際に表に出ないよう務めてはいたが、このオリンピックを、モルモン教はカルトや異端ではなくアメリカの宗教的多様性の一部である、とアメリカ中にアピールするチャンスと考えていたのは確かだろう。観光客を呼び込みたいアメリカ中西部の都市、ウインタースポーツ旅行業界、静かな改革を進めつつあるモルモン教は、ソルトレークシティオリンピックにおいて奇妙な一蓮托生状態にあったのかもしれない。そして、いくつかの競技も同じくらい多面的な意味を持っていた。

ある種の文化の衝突が生じているのは間違いなかった。フリースタイルスキーは、１９５０年代から１９６０年代初頭にかけてアメリカで発展した。フリースタイルスキーの基礎となるスキーバレエ、フリップ、ジャンプは、ノルウェー代表メダリストのスタイン・エリクセンなどヨーロッパからの移住者が、アメリカのゲレンデで試行錯誤して編み出したものだ[17]。こぶや小山の上を滑るモーグルは、アメリカ西部のゲレンデ外の荒れたコースから生まれた。60年代には、その過激さがベトナム戦争への反戦感情などと結びつき、選手たちは滑走と滑走のあいだにマリファナを吸っていたともいわれる。また、シャーマン・ポッペンという人物が特許を取得している「スナーファー」はロープで操縦する原始的なスノーボードで、１９６６年に発売され、３００万個以上を売り上げる人気商品となった[18]。

ＢＭＸ［バイシクル・モトクロス。自転車競技の一種］とも共通することだが、初期のスノーボードカルチャーは記録よりレクリエーションを、パフォーマンスより遊びを優先していた。しかし、もしオリンピックがスノーボードを正式の種目とすれば、オリンピックはこのスポーツを世界中に紹介する場となるだろうし、競技の地位向上にも役立つだろう。そしてオリンピック側としても、反エスタブリッシュメントの自由な雰囲気と、「Ｘゲームズ」を観戦するような若い視聴者を得ることができる。スノーボード界と愛好者たちは当初はこの交換条件を拒絶したが、最終的には実現された。だが正式な種目となるまでには関係諸団体も巻き込んださまざまな悶着があり、そうした軋轢を結果として体現したのが、１９９８年長野大会でスノーボード初の金メダリストとなった、カナダ代表のロス・レバグリアティである。レバグリアティは、競技終了後にマリファナが検出されたとしてメダルを剝奪されたが、マリファナの主成分であるＴＨＣ（テトラヒドロカンナビノール）は当時禁止薬物ではなかったうえ、パフォーマンス向上効果はないとして争い、最終的にはメダルを取り戻した。なおレバグリアティは近年、「Ross's Gold」（ロスの金メダル）というブランドで医療用大麻業界に進出している。

7　2004年アテネ大会

きらめくアテネオリンピック・スポーツ・コンプレックスで来訪者を迎えるボランティアのひとりが、観衆にこう叫んだという。「楽しんでください。次にまた見られるのはいつになるかわかりませんから」[1]。史上最も混乱し、ぎりぎりになったオリンピック施設の建設を終え、アテネオリンピックが開催されていた。それは奇跡だった。小説家のペトロス・マルカリスは、6月に雰囲気が変わったのではないか、と言う。サッカーギリシア代表はあらゆる予想に反して、ヨーロッパ選手権の決勝で開催国のポルトガルを破って優勝した。涙が出るほどひたすらチャンスをうかがい、守備的に挑んだ結果だった。「奇跡が同じ夏に2回起きないなどと誰か言った？　奇跡はギリシアの生存システムの一部だ。万策尽きても、最後に奇跡が待っていてくれる」[2]

ギリシアは、10年以上にわたって運にかけ、奇跡に頼ってきた。1990年代半ばから未曾有の経済成長を記録したこの国は、それ以上に消費を増やした。世界の金融ブームに牽引され、さらにユーロ圏への加入という最大の奇跡によりグローバル資本市場へのアクセスが可能になると、公共と民間の両方がかつてない規模で借金を重ねた。しかもギリシアでは、国家レベル、政治レベルの改革がおこなわれないままだった。ギリシアは腐敗が横行する小規模な福祉国家であり、サービス、仕事、年金は政治的支持の見返りとして提供されるシステムだった。このシステムはごく小さな財政基盤の上にかろうじて成り立っており、しかも富裕層や中流の専門職の人々は税金をろくに納めていなかった。1981年以来2大政党制を担ってきた全ギリシア社会主義運動（PASOK）と新民主主義党はそれぞれの支持母体にとらわれていたため、改革への圧力が存在しなかったのである。それどころか、分割返済によって好景気が永遠に続くことを目指す方向に、あらゆる圧力がかかった。そして、好景気が育んだ熱狂的なエネルギー、飽くなき欲求、膨らんだ自尊心の頂点に、オリンピックがあった。

2004年アテネ大会の収支はあまりに不透明で、10年以上たった今も、ジャンナ・アンゲロプロス＝ダスカラキ（招致委員会と組織委員会の両方で初となる女性会長を務め、今はギリシアの経済シンクタンクに所属する）が、費用がどこに消えたのかを精力的に調査しているほどだ[3]。おそらくは、当初予算の40億ドルが160億ドルに膨れ上がったのではないかと見積もられている。この推定によれば、アテネ大会は当時最も高額な大会であり、また今でも国民1人あたりでは最も高額な大会であることになる。2008年のギリシア危機の前に積み上がっていた公債3000億ドルと比べれば数パーセントにすぎないが、オリンピックの際のお金の使い方は、ギリシアにおける「好景気」の病的な力学を端的に表している。

1970年代から1980年代にかけてのギリシアの経済成長の度合いに地域格差があったため、それまでより多くの人が地方や小さな町を離れてアテネへ向かった。1990年の好景気で、この流れにますます勢いがついた。膨れ上がるアテネの人口に道路網と鉄道網が悲鳴をあげ、恐ろしいまでの交通渋滞が常態化した。交通機関の不足を補うためのバスは旧型で深刻な公害をまきちらし、もともとひどかった大気汚染がさらに深刻になった。都心に残るすばらしい建築遺産は黄色いスモッグによって腐食する一方だった。ここまで都市開発の名で通ってきた政治的・行政的なよどみを考えると、アテネの市民と国の政治エリートがオリンピックを一大チャンス――本来であれば四半世紀程度かけて築いておくべきだったものを7年で整備するチャンス――と考えたのも無理はなかった。こうしてアテネオリンピックは、新しい国際空港と新しい都市交通網、地下鉄、路面電車、電気通信インフラ、そして市内の考古学的遺産の全面改修に関する請求書の山と共に始まった。[4]

ところが、出費はまだまだ続いた。「国際的に認知されるランドマーク」をメインオリンピックスタジアムとして建築するよう、組織委員会が求めたのである。設計がスペイン人建築家サンティアゴ・カラトラバに委嘱され、既存施設を全面的に改装して、大量のパイプで鉄の弧を作り、葉の形をした合わせガラスの屋根を載せることになった。美しく、目を引き、このうえなく複雑で、高価な建物だった。アテネ市の南側、ファリロ湾とエリニコの2か所にある国所有の更地に、重要な施設がまとめて造られた。前者は湾岸高速道路が通るエーゲ海沿いの埋め立て地で、洪水に非常に弱かった。競馬場がひとつ完全に移動され、専用のビーチバレー場ひとつを含む3つの新しい競技場が追加された。建設業者と納入業者にとってうまみのない施設は、仮設会場といえどもひとつとして建設されなかった。バスケットボールを除けばギリシアでは誰一人やっていないスポーツの数々が、アテネ市中心部の南にあった空港跡地に整備されたエリニコ・オリンピック・コンプレックスで開催された。格納庫がフェンシング場とハンドボール場に転用され、野球、フィールドホッケー、スラローム用に専用競技場が造られた。地元の支持者を増やし、クライアントを満足させるため、組織委員会はばらまきをおこなった。ウェイトリフティングを開催したピレウス大学にも新しい建物が造られた。ゴウディ・コンプレックスには、バドミントンと近代五種の真新しい施設が建てられた。史上最も環境にやさしいオリンピックを実施すると宣言したにもかかわらず、ボート会場が建設されたのは、考古学者がマラトンの戦いの跡地と考え、環境問題の専門家と欧州委員会が稀少で貴重な生態系が維持されているとみなす土地だった（ただし、アテネ組織委員会の説明ではこの地は「不良湿地」であり、またEUの保護区域リストから意識的に外していたが、ギリシアの小さな環境NGOが裁判でめずらしく勝利を収めたため、壮大な計画は縮小されることになった）。

　公平を期すなら、当初の予算を組んだのが2001年の9・11同時多発テロ発生前だったという点は指摘しておくべきだろう。「対テロ戦争」の熱に浮かされ、またイラク占領が進行中の状況下で、アテネは23か国とのあいだに38種類もの警備契約を締結しなければならなかった。2004年初頭に発生した、アルカイダとの関係も疑われるマドリード列車爆破テロ事件ののち、アテネ組織委員会はNATOに、空中警備、海上警備、核・化学・生物攻撃対策について支援を要請した。2002年のソルトレークシティでは兵士4000人の配備が必要だった。アテネは、オリンピック会場などの上空について飛行禁止を宣言し、兵士1万人を招集した。合計7万人がNATOとともに24時間態勢で空中と海上を警備し、沿岸警備隊と超高感度センサー搭載飛行船によって継続的に外部をパトロールした。そのあいだに政府は、海底探査機、高解像度カメラ、赤外線探知装置を国境に配備した。約1400台の監視カメラがあらゆる競技会場に据え付けてあったのはいうまでもない。こうして、アテネ組織委員会は2000年シドニー大会の6倍、12億ユーロを警備費に投じることになった。[5]

　ただし、たとえ警備費が費用膨張の原因としてまったく想定できなかったとしても、公共事業のコストは想定しておくべきであった。アテネオリンピック組織委員会のなかで最も上位の幹部であったこともあるコスタス・バコーリスは、自ら職を辞せざるを得なかった理由を次のように語る。「大規模なインフラプロジェクトから選手村のカーペットに至るまで、あらゆる入札価格がシドニーの約3倍になるのを拒否したからだ」[6]。もちろん、他の人間はこの価格を受け入れた。汚職絡みの取り引きで異常な高額になったコストをさらに押し上げたのは、工期の遅れだった。オリンピック開催が決まってから3年近くのあいだ、組織委員会と政府は、内輪もめに加え、ユーロ圏加入に伴う課題解決に追われて、オリンピックの準備はほとんど何もしなかった。ようやく建設工事が始まってからも問題が続出し、海外メディアに次々と嘲笑や非難のネタを提供することになった。ギリシア国民ですら、こんなジョークを飛ばした。アテネを訪れた中国人が準備の進捗を見て「北京では2006年までにすべての準備を終える予定だよ」と言うと、返ってきた答えは「我々もだよ」。メインスタジアムの屋根の建設は予想通り難航し、ようやく設置されたのはIOCが会場の使用を断念するかどうかを判断するその日であった。開会式のわずか1週間前、舞台衣装を着用したリハーサルでさえ、耳をつんざくようなノコギリやドリルの音が鳴り響くなかでおこなわれた。オリンピック前日のガーディアン紙の記事には、次のように書かれている。「カヌーの会場では旗竿がまだ取り付けられていないと報じられている。自転車競技のロードレースの会場では座席を設置している最中だ。メインオリンピックスタジアムの噴水が稼働したのはやっと昨日だ」[7]

世評の問題は別にして、本当に痛かったのは財政面だ。非現実的な期限と、好景気特有の深刻な労働力不足に直面し、建設会社は何千人ものアルバニア人を投入した。休みなし、1日3交替シフト制で彼らは働かなければならなかった。さらに、深夜労働を可能にするために、数百台の投光器が配置された。特殊材料と人件費は上がり続けた。大会が終わると、建物の出来の悪さや粗悪な材料の使用、工事の一部が未完了だったことなどが明らかになった。しかし、2004年8月13日には、そのような点はすべて脇に置かれた。開会式にようやくこぎつけられたこと、アテネがすばらしい場所に見えたことという事実に比べたら、瑣末なことでしかなかった。

ギリシアの神々は、ギリシアの国民と観光客に深く考える機会を与えた。それは、オリンピックのスペクタクル全体を包む大きなバブルが一瞬はじけたときのことだ。開会式の前日、シドニーオリンピック女子100メートル走銀メダリストで、地元での金メダリスト最有力と目されていたエカテリーニ・タヌーと、練習パートナーの短距離走者コンスタンティノス・ケンテリスは、バイクで事故に遭ったと言って、アテネ市内の病院の救急処置室に現れた。まもなく、ふたりがその昼におこなわれるはずだった薬物検査のタイミングを逃したことが明らかになった（それまで2度にわたり検査を忌避していたふたりにとって、3度目の機会だった）。もちろんこれは下手な芝居だった。当時は悪役扱いされ、大会出場を辞退しただけだったが、のちにギリシアの裁判所で刑法犯として裁かれることになった。哀れにも、コーチがふたりの行動の責任を取ることになった。

ＷＡＤＡ（世界アンチ・ドーピング機構）が設立されてから初めて担当する夏季オリンピックとなった２００４年大会では、これまでで最も厳しい薬物管理体制が敷かれた。アテネ大会では多くの選手が失格となった。ギリシア代表のウェイトリフティング選手、レオニダス・サバニスは、銅メダルを決めた直後、許容量の倍のテストステロンが体内から検出された。ただし、同じような状態にあった選手はサバニス以外にも13人もいた。ロシア代表の砲丸投げ選手、イリーナ・コルジャネンコは、よりによって古代オリンピックが開催されたオリンピアでの試合でステロイドを使用していた。アイルランド代表の馬術選手、シアン・オコナーは障害飛越個人で金メダルを獲得したが、騎乗したウォーターフォード・クリスタル号から抗うつ剤が検出された。一方、ドイツ代表の馬術選手、ルドガー・ベールバウムらが団体障害飛越の金メダルを剥奪されたのは、ベールバウムのゴールドフィーバー号からベタメタゾンという物質が検出されたためだった。ベタメタゾンは皮膚炎の薬で、競技上はまったく意味がなかったにもかかわらず禁止薬物に入っていた。合計35人のアスリートと2頭の馬がドーピング検査違反となり、うち15名がメダルを剥奪された。長い法的な争いの末、２０１２年に剥奪となった者もいた。

開会式の時点では、これらのことは誰も知らず、気にしてもいなかった。イアン・シンクレアは、２０１０年現在のアテネ市民の総意は、「歴史に残る画期的な開会式だった……花火の夜のＤＶＤはみんな買って持っているし、今でも売っている。その後何が起こったかは誰も覚えていない」というようなものだったという。[8] ２００４年12月、欧州委員会がギリシアに対して初の公式警告を発し、ギリシアはオリンピックの夢から覚め始めた。ユーロ圏加入を前に、大量の債務を不正に公共の会計帳簿から削除し、国の財政赤字のデータを偽装したことが発覚したというのだ。その後まもなく発行されたオリンピックの公式報告では、暫定値ながら請求が45億ドルから90億ドルに倍増したことが示唆されていた。

しかし、どちらの数値もまったく見当違いだった。世界金融危機によってギリシア政府が緊急援助の交渉に追い込まれ、収支を世界に公開しなければならなくなったとき、ギリシアの負債は３０００億ドル近く、オリンピック開催費用の概算は160億ドルにまで膨れ上がっていた。そんななかで、ドイツとギリシアの力関係がめずらしく逆転した事例がある。電気通信大手のシーメンスは、ギリシア電信電話公社とアテネオリンピックの主要電子セキュリティシステムの供給に関してどのように契約を獲得したかについて、ギリシア政府が立ち上げた大規模な腐敗の調査対象となった。その結果、シーメンスは若干の債務放棄と、ギリシアへの数百万ドルの投資を強要された（ただし、逆方向、つまりギリシアのドイツの銀行への債務に比べると微々たるものにすぎなかった）。

アテネは、無用の長物、不適切な規模や場所のスタジアム、高額の維持費、手抜き工事などの負の遺産を遺した唯一のオリンピックではない。さらに、すべてが完全な失敗だったわけでもない。新設された博物館、主要な古代ギリシア遺跡の周りの歩行者専用スペース、地下鉄、飛行場はすべて法外な高値ではあったが、本当に必要な種類のインフラに近かった。また、パラリンピックを開催したことで、公共の建物や交通が少なくとも部分的には車いす対応になった。さらに、想像するのが絶望的にむずかしいが、国際放送センターは、富裕層向けのショッピングモール、ゴールデン・ホールへの転用に成功した。4年ごとにギリシアの凋落と大規模な失敗を満足げに報じている各国のメディアは、少なくとも半分の会場はオリンピック後にスポーツ施設として使われていることを無視しているようである。[9] たとえば、アテネ市第3のサッカークラブであるAEKアテネはメインオリンピックスタジアムをホームとしている。代表的なバスケットボールチームのオリンピアコスは、ファリロ・ベイでプレーしている。

しかし、未曾有といえる規模の失敗、不作為、廃棄物は隠し通せない。2011年に、ある訪問者は、マルーシのメインオリンピックコンプレックス正門で「銅製の配管、電源、大理石のタイルまですべての資産が取り外されていた」ことに気がついたという。警備員は考えた。「なぜ私たちがここにいるのかわかりません。価値のあるものは泥棒が全部取っていきました。たぶん、不法占拠者の侵入を防ぐためにいるだけだと思います」。[10] AEKアテネは8万人以上の収容人数のスタジアムに2万人以下の観衆しか集められなかった。2014年には、クラブのファンが暴力的にピッチになだれ込んだので、さらにファンを減らした。また、総合施設であるオリンピックコンプレックスはギリシアのエリート陸上競技選手の恒久的な本拠地となり、ギリシアオリンピック委員会に気前よく出資してもらうはずだった。しかし2010

年までにはこの資金は消滅しており、アスリートとコーチへの給料未払いが数か月にわたって続いた。スタジアムの屋根はいつも雨漏りしており、室内では1日1時間しか暖房が使えなかった。ギリシアは２００８年北京オリンピックには１５０人の選手団を派遣したが、２０１2年ロンドンオリンピックには予算の都合で23人しか派遣できなかった。それ以降の超緊縮予算のもとでも、事態は改善されていない。「杉並木を模したトンネルはどこにもつながっていない。公園の構造物は記念碑的なのに何かが足りない。あれは、完成することのなかった未来都市なのだ。道路と鉄道のあいだの島が、使用されなくなった黒いガラスの箱、倒産した企業、不人気の不動産、鉄くず処理場、解体業者、月桂冠と標語がスプレーされたモザイクの壁などに囲まれている。巨大プロジェクトの死とは、現代の歴史画なのだ[11]」

選手村はさらに高くついた。他のインフラ、雇用、交通から距離のある土地に設置された理由はただひとつ。国が所有する安い土地だったからだ。最大1万人を収容する選手村は、もともと低コストの公共住宅への転用を意図していた。大会終了後、この建物を市場価格以下で販売または賃貸するために抽選がおこなわれた。計画者側は、多様でにぎやかなコミュニティになるだろうと予想した。しかし実際には、アパートの90パーセントが深刻な貧困家庭、あるいは健康問題や障害の問題に苦しむ世帯に割り当てられた。２０１５年には、これらのアパートにおける生産年齢人口の失業率は60パーセントに上った。固定資産税が非常に高いため、敷地内にもともと32軒あった店舗は4軒に激減した。新しい学校や幼稚園を作る約束は破られたため、住民の子供はプレハブ小屋で教育された。２００４年の数週間にわたってのみ使用されたプールには、二度と水が張られなかった[12]。

オリンピック記者村の運命はやや異なった。２００４年に外国人記者向けの６０００人規模の宿泊所として計画されたこの施設も大会後は公共住宅に転用される計画だったが、実際には２００５年に、南東ヨーロッパで最大のショッピングモールと称してオープンした。ただしそのためには、ギリシア一の資産家、スピロ・ラティスが所有する建設企業ラムダが、大幅に縮小した代替の公共住宅を別の場所に建設し、その代わりに元オリンピック記者村をショッピングモールとして再利用できるように法律を特別に改正する必要があった。州裁判所と最高裁判所は、この建物が環境法令に違反するという一連の判決を出したが、結局モールは完成し、営業を開始した。ギリシアで一番――もしかしたらヨーロッパで一番――

巨大な違法建築と揶揄されたが、２０１１年に法律が改正され、建物は遡って合法となった。もちろん、地元当局へのキックバックや、公園の工事費用支出といった裏取り引きに関する規定は改正された条文には記載されていない。[13]

　ただし、これが最悪のケースだったわけではない。最も不履行になるおそれの強い負債を「バッドバンク」に封じようとした国営銀行のように、組織委員会は最も売りにくい施設をヘレニック・オリンピック・プロパティーズ社に押しつけた。実際に転用が成功し、オリンピック後に活用されたのはバドミントンホールだけだった。この施設は、２００７年にはバドミントン・シアターとして再オープンした。多くの会場は、大量の保守およびランニングコストも込みで譲渡された。アテネ市警察署は射撃練習場を、ギリシアボート連盟はスキニアス・センターを、馬術連盟はマルコポーロ馬術場を譲り受けた。馬術場の取り引きが難航したが、それは、競技人口がほとんどない国で２８０頭分の馬術施設の合理的な使用法を探すのがきわめて困難だったからである。ボート場では２００８年に１回だけ世界選手権が開かれたが、今は雑草に覆われ、野良犬のすみかとなっている。ギリシアの大学スポーツ予算が完全に崩壊したため、ピレウス大学は新しい体操競技場を一度も使わないまま、どこにでもあるようなオフィスに改装した。ファリロ・コンプレックスはもともと野外劇場、会議場、オペラハウス、考古学公園、陸軍・海軍博物館に転用される計画だったが、実際には、ピース・アンド・フレンドシップ・スタジアムのうち大きいほうをバスケットボールチームのオリンピアコスが使用することになり、小さいほうはロック・コンサートやホリデー・オン・アイスの会場として利用されている。ビーチバレースタジアムは雑草が生えるにまかせたままで、海岸沿いの遊歩道は誰も管理せず見るも無惨な状態だ。これらはオリンピックを支持していた人々が思い描いていた姿ではなかったが、イアン・シンクレアは、こうした風景に純粋な、あるいは悲しい都市の論理を見ている。

> 陸橋と地下道、高架式高速道路と巨大広告、用水路と乾いた運河、金網と落書きだらけのケーブルボックス……何が起きてもおかしくないような荒涼とした公園がここにある。遊歩道は途中から産業廃棄物の山で歩けなくなっており、あるいは神経症的な交通渋滞、電車の線路、路面電車のレールに遮られている。不正の遺産《レガシー》たるオリンピック公園は、まるで

フェリーニの映画を観ているようだ。凧揚げ。ロングコートを纏った不機嫌な都会人。奇妙な場所に停まっている白い車。はるか遠くの海のきらめき……。[14]

卓球と新体操を実施したギャラッツィ・オリンピック・コンプレックスもまた、ショッピングモールになるのは確実だと思われていた。2006年にポルトガル人デベロッパーとのリース契約が成立し、開発が始まったが、いつのまにかこのプロジェクトはギリシアの都市計画官僚主義の迷宮に入り込み、完全に消滅してしまった。[15] 海外の債権者と、次第に必死さを増す国内の政治家の圧力を受け、ギャラッツィ・コンプレックスは他のオリンピック会場とともに民間に売り払われた。

アテネ市民のなかには、自らの衰退に安住感を抱いている者もいる。「オリンピックとはただの空きビルのことです。私たちには何の使い道もありません。でも、それが何かのモニュメントになれば、私たちはそれを利用し、共に生きていくこともできるでしょう。廃墟のなかで生活するのには慣れています。あれは単なる廃墟なのです。もともと、廃墟以外の何物でもなかったんです[16]」。だが廃墟が単なる象徴でない人たちのために、もう一度奇跡のような変化が起こった。2015年末、シリアや西アジアからかつてない数の移民が押し寄せてきたとき、ギリシア政府は、まだ売れていないオリンピック会場に難民キャンプを設置することを検討した。[17]

第9章

南へ

新しい世界秩序のなかのオリンピック

2008年北京　2012年ロンドン　2016年リオデジャネイロ
2006年トリノ　2010年バンクーバー　2014年ソチ

我々にはオリンピックを開催する資金がある。我々はイギリスだ。第三世界の国ではない。[1]

――トニー・ブレア

我々は元気を出さねばならない。大規模で重大なプロジェクトをスケジュールどおりにうまくやり遂げられるはずだ。[2]

――ウラジーミル・プーチン

1　天文学的な開催費

21世紀における第三世界とは何か、第三世界を構成しているのは誰なのかという問いには論争の余地があるが、北半球の最も富裕な先進国のみがオリンピックを開催できるというトニー・ブレアの思い込みは、断じて正しくない。冬季オリンピックはトリノ、バンクーバーと連続して先進国でおこなわれたが、これらの国はロンドンと同様に、オリンピックだけではなくあらゆる世界的規模のイベントやスポーツ大会の開催地をめぐる地理的状況に決定的な転換が生じ、多くのイベントが新興国でおこなわれるようになった時代の例外的存在であった。2016年夏季オリンピックがリオデジャネイロに決定したことによって、ここ10年で3回のオリンピック（2008年北京、2014年ソチ、2016年リオデジャネイロ）が、この世界的転換の中心であるブラジル、ロシア、インド、中国からなるBRIC諸国で開催されることになった。インドはオリンピックこそ開催していないが、クリケットで世界の中心的地位にあるだけではなく、デリーでコモンウェルスゲームズを開催し、またF1グランプリの開催国にも加わった。世界的スペクタクルとしてオリンピックと唯一張り合うサッカーのワールドカップは、2010年には南アフリカ、2014年にはブラジル、2018年にはロシアでおこなわれ、そして2022年にはカタールでの開催が決まっている。このような状況になった理由は4つある。第一に、10年から20年にわたる急ピッチの工業化と物価上昇により、新興国の多くの地域で、巨大イベントを開催する余裕が生まれたこと。第二に、新規市場開拓のために、スポンサーや運営団体が新興国で大会を開催したがるようになったこと。第三に、オリンピックが国家の経済発展や世界との絆を示す指標になりうるという、1960年代の東京とメキシコで確立された発想が、未曾有の工業発展の時代を迎えた新興国にも広まったこと。最後に、新興国に多い権威主義的な政府は、国内ではあまり批判を受けることなく、すでに確立した腐敗のネットワークを利用して、各種の競技連盟への開催都市の割り当てが容易にできたことだ。

この新しい流れのなかで、もともと上昇傾向にあり、すでに莫大になっていた開催費用が、なおも上昇した。比較的安上がりだったバンクーバーとロンドンでも、それぞれ100億ドル、160億ドルの費用がかかった。

だが新たな世界秩序のなかで、新勢力が自らの世界的地位の向上を誇示し、都市を変革するためにオリンピックを選んだとき、オリンピックは途方もなく巨大なもの以外にはなりえなくなった。北京が４００億ドルも使ったときには、破られることのない新記録を打ち立てたと思われたが、２０１４年ソチ冬季オリンピックに要した費用は５１０億ドルであり、史上最も巨費を費やしたオリンピックとなっただけではなく、これまでの冬季オリンピックをすべて合わせたよりも高くついた。

　めまいがするようなオリンピック費用の急騰は、ジャック・ロゲがＩＯＣ会長を務めている時期に生じた。ロゲが最も庶民らしく振る舞ったのは、「ＩＯＣ会長は実際に選手村に1泊すべきである」という、従来はありえなかった意見を打ち出したときである。公約に違わず、ロゲは慎重だが独創性に欠けるリーダーシップを発揮し、ＩＯＣを覆う排他的なサークルの雰囲気を完全に払拭することなくＩＯＣの地位を回復した。また、ソルトレークシティの招致スキャンダルに対応して作成された「アジェンダ２０００」で決定した諸々の改革を静かに実行し、スポンサーとメディア企業の機嫌を損ねないように細心の注意を払った。さらには、ＩＯＣ自体の財務状況を健全化し、在任中に10億ドル近くの余剰金を積み上げた。オリンピックの規模を縮小し、アクレディテーション（関係者登録）の総数を減らすという弱々しい取り組みもおこなった。野球とソフトボールが競技から除外されたのは、ＭＬＢがシーズン中にはスター選手を派遣しないこと、そしてＭＬＢのステロイドや薬物検査の基準があまりにも緩いことが主な原因だった。レスリングもいったん除外が決まったが、すぐに復活した。その一方で、すでに十分世界中で映像が配信されているゴルフとラグビーが夏季オリンピックに追加され、冬季オリンピックではフリースタイルのスキーやスノーボードのめずらしい競技形式が数え切れないほど追加された。

　同時に、世界中の経営コンサルタントがオリンピック開催を正当化するために繰り広げる経済に関するお決まりの議論や費用便益分析をおこなっても、オリンピックの開催で採算が合うようにはならないことが、ＩＯＣにとっても次第にはっきりしてきた。この問題に関する信用できる調査研究によると、投資、成長、雇用、報酬、観光の各側面において、オリンピック開催による正味の経済的利益はほんのわずか、またはマイナスであることが明らかになっている。[3] そのため、オリンピック・ムーブメントは、オリンピックを開催する他のメリット、つまりオリンピック開催に伴う環境の改善や、オリンピックが遺すことのできるスポーツおよび社会的遺産《レガシー》といったレトリックに頼るようになった。どちらの主張にも説得力がない。環境面についていえば、アテネはとりわけ不誠実で破滅的なオリンピックとなってしまった。アテネ自身の主張に照らして環境NGOが判定したところ、ほぼすべての目標が放棄されたか、主張に達していなかった。北京は今でも、世界有数の大気汚染に見舞われている。リオデジャネイロでは、オリンピック開催にかこつけて不十分な下水道設備への投資を促進しようとしたが、結局はそのプロジェクトを完全に放棄する羽目になった。

オリンピックを機会に新設されたスポーツ施設にも問題があることがわかった。アテネは最悪で、市内の至るところに無用の長物が大量に遺された。北京でも、カヤック、ビーチバレー、マウンテンバイク、野球の施設はまったく使われなくなった。ロンドンは最終的に、オリンピックスタジアムをプレミアリーグのサッカークラブに譲渡した。ソチで開会式と閉会式にのみ使われたオリンピックスタジアムは、2018年ワールドカップで使用するサッカースタジアムに大金をかけて改修中だ。ちなみにソチにはサッカークラブは存在しない［2018～19シーズンよりFCディナモ・サンクトペテルブルクがソチに移転してPFCソチとなり、このスタジアムを使用する］。だが、隔離されたオリンピック公園にワールドクラスの立派な施設を建設することが、一般市民のスポーツへの参加をうながす最も費用対効果の高い方法だというのは、単なる妄想にすぎない。

オリンピックが社会や都市に遺したものは、さらにみじめな状況を呈している。というのも、オリンピックによって引き起こされる再開発は、情けないほどお決まりの問題を大量に発生させるからだ。たとえば強制移住は、特に貧困層や周縁層のあいだに多く見られ、1988年ソウル大会と1996年アトランタ大会でも大きな問題となったが、2008年北京大会ではそれまでとは桁違いの100万人以上が影響を受けた。バンクーバーとロンドンでは、選手村を公共住宅として整備する公約は、まったくと言っていいほど無視された。その一方で、オリンピックの開催によって生まれた都市空間の大半は、周囲から隔離された、生気のないコミュニティと化した。ロゲ率いるIOCがこうした現象に気がついたか否かは定かではないが、立候補を検討する都市やそこで暮らす一般の人々はそのことに気づいたため、オリンピックへの真剣な立候補は激減した。実際に、2020年夏季オリンピックと2022年冬季オリンピックの招致合戦はこれまでで最も盛り上がりを欠いた。[4]

だが、これはロゲの問題ではなかった。IOC会長を12年間務め上げたロゲが2013年に勇退すると、その後任としてドイツ人のトーマス・バッハが選出された。1976年モントリオール・オリンピックの男子フェンシングで金メダルを獲得したバッハは、弁護士として働いたのち、ゼップ・ブラッターと同じくアディダス関係者として、またドイツ・オリンピックスポーツ連盟（DOSB）会長として、スポーツ政治の場に食い込んだ。サマランチ会長の引き立てでIOC委員になり、副会長にも選出されたバッハは、ロゲによってひっそりと後継者に指名されていた。それでも不十分であるかのように、バッハはクウェートの貴族、シェイク・アハマド・アル＝ファハド・アッ＝サバーハと固い友情を結び、選挙戦での支持を得ていた。アッ＝サバーハは、IOC委員であるとともに、国内オリンピック委員会連合（ANOC）の会長として、IOCから世界各地の競技連盟に対する4億ドル相当の贈与をコントロールする立場にあり、アジアと世界のスポーツ政治の中心人物を自認していた。[5] バッハは着任早々、オリンピックの規模を縮小し、予算を節減し、IOCのガバナンスを多少変革するなど、軽微な改革案を掲げた。そして、費用がかさみ、政治的にもうまみのないオリンピック開催への支持を取り付けるため、2024年と2026年大会の開催候補都市をめまぐるしく回った。IOCはそのガバナンスをもっと厳しく批判されてもおかしくない時期だったが、現時点での評価は賞賛に近い。IOCが組織としてましに見えるのは余程のことだが、その主たる要因はサッカーと陸上の競技連盟にある。前者では、FIFAと地域連盟のあいだに組織ぐるみの巨大な汚職事件が発生した。後者では、IAAFとロシアのスポーツ当局が、サッカーと同じくらい破滅的な汚職と共謀によって選手のドーピングを隠蔽したのである。

今のところ、国際競技団体内部やオリンピックの建設事業でどれほどの汚職があっても、また組織ぐるみのドーピングや不正などがどれほどはびこっていても、一般の人々の関心がオリンピックから離れることはない。オリンピックを視聴する人々の数は世界中で増え続けている。携帯電話、ケーブルテレビ、インターネットやソーシャルメディアなどにより、オリンピックを観戦し、夢中になる人の数は過去最大のレベルに達した。2012年ロンドン大会では、人類の2分の1以上にあたる36億人が、少なくとも1分間オリンピックを視聴したと発表された。200近くの国で放送されたロンドン・オリンピックでは、世界各地のプライムタイム視聴者が2億人を数え、重要な競技や決定的な瞬間にはその数が大幅に増えた。

従来型のテレビ視聴は、いまや公式放送局のウェブサイトで利用できるオンデマンドのストリーミングサービスによって補完されている。2014年ソチ・オリンピックは、サイバースペースへの大規模な移行と並行して、オリンピックのスペクタクルがテレビ番組でも王者の地位を維持していることを示した。アメリカでは、時差のため視聴のむずかしい時間帯になったにもかかわらず、NBCにとっては最も成功したオリンピック放送となった。17日間、毎晩プライムタイムの視聴率トップを独走し、他の3つの主要ネットワーク局を合わせたよりも高い視聴率を獲得するとともに、若い視聴者を惹きつけた。

オリンピックは、マイケル・フェルプスの超人的な泳ぎから、ウサイン・ボルトの未曾有のスピードまで、個人が並外れた才能を発揮し、世界中が畏敬の念を抱く、魅惑的な瞬間を提供し続けている。しかし、スペクタクルの力が増大するにつれて、オリンピックを意義づけようとする権力や声の大きさは弱まる。中国とロシアは独裁的な政治形態にあるため、本国では直近のオリンピックに対する組織的抵抗がほとんど発生しなかった。だが、世界中の詮索好きな人々や厳しいメディア、そして社会運動の世界的な連合体は、両国が語るオリンピックのストーリーに反発した。1980年代や1990年代に初めて見られた反オリンピック運動が、別の形で再び勃興したのである。トリノとロンドンでは比較的小規模だったが、2010年バンクーバー大会ではかなりの存在感を放ち、さらに2016年リオデジャネイロでも同様の動きが見られた。しかし今のところ、国際NGO、移民コミュニティ、社会正義や社会福祉の運動家、先住民運動家、アナーキスト、環境運動家といった反対運動勢力の取り組みは、現在のオリンピックのスペクタクルと肩を並べられるほどの規模や形態のアンチ・スペクタクルを生み出すことができていない。

これまでもそうだったが、資金とスペクタクルの両面でオリンピックの成長の度合いを示す重要な指標となるのは、開会式の費用と、開会式に与えられる意味づけである。[6] もちろん、こうしたスペクタクルが、リーフェンシュタールの「民族の祭典」以来、オリンピックにおける最大のイノベーションだ、と主張することはできる。リーフェンシュタールの最大の功績は、ベルリン・オリンピックの開会式という素材を大勢の人が観る映画にしたことによって、他の記憶や解釈を消し去った点にある。

テレビがなかったからこそ、たやすく成し遂げられた仕事だった。デジタル映像が即時配信される世界では、開会式の映像を何か月もかけて編集したり加工したりする贅沢は許されないうえ、リーフェンシュタールが念頭に置いていたような芸術志向の視聴者を当て込むこともできない。現代の興行主は、開会式を、〝その場で上演される映画〟のように制作しなければならない。しかも映画なら何でも良いわけではなく、ハリウッド映画のように国内と海外の視聴者に同時にアピールする、大人気の超大作映画らしくしなければならない。

これらのすべてには金が要る。それぞれ2000万ドル、3000万ドルを開会式に費やしたトリノとバンクーバーは、〝大ヒット映画〟を制作しようとしたわけではない。これらの都市は、比較的ローテクで、したがって安価な、より古い形のオリンピック演劇を制作した。つまり、美術と振り付けにミュージカル劇やテレビスペクタクルやサーカスの伝統を大いに参考にしたのである。そんなトリノの開会式は、1984年ロサンゼルスや1992年バルセロナにも携わり、ロック・ビデオに造詣の深いリック・バーチが演出を担当した。またシドニーとバンクーバーは、人気ミュージカル「ホット・シュー・シャッフル」で業界入りしたデイヴィッド・アトキンスの作だった。それに対して北京は当初、大作映画の代名詞、スティーヴン・スピルバーグに開会式の演出を依頼しようとしていた。ところが、スピルバーグが中国のダルフール問題への関与と人権問題に抗議して辞退したため、中国を代表する映画監督、チャン・イーモウに依頼することになった。チャン監督の「赤いコーリャン」と「紅夢《こうむ》」は、中国の歴史の断片を色使い豊かに描写した作品だ。2012年ロンドン大会開会式の総合演出は「トレインスポッティング」やアカデミー賞受賞作「スラムドッグ$ミリオネア」などで知られるダニー・ボイルで、脚本にはテレビや映画で活躍するフランク・コットレル・ボイスが迎えられた。ソチの演出は、ベテランのコンスタンティン・エルンストに委ねられた。ロシアのテレビ・映画会社幹部で、「アンナ・カレーニナ」「レニングラード」などの愛国的な大作映画を得意とする人物である。リオデジャネイロは、ブラジルの経済的苦境の影響で、創造力は豊かだが資金不足の国内映画産業と同じように低予算で委嘱することになり、ブラジル映画で最も重要な才能あふれる3人の監督、フェルナンド・メイレレス（名作との呼び声高い「シティ・オブ・ゴッド」の監督）、ダニエラ・トーマス（サンパウロのすばらしい青春映画「Linha de Passe」の監督）、アンドルーシャ・ワディントンに依頼した。ちなみに、ロンドンが推定4500万ドル、ソチが少なくとも1億ドル、北京が1億5000万ドルというハリウッド映画並みの制作費となった。もちろん、ハリウッドはエキストラとセットにお金を払わなければならない。それに対してオリンピックスタジアムはすでに建設済みで、開会式の膨大なキャストを構成する何十万人ものボランティアは無償だ。このおかげで、開会式は資金的にも美的にも、同時期の映画と実際に比較できるわけだ。北京の開会式の制作費は、同年のジェームズ・ボンド映画「慰めの報酬」、あるいはスーパーヒーローアクション映画「アイアンマン」や「ダークナイト」とほぼ同じ。ソチは歴史伝記映画「リンカーン」、リドリー・スコットのハイテクな聖書映画「エクソダス――神と王」に並ぶくらいの金額だ。

　これほどの金が動き、最新のデジタルエンハンスメントも利用できるとなると、オリンピック組織委員は冒険を避けるようになる。主要パフォーマーが実際には声を出さずに口だけ動かす「ロパク」は、2000年シドニー大会で初めて採用されて以来、広くおこなわれるようになった。特に北京大会では、林《リン》妙《ミャオ》可《コー》が歌ったと思われていた歌を、音程は正しいが美しさが足りない楊沛《ヤンペイ》宜《イー》が代わりに歌っていたことがあとになって判明した。また、シドニーオリンピックの聖火台点火で発生したような技術的問題は、予備の映像を先に撮っておくことで避けられるようになった。ソチ・オリンピックでは、巨大な雪のひとひらがオリンピックの輪に変形しなかったとき、地元のテレビ局はその場面を映さず、あらかじめ撮影しておいた映像に切り替えた。[7] 北京の閉会式のフィナーレでは見事に配された花火が市内を彩ったが、中国国営テレビの放送では完全なCGの映像と差し替えられていた。またオリンピックの開会式は、映画産業のテクニックと並行して、ポップミュージックの世界にも次第に惹かれるようになっていった。ライオネル・リッチーが1984年ロサンゼルス大会を締めくくって以来、すべてのオリンピックに、開催国で成功していて世界的知名度も高いポップアーティストが登場している。最初、有名アーティストによるパフォーマンスは閉会式で催されていたが（アトランタのアル・グリーンとステイプル・シンガーズ、シドニーのカイリー・ミノーグなど）、21世紀には開会式で演じられるようになった。北京では、伝説的ポップ歌手の劉歓《リユウホアン》、カレン・モク、韓紅《ハンホン》、孫楠《スンナン》に加えて、著名な中国人クラシックピアニスト、ラン・ランが出演した。ポップカルチャーの伝統をショーの中心的要素に据えたロンドンでは、ポール・マッカートニーとキンクスのレイ・デイヴィスがライブをおこない、アークティック・モンキーズが、ザ・フーの「マイ・ジェネレーション」、ローリング・ストーンズの「サティスファクション」、ビートルズの「シー・ラブス・ユー」、デヴィッド・ボウイの「スターマン」、クイーンの「ボヘミアン・ラプソディ」、さらにはセックス・ピストルズの「プリティ・ヴェイカント」まで、イギリスのポップとロックのありとあらゆる名曲をバッキングトラック（伴奏音楽）に用いた。これらすべては、従来の堅苦しいオリンピックの儀式に大衆的な雰囲気を与えている。また、大作映画とスタジアムの大規模コンサートの組み合わせは、歴史を語るための奇妙な媒体になることが多々ある。そのためにこそ、国とオリンピック組織委員会は金を出しているのだ。

中国とロシアでは、歴史とは国が政策の一環として記述するものであり、政権を正当化する際に絶えず参照されるものだ。特に中国は、今でも全面的に歴史を書き換えている最中であり、１９５０年代末の大躍進政策とそれに伴う飢饉、文化大革命が引き起こした激震と「反乱分子」の投獄、天安門広場で起こった民主化運動の暴力的な弾圧など、国内の大失敗や悲劇への言及を教科書やインターネットから国ぐるみで削除している。ロシアは中国ほど高度な監視に成功しているわけではないが、プーチン政権の下で歴史のカリキュラムを変更し、過去の国家建設者たちを再評価するとともに、１９３０年代の恐怖政治をさりげなくやり過ごすようになっている。中国やロシアほどではないものの、イギリスでも政治家と教育者が歴史のカリキュラムの内容をめぐって争っている。主に、イギリス史と世界史の配分や、従来のような国の政体および君主中心の筋立てと民衆に寄り添った文化史の配分などである。中国、ロシア、イギリスのオリンピックの開会式では、それぞれの国が現在好ましいと考える歴史物語が披露された。

３か国すべてで欠落があった。デイヴィッド・レムニックがソチについて「何を期待していたんだ。パージか？」と語ったとおりだ。北京は、中華人民共和国の建国から一気に現代に飛び、大躍進政策が引き起こした災害や飢饉、文化大革命の混乱には少しも触れなかった。ソチは、パージ、独ソ不可侵条約、チェルノブイリを無視した。ロンドンは、暴動の歴史と、帝国主義時代の暴力的な侵略や統治の話題を大幅に避けた。火薬、印刷、羅針盤を近代以前の中国における大発明として描く北京での壮大な描写は、５０００年以上の歴史を誇る中国人の視点からすると、19世紀から20世紀にかけての技術力・軍事力の世界的なバランスが一時的な逸脱でしかないことを世界中の人に思い出させるためのものだった。有史時代の大半で「中華」は世界の中心であり、演目を締めくくった中国による宇宙への挑戦を象徴的に読み解くなら、中国は再び世界の中心に返り咲く、ということだろう。ソチは、蘇る大国としての堂々たるストーリーを提示することこそできなかったが、ロシア語のアルファベットをロシア文化の巨人たちと結びつける先端の映像演出や、バレエダンサーとコサックが仰々しく登場する演出によって、可能な限り事実を曲げようとした。

一方、ロンドンは、大英帝国時代以降の衰退をイギリス国民がどのように受け止めているかを示す演出となった。帝国時代を完全に省略したのである。代わりに披露したのは、歴史の間違った記憶を題材としたシュールなコメディだった。田園風景がなくなるようすは、さながら子供向けテレビ番組。産業革命はミュージカル「オリバー!」風。そして1945年以降の社会は、医療社会化制度、児童書、ビートルズ以降の名作ポップ・ロックの数々に対する愛にがんじがらめになったものとして描かれた。現代のエリートがこのような物語をこのようなスケールで語りたくなること自体は、それほどの驚きではない。だが、これから高度に商業化された最高のスポーツを始めようとするときに、前座でこの演出を見せられた驚きはまだ冷めていない。

2　2008年北京大会

　中国共産党の総書記で、中華人民共和国の国家主席でもあった江沢民《こうたくみん》は、2002年の新年の挨拶で、「WTOに加入し、2008年オリンピックの開催権を獲得し、上海で重要なサミットを開催して世界の指導者を迎えることは、新世紀における中国の発展の良き序章になるだろう」と語った。さらに2002年の中国には、サッカーワールドカップの本大会に初めて進出する楽しみまであった。[1]

　つまり中国人は常に、オリンピック開催を自国と外界との関係に生じる画期的変化の一環として解釈し、理解してきたのである。歴史上で最も大規模かつ迅速な産業革命に火をつけた経済改革に伴う変化のプロセスだ。鄧小平の承認により、北京は2000年オリンピックの開催都市に立候補したが、決選投票でシドニーに敗れた。のちに、シドニーの勝利を決定づけた票は買収されたものであったことが判明したが、北京の招致活動は国際人権NGO、アメリカのメディア、アメリカの下院議会による、人権問題に関する長期にわたる声高な批判によって弱体化を余儀なくされた。1989年の天安門事件での虐殺という過去の罪と、現在の中国が異論や反論を統制し続けている状況の両方が問われたのだ。

　1990年代の後半に、中国は2008年オリンピックを開催すべく、招致合戦の場に戻ってきた。年間成長率が2桁に向かい、中国は絶好調のように思われた。1997年にはイギリスから香港が返還され、中華人民共和国建国50周年の1999年には、ポルトガルからマカオが返還された。環境汚染が進む現状に対抗すべく「環境にやさしいオリンピック」を、権威主義的な雰囲気に対抗すべく「人民のオリンピック」を公約した北京は、2001年におこなわれた開催地選考を楽に勝ち抜いた。

IOCの楽観論者と西側の外交コミュニティの大半は、北京オリンピックというのは数十年の孤立や対立を経て中国が国際秩序に復帰するための試練であり、同時に見返りでもあると理解した。オリンピックが中国国内の解放と民主化につながり、これまでの半世紀で先進国が掲げてきた国際機関と国際法によるリベラルな秩序に中国が自ら従うようになると期待した。

　しかし、中国の人々の考えは違った。何よりもまず、オリンピックは中国が繁栄、力、秩序を取り戻したことを誇示する手段だった。中国による世界秩序の解釈は、国際人権団体などのあいまいなコスモポリタニズムと相変わらず対立していた。中国の主張する「原則」によれば、国際秩序に加わる前提条件はあくまでも主権と自治であって、国際法への隷属ではない。さらに、協力、連携、相互理解には敬意を払うが、他国が中国の政治に干渉したり倫理上の論評をしたりするのは行きすぎだと考えていた。

　中国にとっての北京オリンピックの意味は、世界秩序における中国の立ち位置に限定されるものではなく、中国が経験した大規模な経済改革の明確な誇示にあった。北京オリンピックの規模と物理的な壮大さが、これまでのあらゆるオリンピックを上回ることを疑う者はなく、政府も400億ドルの予算をつけてこの目的の達成を支援した。それほどの金があれば何が買えるだろうか。比較として、また世界史上最も大きなインフラ建設の証拠として考えてみよう。北京オリンピック開催の資金があれば、三峡ダム（建設費280億ドル。世界最大のダムであり、オリンピックと同様に100万人以上の人々を立ち退かせた）、青蔵鉄道（35億ドル）、秦山原子力発電所（22億ドル）、臨港新城（45億ドル。100万人以上が住む新都心。現在の南匯新城）を建設して、さらに18億ドルのお釣りが出る。

　馬術競技は香港、セーリングは青島など、一部の会場は首都の外に置かれたが、大半の会場は北京に集中していた。長い伝統を持つ旧王朝時代の建築物のなかに、改革後の中国共産党自らの足跡を遺そうとしたのである。毛沢東は、自らの治世の初めに天安門広場の改装と拡大に取り組み、のちにソヴィエトのような記念碑を加えた。しかし、この時代最大の遺産は、北京に集中する重工業の工場群だろう。毛沢東直後の時代には、陰鬱な高層ビルが点在するようになったが、建築から見る限り、これから世界最大の経済大国になるであろう国の首都らしさは稀薄だった。[2]

　オリンピック開催に向けておこなわれた北京の変革はあまりに大規模で、市政府が3か月ごとに新しい地図を発行するほどだった。急激に膨張する都市経済の5分の1近くを建設工事が占めるようになり、その費用はピーク時には年17パーセントも増加した。招致合戦に勝利してからオリンピックを開催するまでのあいだに、北京では世界最大の空港（ただし最大だったのはドバイに抜かれるまでの数か月間だけだった）を新設し、ホテルを5万室分追加した。また、光ファイバーケーブルのネットワークだけで36億ドルを出資し、下水道系を完全に刷新して650キロほどの下水管を敷設した。1990年代にも広がっていた地下鉄には、8つの路線と数え切れないほどの地上出入口が追加された。ここまで、31施設のオリンピック会場そのものにはまだひとことも触れていない。10年近くのあいだ、建設に伴う粉じん、排気、工場の煙が、分厚く動かない雲のように街を覆った。すでに3つの環状道路で囲まれていたところに大きな第4環路が建設され、さらに巨大な第5環路、第6環路も追加された。いまや北京は車だらけだ。

北京の深刻な大気汚染が注目を浴びたのは、2006年4月のことだった。北京市では全国環境会議が開催されていたが、ゴビ砂漠からの砂嵐が街に吹き込み、すでに埃だらけだった大気と混じり合った。その結果、会場は閉鎖に追い込まれた。公平を期せば、当局はすでに問題に厳しく対処し、石炭火力発電所の閉鎖、自動車や工場の排気規制の強化、重工業の市外移転、自動車税の強化と公共交通機関の急速な充実といった手を打っていたが、北京の成長の規模は大気を改善するあらゆる取り組みを上回った。

本部をジェノヴァに置くハウジングNGOのCOHREによれば、こうした粉じん、ディーゼルの排気、酸性雨に汚染された空気の下で、再開発によって150万もの市民が住居の移転を余儀なくされたという。[3] 中国外務省は、移転したのは6000世帯だけであり、しかも十分な補償だったので全員がスムーズに引っ越したと反論した。だがその実態は、公式発表よりもCOHREの数字のほうが現実に近いと思われる。さらに、中国における「移転」には法による規定がない。適正手続きが欠如していて、事前の立ち退き命令すらないこともある。デベロッパーと市民の力関係は著しく不均衡であり、市民が合理的な補償を受けた事例はごくわずかだ。市内の開発地域で立ち退きを拒否して1軒だけ残る、いわゆる「くぎの家」が、このプロセスへの抵抗の小さなシンボルとなることがある。たとえば、市内で最も古い地区のひとつである前門地区では、オリンピックにふさわしい北京の富裕層向けショッピングエリアを建設するために取り壊しが決まったが、清朝時代のパン屋が1軒だけ残って抵抗した。[4] オリンピックのために取り壊された多くの街区には建築学的には見るべき建物はほとんどなかったが、市内で最も歴史のある住宅街で、高い人口密度、貧弱な公衆衛生、しかし陽気で人情味豊かな生活を特徴としていた胡同《フートン》［北京市に碁盤目状に巡らされ、両側に伝統的な民家が建ち並ぶ細い路地］が大規模に取り壊されたのは、大きな損失であった。

こうしてできあがった街は、明らかに以前より統一感に欠けていた。奇妙な開発地区が、高速道路、バイパス、舗装された歩道、それらのあいだの無駄な空間がつくる寒々しい風景のところどころに、キノコのように突き出ている。大半の建築物はひいき目に見ても凡庸だったが、だからと言ってオリンピック期の北京を建築的野心に欠けると責めるには当たらない。野心は少数の建造物に凝縮されていたからだ。北京は、この熱狂的な大規模再開発を、4つの驚くべき建築物で飾る道を選んだ。中国国家大劇院はチタンとガラスでできた巨大な楕円体の建物で、大きな四角形のプールに囲まれている。傾いた黒い2棟のビルがメビウスの輪のように組み合わされているのは中国中央電視台本部だ。「鳥の巣」の通称で呼ばれるようになったオリンピックスタジアムは、4億ドル相当の建設費をかけた競技場であり、網の目のように配された鉄がカーテンと屋根の役割を果たしている。その隣にあるのが北京国家水泳センターだ。通称「ウォーターキューブ」で、青く輝く箱型の建物に、細い鋼のフレームとハイテクな半透明のプラスチック膜が美しく輝く不均一な泡を表現している。

これらはすべて海外の建築家が設計したものであり、どの建物も中国の思想、宇宙論、伝統を、建築面、象徴面で参照して組み込むべく努力を重ねているものの、いずれもどこか他の場所から突如として中国に現れたかのように見える。4つの建物はすべて映画のようにモダンで、それぞれ周囲の世界から一歩引いたかのような場所に屹立しているようすが、地球に降り立ったばかりのエイリアンの宇宙船を思わせる。テレビではすばらしく映えたが、特に競技施設は維持費が高くつくことがわかり、オリンピック後には悲しいほど使われなくなった。中国の野心の大きさと現代的な意味づけを表すモニュメントであることは疑いないが、中国の本音や、中国が抱く夢の本質についてはほとんど何も教えてくれない。

現代中国の特徴が、オリンピック建築におぼろげにしか刻み込まれていない一方で、オリンピックのビジネスと政治、両方の面での中国の対応には、もう少しはっきりした特徴がある。中国政府と国営企業、およびその協力者は、巨大なインフラプロジェクトを見事に、なおかつBRICの他の国(インド、ロシア、ブラジル)と比較してごく少ない腐敗のもとで計画、遂行した。中国の商売と言えば、搾取、偽造、産業スパイや、頼りない特許法、著作権法、商標法体系で悪名高く、知的財産権の問題が心配されたが、政府はオリンピック関連の偽造と無許可営業を規制する法律を新たに施行し、安全性をアピールした。だが、中国の建築業者と下請け業者は情け容赦のない競争を繰り広げた。海外の魅力的な競合他社より巧みに価格を下げ、契約をもぎ取ったのだ。政治的には、中国共産党が本領を発揮し、大会の進行、メディアによるメッセージ、さらには大衆の振る舞いにまで、完全で絶対的な統制を実現した。共産党は、市民がつばを吐く行為を戒め、列に並ぶこと、微笑むことを推奨する大規模なキャンペーンを実施した。その後、中国のビザ、交通、報道を管理する厳しい規制を緩和して、海外メディアが短期間だけ迎えられた。

　これらの取り組みの一方で、北京オリンピックには、ふたつの国際的な不安要素があった。中国とスーダン政府との関係、そして国内と世界中の亡命チベット人の両方から非難されている、チベットの長期占領である。スーダンに関しては、中国は現地政権を長年にわたって支援していて、１９７０年代以降、資金援助、軍備やインフラの整備プロジェクトを提案し、実現してきた。両国の関係は決して浅くなく、中国はスーダンとのあいだで39億ドル相当の貿易をおこない、スーダンの石油産業に１５０億ドルを投資して国営石油企業の40パーセントを所有していた。しかし２０００代中頃には、スーダンはダルフール紛争によって、西側諸国のあいだで「のけ者国家」となってしまった。スーダン西部のダルフールでは、非アラブ系の国民を代表するスーダン解放軍（ＳＬＭ）が、一貫してアラブ人に与する政府と戦っていた。スーダン政府は攻撃的に対応し、悪名高い私兵集団「ジャンジャウィード」をひそかに支援した。ジャンジャウィードは、ダルフール各地における非アラブ人に対する暴力的な民族浄化と人権侵害に関与している。アメリカでは、人権活動家、ハリウッドのセレブ、アスリートなどが協力し、各種メディアを利用して北京オリンピックに「ダルフール・オリンピック」「ジェノサイド・オリンピック」というあだ名を付けることに成功した。また彼らは、中国が貿易相手のスーダンに圧力をかけるどころか武器を売っていること、スーダン政府を非難し、ＳＬＭを支援する国連決議に対して中国政府が拒否権を発動したことを批判した。アメリカ・オリンピック委員会は、アメリカチームの旗手に、スーダン難民でダルフール民主化キャンペーンの積極的な支持者でもあるロペス・ロモンを指名した。中国はこの指名に傷つき、ある意味で、すべてを理不尽に感じていた。中国の国際関係モデルの視点からすると、中国は、やるべきことはすべてしたはずだった。スーダンの盟友に和平会談への参加を打診しつつ、他国の統治権にかかわる問題については沈黙を貫いたのである。

チベットの問題は、スーダンの問題以上に批判を無視するのはむずかしかった。２００８年初頭、チベットの中心都市ラサで暴動が発生し、全域に広がった。[6] そのきっかけは、チベット人の平和的なデモを中国の警察が解散させたことだった。その際に、長い占領時代に溜まっていた敵意に火がついてしまった。昨今、漢民族がチベットに大量に流入し、チベット人が経済的、政治的、文化的に周縁に追いやられていたことで、敵意はより激しく燃え上がった。暴動は圧倒的に、漢民族と他の少数民族、およびその資産に向けられた。その後の中国当局の治安出動は、チベット側からは暴力的に描かれていたが、比較的統制が取れていたようだ。とはいえ、暴動の当事者と警察が殺害した人数は数百人にのぼった。

報道規制に抗議する国際ジャーナリストやアムネスティ・インターナショナルが主導したさまざまなキャンペーンのうち、数か月後におこなわれる中国の5大陸横断聖火リレーに最も強い影響を与えたのが「フリー・チベット」運動である。[7] 北京五輪組織委員長の劉淇《りゅうき》は、オリンピアでのスピーチを妨害された。アテネでは、アテネ・オリンピックから北京オリンピックの公式な引き継ぎイベントがおこなわれたときに、運動家たちが「フリー・チベット」と叫びながら横断幕を掲げ、数々のトラブルを起こして警察に拘束された。

聖火がイギリス、フランス、アメリカを通過していくうち、事態はますます深刻になった。ロンドンでは聖火ランナーが突き飛ばされ、場所によってはバスで移動せざるをえなくなった。中国から派遣され、強硬な対応をした警備担当者は、的確にも「ならず者」と表現された。パリではルートを短縮し、一般向けのイベントをいくつかキャンセルしたにもかかわらず、リレーの警備に３０００人の警官が必要になり、チベットを支援する運動家たちが何度も消火器で聖火を消そうとした（何度かは成功した）。サンフランシスコでは、中国政府側とチベット側の運動家がＡＴ＆Ｔパークスタジアムで火花を散らし、聖火を倉庫に一時退避させる事件が起きた。アルゼンチンでは、反対運動家が聖火リレーに代わる「人権聖火」を掲げて行進しただけで、特に問題なく終わった。タンザニアとオマーンではトラブルは発生しなかった。

ところが、聖火リレーが南アジアに到着すると、反中国・親チベットデモへの心配と恐怖心が高まり、パキスタンでは無人のスタジアムでリレーを実施した。インドでは最大限の警備をつけて、ニューデリーの短い区間でリレーを実施した。ヨーロッパやアメリカと比べると、アジアの国々には、中国から移住してきた人や中国政府の支援者がはるかに多い。そのため、インドネシア、オーストラリア、日本では、政府側勢力が抗議側を上回った。香港では若干名の民主化運動家がリレーコースに現れたが、親中派に圧倒された。

オリンピック開催中は当局が抗議用スペースを用意したにもかかわらず、抗議はおこなわれなかった。大会の演出は、中国共産党、ＩＯＣ、企業スポンサーの意のままだった。開会式では、ほとんど上の空のテレビ視聴者にさえも、中国が広大で、復活を遂げていて、本気であることが明確にわかった。１９９０年代初頭に北京が初めてオリンピック開催地に立候補して以来たゆみなく続けてきた国家主導のエリートスポーツプログラムは、メダル１００個（うち金メダル51個）という圧倒的な成績を叩き出した。特に、射撃、ウェイトリフティング、ボクシング、フェンシング、体操、柔道、飛び込みで強みを発揮した。[8] こうしたエリート養成プログラムの集中度を示すのは、選手たちの若さと、同じ競技の選手と結婚する事例の多さだった。

国としての成果だけでなく、北京では真の意味で人間の能力の極限を見ることができた。陸上競技では5種目の世界記録が更新され（過去4回のオリンピックでは合計で7種目しか更新されていない）、競泳では34種目のうち25種目で世界記録が更新された。どちらの競技でも、傑出したひとりのアスリートが世界中の注目を集めた。アメリカの水泳選手マイケル・フェルプスと、ジャマイカの短距離走者ウサイン・ボルトである。

フェルプスは、１９７2年ミュンヘン・オリンピックでマーク・スピッツが達成した7種目の金メダルを上回る8個の金メダルに輝いた。競泳選手は過去40年で世界記録更新に向けて着実な進歩を遂げてきたが、重要な技術的進歩にも助けられた。ひとつは、波と乱流抵抗の少ない、より大きく深いプールの採用。もうひとつは水着の改善だ。北京オリンピックで特筆すべき点は、プールが特に深かったことと、織物ではなく最新鋭のポリウレタン製ボディスーツが使われたことだった（その水着の影響があまりに大きかったため、２００９年には国際水泳連盟は使用を禁止した）。フェルプスは、水泳競技に特に適した集中力（ＡＤＨＤの影響ともいわれる）と体格を備えていた。身長こそ１９３センチメートルと高くなかったが、両腕を広げたときの長さと胴の長さは、身長をかなり上回る人と同等であり、それが特に大きな浮力とパワーを彼に与えていた。手足は非常に大きく、水かきにきわめて適していた。また、フェルプスは疲れからの回復が早く、特に乳酸の生産がごく少なかった。彼はこうした長所を活かし、大会中は1日に何回も競技をおこなう水泳選手のなかで頭ひとつ優位に立ったのである。[9]

すでに世界記録保持者ではあったが、陸上競技界以外ではほとんど知られていなかったウサイン・ボルトの活躍には、北京オリンピックを見た世界中の人々が息をのんだ。手始めに100メートル走を9秒69の世界新記録で優勝すると、マイケル・ジョンソンが12年前にアトランタで樹立した200メートル走の記録も更新した。物語の仕上げに、4×100メートルリレーでもジャマイカ代表の男たちが世界記録を更新した［のちに、選手のひとりにドーピング違反があったことが発覚して失格となった］。ボルトは2012年にも3冠を達成した。ジャマイカ代表は短距離離走で完全な優位に立ち、18個のメダルのうち11個を獲得。女子100メートルでも、北京、ロンドン両五輪でジャマイカ代表のシェリー＝アン・フレーザー＝プライスが金メダルを獲得した。

フェルプスと同様に、ボルトの異才も体格によるものだった。スプリンターは、競争相手より少なく大きなストライドを取ることでトップスピードに達するが、短距離走優勝者としては非常に背の高い196センチメートルのボルトは、標準的な選手が100メートルを45歩で走るところ、41歩しかかからない。通常、最初の10メートルでは、はずみを付けるために短く力強いステップが必要なので、体格の良さは不利になる。だが、ボルトは問題を最小限に抑えるテクニックを発見していた。

これほどのジャマイカの短距離界の進化について考えるとき、何か大きな力が働いているのだろうかと思わずにはいられない。[10]人口わずか200万人の島国がこれほど優位に立っていることは驚くべき事実である。参加へのハードルが低く、潜在的な競争相手となるアスリートが厖大にいる競技でのことなので、なおさらだ。同じ疑問が音楽の世界にも当てはまる。ジャマイカ島とその出身者は、アイデア、イノベーション、そして優れた音楽を信じがたいほど豊富に生み出している。あるコメンテーターはジャマイカの音楽について次のように述べている。「創造力のレベルがもともと高いとしか思えない。島国の効果かもしれない。隔離がときに集中力を生むことがあるからだ[11]」。この点が、目覚ましいレベルの熱狂を生んでいるジャマイカの中等学校の陸上競技に当てはまるのは間違いない。毎年1週間にわたっておこなわれる学校対抗の競技大会「チャンプス」は、高校を中心としておこなわれる体育活動の山の頂点に位置する。高校同士が激しく競い合い、最も優れたアスリートを勧誘し、積極的に指導と育成をおこなう。高校を出ると、優秀なアスリートはコーチ、アカデミー、スポンサー（元アスリートが設立する会社が多い）のネットワークに入り、プロになるチャンスをうかがうことができる。スポーツが実現する一攫千金のルートを思い出したければ、ウサイン・ボルトの屋敷が、チャンプスを開催しているナショナルスタジアムを見下ろす緑の丘に建っていることに思いを馳せるといい。

フェルプスはシャイで寡黙だった。ボルトは違った。実際、そのカリスマ性と魅力は他のオリンピック選手とは比べものにならない。ウサイン・ボルトほどのスター性、親しみやすさ、人の心にアピールする力を兼ね備えたオリンピック選手を見つけようとすれば、１９７２年のオルガ・コルブトまで遡らなければならない。ボルトはノリがよくてユーモアがあり、聡明で自己をしっかりと確立しており、常にリラックスしている。ボランティアや係員に対する人当たりの良さと、レース後の魅惑的なポーズ（空に向かって弓を引くポーズや、自信満々でよどみないダンスステップなど）は、ボルトに尊敬、富、愛をもたらした。しかしＩＯＣ会長のジャック・ロゲは、北京オリンピックの表彰式におけるボルトの態度を敬意に欠けると批判し、「伝説」という自称に対して、まだ伝説になっていないとの考えを述べた。ロゲはいらだっていたのだろうか。時間を経ないと伝説にはならないというのであれば、それはボルトの抜きんでたパフォーマンスに対してあまりに盲目的な見方だ。

3　2012年ロンドン大会

2012年ロンドン・オリンピックは、保守党を中心とした連立政権のデイヴィッド・キャメロン首相の任期中におこなわれたが、その構想、傾向、形式は、ニューレイバー（新しい労働党）と13年にわたるその政権の遺産だった。政権が変わってもオリンピックの形がほとんど変わらなかったことは、保守党と労働党の文化的・政治的距離が近くなっていることと、労働党政権の時代に許認可手続きのかなりの部分が進行していたことを示している。[1]

イギリスの政治エリートとスポーツエリートがロンドン・オリンピックに対して抱く考え方は、ふたつの先行プロジェクトが形作った。第一に、マンチェスター市と労働党を与党とする市議会による複数回のオリンピック招致失敗と、2002年のコモンウェルスゲームズの開催。これらは、スポーツやイベントを利用して復活を遂げるという考え方を正当化した。第二に、ニューレイバー初めての政権となる第1次ブレア政権が前政権から引き継いだ「ミレニアム・プロジェクト」の影響。プロジェクトの中核となる高価な巨大テントのようなアリーナはリチャード・ロジャースの設計で、ロンドン南東部のグリニッジ半島の、かつて土壌汚染が激しかった地に建設された。1951年に開催された英国フェスティバル博覧会を懐かしむとともに、未来への力強いメッセージを伝えようとした建物だった。展示に関する権限を企業スポンサーに譲渡してしまったため、言うまでもなくその試みは完全に失敗したが、イギリスらしいプロジェクトへのニーズは残った。実際に、ウェールズとスコットランドでナショナリズムが着実に勃興し、かつての労働党の強固な支持層の支持が失われつつあるなかで、イギリスらしいプロジェクトを見る必要性はかつてないほど高まっていた。

ロンドン・オリンピックの招致に重要な役割を果たしたのは、ロンドン市選出議員で文化相のテッサ・ジョーウェルだ。ジョーウェルは、ロンドン・オリンピックがマンチェスターよりはるかに大きな復活の機会となり、大失敗に終わったミレニアム・プロジェクトよりも魅力的なイギリスらしさを示すチャンスにもなるという見通しを立てた。[2] ジョーウェルは、同じく労働党に所属するロンドン市長のケン・リヴィングストンを味方につけた。リヴィングストンは多少懐疑的だったが、イーストロンドンの経済的・社会的発展と投資の約束と引き替えに招致を支持することにした。一方、トニー・ブレアが招致を承認したのは、開発計画を慎重に検討した末ではなく、ブレアが招致に必要なリーダーシップ、ビジョン、冒険心を備えていないというジョーウェルの挑発に乗ったからだと思われる。招致計画は、今となると失笑を誘うくらい少額の230億ポンドの予算で組まれ、その中心とされたのはイーストロンドン、ストラトフォードに近いリー・バレーの一部の再開発だった。汚染された広大な工業用地を緑豊かなオリンピック公園に転用し、かつて市内の周縁部だったこの地を中心部と結ぶ交通網を整備する。さらに野心的な案として、また近年オリンピックの予算がかさみ、無用の建築物ができていることに対するIOCの不安を打ち消す策として、2012年ロンドン・オリンピックでは、持続可能な街、健全で活発な国、障害者の生活改善などを公約した。これらに加え、切り札としてセバスチャン・コーを迎えた。コーはちょうど貴族に叙され、保守党政治家としての活動の最前線から退いたばかりだった。オリンピックの陸上金メダリストで内部事情に精通しているコーは、メディアに対しては無愛想だったが、弁舌さわやかで、招致の表看板として完璧だった。2005年、シンガポールでの最終選考では、トニー・ブレア首相とシェリー夫人が器用に立ち回るとともに、ロンドンでも特に多様な人々が集まるイーストエンドから連れてきた30人の子供の隣でコーがプレゼンテーションをおこなった。本命だったパリが驚き嘆くなか、2012年オリンピックの開催地はロンドンに決定した。

開催権を勝ち取った翌日の2005年7月7日の朝、ロンドン市内に衝撃が走った。自爆テロが起きたのだ。4人の実行犯のうち3人は地下鉄、ひとりはバスに乗車していた。この同時多発テロによって52人の市民と実行犯4人が死亡し、700人以上が負傷した。こうして、アテネと北京ですでに十分に進化していたオリンピックの警備がさらなる充実を目指すことになった。65億ドルの警備費を使い、監視カメラ30万台を配備した北京ほどではなかったが、それでもロンドンは20億ドルをかけて、5万人以上の警察官、軍人、民間警備保障会社の社員を配置したうえに、1000人以上のアメリカの保安部隊を手配した。[3] 市内にはすでに監視カメラが張りめぐらされていたが、ロンドンは公共交通機関と公共空間で最も先進的な顔認証技術を試験的に導入、同時にオリンピック会場を綿密に封鎖する計画を立てた。オリンピック公園全体を取り囲む11マイルの青い警備用フェンスは、この戦略を目に見える形で表現したものである。マスコットのウェンロックとマンデビルが擬人化された監視カメラにそっくりなのは、意図せず鋭い皮肉になっていた。オリンピックの営業許可を受けた売店では、警察官と顔認証カメラがセットになったおもちゃまで売られていた。

警備員の大半は大手民間警備保障会社のG4S社が確保することになっていた。同社は、1万3700人の警備員を派遣するとして2億8400万ポンドの契約を勝ち取っていた。しかし開会2週間前になっても4000人しか採用できず、訓練された人員に至ってはさらに少なかった。組織委員会は契約をキャンセル、陸軍に支援を求めた。G4Sの粗末な管理体制と公共部門に対する尊大な姿勢、そして最低賃金で済ませようというけちな方針はすべて、イギリス経済でもとりわけ評判の悪い業界の特徴を表していた。この一連のどたばたを最も雄弁に語るものといえば、このような状況にもかかわらず図々しくも5500万ポンドの管理費を要求したG4S社CEO、ニック・バックルスの厚顔無恥であろう。[4]

リー・バレーの再開発とストラトフォードの新たな造成は、ロンドンのドックランズにヒントを得ていた。1980年代初頭のサッチャー政権主導によるこのプロジェクトでは、まず、ビジネスニーズに敏感で無責任な開発公社、LDDC（ロンドン・ドックランズ再開発公社）を設立した。次に、通常は選挙で選ばれた地方議員がおこなうはずのプロジェクトの管理業務をすべてLDDCに委託した。さらに、地価を吊り上げるために必要な交通インフラを建設するため、また不動産投機ブームで地価が変動するなか、結託したデベロッパーを破綻させないようにするために、巨額の公的補助金を追加で交付した。これらすべてが結実して完成したのが、新金融街、カナリー・ワーフである。一方、オリンピックに伴う再開発は、オリンピック・デリバリー・オーソリティという開発公社が中心的なプランナー兼デベロッパーとなってスケジュールどおりに進行したが、それにかかる費用は非現実的なほど低額な招致時の予算とはかけ離れていた。オリンピック・デリバリー・オーソリティとロンドン・オリンピック組織委員会は、多くのイギリスの国営事業と同様に、5億ポンド相当の大量の業務と、権限と政策施行（特に会計とプロジェクトマネジメント分野）を民間のコンサルタントに委託した。[5] 最終的な支出は90億ポンド弱となった。2005年の招致文書で提案した金額の4倍近くである。

驚くべきことに、ストラトフォードの最終計画では、新しいインターチェンジとオリンピック公園の間の大きな土地をショッピングモール開発企業のウェストフィールドに割り当てた。これにより、オリンピックに来場するほとんどの観客は、意外性がなく退屈でけばけばしいチェーンストアの前を通らなければならなくなった。オリンピック公園内のほとんどの建築は機能的ながら目立たないモダニズム建築だったが、ザハ・ハディドが設計したうねるような構造のアクアティクスだけが、〝象徴的な建築〟と大幅な予算オーバーを体現していた。そして、オリンピック開催地となることで得られるであろうさまざまな効果――数多くの「レガシー」、大会後の施設利用、経済的なウィン・ウィン関係、さまざまな相乗効果――についての広報活動は非常に熱心になされていたにもかかわらず、大会の意義については奇妙にも定まっていないままだった。

この欠落は、BBCのドラマ「2012」の人気ぶりと辛辣な風刺によっていっそう際立った。「2012」は、組織委員たちのジレンマを見事に描ききったことと、オリンピック広報部門の無意味なおしゃべりを耐えられないほど正確に表現したことで高い評価を得た。イアン・シンクレアが痛烈に評したように、このドラマは「テーマのないテーマパークへの長い行進」を描いていた。[6] この感覚は、アニッシュ・カプーア作のスポンサー付きアート「アルセロール・ミッタル・オービット」によっても裏付けられた。「377フィート（115メートル）の高さを誇る塔ではあるが、まるでごみ圧縮機に突っ込んだローラーコースターのような形をしている」[7]と評された空虚で醜い見世物である。しかし展望台に上がると公園一帯を見渡せることから大人気となり、今では巨大スライダーが設置された立派な観光地となっている。[8]

いずれにしても、ロンドン・オリンピックは結局「イギリスらしさ」を示すための大会であった。ただしその舞台は、貴族的・王室的な場所とロンドン周辺の諸州に偏っていた。乗馬はロンドンの王立公園のひとつであるグリニッジ・パーク、ボートはイートン校のボート部が本拠地とするドーニーウッド、ビーチバレーは観兵式などがおこなわれるホース・ガーズ・パレード、テニスはウィンブルドン、アーチェリーはクリケットの聖地ローズ・クリケット・グラウンドで実施された。しかし、ロンドン・オリンピックをイギリスらしさの象徴として自然に受け入れるには、多くの人が冒されていた自己防衛的な冷笑と無関心を、イギリス文化に基づいた開会式の演出と花火によって打ち砕く必要があった。すばらしいショーを届けられると確信していたイギリスは、愛国心の水門を開けるような金メダルを心待ちにしていた。

それは洪水のようにやってきた。ブラッドリー・ウィギンズの自転車競技・個人タイムトライアル金メダルと、ヘレン・グローバーとヘザー・スタンニングのボート舵手なしペア金メダルは、29個の金メダル、65個の合計メダルの始まりでしかなかった。ユニオンジャックの嵐は「スーパーサタデー」にピークを迎えた。1日の前半で3個の金メダルを獲得し、さらにオリンピックスタジアムで、七種競技のジェシカ・エニス、1万メートルのモハメド・ファラー、走り幅跳びのグレッグ・ラザフォードが金メダルを3個上乗せしたのである。あるBBCの幹部は、オリンピックの最中に自社の会長について次のようなメモを回したという。「マーク・トンプソンは、我々がイギリスチームのパフォーマンスばかり取り上げてその他すべてを無視しているといって、日に日に機嫌を悪くしている」(ただしトンプソンはこの発言を否定している)。[9]活字メディアと比べると、BBCは良い意味で抑制が利いていた。デイリー・メール紙の記者ドミニク・サンドブルックは、右派と左派の両方の気持ちを、やや飾り立てた言葉で代弁した。「スポーツを嫌っている人にとっても、この2週間は我々の歴史にほとんど例のない愛国ショーのようになっていた……とりわけ嬉しかったのは、絶滅寸前と何度も言われていた『イギリスらしさ』そのものが復活したことだ。もしアレックス・サモンドとスコットランド国民党の思いどおりになっていたら、オリンピックの『イギリス』チームなどなくなってしまっていたかもしれない」[10]

しかし、これほどありのままの自然な愛国心が巷で語られていても、実際に競技の場で見られたのは、複雑かつ多様で、必ずしも心地よくないイギリスの姿だった。男子サッカーは、スコットランドやウェールズへの権限委譲を終えたイギリスにおける、アイデンティティと代表チーム結成の複雑さを象徴していた。[11]IOCやFIFAが結成されるよりはるか前に、イングランド、スコットランド、ウェールズ、北アイルランドにはそれぞれ別のサッカー協会(FA)が設立されていて、世界のサッカーを統括するFIFAとの一連の合意によって今でも別々に存続している。ところが、IOCとはそのような交渉がなされておらず、2012年ロンドン・オリンピックには統一イギリス代表で参加するか、あるいは参加しないかのふたつにひとつだという主張をIOCは曲げなかった。ゴードン・ブラウン率いる労働党政府とイングランドサッカー協会は男子サッカー統一イギリス代表チーム結成に乗り気だったが、ウェールズ、スコットランド、北アイルランドのサッカー協会と多くのファンはこの見通しにがっかりした。理由はふたつある。第一に、FIFA内に少なからずいる反イギリス派の加盟国によって、今回の統一イギリス代表が前例とされ、自分たちが潰されてしまうのではないかと恐れたから。第二に、権限委譲後のイギリスでは、せっかく苦労して勝ち取ったスポーツにおけるアイデンティティと独立を返上するという考えは許容されないからだ。スコットランドサッカー協会は、統一イギリス代表チームに参加するのは止めないが、裏切り行為とみなすと所属選手に言い渡した。3地域の協会と、4地域の大半のサポーターにそっぽを向かれた統一イギリス代表は、会場を満員にはしたものの、普段はあまりサッカーを観戦しない人々の前でプレーすることになった。監督やコーチやチームは、数人のウェールズ選手以外はイングランド出身者で構成された。

男子のプロサッカー、ラグビー、クリケットが中心となって試合を披露している通常のイギリススポーツ界と比べて、2012年ロンドン・オリンピックがジェンダーバランスのうえで優れていたことは疑いない。[12] 女子競技を象徴する出来事と言えるのは、史上初めてサウジアラビアの女子選手が参加したことだ。また、チュニジア代表の3000メートル障害選手ハビバ・グリビが同国初の女子金メダリストとなった。イギリスの女子選手の活躍は目覚ましかった。すでに国中の賞賛を浴びていたジェシカ・エニス（七種競技）やヴィクトリア・ペンドルトン（自転車）だけではなく、ボクシングのニコラ・アダムス、テコンドーのジェイド・ジョーンズ、自転車のローラ・トロットといった新たな金メダリストが生まれた。しかし、紛れもない不平等とダブルスタンダードは残っていた。オーストラリアと日本のサッカー協会はどちらも、男子選手をファーストクラスで、女子選手をエコノミークラスで現地に送った。イギリスのウェイトリフティング選手ゾーイ・スミスは、ソーシャルメディアにおける不愉快な攻撃のターゲットになった。攻撃した人たちは、スミスの体格が自分の好みに比べて女性らしくないと主張したのだ。アフリカ系アメリカ人体操選手ギャビー・ダグラスのすばらしいパフォーマンスにいたっては、メディアが展開する髪型のあら探しの前にかすんでしまった。

イギリス代表は、イギリスの人種的多様性をよく反映していたが、サッカーやその他のスポーツと同様に、アフリカ系カリブ人や混血の選手のほうが、南アジア系の選手より活躍が目立った。しかし彼らの偉業も、モハメド・ファラーによる5000メートルと1万メートルの両方での金メダル獲得には及ばなかった。ファラーはソマリアのモガディシュで生まれ、8歳のときに激しい内戦から逃れて難民としてイギリスにやってきた。イスラム教徒で、イーストエンドの外国人街で育ったファラーが、1万メートル決勝の最後の数周を大歓声に包まれながら走りきると、イギリス人の喜びの炎は最高潮に燃え上がり、世界中の人をまじえたお祭り騒ぎとなった。詩人のマイケル・ローゼンはツイッターでこう皮肉った。「モハメド・ファラーが優勝した瞬間、ニック・グリフィン［移民排斥派の極右政党・イギリス国民党の党首］が夕食を喉に詰まらせて病院に急送された。今、アジア人の医師が治療にあたっている」。ここでも再び、ドミニク・サンドブルックのコメントを見ることにしよう。彼は新しいイギリス代表オリンピック選手たちについて雄弁にこう語っている。「大英帝国後の時代における、統一されたインクルーシブな［包括的な］国のシンボルとして、これ以上何を望めるだろうか。イギリスのアイデンティティにとって、自信たっぷりで、肌の色にとらわれない彼ら以上の宣伝はあるだろうか。イギリスらしさはもういらない、多文化主義にこそ未来があるという人々に対して、これ以上の証拠があるだろうか。そして、国を分断し、取るに足らない複数の断片に分解しようという狭量なナショナリストに対して、これ以上の反論はあるだろうか」[13]

21世紀のイギリス社会は、間違いなく前世紀より多様になり、部分的にはフェミニズムの面でも進歩したが、根強い階級間不平等はなくならないばかりか、経済的格差が広がるなかで以前にもまして表面化するようになった。階級間不平等を再生産し、固定化する多くの機関のなかでも、最も重要な機関のひとつがパブリックスクールだ。同一年齢層のうち7パーセントしか教育しないこれらの私立「非営利」校は、オックスフォード大学とケンブリッジ大学（これらの大学自体が階級再生産の強力なエンジンである）の入学者の半数近くを占め、国会議員の35パーセント、ベテランジャーナリストの54パーセント、裁判官の70パーセントを輩出している。[14]

オリンピックスポーツの世界も状況は同じだ。教育NPOのサットン・トラストがおこなった、北京オリンピックのイギリス代表に関する調査によれば、選手の3分の1、メダリストの37パーセント、金メダリストの50パーセントは、私立のパブリックスクールで教育を受けていたことが明らかになった。2012年ロンドン・オリンピックの状況もほぼ同様だった。公立学校もジェシカ・エニス、ブラッドリー・ウィギンズ、ヴィクトリア・ペンドルトンなどを輩出しているが、ベン・エインズリー

（ヨット）、クリス・ホイ（自転車）、ボート選手とヨット選手の5割、そして乗馬チームの全員が、国内のティーンエイジャーの7パーセントしか通わないパブリックスクール出身者であった。つまり、イギリス代表選手は実際の人口比とは異なり、富と私立学校の集中するイングランド南東地区の出身者が中心になっているのである。とはいえ、喜ばしいお国柄もまだ残っている。たとえば、射撃代表は全員、地方色の濃いイングランド南西部出身であった。

政治家やコラムニストは勝利の謎をしきりに読み解きたがり、オリンピックを自分の思うままに解釈しようとした。右派ではダニエル・ハナン議員が、「家族は、教育、インスピレーション、ヘルスケア、社会保障、規律の提供者として政府機関よりはるかに優れている」と書いた。[15] 保守党所属のロンドン市長ボリス・ジョンソンは次のように主張した。「この国の子供たちは、努力と結果が直接関係していて、努力すればそのぶん報われるということをいま目の当たりにしている。これは人生に関する、保守的かつすばらしい教訓だ」[16]。ただし、仮に政府機関がオリンピックを準備して開催したり、イギリスのエリートスポーツを支援したりしていなかったとしたら、ハナンの思ったような成果が得られたかどうかは不明である。一方、左派ではガーディアン紙が、自転車ロードレースとブラッドリー・ウィギンズについて、民主的かつ気さくで、自立していながら連帯しているという現代的な進歩主義の方針を体現していると主張した。イギリス代表自転車チームを世界有数の地位に押し上げた、きわめて理性的なハイテクへのこだわりをつぶさに見て、ウィル・ハットンは次のように述べた。「イギリスのスポーツは、持続的な公共投資とよくまとまった目標からなる新たな枠組みを受け入れた。そして、卓越したコーチングを中核に据えた、個人スポーツを支援するためのエコシステムを新たに育んだ。競争で優位に立つために取れる手段はすべて取った。教訓は単純だ。我々は経済と社会に対してもこの方法で取り組んでいくべきだ。保守連立政権が経済政策の中心に置いている、我々を経済競争の敗者にした原則を拒否すればいい[17]」

ロンドン・パラリンピックの実売チケット数は、過去のどの開催国をも上回った。アテネでは85万枚、シドニーでは120万枚のチケットが売れた。北京では180万枚が売れたが、各会場を埋めるために同数のチケットを無料で配らなければならなかった。[18] ロンドン・パラリンピックのチケットは、ほとんど売り切れた。その数、250万枚。しかも、オリンピックスタジアムとアクアティクスセンターだけではなく、車いすフェンシング、シットバレー、ブラインドサッカー、ボッチャ（ペタンクとボウリングの中間のような競技で、当初は脳性麻痺の選手のために開発されたが、現在はあらゆる運動神経障害者の選手に門戸を開いている）などのチケットもほぼ売り切った。さらに、ただ数が多いだけでなく、観客はにぎやかに、夢中になって競技を楽しんだ。しかしその一方で、パラリンピックの公式スポンサーを務めた技術系企業のアトス社は、業務における身体障害者や精神障害者の扱いについて、大きな批判を受けた。イギリス政府が障害者給付金の申請者に課している「勤労能力評価テスト」はあまりに厳しいと批判されてきたが、同社がそのテストの元請けだったからである。[19]ロンドン・パラリンピックは、障害を持つイギリス人の生活における根深い矛盾を明らかにした大会でもあった。

歴史的な面からいえば、パラリンピックがついに一般大衆に広く受け入れられたのがイギリスであったというのは理にかなっている。というのも、イギリスは第2次世界大戦以来、障害者スポーツ運動の中核にあったからだ。ただし、多くのことと同様、きっかけとなったのは海外からの難民だった。[20]ナチスから逃れたドイツ系ユダヤ人の脳神経外科医、ルードヴィヒ・グットマンは1939年にイギリスに到着すると、バッキンガムシャーにあるストーク・マンデビル病院に職を得た。グットマンは、退役軍人に多い対麻痺《ついまひ》（両足の運動麻痺）の治療を担当したが、対麻痺を「あらゆる医療のなかで、最も憂鬱かつ無視されている問題」だと考え、従来より活発で、人間らしく、総合的なリハビリ手段を模索した。この観点においてスポーツは、生理学的な治療手段であるとともに、障害者の身体の喜びを取り戻す方法と考えられた。1948年、ロンドン・オリンピックと並行して、ストーク・マンデビル病院とリッチモンドのスター・アンド・ガーター病院のアーチェリーチームが競い合った。観戦者たちは、これが「障害のある男女にとってのオリンピックと同等の競技会」になることを願った。同様の理想を抱くグループと国際的なつながりが生まれたのち、1960年に国際ストーク・マンデビル大会委員会（ISMGC）が組織され、4年に1回の大会が開かれるようになった。IOCはグットマンの貢献に最高の賞を贈り、パラリンピック大会が1960年ローマ・オリンピックと1964年東京オリンピックの後に実施された。ところが、当時はまだ、オリンピックとパラリンピックは組織的にも文化的にも別なままだった。両組織が事実上統合されたのは1988年ソウル大会や1992年バルセロナ大会の時期になってからだ。現在のIPC（国際パラリンピック委員会）が設立されたのは1989年であり、IPCは1994年リレハンメル冬季大会、1996年アトランタ夏季大会以降のすべての夏季・冬季パラリンピックを運営している。

これらの変化は、パラスポーツの地位向上のために大いに歓迎されることであり、開催都市の建物やインフラへの障害者のアクセス向上にも重要な貢献をしたが、次第にどこかわりきれない文化をも育んだ。パラスポーツ界は一般に、パラスポーツとその選手を強靭な「アスリート」そのものとして描き、報道関係者や一般の人々にもその解釈に従うように求めてきた。いきおい、たとえば手足に欠損があるアスリートによる水泳競技をテレビ中継するような場合、解説者は選手がどのように泳ぐのかという技術的な説明をすることすら、なんとなくはばかられるという微妙な状況が生まれた。そして同時に、興業としてのパラリンピックは、悲劇を乗り越えての勝利、選手個人の強い意志の力、逆境に打ち克つ力強さ等の、障害者を取り上げるときに好まれるストーリーに偏りがちだ。2012年ロンドン大会がパラリンピック選手の表現に新境地を拓いたのは間違いない。特にBBCのチャンネル4は、障害者を超人あるいは特別な力を秘めたアンドロイド、さながらマーベルコミックの超能力ヒーロー「X-MEN」のように描いた。さらには、障害を持ったコメディアンやプレゼンターまで登場させた。[21]

さて、オリンピックがもたらした黄金の輝き、すなわちボリス・ジョンソンが希望的観測も込めて「自国に対して安心感を覚える」というところのイギリスは、長続きしなかった。パラリンピックの閉会式から数日もしないうちに、サッカーがイギリスのスポーツの中心に必然的に戻った。オリンピックとサッカーのつまらない比較が大量におこなわれ、サッカーはイギリス労働者階級の悪しき側面の代名詞として描かれた。[22]レガシーを遺すという公約で勝ち取ったロンドン・オリンピックだが、その公約は実現されたとは言いがたい。特に不健全なのが、スポーツ分野の「レガシー」だ。2015年に、イギリスを元気にするという任務を負った政府組織「スポーツ・イングランド」がおこなった報告によれば、同組織の悲しいほど低レベルな基準（週に1回以上スポーツをする）を満たす人の数は、オリンピック後には減ってしまった。2012年の統計で1590万人（人口の36パーセント）だったのが、2015年では1550万人（33パーセント）に減少している。[23]

しかし、2000年シドニー大会と2002年コモンウェルスゲームズの影響に関する調査がすでに示しているとおり、最先端のインフラと、テレビ放送のスペクタクルにいくら投資したところで、富裕な国の人々が身体を使わない生活に移行し、肥満が蔓延する現象の歯止めにはまったくならない。ただしそうはなっていない国も少数だがあり、例としてフィンランドと日本を挙げることができる。フィンランドは国民ひとり当たりの運動量が多く、日本は肥満度が低い。重要なのは、これらの国における社会的不平等の度合いが低いということだ。またフィンランド国民の豊富な運動量には、自転車道や歩行者専用道路への長期的な投資が貢献していると思われる。ひるがえってロンドン・オリンピックは、このような効果を生むのに失敗したばかりではない。保守党・自由民主党連立政権は冷酷にも学校体育で利用できる予算を削減したうえ、幅広い協力プログラムを実施していた体育学校間のネットワークを解体した。地方政府の体育関連予算も骨と皮まで切り詰められ、必然的に運動場やレジャーセンター［スポーツと娯楽の設備を備えたイギリスの公共施設］、青少年向けサービスが縮小または廃止された。閉鎖された施設のなかには、ジェシカ・エニスが最初にトレーニングをおこなったシェフィールドのドン・バレー・スタジアムも含まれていた。何よりも、保守連立政権の緊縮体制が招いた福祉削減、低賃金、家賃高騰により、イギリスでは貧しい人やお金を使わない人が増え、そのような人々はスポーツとレジャーへの出費をまっさきに切り捨ててしまった。[24]

オリンピックの真の勝者は、ロンドン下町のサッカーチーム、ウェストハム・ユナイテッドと、金持ちのオーナー、デイヴィッド・ゴールドおよびデイヴィッド・サリヴァンだ。ウェストハム・ユナイテッドは、4億2900万ポンドをかけて建設されたオリンピックスタジアムを新たなホーム・スタジアムにする。さらに、クラブの要求に合わせて改装するため、公費1億6000万ポンドが注ぎ込まれることが決まっている［2016〜17シーズンに移転済み。現在の名称は「ロンドン・スタジアム」］。5万4000席と多数の宴会場を備えたスタジアムをわずかな賃料で借りることになる。イギリス経済が最富裕層の利益に合わせて不当に操作され、構造を変えられていく現象のわかりやすい例となった。これこそがレガシーであろう。[25]

4　プーチンのオリンピック

アナーキーで挑発的な反オリンピック運動は、1980年代と1990年代に一部の開催都市で目立ったが、2000年のシドニー大会では影が薄かった。そしてアテネと北京ではほぼ存在しなくなった。アテネでは冷笑によってかき消され、北京では中国という国家への恐怖によって封じ込められたのである。ロンドンでは、ストラトフォードの再開発地区よりも、北京オリンピックの聖火リレーのコースのほうが街頭抗議の参加者が多かった。不満を持つ人や周縁に追いやられた人のエネルギーは、オリンピックの1年前の夏に発生してロンドンをふたつに引き裂いた、暴動という名の略奪行為によってすべて尽きてしまった。オリンピックの政治的側面や意義は、開催都市自体よりも国際メディアやインターネットの場で問われることとなった。ただし、2010年冬季バンクーバー・オリンピックは例外である。電波の上だけではなく現場でも、21世紀で最も多面的で声高な反オリンピック抗議を伴った。[1]

のんびりして生活しやすい街として有名なバンクーバーで、そうした感情が噴出するのは奇妙に思えるかもしれない。バンクーバー市政府は2003年に住民投票をおこなってオリンピック開催への一般市民の賛同を得た。ただし、投票率はわずか25パーセントだったうえに、賛成キャンペーンには反対キャンペーンの140倍の資金が投入されていた。言語と象徴の問題に対して敏感になっていたバンクーバー・オリンピック組織委員会（VANOC）は、カナダ国内のフランス語圏と先住民族（ファースト・ネイション）が演出に含められるように全力を尽くしているかに見えた。VANOCは、ファースト・ネーションの居留地に聖火リレーの受け渡し場所を300か所設けることを決め、ファースト・ネーションの伝説上の生き物をマンガのように描いたマスコットを選定した。また、先住民族の文化的行事にまとまった資金を提供し、VANOCとの共同「ホスト」に登録した部族にはさらなる資金を流した。それにもかかわらず、ブリティッシュコロンビア州の先住民族のうち3分の1以上が、オリンピックへの参加を拒否した。

また、より過激な動きとしては、ファースト・ネーションの主権に関して続いている問題を中心にかなりの抗議が発生したことが挙げられる。というのも、大半の競技を実施するウィスラー［バンクーバーから125キロメートル北にある山岳リゾート都市」の周囲の山々がもともとコースト・セイリッシュ族の領地であることは議論の余地がなく、カナダ法に照らすと、コースト・セイリッシュ族の主張はいまだに解決していないからだ。

かつてイギリスは、カナダの植民地内の先住民族の土地はイギリス王室のみが取得でき、なおかつその取得は条約によるものとする「1763年宣言」を発布した。ところが、1871年になってようやくカナダ連邦に加入したブリティッシュコロンビア州政府は先住民族と条約をほとんど結ばなかったため、先住民族の主張の大半が未解決のまま残された。20世紀初頭から中頃にかけて、先住民族の所有権を消滅させるため、多くの法的、政治的取り組みがなされたが、1970年代にブリティッシュコロンビア州で一連の画期的判決が下り、解決されていなかったファースト・ネーションの主張が支持された。

それ以降、ブリティッシュコロンビア州における土地の所有、規制、使用は、貧困、不平等、周縁化など、ファースト・ネーションが耐えている数々の問題に対する避雷針の役割を果たした。バンクーバーからウィスラーの山岳会場まで、先住民族の聖地であるイーグルリッジ・ブラフスを通ってシー・トゥ・スカイ・ハイウェイ高速道路を建設する計画は、ファースト・ネーションの活動家からかなり抗議された。その際の森林破壊と生物多様性の喪失を懸念する地域の環境運動家の一部も、「先住民族から奪った土地でのオリンピック開催に反対する」というスローガンを掲げて参戦した。2006年のデモでは、年輩のファースト・ネーション女性ハリエット・ナハニーと、ベテランの環境活動家ベティ・クラフチュクが逮捕、拘留された。ふたりとも70歳代だった。9か月後、それに抗議する人々がバンクーバーのダウンタウンでおこなわれたオリンピックのカウントダウンイベントを襲い、ふたりの解放を要求した。しかし1か月後、ナハニーは肺炎を患い、獄中で亡くなった。それを受けて、活動家は市役所が掲げていた巨大な五輪旗を盗み、その旗を戦利品に先住民族の戦士の装束でソーシャルメディアに登場した。

オリンピックの主権者は誰か、という難問をさらに浮き彫りにしたのが、女子スキージャンプの問題だ。1991年にはすでに、IOCは、すべての新しいオリンピック競技は両性に開かれていなければならないと規定していた。しかしこの規定には、もともと夏季・冬季オリンピックで実施されていた競技・種目は含まれなかった。そのため、当時は完全に〝男のスポーツ〟だったスキージャンプは除外された。バンクーバー・オリンピックの直前、世界選手権の常連女子選手たちが、スキージャンプに女子競技が存在しないことはジェンダー差別だとしてVANOCを提訴した。裁判官は、スキージャンプに女子競技が存在しないことはカナダの憲法およびジェンダー平等を規定した法律に違反していると認めたが、VANOCが問題に関する主権をIOCに委譲しているため、裁判所にできることはない、と言い渡した。独特の法的地位を認められたIOCは問題の火消しを試みた。女子スキージャンプをおこなわないという判断は、「厳密に技術的な観点」によるとし、トップクラスの選手と参加国が不足していることを理由に挙げた。しかしその理屈なら、同じくらい狭い世界である男子スキージャンプも除外されるはずだ。しかも、知名度が低く、競技人口のさらに少ないスキークロスを採用したときには問題にもされなかった。細かい法律論はともかく、スキージャンプが最も時代遅れかつ根拠のない性差別的な特権意識の要塞であったという事実は残る。2005年には、国際スキー連盟会長ジャン・フランコ・カスペルが、スキージャンプは「医学的見地から女性にはふさわしくないように思える」と述べている。これは、持久性スポーツやコンタクトスポーツへの女性の参加は競技者自身の健康を損なうと誤って考えていた1920年代の医学そのままである。[2]

女子スキージャンプ選手がオリンピックそのものに参加できなかった一方で、カナダ代表の女子アイスホッケーチームには断固たるダブルスタンダードが適用された。男子スケルトンで金メダルを獲得したカナダ代表のジョン・モンゴメリーは、表彰台に向かう際に観客から渡されたビールの大ジョッキを飲み干した。アナウンサーは、「本当のパーティーがいま始まった」と叫んだ。しかし女子アイスホッケー決勝戦終了後、優勝したカナダ代表が葉巻やビールをリンクに持ち込んで祝った件が隠し撮りされると、男子アイスホッケーの上品ぶった世界とは正反対の行為であったとはいえ、「オリンピックを侮辱している」として容赦なく非難された。[3]

オリンピック運営の原則を記述するオリンピック憲章の第51条［現行2017年版では第50条］には、「オリンピックの用地、競技会場、またはその他の区域では、いかなる種類のデモンストレーションも、あるいは政治的、宗教的、人種的プロパガンダも許可されない」と規定されている。バンクーバーではそれをさらに一歩進め、オリンピックを「祝わない」旗やポスターの掲示は禁じるが、「祝祭の雰囲気を高める」ものは許可する、という内容の条例を可決した。2009年、ジェシー・コーコランは、クライング・ルーム・ギャラリーの外に小さな落書きを展示した。5つの重なった丸い顔のうち、4つがしかめ面、ひとつが笑顔になっている絵だ。当局はこの作品を撤去し、不誠実にも、オリンピックを祝うための規則ではなく古い落書き防止法に基づいて撤去したと主張したが、のちに裁判所によってもう一度掲示するように命令された。その頃には、反オリンピックスローガンのポスターがあばたのように市内のあちこちに出現していた。

合計20の警備関連会社が合同で結成したバンクーバー統合警備隊には、もっと大切な仕事があった。10億ドル以上の予算を得たブリティッシュコロンビア州の警察は、この機会に大量の防弾チョッキを買い込んだ。市内のデモ取り締まりではセミオートの銃が新たな標準になった。そして、無害な音を発する中距離音響機器を購入すると称して、デモの取り締まり用に軍事用の音響兵器を導入した。カナダ国境サービス庁はダウンタウンで不法滞在者を厳しく取り締まり、たしかに市民であることを証明せよと彼らに要求した。また、1000台の監視カメラが市内に張りめぐらされた。一方、市の警察署長ジェイミー・グラハムは、すべての反オリンピック抗議団体にはスパイが潜り込んでいる、とマスコミに公言した。

都市を低空飛行する警察のヘリコプターのサイレンは、もともと反感を持っている人々を一気に表に引っ張り出すものだ。バンクーバーの準備のやり方そのものが、生まれかけていた反オリンピック運動を燃え上がらせた。抗議が広い支持を集め、市内での足がかりを得たのは、大会の費用が10億ドルから80億ドルへと跳ね上がったこと、選手村を公共住宅に転用する約束が反故にされたこと、緊縮財政のなかで破綻したデベロッパーを延命させるために公的資金を流用したことなどに、一般の人々が失望してからである。住宅問題関係の複数のNGO、ホームレス支援者、一部の住民は、オリンピックにかこつけておこなわれた猛烈なジェントリフィケーション「都市の居住地域を再開発して高級化すること」に抵抗した。主に狙われたのは、先住民族居留地を除けば国内で最も貧しい地区で、オリンピック関連の新たな臨海開発地区にほど近い8×15ブロックのダウンタウン・イーストサイドだった。この地区は、市当局の恐ろしいほど不誠実な「市民社会計画」と「シェルター支援法」の対象とされた。前者は、ホームレスを取り締まり、周縁化された人々を追い出すためのプログラムであり、後者はホームレスを簡易宿泊所に強制収容できるようにするための法だ。[4] 活動家たちは「ノーゲームズ2010連合」や「2

010ゲームズウォッチ」などといったネットワークをつくり、悪名高いデベロッパーのコンコード・パシフィック社が所有する駐車場に押しかけた。この駐車場はオリンピック会場に向かう道から見えやすい場所にあり、高級マンションの開発が決まっていた場所でもある。

2011年のオキュパイ・ウォールストリート運動がズコッティ公園を占拠する1年以上も前、オリンピックに抗議する人々が建てた「オリンピック・テント村」は、抵抗の象徴かつ実践の中心地となった。先住民の長老は聖なる火の番をした。音楽、抗議、政治についてのワークショップが開催された。キリスト教徒による社会正義活動グループ、平和活動家、そして地元の女性権利団体がかなりの数の市民を組織し、オリンピック当日を休校日にされた大学生がそれに加わった。抗議する人々は、2001年に国境のすぐ向こうのシアトルで発生した反G7・反グローバリゼーション抗議運動の戦術と言葉を意識的に模倣する形で、「資本主義の動脈を詰まらせる心臓発作《ハートアタック》マーチ」と称してオフィス街を練り歩いた。ビルの窓があちこちで割られ、警察は新たに得た「おもちゃ」を試す寸前までいった。そんななか、さらに強烈な抵抗運動がVIVOメディア・アーツ・センターで見られた。デモ参加者、ブロガー、映画制作者、アーティストが集まり、抗議活動の映像とライブパフォーマンスを連日上映・上演したのである。

さて、真偽の怪しい話ではあるが、2014年ソチ・オリンピックの構想は、オーストリアでおこなわれたスキーパーティーの場で生まれたという。その際、見事な山々に恵まれたロシアに、なぜヨーロッパのアルプス地方のようなスキーリゾートがないのかという話題になった。そのパーティーには、オーストリア首相のヴォルフガング・シュッセル、ロシア大統領のウラジーミル・プーチン、その盟友で大富豪の企業家ウラジーミル・ポターニンがたまたま参加していた。ポターニンは、ソチの東側の山あいにある小さく交通不便なスキーリゾート、クラースナヤ・ポリャーナを所有していた。[5]

プーチンは、他の多くのことと同じく、ソヴィエトの政治エリートの核となっている信念を継承していた。つまり、国際スポーツで能力を発揮することは、国家の力、さらには偉大さを国内外に示すことになる、という信念である。反抗的なオリガルヒや、やっかいな民主主義者や野党、御しがたい各共和国に対して、ロシア国家の力を国内で再び見せつけること。国際社会の主役として、また、自身が有する勢力範囲の長としてのロシアの地位を確立すること。これらが、プーチン政権全体を形作ってきた目標だった。世界経済の好況、物価の高騰、そして豊富な天然ガスや鉱物によって10年以上にわたって潤沢な資金を集めたプーチン政権は、巨大な軍事安全保障国家を創り上げてこれらの目標をすべて実現した。非協力的なオリガルヒを投獄し、不正選挙をおこない、国会の力を削いでただ意見を言い合うだけの場にし、敵対者やうるさいジャーナリストには容赦なく嫌がらせをおこなうと同時に、新聞やテレビをほぼ掌握した。しかし国民の大半にとっては、現在の生活水準にも、これから先の見込みについても、見るべき重要な変化はほとんど起きていない。それは、男性の平均寿命がいまだに低いことや、麻薬の乱用、貧困、精神疾患が蔓延していることからもわかる。プーチンは、過激なナショナリズム感情、ビリー・グラハムなどのキリスト教福音主義者と同列のほぼ中世のような冷酷な同性愛嫌悪を持ち、時折おこなわれる大規模なイベントをロシア国民に提供することで国民感情の鉾先を操作した。2014年ソチ・オリンピックは、こうした統治手段がうまく機能したひとつの例である。ソチ大会そのものが、国際スポーツの主催と後援に政権がかかわる取り組みの一環だった。同様の取り組みとしては、ガスプロム［ロシアの半国営企業。天然ガスの生産・供給において世界最大］によるサッカーワールドカップとUEFAチャンピオンズリーグのスポンサー契約、2013年の世界陸上の開催、2018年のサッカーワールドカップの開催地決定などが挙げられる。

2014年オリンピックの開催地をソチに決定した2007年のIOC総会には、プーチン本人が出席してうまく立ち回った。ソチは黒海の東岸に位置し、コーカサス地方に隣接する小さなリゾート都市だ。多くの人にとって、ソチを選択したのは奇妙なことに思えた。ソチはロマノフ王朝と共産党政権の保養地であり、ロシアではめずらしい亜熱帯の気候、暖かい海、ヤシの木に恵まれている。極寒に慣れたモスクワっ子にはすばらしい場所だが、ウインタースポーツのスペクタクルが生まれる場所とは言いがたい。ソチ郊外にはウラジーミル・ポターニンの小さなリゾートがあったが、この地域をソチとつなげるにはきわめて大規模な工事が必要になる。

インフラと気候の問題を別にしても、ソチはリスクのない地とはとても言えなかった。2008年、長年くすぶっていたジョージアとロシア間の内紛が戦闘に発展した。それは、ソチのすぐ東側に位置し、ジョージアからの独立を宣言した南オセチアとアブハジアの両共和国をプーチン大統領が公然と支援したあとの出来事だった。北オセチア、イングーシ、ダゲスタン、チェチェンなど、近隣の不安定な各共和国ですでに活動中のイスラム反乱勢力は、ソチを新たな攻撃対象ととらえた。チェチェンのイスラム指導者、ドク・ウマロフはソチを「先祖の骨の上でおこなう悪魔的な踊り」と形容し、2013年にはソチの南西150マイルの場所にあるエルブルース山のスキーリフトを軍人グループが爆撃。観光客に死者が出た。一方、チェルケス人も不満を抱いていた。ソチ周辺にかつて住んでいたこの民族は、1864年にロシア皇軍に敗れ、土地から追い出された。19世紀中頃には1 50万人が住んでいたと言われるが、現在のソチには2万5000人以下しか住んでいない。ロシアとの激戦地であり、チェルケス人にとっては最終戦争の地だった「赤い丘」にスキーとスノーボードの会場を設定したことで、祖国を失った人々による、世界中を巻き込んだ反オリンピックキャンペーンが燃え上がった。[6]

この地域とプーチン個人の関係は、多くを示唆している。プーチンはここにふたつ別荘を持っている。新しく贅沢なほうは、ユネスコの世界遺産に登録されているソチ国立公園内の奥深く、ルンナヤ・ポリアナという地にある。プーチンはここに2軒のアルプス風別荘を建て、専用のヘリポート、発電施設、専用スキーリフトを備え付けた（ユネスコはこれらを気象観測所としている）。つまり、プーチンにとってソチは占有しているだけでは不十分であり、開発を続けなければならない土地であった。大統領自身も言ったように「大規模で重要なプロジェクトを予定通りにうまくやり遂げられると信じなければならない」のである。[7] この観点から見ると、ソチ・オリンピックは国の防備を固める行為であり、荘厳さを示す機会であり、経済再配分の重要なしくみだった。

ソチにはそれまでスポーツ施設がまったくなかったので、高くつくことはわかっていた。ロシアのNGO「腐敗と戦うための基金」によれば、ソチ・オリンピック関連プロジェクトの費用は、同等のプロジェクトと比べて平均で42パーセント高額だったという。[8] ロシアならではの追加コストを勘定からひとまず除外すると、510億ドルの経費は300億ドル程度になる。それでも高額だが、プロジェクトの規模と、市街地から山岳部への鉄道と道路を建設する際の技術的なことを考えれば、信じがたいとはいえない額だろう。すべての資金は、さまざまな方法でロシアの公共部門から賄われた。大半は、連邦政府、市、地域政府が拠出したが、ロシア鉄道やガスプロムなど公営企業による投資もおこなわれ、これらの企業が鉄道と天然ガスからウインターツーリズムに事業を多角化するきっかけになった。さらに、根拠の怪しい官民パートナーシップに対して政府が保証する貸し付けがおこなわれた。「ロシアならではの追加コスト」とはもちろん、国内のあらゆる建設事業で交渉の対象になる、キックバックや帳簿外支払いなどの複雑怪奇な「経費」である。こうした金《かね》をばらまいている重要人物の多くがプーチン大統領に近いことから、ソチ・オリンピックは、石油や鉱物資源に由来するロシアの富をリサイクルして、狭い範囲の友達集団に流すための著しく優秀な装置となった。もちろん、もう少し下流にいる盟友とオリガルヒにも分け前が必要だった。ロシア鉄道は、同社社長ヤクーニンの下で副社長を務めた人物が創業してその妻が理事を務めるトランシュストロイ社と、これまたプーチンの古くからの盟友であるゲンナジー・ティムチェンコが所有するSKモスト社に工事の大半を発注した。

だが、金を吸い上げるにしても限度がある。組織委員会の副委員長だったアフメド・ビラロフは、ある日、プーチン大統領に対してスキージャンプ会場の建設費が予定の4倍の2億5600万ドルになった理由をしどろもどろになりながら説明した。翌日、ビラロフは亡命した。建設現場のレベルでは、ロシアの複合企業とそのパートナーが、地元の組織犯罪ネットワークにからめとられていた。その多くはソ連時代から続く組織だ。言うまでもないが、これらの問題が広く報じられ、ギャング同士で何度も銃撃戦がおこなわれたにもかかわらず、裁判どころか調査に至ったケースさえひとつもなかった。

組織委員会の野心の大きさを考えれば、ソチ・オリンピックの準備中に強制転居させられたのがわずか2000世帯だったのは、計画者の配慮ゆえだったのではなく、それほど小さな街だったと理解するべきだ。当然、地元には大規模工事を請け負えるほどの作業者はおらず、主に中央アジアから何万人もの労働者が連れてこられた。労働条件はロシアの基準からみても劣悪だった。低賃金、長時間労働、安全基準の貧弱さだけでなく、多くの作業者は給料をごまかされ、ひどい宿舎に住み、たちの悪い建設業者によってパスポートを没収されていた。このような労働力事情に、非現実的なほどぎりぎりのスケジュール、何層にも重なった不正によって目減りした予算が相まって欠陥建築多発という事態になり、アメリカやヨーロッパのジャーナリストはそれをせっせと世界中に伝えた。[9]

だがプーチンの「鉄の輪」に妥協は一切なかった。五輪ならぬ六番目の輪といえるかもしれない。「鉄の輪」とは、ソチの街を同心円状に囲む、複数の層からなる難攻不落の軍事管理・監視システムだ。7万人以上の警備員を配し、その費用は20億ドルほどと思われる。[10] ただしイスラム教徒を締め出すにはこのシステムで十分だったかもしれないが、政権に対する最も鋭い攻撃を発したのは、世界のメディアだった。同性愛者に対する政権の姿勢と、「ゲイ・プロパガンダ」を禁じる新法が、最大級の軽蔑を呼んだのである。

実のところ、この法律は、ロシアに蔓延する同性愛恐怖症の別の顔にすぎなかった。西側諸国の調査に対するロシアの人々の反応は、ときに滑稽ですらあった。ソチ市長のアナトリー・パホモフはBBCに対して、50万人が住むこの都市に同性愛者はひとりもいないと語り、ソチを訪れる人々に次のように告げた。「同性愛はあなたの勝手、あなたの人生だ。ただし、我々の住むここコーカサスでは受け入れられない。我々の街はその存在を許さない」[11]。ソチを訪れたLGBTコミュニティに属する外国人はどのように感じると思うかと問われたプーチン大統領は、「落ち着いて、安心してお越しください」と答え、「ただし、子供には手を出さないでくださいよ」と付け加えた。同性愛と小児性愛を混同するプーチンの言葉は、ニューヨークでなら「ばかばかしい誤解」でしかないかもしれないが、ロシアではそのまま通用した。それは、大会においても同様だった。

ソチ・オリンピックでロシアは金メダル13個、総メダル数33個でメダル獲得数1位となったが、それはあらゆる手段が用いられたからである。韓国のショートトラックスピードスケート選手、ヴィクトル・アンは、大会直前にロシア国籍を取得し、「母国」のためにメダルを獲得した数多くのアスリートのひとりとなった。アンは個人種目で3つの金メダルを獲得し、さらにリレーでも勝利した。フィギュアスケートのアデリナ・ソトニコワは韓国のキム・ヨナを合計点で上回って金メダルを獲得したが、ショートプログラムでリードしていたうえに決勝でもノーミスだったキムに対し、ソトニコワの演技は難易度こそ高かったが、失敗もしていた。[12]

現地でソチ・オリンピックを観戦したジャーナリストのデイヴィッド・レムニックはこう書いている。「どこから見ても華やかなショーに見えた。きちんと運営され、安全で、まるで企業がやっているようだった。けれど、テレビで見たほうがよかった」[13]。モスクワのパンクバンド、プッシー・ライオットは、オリンピック公園から20マイルほどの場所で2週目に会場に現れ、オリンピックの「プーチンが母国の愛し方を教えてくれる」という曲を演奏していたところ、鞭を持ったコサックに襲われた。レムニックは「プーチニズムの純粋な表現として、コサックがプッシー・ライオットのギターを破壊した」と書いた。それはロシア国内で見られたプーチニズムだったが、海外でも、まもなくプーチニズムが発現した。IOCの規定したオリンピック休戦期間が終わってからわずか4日後、親ロシアの民兵が、当時はまだウクライナに属していたセバストポリにある政府ビルを占拠した。クリミアがウクライナから分離してロシアに組み込まれる前触れだった。一方、ロシア国会は大統領に、東ウクライナでロシア語話者の動員を支持する権限を与えたのである。

5 リオデジャネイロへ

2009年、コペンハーゲンのIOC総会。リオデジャネイロはめずらしく、元オリンピック選手でも有力政治家でもなく、中央銀行頭取のエンリケ・メイレレスを委員会の基調演説者に選んだ。この日の午後には、2016年オリンピックの開催権をめぐって投票がおこなわれることになっていた。ブラジルがオリンピックを開催できるか、その費用を支払えるかどうかについてIOCの多くの委員が懸念を抱いていることを承知していたメイレレスは、こう述べた。ブラジルは歴史上で最も長期にわたる高度成長を続けていて、雇用率は高く、インフレ率は正常な範囲内だ、一方、近年石油が大量に埋蔵されていることが判明したため、万一経済が停滞したとしても深刻な影響は受けない、と。[1] 委員たちの懸念が小さくなり、何よりも新興国がめざましい経済変革を続けるなか、そろそろ南米にオリンピック開催権を与えても良い頃だと広く考えられていたことから、リオはシカゴ、マドリード、東京をIOC委員の投票で上回り、開催地に選ばれた。

それから7年。IOC、世界の金融界、そしてブラジルの人々までが、あのときはいったい何を考えていたのだろうと首をひねっていた。ブラジルの経済は、実のところ甚だしく脆かった。2008年の金融危機の最初の嵐は凌いだものの、その後の世界的な経済停滞とデフレによって、ブラジルは史上最も長く厳しい景気後退期に入った。通貨の価値は半減し、石油からの収入は激減した。そのうえ、毎度のことながら大会予算は膨れ上がり、最終的に200億ドル近くになろうとしていた。

IOCの不安は、2013年6月の事件によって一気に増した。サッカーワールドカップを翌年に控え、そのウォーミングアップとリハーサルを兼ねたコンフェデレーションズカップの開催期間中に、主要都市の公共運賃値上げに対しておこなわれた小規模な抗議が、警察の恐ろしい暴力で鎮圧されたのである。抗議の声は膨れ上がり、市民の大規模な暴動に発展した。抗議はワールドカップとコンフェデレーションズカップに対してだけでなく、ブラジルのインフラ、学校、医療の嘆かわしい状態や、ブラジル政財界の特徴ともいえる、ぞっとするほどの浪費と腐敗に対して向けられた。[2]

ジルマ・ルセフ大統領による政治的な譲歩と、医療・教育への支出の約束――ただし実行されることはなかった――と、ワールドカップという〝非常事態〟のおかげで、ごく少数の中心的活動家を除いては、2014年に抗議活動を繰り返す者はいなかった。ただし、無理もないことだが、IOCも平静ではいられず、2014年4月、めずらしく現地の状況に関する詳細な調査をおこなった。その結果、リオの準備状況は「アテネより悪い」ことが判明した。つまり、「史上最悪」である。[3]

経済危機を別にすれば、これは悲しいほどに予想どおりとも言えた。IOCが経済音痴の中央銀行に耳を傾けたり、観光客向けパンフレットのようなお決まりの市内写真にうっとりしたりせず、2007年にリオでおこなわれたパンアメリカン競技大会で起こったことに目を配っていれば、考えを変えることはできたはずだ。パンアメリカン競技大会は当初予算の6倍以上の費用を要した。大会に付随して実施されるはずだった環境計画や交通計画がことごとく白紙に戻され、新設された会場は大会後の使い道がなく、会場への移動手段もないままだった。会場と選手村は新興高級郊外住宅地であるバーハ・ダ・ティジュハに集中していたが、大会後に販売して大きな利益を生むはずだった選手村はそもそもすべてが完成せず、完成した区画にしても欠陥建築だらけでろくに売れず、財政的にも住宅としてもさんざんな結果になった。

最も示唆的だったのは、ブラジル当局が警官隊と監視カメラを配備して、外部から隔離するように競技大会を開催している最中、治安部隊が大会会場からわずか数マイルの場所にあるファヴェーラ［ブラジルのスラム地区］でコンプレクソ・ド・アレマンの麻薬ギャングと1か月以上も激しく戦っていたことだ。この抗争では40人以上が亡くなったうえ、地区全体の人々が自宅に閉じ込められた。

リオ・オリンピックの準備は、パンアメリカン大会のそれをそっくりなぞるものだった。再びバーハ・ダ・ティジュハを主な開発地区とし、オリンピック選手村で二度目の地価高騰を狙った。市警察は武力を用いて、権限が及んでいなかったファヴェーラや貧しい郊外地区を制圧しようとした。かなりの人的・財政的コストをかけて一部の地区から麻薬ギャングや組織犯罪者を追放し、周縁に追いやった。インフラにも若干ながら投資した。しかし、警察による支配は多くの場合、その暴力と残酷さによって、犯罪者とたいして変わらない、あるいはそれ以上にひどいものとなった。

2007年と2016年の大きな違いをあげるとすれば、少なくとも一部の悪党に正義の鉄槌が下されたことだ。ブラジルのスポーツ界は、国内のエリート層をなぎ倒すペトロブラス・スキャンダルに呑み込まれた。2014年末に始まった「洗車作戦」で、連邦警察は、国営の巨大石油企業ペトロブラスの内部告発者である幹部の証言を足がかりにして、ペトロブラスの契約割り当てとあらゆる種類の公共事業における、賄賂、マネーロンダリング、腐敗の大規模なネットワークの存在を明らかにした。その後18か月、与党の労働党を中心とした100人以上の有力政治家、ペトロブラスの幹部、および国内でも有数の富豪や有力ビジネスマンが腐敗のかどで次々と告発された。

もともと腐敗していたブラジルのスポーツ界も同じような苦境に立たされていた。2015年5月、アメリカ合衆国司法長官とスイス政府は、世界のサッカー界の腐敗についての広範な調査を実施すると発表し、サッカー界とメディア界の幹部合計14人を逮捕した。多くの者は、チューリヒにあるFIFA御用達のホテルで逮捕された。FBIの主な関心事は、北中米カリブ海サッカー連盟と南米サッカー連盟の役員が、メディア放映権の売り上げのなかからアメリカで受け取った、またはアメリカの銀行を通じて支払ったリベートであった。このふたつの連盟の役員の多くはFIFAでも幹部の地位に就いていた。一方、スイス政府は、2018年および2022年ワールドカップ開催都市をめぐる投票と、FIFA役員が関与するその他の怪しげな取り引きを調査していた。そして、ほぼ周知の事実だったある事実が明らかにされた。サッカー界の上層部は組織ぐるみで腐敗していて、テレビ放映権と開催権を決定する見返りに巨額のリベートを得ていたのである。

これはブラジルのサッカー界にとっても大きな衝撃だった。FIFA名誉会長ジョアン・アベランジェとブラジル・サッカー連盟会長兼FIFA副会長リカルド・テイシェイラは、罷免されるまえに辞任した。2014年ワールドカップの組織委員長を務めたホセ・マリア・マリンは、実際に逮捕・起訴されてアメリカに引き渡された。これを機にサッカー以外でも不正が次々に明るみに出た。2015年、ブラジルの腐敗調査担当者はブラジルバレーボール連盟の会長を不法行為の容疑で告発した。また、ブラジルバレーボール連盟の元会長で、2016年リオ・オリンピック組織委員会会長とブラジル・オリンピック委員会（COB）会長を兼任していたカルロス・ヌズマンは、COB会長の再選運動で深刻な不法行為があったとして告発された。さかのぼれば2011年、COB会長選の唯一の対立候補で、ウインタースポーツ連盟の会長だったエリック・メールソンが選挙の直前に詐欺容疑で告発され、些細な手続き上の問題によって立候補資格を剥奪されたうえ、政敵の手の者によって事務所が襲撃された事件は、ブラジルのスポーツ界の闇の深さを証明するような事件だった。[4]

2016年初頭、ペトロブラスをめぐる捜査がオリンピックに飛び火した。ブラジル司法長官のルイス・アダムスは、当時のブラジル下院議長エデュアルド・クンハと国内最大級の建設会社が受注したオリンピック関連事業との関係——具体的にはリオのBMX、カヌー、マウンテンバイク会場の建設と高速バスレーン事業の大半を受注したOAS社からクンハが47万5000ドルを受領した件——について調査すると発表した。オリンピック関連契約の大半を受注した5社のうち4社の最高経営責任者が、現時点で刑務所生活を送っているか、公判待ちか、同様の腐敗容疑で服役中であることを考えると、このような問題がさらに発覚するのは疑いがなかった。数十万人の国民が路上に繰り出し、ジルマ・ルセフ大統領の弾劾を要求した。野党も弾劾を求め、国会で厳しく追及した。[5]

2016年5月、議員の半数以上がなんらかの犯罪で告発されている下院は、ルセフの罷免を可決した。リオデジャネイロ市の政治家でかつて軍の落下傘部隊に所属していたジャイール・ボウソナロは、この行動を１９６４年の軍事クーデターにたとえて称賛した。イギリスの思想家ペリー・アンダーソンは、「（ボウソナロは）自分の投票を、独裁政権で弾圧の先頭に立ったカルロス・ブリランテ・ウストラ大佐になぞらえた」と書いている。罷免は同じく信用の失墜した上院で確定し、ミシェル・テメル副大統領が大統領に昇格することになった。連邦政府が、その政治的傾向はともかくとしても、自身の問題で精一杯な状態であり、なおヌズマン率いる組織委員会が建設事業どころか運営費用の把握すらできないなかで、リオ・オリンピックは次第にエドゥアルド・パエス市長（とその大統領への野望）によるプロジェクトへと変わっていった。大きな混乱ののち、ここで少なくとも、リオ・オリンピックはわずかばかりの関心と運営能力を得たことになる。ブラジル経済の恐ろしい状況を鑑みて、大会の開催および運営費用は大幅に削減されることになった。ＶＩＰ向けの飲食の規模が縮小され、ボランティアの宿泊費は自己負担になった。オリンピック公園内の会場やオリンピック選手村内の各施設、デオドロ地区の多くの仮設工事は完了したか、順調に進行しはじめた。大規模な交通整備計画は、ふたつの重要なプロジェクトに絞り込まれた。バスによる高速輸送ルートと、オリンピック公園への地下鉄の延伸である。しかしブラジルの基準で考えても地下鉄工事のスケジュールはぎりぎりで、予定に間に合わせるには国費の大量投入が必要になりそうだった。バス高速輸送システムは完成したが、かなりの費用がかかったうえに、旧自動車道に隣接していた多くの住民が強制的に退去させられた。だがこの問題は、実のところ枝葉末節にすぎない。問題の核心は、これほどまでの膨大なリソースが競技会場の集中するバーハ・ダ・ティジュハの交通需要を満たすために注ぎ込まれる一方で、公共交通に最も依存し、毎日バスで長い時間をかけて市内中心部まで通勤している北地区の多くの人々が、またも無視されたということである。

　ブラジル政府になど無視されていたほうがましだ、と思ってもよさそうなのが、ヴィラ・アウトドローモに住んでいた６００家族の一部だ。[6] 市内各地への抜群のアクセスを誇る、比較的豊かで安定したファヴェーラであったヴィラ・アウトドローモは、１９６７年頃から漁師や工事現場の労働者が住み始めた地区である。ジャカレパグア湖のほとりに位置し、かつてはサーキット場もあった。この地区の住民は、オリンピック公園の計画により退去を求められた。政府の立ち退き要請に対して相当の反発があったが、２０１５年初頭には40家族を残すのみとなった。強硬な抵抗もあったが、デベロッパーが通常支払う雀の涙のような金額ではなく、市場価格またはそれ以上の補償金を支払うという1回限りの提案に多くの住民が乗ってしまったからだ。２０１５年4月、立ち退き反対派の住民が最後の抗議をおこなった。彼らは朝のラッシュ時の交通を妨害し、市内に入る道路を3時間渋滞させた。

市長が熱心に取り組んでいるにもかかわらず、またブラジルはぎりぎりで間に合わせることで有名であるにもかかわらず、オリンピック関連の計画がすでにひとつ断念されていた。リオの悪名高い上下水道を刷新し、市内の汚染された水路、ビーチ、港湾をすべて「浄化」するという、招致時の夢のような、はっきり言えば非現実的な計画は実施されないことになった。今後も最低限の衛生設備で生活することになるリオの貧民にとっては、悲しいとはいえ予測された結末であるにすぎないかもしれないが、オリンピック自体が大惨事になる可能性を残す決断となった。本書執筆時現在、ＩＯＣ、世界各国のセーリング統括団体、リオ・オリンピック組織委員会は、グアナバラ湾（セーリング）、ロドリゴ・デ・フレイタス湖（ボート、カヌー）、コパカバーナ・ビーチ（トライアスロン）の水質は標準のバクテリア基準の許容範囲内に収まっており、選手にとって安全だと主張し続けている。これらの会場に流れ込む下水道の50パーセントが未処理にもかかわらず、である。計測の値はわきにおいておくとしても、まだ問題はある。これらの会場で競技をおこなうセーリング選手は最近、水上で「マットレス、車、洗濯機、テーブル、テレビ、ソファー、椅子、死んだ犬、馬、猫」を見かけたという。[7] ブラジル代表のオリンピック選手ラース・グラエルは、グアナバラ湾での過去数年間のセーリングで、人間の死体を4体発見した。同じく代表のトーマス・ロー・ビアは競技中に「ソファー」に激突して敗退した。ＡＰ通信が依頼した水中のウイルスについての調査によれば、下水由来の病原体が南カリフォルニアの安全基準の１７０万倍の濃度で検出された。海岸近くだけでなく、沖合でもこの水準だったという。２０１５年夏にグアナバラ湾で実施されたクロアチアとオーストリア代表のキャンプでは、深刻な消化器疾患の発症が報告された。一部の選手は、早く現地に到着して練習を重ねればリオの住民の大半と同じようにいくらかの免疫ができるのではないかと考えた。抗生物質入りの洗口液が効くのではないかと試した選手さえいた。リオデジャネイロ市は、現在建設中の下水道管敷設によってすべてが変わるといまだに主張している。政府は「エコボート」と「エコバリア」を提供することにした。おおげさな名前だが、なんのことはない、ショッピングカートや汚物を釣り上げるタグボートと、汚れや泡がテレビカメラに写らないようにするための移動式のブイとブームだ。[8]

ポルト・マラヴィーリャでは、もう少し作業が進んでいた。[9]あらゆる宣伝資料でオリンピックプロジェクトの中核と位置づけられていた、市内の歴史的な港湾地区の大規模再開発は、実際には記者村と小規模なテクニカルオペレーションセンターを配置するというだけのものだった。いずれにしても大した施設ではないが、このプログラムは、オリンピックプロジェクトとしての緊急性を認められ、超大型の官民パートナーシップを引き寄せた。その過程で、同市最大の開発事業の計画と統治が、3社の民間建設業者に委ねられた（言うまでもなく、いずれの会社もペトロブラス・スキャンダルに巻き込まれていた）。中心となるのは、奇妙な形の「ムゼウ・ド・アマニャ」（明日の博物館）だ。サンチアゴ・カラトラバがデザインし、「太陽電池で駆動する恐竜と巨大なエアコンの間をとった、異世界のような建物」と評されるこの博物館は、サステナビリティ、気候変動、エネルギー利用、都市生活問題を扱い、持続可能な未来を確立するための複雑な選択肢について熟考するよう訪問者に促すことをテーマにしている。[10]

しかし、オリンピックを200億ドルで開催することが、持続可能な未来に向けた解決策の一端を担うとはとても思えない。2013年のコンフェデレーションズカップを飲み込んだデモは、サンパウロのバス運賃値上げへの抗議に対する警察の暴力的な対応によって火がついた。リオ・オリンピックでは当局がその暴力性をむき出しにし、サンパウロでおこなわれた抗議に参加した3000人強の市民は、催涙ガス、スタングレネード、放水銃に見舞われた。大統領の地位をめぐるごたごたや、ルセフの更迭ですっかり疲弊したブラジルが活力を取り戻してオリンピックを開催するのはむずかしいように思える。それでもリオは、たった17日間の平和のために20億ドル近くの警備費を費やし、ソチをも上回る8万5000人の警備員を配備する予定だ。これが、未来のオリンピックの姿なのである。

終　章

自ら変えるのか、他者によって変えられるのか。それが問題だ。

――トーマス・バッハ、IOC会長

ＩＯＣが一貫して保守主義であるにもかかわらず、数々の難局を冷静に乗り切ってきたことは、一種の二律背反である。実際、ＩＯＣ会長の政治的柔軟性が世界のスポーツ界におけるＩＯＣの突出した地位を維持するために不可欠だったことは、一度や二度ではなかった。クーベルタンはオリンピックを万国博覧会と共存させ、国際スポーツにつきもののナショナリズムと折り合いをつけた。バイエ＝ラトゥールは、ＩＯＣと無関係な団体が始めた女子オリンピックの芽を摘み、ハリウッドとも第三帝国とも取り引きした。ブランデージは自らの反共主義を我慢してソ連をＩＯＣに招き入れ、スポーツ界におけるオリンピックの突出した地位を守るとともに、アマチュアリズムを守れなくなる運命を決定づけた。サマランチはアマチュアリズムにとどめの一撃を放ち、１世紀近く続いてきた、金銭を卑しむオリンピアン的価値観に逆らってプロスポーツとグローバル文化産業との決定的な協力関係を結んだことにより、ＩＯＣの経済的独立性を守ると共にオリンピックの影響を世界中に広げた。そして、彼らの後継者であるトーマス・バッハ現委員長も変化の瞬間に直面している。しかし、バッハ時代におけるＩＯＣの問題は、オリンピックに代わるスポーツの形でもなければ、国家やアスリートの不満でも、マイノリティの排除でもない。問題は、オリンピックそのものである。

21世紀。ただでさえ厖大な費用がかかるうえに、最大規模の都市開発プロジェクトにますます縛られるようになっていたオリンピックは、野心あふれる国々によって、厖大な予算と突飛な建築物というステロイド剤を投与された。野心の源となったのは、ギリシアやブラジルの一時的な好景気、中国の大国への復帰、大国の立場を失っていないことを世界に知らせるロシアの決意などである。１９９０年代にすでに急増していたオリンピックの警備費もさらに上昇した。これは、９・11同時多発テロ事件の影響であるとともに、ＩＯＣと組織委員会が、ホームレスの人々、抗議する人々、ゲリラ的な商売をおこなう人々などをオリンピック会場周辺から完全に排除すべく、壁を作って防衛するようになってきたことも理由になっている。ジャック・ロゲのＩＯＣ委員長在任期間中の主な関心事は、ソルトレークシティ・スキャンダル後におけるＩＯＣの名声と誠実さを回復することと、スポンサーの要求に気を配ることであり、驚くべきことに、ＩＯＣが解き放ち、のちに育んだ都市の巨大化主義の財政的・社会的影響に対してはほぼ完全に無関心だった。実際、競技日程がすでに過密を極めているにもかかわらず、ロゲの監督下で夏季オリンピックにゴルフと7人制ラグビーが追加され、冬季オリンピックにはエクストリームスポーツなどが大量に追加された。

北アメリカやヨーロッパの開催候補都市の市民は、オリンピックを開催するにあたっての費用の高騰や、そのメリットの怪しさに対してあまり楽観的でいられなくなった。そうした市民の懐疑的な姿勢によって、オリンピックへの立候補はますますむずかしい政治的行動になった。その結果、2018年冬季オリンピックと2020年夏季オリンピックの最終選考に残ったのは3都市のみだった。IOCでついに警報が鳴り響いたのは、サンモリッツ・ダボス、クラクフ、ミュンヘンの3か所で、2022年冬季オリンピックの開催地立候補が住民投票により否決されたときだった。ウクライナの都市リヴィウの立候補計画は紛争によって取りやめになり、スウェーデン政府はストックホルムの立候補を取りやめた。[1] IOCの世論調査ですら50対36で開催反対派が上回っていたオスロは、ノルウェー政府が大会に出資しないことを発表したために撤退した。IOCに残されたのは、あまり気乗りがしない選択肢だった。山がなく、2008年オリンピックのときと同じ議論がまだ成り立つ北京か、山と雪は十分にあるものの、その他には何もない、中国以上に妥協のない独裁体制下にあるカザフスタンのアルマトイである。

2014年12月にモナコでおこなわれたIOC臨時総会でトーマス・バッハが語ったのは、この問題を念頭に置いてのことである。バッハは、体制改革を目指す自らの提案「アジェンダ2020」を発表し、変化を強要される前にIOCが自ら変われるか、と問いかけた。提案の大半は、オリンピックへの立候補と予算を見直して手続きを簡素化し、施設の新築よりも既存施設の改装を奨励し、IOCと開催都市の関係を現在の手堅いフランチャイズ運営よりもパートナーシップに近い関係として考え直すことに重点が置かれていた。スピーチと提案のどちらにも、大きな危機意識がみられた。「我々は変わらなければならない。社会一般を無視するには、スポーツは社会のなかで重要すぎるからだ。我々は孤島ではないのだ」。このことは、経済的、政治的、道徳的に自立することに腐心し、自治権を主張してきたIOCの会長が、国際スポーツとその統括機関の立場がジャンク債並みに暴落しつつあると認識していることを遠回しに示すものであった。バッハがほのめかしたものの、あえて強調しなかったのは、IOCを中心とする国際スポーツ界で、重大かつ相互に関連する危機が同時進行していることだった。社会が無視するにも、特定の競技のなかで解決するにも大きすぎる危機が、ＩＯＣとスポーツ界の道徳的権威の残滓を侵食しつつあるのである。

　大会の巨大化や、立候補手続きを侵す腐敗体質の蔓延といった問題に悩まされているのは、オリンピックだけではない。急増する費用、実体のあるメリットの減少、危険で抑圧的な労働環境のもとで建設された、無用の長物となるスタジアムに加え、相当の資金が建設業界の腐敗やリベートによって失われたのは、南アフリカ、ブラジル、ロシアのサッカーワールドカップの特徴でもあったが、いずれのワールドカップでも、オリンピックに伴うような際限のないインフラ建設は誘発されなかった。ただし２０２２年のカタールワールドカップは、建設面でも圧倒的であり、支出見込みは２０００億ドル前後に上る。同様に、ソルトレークシティ・オリンピックのスキャンダルが広く知られるようになる前から招致につきものとされた、票の買収行為も蔓延していた。サッカーワールドカップの開催都市決定手続きは構造的に腐敗しているように思われるが、本当に腐敗しているかどうかの最終的な判断はスイスとアメリカの司法当局の捜査を待つ必要がある。世界陸上競技選手権大会の開催地選考の誠実さも疑われるようになった。特に２０２１年の世界陸上の開催地は、立候補と選定の手続きを一切おこなうことなく、「ナイキの故郷」であるオレゴン州ユージーンに決定した。[2] 新しい立候補手続きに腐敗の入り込む余地はないと信じていたＩＯＣにとっては不吉なことに、世界の陸上競技における腐敗について調査していたフランス当局は、２０１６年および２０２０年夏季オリンピックの招致合戦に関する捜査に着手した。[3]

　同様に、ソルトレークシティ・スキャンダル以降にＩＯＣ自身が陥ったガバナンスと正当性の危機は、国際スポーツ界で10年以上続くことになったガバナンス・スキャンダルの始まりにすぎなかった。国際バレーボール連盟（ＦＩＶＢ）会長でＩＯＣ委員も兼任していたメキシコ人のルーベン・アコスタは20年以上にわたってＦＩＶＢを運営し、バレーボールの国際試合に対するテレビ放映権の売り上げから個人的に得たコミッションによって巨万の富を築いた。[4] 国際サッカー界はメルトダウンを起こした。北米と南米におけるサッカーの試合のテレビ放映権の売り上げに絡むマネーロンダリングとリベートの捜査は、メディア企業や国内および地域サッカー連盟の上層部、ＦＩＦＡ経営委員といった重要人物の逮捕につながった。同時期に、ＦＩＦＡ自身の倫理委員会が元会長（兼ＩＯＣ委員）のゼップ・ブラッターと事務局長ジエローム・バルクに対して、サッカーへの一切の関与を禁じた。

世界アンチ・ドーピング機構（WADA）の設立によって、1930年代以降オリンピックとスポーツ界全般をしつこく悩ませてきた問題から解放される、とIOCが考えたのは許されることなのかもしれない。IOCはたしかにこの問題の管理をWADAに譲ったが、WADAが設立されてから最初の10年は、主にドーピング問題がスポーツ界全体に蔓延している状況を示し、ハイレベルスポーツにおける組織ぐるみのドーピングを明らかにし、スポーツ関連の官僚機構上層部の多くがドーピングに積極的に関与していたことを露わにするとともに、すべての組織スポーツの信用を失墜させた。従来から薬物との関連が深いレスリング、ウェイトリフティング、水泳などの競技では選手の失格やスキャンダルの露見が続いていたが、最も多くの見出しを飾ったのは自転車競技だった。[5] フランス、スペイン、アメリカでおこなわれた一連の犯罪捜査と報道調査では、1990年代と2000年代初頭にロードレースのほとんどのチームと選手がドーピングをおこなっていたことが明らかになったが、なんといっても衝撃だったのは、オリンピック銅メダリストでツール・ド・フランス7連覇のランス・アームストロングの件だ。[6] しかし、WADAの実績や、ガス抜きのような過去の微罪の暴露によって、国際スポーツに対する信用がある程度回復したとしても、陸上競技やその他のスポーツにおけるロシアの体系的かつ国ぐるみのドーピング方針が2015年に発覚したことによって信用は完全にしぼんでしまった。この方針は、IAAFの上層部が積極的に結託していたことと、WADAのチェックを回避するのが比較的簡単であったことから、いっそう狡猾な成功を収めた。

ドーピングは明らかに、スポーツの道徳的権威を高めているわけではないうえに、アスリートの健康と幸せを脅かし続けている。しかし、アメリカのMLBやヨーロッパの自転車ロードレースが証明しているように、スポーツファンは、ドーピングが競技に与える影響に対してことのほか寛容だ。ランス・アームストロングは薬物にすっかり溺れていたかもしれないが、少なくとも、アームストロングも、同じように薬物を摂取していた他の自転車選手も、競技で勝とうとしていたのは確かだ。そして、薬物がどれほど効いたところで勝てる保証はない。一方、わざと負けるという比較的容易な作業が多い八百長や談合試合に対するファンの姿勢はまったく異なる。八百長に手を染めた時点で、あらゆる不確実性とストーリーの真実性が試合から失われるからだ。スポーツは下手なパントマイムに矮小化され、観客は馬鹿にされる。八百長や談合試合にも長く不名誉な歴史がある。サッカーでは、マンチェスター・ユナイテッドとリバプールの選手が1915年に談合をおこなった。野球では、1919年のワールドシリーズにおいてシカゴ・ホワイトソックスの選手たちが試合を放棄した。総当たり戦による奇妙な予選が実施されているバドミントンやフェンシングでは、同じ国の代表選手が予選を通過できるように勝ちを譲る状況がたびたび生まれている。採点競技は、オリンピックのスケートや体操の状況が証明しているように、金銭や政治による操作に弱いことが前々からわかっている。イタリアとブラジルのサッカーリーグでは、シーズン終了直前に勝ち点を譲り合って降格を防ぐことが当たり前になっている。普通の八百長や談合試合も問題だが、さらに深刻なのが組織犯罪がらみの八百長である。そうした八百長は、規制の緩いインドや東アジアの市場におけるスポーツ賭博への飽くなき欲求に突き動かされ、国際的なオフショアギャンブル業界や、新手のスプレッドベッティング［力の差が明らかな試合も賭けの対象になるように、ブックメーカー側でハンデを付ける賭け方］やスポットベッティング［最初のスローインなど、勝敗ではなく試合内の出来事のタイミング等を当てる賭け方］の勃興によって促進されている。[7] 過去10年だけを見ても、数え切れないほどの八百長・談合スキャンダルがあった。パキスタン代表のクリケット選手は、テストマッチで金を受け取ってわざとノーボール［肘を曲げて投げるなどの無効な投球］を投げた。ボスニアの2部リーグからUEFAチャンピオンズリーグやオリンピック予選まで、あらゆるレベルのサッカー選手がわざとシュートを外したりボールをセーブしなかったりした。韓国では、バレーボールとバスケットボールで八百長が見つかった。日本の相撲にも八百長が蔓延していることがわかっている。[8] 相次ぐスキャンダルに対応して国際テニス連盟が設立した不正監視機関「テニス・インテグリティ・ユニット」によれば、世界ランキングの上位50人のうち16人に、八百長や談合試合の確かな証拠があるという。[9]

1990年代にIOCがついにオリンピック憲章からアマチュア規定を削除したとき、ベル・エポック時代の亡霊である「紳士としてのアスリート」と、オリンピックは（それにふさわしい種類の人々がその他の人々に道徳教育を施すために）「人間らしい美徳を表すものである」というクーベルタンの考えは埋葬された。アマチュア規定の削除は、オリンピックが内包している普遍的な志の前提条件であり、より広い変化の一環としてオリンピックの選手と競技における男女比を1対1に近づけるのに役立ったが、代償を払う必要もあった。最もわかりやすいのは、オリンピックでは商業主義とプロフェッショナリズムだけが最も重要な要素になってしまったということである。ビジネスとしては非常に優れているが、スポーツに関する優れた社会的ミッションや目的は生まれそうにない。クーベルタンと直後の後継者たちは、オリンピックが博愛主義に基づく魂と宗教の儀式であり、ヨーロッパの男性支配階級と軍人の精神的・肉体的優位性を示すための正当な場であると、自らと他人に言い聞かせることができた。こうした言葉はもはや通用しない。したがってIOCは、社会的・倫理的ミッションを再発明するにあたって、普遍的人権、スポーツへの大衆参加、環境の持続可能性など、国際政治の新しい言説に自らを適合させた。IOCと同じように現代的な倫理基準に欠ける他の国際競技団体も同様の道をたどった。ここに危機が眠っている。問題は、倫理上の主張や大義名分の選び方ではなく、こうした組織や彼らが主催する巨大イベントが、自らの掲げた価値観や約束を守ることに構造的に失敗している点にある。

　スポーツのスペクタクルは一般の人のスポーツや運動への参加率を上げる触媒となるので、健康な生活を奨励するために必要とされる複雑な政策群の一角を占めるパワフルなツールになる——とIOCと多くの国際競技連盟、およびそれを支援する民間企業は主張しているが、この説は裏付けに乏しい。たしかに、スポーツが貧困から抜け出すための道として確立されている社会では、商業的スペクタクルは引き続き人々を惹きつけ、夢中にさせている。ジャマイカの陸上短距離界での勝利。中米のボクシング・チャンピオン。ヨーロッパに渡って成功するアフリカのサッカー選手。MLBで活躍するドミニカ共和国の選手。彼らは皆、才能ある次世代の少年少女を励まし続けている。しかし富裕国では、これまで以上にさまざまな種類のスポーツが見た目も言葉も激しさを増しながら多くの番組で取り上げられているにもかかわらず、組織スポーツへの参加率の増加は見られず、むしろ多くの国で減少しているのがわかる。こうした社会におけるナルシシズムは、裕福な人がスポーツジムに通うくらいには十分に強いが、どれほど多くの金メダルや世界記録も、座りがちな生活と工業化された食品が招く結果に抗うことはできないようだ。

　当面のオリンピックは、東アジアで開催される。夏季オリンピックの2020年大会は東京で、冬季の201

８年は平《ピョン》昌《チャン》で、２０２２は北京でおこなわれるが、オリンピックの新しい方向性はほとんど示されていない。どの大会も、２００８年北京や２０１４年ソチの規模や費用に迫るわけではないが、決して簡素なデザインとはいえない。平昌の予算は１００億ドルでさらに上昇中であり、東京大会は２００億ドル前後とみられている。北京は冬季オリンピックの主催に40億ドル程度しかかからないと主張しているが、新設されるウインタースポーツリゾート地と北京間に予定されている高速鉄道の施設だけで40億ドル前後かかる点を考えると、ひいき目に見ても現実離れした数字だろう。だが、これらの大会の構想は驚くほど無難だ。韓国と中国にとって、１９８８年と２００８年に開催した大会は新興の工業・経済大国としての地位を宣言する役割を果たした。両国ともに初となる冬季オリンピックの開催は、資金と休暇に困らない中流階級の人々が多いためにウインタースポーツおよび旅行業界が高度に発達したポスト工業化社会への移行を宣言するかのようだった。[10] ２００８年北京オリンピックのモットーは、勃興する覇権国を表すかのような「ひとつの世界、ひとつの夢」だった。２０２２年北京オリンピックは、スキーの後のカクテルと温泉による「雪上と氷上の楽しいランデブー」だ。習近平主席自らが、国民のウインタースポーツ参加率を２パーセントから22パーセントに引き上げると約束したが、比較的少数の富裕なレクリエーションスキーヤー以外に、新たなウインタースポーツ愛好家を３億人もどのように増やすか（そしてそのために必要な雪や氷のある場所までどうやって行くのか）は定かではない。惨憺たる状況なのは、冬季オリンピックにおける持続可能性だ。平昌オリンピックの準備にあたっては、加里王山《カリワンサン》の斜面に伸びる木を何万本と切り倒した。そのなかには、多くの稀少種や祖先種が含まれていた。比較的手の入っていないこの森林環境が失われたことを、地域のNGOは「環境的な惨事」だと考えている。北京から70マイル北の小海坨山で進行中の新たなスキー場と施設の建設には、稀少な鳥類が豊富な松山国家級自然保護区の大部分が必要になる。どちらの会場でも、国立公園における建設を規制する法律よりオリンピックにおける必要性が優先された。[11]

２０２０年東京オリンピックは、１９６４年東京オリンピックからインスピレーションを得た、より野心的なプロジェクトであるように見える。１９６４年東京大会は、日本が再び世界秩序への仲間入りを果たすことを宣言しただけではなく、工業・技術大国としての勃興を告げた。さらに、東京という都市そのものの再建の重要な触媒となった。したがって2020年大会への立候補は、東京を未来都市という新たなイメージで演出するとともに、1990年代から日本全体を覆う長期化したデフレの憂鬱から脱出するチャンスでもあるという視点でおこなわれた。今のところ、もっとも多くのエネルギーを注ぎ込み、注目が集まっているのが、明治神宮外苑地区に建設中の新国立競技場だ。当初のコンペで最優秀賞に輝いたのは、ザハ・ハディドによる怪物のように醜いデザインだった。巨大な自転車のヘルメットのように見えるデザインは、神聖な公園を覆い尽くし、建築費2520億円という史上最高額のスタジアムになるはずだった。だが、建物の大きさと外観に抗議する大規模なキャンペーンにより、計画は白紙に戻された。コンペをやり直した結果、日本の建築家、隈研吾《くまけんご》による抑制のきいた平凡なデザインに決まった。それでも完成には1500億円程度を要する。未来に関していえば、2020年東京大会は電子機器のショーケースを予定しているようだ。選手村からの送迎に使われる自動運転車。高齢者でも運動やスポーツがしやすくなる電動アシスト型の義手、義足、ロボットスーツ。解像度をさらに高めた次世代型のカメラや映像機器。高速な携帯電話。訪問者向けの次世代型翻訳機など。日本のマイクロエレクトロニクス業界は当然のように盛り上がっているが、これがオリンピックによって与えられる最高のインスピレーションだというなら、オリンピックは未来を語るビジネスから足を洗う必要があるだろう。

「アジェンダ2020」によって、IOCは現代のスポーツ界を悩ませるガバナンス、正当性、目的の危機に対処し、指導的地位を守ることができるだろうか。最大の関心事である立候補と開催地の分野には良い兆しはない。少なくとも、立候補をきっぱりと拒否したハンブルクとボストンの人々にとっては、IOCの改革は明らかに不十分だったと思われる。ロサンゼルス、パリ、ローマ、ブダペストの4か所の立候補都市が残ったが、ヨーロッパでも有数の排外主義、ナショナリズム、反移民主義の中心地になっているハンガリーが真剣な候補だとは考えにくい。透明性の面では、「アジェンダ2020」の提案はわずかに進歩している。しかし、IOCの民主主義と説明責任の根本的な欠如に対応するには程遠い。なにしろ、IOCは世界中の国に代わって国際スポーツ界をつなぎ、同時に規制する国際機関であり、世界銀行やWTOに匹敵する役割を担っているにもかかわらず、スイス法上はNGOであるので誰に対しても責任を負っていないのだ。委員の推薦によって新たな委員を選ぶ慣行も状況をさらに悪くしている。国連、スポンサー、競技連盟、その他のNGOといくら戦略パートナーシップを結んだところで、責任を負わない組織であることには変わりない。また、オリンピック・テレビチャンネルを設立したり、ごく小規模の文化プログラムを提供したところで、IOCと世界中の人々をつなぐコミュニケーションや親近感の回路が開くわけでもない。

したがって「アジェンダ2020」の悲劇は、アジェンダ2020が国際スポーツ一般、特にIOCの改革に不適切だという点ではない。国際スポーツの改革は、単純な問題でも、IOCが単独で解決できる問題でもない。むしろ、アジェンダ2020の悲劇は、リポジショニング、ベンチマーキング、リーダーシップといった歪んだ企業変革用語に隠れて、バッハと委員たちが、いまだに自分たちは社会運動の一員であると思い込んで運営をおこなっていることにある。バッハは言う。「我々にとっての進歩とは、我々の価値観によって社会におけるスポーツを強化することである」。しかし「我々」とは誰だろうか。まずIOCがあり、次に利害関係者がいる。利害関係者とは、組織委員会を構成する政治・経済連合、スポーツ用品業界、スポーツメディア、スポンサーである多国籍企業、国内および国際スポーツ官僚などだ。社会運動に参加しているように見える者も、そのように行動する者もいない。元オリンピック選手とオリンピック担当役員はいるが、オリンピックを楽しむ大衆や元オリンピック選手の活動家はいないのである。

現代社会の官僚化を元に戻すにはどうしたら良いか、そもそもそのようなことが可能なのかという疑問に対してマックス・ウェーバーは、組織が自分自身、および政治的権力と物質的関心の誘惑以外の喫緊の課題に目を向けるようにするにはどうすべきかと問いかけている。「将来この鉄の檻のなかに住むものは誰なのか、そして、この巨大な発展が終わるとき、まったく新しい預言者たちが現れるのか、あるいはかつての思想や理想の力強い復活が起こるのかは……誰にもわからない」(『プロテスタンティズムの倫理と資本主義の精神』邦訳/大塚久雄訳、岩波書店、1989年)。新しいオリンピアンの預言者はまだ現れていない。また、クーベルタンの理想の核心が、再び舞台美術以上の意味を持つ兆候もない。こうした状況下で、ウェーバーは官僚制の未来を「一種の異常な尊大さで粉飾された機械的化石」(同前)と想像した。IOCの現状についてこれ以上の論評はないだろう。「アジェンダ2020」以上に抜本的な案がない状況では、オリンピックについても同じようになってしまうかもしれない。

リオデジャネイロから再び東京へ

リオデジャネイロ大会では、多くのすばらしいパフォーマンスが見られた。たとえば、ウサイン・ボルト、モハメド・ファラー、シモーネ・バイルズ。だが、就任後初の夏季オリンピックとなったIOC委員長トーマス・バッハの衝撃的なデビューにかなうものはないだろう。閉会式の翌日の朝食ミーティングで、バッハは不誠実にも金メダルを手に取ってこう言った。「すばらしい街でおこなわれた、すばらしいオリンピックだった。2016年リオ大会は、最高のリオ市民《カリオカ》とブラジル国民を世界に示した」。本当だろうか。開会する前から大惨事だったではないか、という見方はいったん脇に置こう。大会の準備は、ブラジルの縁故主義政治、蔓延する腐敗、貪欲な政治家と不動産デベロッパーの最悪な面を端的に表していたではないか、という意見も無視しよう。建設したインフラのほとんどは、数万人の強制移住と引き替えに、もともとの富裕層が得をしただけではないか、という事実は見なかったことにしよう。大会の直前にリオデジャネイロ州と公共サービスが破綻したのは、大会とは関係なかったことにしよう。

実際に見たとおりに大会を解釈するなら、リオ・オリンピックで最も記憶に残ったのは、何エーカーもの空席だった。満席近くなった競技や試合がなかったわけではないが、7人制ラグビー、ハンドボール、ウェイトリフティングなど多くの競技では、観客席はがらがらだった。自転車ロードレースやトライアスロンなど、無料で見られる競技の観衆すら盛り上がりに欠けた。チケットは開会の直前に学校に配られることになっていたが、ほとんどの市民の手が届かない価格設定によって空いた大穴はまったく埋まらなかった。交通網の貧弱さと警備の遅さも少々関係したが、スタンドに空席が目立ったのは、チケットが買えるような少数の富裕層は大半の競技に無関心だったし、スポンサーやオリンピック・ファミリーへの気前の良いチケットの割り当ては無駄だったからである。アイルランド人のIOC委員パット・ヒッキーが恥知らずにもチケットを転売して逮捕されたことは、まさに不愉快な事件だった。[1]

だが、たとえ大観衆に恵まれても、必ずしもオリンピックにふさわしい雰囲気になるわけではない。リオ・オリンピック開会式で観客がミシェル・テメル大統領代行にブーイングを浴びせたのはたしかに無礼ではあったが、さらにひどかったのは他国の選手を馬鹿にした態度をとって平然としていたことである。しかし、どちらもフランス代表の棒高跳び選手、ルノー・ラビレニが受けた仕打ちに比べればまだましだった。ラビレニは、ブラジル代表チアゴ・ブラス・ダ・シルバとの勝負に敗れたときと表彰式の際に浴びたブーイングは最悪だった《た》。ブラジル最大の放送局ヘジ・グローボの社長がこう言ったと伝えられている。「ブラジル人はスポーツが好きなのではない。勝つのが好きなのだ」

　オリンピックの裏側にまつわる話は多くを物語っている。オリンピック放送コンソーシアムがIOCの立食パーティーと会計室にカメラを向けていなかったのは失態だった。そこでは、すべてのIOC委員が450ドルから900ドルの日当を受け取っていたのだ。食費も支給されずに働いているボランティアや、1日15時間のシフトで入っているのにオリンピック村の公共スペースにさえ入れない清掃員のことを考えると、ダブルスタンダードも甚だしい。[3] 同じようなことはまだある。多くの人はこのオリンピック〝バブル〟を、ほとんどの人が招待されていないパーティーがリオデジャネイロで開かれているように感じており、この感覚はブラジルの主要なスポーツニュースメディアも共有していた。開会式の花火を眺めるファヴェーラの住民を撮った写真と、ファヴェーラ地区を描いた風刺漫画が、この点をあざやかに表している。開会式のチケット代は、彼らの数週間分の給料に相当するのだ。

　トーマス・バッハは、こうした事情をすべて知りつつ、ホストに対してお世辞を述べたのである。まさに大成功だったといえよう。しかし、このようなイデオロギー的・政治的柔軟性のなせる技は、前例のない負の遺産が残ったことですべて台無しになった。バッハは厚かましくも、オリンピックの財務モデルは自らの「負荷テスト」に合格したと言い切ったが、オリンピック後の「すばらしい街」からすれば、合格したとは思えない。

　リオデジャネイロ州は310億ドルの借金を抱えた。しかしその痛みを和らげるような新たな収入の見込みは一切見当たらない。市内は、急激なインフレに陥ったにもかかわらず給料が上がらなかった——そもそも支払われるだけでもましだった——教師、警察官、公務員のストライキと抗議でずたずたに分断された。リオデジャネイロ州の前知事、セルジオ・カブラルは逮捕され、各種の腐敗容疑で告発されている。エドゥアルド・パエス市長はオリンピックのゴルフコース工事に絡む金銭の受け取りについて調査を受け、資産が凍結された。交通については、地下鉄《メトロ》は定員の数分の一の職員で稼働させるありさまで、1日30万本という非現実的な目標に対して実際には1日8万本しか運行していない。路線は富裕層以外には地理的に不要であり、ほとんどの人には切符代も高すぎる。より貧しい市民のニーズに応えられるはずの高速バスのネットワークは、実のところオリンピック公園周辺の富裕な地域のサービスに集中していて、北地区の労働者層にとってメリットになる主要路線の工事は中止されてしまった。[4]

ライトレール（VLT）が港湾開発地区と中央バスターミナル、サントス・ドゥモン空港（リオの小さな国内線空港）を結ぶようになった。観光客にはありがたいが、住民はほとんど利用しない。当然、ライトレールの収益は少ないが、破綻したはずの市が民間デベロッパーに対して25年分の収益を保証することになっている。一方で、多くの地域の街並み、舗装、公共広場は甚大なダメージを被った。人通りが減り、交通網も衰退したため、つぶれる店舗や会社が続出した。同時に、市民の通勤に欠かせない、もとからあった28種類の南北バス路線は新しい事業のあおりでふたつに分断された。公共交通サービス各社がカードと運賃を相互に認識しなかったり、リオ市の割引が適用されなかったりと、信じがたいほど不便な状況になっている。[5]

地元住民の明確な意思に反してモローダ・プロビデンシアというファヴェーラに建設されたケーブルカーの運命は、このファヴェーラがオリンピックで味わった経験を代弁しているといえるだろう。観光客向けの見かけ倒し以外の何物でもない施設を作るために、近隣で唯一の公共広場であるプラザ・アメリカ・ブルムの大半を取り壊したのだ。ケーブルカーは運行を中止していて、現在の緊縮財政の下では再開はとても期待できない。[6] UPP（軍警察治安維持部隊）と、同組織に委任されたファヴェーラ治安維持プログラムの運命も似たようなものだった。人気を獲得するどころか人々の軽蔑の的になったオリンピック前後の大規模な治安維持作戦によって、（もはや街の特徴となっている日常的な殺人と暴力は続いたものの）それなりの平和は保たれた。しかしその平和すら、犯罪率が上がり、警察による暴力が日常的になり、刑務所内での暴動によって治安維持部隊が限界まで追い込まれてしまったことで、幻のように消えてなくなってしまった。それでも、ファヴェーラに引き続き住んでいる住人はまだ幸運なほうといえる。オリンピック会場とインフラ整備のための場所を空けるために、政府主導の「私の家、私の暮らし」プログラムによって追い出された市民の大半は、地価が安く、交通網が存在しないか著しく不便な土地に追いやられた。空き家となった大量の住宅——電気・ガス・下水道への接続が劣悪か、または存在しないバラックのようなアパート——はすべてギャングの支配下に置かれている。住民の多くは、彼らにとっては多大な借金に苦しみ、厳しい取り立てを受ける日々を送っている。[7]

マラカナンスタジアムは、現在のリオの街を象徴する巨大なモニュメントである。オリンピックからわずか数か月後、マラカナンは廃墟と化した。通常時の使用計画が策定されていないまま、保守管理責任をめぐる争いが続いたため、電気代を払う者がいなくなった。試合の予定も決まらないまま、ピッチはミミズに食われてプレーできなくなった。備品が略奪され、テレビ、銅線、座席が盗まれた。[8]オリンピック公園では少なくとも治安は維持されたが、それと引き替えに、パラリンピックの終了以降、一般の人々の使用が禁止されることになった。新たな所有者が見つかるか、まともな再利用計画が成立した施設は、現在のところひとつもない。

選手村の入居率は10パーセント前後にとどまり、建設した人々が夢見たような「大もうけできる不動産」ではないと判明した。状況があまりに悪いため、リオの新市長、マルセロ・クリベラは、購入する公務員に低金利の住宅ローンを提供するように銀行を説得中だ。デオドロ・オリンピック地区とその施設は公園になるはずだったが、市によって閉鎖され、保守契約を結んでいた管理会社は解約された。[9]ゴルフ場も営業中だが、苦戦していて閉鎖が検討されている。しかしこのような状況であるにもかかわらず、IOCはリオ組織委員長カルロス・ヌズマンと当時のリオ市長エドゥアルド・パエスの両名にオリンピック勲章・金章を授与したのである。

IOCがどれほど近視眼的で、罪人に栄誉を授けることに平気であろうとも、驚くにはあたらない。リオでおこなわれた総会では、IOCは委員資格や経営委員会の刷新を議論するなかで、アフリカ・サッカー連盟（CAF）会長でカメルーン人のイッサ・ハヤトウや、エジプト・オリンピック委員会会長をはじめとするさまざまな名誉職を兼任しているモニール・サベットなど、高齢の委員を採用しようとしている。ふたりとも、IOCにおける一般委員の上限年齢である70歳を過ぎているが、名誉委員に就任し、引き続き委員会で発言する価値があるとみなされた。

ハヤトウは、間違いなく忍耐力の見返りを得た形だ。なにしろ、アフリカ・オリンピック委員会の委員長を28年間務め、FIFA経営委員会の委員でもあったのだ。多くの不正が疑われているが、少なくともFIFA御用達の悪名高い広告代理店ISL（現在は消滅）が、海外の銀行口座を通じてハヤトウに数百万ドルを支払ったのは議論の余地がない。ハヤトウや他の幹部の地位は、支払いの時点で国際機関における腐敗・賄賂の定義がスイス法に規定されていなかったという事実によってのみ守られている。だが新たな世代のサッカー協会幹部やメディア企業はそれなりの犠牲を払って教訓を学んだ。このような不正はもはや通用しないだろう。アメリカとスイスの司法当局は、メディア放映権のリベートと２０１８年および２０２２年ワールドカップの開催地決定に関してＦＩＦＡを追いつめたが、ハヤトウは無傷で逃げ切り、ゼップ・ブラッターの辞任後はＦＩＦＡ暫定会長を務めた。当時のハヤトウが、彼自身にもＦＩＦＡにも腐敗の事実はないと無表情で言い切ったことは、バッハの「リオは成功した」発言と肩を並べるだろう。

モニール・サベット将軍は、自らの能力で軍人、ビジネスマン、スポーツ政治家の道を切り開いたものの、スザンヌ・ムバラクの兄、つまり元エジプト大統領ホスニー・ムバラクの義兄として有名な人物である。かつて旧体制の中心にいたサベットは、妹と並んで数え切れないオフショア企業の理事や、その他のムバラク関連企業の顔役を務めた。「パナマ文書」は、サベットがその他多くの職務とともに、パリに本社を置く軍需産業組織の理事を務めたことを明らかにした。現在、サベットにはマネーロンダリングの疑いがかけられており、スイス・カナダ両国の当局はサベットの銀行口座と資産を凍結している。

ＩＯＣは歴史に学ぶ組織ではないが、２０１６年末に韓国で起こった出来事には、さすがのＩＯＣもかすかな既視感を感じたことだろう。２０１６年リオ大会と驚くほどの類似を見せる２０１８年平昌冬季オリンピックの開催国は、30億ドルから１２０億ドルに膨れ上がる予算に手を焼くうち、国ぐるみの腐敗スキャンダルに呑み込まれた。スキャンダルは大統領官邸まで向かい（ブラジルと同じく初の女性大統領だった）、民衆の巨大な抗議運動が生まれた。韓国の法律に従った大統領罷免手続きがおこなわれ、最終的に大統領は退任した。大統領就任5周年を２０１８年2月冬季オリンピックの挨拶で飾ろうとしていた朴槿恵《パククネ》はすでに刑務所に収監され、憲法裁判所が罷免を検討中だ。朴槿恵のかつての親友でフィクサーの崔順実《チエスンシル》も逮捕され、公判を待っている。ふたりは韓国企業に圧力をかけ、大統領と密接な関係がある財団や友好的な企業への寄付を強要したとして告発されている。

平昌オリンピックの組織委員会と国・地方自治体の各種監視委員会は、あらゆる苦労をいとわず、オリンピックの入札は腐敗・贈収賄で「汚染」されていないという情報を世界に発信した。しかし、崔順実の姪で元馬場馬術選手のチャン・シホは、政府の出資と大きな支持を得てスポーツＮＧＯを設立し、サムスンはこのＮＧＯに６００万ドルを喜んで寄付した。また、同ＮＧＯは、２０１８年オリンピックで使われるスケートリンクを仮設ではなく常設にする判断に関与し、その後スケートリンクを引き取った。さらに、２０１７年初頭には、スケートリンクのある江陵《カンヌン》を通る高速鉄道の建設にかかわった４社の韓国企業に警察が踏み込む事態となった。秘密裏に談合し、全社が３７０億ポンドのプロジェクトの分け前に与れるようにしたという容疑であった。[10] 元文化体育観光部長官の崔光植《チェクァンシク》は、冬季平昌オリンピックによって韓国が先進国の水準に達したことを示すという姿勢は崩していないが、金と権力のネットワークが存在していることはほぼ疑いない。[11]

今のところ、日本と中国の状況はもう少し地味で、主な問題は予算と大気汚染である。２０２０年東京オリンピックは、３００億ドルにも迫ろうとする予算をめぐって、長引く国内の争いに巻き込まれている。費用の大半を負担しなければならない東京都の知事に新たに就任した小池百合子は、２０１６年末に、組織委員会の贅沢と、委員会に最高財務責任者が存在しないことを批判し、予算上限を１７０億ドルにすると主張した。[12] 新しい北京市長の蔡奇《さいき》は、予算面では困らないものの、２００８年北京オリンピックで気前よく使った４００億ドルが示すように、中国の経済力を全部注ぎ込んでも北京の大気汚染は解消できそうにない。再び「最も環境に優しいオリンピック」を公約した北京だが、実際には２００８年大会以降、もともとひどかった空気の質は急激に悪化している。一時期は改善が見られたものの再び大きく悪化し、２０００万人の市民はたびたび有毒のスモッグに苦しんでいる。

ＩＯＣは、自らのモデルの長く続く根深い病理を忘れたままかもしれないが、世界はそうはいかない。[13] ２０２４年夏季オリンピックの招致合戦では、ボストンとハンブルクがリオ・オリンピックの開催前に撤退した。ローマとブダペストもそれに続いた。２０１６年９月、ローマ市長に選出されたばかりのヴィルジニア・ラッジはメディアに対して次のように述べた。「オリンピックは、まさに悪夢へと続く夢です。リオについての事実をすべて把握しているわけではありませんが、リオ市民のイメージは私たちの目に焼き付いています」。新党「五つ星運動」の党員として、オリンピックから撤退する公約のもとで当選したラッジは、市議会に立候補中止の採決を諮って勝利した[14]。

一度も本命にならなかったものの、ブダペストの立候補はオルバン・ヴィクトル首相、ハンガリー政府、野党の大半から強力な支持を得ていて、より堅実な印象があった。しかしそれこそがアキレス腱だったのかもしれない。というのも、招致成功の可能性が出てきたらしいとされたことで、草の根の抗議運動家たちの勢いに火がついたからだ。２０１７年初頭のたった数週間で、市民団体「モメンタム運動」は、オリンピックに使うことになっていた予算は健康と教育に使うべきだという主張のもと、オリンピック立候補に関する住民投票を要求する25万筆以上の署名を集めた。住民投票で勝ち目がないと悟ったオルバン首相とブダペスト市長は、立候補を辞退した[15]。

そしてパリとロサンゼルスの2都市が残った。どちらも住民投票を実施しなかった。やれば負けるのが確実だったからだ。２０２４年の招致合戦が尻すぼみになったことで、２０２８年オリンピック開催に示される関心はさらに低くなった。リオデジャネイロ市で現実に起きたことも広く知られてしまった。ＩＯＣは時間稼ぎをすることにした。ふたつの都市に順に開催権を付与すると発表したのである。ロサンゼルスが２０２８年開催を喜んで受け入れ、パリは２０２４年に決定した。これらの都市は、どのような種類のスペクタクルを見せるのだろうか。どのようなイデオロギー的モチーフに挑戦するのだろうか。フランスのマクロン大統領はこう述べている。「オリンピックの価値は我々の価値だ。今、その価値が脅かされ、多くの人が疑いを抱いている。しかしだからこそ、その価値を擁護するのにはベストなタイミングだ」。ロサンゼルス市長のエリック・ガルセッティのコメントも似たようなものだった。「私は、ロサンゼルス夏季オリンピックが、オリンピックの理想とアメリカン・スピリットを体現すると確信している」。私たちは素直に彼らの言葉を信じるべきなのかもしれない。だが、ＩＯＣとは経験的なエビデンスも一般の人々の苦情も受け付けない組織であり、秘密裏に運営され、空想のなかで取り引きする集団だ。もしかすると、オリンピック・ムーブメントはまたも、現代という時代に適合するために十分なしなやかさと活発さを有していることを証明したのかもしれない。

原注

◎第１章――１　伝説としてのオリンピック

1　ストゥソスについては以下を参照。D. Young, *The Modern Olympics: A Struggle for Revival*, Johns Hopkins University Press（1996）, pp.1-8.
2　P. de Coubertin, *Olympism*, Comité International Olympique（2000）, p. 297.
3　*Scholia in Lucianum*, 41.9.42-46.
4　同上。
5　A. Vote et al, 'Sedimentary burial of ancient Olympia（Peloponnese, Greece）by high-energy flood deposits - the Olympia Tsunami Hypothesis', 2nd INQUA-IGCP-567 International Workshop on Active Tectonics, Earthquake Geology, Archaeology and Engineering（2011）, Corinth, Greece.
6　C. Habicht, *Pausanias' Guide to Ancient Greece*, University of California Press（1998）.
7　M. Polley, *The British Olympics: Britain's Olympic Heritage 1612-2012*, English Heritage（2013）より。
8　P. Radford, 'The Olympic Games in the Long Eighteenth Century', *Journal for Eighteenth-Century Studies*, 35（2）,（2012）, pp. 161-184より。
9　D. Flower, *Voltaire's England*, Folio（1950）, p. 4.
10　M. Polley, *The British Olympics: Britain's Olympic Heritage 1612-2012*, English Heritage（2013）, p. 19より。

◎第１章――２　古代の競技

1　R. Chandler, *Travels in Asia Minor: or an account of a tour made at the expense of the Society of Dilettanti*, J. Booker（1817）, p. 294.
2　S. Dyson, *In Pursuit of Ancient Pasts: A History of Classical Archaeology in the Nineteenth and Twentieth Centuries*, Yale University Press（2008）.
3　古代競技会についての情報は以下を参照。M. Finley and H. Picket, *The Olympic Games: The First 1000 Years*, Viking（1976）; N. Spivey, *The Ancient Olympics*, Oxford University Press（2005）; S. Miller, *Arete: Greek Sports from Ancient Sources*, University of California Press（2012）; M. Golden, *Sport and Society in Ancient Greece*, Cambridge University Press（1998）; N. Crowther, Visiting the Olympic Games in Ancient Greece: Travel and Conditions for Athletes and Spectators, *International Journal of the History of Sport, 18*（4）,（2001）, pp. 37-52.
4　Pausanias（V, 24, 9）.
5　A. Guttmann, *The Olympics, A History of the Modern Games*, University of Illinois Press（2002）, p. 116より。
6　Herodotus, *Histories*, 6.103.2.（ヘロドトス『歴史』岩波書店他）
7　Plutarch, *Themistocles*, 17.2.

◎第１章――３　オリンピック再興運動

1　A. Arvin-Berod, 'In France, the idea of the Olympic Games crosses the centuries', *Olympic Review*（321）,（1994）, pp. 339-341より。
2　D. Young, *The Modern Olympics: A Struggle for Revival*, Johns Hopkins University Press（1996）; J. MacAloon, *This Great Symbol: Pierre de Coubertin and the Origins of the Modern Olympic Games*, Rout-

ledge (2013); D. Young, 'Further thoughts on some issues of early Olympic history', *Journal of Olympic History* 6.3 (1998), pp. 29-41.

3 マッチ・ウェンロックとリバプールについては以下を参照。M. Polley, *The British Olympics: Britain's Olympic Heritage 1612-2012*, English Heritage (2012). R.Physick, *Played in Liverpool*, English Heritage (2007).

4 P. Lovesey, *The Official Centenary History of the Amateur Athletic Association*, Guinness Superlatives (1979), Polley (2012), p. 69より。

5 ザッパスの競技会とギリシアの復興活動、1896年アテネ大会については以下を参照。D. Young, *The Modern Olympics: A Struggle for Revival*, Johns Hopkins University Press (1996); MacAloon (2013); M. Smith, *Olympics in Athens 1896: The Invention of the Modern Olympic Games*, Profile Books (2004); and R. Mandell, *The First Modern Olympics*, University of California Press (1976).

6 *Athena*, 8 November 1859, Young (1996), p. 22より。

7 *Ague*, 16 November 1859, 同上より。

◎第1章——4　ピエール・ド・クーベルタン

1 J. MacAloon, *This Great Symbol: Pierre de Coubertin and the Origins of the Modern Olympic Games*, Routledge (2013), p. 26.

2 MacAloon (2013) pp. 27-30参照。

3 同上。

4 同上, p. 51より。

5 同上, p. 54より。

6 同上, p. 58より。

7 R. Mandell, *The First Modern Olympics*, University of California Press (1976).

8 *This Great Symbol: Pierre de Coubertin and the Origins of the Modern Olympic Games*, Routledge (2013) p.60において、人間としても政治信念上もクーベルタンに近いMacAloonは、クーベルタンを「多角的で深い願望充足」の人物であるとみなし、トーマス・アーノルドについては「複雑な心理状態が描いた理想像であり、凝縮された欲求と物語と人物像とが混ざり合っている」と記している。

9 D. Young, *The Modern Olympics: A Struggle for Revival*, Johns Hopkins University Press (1996), p. 75より。

10 同上, p. 74より。

11 P. de Coubertin, *L'idee olympique* (1908), trans. as *The Olympic Idea: Discourses and Essays*, Karl Hofman (1967).

12 Young (1996), p. 75より。

13 同上, p. 78より。

◎第1章——5　アピール

1 貴族階級の会議の役割については以下にくわしい。C. Murphy, *International Organization and Industrial Change: Global Governance Since 1850*, Polity Press (1994).

2 新興の世界平和運動のメンバーは、国際仲裁と平和協会を設立したイギリスのホジソン・プラット、イタリアの作家で1891年ローマでの国際平和会議議長ルジェロ・ボンギ、国際平和ビューロー事務局長を当時とその後務めたベルギーのアンリ・ラ・フォンテーヌ、デンマークの政治家フレデリック・バイエル、平和活動家エリー・デュコマンはもちろん、組織と代

表者たちと同じく委員会のメンバーで、ノーベル平和賞の受賞者フレデリック・パッシー。

3 K. Moore, 'A neglected imperialist: the promotion of the British empire in the writing of John Astley Cooper', *The International Journal of the History of Sport, 8*（2）（1991）, pp. 256-269. D. Gorman, 'Amateurism, Imperialism, Internationalism and the First British Empire Games', *The International Journal of the History of Sport, 27*（4）（2010）, pp. 611-634.

4 MacAloon（2013）, p. 158.

5 同上 , p. 160.

◎第 1 章——6　開催決定

1 P. de Coubertin, *Olympism: Selected Writings*, ed. Norbert Muller, Lausanne: International Olympic Committee（2000）, p. 314より。

2 D. Young, *The Modern Olympics: A Struggle for Revival*, Johns Hopkins University Press（1996）, p. 98より。

3 Coubertain（2000）, p. 322.

4 Young（1996）, p. 112より。

5 MacAloon, *This Great Symbol: Pierre de Coubertin and the Origins of the Modern Olympic Games*, Routledge（2013）, p. 212より。

◎第 1 章——7　1896 年アテネ大会

1 D. Young, *The Modern Olympics: A Struggle for Revival*, Johns Hopkins University Press（1996）, p. 117より。

2 *New York Times*, 29 March 1896, は M. Smith, *Olympics in Athens 1896: The Invention of the Modern Olympic Games*, Profile Books（2004）, p. 151より。

3 Smith（2004）より。Haranlambous Anninos はアテネの作家で、彼の考察と記録は元々右書に収められていた。C. Beck, *The Olympic Games BC 776 - AD 1896*（2 vols.）, Robertson（1896）.

4 Young（1996）, p. 146より。

5 G. S. Robertson, 'An Englishman at the first modern Olympics, 1896 ', *Fortnightly Review*,（June 1896）, pp. 944-957.

6 同上。

7 Young（1996）, p. 161より。

8 Smith（2004）, p. 189より。

9 Young（1996）, p. 159より。

10 同上 , p. 164.

11 Robertson（1896）.

◎第 2 章——1　ベル・エポック

1 ジンメルは以下より。 D. Rowe, 'Georg Simmel and the Berlin Trade Exhibition of 1896', Urban History, Volume 22, Issue 2（1995）, pp. 216-228. P. de Coubertin, Olympism: Selected Writings, ed. Norbert Muller, Lausanne: International Olympic Committee（2000）, p. 636.

2 万国博覧会については主に以下より。: A. Geppert, *Fleeting Cities: Imperial Expositions in Fin-de-Siecle Europe*, Palgrave（2010）; P. Greenhalgh, *Ephemeral Vistas: The Expositions Universelles, Great Exhibitions and World's Fairs, 1851-1939*, Manchester University Press（1988）; R. Rydell, *All the World's a Fair: Visions of Empire at American International Expositions, 1876-1916*, University of

Chicago Press (2013); Z. Celik and L. Kinney,'Ethnography and Exhibitionism at the Expositions Universelles', *Assemblage*, (1990), pp. 35-59; J. Findling, *Chicago's Great World's Fairs*, Manchester University Press (1994).

3 *Official Catalogue of the Great Exhibition of the Works of Industry*, Spicer (1851), p. 145.

4 E. Larsen, *The Devil in the White City*, Vintage (2003), p. 311（エリック・ラーソン『悪魔と博覧会』文藝春秋社、2006年）より。

5 J. Findling,'Chicago Loses the 1904 Olympics', *Journal of Olympic History, 12* (3) (2004).

6 S. Brownell (ed.), *The 1904 Anthropology Days and Olympic Games: Sport, Race, and American Imperialism*, University of Nebraska Press (2008), p. 48より。

7 L. Yttergren and L. Bolling (eds.), *The 1912 Stockholm Olympics : Essays on the Competitions, the People, the City*, McFarland (2012), p. 10より。

◎第２章――２　1900年パリ大会・1904年セントルイス大会

1 J. E. Findling and K. D. Pelle, *Encyclopedia of the Modern Olympic Movement*, Greenwood (2004), p. 30より。

2 Gaston Meyer, Paris 1900', in Lord Killanin and John Rodda (eds.), *The Olympic Games 1984*, Willow (1983)より。

3 *Concours Internationaux d'Exercises Physiques et de Sports*: Rapports, Imprimerie Nationale (1900), p. 72.

4 *L'Auto-Velo*, 1900, Findling and Pelle (2004), p. 31より。

5 *Official Guide to the Louisiana Purchase Exposition*, Official Guide Company (1904), p. 7.

6 G. Matthews and S. Marshall, *St Louis Olympics, 1904*, Arcadia Publishing (2003); G. Matthews, *America's First Olympics: the St Louis Games of 1904*, University of Missouri Press (2005).

7 P. Kramer,'Making concessions: race and empire revisited at the Philippine Exposition, St Louis, 1901-1905', *Radical History Review* (73), (1999), pp. 75-114; L. Carlson, 'Giant Patagonians and Hairy Ainu: Anthropology Days at the 1904 St Louis Olympics', *Journal of American Culture 12* (3), (1989), pp. 19-26.

8 S. Brownell, *The 1904 Anthropology Days and Olympic Games: Sport, Race, and American Imperialism*, University of Nebraska Press (2008) 参照。

9 W. J. McGee, *Official Catalogue of Exhibitions - Department of Anthropology* (1904), p. 88参照。Brownell, *The 1904 Anthropology Days and Olympic Games: Sport, Race, and American Imperialism*, University of Nebraska Press (2008), p. 48より。

10 'A Novel Athletic Contest', *World's Fair Bulletin*, 5 September 1904参照。H. Lenskyj and S. Wagg (eds.), *The Palgrave Handbook of Olympic Studies*, Palgrave (2012), p. 49より。

◎第２章――３　1908年ロンドン大会

1 1906年と当時の政治情勢は以下より。K. Lennartz, 'The 2nd International Olympic Games in Athens, 1906', *Journal of Olympic History*, 10, (2002), pp. 3-24; 目撃談は以下を参照。T. Cook, *The Cruise of the Branwen: Being a Short History of the Modern Revival of the Olympic Games, Together with an Account of the Adventures of the English Fencing Team in Athens in MCMVI*, Ballantyne (1908).

2 *Daily News*, 23 May 1908参照。R. Jenkins, *The First London Olympics: 1908*, Hachette (2008), p. 175より。

3 *Evening Standard*, 24 November 1906.

4 *Bystander*, 25 July 1908, Jenkins (2008), p. 160より。

5 同上 , p. 145.
6 Official Report, 1908, p. 137.
7 Jenkins (2008), p. 142.
8 同上 , p. 137.
9 *World*, 8 July 1908, 同上 p. 108より。
10 同上 , p. 114.
11 同上 , pp. 152-153より。
12 'The Olympics at the Franco-British Imperial Exhibition', *Vanity Fair*, 29 July 1908参照。Jenkins (2008), p. 258より。
13 *New York Times*, 25 July 1908.
14 *Daily Mail*, 27 July 1908.
15 Jenkins (2008), p. 224より。
16 *L'Illustrazione Italiana*, 2 August 1908参照。 Jenkins (2008), p. 235より。

◎第2章――4 1912年ストックホルム大会
1 L. Yttergren and H. Bolling (eds.), *The 1912 Stockholm Olympics: Essays on the Competitions, the People, the City*, McFarland (2012), p. 5より。
2 *Dagens Nyheter*, 14 July 1912, 同上 , p. 161より。
3 *Aftonbladet*, 10 July 1912, 同上 , p. 165より。
4 *Dagens Nyheter*, 4 July 1912, 同上 , p. 163より。
5 *Idun*, No. 3, 1912, 同上 , p. 162より。
6 *Stockholm Tidningen*, 15 July 1912, 同上 , p. 166より。
7 同上 , p. 164より。
8 *Aftonbladet*, 12 July 1912, 同上 , p. 164より。
9 同上 , p. 167より。
10 *New York Times*, 7 July 1912, 同上 , p. 167より。
11 S. Heck,'Modern Pentathlon and the First World War: When Athletes and Soldiers Met to Practise Martial Manliness', *International Journal of the History of Sport, 28* (3-4), (2011), pp. 410-428; S. Heck, 'A Sport for Everyone? Inclusion and Exclusion in the Organisation of the First Olympic Modern Pentathlon', *The International Journal of the History of Sport, 31* (5), (2014), pp. 526-541.
12 Heck, 'A Sport for Everyone?' (2014), p. 537より。

◎第3章――1 死のにおい
1 R. Renson, *The Games Reborn: The VIIth Olympiad*, Pandora (1996), p. 29より。
2 'Aileen Riggin Soule: A Wonderful Life In her own words', at http://ishof.org/assets/aileen_riggin.pdf
3 Renson (1996), pp. 39-40より。
4 同上 , p. 30より。
5 *L'Auto*, 3 August 1914.

◎第3章――2 「兵士のオリンピック」
1 J. Lucas, 'American Preparations for the First Post World War Olympic Games', *Journal of Sport History, 10* (2), (1983); N. Muller and R. Tuttas, 'The role of the YMCA: especially that of Elwood S. Brown, Secretary of physical education of the YMCA, in the worldwide expansion of the Olympic

Movement during de Coubertin's presidency', in K. Wamsley, S. Martyn, G. MacDonald and R. Barney (eds.), *5th International Symposium for Olympic Research, Sydney*, (2000), pp. 127-134; R. Gems,'Sport, Colonialism, and United States Imperialism', *Journal of Sport History, 33* (1), (2006); S. Pope, 'An army of athletes: Playing fields, battlefields, and the American military sporting experience, 1890-1920', *The Journal of Military History, 59* (3), (1995), p. 435.
2 A. Waquet and J. Vincent, 'Wartime rugby and football: Sports elites, French military teams and international meets during the First World War', *International Journal of the History of Sport* 28.3-4, (2011), pp. 372-392; S. Hubner, 'Muscular Christianity and the "Western Civilising Mission": Elwood S. Brown, the YMCA, and the Idea of the Far Eastern Championship Games', *Diplomatic History*, (2013).
3 G. Wythe and J. Hanson, *The Inter-Allied Games, Paris, 22 June to 6 July 1919*, The Inter Allied Games Committee (1919); T. Terret, 'Prologue: Making men, destroying bodies: Sport, masculinity and the Great War experience', *The International Journal of the History of Sport, 28* (3-4), (2011), pp. 323-328.
4 T. Terret, 'The Military "Olympics" of 1919', *Journal of Olympic History* 14 (2), (2006), p. 28より。
5 Wythe and Hanson (1919), p. 37.
6 Terret (2006) p. 27より。
7 同上 , p. 26より。
8 P. Beck, *Scoring for Britain: International Football and International Politics, 1900-1939*, Routledge (2013), p. 94より。
9 Thierry Terret, 'The Albertville Winter Olympics: Unexpected Legacies - Failed Expectations for Regional Economic Development', in J. A. Mangan and Mark Dyreson (eds.), *Olympic Legacies: Intended and Unintended*, Routledge (2010), p. 21.
10 J. Lucas, 'American Preparations for the First Post World War Olympic Games', *Journal of Sport History, 10* (2), (1983), pp. 30-44より。

◎第 3 章 —— 3　1920 年アントワープ大会

1 R. Renson, *The Games Reborn: The VIIth Olympiad*, Pandora (1996), p. 24.
2 1920年アントワープ大会の主な情報は最も信頼性の高い上記と共に以下も参照。 R. Renson and M. Den Hollander, 'Sport and business in the city: the Antwerp Olympic Games of 1920 and the Urban Elite', *Olympika, 6* (1997), pp. 73-84; M. Llewellyn, '"Olympic Games are an international farce": the 1920 Antwerp games and the question of Great Britain's participation', *Olympika, 17*, (2008), pp. 101-132.
3 Renson (1996), p. 33より。
4 同上 , p. 73より。
5 同上 , p. 54より。
6 同上 , p. 74.
7 同上 , p. 76より。
8 ランゲヌスの回想録 *Voetbal van hier en overal*, Snocek-Ducaju (1943), 参照。Renson, (1996), p. 62より。
9 同上 , pp. 86-88より。

◎第3章——4　女子オリンピック

1 P. de Coubertin（ピエール・ド・クーベルタン）, *Olympism: Selected Writings*, ed. Norbert Muller, Lausanne: International Olympic Committee（2000）, p. 711.

2 S. Cahn, *Coming On Strong: Gender and Sexuality in Women's Sport*, University of Illinois Press（2015）, p. 32より。

3 同上, p. 33.

4 F. Carpentier and P. Lefevre, 'The modern Olympic Movement, women's sport and the social order during the inter-war period', *The International Journal of the History of Sport, 23*（7）,（2006）, pp. 1112-1127; T. Terret, 'From Alice Milliat to Marie-Therese Eyquem: Revisiting Women's Sport in France（1920s-1960s）', *The International Journal of the History of Sport, 27*（7）,（2010）, pp. 1154-1172.

5 Baillet-Latour（バイエ＝ラトゥール）から Godefroy de Blonay（ゴドフロイ・ド・ブロネー）への手紙。Carpentier and Lefevre（2006）, p. 1122より。

6 K. Wamsley and G. Schultz, 'Rogues and Bedfellows: The IOC and the Incorporation of the FSFI', in K. Wamsley, S. G. Martyn, G. H. MacDonald, and R. K. Barney（eds.）, *Bridging Three Centuries: Intellectual Crossroads and the Modern Olympic Movement*, International Centre for Olympic Studies（2000）, pp. 113-118.

7 Paauw and Visser, *Model voor de Toekomst: Amsterdam, Olympische Spelen 1928*（*A Model for the Future: Amsterdam, Olympic Games 1928*）, De Buitenspelers（2008）, p. 194より。

◎第3章——5　1924年パリ大会

1 T. Terret, *Les Paris des Jeux Olympiques de 1924*, Atlantica（2008）; T. Terret, *Les Jeux Olympiques de 1924 et les Presses Francophones, Recorde: Revista de Historia do Esporte, 1*（1）, Francais（2008）; Comite Olympique, *Les Jeux de la VIII Olympiade, Paris 1924, Rapport Officiel*（1924）.

2 C. Culleton, 'Competing Concepts of Culture: Irish Art at the 1924 Paris Olympic Games', *Estudios Irlandeses*,（9）,（2014）, pp. 24-34.

3 J. Findling and K. Pelle（eds.）, *Encyclopedia of the Modern Olympic Movement*, Greenwood（2004）, p. 84より。

4 M. Dyreson, 'Scripting the American Olympic Story-Telling Formula: The 1924 Paris Olympic Games and the American Media', *Olympika, 5*,（1996）, pp. 45-80および M. Llewellyn, 'Chariots of discord: Great Britain, nationalism and the "doomed" 1924 Paris Olympic Games', *Contemporary British History, 24*（1）,（2010）, pp. 67-87より。

5 T. Terret, C. Ottogalli-Mazzacavallo and J. Saint-Martin, 'The Puliti affair and the 1924 Paris Olympics: Geo-Political issues, National pride and fencing traditions', *The International Journal of the History of Sport, 24*（10）,（2007）, pp. 1281-1301.

6 *Guardian*, 11 July 1924.

7 T. Mason, *Passion of the People? Football in South America*, Verso（1995）, p. 31より。

8 B. Oliver, 'Before Pele there was Andrade', *Observer*, 24 May 2014より。

9 D. Seguillon, 'The origins and consequences of the first World Games for the Deaf: Paris, 1924', *The International Journal of the History of Sport, 19*（1）,（2002）, pp. 119-136.

10 同上。

◎第３章——６　冬季オリンピック創設

1 P. Jorgensen, 'From Balck to Nurmi: the Olympic movement and the Nordic nations', *The International Journal of the History of Sport, 14* (3), (1997), pp. 69-99; L. Yttergren, 'The Nordic games: visions of a winter Olympics or a national festival', *International Journal of the History of Sport, 11* (3) (1994), pp. 495-505.

2 R. Huntford, *Two Planks and a Passion: the Dramatic History of Skiing*, A & C Black (2009), p. 320より。

3 P. Arnaud and T. Terret, *Le Reve Blanc: Olympisme et Sports D'Hiver en France: Chamonix 1924, Grenoble 1968*, Presses Universitaires de Bordeaux (1993).

4 Huntford (2009), p. 79より。

5 J. Hines, *Figure Skating: A History*, University of Illinois Press (2006); M. Adams, 'The manly history of a "girls' sport": Gender, class and the development of nineteenth-century figure skating', *International Journal of the History of Sport, 24* (7), (2007), pp. 872-893; M. Adams, 'Freezing social relations: Ice, rinks, and the development of figure skating', *Sites of Sport: Space, Place, Experience*, 5, (2004), pp. 7-72; E. Kestnbaum, *Culture on ice: figure skating and cultural meaning*, Wesleyan University Press (2003).

6 カーリング史は右記参照。A. Guttmann, *Sports: The first five millennia*, University of Massachusetts Press (2004), pp. 249-251. 下記サイトのデータも参照。http://curlinghistory.blogspot.co.uk.

◎第３章——７　労働者オリンピック

1 N. Valentinov, *Encounters with Lenin*, Oxford University Press (1968), p. 30.

2 D. Steinberg, 'The workers' sport internationals, 1920-28', *Journal of Contemporary History* 13.2, (1978), pp. 233-251より。主な労働者スポーツ・ムーブメントについては以下も参照。S. Jones, 'The European Workers' Sport Movement and Organized Labour in Britain Between the Wars', *European History Quarterly, 18* (1), (1988), pp. 3-32; R. Wheeler, 'Organized sport and organized labour: the workers' sports movement', *Journal of Contemporary History*, (1978), pp. 191-210; A. Kruger and J. Riordan (eds.), *The Story of Worker Sport*, Human Kinetics Publishers (1996); J. Tolleneer and E. Box, 'An alternative sport festival: the third Workers' Olympics, Antwerp, 1937', *Stadion* 12/13, (1987), pp. 183-190; J. Wagner, 'Prague's socialist Olympics of 1934', *Canadian Journal of History of Sport*, 23 (1), (1992), pp. 1-18.

3 Kruger and Riordan (1996), pp. 7-8より。

4 同上, p. 14より。

5 同上, p. 12より。

6 Steinberg (1978), p. 235より。

7 S. Jones, 'Sport, politics and the labour movement: the British workers' sports federation, 1923-1935', *The British Journal of Sports History, 2* (2), (1985), pp. 154-178; S. Jones, *Sport, Politics and the Working Class Organised Labour and Sport in Inter-War Britain*, Manchester University Press (1992).

8 N. Rossol, *Performing the Nation in Interwar Germany. Sport, Spectacle and Political Symbolism 1926-1936*, Palgrave (2010).

9 N. Rossol, 'Performing the Nation: Sports, Spectacles and Aesthetics in Germany 1926-1936', *Central European History*, no. 4, 43, (2010), p. 626より。

10 R. Edelman, *Serious Fun: A History of Spectator Sport in the USSR*, Oxford University Press (1993); B. Keys, 'Soviet sport and transnational mass culture in the 1930s', *Journal of Contemporary History, 38*

(3), (2003), pp. 413-434.

11 R. Krammer, 'Austria: New Times Are With Us', in Kruger and Riordan (1996), p. 91より。

◎第３章――８　1928年アムステルダム大会

1 アムステルダム大会における主な成果については以下を参照。R. Paauw and J. Visser, *Model voor de Toekomst: Amsterdam, Olympische Spelen 1928* (*A Model for the Future: Amsterdam, Olympic Games 1928*), De Buitenspelers (2008). 右記も参照。 P. Mol, 'Sport in Amsterdam, Olympism and other influences: the inter-war years', *International Journal of the History of Sport, 17* (4), (2000), pp. 141-152.

2 Paauw and Visser (2008), p. 34より。

3 P. Scharroo and J. Wils, *Gebouwen En Terreinen voor Gymnastiek, Spel en Sport, Handleiding voor den Bouw, den Aanleg en de Inrichting*, N.V. Prometheus (1925).

4 Paauw and Visser (2008), p. 60より。

5 同上, p. 62より。

6 同上, p. 114より。

7 同上, p. 110より。

8 同上, p. 201より。

9 同上, p. 229より。

10 同上, p. 11より。

◎第４章――１　民族の優劣とメディア

1 B. Keys, *Globalizing Sport: National Rivalry and International Community in the 1930s*, Harvard University Press (2013), p. 94より。

2 Organising Committee for the Olympic Games in Los Angeles in 1932 (1932年ロサンゼルス・オリンピック大会組織委員会), *The Games of the Xth Olympiad, Los Angeles 1932: Official Report* (1933), p. 359.

3 同上, p. 362.

4 S. Dinces, 'Padres on Mount Olympus: Los Angeles and the production of the 1932 Olympic mega-event', *Journal of Sport History, 32* (2), (2005), p. 137より。

5 C. McWilliams, *Southern California: An Island on the Land*, Gibbs Smith (1946), p. 157.

6 J. Slater, 'Changing partners: The relationship between the mass media and the Olympic Games', in *Fourth International Symposium for Olympic Research*, University of Western Ontario (1998), pp. 49-69.

7 M. Dyreson, 'Marketing national identity: The Olympic Games of 1932 and American culture', *Olympiaka: The International Journal of Olympic Studies*, vol. IV, 1995, pp. 23-48より。

8 マスコミ報道その他諸々については以下にくわしく扱われている。R. Mandell, *The Nazi Olympics,* University of Illinois Press (1971) (リチャード・マンデル『ナチ・オリンピック』ベースボール・マガジン社、1976年); A. Kruger and W. Murray (eds.), *The Nazi Olympics: Sport, Politics, and Appeasement in the 1930s*, University of Illinois Press (2003); A. Kruger and A. Auguts, 'The ministry of popular enlightenment and propaganda and the Nazi Olympics of 1936', in *Proceedings of the Fourth International Symposium for Olympic Research*, University of Western Ontario (1998).

9 L. McKernan, 'Rituals and Records: the Films of the 1924 and 1928 Olympic Games', *European Review, 19* (04), (2011), pp. 563-577.

10 D. Denby, 'The seat of power', *New Yorker*, 7 June 2010.
11 S. Bach, *Leni: The Life and Work of Leni Riefenstahl*, Vintage (2008)(スティーヴン・バック『レニ・リーフェンシュタールの嘘と真実』清流出版、2009年); G. McFee and A. Tomlinson, 'Riefenstahl's Olympia: ideology and aesthetics in the shaping of the Aryan athletic body', *International Journal of the History of Sport, 16* (2), (1999), pp. 86-106.

◎第4章——2 劇化するオリンピック

1 R. Barney, 'A Research Note on the Origins of the Olympic Victory Podium', in *Global and Cultural Critique: Problematizing the Olympic Games: Fourth International Symposium for Olympic Research*, (1998), pp. 219-25.
2 選手村については以下を参照。 J. White, ' "The Los Angeles Way of Doing Things": The Olympic Village and the Practice of Boosterism in 1932', *Olympika 11*, (2002), pp. 79-116; M. Dyreson and M. Llewellyn, 'Los Angeles is the Olympic city: Legacies of the 1932 and 1984 Olympic games', *International Journal of the History of Sport, 25* (14), (2008), pp. 1991-2018.
3 White (2002), p. 96より。
4 Dyreson (1995), p. 38より。
5 聖火リレーの発展については以下を参照。K. Lennartz, 'The genesis of legends', *Journal of Olympic History, 5* (1), (1997), pp. 8-11.

◎第4章——3 1932年ロサンゼルス大会

1 Organising Committee for the Olympic Games in Los Angeles in 1932, *The Games of the Xth Olympiad, Los Angeles 1932: Official Report*, (1933), p. 30. Dinces, 'Padres on Mount Olympus: Los Angeles and the production of the 1932 Olympic mega-event', *Journal of Sport History, 32* (2), (2005) p. 144より。
2 Organising Committee for the Olympic Games in Los Angeles in 1932, *The Games of the Xth Olympiad, Los Angeles 1932: Official Report*, (1933), p. 335. S. Dinces, 'Padres on Mount Olympus: Los Angeles and the production of the 1932 Olympic mega-event', *Journal of Sport History, 32* (2), (2005), p. 144より。
3 Warwick S. Carpenter, 'On to the Olympic Games!,' *Country Life* (62), June-July 1932, p. 74. Dyreson (1995), p. 25より。
4 'Sports of the Times; The Grand Dame of the Olympics', *New York Times*, 3 July 1984.
5 特にハリウッドとオリンピックについては以下の資料が充実。 M. Dyreson, 'Marketing Weissmuller to the World: Hollywood's Olympics and Federal Schemes for Americanization through Sport', *International Journal of the History of Sport, 25* (2), (2008), pp. 284-306; M. Dyreson, 'The republic of consumption at the Olympic Games: globalization, Americanization, and Californization', *Journal of Global History, 8* (02), (2013), pp. 256-278.

◎第4章——4 人種差別

1 W. Baker, 'Muscular marxism and the Chicago counter-Olympics of 1932', *International Journal of the History of Sport, 9* (3), (1992), pp. 397-410.
2 S. Dinces, 'Padres on Mount Olympus: Los Angeles and the production of the 1932 Olympic mega-event', *Journal of Sport History, 32* (2), (2005), pp. 137-65より。すべて捏造とわかってようやくムーニーが釈放されたのは1930年代末。
3 'STUNT FOR MOONEY JEERED: Finale of Olympiad Marked by Demonstration; Crowd Cheers

Arrest of Participants', *Los Angeles Times*, 15 August 1932. Dinces (2005), p. 149より。
4 'Will Rogers Remarks', *Los Angeles Times*, 4 August 1932. Dyreson, (1995) p. 38より。
5 Dyreson , (1995) p. 40より。
6 Grantland Rice, 'For Men Only? ', *Collier's* (90), 24 September 1932. 同上 , p. 37より。
7 同上 , p. 42より。
8 'The World Beating Girl Viking of Texas', *Literary Digest* (114), 27 August 1932, S. Cahn, *Coming on Strong: Gender and Sexuality in Women's Sport*, University of Illinois Press (2015), p. 115より。
9 E. Yamamoto, 'Cheers for Japanese Athletes: The 1932 Los Angeles Olympics and the Japanese American Community', *The Pacific Historical Review*, (2000), pp. 399-430; D. Welky, 'Viking girls, mermaids, and little brown men: US journalism and the 1932 Olympics', *Journal of Sport History, 24*, (1997), pp. 24-49.
10 Yamamoto (2000), p. 32より。
11 B. J. Keys, *Globalizing Sport: National Rivalry and International Community in the 1930s*, Harvard University Press (2013), p. 113より。

◎第4章――5　アドルフ・ヒトラー

1 B. J. Keys, *Globalizing Sport: National Rivalry and International Community in the 1930s*, Harvard University Press (2013), p. 137より。
2 鐘の製造と輸送については以下を参照。 M. Meyer, 'Berlin 1936', in J. Gold and M. Gold (eds.), *Olympic Cities: City Agendas, Planning, and the World's Games, 1896-2016*, Routledge (2010).
3 1933年5月3日付 IOC 会長からリーヴァルト宛ての手紙。Keys (2013), p. 138より。
4 バイエ＝ラトゥールの言葉は同上 , p. 138より。エドストレームの言葉は1933年12月4日付ブランデージ宛ての手紙。以下より。 L. Yttergren, 'Questions of Propriety: J. Sigfrid Edstrom, Anti-Semitism, and the 1936 Berlin Olympics', *Olympika, 16* (2007), pp. 77-92.
5 ボイコット運動については以下を参照。C. Marvin, 'Avery Brundage and American Participation in the 1936 Olympic Games', *Journal of American Studies, 16* (01), (1982), pp. 81-105; M. Gottlieb, 'The American Controversy over the Olympic Games', *American Jewish Historical Quarterly*, (1972), pp. 181-213; A. Kruger, ' "Once the Olympics are through, we'll beat up the Jew": German Jewish Sport 1898-1938 and the Anti-Semitic Discourse', *Journal of Sport History, 26* (2), (1999), pp. 353-375; A. Guttmann, 'The "Nazi Olympics" and the American Boycott Controversy', in P. Arnaud and J. Riordan (eds.), *Sport and International Politics: The Impact of Fascism and Communism on Sport*, Routledge (2003), pp. 31-50.
6 Keys (2013), p. 118より。
7 A. Gounot, 'Barcelona against Berlin. The project of the People's Olympiad in 1936', *Sportwissenschaft, 37* (4), (2007), pp. 419-428; X. Pujadas and C. Santacana, 'The Popular Olympic Games, Barcelona 1936: Olympians and Antifascists', *International Review for the Sociology of Sport, 27* (2), (1992), pp. 139-148.
8 Keys (2013), p. 150中のニューヨークタイムズ紙の記事より。

◎第4章――6　1936年ベルリン大会

1 オーエンスについては以下を参照。D. McRae, *In Black and White: The Untold Story of Joe Louis and Jesse Owens*, Simon and Schuster (2014); C. Young, ' "In Praise of Jesse Owens": Technical Beauty at the Berlin Olympics 1936', *Sport in History, 28* (1), (2008), pp. 83-103; D. Wiggins, 'The 1936

Olympic Games in Berlin: The response of America's black press', *Research Quarterly for Exercise and Sport, 54* (3), (1983), pp. 278-292.
2 B. J. Keys, *Globalizing Sport: National Rivalry and International Community in the 1930s*, Harvard University Press (2013), p. 153より。
3 同上, p. 155より。
4 D. Lell and K. Voolaid, 'Every Nation Has Her Own Olympics: The Estonian Example', in *Proceedings: International Symposium for Olympic Research*, International Centre for Olympic Studies (2008), pp. 547-52.
5 K. Lennartz, 'Kitei Son and Spiridon Louis: Political Dimensions of the 1936 Marathon in Berlin', *Journal of Olympic History, 12* (1), (2004), pp. 16-28参照。
6 D. Large, *Nazi Games: The Olympics of 1936*, W. W. Norton (2007), p. 219より。（デイヴィッド・クレイ・ラージ『ベルリン・オリンピック1936——ナチの競技』白水社、2008年）
7 Keys (2013), p. 155より。
8 A. Kruger and W. Murray (eds.), *The Nazi Olympics: Sport, Politics, and Appeasement in the 1930s*, University of Illinois Press (2003), p. 63より。

◎第４章——７　幻の東京大会

1 近代日本のスポーツの概観については以下を参照。A. Guttmann and L. Thompson, *Japanese Sports: A History*, University of Hawaii Press (2001).
2 S. Collins, 'Special issue: The missing Olympics: the 1940 Tokyo Games, Japan, Asia and the Olympic Movement', *International Journal of the History of Sport, 24* (8), (2007), p. 962より。
3 Collins (2007); M. Polley, 'Olympic diplomacy: the British government and the projected 1940 Olympic games', *International Journal of the History of Sport, 9* (2), (1992), pp. 169-187参照。
4 同上, Collins (2007), p. 1064より。
5 同上, p. 1088より。
6 同上, p. 1081より。

◎第５章——１　戦後の混乱から

1 P. Wilson, 'Helsinki: 1952', in J. Rodda (ed.), *The Olympic Games 1984*, Willow (1983).
2 Organising Committee for the Games of the XV Olympiad, *The Official Report of the Organising Committee for the Games of the XV Olympiad, Helsinki 1952* (1953), p. 240.
3 この論争はフィンランドにおいて次の書で明確に展開された。A. Raevuori, *Viimeiset oikeat olympialaiset: Helsinki 1952* (*The Last Real Olympics, Helsinki 1952*), Ajantus (2002).
4 J. Hughson, '*The Friendly Games* - The "Official" IOC Film of the 1956 Melbourne Olympics as Historical Record', *Historical Journal of Film, Radio and Television*, vol. 30, issue 4 (2010).
5 J. Hampton, *The Austerity Olympics: When the Games Came to London in1948, Aurum Press (2012), p. 99*より。
6 同上 p. 32.
7 G. Davison, 'Welcoming the world: The 1956 Olympic Games and the re-presentation of Melbourne', *The Forgotten Fifties, Australian Historical Studies*, vol. 28, no. 109, pp. 64-76より。
8 2人の会長については主に以下を参照。A. Guttmann, *The Games Must Go On: Avery Brundage and the Olympic Movement*, Columbia University Press (1984); C. Marvin, 'Avery Brundage and American Participation in the 1936 Olympic Games', *Journal of American Studies, 16* (01), (1982), pp. 81-

105; L. Yttergren, 'Questions of propriety: J. Sigfrid Edstrom, anti-Semitism, and the 1936 Berlin Olympics', in *Olympika, 16,* (2007), pp. 77-92; L. Yttergren, 'J. Sigfrid Edstrom and the Nurmi Affair of 1932: The Struggle of the Amateur Fundamentalists against Professionalism in the Olympic Movement', in *Cultural Imperialism in Action: Critiques in the Global Olympic Trust,* (2006), pp. 111-126.

9 IOCの組織と力関係は以下で扱われている。C. Hill, *Olympic Politics*, Manchester University Press (1996); P. Charitas, 'Imperialisms in the Olympics of the Colonization in the Postcolonization: Africa into the International Olympic Committee, 1910-1965', *International Journal of the History of Sport,* (2015), pp. 1-14; P. Charitas and D. Kemo-Keimbou, 'The United States of America and the Francophone African Countries at the International Olympic Committee: Sports Aid, a Barometer of American Imperialism? (1952-1963)', *Journal of Sport History, 40* (1), (2013), pp. 69-91; P. Charitas, 'Anglophone Africa in the Olympic Movement: The Confirmation of a British Wager? (1948-1962)', *African Research & Documentation,* (116), (2011), p. 35. 10. D. Maraniss, *Rome 1960: The Olympics that Changed the World*, Simon and Schuster (2008), p. 55.

10 D. Maraniss, *Rome 1960: The Olympics that Changed the World, Simon and Schuster* (2008), p. 55より。

◎第5章――2　1948年ロンドン大会

1 1948年度公式映画はYouTubeで閲覧可能。 https://www.youtube.com/watch?v=VajWojMkY5I.

2 P. Beck, 'The British government and the Olympic movement: the 1948 London Olympics', *International Journal of the History of Sport, 25* (5), (2008), pp. 615-647より。

3 同上。

4 同上。

5 J. Hampton, *The Austerity Olympics: When the Games Came to London in 1948*, Aurum Press (2012), p. 57より。

6 同上, p. 23.

7 同上, p. 24.

8 同上, p. 187.

9 同上, pp. 275-287.

10 同上、コリンズは *The Times* obituary, 22 December 2006より。

11 *Guardian*, 30 July 1948.

12 D. Kynaston, *Austerity Britain, 1945-1951*, Bloomsbury (2008), p. 292.

13 L. Emery, 'Women's participation in the Olympic Games: A historical perspective', *Journal of Physical Education, Recreation & Dance, 55* (5), (1984), pp. 62-72.

14 'Olympian Ahead of Her Time', *International Herald Tribune*, 2 October 1982.

15 Hampton (2012), pp. 303-305より。

16 *The Economist*, 21 August 1948.

17 *The Economist*, 11 September 1948.

◎第5章――3　1952年ヘルシンキ大会

1 P. D'Agati, *The Cold War and the 1984 Olympic Games: A Soviet-American Surrogate War*, Palgrave (2013), p. 58より。

2 N. ロマノフの記憶は以下より。J. Riordan, 'Sport after the Cold War', in S. Wagg and D. Andrews (eds.), *East Plays West: Sport and the Cold War*, Routledge (2007), p. 152.

3　1947年4月6日付ブランデージからエドストレーム宛ての手紙。J. Parks, 'Verbal gymnastics' より。同上, p. 33.
4　同上, p. 34.
5　ブランデージから IOC 委員へ（日付なし。1952年会長就任直後と思われる）。J. Riordan, 'The rise and fall of Soviet Olympic champions', *Olympika, 2,* (1993), pp. 25-44より。
6　J. Findling and K. Pelle (eds.), *Encyclopedia of the Modern Olympic Movement*, Greenwood (2004), p. 143より。
7　すべての引用は以下より。S. Crawford, 'Foxhunter and Red Rum as national icons: Significant equestrian episodes in post-Second World War British sports history', *Sport in History, 27* (3), (2007), pp. 487-504.

◎第５章――４　1956年メルボルン大会

1　公式映画は以下で閲覧可能。https://www.youtube.com/watch?v=EDA5BvvtDsM.
2　G. Davison, *The Rise and Fall of Marvellous Melbourne*, Melbourne University Press (1979).
3　G. Davison, 'Welcoming the world: The 1956 Olympic games and the re-presentation of Melbourne', *Australian Historical Studies, 27* (109), (1997), pp. 64-76.
4　J. Hughson, 'An Invitation to "Modern" Melbourne: The Historical Significance of Richard Beck's Olympic Poster Design', *Journal of Design History, 25* (3), (2012), pp. 268-284.
5　J. Hughson, 'The cultural legacy of Olympic posters', *Sport in Society 13.5,* (2010), pp. 749-759.
6　R. Stanton, *The Forgotten Olympic Art Competitions: The Story of the Olympic Art Competitions of the 20th Century*, Trafford (2000); D. Brown, 'Revisiting the Discourses of art, beauty and sport from the 1906 Consultative Conference for the Arts, Literature and Sport', *Olympiaka 5,* (1996), pp. 1-24.
7　D. Islip, '1956 Olympic Decorations: the final fling', *Fabrications, 11* (1), (2000), pp. 26-43.
8　1956年メルボルン・オリンピック公式プログラムの開会式は以下より。G. Davison, 'Images of the city', at http://www.emelbourne.net.au/biogs/EM00742b.htm.
9　M. Killanin and J. Rhodda (eds.), *The Olympic Games 1984,* Collins Willow (1983), p. 148より。
10　N. Lehmann, *Internationale Sportbeziehungen und Sportpolitik der DDR, Teil I* (*International Sports Relations and Sports Politics of the GDR, Part 1*), Lit Verlag (1986), p. 309より。
11　水球の試合については以下を参照。http://www.smithsonianmag.com/people-places/blood-in-the-water-at-the-1956-olympics-1616787/?no-ist=; R.Rinehart, '"Fists flew and blood flowed": Symbolic Resistance and International Response in Hungarian Water Polo at the Melbourne Olympics, 1956', *Journal of Sport History, 23,* (1996), pp. 120-139.
12　'A sweet and bloody victory for Hungary', in *Sports Illustrated*, November 1956.
13　J. Findling and K. Pelle (eds.), *Encyclopaedia of the Modern Olympic Movement,* Greenwood (2004), p. 152より。
14　同上, p. 152.

◎第６章――１　テレビがすべてを変えた

1　C. Levi, *Fleeting Rome: In Search of La Dolce Vita, John Wiley* (2005); J. Carlos and D. Zirin, *The John Carlos Story: The Sports Moment that Changed the World*, Haymarket Books (2011).
2　J. Traganou, 'Tokyo's 1964 Olympic design as a "realm of [design] memory" ', *Sport in Society*, 14 (4), (2011), pp. 466-481.
3　E. Zolov, 'Showcasing the "Land of Tomorrow": Mexico and the 1968 Olympics', The Americas, 61

(2), (2004), pp. 159-188; E. Carey, 'Spectacular Mexico: Design, Propaganda, and the 1968 Olympics', *Hispanic American Historical Review*, 95 (4), (2015), pp. 698-699.

4 K. Schiller and C. Young, *The 1972 Munich Olympics and the Making of Modern Germany*, University of California Press (2010), p. 94.

5 同上。

6 M. de Moragas Spa, N. Rivenburgh and J. Larson, *Television in the Olympics*, John Libbey (1995), p. 21.

7 http://www.vtoldboys.com/mexico68.htm より。

8 N. Masumoto and G. MacDonald, '"Tokyo Olympiad": Olympism Interpreted from the Con.ict Between Artistic Representation and Documentary Film', *International Journal of Sport and Health Science*, 1 (2), (2003), pp. 188-195; I. McDonald, 'Critiquing the Olympic documentary: Kon Ichikawa's Tokyo Olympiad', *Sport in Society*, 11 (2.3), (2008), pp. 298-310; D. Martinez, 'Politics and the Olympic film documentary: the legacies of Berlin Olympia and Tokyo Olympiad', *Sport in Society*, 12 (6), (2009), pp. 811-821. 今後いいオリンピック映画が生まれる可能性もあるが、アメリカ人監督バド・グリーンスパンの恐ろしく退屈な作品の影響で、いまのところは実現していない。L. Roessner, 'Sixteen Days of Glory: A Critical-Cultural Analysis of Bud Greenspan's Official Olympic Documentaries', *Communication, Culture & Critique*, 7 (3), (2014), pp. 338-355 参照。

9 以下より。S. Wenn, 'Lights! Camera! Little Action: Television, Avery Brundage and the 1956 Melbourne Olympics', *Sporting Traditions*, 10 (1), (1993), pp. 38-53; S. Wenn, 'Growing pains: The Olympic movement and television, 1966-1972', *Newsletter NASSH*, (1995), pp. 70-77.

10 S. Wenn, 'A turning point for IOC television policy: US television rights negotiations and the 1980 Lake Placid and Moscow Olympic festivals', *Journal of Sport History*, 25, (1998), pp. 87-118.

11 B. Garcia, 'The concept of Olympic cultural programmes: origins, evolution and projection', *Centre d'Estudis Olimpics, University lectures on the Olympics*, (2002), pp. 1-15; N. Aso, 'Sumptuous re-past: The 1964 Tokyo Olympics arts festival', *Positions: East Asia Cultures Critique*, 10 (1), (2002), pp. 7-38.

12 ハリー、アディダス、およびスポーツ用品業界については、傑作 B. Smit, *Pitch Invasion: Adidas, Puma and the Making of Modern Sport*, Penguin (2007)を参照。アマチュアリズムをめぐる議論については以下を参照。M. Llewellyn and J. Gleaves, 'The Rise of the "Shamateur", The International Olympic Committee and the Preservation of the Amateur Ideal', *Problems, Possibilities, Promising Practices: Critical Dialogues on the Olympic and Paralympic Games*, International Centre for Olympic Studies (2012), p. 23; S. Wagg, 'Tilting at Windmills? Olympic Politics and the Spectre of Amateurism', *Handbook of Olympic Studies*, Palgrave (2012), pp. 321-37.

13 C. Hill, *Olympic Politics*, Manchester University Press (1996); M. Smith, 'Revisiting South Africa and the Olympic Movement: The Correspondence of Reginald S. Alexander and the International Olympic Committee, 1961.86', *International Journal of the History of Sport*, 23 (7), (2006), pp. 1193-1216; D. MacIntosh, H. Cantelon and L. McDermott, 'The IOC and South Africa: a lesson in transnational relations', *International Review for the Sociology of Sport*, 28 (4), (1993), pp. 373-393.

14 このスポーツ史における特別なエピソードについては、以下を参照。T. Pauker, 'Ganefo I: sports and politics in Djakarta', *Asian Survey*, (1965), pp. 171-185; R. Lutan and F. Hong, 'The politicization of sport: GANEFO - A case study', *Sport in Society*, 8 (3), (2005), pp. 425-439; C. Connolly, 'The Politics of the Games of the New Emerging Forces (GANEFO)', *International Journal of the History of Sport*, 29 (9), (2012), pp. 13-1. 1324; T. Gitersos, 'The sporting scramble for Africa:

GANEFO, the IOC and the 1965 African Games', *Sport in Society*, 14 (5), (2011), pp. 645. 659; R. Field, 'Re-Entering the Sporting World: China's Sponsorship of the 1963 Games of the New Emerging Forces (GANEFO)', *International Journal of the History of Sport*, 31 (15), (2014), pp. 1852-1867; I. Adams, 'Pancasila: Sport and the Building of Indonesia - Ambitions and Obstacles', *International Journal of the History of Sport* 19.2-3, (2002), pp. 295-318.

15 S. Reeve, One Day in September: *The Full Story of the 1972 Munich Olympics Massacre and the Israeli Revenge Operation*, Skyhorse Publishing (2011), p. 51より。

◎第6章——2 1960年ローマ大会

1 R. Bosworth, 'Rome 1960: Making Sporting History', *History Today*, 60 (8), (2010), p. 18より。

2 同上。

3 S. Martin, Sport Italia: *The Italian Love Affair with Sport*, I. B. Tauris (2011); D. Maraniss, *Rome 1960: The Olympics that Changed the World*, Simon and Schuster (2008); T. Brennan, 'The 1960 Rome Olympics: spaces and spectacle', *Proceedings: International Symposium for Olympic Research*, International Centre for Olympic Studies (2010).

4 Bosworth, 'Rome 1960: Making Sporting History', *History Today*, 60 (8), (2010), p. 20より。

5 C. Levi, *Fleeting Rome: In Search of La Dolce Vita*, John Wiley (2005), p. 159.

6 N. Zonis, 'City of Women: Sex and Sports at the 1960 Rome Olympic Games', in P. Morris (ed.), *Women in Italy 1945-60: An Interdisciplinary Study*, Palgrave (2006), pp. 77-91.

7 同上, pp. 82-83より。

8 C. Gissendanner, 'African American women Olympians: The impact of race, gender, and class ideologies, 1932-1968', *Research Quarterly for Exercise and Sport*, 67 (2), (1996), pp. 172-182.

9 Maraniss (2008), p. 160より。

10 Maraniss (2008), p. 384より。

11 T. Judah and R. Girard, *Bikila: Ethiopia's Barefoot Olympian, Reportage Press* (2008); R. Chappell and E. Seifu, 'Sport, culture and politics in Ethiopia', *Culture, Sport, Society*, 3 (1), (2000), pp. 35-47.

◎第6章——3 1964年東京大会

1 S. Wilson, 'Exhibiting a new Japan: the Tokyo Olympics of 1964 and Expo '70 in Osaka'. *Historical Research*, 85 (227), (2012), pp. 159-178より。

2 J. Abel, 'Japan's Sporting Diplomacy: The 1964 Tokyo Olympiad', *International History Review*, 34 (2), (2012), pp. 203-220.

3 R. Whiting, 'Olympic construction transformed Tokyo', *Japan Times*, 10 October 2014.

4 同上。また、R. Whiting, 'Negative impact of 1964 Olympics profound', *Japan Times*, 24 October 2014も参照。

5 C. Tagsold, 'Modernity, space and national representation at the Tokyo Olympics 1964', *Urban History*, 37 (02), (2010), pp. 289-300.

6 R. Whiting, 'Schollander, Hayes were spectacular at Tokyo Games', *Japan Times*, 17 October 2014.

7 すべてR. Otomo, 'Narratives, the body and the 1964 Tokyo Olympics', *Asian Studies Review* 31.2, (2007), pp. 117-132より。

8 A. Niehaus, '"If you want to cry, cry on the green mats of Kôdôkan": Expressions of Japanese cultural and national identity in the movement to include judo into the Olympic programme', *International Journal of the History of Sport*, 23 (7), (2006), pp. 1173-1192; M. Villamón, D. Brown, J. Espartero

and C. Gutierrez, 'Reflexive Modernization and the Disembedding of Judo from 1946 to the 2000 Sydney Olympics', *International Review for the Sociology of Sport*, 39 (2), (2004), pp. 139-156; K. Carr, 'Making way: War, philosophy and sport in Japanese judo', Journal of Sport History, 20 (2), (1993), pp. 167-188.
9 I. Buruma, Inventing Japan: 1853-1964, Random House (2004).
10 C. Tagsold, 'Remember to get back on your feet quickly: the Japanese women's volleyball team at the 1964 Olympics as a "Realm of Memory"', *Sport in Society*, 14 (4), (2011), pp. 444-453; H. Macnaughtan, 'The Oriental Witches: Women, Volleyball and the 1964 Tokyo Olympics', *Sport in History*, 34 (1), (2014), pp. 134-156; I. Merklejn, 'Remembering the oriental witches: Sports, gender and shōwa Nostalgia in the NHK narratives of the Tokyo Olympics', *Social Science Japan Journal*, (2013).
11 J. Underwood, 'An Exuberant Finish in Tokyo', *Sports Illustrated*, 2 November 1964.

◎第6章——4　1968年メキシコ大会

1 C. Brewster and K. Brewster, *Representing the Nation: Sport and Spectacle in Post-revolutionary Mexico*, Routledge (2013), p. 71より。
2 K. Brewster, 'Patriotic pastimes: the role of sport in post-revolutionary Mexico', *International Journal of the History of Sport*, 22 (2), (2005), pp. 139-157; K. Brewster, 'Reflections on Mexico '68', Bulletin of Latin American Research, 29 (s1), (2010), pp. i-vii; K. Brewster and C. Brewster, 'Special Issue: Representing the nation: sport, control, contestation, and the Mexican Olympics', *International Journal of the History of Sport*, 26 (6), (2009), pp. 711-880.
3 この点に関する優れた概要としては以下がある。M. Barke, 'Mexico 1968', in J. Gold and M. Gold (eds.), *Olympic Cities: City Agendas, Planning, and the World's Games, 1896-2016, Routledge* (2010), pp. 233-246.
4 K. Wendl, 'The Route of Friendship: A Cultural/Artistic Event of the Games of the XIX Olympiad in Mexico City . 1968', *Olympika*, 7, (1998), pp. 113-134; L. Castañeda, 'Choreographing the Metropolis: Networks of Circulation and Power in Olympic Mexico', *Journal of Design History*, (2012), pp. 285-303.
5 K. Brewster, 'Teaching Mexicans How to Behave: Public Education on the Eve of the Olympics', *Bulletin of Latin American Research*, 29 (s1), (2010), pp. 46-62.
6 K. Witherspoon, Before the Eyes of the World: Mexico and the 1968 Olympic Games, Northern Illinois University Press (2008); R. Hoffer, Something in the Air: *American Passion and Defiance in the 1968 Mexico City Olympics*, Simon and Schuster (2009); E. Carey, *Plaza of Sacrifices: Gender, Power and Terror in 1968 Mexico*, UNM Press (2005).
7 Hoffer (2009), p. 116より。
8 R. Ritchie, J. Reynard and T. Lewis, 'Intersex and the Olympic games', 101 (8), (2008), pp. 395-399; S. Wiederkehr, ' "We shall never know the exact number of men who have competed in the Olympics posing as women": Sport, gender verification and the Cold War', *International Journal of the History of Sport*, 26 (4), (2009), pp. 556-572.
9 T. Hunt, *Drug Games: The International Olympic Committee and the Politics of Doping*, 1960-2008, University of Texas Press (2011); P. Dimeo, *A History of Drug Use in Sport: 1876-1976: Beyond Good and Evil*, Routledge (2008).
10 J. Gleaves and M. Llewellyn, 'Sport, Drugs and Amateurism: Tracing the Real Cultural Origins of Anti-Doping Rules in International Sport', *International Journal of the History of Sport*, 31 (8), (2014),

pp. 839-853.
11 V. Møller, 'Knud Enemark Jensen's death during the 1960 Rome Olympics: A search for truth?', *Sport in History*, 25 (3), (2005), pp. 452-471.
12 http://www.washingtonpost.com/wp-dyn/content/article/2010/08/21/AR2010082102538.html および Hunt (2011), p. 42より。
13 H. Edwards, *The Revolt of the Black Athlete*, New York: Free Press (1969); D. Hartmann, *Race, Culture, and the Revolt of the Black Athlete: The 1968 Olympic Protests and Their Aftermath*, University of Chicago Press (2004); T. Smith and D. Steele, *Silent Gesture: The Autobiography of Tommie Smith*, Temple University Press (2008); J. Carlos and D. Zirin, *The John Carlos Story: The Sports Moment that Changed the World*, Haymarket Books (2011).
14 H. Edwards, *The Revolt of the Black Athlete*, New York: Free Press (1969) (D. Wiggins and P. Muller, *The Unlevel Playing Field: A Documentary History of the African American*, University of Illinois Press (2005), p. 288より)
15 Edwards (1969), p. 190.
16 Hoffer (2009), p. 177より。

◎第6章——5　冬季大会と商業主義

1 See S. Kvarv, 'The Labour Movement's Perception of Sports and the Winter Olympics in Oslo in 1952', *International Journal of the History of Sport*, 29 (8), (2012), pp. 1215-1230.
2 冬季オリンピックの概要としては以下のようなものがある。S. Essex and B. Chalkley, 'The changing infrastructural implications of the winter Olympics, 1924-2002', *Bollettino della Società Geografica Italiana* (2002), pp. 1-14; S. Essex and B. Chalkley, 'Mega sporting events in urban and regional policy: a history of the Winter Olympics', *Planning Perspectives*, 19 (2), (2004), pp. 201-204; S. Essex, 'Driving urban change: the impact of the winter Olympics, 1924-2002', J. Gold and M. Gold (eds.) *Olympic Cities: City Agendas, Planning, and the World's Games, 1896-2016*, Routledge (2007), pp. 56-79; L. Gerlach (ed.), *The Winter Olympics: From Chamonix to Salt Lake*, University of Utah Press (2004).
3 アイスホッケーと冷戦については以下を参照。J. Soares, 'Cold War, Hot Ice: International Ice Hockey, 1947-1980', *Journal of Sport History*, 34 (2), (2007), p. 207; P. Conlin, 'The Cold War and Canadian nationalism on ice: federal government involvement in international hockey during the 1960s', Canadian Journal of History of Sport, 25 (2), (1994), pp. 50-68; M. Jokisipila, 'Maple leaf, hammer, and sickle: international ice hockey during the Cold War', *Sport History Review*, 37 (1), (2006), p. 36; J. Wilson, '27 remarkable days: the 1972 summit series of ice hockey between Canada and the Soviet Union', *Totalitarian Movements and Political Religions 5.2* (2004), pp. 271-280.
4 L. Loew, 'Karl Schranz and the International Debate on Amateurism, Sapporo 1972', *Olympika*, 17, (2008), pp. 153-168.
5 *New York Times*, 6 February 1973 (J. Findling and K. Pelle (eds.), Encyclopedia of the Modern Olympic Movement, Greenwood (2004), p. 289より)

◎第6章——6　1972年ミュンヘン大会

1 ミュンヘンオリンピックに関する情報源には以下など。K. Schiller and C. Young, *The 1972 Munich Olympics and the Making of Modern Germany*, University of California Press (2010); D. Large, *Munich 1972: Tragedy, Terror, and Triumph at the Olympic Games*, Rowman & Little.eld (2012)

; S. Reeve, *One Day in September: The Full Story of the 1972 Munich Olympics Massacre and the Israeli Revenge Operation 'Wrath of God'*, Skyhorse Publishing (2011); A. Vowinckel, 'Sports, Terrorism and the Media: The Munich Hostage Crisis of 1972', *Esporte e Sociedade*, 6, (2007), pp. 1-16; S. Diffrient, 'Spectator sports and terrorist reports: Filming the Munich Olympics, (re)imagining the Munich Massacre', *Sport in Society*, 11 (2.3), (2008), pp. 311-329.
2 Schiller and Young (2010), p. 132より。
3 以下の場所で、*Spielstrasse*のパフォーマンスとインスタレーションに関するすばらしい30分映画を見ることができる。https://www.youtube.com/watch?v= PoIFP59U3L4.
4 Schiller and Young (2010), p. 188より。

◎第７章――1　問題続出
1 J. Rodda, 'Lord Killanin', 27 April 1999, *Guardian*.
2 S. Martyn and S. Wenn, 'Lord Killanin's Path to Olympic Commercialism', *Journal of Olympic History* 2 (2008), pp. 40-46.
3 S. Wagg and D. Andrews (eds.), *East Plays West: Sport and the Cold War*, Routledge (2007), p. 229より。
4 すべて Mary McDonald, '"Miraculous" Masculinity meets militarisation: narrating the 1980 USSR. US men's Olympic ice hockey match and Cold War politics', 上記 pp. 222-234より。
5 R. S. Edelman, 'The Russians Are Not Coming! The Soviet Withdrawal from the Games of the XXIII Olympiad', *International Journal of the History of Sport*, 32 (1), (2015), pp. 9-36.
6 S. Radchenko, 'Sport and Politics on the Korean Peninsula . North Korea and the 1988 Seoul Olympics', https://www.wilsoncenter.org/publication/sport-and-politics-the-korean-peninsula-north-korea-and-the-1988-seoul-olympics#sthash.0DjEStTY.dpuf (2011).

◎第７章――2　1976年モントリオール大会
1 以下より。T. Teixeira, 'The XXI Olympiad: Canada's Claim or Montreal's Gain? Political and Social Tensions Surrounding the 1976 Montreal Olympics', in H. Lenskyj and S. Wagg (eds.), *The Palgrave Handbook of Olympic Studies*, Palgrave (2012), pp. 120-133. モントリオールオリンピックに関するその他の重要な情報源としては以下がある。J. Ludwig, *Five Ring Circus: The Montreal Olympics, Doubleday Canada* (1976); A. der Maur, *The Billion-Dollar Game: Jean Drapeau and the 1976 Olympics*, James Lorimer (1976); B. Kidd, 'The culture wars of the Montreal Olympics', *International Review for the Sociology of Sport*, 27 (2), (1992), pp. 151-162; D. Latouche, 'Montreal 1976', in J. Gold and M. Gold (eds.), *Olympic Cities: City Agendas, Planning and the World's Games*, Routledge (2012), pp. 247-267.
2 D. Paul, 'World cities as hegemonic projects: the politics of global imagineering in Montreal', *Political Geography*, 23 (5), (2004), pp. 571-596.
3 J. Adese, 'Colluding with the Enemy? Nationalism and Depictions of "Aboriginality" in Canadian Olympic Moments', *American Indian Quarterly*, 36 (4), (2012), pp. 479-502.
4 J. Redfern, 'Interview: Melvin Charney', *Canadian Art*, 15 December 2001.
5 J. Ludwig, *Five Ring Circus: The Montreal Olympics*, Doubleday (1976), pp. 2-3.
6 E. Kidd, 'Future Games', *Ottawa Journal*, 21 August 1976, p. 128.

◎第７章――3　1980年モスクワ大会
1 J. Parks, *Red Sport, Red Tape: The Olympic Games, the Soviet Sports Bureaucracy, and the Cold War*,

1952-1980, Doctoral dissertation, UNC Chapel Hill (2009), p. 274より。
2 同上 , p. 293.
3 同上 , p. 295.
4 T. Hunt, *Drug Games: The International Olympic Committee and the Politics of Doping*, 1960-2008, University of Texas Press (2011), p. 66を参照。
5 G. Plimpton, 'Moscow Games', *Harper's*, October 1980および'Paper Tourist: A Yank in Moscow', *Time*, 4 August 1980.
6 R. Jackson, 'The forgotten story of Ian Campbell', *Guardian*, 7 August 2013.
7 'This Moscow man remembers the 1980 Summer Olympics as a beautiful fairy tale', http://www.pri.org/stories/2014-02-07/moscow-man-remembers-1980-summer-olympics-beautiful-fairy-tale.

◎第７章 ―― 4　1984 年ロサンゼルス大会
1 演説原稿は以下を参照。*New York Times*, 24 August 1984, http://www.nytimes.com/1984/08/24/us/convention-dallas-republicans-transcript-reagan-s-speech-accepting-gop. html?pagewanted=all.
2 R. Gruneau and R. Neubauer, 'A gold medal for the market: the 1984 Los Angeles Olympics, the Reagan era, and the politics of neoliberalism', in The Palgrave Handbook of Olympic Studies, Palgrave (2012), pp. 134-154より。
3 ロサンゼルスオリンピックに関する主要な情報源には以下がある。B. Shaikin, *Sport and Politics: the Olympics and the Los Angeles Games*, Praeger (1988); C. La Rocco, 'Rings of Power: Peter Ueberroth and the 1984 Los Angeles Olympic Games', *Financial History*, 81 (10), (2004), pp. 1-13; S. Wenn, 'Peter Ueberroth's Legacy: How the 1984 Los Angeles Olympics Changed the Trajectory of the Olympic Movement', *International Journal of the History of Sport*, 32 (1), (2015), pp. 157-171; M. Dyreson and M. Llewellyn, 'Los Angeles is the Olympic city: Legacies of the 1932 and 1984 Olympic games', *International Journal of the History of Sport*, 25 (14), (2008), pp. 1991-2018; M. Dyreson, 'Global Television and the Transformation of the Olympics: The 1984 Los Angeles Games', *International Journal of the History of Sport*, 32 (1), (2015), pp. 172-184; M. Llewellyn, J. Gleaves and W. Wilson, 'The Historical Legacy of the 1984 Los Angeles Olympic Games', *International Journal of the History of Sport*, 32 (1), (2015), pp. 1-8.
4 K. Reich, Making It Happen: Peter Ueberroth and the 1984 Olympics, Capra Press (1986), p. 28より。
5 J. Haramon, 'A Look Back: Velodrome Built for 1984 Olympics Brought CSU Dominguez Hills Recognition as Sports and Entertainment Venue', (2009), http://www.csudhnews.com/2009/08/velodrome/.
6 1984年オリンピックの際のマクドナルドのCMについては以下を参照。https://www. youtube.com/watch?v=JBnVtUpCV28; https://www.youtube.com/watch?v=1zaLMWizN4s。宣伝に関する議論については以下を参照。http://www.nytimes.com/1984/08/10/business/advertising-big-mac-s-olympic-giveaway.html
7 Ronald Reagan, *Radio Address to the Nation on the Summer Olympic Games*, 28 July 1984。以下で閲覧可能。http://www.reagan.utexas.edu/archives/speeches/1984/72884a.htm/
8 'Olympics Open Amid Pomp, Glittery Circumstances', *Washington Post*, 29 July 1984.
9 F. Depford, 'Cheer, Cheer, Cheer For The Home Team', *Sports Illustrated*, 13 August 1984.
10 Z. Lu and F. Hong, *Sport and Nationalism in China*, Routledge (2013), p. 104より。
11 A. Anthony, 'Speed: the Sequel', *Observer*, 30 September 2007。トンプソンは、「世界で２番目に優れたアスリートはゲイなのか？」という文言が書かれたＴシャツを着て、ロサンゼルスで

のウィニングランを行った。ルイスと同様、トンプソンも一般大衆と神経質な関係にあった。以下の優れた記事参照。R. Chalmers, 'The Champion That Time Forgot: why do we find it so hard to love Daley Thompson?', *Independent*, 22 October 2011.

12 O. Wainwright, 'More is more: the gaudy genius of the late Deborah Sussman', *Guardian*, 27 August 2014.

13 以下を参照。"Festive Federalism" at the 1984 Los Angeles Olympics' at http://www.experiencingla.com/2012/07/festive-federalism-at-1984-los-angeles. html, (28 July 2012); D. Walker, 'Los Angeles Olympiad 84', at http://www.bdonline.co.uk/los-angeles-olympiad-84/5040770.article (website registration necessary), (July 1984); R. Rosenblatt, 'Olympics: Why We Play These Games', Time, 30 July 1984.

◎第7章——5　1988年ソウル大会

1 韓国スポーツの発展については以下を参照。G. Ok, 'The Political Significance of Sport: An Asian Case Study. Sport, Japanese Colonial Policy and Korean National Resistance, 1910-1945', *International Journal of the History of Sport* 22.4, (2005), pp. 649-670; H. Nam-Gil and J. Mangan, 'Ideology, Politics, Power: Korean Sport-Transformation, 1945.92', *International Journal of the History of Sport*, 19 (2.3), (2002), pp. 213-242; Y. Ha, *Korean Sports in the 1980s and the Seoul Olympic Games of 1988*, Doctoral dissertation, Pennsylvania State University (2000); E. Hong, 'Elite sport and nation-building in South Korea: South Korea as the dark horse in global elite sport', *International Journal of the History of Sport*, 28 (7), (2011), pp. 977-989.

2 J. Manheim, 'Rites of passage: The 1988 Seoul Olympics as public diplomacy', *Western Political Quarterly*, (1990), pp. 279-295.

3 J. Larson and H. Park, *Global Television and the Politics of the Seoul Olympics*, Westview Press (1993), p. 161より。

4 D. Black and S. Bezanson, 'The Olympic Games, human rights and democratisation: lessons from Seoul and implications for Beijing', *Third World Quarterly*, 25 (7), (2004), pp. 1245-1261.

5 B. Bridges, 'The Seoul Olympics: Economic miracle meets the world', *International Journal of the History of Sport*, 25 (14), (2008), pp. 1939-1952; E. Koh, 'South Korea and the Asian Games: The first step to the world', *Sport in Society*, 8.3, (2005), pp. 468-478.

6 S. Collins, 'Mediated Modernities and Mythologies in the Opening Ceremonies of 1964 Tokyo, 1988 Seoul and 2008 Beijing Olympic Games', *International Journal of the History of Sport*, 29 (16), (2012), pp. 2244-2263.

7 N. Griffin, *Ping-pong Diplomacy: The Secret History Behind the Game that Changed the World*, Simon and Schuster (2014).

8 J. H. Cho and A. Bairner, 'The sociocultural legacy of the 1988 Seoul Olympic Games', *Leisure Studies*, 31 (3), (2012), pp. 271-289.

◎第8章——1　フアン・アントニオ・サマランチ

1 チェンの発言は以下より引用。D. Booth and C. Tatz, 'Swimming with the big boys? The politics of Sydney's 2000 Olympic bid', *Sporting traditions* 11.1, (1994), pp. 3-23ガンガの発言は以下より引用。J. Calvert, 'How to buy the Olympics', *Observer*, 6 January 2002.

2 サマランチとその時代については、以下を参照。C. Hill, Olympic Politics, Manchester University Press (1996); V. Simpson and A. Jennings, *The Lords of the Rings*, Simon and Schuster (1992); R.

Pound, *Inside the Olympics: A Behind-the-Scenes Look at the Politics, the Scandals, and the Glory of the Games*, Wiley (2004).
3 M. Killanin and M. Morris, *My Olympic Years*, Secker & Warburg (1983).
4 アベランジェ体制下のFIFAについては、以下を参照。D. Yallop, *How They Stole the Game*, Hachette (2011); J. Sugden and A. Tomlinson, *Badfellas: FIFA Family at War*, Mainstream (2003).
5 R. Barney, S. Wenn and S. Martyn, *The International Olympic Committee and the Rise of Olympic Commercialism*, University of Utah Press (2002); A. Tomlinson, 'The commercialization of the Olympics: Cities, corporations and the Olympic commodity' (K. Young and K. Wamsley (eds.), *Global Olympics: Historical and Sociological Studies of the Modern Games*, JAI Press (2005) より); M. Payne, Olympic Turnaround: *How the Olympic Games Stepped Back from the Brink of Extinction to Become the World's Best Known Brand*, Greenwood (2006).
6 データはすべて以下の優れた調査より。J. L. Chappelet, 'Managing the size of the Olympic Games', *Sport in Society*, 17 (5), (2014), pp. 581-592.
7 For an overview of the relationship between TV and the Olympics, see A. Billings, *Olympic Media: Inside the Biggest Show on Television*, Routledge (2008); M. de Moragas Spa, N. Rivenburgh and J. Larson, *Television in the Olympics*, John Libbey (1995).
8 G. Collins, 'Coke's Hometown Olympics: The Company Tries the Big Blitz on Its Own Turf', *New York Times*, 28 March 1996.
9 A. Tomlinson, 'Olympic spectacle: Opening ceremonies and some paradoxes of globalization', *Media, Culture & Society*, 18 (4), (1996), pp. 583-602; R. Puijk, 'Producing Norwegian culture for domestic and foreign gazes: The Lillehammer Olympic opening ceremony', in A. Klausen (ed.), *Olympic Games as Performance and Public Event: The Case of the XVII Winter Olympic Games in Norway*, 94, Berghahn Books (1999), pp. 97-136; T. Heinz Housel, 'Australian nationalism and globalization: Narratives of the nation in the 2000 Sydney Olympics' opening ceremony', *Critical Studies in Media Communication*, 24 (5), (2007), pp. 446-461; J. Hogan, 'Staging The Nation: Gendered and Ethnicized Discourses of National Identity in Olympic Opening Ceremonies', *Journal of Sport & Social Issues*, 27 (2), (2003), pp. 100-123; J. Traganou, 'National narratives in the opening and closing ceremonies of the Athens 2004 Olympic Games', *Journal of Sport & Social Issues*, 34 (2), (2010), pp. 236-251; A. Mobley, 'Sharing the dream: The opening ceremonies of Beijing', *Journal of Sport & Social Issues*, 32 (4), (2008), pp. 327-332.

◎第8章——2　新しい批判勢力

1 匿名、'The Great Victory of the Household Garbage: The Self-Abuse of Nolympics'、以下を参照。http://thing.desk.nl/bilwet/Cracking/nolympics.html.
2 'Lights, Camera . . . Too Much Action', *Los Angeles Times*, 15 October 1986.
3 トロントの招致キャンペーンと反オリンピック運動一般については以下にくわしい。H. Lenskyj, 'When winners are losers: Toronto and Sydney bids for the Summer Olympics', *Journal of Sport & Social Issues*, 20 (4), (1996), pp. 392-410; H. Lenskyj, Olympic Industry Resistance: Challenging Olympic Power and Propaganda, SUNY Press (2008).
4 C. Colomb, *Staging the New Berlin: Place Marketing and the Politics of Urban Reinvention Post-1989*, Routledge (2013), pp. 191-200.
5 'Chronologie - Olympia Bewerbung Berlin 90er Jahre'、以下を参照。http://autox.nadir.org/archiv/chrono/olymp_chro.html.

◎第8章——3　1992年バルセロナ大会

1 W. Montalbano, 'Israeli Medals Fail to Erase Munich Horror', *Los Angeles Times*, 8 August 1992.

2 マンデラの発言は以下より引用。J. Jeansome, 'Forgive and Forget, Mandela Urges South Africa', *Los Angeles Times*, 26 July 1992.

3 G. Vecsey, 'Sports of The Times; Heartfelt Adeu, Adeu: Barcelona Won Gold', *New York Times*, 10 August 1992.

4 M. de Moragas Sp à, N. Rivenburgh and N. Garc í a, '*Television and the construction of identity: Barcelona, Olympic host*'（M. de Moragas and M. Botella（eds.）, *The Keys to Success: The Social, Sporting, Economic and Communications Impact of Barcelona '92*, Universitat Autonoma de Barcelona（1995）, p. 92より引用）

5 バルセロナオリンピックの国内政治に関する主要な情報源は以下の通り。The key source on the domestic politics of the Barcelona games is J. Hargreaves, *Freedom for Catalonia? Catalan Nationalism, Spanish Identity and the Barcelona Olympic Games*, Cambridge University Press（2000）.

6 T. Marshall（ed.）, *Transforming Barcelona: the Renewal of a European Metropolis, Routledge*（2004）; F. Monclus, 'The Barcelona model: and an original formula? From "reconstruction" to strategic urban projects（1979-2004）', *Planning Perspectives*, 18（4）,（2003）, pp. 399-421; M. Balibrea, 'Urbanism, culture and the post-industrial city: Challenging the "Barcelona model" ', *Journal of Spanish Cultural Studies*, 2（2）,（2001）, pp. 187-210.

7 J. Botella, 'The political games: agents and strategies in the 1992 Barcelona Olympic Games', in M. de Moragas and M. Botella（eds.）, *The Keys to Success: The Social, Sporting, Economic and Communications Impact of Barcelona '92*, Universitat Autonoma de Barcelona（1995）.

8 ドリームチームについては以下を参照。M. Ralph, 'Epilogue: It was all a dream（wasn't it?）', *International Journal of the History of Sport*, 24（2）,（2007）, pp. 311-316; C. Cunningham, 'Basketball Bedlam in Barcelona: The Dream Team, a Reflection of the Globe's "New Order" '（*Proceedings: International Symposium for Olympic Research*, International Centre for Olympic Studies（2006）, pp. 86-99より）

9 NBAのグローバル化と商業化に関しては、以下を参照。W. LaFeber, *Michael Jordan and the New Global Capitalism, W. W. Norton*（2002）; D. Andrews, *Michael Jordan, Inc.: Corporate Sport, Media Culture, and Late Modern America*, SUNY Press（2001）.

◎第8章——4　1996年アトランタ大会

1 The Atlanta Committee for the Olympic Games, *The Official Report of the Centennial Games*（3 vols）, Peachtree（1997）.

2 発言は以下より引用。M. Starr, 'No Payne, No Games', *Newsweek*, 16 July 1995.

3 発言は以下より引用。'Getting Olympics: No Simple Game', *Washington Post*, 21 September 1993.

4 A. Young, A *Way Out of No Way: The Spiritual Memoirs of Andrew Young, Thomas Nelson*（1994）, p. 142.

5 発言は以下より引用。P. Goldberger, 'Atlanta Is Burning', *New York Times*, 23 June 1996.

6 C. Rutheiser, *Imagineering Atlanta: The politics of place in the city of dreams*, Verso（1996）.

7 アトランタオリンピック、特にそれに関連する都市計画についての主要な情報源としては、以下のようなものがある。C. Rutheiser, *Imagineering Atlanta: The Politics of Place in the City of Dreams*, Verso（1996）; C. Rutheiser, 'How Atlanta lost the Olympics', *New Statesman*, 125（19）,（1996）, pp. 28-29; P. Queensberry, 'The Disposable Olympics Meets the City of Hype', *Southern*

Changes, vol. 18, no. 2, (1996), pp. 3-14; C. Rutheiser, 'Assessing the Olympic Legacy', Southern Changes vol. 18, no. 2, (1996), pp. 16-19; D. Whitelegg, 'Going for gold: Atlanta's bid for fame', *International Journal of Urban and Regional Research*, 24 (4), (2000), pp. 801-817; S. Gustafson, 'Displacement and the Racial State in Olympic Atlanta 1990-1996', *Southeastern Geographer*, 53 (2), (2013), pp. 198-213; A. Beaty, *Atlanta's Olympic Legacy*, Centre On Housing Rights and Evictions (2007).

8 Rutheiser, *Imagineering Atlanta* (1996), pp. 242-243.

9 S. Duncan, 'Souls Grown Deep and the Cultural Politics of the Atlanta Olympics', *Radical History Review*, 2007 (98), (2007), pp. 97-118.

10 K. Sack, 'Atlanta and Izzy: No Medals for the Olympic Mascot', *New York Times*, 30 June 1996; R. Sandomir, 'ATLANTA DAY 7: The Mascot Vanishes? Where Is Izzy?' *New York Times*, 26 July 1996; S. Zebulon Baker, 'Whatwuzit?: The 1996 Atlanta Summer Olympics Reconsidered' (*Southern Spaces*, Emory University (2006) より)

11 G. Vecsey , 'Sports of The Times; Atlanta Sends Up The Balloons', *New York Times*, 14 July 1996.

12 Rutheiser, *Imagineering Atlanta* (1996), p. 267.

13 T. Kornheiser, 'The end is just such a defeating experience', *Washington Post*, 5 August 1996.

14 Alistair Cooke, Letter From America: Atlanta Olympics 1996, 9 August 1996より。以下を参照。http://www.bbc.co.uk/programmes/articles/3r16W7hz2LZcbl8N9CJk4nj/atlanta-olympics-1996.9-august-1996

◎第8章——5　2000年シドニー大会

1 T. Magdalinski, 'The reinvention of Australia for the Sydney 2000 Olympic games', *International Journal of the History of Sport*, 17 (2.3), (2000), pp. 305-322; R. Cashman, *The Bitter-Sweet Awakening: The Legacy of the Sydney 2000 Olympic Games*, Pan Macmillan (2006); K. Toohey, 'The Sydney Olympics: Striving for legacies. overcoming short-term disappointments and long-term deficiencies', *International Journal of the History of Sport*, 25 (14), (2008), pp. 1953-1971.

2 G. Morgan, 'Aboriginal protest and the Sydney Olympic games', *Olympika*, 12, (2003), pp. 23-38.

3 キャシー・フリーマンについては以下を参照。'Running Race: Reconciliation, Nationalism and the Sydney 2000 Olympic Games', *International Review for the Sociology of Sport*, 41 (2), (2006), pp. 181-200.

4 シドニーにおける反オリンピック運動については、以下にくわしい。H. Lenskyj, *The Best Olympics Ever? Social Impacts of Sydney 2000*, Suny Press (2012).

5 同上, p. 197.

6 G. Morgan, 'Aboriginal protest and the Sydney Olympic games', *Olympika*, 12, (2003), p. 26.

7 T. Heinz Housel, 'Australian nationalism and globalization: Narratives of the nation in the 2000 Sydney Olympics' opening ceremony', *Critical Studies in Media Communication*, 24 (5), (2007), pp. 446-461.

◎第8章——6　不正、腐敗、改革

1 データはすべて以下の優れた調査から引用。J. Chappelet, 'From Lake Placid to Salt Lake City: The Challenging Growth of the Olympic Winter Games Since 1980', *European Journal of Sport Science*, 2 (3), (2002), pp. 1-21.

2 N. Moll, 'An Integrative Symbol for a Divided Country? Commemorating the 1984 Sarajevo Winter

Olympics in Bosnia and Herzegovina from the 1992-1995 War until Today', *Politička misao*, 51 (5), (2015), pp. 127-156; J. Walker, 'Olympic ghosts in a former warzone: what the legacy of 1984 means for Sarajevo today', *Visual Studies*, 27 (2), (2012), pp. 174-177.

3 H. Hiller, 'The Urban Transformation of a Landmark Event: The 1988 Calgary Winter Olympics', *Urban Affairs Review*, 26 (1), (1990), pp. 118-137.

4 R. Spilling, 'Mega event as strategy for regional development: The case of the 1994 Lillehammer Winter Olympics', *Entrepreneurship & Regional Development*, 8 (4), (1996), pp. 321-344; T. Terret, 'The Albertville Winter Olympics: Unexpected legacies. failed expectations for regional economic development', *International Journal of the History of Sport*, 25 (14), (2008), pp. 1903-1921.

5 S. WuDunn, 'Japan's King of the Mountain; The Man Who Made Nagano Also Owns Part of It', *New York Times*, 6 February 1998.

6 D. Hamilton, 'The Party's Over in Nagano', *Wall Street Journal*, 22 February 1998.

7 B. Mallon, 'The Olympic bribery scandal', *Journal of Olympic History*, 8 (2), (2000), pp. 17-27; S. Wenn and S. Martyn, ' "Tough Love": Richard Pound, David D'Alessandro, and the Salt Lake City Olympics Bid Scandal', *Sport in History*, 26 (1), (2006), pp. 64-90; D. Booth, 'Gifts of corruption?: Ambiguities of obligation in the Olympic movement', *Olympika* 8, (1999), pp. 43-68; D. Booth, 'Olympic city bidding: An exegesis of power', *International Review for the Sociology of Sport*, (2011); R. Sullivan, 'How the Olympics were Bought', *Time*, 1 February 1999; J. Calvert, 'How to buy the Olympics', *Observer*, 6 January 2002.

8 もともと、A. Jennings and V. Simson, *The Lords of the Rings*, Simon and Schuster (1992) として出版。

9 発言は以下より引用。R. Sullivan, 'How The Olympics Were Bought', *Time*, 1 February 1999.

10 F. Allen, *Atlanta Rising: The Invention of an International City 1946-1996*, Taylor Trade Publishing (1996), p. 237より。

11 M. Fisher and B. Brubaker, 'Privileged World of IOC's Members Under Scrutiny', *Washington Post*, 23 January 1999を参照。

12 D. Macintyre, 'Japan's Sullied Bid', Time, 1 February 1999; M. Jordan and K. Sullivan, 'Nagano Burned Documents Tracing '98 Olympics Bid', *Washington Post*, 21 January 1999.

13 発言は以下より引用。D. Booth and C. Tatz, 'Swimming with the big boys? The politics of Sydney's 2000 Olympic bid', *Sporting Traditions* 11.1, (1994), pp. 3-23.

14 発言は以下より引用。I. Molotsky, 'Olympics: Corruption Allegations Investigated', *New York Times*, 15 October 1999.

15 R. Pound, *Inside the Olympics: A Behind-the-Scenes Look at the Politics, the Scandals, and the Glory of the Games, Wiley* (2004); J. MacAloon, 'Scandal and governance: inside and outside the IOC 2000 Commission', *Sport in Society*, 14 (03), (2011), pp. 292-308.

16 L. Gerlach, 'The "Mormon Games": Religion, Media, Cultural Politics, and the Salt Lake Winter Olympics', *Olympika* 11, (2002), pp. 1-52.

17 スタイン・エリクセンが新しいジャンプやフリップの実験と開発について語る動画は、以下を参照。https://www.youtube.com/watch?v=A6Qwwonh39Y

18 S. Howe, (*Sick*)*: A Cultural History of Snowboarding*, Macmillan (1998).

◎第 8 章 ―― 7　2004 年アテネ大会

1 発言は N. Malkoutzis, 'How the 2004 Olympics Triggered Greece's Decline', *Bloomberg Business*, 2 August 2012より引用。以下を参照。http://www.bloomberg.com/news/articles/2012.08.02/how-

the-2004-olympics-triggered-greeces-decline.

2 P. Markaris, 'Gridlocked Greeks still paying for the miracle of Athens', *Guardian*, 21 December 2004.

3 D. Mackay, 'Angelopoulos-Daskalaki commissions study into true cost of Athens 2004', *Inside The Games*, 7 August 2014。以下を参照。http://www.insidethegames.biz/articles/1021753/angelopoulos-daskalaki-commissions-study-into-true-cost-of-athens-2004.

4 M. Gold, 'Athens 2004', in J. Gold and M. Gold (eds.), *Olympic Cities: City Agendas, Planning and the World's Games*, Routledge (2012); P. Kissoudi, 'The Athens Olympics: optimistic legacies - post-Olympic assets and the struggle for their realization', *International Journal of the History of Sport*, 25 (14), (2008), pp. 1972-1990; P. Kissoudi, 'Athens' post-Olympic aspirations and the extent of their realization', *International Journal of the History of Sport*, 27 (16.18), (2010), pp. 2780-2797.

5 M. Samatas, 'Security and Surveillance in the Athens 2004 Olympics: Some Lessons From a Troubled Story', *International Criminal Justice Review*, 17 (3), (2007), pp. 220-238; M. Samatas, 'Surveilling the 2004 Athens Olympics in the aftermath of 9/11: International pressures and domestic implications', *Security Games: Surveillance and Control at Mega Events* (2011), pp. 55-71.

6 Quoted in J. Heyer, ' "We Are Greedy and Asocial": Corruption Continues Virtually Unchecked in Greece', *Spiegel Online*, 16 October 2012。以下を参照。http://www.spiegel.de/international/europe/corruption-continues-virtually-unchecked-in-greece-a-861327.html.

7 L. Donegan, 'Athens ready to dispel "last minute" myth', *Guardian*, 13 August 2004.

8 I. Sinclair, 'The Colossus of Maroussi', *London Review of Books*, vol. 32 no. 10, 27 May 2010, pp. 30-33.

9 たとえば、M・ネブラダキスによる多少誇張された情熱的な擁護は以下を参照。M. Nevradakis, 'The True Olympic Legacy of Athens: Refuting the Mythology', *Huffington Post*, 7 August 2012, http://www.huf.ngtonpost.com/michael-nevradakis/mythology-an-olympic-sport_b_1745857.html.

10 F. Govan, 'Greece's Olympic dream has turned into a nightmare for Village residents', *Daily Telegraph*, 23 June 2011.

11 Sinclair (2010), p. 30.

12 J. Van der Made, 'Struggling to survive, Greece's Olympic villagers ponder referendum choice', 5 July 2015。以下を参照。http://www.english.rfi.fr/economy/20150705-struggling-survive-greeces-olympic-villagers-face-referendum-choice.

13 N. Kalmouki, 'Illegally Built Athens Mall to be Legalized', *Greek Reporter*, 4 June 2014。以下を参照。http://greece.Greekreporter.com/2014/06/04/illegally-built-athens-mall-to-be-legalized/.

14 Sinclair (2010), p. 31.

15 J. Chaffin and K. Hope, 'Decline and fall of Greece's Olympic legacy', *Financial Times*, 30 December 2011.

16 Sinclair (2010), p. 33.

17 K. Gordon, 'In Athens, former Olympic venues now play host to refugees', *Baltimore Sun*, 12 November 2015, 以下を参照。http://darkroom.baltimoresun.com/2015/11/in-athens-former-olympic-venues-now-play-host-to-refugees/#1.

◎第９章——１　天文学的な開催費

1 M. Gross, 'Jumping Through Hoops', *Vanity Fair*, 9 May 2012.

2 K. Radia, 'Putin: "Can't Feel Weak" in the Face of Terror Threats to Sochi Olympics"'. 以下を参照。http://abcnews.go.com/blogs/politics/2014/01/putin-cant-feel-weak-in-the-face-of-terror-threats-to-sochi-olympics.

3 この件は、以下の卓越した文献で明らかにされている。A. Zimbalist, *Circus Maximus: The Economic Gamble Behind Hosting the Olympics and the World Cup*, Brookings Institution Press (2015).

4 以下を参照。J. Pramuk, 'The Winter Olympics problem - nobody wants them'、http://www.cnbc.com/2015/08/07/the-winter-olympics-problem-nobody-wants-them.html および L. Abend, 'Why Nobody Wants to Host the 2022 Winter Olympics'、http://time.com/3462070/ olympics-winter-2022/.

5 バッハと並ぶ彼の盟友には、AFCの会長の座を固めたサルマン・アル・ハリファや、2018年ブエノスアイレスユース五輪の組織委員たちがいる。O. Gibson, 'Fifa powerbroker Shcikh Ahmad may hold key to Sepp Blatter's successor', *Guardian*, 3 June 2015, http://www.theguardian.com/football/2015/jun/03/sheikh-al-sabah-fifa-powerbroker-sepp-blatter を参照。

6 開会式一般については以下を参照。A. Tomlinson, 'Olympic spectacle: Opening ceremonies and some paradoxes of globalization', *Media, Culture & Society*, 18 (4), (1996), pp. 583-602; J. Hogan, 'Staging the Nation: Gendered and Ethnicized Discourses of National Identity in Olympic Opening Ceremonies', *Journal of Sport & Social Issues*, 27 (2), (2003), pp. 100-123.

7 R. Mendick, 'Sochi opening ceremony glitch: "This is bad, but it does not humiliate us"', Telegraph, 8 February 2014, http://www.telegraph.co.uk/news/worldnews/europe/russia/10626384/Sochi-opening-ceremony-glitch-This-is-bad-but-it-does-not-humiliate-us.html を参照。

◎第9章——2　2008年北京大会

1 2008年北京オリンピックに関する主要な情報源には、以下がある。M. Price and D. Dayan (eds.), *Owning the Olympics: Narratives of the New China*, University of Michigan Press (2009); S. Brownell, *Beijing's Games: What the Olympics Mean to China*, Rowman & Littlefield (2008); G. Jarvie, D. J. Hwang and M. Brennan, Sport, Revolution and the Beijing Olympics, Berg (2008); P. Close, D. Askew and X. Xin, *The Beijing Olympiad: The Political Economy of a Sporting Mega-Event*, Routledge (2006).

2 北京の再開発については、以下を参照。C. Marvin, '"All Under Heaven" - Megaspace in Beijing' (M. E. Price and D. Dayan (eds.), *Owning the Olympics: Narratives of the New China*, Digital Culture Books (2008), pp. 229-259より); および Ian G. Cook and Steven Miles, 'Beijing 2008' (J. Gold and M. Gold (eds.), *Olympic Cities: City Agendas, Planning and the World's Games, 1896-2016*, 2nd ed., Routledge (2011) より)

3 COHRE, *One World, Whose Dream? Housing Rights Violations and the Beijing Olympic Games*, Centre on Housing Rights and Evictions (2008); A. M. Broudehoux, 'The social and spatial impacts of Olympic image construction: The case of Beijing 2008', (*The Palgrave Handbook of Olympic Studies*, Palgrave (2012), pp. 195-209より)

4 J. Yardley, 'Little Building De.es Beijing's Olympic Ambitions', *New York Times*, 9 August 2007, 以下を参照。http://www.nytimes.com/2007/08/09/world/asia/09china.html?_r=0.

5 A. C. Budabin, 'Genocide Olympics: the campaign to pressure China over the Darfur con.ict', *CEU Political Science Journal*, 4 (4), (2009), pp. 520-56; この件およびその他の人権問題については、以下で扱っている。S. Brownell, 'Human rights and the Beijing Olympics: imagined global community and the transnational public sphere', *British Journal of Sociology*, 63 (2), (2012), pp. 306-327.

6 R. Barnett, 'The Tibet Protests of Spring 2008', *China Perspectives*, (3), (2009), p. 6.

7 J. Horne, and G. Whannel, 'The "caged torch procession": celebrities, protesters and the 2008 Olympic torch relay in London, Paris and San Francisco', *Sport in Society*, 13 (5), (2010), pp. 760-770; K. Edney, 'The 2008 Beijing Olympic Torch Relay: Chinese and Western Narratives', Journal of Current

Chinese Affairs - China aktuell, 37 (2), (2008), pp. 111-125.
8 F. Hong, P. Wu and H. Xiong, 'Beijing ambitions: An analysis of the Chinese elite sports system and its Olympic strategy for the 2008 Olympic Games', *International Journal of the History of Sport*, 22 (4), (2005), pp. 510-529.
9 A. Hadhazy, 'What makes Michael Phelps so good?', *Scientific American*, 18 August 2008, 以下を参照。http://www.scienti.camerican.com/article/what-makes-michael-phelps-so-good/.
10 この議論の概要については、以下を参照。R. Moore, *The Bolt Supremacy: Inside Jamaica's Sprint Factory*, Yellow Jersey (2014).
11 John Jeremiah Sullivan (R. Moore, 'From Usain Bolt to "Donkey Man". how Jamaica stays so fast', *Guardian*, 19 August 2015, http://www.theguardian.com/sport/2015/aug/19/searching-for-the-next-usain-bolt-at-jamaicas-elite-school-for-sprinters より)

◎第9章——3　2012年ロンドン大会

1 M. Perryman (ed.), *London 2012: How Was It For Us?* Lawrence & Wishart (2013).
2 M. Gross, 'Jumping through Hoops', *Vanity Fair*, May 2012; M. Lee, *The Race for the 2012 Olympics: The Inside Story of How London Won the Bid*, Random House (2006).
3 B. Houlihan and R. Giulianotti, 'Politics and the London 2012 Olympics: the (in)security Games', *International Affairs*, 88 (4), (2012), pp. 701-717; S. Graham, 'Olympics 2012 security: welcome to lockdown London', City, 16 (4), (2012), pp. 446-451.
4 See A. Taylor, 'How The Plan To Privatize London's Olympic Security Turned Into A Disaster', *Business Insider*, 18 July 2012; Szu Ping Chan, 'Timeline: how G4S's bungled Olympics security contract unfolded', Telegraph, 21 May 2013, 以下を参照。http://www.telegraph.co.uk/ .nance/newsbysector/supportservices/10070425/Timeline-how-G4Ss-bungled-Olympics-security-contract-unfolded.html.
5 M. Raco, 'The privatisation of urban development and the London Olympics 2012', *City*, 16 (4), (2012), pp. 452-460.
6 I. Sinclair, *Ghost Milk: Calling Time on the Grand Project*, Penguin (2011), p. 12.
7 M. Gross, 'Jumping through Hoops', *Vanity Fair*, May 2012.
8 以下を参照。D. Hill, 'London's Olympic legacy three years on: is the city really getting what it needed?', *Guardian*, 23 July 2015.
9 J. Halliday, 'Olympics 2012: BBC denies Thompson criticized news coverage of Team GB', *Guardian*, 10 August 2012.
10 D. Sandbrook, 'How glorious, after years of our national identity being denigrated, to see patriotism rekindled', *Daily Mail*, 10 August 2012, 以下を参照。http://www.dailymail.co.uk/debate/article-2186815/The-rebirth-Britishness-How-glorious-years-national-identity-denigrated-patriotism-rekindled.html.
11 以下を参照。D. Goldblatt, *The Game of Our Lives: The Meaning and Making of English Football*, Penguin (2014).
12 P. Donnelly and M. K. Donnelly, *The London 2012 Olympics: A gender equality audit*, Toronto: Centre for Sport Policy Studies (2013).
13 Sandbrook (2012).
14 A. Smith, D. Haycock and N. Hulme, 'The class of London 2012: Some sociological reflections on the social backgrounds of Team GB athletes', *Sociological Research Online*, 18 (3), (2013), p. 15; http://www. suttontrust.com/newsarchive/third-british-olympic-winners-privately-educated/ も参照。

15 D. Hannan, 'Multiculturalism? Nonsense. The Olympics are a victory for patriotism and common British values', *Daily Mail*, 10 August 2012.

16 Shiv Malik, 'Boris Johnson spells out the Olympics' moral message to rioters and bankers', *Guardian*, 6 August 2012.

17 W. Hutton, 'Olympics: the key to our success can rebuild Britain's economy', *Guardian*, 11 August 2012, 以下を参照。http://www.the*guardian*.com/commentisfree/2012/aug/12/will-hutton-olympics-economic-recovery.

18 データは J. L. Chappelet, 'Managing the size of the Olympic Games', *Sport in Society*, 17（5),（2014）, pp. 581-592より。

19 E. Addley, 'Paralympic sponsor Atos hit by protests', *Guardian*, 31 August 2012, http://www.the*guardian*.com/society/2012/ aug/31/paralympic-sponsor-atos-hit-protests を参照。

20 パラリンピックの歴史に関する主な情報源には以下がある。S. Bailey, Athlete First: *A History of the Paralympic Movement*, John Wiley（2008）; J. Gold and M. Gold, 'Access for all: the rise of the Paralympic Games', *Journal of the Royal Society for the Promotion of Health*, 127（3),（2007), pp. 133-141; D. Legg and R. Steadward, 'The Paralympic Games and 60 years of change（1948-2008): Unification and restructuring from a disability and medical model to sport-based competition', *Sport in Society*, 14（9),（2011), pp. 1099-1115; K. Gilbert and O. Schantz, *The Paralympic Games: empowerment or side show?*（vol. 1), Meyer & Meyer Verlag（2008).

21 P. D. Howe, 'From Inside the Newsroom: Paralympic Media and the Production of Elite Disability', *International Review for the Sociology of Sport*, 43（2),（2008), pp. 135-150.

22 G. Wheatcroft, 'From Jessica Ennis to Joey Barton. Could a contrast be more ghastly?' *Guardian*, 16 August 2012.

23 A. Sedghi, 'Olympic legacy failure: sports participation figures', *Guardian*, 5 July 2015, 以下を参照。http://www.the*guardian*.com/news/datablog/2015/jul/05/olympic-legacy-failure-sports-participation-figures.

24 D. Conn, 'Olympic legacy failure: sports centres under assault by thousand council cuts', *Guardian*, 15 July 2015; J. Riach and O. Gibson, 'Olympic legacy failure: access to school sport now a postcode lottery', *Observer*, 5 July 2015.

25 'Taxpayers to foot bills for some services at West Ham's Olympic Stadium', *Guardian*, 9 October 2015.

◎第９章――４　プーチンのオリンピック

1 大会に関する主な情報源には以下がある。J. Boykoff, 'The anti-Olympics', *New Left Review*, 67,（2011), pp. 41-59; J. Boykoff, 'Space matters: the 2010 Winter Olympics and its discontents', *Human Geography*, 4（2),（2011), pp. 48-60; J. J. Silver, Z. A. Meletis and P. Vadi, 'Complex context: Aboriginal participation in hosting the Vancouver 2010 Winter Olympic and Paralympic games', *Leisure Studies*, 31（3),（2012), pp. 291-308; C. M. O'Bonsawin, ' "No Olympics on stolen native land": contesting Olympic narratives and asserting indigenous rights within the discourse of the 2010 Vancouver Games', *Sport in Society*, 13（1),（2010), pp. 143-156.

2 A. Travers, 'Women's ski jumping, the 2010 Olympic games, and the deafening silence of sex segregation, whiteness, and wealth', *Journal of Sport & Social Issues*, 35（2),（2011), pp. 126-145; J. Laurendeau and C. Adams, ' "Jumping like a girl": discursive silences, exclusionary practices and the controversy over women's ski jumping', *Sport in Society*, 13（3),（2010), pp. 431-447.

3 L. Edwards, C. Jones and C. Weaving, 'Celebration on ice: double standards following the Canadian women's gold medal victory at the 2010 Winter Olympics' *Sport in Society*, 16 (5), (2013), pp. 682-698.

4 J. Kennelly and P. Watt, 'Sanitizing public space in Olympic host cities: The spatial experiences of marginalized youth in 2010 Vancouver and 2012 London', *Sociology*, 45 (5), (2011), pp. 765-781.

5 大会の計画と政治経済学については、以下にくわしい。M. Muller, 'State dirigisme in megaprojects: governing the 2014 Winter Olympics in Sochi', *Environment and Planning A*, 43 (9), (2011), pp. 2091-2108; R. W. Orttung and S. Zhemukhov, 'The 2014 Sochi Olympic mega-project and Russia's political economy', *East European Politics*, 30 (2), (2014), pp. 175-191.

6 これらの問題については、以下にくわしい。E. Persson and B. Petersson, 'Political mythmaking and the 2014 Winter Olympics in Sochi: Olympism and the Russian great power myth', *East European Politics*, 30 (2), (2014), pp. 192-209; and B. Petersson, 'Still Embodying the Myth? Russia's Recognition as a Great Power and the Sochi Winter Games', *Problems of Post-Communism*, 61 (1), (2014), pp. 30-40.

7 D. Remnick, 'Patriot Games', *New Yorker*, 3 March 2014より。

8 Fund for the Fight Against Corruption. 2014. Entsiklopediya trat Sochi-2014 (Encyclopedia of Expenditure for Sochi 2014). Moscow: Fund for the Fight Against Corruption.

9 'Russia: Migrant Olympic Workers Cheated, Exploited At 1-Year Countdown to Winter Games, IOC Intervention Urgently Needed', 6 February 2013, 以下を参照。https://www.hrw.org/news/2013/02/06/russia-migrant-olympic-workers-cheated-exploited.

10 S. Zhemukhov and R. W. Orttung, 'Munich Syndrome: Russian Security in the 2014 Sochi Olympics', Problems of Post-Communism, 61 (1), (2014), pp. 13-29.

11 'Sochi 2014: No gay people in city, says mayor', BBC, 24 January 2014, 以下を参照。http://www.bbc.com/news/uk-25675957.

12 J. M. Curry, 'Sochi 2014: 1.5m sign petition calling for inquiry into figure skating gold', *Guardian*, 21 February 2014, 以下を参照。http://www.the*guardian*.com/sport/2014/feb/21/sochi-2014-south-korea-russia-.gure-skating-gold-sotnikova-kim-yuna.

13 D. Remnick, 'Patriot Games', *New Yorker*, 3 March 2014.

◎第９章——５　リオデジャネイロへ

1 この噴飯物の原稿の全文は以下を参照。http://www.americanrhetoric.com/speeches/henriquemeirellesrio2016olympicspeech.htm.

2 D. Goldblatt, *Futebol Nation: A Footballing History of Brazil*, Penguin (2014).

3 O. Gibson, 'Rio 2016 Olympic preparations damned as "worst ever" by IOC', *Guardian*, 29 April 2014.

4 J. Cruz, 'Rio's fragile Olympic spirit', 10 May 2013, 以下を参照。http://www.playthegame.org/news/news-articles/2013/rio's-fragile-olympic-spirit/.

5 S. Wade and M. Savarese, 'Brazil attorney general alleges bribes tied to Rio Olympics', 22 December 2015, 以下を参照。http://bigstory.ap.org/article/a154ff2b597d49c8a8f623164e7ea381/brazil-attorney-general-alleges-bribes-tied-rio-olympics.

6 S. Gregory, 'Meet the Impoverished Brazil Residents Who Won't Move for the Olympics', *Time*, 27 December 2015.

7 J. Clarke, 'Sailing Through the Trash and Sewage of Guanabara Bay', *New Yorker*, 23 August 2015.

8 B. Brooks and J. Barchfield, 'AP Investigation: Olympic teams to swim, boat in Rio's .lth', 30 July 2015, 以下を参照。http://bigstory.ap.org/article/d92f6af5121f49d982601a657d745e95/ap-investigation-rios-olympic-water-rife-sewage-virus; J. Clarke, 'Sailing Through the Trash and Sewage of Guanabara Bay', *New Yorker*, 23 August 2015; S. Romero and C. Clatey, 'Note to Olympic Sailors: Don't Fall in Rio's Water', *New York Times*, 18 May 2014, 以下を参照。http://www.nytimes.com/2014/05/19/world/americas/memo-to-olympic-sailors-in-rio-dont-touch-the-water.html.

9 Fernanda Sánchez and Anne-Marie Broudehoux, 'Mega-events and urban regeneration in Rio de Janeiro: planning in a state of emergency', *International Journal of Urban Sustainable Development* 5.2, (2013), pp. 132-153; Anne-Marie Broudehoux, 'Accumulation by multiple dispossessions: The case of Porto Maravilha, Rio de Janeiro', (*The Second ISA Forum of Sociology*, Isaconf (1.4 August 2012) より); C. Gaffney, 'Gentrifications in pre-Olympic Rio de Janeiro', Urban Geography, (2015), pp. 1-22.

10 J. Watts, 'Museum of Tomorrow: a captivating invitation to imagine a sustainable world', *Guardian*, 17 December 2015.

◎終章

1 'Voters deliver resounding no to Munich 2022 Winter Olympics bid', Deutsche Welle, 11 November 2013, http://www.dw.com/en/voters-deliver-resounding-no-to-munich-2022-winter-olympics-bid/a-17217461; L. Arbend, 'Why Nobody Wants to Host the 2022 Winter Olympics', Time, 3 October 2014 を参照。

2 'French authorities investigating IAAF's Eugene 2021 World Athletics Championships decision', *Guardian*, 15 December 2015を参照。

3 O. Gibson, 'French police widen corruption investigation to 2016 and 2020 Olympic bids', *Guardian*, 1 March 2016.

4 アコスタ時代の FIVB については、サイト Play the Game にくわしい。http://www.playthegame.org/media/2641683/FAV-FIVB-summary-by-Play-the-Game-Oct2014update.pdf 参照。

5 特に以下を参照。A. Krasimirov, 'Eleven Bulgarian weightlifters test positive for steroids', Reuters, 20 March 2015、http://www.reuters.com/article/us-doping-bulgaria-weightlifting-idUSKBN0MG2CJ20150320; 'IWF suspends world champion Aleksei Lovchev', Associated Press, 25 December 2015、http://bigstory.ap.org/article/8e05d89b2ae3496b9fe1bbacb2202e14/iwf-suspends-world-champion-aleksei-lovchev; M. Pavitt, 'Wrestling medallist among five more doping cases to emerge at Toronto 2015', *Inside the Games*, 20 July 2015, 以下を参照。http://www.insidethegames.biz/articles/1028838/wrestling-medallist-among-five-more-doping-cases-to-emerge-at-toronto-2015; K. Crouse, 'Shadow of Doping Is Never Far From Pool', *New York Times*, 2 August 2015.

6 以下を参照。D. Walsh, *From Lance to Landis: Inside the American Doping Controversy at the Tour de France*, Ballantine Books (2007); P. Dimeo, 'Why Lance Armstrong? Historical context and key turning points in the "cleaning up" of professional cycling', *International Journal of the History of Sport*, 31 (8), (2014), pp. 951-968; W. Voet, *Breaking the Chain: Drugs and Cycling - The True Story*, Random House (2011).

7 D. Hill, 'The Insider's Guide to Match-fixing in Football', Anne McDermid (2013); M. R. Haberfeld and D. Sheehan, *Match-fixing in International Sports*, Springer (2014).

8 日本の相撲スキャンダルについては以下を参照。*The Economist*, 10 February 2011を参照。; Choe Sung Han, 'South Korea Cracks Down on Match-Fixing Epidemic', *New York Times*, 21 February

2012.

9 S. Cox, 'Tennis match fixing: Evidence of suspected match-fixing revealed', BBC Sport, 18 January 2016, 以下を参照。http://www.bbc.com/sport/tennis/35319202.

10 C. Beam, 'Beijing's Winter Olympics: Conspicuous Consumption in the Snow', *New Yorker*, 31 July 2015.

11 J. McCurry and E. Howard, 'Olympic organisers destroy "sacred" South Korean forest to create ski run', *Guardian*, 16 September 2015.

◎リオデジャネイロから再び東京へ

1 https://www.the*guardian*.com/sport/2016/aug/19/oci-investigation-illegal-ticket-sales

2 棒高跳びの表彰式でブーイングする観客は以下で見ることができる。https://www.youtube.com/watch?v=WY8Q2Jc_G2c

3 https://www.theguardian.com/sport/2016/aug/19/cleaners-at-rios-athletes-village-paid-just-140-an-hour; http://www.independent.co.uk/sport/olympics/rio-2016-thousands-of-olympic-volunteers-quit-over-long-hours-and-lack-of-food-a7194776.html

4 https://sports.vice.com/en_us/article/a-legacy-of-crisis-rio-after-the-olympics; https://www.theguardian.com/world/2016/dec/20/what-is-rio-olympic-legacy-brazil

5 VTL については http://www.rioonwatch.org/?p=33799

6 ケーブルカーについては以下を参照。http://www.rioonwatch.org/?p=34709

7 http://edgeeffects.net/olympic-legacies/

8 http://uk.reuters.com/article/uk-soccer-brazil-maracana-idUKKBN14U2MO

9 http://riotimesonline.com/brazil-news/rio-real-estate/parque-radical-in-rios-deodoro-olympic-sports-complex-closed/

10 http://www.insidethegames.biz/articles/1036652/four-companies-raided-amid-alleged-corruption-involving-pyeongchang-2018-railway-line

11 http://bigstory.ap.org/article/026efc428642422d8d5fe6105f75d59d/political-scandal-overshadows-south-korea-2018-olympic-prep; http://www.insidethegames.biz/articles/1046143/pyeongchang-2018-caught-up-again-in-south-korean-political-scandal; https://www.jacobinmag.com/2017/02/olympics-south-korea-corruption-environment/

12 http://www.playthegame.org/news/news-articles/2017/0265_tokyo-governor-cuts-through-olympic-nostalgia/

13 Swiss Canton rejects 2026 bid, http://www.insidethegames.biz/articles/1046967/swiss-canton-votes-against-2026-winter-olympic-bid-in-referendum

14 https://www.theguardian.com/world/2016/oct/11/italy-suspends-rome-2024-olympic-games-bid

15 http://hungarianspectrum.org/2017/02/01/momentums-anti-olympics-drive-is-already-a-success/; http://hungarianspectrum.org/2017/02/24/viktor-orban-avoids-humiliation-at-the-hands-of-the-international-olympic-committee/

ハーマネック, ヤン　126

索引

◉著者

デイビッド・ゴールドブラット（David Goldblatt）

イギリスのスポーツライター，社会学者。『ガーディアン』『オブザーバー』『フィナンシャル・タイムズ』などに記事を寄稿。複数の大学でスポーツ社会学の講義もおこなう。*Ball Is Round: A Global History Of Football, The Game of Our Lives: The English Premier League and the Making of Modern Britain* など，スポーツの歴史，スポーツと政治との関係をテーマに複数の著書を発表している。

◉訳者

志村昌子（しむら・まさこ）　序章〜第5章

学習院大学文学部卒。商社勤務ののち，翻訳者に転向。訳書にジャニス・P・ニムラ著『少女たちの明治維新——ふたつの文化を生きた30年』（共訳，原書房）等がある。

二木夢子（ふたき・ゆめこ）　第6章〜「リオデジャネイロから再び東京へ」

国際基督教大学卒。ソフトハウス，産業翻訳会社勤務を経て独立。訳書にクリスティーナ・ウォドキー著『OKR——シリコンバレー式で大胆な目標を達成する方法』がある。

オリンピック全史《ぜんし》

●

2018年10月31日　第1刷
2019年 6 月10日　第2刷

著者…………デイビッド・ゴールドブラット
訳者…………志村昌子《しむらまさこ》・二木夢子《ふたきゆめこ》

装幀…………佐々木正見

発行者…………成瀬雅人
発行所…………株式会社原書房

〒 160-0022 東京都新宿区新宿 1-25-13
電話・代表 03（3354）0685
http://www.harashobo.co.jp
振替・00150-6-151594

印刷…………新灯印刷株式会社
製本…………東京美術紙工協業組合

ISBN978-4-562-05603-3, Printed in Japan